민법총칙

[제4판]

최 명 구

法 文 社

제4판 머리말

먼저 제3판 발행 후에도 여러 독자들이 아낌없이 졸저에 대한 많은 의견을 주어, 제4판을 세상에 선보일 수 있게 되었습니다. 늘 능력의 부족함을 메우려고 노력하지만, 돌아보면 흠이 보이곤 합니다. 앞으로도 열심히 최선을 다해 독자가 만족할 수 있도록 노력하겠습니다.

마침 전 세계를 고통 속에 몰아넣은 코로나19 때문에 모든 대학이 비대면강의를 하면서 어느 때보다도 졸저를 돌아볼 기회가 되어, 지금까지의 판례와 이론 및 부족한 내용을 정리하게 되었습니다.

기존 내용의 수정과 새로운 내용의 첨가로 제3판보다 다소 분량이 늘었지만, 독자에게 다소 많은 정보를 제공함으로써 해당 부분을 이해하는 데 도움이 될 것으로 믿습니다.

이번에도 어김없이 어려운 출판계 사정에도 불구하고 새판을 독자들에게 제공할 수 있는 기회를 주신 법문사 사장님, 꼼꼼하게 수준 높은 편집을 위해 수고해 주신 편집부 김용석 과장님과 직원 여러분들 그리고 여러모로 관심과 도움을 주신 권혁기 과장님께 깊은 감사를 드립니다.

끝으로 지금까지 많은 애정과 관심을 보여주신 독자들에게 깊은 고마움을 표하며, 앞으로도 계속 좀 더 나은 내용을 선보일 수 있도록 많은 지적을 부탁드립니다.

2020년 6월 30일
대연동 연구실에서
최 명 구

제3판 머리말

제2판 발행 후에도 꾸준하게 많은 독자들이 아낌없는 사랑과 관심을 보여주었고, 또한 본 교재에 대하여 부분적이나마 보완할 부분의 지적도 있었다. 이런 사랑, 관심 및 지적을 거울삼아 강의와 연구를 통하여 부족한 부분을 발견할 때마다 보완하여 정리하곤 하였다. 제3판 전면수정작업은 2017년 한해에 거쳐 지속적으로 이루어졌고, 겨울방학에 집중적으로 판례와 이론의 보완 및 정리가 이루어졌다.

전면수정에 가까운 작업을 통하여 독자의 이해도를 높이기 위하여 본교재의 특징인 민법총칙 규정순서에 따른 내용을 그대로 유지하면서, 가능하면 2017년 말까지의 판례, 이론을 바탕으로 과거 내용의 수정·보완이 전체에 거쳐서 이루어졌다. 그러다 보니 이번 제3판은 제2판의 분량보다는 다소 늘어났지만 좀 더 풍부한 내용과 판례 및 이론이 제시되었다.

이번에도 개정기회를 통하여 독자들에게 좀 더 완성도가 높은 내용을 선보일 기회를 주신 법문사 사장님, 바쁜 일정 속에서도 수준 높은 편집을 위해 수고하신 편집부 김용석 과장님과 직원 여러분들 그리고 실무적으로 끝까지 도움을 주신 권혁기 과장님께 감사의 마음을 드립니다.

2018년 2월 19일

대연동 연구실에서

최 명 구

제2판 머리말

2009년 초판을 발행한 후 많은 교수님들과 학생들로부터 격려와 더불어 지적을 받아왔고, 이에 빨리 개정판을 낸다고 다짐하였지만 천성이 게으른 이유로 이를 이행하지 못해 마음에 무거운 짐이 되어왔다.

그러던 중 2013년 7월 1일부터 성년후견제 등이 개정되어 시행하였기에 개정판 출간을 더 이상 지체할 수 없어서 이번에 무능력자 부분을 대폭 개정하여 그 내용을 수록하였다. 아울러 그 이외의 부분도 수정하였고, 필요한 부분에 대해서 상당부분을 보완하였다. 따라서 과거보다는 양이 늘었지만 그만큼 독자에게는 유익한 내용이 많아졌을 것이다. 또한 해당 내용의 이해를 돕기 위하여 관련부분에 예를 제시하기도 하였다.

이를 위하여 여러 가지로 도움을 준 프랑스에서 박사 후 과정을 받고 있는 이미경 법학박사와 우리대학에서 강의하고 있는 최현숙 법학박사에게 깊은 감사를 표한다. 아울러 두 분에게 2014년 청마해를 맞이하여 말하는 대로 소원성취하고 늘 건강과 행복이 함께 하길 기원한다.

끝으로 이번에 개정의 기회를 주신 법문사 사장님, 원고 편집에 애를 많이 써주신 편집부 김용석 과장과 직원 여러분들 그리고 실무적으로 많은 수고를 한 권혁기 대리께 감사의 마음을 전한다.

2014년 2월 15일

대연동 연구실에서

최 명 구

머 리 말

　민법의 흐름은 20세기 이후 많은 변혁을 걸쳐 21세기에는 생활환경의 변화(예; 인터넷환경, 지역 또는 세계 블럭(Block)화)로 인하여 개인간 법적 영역도 변화를 겪고 있다. 대표적인 예가 소비영역의 無地域化에 따른 소비자의 지위와 권리보호문제, 지역의 블록화에 따른 경제, 사회, 정치, 법률 등의 통합화(예: 각종 경제블럭화, 유럽의회, 私人과 관련된 국제법률제정 등등)로 인한 법률적용의 광역화이다. 민법도 이런 영향에서 벗어날 수 없고, 이런 예의 하나가 2002년 독일민법개정 중 소비자계약법의 민법편입이다. 즉 민법에 人의 법적 지위의 범위에 소비자의 지위의 생성 그리고 소비자계약 등의 민법계약의 편입이 구체적 사항이다. 이러한 현상은 우리 민법에 시사하는 바가 매우 크다.

　한편 현재 민법개정안이 아직 시행되고 있지 않은 것은 매우 안타까운 일이다. 조속하게 민법개정안이 시행되고, 장차에는 매우 빠르게 변화하고 있는 사회생활환경을 담는 민법을 기대해 본다.

　위와 같은 현실을 졸저에 반영하려고 노력하였지만, 여러 면에서 부족함이 많아 보인다. 이러한 부족함은 선배·동료교수, 실무가 및 독자들의 관심어린 조언으로 끊임없이 보완하여 독자들에게 유익한 내용이 되도록 노력할 것이다.

　이 책은 첫째, 조문별로 구성되어 있다. 이는 민법총칙의 내용을 이해를 높이기 위하여 기본적으로 법조문의 내용과 이해가 필요함에 기인한 것이다. 둘째, 내용과 관련된 판례를 제시하고 있다. 이 또한 내용(이론)의 이해를 높이기 위함이다. 셋째, 관련사례와 그 해설을 제기하고 있다. 이는 내용과 판례의 이해를 사례에 적용함으로써 관련내용의 전체적인 파악을 위함이다. 그리고 가능하면 기존 주요관련저서의 견해를 정리하여 제시함으로써 독자들의 이론정리에 도움이 되도록 하였다.

　졸저를 출간함에는 기쁨보다는 출판 후 평가에 대한 두려움이 앞선다. 물론 저자로서는 최선을 다한 작품이지만, 평가는 다른 문제이기 때문이다. 평가부분에 대하여는 겸허히 받아들여 내용의 완성도를 높이도록 할 것이다.

　졸저의 탄생에는 저자의 연구실에서 박사 후 과정을 밟고 있는 최현숙박사의 절대적 도움이 있었기에 가능하였다. 이에 지면을 통하여 진심으로 감사한 마음으로 표현한다. 또한 교정에 도움을 준 박사과정을 수료한 최춘길군과 교정과 책의 틀을 잡아 준 박사과정에 있는 설영숙양 그리고 학과의 궂은 일을 도맡아 하는 김숙채조교에게 감사한다.

　　끝으로 출판계의 불황에도 불구하고 졸저의 출간을 흔쾌히 맡아준 법문사 배효선 사장님, 최복현 전무이사님, 전충영 상무이사님에게 감사를 드리고 또한 출판에 여러 가지 도움을 준 김영훈 차장님과 훌륭한 저서를 만드는 데 노고를 아끼지 않은 편집자 여러분들에게도 고마움을 표한다.

2009년 3월 1일
대연동 연구실에서
최 명 구

차 례

제1장 민법과 민법전

제1절 민법의 의의 ·· 2

　　제1관 사법·일반사법으로서의 민법 ·· 2

　　제2관 실체법·행위규범·재판규범으로서의 민법 ·················· 2

　　제3관 형식적·실질적 의미의 민법 ·· 3

제2절 민법전의 성립 ·· 3

제3절 민법전의 구성 ·· 4

제2장 민법의 법원(제1조)

제1절 법원의 의의 ·· 7

제2절 법 률 ·· 7

　　1. 민법전 8　　　　　　　　　2. 민법전 이외의 법률 8

　　3. 명령·규칙 등 9　　　　　　4. 조 약 9

　　5. 자치법 9

제3절 관 습 법 ··· 10

　　1. 의 의 10

　　2. 관습법의 법원으로서 인정근거 10

　　3. 관습법의 성립요건과 성립시기 10

　　4. 관습법과 관습, 사실인 관습 11

　　5. 관습법의 효력 12

제4절 조 리 ··· 13

　　1. 조리의 개념 13　　　　　　2. 조리의 법원성 13

제 5 절 판 례 ··· 13
　　　　　1. 판례의 의의 13　　　　　　　　2. 판례의 법원성 14

제 6 절 헌법재판소의 결정 ·· 14
　　　　　1. 의 의 14　　　　　　　　　　2. 결정의 법원성 15

제3장 민법의 기본원리

제 1 절 사적자치의 원칙 ··· 19

제 2 절 근대민법의 기본원리의 파생 ··· 19
　　　　　1. 법률행위 자유의 원칙(계약자유의 원칙) 19
　　　　　2. 소유권 자유의 원칙(소유권절대의 원칙) 20
　　　　　3. 자기행위 책임의 원칙(과실책임의 원칙) 20

제 3 절 근대민법의 기본원리의 파생수정 ··· 20
　　　　　1. 계약자유의 제한 20　　　　　　　2. 소유권자유의 수정 21
　　　　　3. 자기책임의 수정 21

제 4 절 우리 민법의 기본원리 ··· 21

제4장 민법의 해석

제 1 절 민법해석의 의의 ··· 23
제 2 절 민법해석의 방법 ··· 23

제5장 권리행사와 의무이행(제2조)

제 1 절 권리행사와 보호 ··· 25

　제1관 권리행사의 의의와 방법 ·· 25
　　　　　1. 의 의 25　　　　　　　　　　2. 방 법 25

　제2관 권리의 보호 ··· 26

제 2 절 신의성실의 원칙(제2조제1항) ··· **26**

　　제1관 신의성실의 원칙의 의의와 적용요건 ································· 26
　　　　1. 의 의 26　　　　　　　　2. 적용요건 26

　　제2관 신의성실의 원칙의 적용범위와 기능 ································· 27

　　제3관 신의성실의 원칙의 효과 ··· 27

제 3 절 실효의 원칙 ·· **27**

　　제1관 실효의 원칙의 의의와 요건 ··· 27
　　　　1. 의 의 27　　　　　　　　2. 요 건 28

　　제2관 실효의 원칙의 효과 ··· 28

제 4 절 사정변경의 원칙 ··· **28**

　　제1관 사정변경의 원칙의 의의 ··· 28
　　　　1. 의 의 28

　　제2관 사정변경의 원칙의 효과 ··· 29

제 5 절 권리남용금지의 원칙(제2조제2항) ································· **31**

　　제1관 권리남용금지의 원칙의 의의와 요건 ································· 31
　　　　1. 의 의 31　　　　　　　　2. 요 건 32

　　제2관 권리남용금지의 원칙의 효과 ··· 32

제6장 민법의 효력

제 1 절 시간에 관한 효력 ··· **37**

제 2 절 사람에 관한 효력 ··· **37**

제 3 절 장소에 관한 효력 ··· **38**

제7장 권   리

제 1 절 법률관계와 권리의무 ·· **39**

제1관 법률관계 ·· 39
　　1. 의　의 39　　　　　　　　　2. 내　용 39

제2관 권　　리 ·· 41
　　1. 의　의 41　　　　　　　　　2. 구별되는 개념 41

제3관 의　　무 ·· 42
　　1. 의　의 42　　　　　　　　　2. 의무와 권리의 관계 43
　　3. 간접의무 43

제 2 절　권리의 종류 ·· **44**

제1관 민법상 권리 ··· 44

제2관 내용에 따른 분류 ··· 44
　　1. 재산권 44　　　　　　　　　2. 인격권 46
　　3. 가족권(신분권) 46　　　　　　4. 사원권 46

제3관 작용(효력)에 따른 분류 ·· 46
　　1. 지배권(Herrschaftsrecht) 46　　2. 청구권(Anspruch) 47
　　3. 형성권(Gestaltungsrecht) 47　　4. 항변권(Einrede) 47

제4관 기타의 분류 ·· 48
　　1. 절대권과 상대권 48　　　　　　2. 일신전속권과 비일신전속권 48
　　3. 주된 권리와 종된 권리 49　　　　4. 기대권 49

제8장　권리의 주체(자연인과 법인)

제1절　자 연 인 ·· **52**

제1관 권리능력(제3조) ·· 52

　제1항 권리능력의 의의 ·· 52

　제2항 권리능력의 시작 ·· 52

　제3항 권리능력의 끝 ·· 53

　제4항 태아의 권리능력 ·· 54
　　1. 입법주의 54
　　2. 태아의 권리능력이 인정되는 민법규정 55
　　3. 태아의 법적 지위 56

　제5항 외국인의 권리능력 ·· 58

제2관 행위능력 ··· 59

　제1항 의사능력·책임능력·행위능력 ··· 59
　　1. 의사능력　59　　　　　　　　　　2. 책임능력　59
　　3. 행위능력　60

제3관 제한능력자 ··· 60

　제1항 미성년자(제4조 내지 제8조) ·· 61
　　1. 미성년자의 의의(성년, 제4조)　61
　　2. 미성년자의 행위능력(제5조)　62
　　3. 미성년자의 법정대리인(제6조 내지 제8조)　63

　제2항 성년후견제도 ·· 69
　　1. 서　설　69

　제3항 법정후견 ·· 71
　　1. 피성년후견인(제9조 내지 제11조)　71
　　2. 피한정후견인(제12조 내지 제14조)　77
　　3. 피특정후견인(제14조의2)　80

　제4항 임의후견(후견계약) ·· 83
　　1. 후견계약의 의의　83　　　　　　2. 후견계약의 효력발생과 종료　83
　　3. 임의후견감독인의 선임과 임무　84
　　4. 후견계약과 성년후견·한정후견·특정후견의 관계　84

　제5항 제한능력자의 상대방의 보호(제15조 내지 제17조) ················· 84
　　1. 제한능력자의 상대방의 의의　84　2. 상대방보호의 필요성　85
　　3. 상대방의 확답촉구권(제15조)　85
　　4. 상대방의 철회권과 거절권(제16조)　87
　　5. 제한능력자 측의 취소권의 배제(제17조)　88

제4관 주소(제18조 내지 제21조) ··· 90

　제1항 주소의 의의와 효과 ·· 90
　　1. 의　의　90　　　　　　　　　　　2. 주소결정에 관한 입법주의　90
　　3. 효　과　91

　제2항 거소·가주소·현재지(제19조 내지 제21조) ····························· 93
　　1. 거　소　93　　　　　　　　　　　2. 가주소　93
　　3. 현재지　93

제5관 부재와 실종 ··· 93

　제1항 서　설 ·· 93

　제2항 부재자의 재산관리(제22조 내지 제26조) ································· 94

1. 부재자의 의의(제22조) 94   2. 부재자의 재산관리(제22조) 94
3. 재산관리인의 개임(제23조) 96
4. 재산관리인의 권리와 의무 등(제24조 내지 제26조) 96

제3항 실종선고(제27조 내지 제30조) ··· 99
1. 실종선고의 의의(제27조) 99   2. 실종선고의 요건(제27조) 99
3. 실종선고의 효과(제28조) 101   4. 실종선고의 취소(제29조) 102
5. 부재선고·인정사망·동시사망(제30조) 106

제 2 절 법인(제31조 내지 제97조) ··· **110**

제1관 서   설 ··· 110

제1항 법인의 의의 ··· 110

제2항 법인의 본질 ··· 110
1. 의제설 111   2. 부인설 111
3. 실재설 111

제3항 법인의 종류 ··· 112
1. 공법인과 사법인 112   2. 영리법인과 비영리법인 113
3. 사단법인과 재단법인 113

제2관 법인격 없는 법인(권리능력 없는 법인, 인격 없는 법인) ············· 113
1. 의 의 113   2. 인격 없는 사단 114
3. 인격 없는 재단 121

제3관 법인의 성립(제31조 내지 제33조) ··· 122

제1항 준칙주의와 허가주의 ··· 122
1. 자유설립주의(System der freien Körperschaftsbildung) 122
2. 준칙주의(Normativsystem) 122
3. 허가주의(Konzessionssystem) 122
4. 인가주의(System der Genehmigung) 123
5. 특허주의(Oktroisystem) 123
6. 강제주의(Gründungszwangsystem) 123

제2항 비영리법인의 설립(제32조) ··· 123
1. 비영리사단법인의 설립 124   2. 비영리재단법인의 설립 126

제3항 법인의 설립등기(제33조, 제49조) ··· 127

제4관 법인의 능력 ··· 128

제1항 서   설 ··· 128

제2항 법인의 권리능력(제34조) ··· 128
1. 법인의 권리능력의 범위 128   2. 법인의 권리능력의 제한 128

제3항 법인의 불법행위능력(제35조) ·· 130
　　1. 법인의 불법행위능력　130　　　　2. 법인의 불법행위 성립요건　131
　　3. 효　과　132

제4항 법인의 행위능력 ·· 133

제5관 법인의 주소(제36조) ·· 134

제6관 법인사무의 주무관청의 감독(제37조) ··························· 134

제1항 법인사무의 감독 ·· 134
　　1. 업무감독　135　　　　　　　　2. 해산과 청산의 감독　135

제2항 벌　　칙 ··· 135

제7관 법인의 설립허가의 취소(제38조) ··································· 135

제8관 영리법인(제39조) ·· 136

제1항 영리법인(Wirtschaftliche juristische Person)의 의의 ············· 136

제2항 민법상 영리법인 ·· 136

제9관 정관작성과 변경(제40조 내지 제48조) ························ 137

제1항 정관의 의의 ··· 137

제2항 사단법인의 정관작성(제40조) ··· 137

제3항 이사의 대표권제한(제41조) ··· 139

제4항 사단법인의 정관변경(제42조) ··· 140
　　1. 서　설　140　　　　　　　　　2. 요　건　140
　　3. 한　계　140

제5항 재단법인의 정관작성(제43조) ··· 141

제6항 재단법인의 정관보충과 변경(제44조 내지 제46조) ·················· 141
　　1. 재단법인의 정관보충　141　　　2. 재단법인의 정관변경　142

제10관 재단법인의 재산출연 ··· 144

제1항 재산출연의 준용규정(제47조) ··· 144

제2항 출연재산의 귀속시기(제48조, 비교 제187조) ···························· 145
　　1. 출연재산이 물권인 경우　145　　2. 출연재산이 채권인 경우　147

제11관 법인의 등기 ··· 147

제1항 법인등기의 의의 ·· 147

제2항 등기의 종류(제49조 내지 제54조, 비교 제33조) ······················ 148
　　1. 법인의 등기　148　　　　　　　2. 분사무소설치의 등기　148

　　　3. 사무소이전의 등기　149　　　　　　　4. 변경등기　149
　　　5. 직무집행정지 등 가처분의 등기　149 6. 등기기간의 기산　150
　　　7. 설립등기이외의 등기의 효력과 공고　150

제12관 재산목록과 사원명부(제55조) ·· 151

제13관 법인의 기관 ··· 151
　제1항 서　　설 ··· 151
　제2항 사원권(제56조) ·· 152
　제3항 이사(제57조 내지 제62조, 제65조) ·· 153
　　　1. 이사의 의의　153　　　　　　　　　2. 사무집행　153
　　　3. 대표권　154　　　　　　　　　　　4. 주의의무　157
　　　5. 대리인 선임권(복임권)　157　　　　6. 손해배상책임　158
　제4항 이 사 회 ··· 158
　제5항 임시이사(제63조) ·· 159
　제6항 특별대리인(제64조) ··· 159
　제7항 감사(감독기관)(제66조 내지 제67조) ··· 160
　　　1. 감　사　160　　　　　　　　　　　2. 감사의 직무　160
　제8항 사원총회(의사결정기관) ·· 161
　　　1. 총회의 권한(제68조)　161
　　　2. 통상총회·임시총회(제69조 내지 제70조)　162
　　　3. 총회소집(제71조)　163
　　　4. 총회의 결의(제72조 내지 제75조)　163
　　　5. 총회의 의사록(제76조)　165

제14관 법인의 소멸 ··· 166
　제1항 법인소멸의 의의 ·· 166
　제2항 법인의 해산(제77조 내지 제80조) ·· 166
　　　1. 해산사유　166　　　　　　　　　　2. 사단법인의 해산결의　167
　　　3. 파산신청　167　　　　　　　　　　4. 잔여재산의 귀속　168
　제3항 법인의 청산(제81조 내지 제94조, 준용규정 제96조) ························· 168
　　　1. 법인의 청산　168　　　　　　　　　2. 청산인　169
　　　3. 청산인의 직무　170
　제4항 법인의 감독 등(제95조) ·· 175

제15관 벌　　칙(제97조) ··· 175

제16관 외국법인 ··· 176

　제1항 외국법인의 의의 ··· 176

　제2항 외국법인의 능력 ··· 176

제9장　권리의 객체

제1절 서　설 ·· **177**

　제1관 권리의 객체의 의의 ·· 177

　제2관 물　　건 ··· 177

　　제1항 물건의 의의 ·· 177
　　　1. 유체물(Körperliche Sache)　177　　2. 관리가능성　178
　　　3. 비인격성(외계의 일부일 것)　178　　4. 독립성　179

　　제2항 물건의 개수 ·· 179
　　　1. 물건의 일부　179　　　　　　　2. 단일물　179
　　　3. 합성물　179　　　　　　　　　4. 집합물　180

　　제3항 물건의 분류 ·· 180
　　　1. 융통물・불융통물　180　　　　2. 가분물・불가분물　181
　　　3. 대체물・부대체물　181　　　　4. 특정물・불특정물　181
　　　5. 소비물・비소비물　182

　　제4항 재　　산 ··· 182
　　　1. 민법상 재산　182　　　　　　2. 기업재산　182

　제3관 부동산과 동산(제99조) ·· 183

　　제1항 부동산과 동산의 의의 ··· 183

　　제2항 부 동 산 ·· 184
　　　1. 토　지　184　　　　　　　　2. 토지의 정착물　185

　　제3항 동　　산 ·· 187
　　　1. 의　　의　187　　　　　　　2. 특수한 동산(금전)　187

　제4관 주물과 종물(제100조) ··· 188

　　제1항 주물과 종물의 의의 ··· 188

　　제2항 종물의 요건 ·· 188

　　제3항 종물의 효과 ·· 189

　　제4항 주물과 종물과의 관계 ··· 190

제5관 원물과 과실(제101조 내지 제102조) ································· 190

제1항 원물과 과실의 의의 ··· 190

제2항 과실의 종류 ·· 191

　　　1. 천연과실　191　　　　　　　　2. 법정과실　192

제10장　권리의 변동

제1절 서　　설 ·· **193**

제1관 권리변동의 의의 ··· 193

제2관 권리변동의 모습 ··· 194

　　　1. 권리의 발생　194　　　　　　　2. 권리의 변경　195

　　　3. 권리의 소멸　195

제3관 권리변동의 원인 ··· 196

　　　1. 법률요건　196　　　　　　　　2. 법률사실　196

제2절 법률행위 ··· **198**

제1관 서　　설 ·· 198

제1항 사적자치의 원칙과 법률행위 자유의 원칙 ··················· 198

　　　1. 사적자치와 법률행위 자유의 원칙　198

　　　2. 법률행위 자유의 원칙의 수정　199

제2항 법률행위와 의사표시 ··· 199

　　　1. 법률행위의 의의　199　　　　　2. 의사표시의 의의　199

　　　3. 법률행위와 의사표시의 관계　200

제3항 의사표시의 구성 ·· 201

　　　1. 표시행위　201　　　　　　　　2. 행위의사　201

　　　3. 효과의사　202　　　　　　　　4. 표시의사　203

제4항 의사표시에 관한 주의(의사주의·표시주의·효력주의 등) ········· 203

　　　1. 의사주의　203　　　　　　　　2. 표시주의　204

　　　3. 효력주의　204　　　　　　　　4. 절충주의　204

제5항 준법률행위 ·· 204

　　　1. 의　의　204　　　　　　　　　2. 종　류　205

제2관 법률행위의 요건 ··· 205

제1항 서 설 ·· 205

제2항 법률행위의 성립요건 ··· 206

제3항 법률행위의 효력요건(유효요건) ·································· 206

제3관 법률행위의 종류 ··· 207

제1항 단독행위, 계약, 합동행위 ·· 207
　　1. 단독행위 207　　　　　　　　　2. 계 약 208
　　3. 합동행위 209

제2항 재산법적 행위, 신분법적 행위 ··································· 209

제3항 채권행위, 물권행위, 준물권행위 ······························· 209
　　1. 채권행위 209　　　　　　　　　2. 물권행위 210
　　3. 준물권행위 210

제4항 요식행위, 불요식행위 ··· 210

제5항 유인행위, 무인행위 ·· 210

제6항 독립행위, 보조행위 ·· 212

제7항 주된 행위, 종된 행위 ··· 212

제8항 신탁행위, 비신탁행위 ··· 212
　　1. 민법상 신탁행위 212　　　　　　2. 신탁법상 신탁행위 213
　　3. 명의신탁 214

제9항 출연행위, 비출연행위 ··· 214

제10항 생전행위, 사후행위 ··· 215

제4관 법률행위의 목적(내용) ·· 215

제1항 서 설 ·· 215

제2항 목적의 확정 ··· 215

제3항 목적의 실현가능성 ·· 217

제4항 목적의 적법성 ··· 218
　　1. 의 의 218　　　　　　　　　　2. 강행법규 218
　　3. 효력규정·단속규정 220　　　　　4. 탈법행위 221

제5항 목적의 사회적 타당성 ··· 222
　　1. 반사회질서의 법률행위(제103조) 222
　　2. 불공정한 법률행위(제104조) 227

제5관 법률행위의 해석 ··· 233

제1항 법률행위의 해석의 의의 ··· 233
　　1. 법률행위의 의의 및 필요성 233　2. 법률행위 해석의 방법 233

　　　3. 법률행위 해석의 표준　235

　제2항 당사자의 목적 ·· 236

　제3항 임의규정(제105조) ·· 236

　제4항 사실인 관습(제106조) ·· 236

　제5항 신의성실의 원칙(제2조)과 조리 ···································· 238

제6관 흠결 있는 의사표시 ··· 238

　제1항 흠결 있는 의사표시의 의의 ··· 238

　제2항 의사와 표시의 불일치 ·· 239

　　　1. 진의 아닌 의사표시(비진의표시, 심리유보)(제107조)　239

　　　2. 통정한 허위의 의사표시(제108조)　245

　　　3. 착오로 인한 의사표시(제109조)　251

　제3항 사기·강박에 의한 의사표시(제110조) ·························· 264

제7관 의사표시의 효력발생시기와 수령능력 (제111조 내지 제113조) ·········· 269

　제1항 서　설 ··· 269

　제2항 의사표시의 효력발생시기 ·· 270

　　　1. 입법주의　270　　　　　　　　2. 우리 민법의 태도　273

　제3항 의사표시의 수령능력 ·· 273

　　　1. 의　의　273

　　　2. 제한능력자에 대한 의사표시의 효력　274

　　　3. 적용범위　274

　제4항 의사표시의 공시송달 ·· 274

　　　1. 의　의　274　　　　　　　　2. 요　건　274

　　　3. 절　차　275　　　　　　　　4. 효　과　275

제8관 대　　리 ··· 275

　제1항 서　설 ··· 275

　　　1. 대리의 의의　275　　　　　　2. 대리의 종류　278

　　　3. 대리와 구별할 제도　279　　　4. 대리에 있어서의 삼면관계　280

　제2항 대리행위 ·· 281

　　　1. 서　설　281　　　　　　　　2. 대리행위의 효력(제114조)　282

　　　3. 대리의사의 표시(현명주의)(제114조)　282

　　　4. 대리의사의 표시가 없는 경우(제115조)　284

　　　5. 현명주의의 예외　284　　　　6. 대리행위의 하자(제116조)　285

　　　7. 대리인의 능력(제117조)　287　8. 본인의 능력　287

　제3항 대　리　권 ··· 288

　　1. 대리권의 의의　288　　　　　　2. 대리권의 본질　288
　　3. 대리권의 발생　288　　　　　　4. 대리권의 범위(제118조)　292
　　5. 대리권의 제한(제119조, 제124조)　294
　　6. 대리권의 남용　298　　　　　　7. 대리권의 소멸　300

　제4항 복 대 리 ··· 302
　　1. 복대리의 의의　302
　　2. 임의대리인의 복임권과 책임(제120조 내지 제121조)　303
　　3. 법정대리인의 복임권과 책임(제122조)　305
　　4. 복대리인의 삼면관계(제120조 내지 제123조)　305
　　5. 복대리인의 복임권　306
　　6. 복대리권의 소멸(제127조의 적용)　307

　제5항 표현대리 ··· 307
　　1. 표현대리의 의의　307　　　　　2. 표현대리의 본질　308
　　3. 표현대리의 종류　309　　　　　4. 표현대리의 효과　321

　제6항 협의의 무권대리 ··· 322
　　1. 협의의 무권대리의 의의　322　　2. 협의의 무권대리의 종류　322

제3절 법률행위의 무효와 취소 ·· **331**

　제1관 서　　설 ·· 331

　제1항 무효와 취소의 관계 ··· 332
　　1. 무효와 취소의 경합　332　　　　2. 차이점　333

　제2항 무효와 취소의 인정기준 ··· 333

　제3항 가치개념으로서의 무효·취소 ··· 333

　제2관 무　　효 ·· 334

　제1항 무효의 의의와 효과 ··· 334
　　1. 의　의　334　　　　　　　　　2. 효　과　334

　제2항 무효의 종류 ··· 335
　　1. 절대적 무효와 상대적 무효　335　　2. 당연무효와 재판상 무효　336
　　3. 전부무효와 일부무효　336　　　　4. 확정적 무효와 유동적 무효　337

　제3항 일부무효(제137조) ·· 338
　　1. 의　의　338　　　　　　　　　2. 요　건　338
　　3. 적용범위　338　　　　　　　　4. 효　과　338

　제4항 무효행위의 전환(제138조) ·· 340
　　1. 의　의　340　　　　　　　　　2. 요　건　340
　　3. 적용범위　341　　　　　　　　4. 효　과　341
　　5. 제137조와의 관계　341

제5항 무효행위의 추인(제139조) ·· 342
 1. 의　의　342
 2. 비소급적 추인(제139조 단서)의 요건　342
 3. 효　과　343
 4. 약정에 의한 소급적 추인　343

제6항 무권리자에 의한 처분행위의 추인 ···························· 345
 1. 의　의　345　　　　　　　　2. 효　과　345

제3관 취　　소 ··· 346

제1항 취소(Anfechtung)의 의의 ·· 346
 1. 협의의 취소　346　　　　　2. 광의의 취소　347
 3. 취소와 구별되는 개념　347

제2항 취소권자(제140조) ·· 348
 1. 취소권　348　　　　　　　　2. 취소권자　348

제3항 취소의 방법 ··· 349
 1. 취소권자 단독의 의사표시에 의한 취소　349
 2. 일부취소의 인정 여부　350
 3. 취소사유의 제시 여부　351
 4. 2개 이상의 취소권이 경합하는 경우　351

제4항 취소의 효과(제141조) ··· 352
 1. 소급적 무효　352　　　　　2. 부당이득반환　352

제5항 취소의 상대방(제142조) ·· 353
 1. 계약의 취소의 상대방　354
 2. 상대방 확정되지 않은 경우에 취소의 상대방　354
 3. 상대방이 수인인 경우　354

제6항 취소할 수 있는 법률행위의 추인 ······························ 355
 1. 의의 및 성질　355　　　　　2. 추인의 요건(제144조)　355
 3. 추인의 방법과 효과(제143조)　357　　4. 법정추인(제145조)　357

제7항 취소권의 소멸(제146조) ·· 360
 1. 취소권의 소멸원인　360　　　2. 취소권의 단기소멸　360

제 4 절　법률행위의 부관 ··· **362**

제1관 법률행위의 부관의 의의와 종류 ································ 362

제1항 의　　의 ·· 362

제2항 종　　류 ·· 362

제2관 조　　건 ·· 363

제1항 조건의 의의 ·· 363

제2항 조건의 종류 ·· 363
    1. 정지조건·해제조건 363   2. 적극조건·소극조건 363
    3. 수의조건·비수의조건 364

제3항 조건을 붙일 수 없는 법률행위 ································ 365
    1. 의 의 365   2. 유 형 365
    3. 효 과 366

제4항 조건성취의 효과(제147조) ·· 367
    1. 조건성취 전의 법률효과 367   2. 조건성취 후의 법률효과 369

제5항 조건성부와 신의성실(제150조) ·································· 369
    1. 의 의 369   2. 조건의 성취로 의제되는 경우 370
    3. 조건의 불성취로 의제되는 경우 371

제6항 불법조건과 기성조건 등(제151조) ···························· 371
    1. 법정조건 372   2. 불법조건 372
    3. 기성조건 373   4. 불능조건 373
    5. 모순조건 373

제3관 기 한 ·· 373
제1항 기한의 의의 ·· 373

제2항 기한의 종류 ·· 374
    1. 시기·종기 374   2. 확정기한·불확정기한 374

제3항 기한을 붙일 수 없는 법률행위 ································ 375

제4항 기한도래의 효과(제152조) ·· 375

제5항 기한의 이익과 그 포기(제153조) ······························ 375
    1. 기한의 이익 375   2. 기한의 이익의 포기 376
    3. 기한의 이익의 상실 376

제6항 기한부권리와 준용규정(제154조) ······························ 377

제11장 기 간

제 1 절 기간의 의의 ·· **378**

제 2 절 기간의 계산방법(제156조 내지 제161조) ················ **378**

제1관 기간의 기산점(제156조 내지 제158조) ···················· 379

    1. 일·주·월·년을 단위로 하는 기간의 기산점 379
    2. 시·분·초를 단위로 하는 기간의 기산점 379

제2관 기간의 만료점(제159조 내지 제161조) ·· 379
    1. 일·주·월·년을 단위로 하는 기간의 만료점 380
    2. 시·분·초를 단위로 하는 기간의 만료점 380

제3관 기간의 역산방법 ··· 380

제12장   소멸시효

제1절 서 설 ·· **381**

제1관 시효의 의의 ··· 381

제2관 시효의 존재이유 ··· 381
    1. 법률생활의 안정과 평화 382   2. 증거보전의 곤란 구제 382
    3. 권리불행사의 보호가치 부인 383

제3관 시효의 성질 ··· 383
    1. 법정기간의 경과 필요 383   2. 법률요건 383
    3. 재산권에 한하여 적용 383   4. 강행규정성 384

제4관 제척기간, 권리의 실효 ·· 384
    1. 제척기간 384   2. 권리의 실효 389

제 2 절 소멸시효의 요건 ·· **389**

제1관 서 설 ·· 389

제2관 소멸시효의 목적이 되는 권리(제162조 내지 제165조) ································ 390
    1. 소멸시효에 걸리는 권리 390
    2. 소멸시효에 걸리지 않는 권리 390

제3관 소멸시효의 기간(제162조 내지 제165조) ··· 394
    1. 보통의 채권 395
    2. 3년의 시효에 걸리는 채권(제163조) 395
    3. 1년의 시효에 걸리는 채권(제164조) 397
    4. 판결 등으로 확정된 채권 398

제4관 권리의 불행사(소멸시효의 기산점)(제166조) ·· 398
    1. 의 의 398   2. 기산점 399
    3. 각종의 권리의 기산점 401

제 3 절 소멸시효의 중단 ···································· **404**

　제1관 소멸시효의 중단의 의의 ···································· 404

　제2관 소멸시효의 중단사유(제168조, 제170조 내지 제177조) ············· 405
　　　1. 의 의 405　　　　　　　　2. 시효중단의 사유 405

　제3관 시효중단의 효력(제169조, 제178조) ························· 415
　　　1. 시효중단의 효력 415　　　　　2. 중단 후의 시효진행 416

제 4 절 소멸시효의 정지 ···································· **416**

　제1관 소멸시효의 정지의 의의 ···································· 416

　제2관 소멸시효의 정지사유 ···································· 417

　　제1항 민법상 소멸시효의 정지사유(제179조 내지 제182조) ··········· 417
　　　1. 제한능력자를 위한 정지 417　　2. 혼인관계의 종료에 의한 정지 418
　　　3. 상속재산에 관한 정지 418　　　4. 사변에 의한 정지 418

　　제2항 특별법상 소멸시효의 정지사유 ······················· 418

　　제3항 소멸시효정지의 효력 ···························· 418

제 5 절 소멸시효의 효력 ···································· **419**

　제1관 소멸시효완성의 효력(제162조 내지 제164조) ················· 419
　　　1. 절대적 소멸설 420　　　　　2. 상대적 소멸설 420
　　　3. 판 례 421　　　　　　　　4. 소멸시효의 원용권자 421

　제2관 소멸시효의 소급효(제167조) ······················· 422

　제3관 소멸시효의 이익의 포기(제184조제1항) ················· 423
　　　1. 시효기간 완성 전의 포기 423　　2. 시효기간 완성 후의 포기 423

　제4관 소멸시효의 단축 · 경감(제184조제2항) ················· 425

　제5관 종속된 권리에 대한 소멸시효의 효력(제183조) ············· 425

■ 찾아보기

　조문색인 427　　　　　　　　　판례색인 430
　사항색인 436

주요 참고문헌

고상룡, 민법총칙 제3판(법문사, 2004)

곽윤직·김재형, 민법총칙 제9판(박영사, 2017)

김기선, 한국민법총칙 제3판(법문사, 2001)

김상용, 민법총칙 전정판(법문사, 2003)

김용한, 민법총칙론(박영사, 1986)

김주수·김상용, 민법총칙 제7판(삼영사, 2013)

김준호, 민법총칙 제14판(법문사, 2020)

김증한·김학동, 민법총칙 제10판(박영사, 2013)

김형배, 민법학강의(신조사, 2003)

명순구, 민법총칙(법문사, 2007)

박종두, 민법총칙(삼영사, 2008)

백태승, 민법총칙 제4판(법문사, 2009)

송덕수, 민법총칙 제5판(박영사, 2020)

이영준, 민법총칙 개정증보판(박영사, 2007)

이은영, 민법총칙 제4판(박영사, 2005)

지원림, 민법강의 제16판(홍문사, 2019)

황적인, 현대민법론 I(박영사, 1985)

편집대표 곽윤직·김재형, 민법주해, Ⅰ～ⅩⅥ(박영사, 1992/1998)

제 1 장   민법과 민법전

　사인의 생활관계를 규율하는 사법인 민법을 일정한 형식을 갖추어 규율한 것이 민법전이다. 우리 민법전은 그 용어와 문체가 어려워서 일반시민이 이해하기 어렵다. 이는 많은 한자 및 한자어의 사용, 준용규정, 표제와 법문내용의 불일치, 문언처리의 잘못, 법문언의 지나친 추상화 등에 의한 것이다.[1] 따라서 민법전은 정확·명확한 언어와 합리적 이해문구를 사용한 한글로 표기되어야 한다.

---

* 사회생활관계와 민법

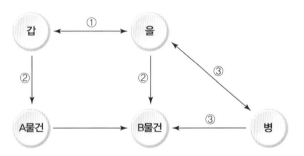

　갑과 을은 사회생활관계의 주체로서 자신의 재산 A와 B를 소유함으로써 민법상 소유권의 법적 지위(소유권이 발생)를 갖는다. 또한 갑과 을은 상호 소유권이전을 위한 계약관계(예: 매매)를 맺지만, 계약관계와 관계없는 제3자인 병이 B를 침해하면, 그 침해행위(불법행위)로 을에 대한 법적 책임(예: 손해배상책임)을 부담한다.
　① 갑과 을의 민사법상 관계 − 계약관계(예: 매매)
　② 갑은 A를, 을은 B를 각각 소유하는 관계 − 소유관계(소유권)
　③ 병의 을의 소유물 B에 대한 침해 − 불법행위로 손해배상책임이 발생

---

　1) 조규창, "한국민법과 독일민법의 관계 − 우리 민법전의 난해성을 중심으로 −", 논리와 직관: 조규창교수논문집, 법문사, 1998, 167−177쪽 참조.

제 1 절   민법의 의의

제1관   사법 · 일반사법으로서의 민법

　　민법은 사법 · 일반사법이다. 즉, 민법은 사인의 생활관계를 규율하는 사법이고, 사람 · 장소 · 사항 등에 한정하지 않고 개인의 사적 생활관계에 적용되는 일반사법이다. 상법은 상인의 기업활동을 대상으로 하는 사법이지만 민법의 특별법이므로 특별사법이다. 두 법은 경제생활을 규율하는 점에서 같지만, 오늘날 산업이 발달하면서 두 법의 구별은 유동적이다. 이러한 현상이 '민법의 상화(商化)'이다. 민법의 상화의 예로는 제391조(이행보조자의 고의 · 과실), 제467조제1항(변제의 장소), 제529조(승낙기간을 정하지 않은 계약의 청약) 등이 있다. 민법의 상화는 자본주의 발달로 사적 경제생활의 확대에 의하여 상법의 원리가 민법에 계속 영향을 주고 있기 때문이다. 아울러 특별사법에는 상법 이외에 다양한 경제생활을 규정하고 있는 약관규제에 관한 법률 · 지식재산기본법 · 가등기담보 등에 관한 법률 · 주택임대차보호법 · 상가건물임대차보호법 · 제조물책임법 등 다수가 있다.

　　한편 공 · 사법의 구별[2]은 로마법에서 시작되었고 항상 명확히 구분되는 것은 아니다. 오늘날 자본주의 발달로 경제적 또는 사회적 강자와 약자의 대립이 확대되었고, 이를 완화하기 위해 강자를 규제하고 약자를 보호하는 정책을 입법에 담을 필요가 있었다. 이를 위해 사권 특히 소유권과 계약자유의 원칙에 공법적 제한을 담은 법이 필요하였고, 이러한 법들이 사회법을 형성하였다. 따라서 사회법은 공 · 사법 어디에도 속하지 않는 제3의 법이라고 할 수 있다. 그 예로 경제법, 노동법 등이 대표적이다.

제2관   실체법 · 행위규범 · 재판규범으로서의 민법

　　권리 · 의무의 실질적 사항(종류 · 변동 · 효과 · 귀속주체)을 규정하는 실체법과 권리행사 및 의무이행의 절차를 규정하는 절차법으로 나눌 경우, 민법은 실체법이고 민사소송법, 가사소송법, 소액사건심판법, 소송촉진 등에 관한 특례법 등은 소송절차를 규정하는, 그리고 비송사건절차법, 민사조정법, 부동산등기법, 중재법, 공탁법 등은 비송절차를 규정하는 절차법이다.

　　한편, 민법은 일상생활에서 개인이 지켜야 하는 행위기준이 되는 행위규범(생활규

---

2) 공 · 사법의 구별에 관하여는 이익설(공 · 사익의 기준으로 구별하는 학설), 성질설(불평등과 평등관계를 기준으로 구별하는 학설), 주체설(법률관계의 주체를 기준으로 구분하는 학설), 생활관계설(국민 또는 인류로서의 생활관계를 기준으로 구별하는 학설) 등이 있다.

범)이고, 사인간의 권리의 유무에 관한 분쟁을 해결하기 위한 재판기준이 되는 재판규범이다. 즉, 민법은 국가가 사인에 대하여 사회생활을 준수해야 할 규범을 정한 것이고 또한 이러한 행위규범을 위반하여 사인 사이에 다툼이 있을 때 법원이 이를 해결하기 위한 판결을 내리는 기준이 되는 규범이다.

제3관 형식적·실질적 의미의 민법

형식적 의미의 민법은 민법전을, 실질적 의미의 민법은 사법 중에서 상법 그 밖에 특별사법을 제외한 일반사법을 지칭한다. 형식적 의미의 민법(민법전)에는 대부분 사법적 생활관계에 관한 규정을 포함하고 있지만 즉, 개인의 사법적 생활관계를 규율하지만 공법적 규정(예: 이사, 감사, 청산인의 형벌에 관한 제97조와 채권의 강제집행에 관한 제389조)도 있다. 그리고 실질적 의미의 민법은 민법전, 민법부속법률, 민사특별법(예: 집합건물의 소유 및 관리에 관한 법률·공장 및 광업재단 저당법·가등기담보 등에 관한 법률·주택임대차보호법·부동산 실권리자명의 등기에 관한 법률), 민사에 관한 관습법 그 밖에 공법관계법률에 산재되어 있다.

제 2 절 민법전의 성립

민법전은 1958년 2월 22일(법률 제471호)에 공포되어 1960년 1월 1일에 시행되었다. 우리 민법전은 재산편에 있어서는, 프랑스민법과 독일민법 제1초안을 바탕으로 제정된 일본민법의 절대적 영향을 받았지만,[3] 일본민법 중 프랑스민법에서 유래한 제도를 많이 없앤 내용, 독일민법과 스위스민법·채무법의 많은 규정의 내용을 계수하였다. 또한 신분편에서는 다른 나라 민법의 영향이 매우 적다. 왜냐하면 가족법과 상속법에 우리나라의 전통적 관습과 민주주의이념의 조화를 담으려고 주로 노력하였기 때문이다.[4] 따라서 당연히 우리 민법전에는 일본민법전과 다른 내용이 존재하고 있다 (예: 물권변동의 형식주의, 등기의 성립요건, 직접점유·간접점유, 취득시효의 물권편 규정, 위험부담의 채무자주의, 소비대차·사용대차·임치의 낙성계약 등).[5]

---

3) 양창수, "민법안의 성립과정에 관한 소고", 민사법학 제8호(90.6), 207쪽.
4) 곽윤직·김재형, 민법총칙, 박영사, 2012, 32쪽.
5) 정종휴, "한국민법전의 비교법적 계보", 민사법학 제8호(90.6), 64쪽.

제 3 절 민법전의 구성

민법전은 총칙·물권·채권·친족·상속 등 다섯 편, 총 1118조와 부칙으로 구성되어 있다. 제1편 총칙에는 통칙·인·법인·물건·법률행위·기간·소멸시효 등, 제2편 물권에는 총칙·점유권·소유권·지상권·지역권·전세권·유치권·질권·저당권 등, 제3편 채권에는 총칙·계약(15개의 전형계약)·사무관리·부당이득·불법행위 등, 제4편 친족에는 총칙·가족의 범위와 자의 성과 본·혼인·부모와 자·후견·친족회(삭제)·부양·호주승계(삭제) 등, 제5편 상속에는 상속·유언·유류분 등이 규정되어 있다.

구체적으로 제1편 총칙은 통칙, 권리주체, 권리객체, 권리변동원인, 권리변동에 관한 사항과 권리변동사유를 각각 규정하고 있다. 즉, 제1장 통칙에는 법원과 신의성실·권리남용 금지의 원칙, 권리주체인 제2장 인(人)에는 능력, 주소, 부재와 실종, 또 다른 권리주체인 제3장 법인에는 법인의 설립에서 해산까지의 관련내용, 권리객체인 제4장 물건에는 물건의 개념·종류, 과실, 권리변동원인인 제5장 법률행위에는 의사표시, 대리, 무효와 취소, 조건과 기한, 권리변동에 관한 사항인 제6장 기간에는 기간의 기산점·만료점·계산, 권리변동사유인 제7장 소멸시효에는 소멸시효의 대상·효력·기산점·중단·정지·이익을 규정하고 있다.

제2편 물권 중 제1장 총칙에는 물권의 종류와 물권변동, 제2장 점유권에는 점유권의 내용, 제3장 소유권에는 소유권의 내용, 제4장 내지 제6장 지상권, 지역권과 전세권에는 용익물권의 각 권리의 내용, 제7장 내지 제9장 유치권, 질권과 저당권에는 담보물권의 각 권리의 내용을 규정하고 있다.

제3편 채권 중 제1장 총칙에는 채권의 목적, 채권의 효력, 수인의 채권자 및 채무자, 채권의 양도, 채무의 인수, 채권의 소멸, 지시채권, 무기명채권, 제2장 계약에는 계약의 일반내용과 15개의 전형계약, 제3장 사무관리에는 사무관리의 내용, 제4장 부당이득에는 부당이득의 내용, 제5장 불법행위에는 불법행위의 종류와 내용을 규정하고 있다.

제4편 친족 중 제1장 총칙에는 친족, 혈족과 인척의 일반내용, 제2장 가족의 범위와 자의 성과 본에는 가족의 범위와 자의 성과 본, 제3장 혼인에는 약혼, 혼인, 이혼의 내용, 제4장 부모와 자에는 친생자, 양자의 입양, 파양, 친양자, 친권 제5장 후견에는 후견의 종류와 내용, 후견계약, 제7장 부양에는 부양내용을 규정하고 있고 제6장 친족회와 제8장 호주승계는 삭제되었다.

제5편 상속 중 제1장 상속에는 상속인, 상속의 효력, 상속의 승인 및 포기, 재산의 분리, 상속인의 부존재, 제2장 유언에는 유언의 방식·효력·집행·철회, 제3장에 유

류분에는 유류분의 내용을 규정하고 있다.

한편 우리나라 민법전의 체계는 일본민법과 그 후의 일본학설을 반영한 만주국 민법에서 유래된 것이다.[6]

---

6) 김성수, "우리 민법전의 체계에 관한 연구", 경찰대 논문집(제20집), 2000, 36쪽.

제 2 장 　민법의 법원(제1조)

> **제1조 [법원]**
>
> 민사에 관하여 법률에 규정이 없으면 관습법에 의하고 관습법이 없으면 조리에 의한다.

제 1 절 　법원의 의의

　'법원'이란 법인식의 원천(Rechtserkenntnisquelle), 법평가의 원천(Rechtswertungs-quelle), 법성립의 원천(Rechtserzeungsquelle; Entstehungsgründe), 법의 존재형식(Er-scheinungsform) 등 다양한 의미를 갖는다.[1] 일반적으로는 법원은 '법의 존재형식'을 의미하므로, 민법의 법원이란 실질적 의미의 민법의 존재형식을 가리킨다.

　한편 제1조는 민법의 법원으로 인정되는 범위와 적용순서를 규정한 것이다. 법원에는 일정한 형식 및 절차에 따라 제정되는 성문법(제정법)과 성문법 이외의 법인 불문법(관습법·판례법·조리)이 있다. 우리나라는 대륙법계 국가로서 성문법주의를 취하고 있고, 영미법계 국가는 불문법주의를 취한다. 대륙법계 국가에서는 성문법을, 영미법계 국가에서는 불문법을 보다 중시하고 있을 뿐, 어느 법계의 국가든 성문법과 불문법을 민법의 법원으로 하고 있다.

제 2 절 　법 　률

　제1조의 '법률'이란 헌법이 정하는 절차에 따라 제정·공포되는 형식적 의미의 법률로 해석하는 것이 원칙이다. 형식적 의미의 법률은 원칙적으로 성문법이고, 성문법은 모두 제정법이다. 성문법은 법률과 기타의 성문법으로 나누고, 기타의 성문법으로는 각종 명령·대법원규칙·조약·자치법규 등이 있다. 판례 또한 제1조의 법률은 제정법을 가리킨다고 해석하고 있다(대판 1983. 6. 14, 80다3231 참조). '민사'란 민사사건

---

1) Vgl. Liver, Der Begriff der Rechtsquelle, Festgabe für den schweizerischen Juristenverein, 1955, S.1.

을 줄인 말로 넓은 의미에서는 형사에 대응하는 의미로, 민법·상법 등 실체사법에 의해 규율되는 사법관계를 뜻하는 반면, 좁은 의미에서는 상사에 대응하는 의미로 상사를 제외한 그 밖의 사법관계를 뜻한다. 따라서 제1조의 '민사에 관하여 법률'이란 넓은 의미에서는 민법·상법 등 실체사법에 의해 규율되는 사법관계에 관한 형식적 의미의 법률을 의미하는 반면, 좁은 의미에서는 상사를 제외한 그 밖의 사법관계에 관한 형식적 의미의 법률을 의미한다. 제1조의 '민사에 관하여 법률'은 전자를 의미한다고 해석하는 것이 일반적이다(곽윤직 16쪽 참조).

1. 민법전

민법전은 민법의 법원 중 가장 중요하고, 민법규정의 대부분을 포함하는 형식적 의미의 민법이다. 민법전은 대부분 실질적 민사규정으로 구성되어 있으나, 예외적으로 형사규정(예: 법인이사에 대한 벌칙(제97조))과 민사소송규정(예: 채권의 강제이행의 방법에 관한 규정(제389조))도 있다.

2. 민법전 이외의 법률

민법전 이외의 법률로는 민사특별법, 민법전의 실체관계를 구체화한 민사절차법, 민사규정을 담고 있는 공법 등이 있다. 민사특별법은 민법전의 규정을 보완·수정하는 관계에 있다.

민사특별법	민법총칙 관련	공익법인의 설립·운영에 관한 법률, 부재자선고에 관한 특별조치법
	물권법 관련	가등기담보 등에 관한 법률, 공장 및 광업재단 저당법, 부동산 실권리자명의 등기에 관한 법률, 유실물법, 입목에 관한 법률, 자동차 등 특정동산 저당법, 집합건물의 소유 및 관리에 관한 법률
	채권법 관련	국가를 당사자로 하는 계약에 관한 법률, 국가배상법, 방문판매 등에 관한 법률, 상가건물임대차보호법, 신원보증법, 실화책임에 관한 법률, 약관의 규제에 관한 법률, 원자력손해배상법, 자동차손해배상보장법, 전자거래기본법, 제조물책임법, 할부거래에 관한 법률, 주택임대차보호법
	친족법 관련	모자보건법, 입양특례법, 혼인신고특례법
민법부속법률		공탁법, 부동산등기법, 부동산등기특별조치법, 가사소송법 중 가사비송사건에 관한 규정, 유실물법, 가족관계의 등록 등에 관한 법률
민사규정을 담고 있는 공법		광업법, 국토의 계획 및 이용에 관한 법률, 농지법, 도로법, 산림법, 수산업법, 저작권법, 측량·수로조사 및 지적에 관한 법률, 공익사업을 위한 토지 등의 취득 및 보상에 관한 법률(이 법률의 제정으로 토지수용법과 공공용지의 취득 및 손실보상에 관한 특례법은 폐지, 2003), 하천법, 환경정책기본법

3. 명령 · 규칙 등

'명령'이란 입법기관인 국회의 의결을 거치지 않고서 다른 국가기관에 의하여 제정된 법규를 말한다. 이 명령에는 법률에 의하여 위임된 사항을 정하는 위임명령과 법률의 규정을 집행하기 위하여 필요한 세칙을 정하는 집행명령이 있다. 따라서 민사에 관한 대통령의 긴급명령(헌법 제76조제2항)(예: 폐지된 금융실명거래 및 비밀보장에 관한 긴급재정경제명령), 대통령령(헌법 제75조), 총리령, 행정각부의 부령(헌법 제95조) 등은 민법의 법원이다. 이들 명령은 법률과 달리 국회의 의결이 필요 없는 성문민법이다. 그러므로 명령은 형식적 의미의 법률를 개폐할 수 없는 것이 원칙이지만, 대통령의 긴급명령은 법률과 같은 효력을 가지고 있어서(헌법 제76조제1, 2항), 민사에 관한 법률을 개폐할 수 있다. 다만, 대통령이 긴급명령을 발할 때에는 지체없이 국회에 보고하여 그 승인을 얻어야 하며(헌법 제76조제3항), 만일 국회의 승인을 얻지 못한 때에는 그 명령은 그때부터 효력을 잃는다(헌법 제76조제4항).

대법원규칙도 민법의 법원이다. 예를 들면, 부동산등기규칙, 부동산등기특별조치법에 따른 대법원규칙, 입목등기규칙, 공탁금의 이자에 관한 규칙, 공탁규칙, 가사소송규칙 등이다. 대법원은 법률에 저촉되지 않는 범위 안에서 소송에 관한 절차 · 법원의 내부규율과 사무처리 관한 규칙을 제정할 수 있다(헌법 제108조).

4. 조 약

조약은 문서에 의한 국가간의 합의로서 헌법에 의하여 체결 · 공포된 조약과 일반적으로 승인된 국제법규는 국내법과 동일한 효력을 갖는다(헌법 제6조제1항). 따라서 헌법에 의하여 체결 · 공포된 민사에 관한 조약은 민법의 법원이다. 그 예로는 '국제물품매매계약에 관한 국제연합협약(CISG), 유류오염손해에 대한 민사책임에 관한 국제협약, 공업소유권의 보호를 위한 파리협약 등이 있다. 조약에는 조약 이외에 협약 · 협정 · 의정서 등의 명칭도 포함한다.

5. 자치법

지방자치단체가 법률의 범위 내에서 제정하는 민사에 관한 조례 또는 규칙은 민법의 법원이다. 자치법은 법률에 대한 우선적 효력이 없으므로, 법률로 된 민사법규에 대하여 보충적 효력을 가질 뿐이다(헌법 제117조제1항 참조). 그리고 자치법규의 적용 지역은 그 자치구역에 한정한다.

제 3 절 관 습 법

1. 의 의

'관습법'이란 관행이나 관례가 사회의 법적 확신에 의하여 법규범으로 인정되어 지켜지고 있는 규범을 말한다. 관습법은 사람들의 사회생활 속에 자연스럽게 형성된 것으로, 그 사회에서 가장 직접적이고 근원적인 법의 존재형식이다. 따라서 사회변화의 빠른 흐름에서 성문법의 제정으로 사회규범의 역할을 다 할 수 없는 부분을 관습법이 담당하고 있다.

2. 관습법의 법원으로서 인정근거

관습법을 법원으로 인정하는 근거에 관한 학설은 크게 네 가지로 나눈다. '허용설(Gesttatungstheorie)'이란 관습법은 입법자가 명시적 또는 묵시적으로 동의하였기 때문에 법원이 된다는 설이다. '의사설(Willenstheorie)'이란 관습법은 모든 다른 법과 마찬가지로 공동체가 관행을 법으로 받아들이려는 의사에 의하여 법원이 된다는 설이다. '관행설(Übungstheorie)'이란 관습법은 동일한 행위를 오랫동안 반복하여 하는 관습에 의하여 인정된다는 설이다. '확신설(Überzeugungstheorie)'이란 관습법은 공동체의 법적 확신(Rechtsüberzeugung)에 의하여 인정된다는 설이다. 확신설이 현재 통설이다.

3. 관습법의 성립요건과 성립시기

(1) 성립요건

법적 확신설에 따르면 첫째, 관행(관례, 관습)이 있어야 한다. '관행'이란 어떤 사항에 관하여 상당한 기간 동안 동일한 행위가 반복적으로 행해지는 상태를 말하며, '관례'란 도의적·의례적인 규범으로서의 성격을 갖고 지켜지는 것을 말한다(이영준 23쪽). '관습'은 관행을 규범면에서 본 것이다(김상용 19쪽). 따라서 관행, 관례와 관습은 내용적으로 동일하다. 둘째, 일반인이 그 관행에 법적 확신이 있어야 한다. 법적 확신에 대하여 판례는 '사회의 거듭된 관행으로 생성한 어떤 사회생활규범이 법적 규범으로서 승인되기 이르렀다고 하기 위하여는 헌법을 최상의 규범으로 하는 전체 법질서에 반하지 아니하는 것으로서 정당성과 합리성이 있다고 인정될 수 있는 것(대판(전합) 2003. 7. 24, 2001다48781)'이어야 한다고 한다. 또한 관습법으로 승인된 경우에도 사회 구성원들이 그러한 관행의 법적 구속력에 대하여 확신을 갖지 않게 되었다거나, 사회를 지배하는 기본적 이념이나 사회질서의 변화로 인하여 그러한 관습법을 적용하여야 할 사정에서 전체 법질서에 부합하지 않게 되었다면 그러한 관습법은 법적 규범으로서 효력이 부정된다(대판(전합) 2005. 7. 21, 2002다1178)고 한다. 셋째, 관행이 선량한 풍속 기타 사회질서에 위반하지 않아야 한다.

(2) 성립시기

관습법의 성립시기는 관습에 법적 확신이 있다고 인정된 때이다. 즉, 관습법의 성립시기는 관행이 존재하고 그 관행에 법적 확신의 취득이라는 요건을 갖춘 때이다. 그리고 관습법의 성립시기는 판결에서 관습법의 존재가 인정되는 때이고, 그 관습이 법적 확신을 얻어서 사회에서 행해지게 된 때에 소급하여 관습법이 존재하고 있었던 것이다.[2] 물론 관습에 법적 확신의 유무는 법원의 판결에 의하여 결정된다.

4. 관습법과 관습, 사실인 관습

(1) 관습법과 관습

앞에서 언급한 바와 같이 관습은 관행을 규범면에서 본 것이다. 그리고 관습은 관습법의 가장 기본적 요건이다. 민법에는 다른 관습이 있는 경우에 그 관습에 의하도록 규정하는 것들이 있다(예: 제224조, 제229조제3항, 제234조, 제237조제3항, 제242조제1항, 제290조, 제302조, 제532조, 제568조제2항, 제656조 등). 이는 민법이 일정한 민사관계에서는 관습을 법규범으로 승인함을 보여준 것이다.

(2) 관습법과 사실인 관습(제106조)

관습법과 사실인 관습의 차이 여부에 관하여 학설이 나뉜다. 판례도 양자를 구별하고 있다(대판 1983. 6. 14, 80다3231). 차이가 있다는 학설에 따르면 아래와 같다.

관습법	사실인 관습
법적 확신에 의하여 지지되는 법	법적 확신이 없는 사실
위반의 경우 상고사유가 됨	위반하더라도 상고사유 안 됨
존재 여부를 법원이 직권조사	당사자의 주장에 의하여 법원에서 심사
법률사실에 적용	사실로서 법률행위 해석의 표준
모든 민사(법률사실)에 관계함	법률행위에만 관계함

---

2) 관습법의 요건으로 법적 확신 이외에 국가승인을 필요로 하며, 국가승인은 관습을 적용한 판결이다. 또한 관습법의 성립시기는 판결에서 관습의 존재를 인정하여 사건에 적용한 때이므로 판결에 의한 승인 이전으로 관습법의 성립시기는 소급하지 않는다는 의견이 있다(서광민, "관습법과 사실인 관습", 고시계(91.8), 113쪽 이하).

5. 관습법의 효력

관습법의 효력에 관한 규정은 제1조와 제185조이다. 제1조는 관습법을 성문민법의 하위규범으로 규정하고 있는 반면, 제185조는 성문법과 대등하게 규정하고 있다.[3] 따라서 관습법의 효력에 관하여 성문민법의 흠결을 보충해 주는 효력으로 보는 보충적 효력설과 성문민법과 대등 내지 성문민법을 개폐할 수 있는 효력으로 보는 대등적 효력설 내지 변경적 효력설 등이 있다.

(1) 보충적 효력설

이 설에 따르면, 제1조의 해석에 충실하여 관습법은 법률 내지 성문법에 규정이 없는 경우에만 보충적으로 적용된다. 그러나 법률로서 관습법에 의할 것을 규정한 경우에는 예외적으로 규범력을 갖는다(곽윤직·김재형 39쪽, 이영준 24쪽, 이은영 44-45쪽, 김상용 22쪽). 그 근거로 제1조의 해석과 법치주의 원칙상 성문법의 개폐를 인정하는 것은 해석상 무리라는 점을 들고 있다. 판례도 보충적 효력설을 취하고 있다(대판 1983. 6. 14, 80다3231).

(2) 변경적 효력설(대등적 효력설)

이 설에 따르면, 제1조에도 불구하고 관습법에 성문법과 대등한 지위를 인정하고 관습법에 성문법을 개폐하는 효력이 있다. 그 근거로 첫째, 실제적으로 성문법이 관습법에 의하여 개폐되고 둘째, 제185조는 관습법에 성문법과 대등한 효력을 인정하고 있고 셋째, 성문법과 다른 관습법이 발생하는 것은 사회변천에 따른 자연발생적인 것 등을 거론하고 있다(백태승 19쪽, 김증한·김학동 14쪽 이하, 김용한 21쪽).

(3) 판 례

판례는 보충적 효력설을 따르고 있다. 판례에 따르면, 관습법은 바로 법원으로서 법령과 같은 효력을 갖는 관습으로서 법령에 저촉되지 않는 한 법칙으로서의 효력이 있는 것이며, 이에 반하여 사실인 관습은 법령으로서의 효력이 없는 단순한 관행으로서 법률행위의 당사자의 의사를 보충함에 그치는 것이다(대판 1983. 6. 14, 80다3231).

---

3) 상법 제1조는 상관습법을 성문민법에 우선하는 것으로 규정하고 있다.

제 4 절 조   리

1. 조리의 개념

'조리'란 사물의 합리성, 사물의 본질적 법칙, 사물 또는 자연의 이치, 사물의 도리, 사람의 이성에 기하여 생각되는 규범, 사회통념, 사회질서, 경험법칙, 정의, 형평 등으로 표현된다.

제1조에 의하면, 조리는 법의 흠결이 있는 경우에 마지막으로 적용되는 재판기준이 된다. 아울러 조리는 법률행위 해석의 기준이 되기도 한다.

2. 조리의 법원성

제1조는 조리를 법률과 관습법이 존재하지 않은 경우에 보충적 법원으로 인정하고 있다. 그러나 조리가 진정으로 법원인가에 대하여는 견해의 대립이 있다.

긍정설에 따르면, 조리는 제1조(법원)에 규정되어 있고, 법관이 법에 의하여 재판을 해야 하기 때문에 마지막 재판기준으로 조리를 재판에 이용한다는 것은 결국 조리를 법으로 인정하는 것이다(김증한·김학동 21쪽). 판례도 긍정설을 따르고 있다(대판 (전합) 2005. 7. 21, 2002다1178, 성년여성도 종중구성권).

부정설에 따르면, 조리는 명백하게 객관적 규범이 아니고 실정성이 없으므로 법원이 아니고, 다만 법의 흠결이 있는 경우에 법원이 재판에 적용하는 해석상 또는 재판상 기준에 불과할 뿐이다(곽윤직·김재형 29쪽, 이영준 30쪽).

조리란 사물의 도리 등 추상적 개념이므로 법의 존재형식(法源)으로 인정하기 어려울 것이다. 사물의 도리가 실정법으로 위치를 갖지 못하기 때문이다(이영준 30쪽). 따라서 제1조의 조리의 의미는 법원성으로서가 아닌 재판의 준칙으로서의 의미를 갖을 뿐이다.

제 5 절 판   례

1. 판례의 의의

'판례(Rechtssprechung)'란 법원의 판결에 의하여 밝혀진 법이론·법원칙 또는 법규범을 말한다.

2. 판례의 법원성

우리 민법은 판례를 법원으로 규정하고 있지 않다. 법원조직법 제8조에 규정하고 있는 '상급법원의 재판에 있어서의 판단은 당해 사건에 관하여 하급심을 기속한다'는 것은 오직 당해 사건에 한하며 일반적인 하급심을 구속하는 것을 의미하는 것은 아니다. 판례의 법원성의 인정 여부에 관하여 학설이 대립하고 있다.

판례의 법원성을 인정하는 견해에 따르면(고상룡 14쪽, 김증한·김학동 18쪽) 그 근거를 첫째, 판례는 법원조직법 제8조에 선례구속의 원칙을 규정하고 있지만 사실상 일반적 구속력을 갖고 둘째, 소액사건심판법 제3조제2호는 대법원의 판례위반에 대하여 상고 또는 재항고할 수 있도록 규정하고 있고 셋째, 제도적으로 대법원 판결의 변경은 대법관 전원의 3분의 2 이상의 합의체에 의하여 이루어지므로 판례변경이 신중하게 이루어지며 넷째, 법률에는 불확정 법률개념 혹은 일반조항이 많고 이 경우에 법원이 해당규범을 만들어야 한다는 점을 들고 있다.

판례의 법원성을 부정하는 견해에 따르면(곽윤직·김재형 26쪽, 이영준 27쪽, 백태승 22쪽, 김용한 24쪽) 그 근거를 첫째, 민법에는 판례의 법원성을 인정한 규정이 없고 둘째, 삼권분립원칙에 따라 법원은 법을 제정하는 기관이 아니고 셋째, 법관은 제도상 판례의 구속을 받지 않는다.

사견으로는 판례의 법원성을 부정하는 견해가 거론하는 이유들은 성문법국가에서만 인정될 수 있는 것이다. 그러나 우리나라가 성문법국가임에 틀림이 없지만, 국민이 재판을 받을 권리인 헌법 제27조(재판을 받을 권리 등) "법률"이란 국민의 기본권을 확보하기 위한 적극적 의미로 해석하여 불문법도 포함된다고 볼 수 있으므로(성낙인, 헌법학, 법문사, 2003, 540쪽) 판례도 법원으로 인정할 필요가 있다.

제 6 절   헌법재판소의 결정

1. 의 의

헌법재판소의 결정은 '헌법의 우위에 바탕을 두고 사법작용의 형식으로 헌법[4]을 심사기준으로 하여 이루어지는 국가권력 전반에 대한 통제작용'이라 할 수 있다. 통제대상이 되는 권력에는 원칙적으로 입법과 집행, 사법이 모두 포괄한다.

---

[4] 물론 헌법만이 유일한 심사기준인 것은 아니며, 권한쟁의나 탄핵심판, 위헌정당심판의 경우에는 일반 법률도 심사기준으로 기능할 수 있다.

2. 결정의 법원성

헌법재판소가 법률 또는 법률조항에 대하여 위헌결정을 하면 그 법률 또는 법률조항은 그 결정이 있는 날부터 효력을 상실하고(헌재 제47조제2항 본문), 이는 법원과 그 밖의 국가기관 및 지방자치단체를 기속한다(헌재 제47조제1항). 따라서 헌법재판소 결정의 내용이 실질적으로 민사에 관한 것인 때에는 민법의 법원이 될 것이다. 그러나 대부분은 민사에 관한 법률의 규정이 헌법에 위반된다는 위헌결정이고, 이 경우에는 그 규정이 민사에 관한 법원이 되지 못하는 소극적 의미를 가진다는 견해가 있다(송덕수 30쪽). 하지만 위헌결정은 법률 또는 법률조항을 법원에서 제외한다는 의미에서 법원이라고 할 수 있을 것이다(곽윤직·김재형 19쪽).

조리의 법원성 인정 여부　　대법원 2005. 7. 21. 선고 2002다1178 전원합의체 판결

[다수의견] 종중이란 공동선조의 분묘수호와 제사 및 종원 상호간의 친목 등을 목적으로 하여 구성되는 자연발생적인 종족집단이므로, 종중의 이러한 목적과 본질에 비추어 볼 때 공동선조와 성과 본을 같이 하는 후손은 성별의 구별 없이 성년이 되면 당연히 그 구성원이 된다고 보는 것이 조리에 합당하다.

준거법에 관한 자료가 없는 경우 한국법과 일반 법원리가 법원성을 가지는지 여부

대법원 2001. 12. 24. 선고 2001다30469 판결

차관계약의 준거법인 영국법에 관한 자료가 제출되지 아니하여 한국법과 일반 법원리를 토대로 위 계약의 내용을 해석할 수 있다고 한 사례—신디케이티드 론 (syndicated loan) 거래에 의한 차관계약에서 그 준거법을 영국법으로 정하고 있으나, 영국법에 관한 자료가 제출되지 아니하여 그 내용의 확인이 불가능하고, 영국법과 그 해석이 한국법이나 일반적인 법해석의 기준과 다르다고 볼 자료도 없다 하여, 한국법과 일반 법원리를 토대로 차관계약의 내용을 해석한 원심을 수긍한 사례.

재산권의 평가액이 조리가 되는지 여부　　대법원 1964. 9. 8. 선고 64다272 판결

소개업자의 중개에 의하여 교환계약이 성립되었을 경우에 그 보수에 관한 특약이나 관습이 없는 때에는 특단의 사유가 없는 한 상호이전할 금전 이외의 재산권의 평가액에 의하여야 한다.

사실인 관습이 직권판단사항인지 여부　　대법원 1977. 4. 12. 선고 76다1124 판결

사실인 관습은 일상생활에 있어서의 일종의 경험칙에 속하는 것으로 그 유무를 판단함에는 당사자의 주장이나 입증에 구애됨이 없이 법관 스스로의 직권에 의하여 이를 판단할 수 있다 할 것인바 피고 공사가 애당초 평균임금의 개념에 상여금이

포함되지 않음을 전제로 하여 퇴직금 규정을 제정하고 이것이 그 후 사실인 관습으로 확립되었다 함은 이를 인정할 수 없다.

섭외사건에서 법원으로 조리가 인정되는지 여부

대법원 2003. 1. 10. 선고 2000다70064 판결

섭외적 사건에 관하여 적용될 외국법규의 내용을 확정하고 그 의미를 해석함에 있어서는 그 외국법이 그 본국에서 현실로 해석·적용되고 있는 의미·내용대로 해석·적용되어야 하는 것인데, 소송과정에서 적용될 외국법규에 흠결이 있거나 그 존재에 관한 자료가 제출되지 아니하여 그 내용의 확인이 불가능한 경우 법원으로서는 법원(法源)에 관한 민사상의 대원칙에 따라 외국 관습법에 의할 것이고, 외국 관습법도 그 내용의 확인이 불가능하면 조리에 의하여 재판할 수밖에 없다.

관습법과 사실인 관습

대법원 1983. 6. 14. 선고 80다3231 판결

가. 민법 제996조의 규정은 호주 아닌 가족의 사망의 경우에는 그 적용이 없고, 호주라고 하여 그 가족이 사망하였을 경우에 그 가족의 제사상속인으로서 분묘 등에 관하여 당연히 그 권리가 귀속된다고 할 근거도 없다.

나. 관습법이란 사회의 거듭된 관행으로 생성한 사회생활규범이 사회의 법적 확신과 인식에 의하여 법적 규범으로 승인·강행되기에 이르는 것을 말하고, 사실인 관습은 사회의 관행에 의하여 발생한 사회생활규범인 점에서 관습법과 같으나 사회의 법적 확신이나 인식에 의하여 법적 규범으로서 승인된 정도에 이르지 않은 것을 말하는 바, 관습법은 바로 법원으로서 법령과 같은 효력을 갖는 관습으로서 법령에 저촉되지 않는 한 법칙으로서의 효력이 있는 것이며, 이에 반하여 사실인 관습은 법령으로서의 효력이 없는 단순한 관행으로서 법률행위의 당사자의 의사를 보충함에 그치는 것이다.

다. 법령과 같은 효력을 갖는 관습법은 당사자의 주장 입증을 기다림이 없이 법원이 직권으로 이를 확정하여야 하고 사실인 관습은 그 존재를 당사자가 주장 입증하여야 하나, 관습은 그 존부자체도 명확하지 않을 뿐만 아니라 그 관습이 사회의 법적 확신이나 법적 인식에 의하여 법적 규범으로까지 승인되었는지의 여부를 가리기는 더욱 어려운 일이므로, 법원이 이를 알 수 없는 경우 결국은 당사자가 이를 주장입증 할 필요가 있다.

라. 사실인 관습은 사적자치가 인정되는 분야 즉 그 분야의 제정법이 주로 임의규정일 경우에는 법률행위의 해석기준으로서 또는 의사를 보충하는 기능으로서 이를 재판의 자료로 할 수 있을 것이나 이 이외의 즉 그 분야의 제정법이 주로 강행규정일 경우에는 그 강행규정 자체에 결함이 있거나 강행규정 스스로가 관습에 따르도록 위임한 경우 등 이외에는 법적 효력을 부여할 수 없다.

마. 가족의례준칙 제13조의 규정과 배치되는 관습법의 효력을 인정하는 것은 관습법의 제정법에 대한 열후적, 보충적 성격에 비추어 민법 제1조의 취지에 어긋

나는 것이다.

바. 가족의례준칙 제13조의 규정과 배치되는 사실인 관습의 효력을 인정하려면 그
　와 같은 관습을 인정할 수 있는 당사자의 주장과 입증이 있어야 할 뿐만 아니
　라 이 관습이 사적자치가 인정되는 임의규정에 관한 것인지 여부를 심리판단하
　여야 한다.

제정법 이전 상속회복청구권에 대한 관습을 관습법으로 인정할 수 있을 것인지 여부 (소극)　　　　　대법원 2003. 7. 24. 선고 2001다48781 전원합의체 판결

제정민법이 시행되기 전에 존재하던 '상속회복청구권은 상속이 개시된 날부터 20
년이 경과하면 소멸한다.'는 관습에 관습법으로의 효력을 인정할 수 있는지 여부

[다수의견] 사회의 거듭된 관행으로 생성한 어떤 사회생활규범이 법적 규범으로
승인되기에 이르렀다고 하기 위하여는 그 사회생활규범은 헌법을 최상위 규범으로
하는 전체 법질서에 반하지 아니하는 것으로서 정당성과 합리성이 있다고 인정될
수 있는 것이어야 하고, 그렇지 아니한 사회생활규범은 비록 그것이 사회의 거듭된
관행으로 생성된 것이라고 할지라도 이를 법적 규범으로 삼아 관습법으로서의 효력
을 인정할 수 없는바, 제정 민법이 시행되기 전에 존재하던 관습 중 "상속회복청구
권은 상속이 개시된 날부터 20년이 경과하면 소멸한다."는 내용의 관습은 이를 적
용하게 되면 20년의 경과 후에 상속권침해가 있을 때에는 침해행위와 동시에 진정
상속인은 권리를 잃고 구제를 받을 수 없는 결과가 되므로 소유권은 원래 소멸시효
의 적용을 받지 않는다는 권리의 속성에 반할 뿐 아니라 진정상속인으로 하여금 참
칭상속인에 의한 재산권침해를 사실상 방어할 수 없게 만드는 결과로 되어 불합리
하고, 헌법을 최상위 규범으로 하는 법질서 전체의 이념에도 부합하지 아니하여 정
당성이 없으므로, 위 관습에 법적 규범인 관습법으로서의 효력을 인정할 수 없다.

[반대의견] 법원으로서는 관습법이 다른 법령에 의하여 변경·폐지되거나 그와
모순·저촉되는 새로운 내용의 관습법이 확인되기 전까지는 이에 기속되어 이를
적용하여야 하고, 만일 관습법이 헌법에 위반된다면 그 이유로 이를 적용하지 아니
할 수 있을 뿐이지 막연히 불합리하다거나 정당성이 없다는 등의 사유를 이유로 판
례변경을 통하여 그 적용을 배제할 수는 없는바, 법원은 대법원 1981. 1. 27. 선고
80다1392 판결에 의해 "상속회복청구권은 상속이 개시된 날부터 20년이 경과하면
소멸한다."는 내용의 관습이 관습법으로 성립하여 존재하고 있음을 확인·선언한
이래 여러 차례에 걸쳐 이를 재확인하여 왔으며, 한편 민법 시행 전의 폐지된 조선
민사령은 상속에 관한 사항은 관습에 의한다고 규정하였고, 민법은 부칙 제25조 제
1항에서 "이 법 시행 전에 개시된 상속에 관하여는 이 법 시행일 후에도 구법의
규정을 적용한다."라고 규정하였으며, 1977. 12. 31. 법률 제3051호로 개정된 민법
부칙 제5항 및 1990. 1. 13. 법률 제4199호로 개정된 민법 부칙 제12조 제1항에서

도 각각 같은 내용의 경과규정을 두고 있으므로, 위 관습법이 다른 법령에 의하여 변경·폐지되거나 그와 모순·저촉되는 새로운 내용의 관습법이 확인되지 아니한 이상 법원으로서는 민법 시행 전에 있어서의 상속에 관한 법률관계에 해당하는 상속회복청구에 대하여 위 관습법을 적용할 수밖에 없다.

[반대의견에 대한 보충의견] 관습법은 성문법률을 보충하는 효력을 가지는 것이기는 하지만 법률의 효력을 가지는 것이어서 그러한 관습법에 위헌적 요소가 있는 경우 우리의 성문법률 위헌심사제도 아래에서는 헌법재판소를 통한 위헌선언이 이루어질 길이 없고 법원에 의하여 위헌성이 판정되고 그의 적용이 배제되어야 할 터이므로 그렇게 되면 실질상 위헌법률 선언과 같은 결과를 낳을 것인바, 그 경우에는 헌법상 법치주의 원칙에서 나온 법적 안정성 내지 신뢰보호원칙에 바탕을 둔 위헌결정의 불소급효 원칙의 정신에 따라 그 선언이 있는 날 이후로만 그 관습법의 효력이 상실되도록 함이 상당하다.

제3장 민법의 기본원리

제1절 사적자치의 원칙

'사적자치의 원칙'이란 개인이 자신의 의사에 의하여 법률관계를 스스로 형성할 수 있는 것을 말한다. 사적자치에 의하여 형성된 법률관계는 자신의 의사에 의한 즉, 자기결정에 의하여 형성된 것(자기결정, Selbstbestimmung)이며, 이렇게 형성된 법률관계에 대한 책임을 개인은 부담한다(자기책임, Selbstverantwortung). 사적자치의 원칙에서 법률행위 자유의 원칙(계약자유의 원칙), 소유권 자유의 원칙(소유권 절대의 원칙), 자기행위 책임의 원칙(과실책임의 원칙)을 도출할 수 있다.

즉, 사적자치의 원칙은 민법의 기본이념으로서(이영준 14쪽), 헌법 제10조 개인의 존엄과 가치를 보장하는 유일한 수단이다.[1] 한편 공공복리를 우리 민법의 최고원리로 보는 견해도 있다(곽윤직·김재형 38쪽).

제2절 근대민법의 기본원리의 파생

근대사회는 중세 봉건사회에서의 신분구속을 극복하기 위하여 개인주의와 자유주의가 주장되었다. 이러한 개인주의와 자유주의는 근대사회의 이념으로서 근대민법의 기본원리에 밑거름이 되었다. 따라서 근대민법의 기본원리는 사적자치의 원칙을 근간으로 하고 있다. 이 원칙은 근대사회의 중심계층인 시민의 자유로운 사회·경제활동을 보장하였다. 사적자치의 원칙으로부터 다음과 같은 원칙이 파생된다.

1. 법률행위 자유의 원칙(계약자유의 원칙)

사적자치의 주된 행위는 법률행위이다. 따라서 법률행위는 사적자치를 실현하는 수단이다. 또한 이 원칙이 법률행위 중 가장 중요한 것은 계약이므로 계약자유의 원칙이라고도 한다. 계약자유의 원칙에는 어떤 계약을 체결할 것인가에 대한 "계약체결 자유의 원칙", 누구와 계약할 것인가에 대한 "계약상대방 선택의 자유", 어떤 내용의 계약을 할 것인가에 대한 "계약내용 결정의 자유", 어떤 방식으로 계약할 것인가에 대

---

1) 민법 중 개정법률안 제1조의2에 개인의 존엄과 자율을 규정하고 있다.

한 "계약방식의 자유" 등이 있다.

2. 소유권 자유의 원칙(소유권절대의 원칙)

근대사회에서 국가는 개인의 소유권에 절대적으로 간섭·침해할 수 없음이 인정된다. 즉, 근대민법은 소유권의 자유로운 행사를 인정한다. 이는 곧 소유자가 자신의 소유물을 자유롭게 사용·수익·처분할 수 있음을 나타낸 것이다. 이런 소유권 자유의 원칙을 소유권 절대의 원칙이라고도 한다.

3. 자기행위 책임의 원칙(과실책임의 원칙)

이 원칙은 개인의 고의·과실(즉, 귀책사유)로 인하여 발생하는 손해에 대해서만 책임을 지는 것을 말하며, 민사책임의 중요부분인 불법행위(제750조 이하)와 채무불이행(제390조 이하)에 적용된다.

제 3 절   근대민법의 기본원리의 파생수정

사회가 점차 발전함에 따라 사적자치의 원칙이 사회적 조정에 의하여 수정을 받고 있다. 즉, 근대민법상 형식적인 자유와 평등에서 실질적인 자유와 평등으로 점차 바꿔지게 되었다. 이를 실현하기 위하여 공공복리의 원리가 작용하게 되었다.

따라서 근대민법의 수정의 원리로서 계약자유의 제한, 소유권자유의 수정, 자기책임의 수정 등을 들 수 있다.

1. 계약자유의 제한

계약자유의 제한은 계약당사자 간의 힘의 균형이 깨짐으로 인하여 계약내용의 공정을 실현하기 위하여 나타난 것이다. 따라서 사회적·경제적 강자로부터 사회적·경제적 약자를 보호하기 위하여 계약을 제한할 수밖에 없다. 민법에서는 미흡하나마 이러한 약자를 보호하기 위한 반사회질서행위, 불공정한 법률행위 등의 무효(제103조·제104조), 임차인의 보호규정(제627조 이하)을 두고 있다. 민법 이외의 특별법인 주택임대차보호법, 약관규제에 관한 법률, 근로기준법, 상가건물임대차보호법, 할부거래에 관한 법률, 전자상거래 등에서의 소비자보호에 관한 법률, 방문판매 등에 관한 법률 등이 경제적 약자의 보호를 위하여 계약자유를 제한하고 있다.

2. 소유권자유의 수정

소유권자유의 원칙은 근대법 사상인 신성불가침의 원리에 따라 소유권의 행사에 대하여 절대성을 보장하였으나 급속한 경제발전으로 인한 극심한 빈부격차와 같은 사회적·경제적인 폐단이 발생하게 되자 이를 해결하기 위하여 헌법 제23조에서 공공복리를 위하여 재산권을 제한하도록 하였고, 민법 제211조에서도 법률의 범위 내에서 소유자의 자유의사에 따라 소유물을 사용·수익·처분할 수 있도록 하였으며, 유언의 방식을 법률로 규정하거나 유류분 제도 등을 통하여 유언의 방식도 제한하였다.

3. 자기책임의 수정

근대민법의 "과실이 없으면 책임이 없다"는 원칙에 따라 개인은 자신의 책임 즉, 귀책사유가 없는 한 책임을 지지 않는다는 원칙으로 자기책임의 원칙은 개인의 자유로운 활동을 간접적으로 보장하여 준다는 장점이 있었으나, 개인이 아닌 시설이나 기업에 의한 심각한 피해에 대한 문제점을 해결할 수 없다는 단점을 야기하였다. 이에 과실을 요건으로 하지 않는 무과실책임주의로 수정되어, 과실이 있는 경우뿐만 아니라 과실이 없는 경우에도 피해에 대한 책임을 질 수 있도록 하였다. 민법에서 무과실책임주의에 따른 규정으로는 금전채무불이행에 대한 채무자의 책임(제397조제2항), 무권대리인의 책임(제135조제1항), 매도인의 담보책임(제570조 이하), 공작물소유자의 책임(제758조제1항)이 있고, 뿐만 아니라 국가배상법과 자동차손해배상보장법, 제조물책임법, 환경정책기본법에서 무과실책임주의에 따른 규정을 두고 있다.

제 4 절   우리 민법의 기본원리

헌법 제23조제1항에 '모든 국민의 재산권보장', 제2항에 '재산권행사는 공공복리에 적합', 제37조제2항에, '국민의 모든 자유와 권리는 국가안전보장·질서유지 또는 공공복리를 위하여 필요한 경우에 한하여 법률로써 제한할 수 있으며, 제한하는 경우에도 자유와 권리의 본질적인 내용의 침해불가', 제119조제1항에 '대한민국의 경제질서는 개인과 기업의 경제상의 자유와 창의를 존중함을 기본' 등을 규정함으로써 사유재산제도와 경제활동에 관한 사적자치의 원칙에 입각한 시장경제질서를 기본으로 하는 것을 선언한 것이며, 공공복리에 적합한 재산권행사 및 공공복리를 위하여 국민의 자유와 권리를 법률로 제한함을 규정함으로써 공공복리를 헌법의 기본원리로 하고 있다. 또한 대법원 판례에서도 "헌법 제23조 제1항 전문은 "모든 국민의 재산권은 보장된다"

라고 규정하고, 헌법 제119조제1항은 "대한민국의 경제질서는 개인과 기업의 경제상의 자유와 창의를 존중함을 기본으로 한다"고 규정함으로써, 우리 헌법이 사유재산제도와 경제활동에 관한 사적자치의 원칙을 기초로 하는 시장경제질서를 기본으로 하고 있음을 선언하고 있다. 이는 국민 개개인에게 자유스러운 경제활동을 통하여 생활의 기본적 수요를 스스로 충족시킬 수 있도록 하고 사유재산의 자유로운 이용·수익과 그 처분을 보장해 주는 것이 인간의 자유와 창의를 보전하는 지름길이고 궁극에는 인간의 존엄과 가치를 증대시키는 최선의 방법이라는 이상을 배경으로 하고 있는 것이다(대판(전합) 2007. 11. 22, 2002두8626 다수의견)"라고 하여 사유재산권과 사적자치의 원칙을 헌법에 규정하고 있음을 밝혔다.

민법은 사적자치의 원칙을 기본으로 하되 공공복리의 원리에 적합한 사인의 권리와 의무를 규정 및 제한하고 있다. 모든 사람의 권리능력(제3조), 사유재산권보장(제211조), 사적자치(제103조, 제105조 참조), 과실책임의 원칙(제750조 이하), 신의성실의 원칙과 권리남용금지의 원칙(제2조) 등이 그 예이다.

제 4 장   민법의 해석

제 1 절   민법해석의 의의

성문법인 민법은 그 내용이 매우 추상적이고 일반적이기 때문에 일상생활에서 발생하는 구체적인 사건에 적용하기 위해서는 법적 안정성과 구체적 타당성을 갖출 수 있도록 법적 의미와 내용을 확정하여야 하는데 이러한 작업을 '민법해석'이라 한다. 이를 통해 각각의 사안에 대하여 구체적으로 합당한 결과를 이끌어 낼 수 있게 된다. 아울러 법의 해석은 법을 적용하기 위한 전제이며, 법의 적용은 구체적인 생활관계를 법적으로 평가·판단하는 것이다. 누구든지 법의 해석을 통하여 의식적, 무의식적 법의 적용을 할 수 있지만, 의식적으로 실효성있는 법의 적용을 하는 것은 법원의 재판을 통해서이다.

제 2 절   민법해석의 방법

민법의 해석방법으로 크게 '유권해석'과 '학리해석'으로 나누고, '유권해석(공권적 해석)'은 국가의 권한 있는 기관(예: 법원, 행정관청)이 법의 의미·내용을 확정하고 해석하는 것으로서 이러한 해석은 절대적인 구속력을 가지게 된다(유권해석의 종류: 입법해석(예: 제98조), 사법해석, 행정해석). 그러나 유권해석도 법규로 이루어져 있어 또 다른 법원이 되기 때문에 이 또한 구체적인 사실에 적용하기 위해서는 해석을 필요로 하게 되는데 이때 쓰이는 해석으로, 법의 의미와 내용을 확정하는 것을 '학리해석(학설적 해석)'이라고 하며, 이 해석은 유권해석과 달리 구속력이 없다. 학리해석의 방법으로는 크게 법규의 문장 및 법률용어에 충실하게 해석하는 방법으로 법해석에 있어서 가장 기본적인 '문리해석'과 법률 전체에 대한 유기적·논리적 연관성에 입각하여 법제정의 목적·법적용의 결과와 합리성 등을 고려하여 법문이 가지는 통일적 의미를 논리적 방법에 의하여 해석하는 '논리해석'이 있다. 논리해석으로는 법규의 문헌을 통상의 의미보다 넓게 해석하는 '확대해석'과 축소하여 해석하는 '축소해석', 법규에 규정된 것과 반대의 결과를 인정하는 '반대해석', 법규에 규정되어 있지는 않지만 그와 유사한 사안에도 확대하여 해석하는 '유추해석', 그 외에도 법문에 일정한 사항이 규정되어 있는 경우에 법문에 명기되지 않은 사항일지라도 그 성질 또는 입법정신으로 보아 당연히 그 규정에 포함된 것이라고 해석하는 '물론해석' 등이 있다.

확대해석   대법원 2014. 6. 26. 선고 2014다14122 판결

　　임대차기간 등 용익권 설정계약의 기간이 경과한 후에는 소유자가 용익권 설정으로 인한 제한으로부터 벗어나 자유롭게 소유권을 행사할 수 있는 권리가 보장되어야 할 것이므로, 임대차기간 중의 해제·해지 의사표시에 어떠한 절차가 요구되거나 제한이 따른다고 하여 임대차기간 만료에 의한 임대차계약의 종료 시에도 당연히 그와 같은 제한이 적용된다고 확대해석하여서는 안 되고, 기간만료로 인한 임대차계약의 종료에 어떠한 제한이 따른다고 하기 위해서는 그러한 내용의 법률 규정이나 당사자 사이의 별도의 명시적 또는 묵시적 약정이 있어야 할 것이다.

제 5 장   권리행사와 의무이행(제2조)

제2조 [신의성실]

① 권리의 행사와 의무의 이행은 신의에 좇아 성실히 하여야 한다.
② 권리는 남용하지 못한다.

제 1 절   권리행사와 보호

제1관   권리행사의 의의와 방법

1. 의   의

'권리'는 법이 인정하는 일정한 이익을 향수할 수 있는 힘을 말하는 것으로 추상적이고 관념적인 것이다. 따라서 이러한 관념적인 힘을 현실화시켜서 법이 인정하는 이익을 실제로 누리게 할 수 있어야 하는데 이러한 작용을 '권리행사'라고 한다.

2. 방   법

권리의 행사는 권리의 내용에 따라서 달라지게 되는데, 권리행사의 방법으로는 권리의 객체를 직접 지배하여 이익을 얻는 방법으로 행사하는 '지배권'과, 특정인에게 일정한 행위를 청구하고 이에 상대방이 청구에 대한 이행을 함으로써 이익을 얻는 방법으로 행사하는 '청구권', 권리자의 일방적인 의사표시에 의하여 행사하는 '형성권'과 상대방의 청구권 행사에 대하여 이를 거절하는 형식으로 이루어지는 '항변권'이 있다.

권리는 그 권리자가 직접 행사하는 것이 원칙이지만 행사상 일신전속권과 같이 권리자가 직접 행사하지 않으면 효력이 발생하지 않는 것을 제외하고는 타인이 행사하도록 할 수 있다. 또한 권리의 행사가 법률행위로 이루어지는 경우, 대리인이 행사하는 것도 가능하다.

제2관 권리의 보호

권리는 권리자가 그 권리에 따라 정당하게 행사함으로써 권리를 누릴 수 있어야한다. 그러나 이러한 권리가 침해되는 때에는 법이 인정하고 있는 이익을 누릴 수 없게 되므로 이 때 입는 피해에 대하여 구제가 필요하게 되는데 이를 '권리의 보호'라고한다. 권리를 보호하기 위한 구제는 국가에 의하여 이루어져야 하고 사력(私力)으로이루어져서는 안 되는 것이 원칙이나 부득이한 경우 예외적으로 사력에 의한 구제(예: 자력구제)를 인정하기도 한다. 권리의 침해에 대하여 국가에 의해 구제받는 방법으로는 '재판제도'와 '조정제도'가 있다.

제 2 절 신의성실의 원칙(제2조제1항)

제1관 신의성실의 원칙의 의의와 적용요건

1. 의 의

권리는 법에 의해서 인정되는 것이므로 개인이 자유롭게 행사하는 것이 아니라 사회적이고 공공적인 목적에 따라 행사되어야 한다. 즉, 권리의 행사가 공공복리와 같은사적자치의 원칙에 따른 제약을 받게 되고 또한 상대방이 가지고 있는 신뢰에 따라신의를 다하여 성실하게 행동하여야 한다. 이는 사람의 행위에 대한 윤리적, 도덕적인가치판단을 법적 가치판단으로 끌어들인 일반조항이다. 따라서 신의성실의 원칙은 "법률관계의 당사자가 상대방의 이익을 배려하여 형평에 어긋나거나, 신뢰를 저버리는내용 또는 방법으로 권리를 행사하거나 의무를 이행해서는 아니된다는 추상적 규범(대판 2003. 4. 22, 2003다2390,2406)"이다.

2. 적용요건

신의성실의 원칙이 적용되려면, 당사자 사이에 사회적 접촉관계(soziale Kontakt-verbindung) 내지 법적 특별결합관계(rechtliche Sonderverbindung)가 존재해야 한다. 왜냐하면 이 원칙의 내용을 이루는 '신뢰', '성실', '신의'의 개념은 인간 사이의 어떤 신뢰관계 내지 법적 결합관계를 전제로 하는 개념이기 때문이다. 따라서 이 원칙은 계약관계, 계약의 교섭단계, 법정채권관계 또는 상린지 소유자 상호 간의 계약 등의 채권관계, 신뢰관계 그 밖의 사회적 접촉관계를 가진 사람 사이에만 적용되는 것이다(김증한 · 김학동 70−71쪽, 백태승 91쪽).

제2관 신의성실의 원칙의 적용범위와 기능

　신의성실의 원칙은 민법총칙편에 규정된 일반규정으로 물권관계, 채권관계뿐만 아니라 가족관계 즉, 당사자의 자율적인 의사에 의하여 법률관계가 형성되는 법영역에 적용되는데 그중에서도 채권관계에서 가장 실효성이 크다. 그리고 이 원칙이 적용되는 것은 권리행사와 의무이행이지만, 이에 국한하지 않고 법률과 계약의 해석으로 당사자 사이에 어떤 내용이 권리와 의무가 생기는지를 결정하는 데도 표준으로 삼아야 한다(곽윤직 · 김재형 76쪽). 아울러 신의성실의 원칙은 권리와 의무의 내용을 구체화하고 구체적 타당성을 실현하며, 법률의 흠결을 보충하고 법창조적[1] 기능을 한다. 따라서 신의성실의 원칙을 통해서 구체적 타당성은 실현될지 몰라도 법적 안정성을 찾기는 어렵다. 이런 이유로 신의성실의 원칙은 이익교량의 수단에 불과할 뿐, 법률제도의 미비를 보완하고 수정할 수 있는 일반적 형평규범을 의미하는 것은 아니다(이영준 64쪽).

제3관 신의성실의 원칙의 효과

　신의성실의 원칙에 반하게 되는 경우 그 권리의 행사는 권리남용으로 권리행사로서의 효과를 부정하게 되고, 의무의 이행이 신의성실의 원칙에 반하게 되는 경우에는 의무를 불이행한 것이 되므로 의무자는 채무불이행책임을 면하지 못한다. 또한 신의성실의 원칙에 반하는 권리의 행사와 의무의 이행은 강행규정위반이 되기 때문에 법원은 직권으로 이를 고려하여 판단하여야 한다.

제 3 절 실효의 원칙

제1관 실효의 원칙의 의의와 요건

1. 의 의

실효의 원칙이란 '권리자가 그의 권리를 오랫동안 행사하지 않았기 때문에 상대방

---

1) 판례는 신의성실의 원칙의 창조적 기능을 부인하고 있다(대판 1963. 9. 12, 63다452).

이 더 이상 권리행사가 없을 것이라고 믿은 경우에 권리자의 권리행사가 허용되지 않는 것'이라는 의미이다. 이 경우, 권리자의 권리행사는 남용으로 허용되지 않으므로, 실효의 원칙은 일종의 권리남용의 원칙이라고 할 수 있다.

2. 요 건

실효의 원칙의 적용요건에 대한 판례에 따르면. 첫째, 장기간에 걸친 권리의 불행사가 존재 둘째, 권리행사의 기회가 있었음에도 권리행사하지 아니하였을 것 셋째, 권리자의 상대방에게 권리자가 권리를 행사하지 아니할 것으로 믿을 만한 정당한 사유가 있을 것이다. 판례는 1990년 초의 두 번째를 요건으로 포함하였으나(대판 1992. 2. 28, 91다28221), 그 후 두 번째를 요건으로 언급하고 있지 않다(대판 1996. 7. 30, 94다51840).

제2관　실효의 원칙의 효과

권리가 실효되면, 권리 그 자체가 소멸하는 것이 아니라 권리행사가 허용되지 않는 것이다. 권리실효가 제2조제1항 신의성실의 원칙에 근거하는 것으로, 권리행사가 허용되지 않으므로, 의무자가 의무이행을 하는 것은 유효하다. 권리실효의 여부는 법원의 직권으로 판단할 사항일 것이다. 권리실효는 원칙적으로 모든 권리에 적용된다. 판례에 따르면, 소송상 권리(대판 1996. 7. 30, 94다51840), 소유권(대판 1995. 11. 7, 94다31914), 친권(대판 2002. 1. 8, 2001다60019)에는 실효의 법리를 적용하고 있는 반면, 인지청구권의 행사(대판 2001. 11. 27, 2001므1353)에는 적용하고 있지 않다.

제 4 절　사정변경의 원칙

제1관　사정변경의 원칙의 의의

1. 의 의

사정변경의 원칙이란 '법률행위의 기초가 된 사정 이후에 당사자가 예견하지 못했고 또 예견할 수도 없었던 중대한 변경이 발생되어, 처음의 효과를 그대로 유지하는 것이 부당한 경우에, 당사자가 그러한 행위의 효과를 신의칙에 맞도록 적당히 변경할 것을 상대방에게 청구하거나 또는 계약을 해제·해지할 수 있다는 것'이다. 이 원칙을 내용으로 하는 규정이 민법에 다소 존재하지만(제218조, 제286조, 제557조, 제627조, 제628조, 제661조, 제689조), 일반적으로 인정하는 규정은 없다. 판례에 따르면, 해제권에 관하여 과거에는 사정변경의 원칙을 불인정하였지만(대판 1963. 9. 12, 63다452), 현재는 인정하고 있다(대판 2007. 3. 29, 2004다31302).

<h2 style="text-align:center">제2관 사정변경의 원칙의 효과</h2>

사정변경의 원칙의 법적 효과에 대하여 먼저 급부내용의 변경을 제의하고, 상대방이 이를 거절하는 경우에 해제권이 발생하는 것으로 볼 수 있다(백태승, '사정변경의 원칙', 한국민법이론의 발전(I), 44쪽 참조). 그러나 사정변경의 원칙은 계약당사자가 계약상 지켜야 할 '계약준수의 원칙'과 충돌하게 된다. 즉, 계약체결시 당사자는 장차 발생할 사정까지도 고려하여 계약을 체결하는 것이 일반적이기 때문에 계약 이후에 사정변경의 발생시 계약준수 또는 사정변경의 적용은 당사자의 이해에 큰 영향을 미치게 된다. 따라서 사정변경의 원칙은 매우 예외적인 경우에 한하여 적용하는 것이 바람직하다.

신의칙의 인정 범위　　　　　　　　대법원 1999. 1. 15. 선고 98다43953 판결

　건물의 소유지분권을 매도한 사람은 그 매매의 이행으로서 매수인에 대하여 그 매도 부분에 관한 점유이전의 의무를 지므로 특단의 사정이 없는 한 매도인이 점유·사용 중인 매수인에 대하여 그 매매 부분을 명도하라고 청구하는 것은 신의성실의 원칙에 위배된다.

신의칙의 인정 여부　　　　　　　　대법원 1991. 6. 11. 선고 91다9299 판결

　자신의 친딸로 하여금 그 소유의 대지상에 건물을 신축하도록 승낙한 자가 위 건물이 친딸의 채권자에 의한 강제경매신청에 따라 경락되자 경락인에 대하여 그 철거를 구하는 행위가 신의칙에 위배된다고 본 사례

피상속인의 생전 상속포기 이후 상속개시시에 상속권 주장이 신의칙에 반하는지 여부
　　　　　　　　　　　　　　　　　　대법원 1998. 7. 24. 선고 98다9021 판결

[1] 유류분을 포함한 상속의 포기는 상속이 개시된 후 일정한 기간 내에만 가능하고 가정법원에 신고하는 등 일정한 절차와 방식을 따라야만 그 효력이 있으므로, 상속개시 전에 한 상속포기약정은 그와 같은 절차와 방식에 따르지 아니한 것으로 효력이 없다.

[2] 상속인 중의 1인이 피상속인의 생존시에 피상속인에 대하여 상속을 포기하기로 약정하였다고 하더라도, 상속개시 후 민법이 정하는 절차와 방식에 따라 상속포기를 하지 아니한 이상, 상속개시 후에 자신의 상속권을 주장하는 것은 정당

한 권리행사로서 권리남용에 해당하거나 또는 신의칙에 반하는 권리의 행사라고 할 수 없다.

연대보증채무를 대위변제하였다는 이유로 구상권 행사가 신의칙에 반하는지 여부
대법원 2000. 5. 12. 선고 99다38293 판결

갑이 하여야 할 연대보증을 그 부탁으로 을이 대신 한 경우, 갑이 그 연대보증채무를 대위변제하였다는 이유로 을에 대하여 구상권을 행사하는 것이 신의칙에 반한다고 본 사례이다.

신의칙의 의의와 요건
대법원 2003. 4. 22. 선고 2003다2390,2406 판결

신의성실의 원칙은 법률관계의 당사자가 상대방의 이익을 배려하여 형평에 어긋나거나, 신뢰를 저버리는 내용 또는 방법으로 권리를 행사하거나 의무를 이행하여서는 아니된다는 추상적 규범으로서, 신의성실의 원칙에 위배된다는 이유로 그 권리의 행사를 부정하기 위해서는 상대방에게 신의를 공여하였다거나, 객관적으로 보아 상대방이 신의를 가짐이 정당한 상태에 있어야 하고, 이러한 상대방의 신의에 반하여 권리를 행사하는 것이 정의관념에 비추어 용인될 수 없는 정도의 상태에 이르러야 할 것인바, 특별한 사정이 없는 한, 법령에 위반되어 무효임을 알고서도 그 법률행위를 한 자가 강행법규 위반을 이유로 무효를 주장한다 하여 신의칙 또는 금반언의 원칙에 반하거나 권리남용에 해당한다고 볼 수는 없다.

실효의 법리
대법원 1992. 2. 28. 선고 91다28221 판결

실효의 법리란 본래 권리 행사의 기회가 있음에도 불구하고 권리자가 장기간에 걸쳐 그의 권리를 행사하지 아니하였기 때문에 의무자인 상대방은 그가 권리를 행사하지 아니할 것으로 믿게 되고 그렇게 믿는 데 있어 정당한 사유가 있거나, 권리를 행사하지 아니할 것으로 추인되는 경우에 새삼스럽게 그 권리를 행사하는 것이 신의칙에 반하는 결과가 되어 그 권리 행사를 허용하지 아니하는 것을 말한다.

실효의 원칙의 의의 등
대법원 1996. 7. 30. 선고 94다51840 판결

실효의 원칙이라 함은 권리자가 장기간에 걸쳐 그 권리를 행사하지 아니함에 따라 그 의무자인 상대방이 더 이상 권리자가 권리를 행사하지 아니할 것으로 신뢰할 만한 정당한 기대를 가지게 된 경우에 새삼스럽게 권리자가 그 권리를 행사하는 것은 법질서 전체를 지배하는 신의성실의 원칙에 위반되어 허용되지 아니한다는 것을 의미하고, 항소권과 같은 소송법상의 권리에 대하여도 이러한 원칙은 적용될 수 있다.

사정변경의 원칙의 적용부정　　　　대법원 2017. 6. 8. 선고 2016다249557 판결

　　경제상황 등의 변동으로 당사자에게 손해가 생기더라도 합리적인 사람의 입장에서 사정변경을 예견할 수 있었다면 사정변경을 이유로 계약을 해제할 수 없다. 특히 계속적 계약에서는 계약의 체결 시와 이행 시 사이에 간극이 크기 때문에 당사자들이 예상할 수 없었던 사정변경이 발생할 가능성이 높지만, 이러한 경우에도 위 계약을 해지하려면 경제적 상황의 변화로 당사자에게 불이익이 발생했다는 것만으로는 부족하고 위에서 본 요건을 충족하여야 한다.

사정변경의 원칙의 적용　　　　　　대법원 2007. 3. 29. 선고 2004다31302 판결

　　이른바 사정변경으로 인한 계약해제는, 계약성립 당시 당사자가 예견할 수 없었던 현저한 사정의 변경이 발생하였고 그러한 사정의 변경이 해제권을 취득하는 당사자에게 책임 없는 사유로 생긴 것으로서, 계약내용대로의 구속력을 인정한다면 신의칙에 현저히 반하는 결과가 생기는 경우에 계약준수 원칙의 예외로서 인정되는 것이고, 여기에서 말하는 사정이라 함은 계약의 기초가 되었던 객관적인 사정으로서, 일방당사자의 주관적 또는 개인적인 사정을 의미하는 것은 아니다. 또한, 계약의 성립에 기초가 되지 아니한 사정이 그 후 변경되어 일방당사자가 계약 당시 의도한 계약목적을 달성할 수 없게 됨으로써 손해를 입게 되었다 하더라도 특별한 사정이 없는 한 그 계약내용의 효력을 그대로 유지하는 것이 신의칙에 반한다고 볼 수도 없다.

제 5 절　권리남용금지의 원칙(제2조제2항)

제1관　권리남용금지의 원칙의 의의와 요건

1. 의　의

　　권리는 사회적이고 공공적인 목적에 맞추어 법이 인정하는 것으로, 그 행사는 이러한 목적에 따라 일정하게 제한된다. 즉, 겉으로는 권리의 행사인 것처럼 보이지만 실질적인 경우 구체적으로 검토해보면 그 행사가 사회적, 공공적 목적에 반하게 되는 결과를 발생하게 되는 경우가 있는데 이를 '권리남용'이라 하고, 권리의 행사가 이처럼 남용된 경우에는 제한된 범위를 벗어난 권리의 행사는 인정되지 않는다는 원칙이 '권리남용금지의 원칙'이다. 권리의 행사가 신의성실의 원칙에 반하게 되는 경우 권리남용이 되는 것이 보통이다. 즉, 권리남용금지의 원칙과 신의성실의 원칙이 중복적으로 적용되는 것이 통설과 판례(대판 2005. 5. 13, 2004다71881 등 다수)의 입장이다.

2. 요 건

권리남용금지의 요건에 대하여 제2조제2항에서 이를 규정하고 있지는 않지만 그 정신에 따른 일반요건을 일반적으로 세 가지를 들고 있다. 우선 권리가 남용되기 위해서는 권리가 존재하여야 할 것이고, 그러한 권리가 정당한 권리자에 의하여 행사되어야 한다. 따라서 권리자가 불성실하게 권리를 행사하게 되면 권리남용이 된다. 이 경우 불성실한 불행사도 권리의 남용이라 할 수 있는가에 대해서 이를 긍정한다. 두 번째 요건으로 그 권리행사가 인정된 사회적 목적에 반하게 되어 권리자와 상대방의 이익을 비교했을 때 권리행사자의 이익과 그로 인하여 침해되는 상대방의 이익 간에 불균형이 발생하여야 한다. 이 때 권리자의 권리행사가 자신에게 정당한 이익은 전혀 없으면서 오직 상대방에게 고통이나 손해를 주거나 부당한 이익을 취할 목적 즉, 주관적 요건이 권리남용금지의 원칙의 요건으로 인정될 것인가에 대해서 통설은 부정설을 취하고 있으나, 판례의 주류적 태도는 일관되지 않지만 긍정설을 취하고 있다(대판 2002. 9. 4, 2002다22083·22090외 다수). 세 번째, 객관적으로 권리행사가 사회질서에 위배되어야 한다.

제2관   권리남용금지의 원칙의 효과

권리행사가 남용으로 인정되는 경우 권리의 정상적인 행사에 따른 효과가 발생하지 않게 된다. 이는 권리자체를 박탈하는 것이 아니라, 단지 권리행사의 효과를 인정하지 않는다는 것이다. 그러나 법률이 정한 경우에는 권리가 상실되는 경우가 있다 (예: 친권상실, 제924조 참조). 이는 권리 자체의 박탈이 아닌 권리행사의 제한으로 해석된다. 또한 권리의 남용으로 인하여 타인에게 손해가 발생한 경우에 권리남용금지의 원칙의 직접적인 효과는 아니지만 불법행위에 의한 손해배상책임을 물을 수 있다. 예를 들면, A 소유의 토지 위에 건축한 B 소유의 건물을 A가 철거청구하는 것이 권리남용금지의 원칙에 해당되는 경우, 해당 건물은 철거하지 않지만, B가 A토지를 대가없이 사용하는 것에 대하여 A가 B에게 부당이득반환청구를 행사할 수 있고, 토지의 사용이 불법행위를 구성하는 경우에는 불법행위에 의한 손해배상을 청구할 수 있다.

원고가 얻는 이익보다 피고가 받는 손실이 더 큰 경우 권리남용 인정 여부
대법원 1993. 5. 11. 선고 93다3264 판결

이 사건 토지상의 10층 아파트 건물 중 12.9㎡ 부분을 철거한다면 해당 10세대의 사용이 불가능하여짐은 물론 아파트 건물 전체의 안전에 중대한 위험이 될 수

있고, 분뇨탱크 관리실 출입통로 등은 이 사건 아파트의 필수적인 부대시설이고, 이를 철거한다 하더라도 대부분의 아파트 건물이 그대로 남아 있는 이상 원고가 이 부분 토지를 다른 용도에 사용하기는 어려워 이 부분 건물 등의 철거나 토지의 인도로 인하여 피고들이 받는 손실은 대단히 큰 반면에 원고가 얻은 이익은 비교할 수 없을 만큼 작다는 이유로, 원고의 이 사건 토지상의 아파트 건물부분 등의 철거와 그 대지의 인도청구는 권리남용에 해당되어 허용되지 아니한다.

신의칙에 반하는 사안에서 권리남용이 인정되는지 여부

대법원 2001. 7. 10. 선고 98다38364 판결

[1] 삼청교육으로 인한 피해와 관련하여 대통령이 1988. 11. 26. 발표한 담화는 그 발표 경위와 취지 및 내용 등에 비추어 볼 때 사법상의 법률효과를 염두에 둔 것이 아니라 대통령으로서의 시정방침을 밝히면서 일반 국민의 이해와 협조를 구한 것에 불과하므로, 이로써 삼청교육 관련 피해자들에 대한 국가배상채무를 승인하거나 시효의 이익을 포기한 것으로 볼 수 없고, 대통령에 이어 국방부장관이 1988. 12. 3. 대통령의 시정방침을 알리는 한편 그에 따른 보상절차를 진행하기 위하여 피해자 및 유족들에게 일정 기간 내에 신고할 것을 공고하는 담화를 발표하고 실제 신고를 받기까지 하였다고 하여 그 결론이 달라지는 것이 아니며, 또한 국가의 소멸시효 주장이 금반언의 원칙이나 신의성실의 원칙에 반하여 권리남용에 해당하는 것도 아니다.

[2] 대통령이 담화를 발표하고 이에 따라 국방부장관이 삼청교육 관련 피해자들에게 그 피해를 보상하겠다고 공고하고 피해신고까지 받은 것은, 대통령이 정부의 수반인 지위에서 피해자들인 국민에 대하여 향후 입법조치 등을 통하여 그 피해를 보상해 주겠다고 구체적 사안에 관하여 종국적으로 약속한 것으로서, 거기에 채무의 승인이나 시효이익의 포기와 같은 사법상의 효과는 없더라도, 그 상대방은 약속이 이행될 것에 대한 강한 신뢰를 가지게 되고, 이러한 신뢰는 단순한 사실상의 기대를 넘어 법적으로 보호받아야 할 이익이라고 보아야 하므로, 국가로서는 정당한 이유 없이 이 신뢰를 깨뜨려서는 아니 되는바, 국가가 그 약속을 어기고 후속조치를 취하지 아니함으로써 위 담화 및 피해신고 공고에 따라 피해신고를 마친 피해자의 신뢰를 깨뜨린 경우, 그 신뢰의 상실에 따르는 손해를 배상할 의무가 있고, 이러한 손해에는 정신적 손해도 포함된다.

권리남용으로 허용될 수 없는 경우

대법원 1999. 12. 7. 선고 98다42929 판결

소멸시효는 객관적으로 권리가 발생하여 그 권리를 행사할 수 있는 때로부터 진행하고 그 권리를 행사할 수 없는 동안만은 진행하지 않는바, '권리를 행사할 수 없는' 경우라 함은 그 권리행사에 법률상의 장애사유, 예컨대 기간의 미도래나 조건 불성취 등이 있는 경우를 말하는 것이고, 사실상 권리의 존재나 권리행사 가능성을 알지 못하였고 알지 못함에 과실이 없다고 하여도 이러한 사유는 법률상 장애

사유에 해당하지 않지만, 다만 채무자가 시효완성 전에 채권자의 권리행사나 시효
중단을 불가능 또는 현저히 곤란하게 하거나 그러한 조치가 불필요하다고 믿게 하
는 행동을 하였거나, 객관적으로 채권자가 권리를 행사할 수 없는 장애사유가 있었
거나, 또는 일단 시효완성 후에 채무자가 시효를 원용하지 아니할 것 같은 태도를
보여 권리자로 하여금 그와 같이 신뢰하게 하였거나, 채권자 보호의 필요성이 크고
같은 조건의 다른 채권자가 채무의 변제를 수령하는 등의 사정이 있어 채무 이행의
거절을 인정함이 현저히 부당하거나 불공평하게 되는 등의 특별한 사정이 있는 경
우에 한하여 채무자가 소멸시효의 완성을 주장하는 것이 신의성실의 원칙에 반하여
권리남용으로서 허용될 수 없다.

권리행사가 권리남용에 해당되기 위한 요건

대법원 2003. 2. 14. 선고 2002다62319,62326 판결

권리행사가 권리의 남용에 해당한다고 할 수 있으려면, 주관적으로 그 권리행사
의 목적이 오직 상대방에게 고통을 주고 손해를 입히려는 데 있을 뿐 행사하는 사
람에게 아무런 이익이 없는 경우이어야 하고, 객관적으로는 그 권리행사가 사회질
서에 위반된다고 볼 수 있어야 하는 것이며, 이와 같은 경우에 해당하지 않는 한
비록 그 권리의 행사에 의하여 권리행사자가 얻는 이익보다 상대방이 잃을 손해가
현저히 크다 하여도 그러한 사정만으로는 이를 권리남용이라 할 수 없고, 어느 권
리행사가 권리남용이 되는가의 여부는 각 개별적이고 구체적인 사안에 따라 판단되
어야 한다.

[1] 채무자의 소멸시효 완성 주장이 신의칙에 반하여 허용되지 않는 경우
[2] 국가의 소멸시효 완성 주장이 신의칙에 반하여 권리남용에 해당하는지 여부에 관한 판단 기준

대법원 2005. 5. 13. 선고 2004다71881 판결

[1] 채무자의 소멸시효에 기한 항변권의 행사도 우리 민법의 대원칙인 신의성실의
원칙과 권리남용금지의 원칙의 지배를 받는 것이어서, 채무자가 시효완성 전에
채권자의 권리행사나 시효중단을 불가능 또는 현저히 곤란하게 하였거나, 그러
한 조치가 불필요하다고 믿게 하는 행동을 하였거나, 객관적으로 채권자가 권
리를 행사할 수 없는 장애사유가 있었거나, 또는 일단 시효완성 후에 채무자가
시효를 원용하지 아니할 것 같은 태도를 보여 권리자로 하여금 그와 같이 신뢰
하게 하였거나, 채권자보호의 필요성이 크고, 같은 조건의 다른 채권자가 채무
의 변제를 수령하는 등의 사정이 있어 채무이행의 거절을 인정함이 현저히 부
당하거나 불공평하게 되는 등의 특별한 사정이 있는 경우에는 채무자가 소멸시
효의 완성을 주장하는 것이 신의성실의 원칙에 반하여 권리남용으로서 허용될
수 없다.

[2] 국가에게 국민을 보호할 의무가 있다는 사유만으로 국가가 소멸시효의 완성을
주장하는 것 자체가 신의성실의 원칙에 반하여 권리남용에 해당한다고 할 수는

없으므로, 국가의 소멸시효 완성 주장이 신의칙에 반하고 권리남용에 해당한다고 하려면 일반 채무자의 소멸시효 완성 주장에서와 같은 특별한 사정이 인정되어야 할 것이고, 또한 그와 같은 일반적 원칙을 적용하여 법이 두고 있는 구체적인 제도의 운용을 배제하는 것은 법해석에 있어 또 하나의 대원칙인 법적 안정성을 해할 위험이 있으므로 그 적용에는 신중을 기하여야 한다.

제 6 장   민법의 효력

제 1 절   시간에 관한 효력

　법률은 시행일부터 폐지일까지 효력을 가진다. 즉, 효력이 발생한 이후에 발생한 사실에만 적용될 뿐이고 폐지일 이후에 발생한 사실에 대해서는 적용되지 않는다는 것으로 '법률불소급의 원칙'이라고 한다. 따라서 법률에는 소급효가 인정되지 않는다. 그러나 이 원칙은 해석상의 원칙이기 때문에 입법으로 소급효를 인정하는 것은 문제되지 않는다. 즉, 과거의 사실에 대해 신법을 적용하더라도 그것과 관계되는 사람에게 유리하거나, 기득권의 침해가 없는 경우 특히 사회정책적으로 필요한 때에는 입법으로 소급효를 인정한다. 예컨대, 민법 부칙 제2조는 "본법은 특별한 규정이 있는 경우 외에는 본법 시행일 전의 사항에 대하여도 이를 적용한다"고 하여 소급효를 원칙적으로 인정하고 있다. 이렇게 소급효를 인정한 것은 현행 민법이 민법시행 이전에 효력이 있던 일본민법을 개정한 것이고, 또한 내용이 대부분 유사하기 때문이다. 그러나 민법 부칙 제2조 단서에서 "....이미 구법에 의하여 생긴 효력에 영향을 미치지 아니한다"고 규정함으로써, 실질적으로는 불소급의 원칙을 채용한 것과 다름이 없다. 한편 소급입법에 의하여 형벌부과나 재산권박탈은 헌법상 허용되지 않는다(헌법 제13조).

제 2 절   사람에 관한 효력

　민법은 대한민국 국민 모두에게 효력이 있다. 이 때 대한민국 국민이라 함은 대한민국 국적을 가진 모든 자를 일컫는 것으로 외국에 있는 대한민국 국적을 가진 자에게 적용됨은 물론이다. 국적의 취득과 상실에 관한 규정은 국적법이다. 이를 '속인주의'라 한다. 또한 대한민국에 있는 외국인에게도 우리 민법이 적용되는데 이를 '속지주의'라 한다. 근대국가에서는 법률에 있어서 속지주의와 속인주의를 아울러 쓰는 것이 원칙이다. 그러나 이 경우 우리 민법과 외국 법규가 충돌하는 문제가 발생하게 되는데 이러한 문제를 해결하기 위한 규정을 정해둔 것이 국제사법이다.

제 3 절 장소에 관한 효력

우리 민법은 대한민국 전 영토 내에서 발생하는 것에 효력을 가진다. 북한 또한 대한민국의 영토이므로(헌법 제3조), 민법의 효력이 미친다. 다만, 현실적으로 북한 지역의 적용이 정지되어 있을 뿐이다. 그리고 예외적으로 특별규정을 통해 그 적용범위를 일부지역에 한정할 수 있다.

제 7 장 권   리

제 1 절 법률관계와 권리의무

제1관 법률관계

1. 의 의

사람의 생활관계는 다양하게 이루어지고 있는데, 그중에서 관습이나 도덕 또는 종교에 의하여 규율되는 도덕관계 또는 종교관계가 있고, 법에 의해 규율되는 법률관계가 있다. 즉, 법에 의해 규율되는 사회생활관계를 법률관계라고 한다. 현대는 법치국가로 법의 규율을 받는 영역이 점차 확대되어가고 있어 사람의 생활관계의 대부분이 법률관계라 할 수 있다.

2. 내 용

법률관계는 일반적으로 사람과 사람과의 관계인 채권관계, 친족관계뿐만 아니라 사람과 물건과의 관계인 물권관계, 지식재산권관계와 사람과 장소와의 관계인 주소, 사무소, 영업소 등이 있고, 이러한 관계 속에서 법률관계는 법에 의하여 보호되는 자와 법에 의하여 구속되는 자의 관계로 나타나게 되는데, 전자와 같은 지위를 '권리'라 하고 후자와 같은 지위를 '의무'라고 한다. 따라서 법률관계는 대부분 권리와 의무의 관계로 이루어진다.[1] 이러한 권리와 의무의 관계는 하나의 관계 또는 여러 개의 관계(예: 부의 집을 자식이 빌려 사용하는 경우, 부모와 자의 법률관계와 임대차관계가 함께 존재)로 존재할 수 있다.

권리·의무 관계인 법률관계에서 권리가 중심인지 의무가 중심인지에 대해서 많은 논의가 있어왔고, 역사적으로 의무본위에서 권리본위로 발전해 오다가 20세기에 들어와서 자유주의적 개인주의에 따른 문제점을 해결하기 위하여 다시 의무를 강조하는 추세에 있다.

법률관계와 비교하여 고찰하여야 할 것으로 호의관계라는 것이 있다. 이들 구별

---

1) 모든 법률관계가 권리·의무관계로서 나타나는 것은 아니며, 법률관계에는 능력·주소 등과 같이 개개의 권리·의무로 환원할 수 없는 것도 있다(곽윤직·김재형, 민법총칙(제8판), 박영사, 2012, 55쪽).

기준은 법적 구속의사의 유무에 있는데, 법적 구속의사가 있는 관계를 '법률관계'라 하고, 법적 구속의사가 없는 관계를 '호의관계(예: 친구의 산책에 동행하는 경우, 부모의 외출시 대가 없이 어린아이를 돌보는 경우, 자기 차에 지나가던 행인을 태우는 경우(호의동승), 저녁식사에 지인을 초대하는 경우)'라고 한다. 즉, 호의관계는 일반적인 사람의 생활관계로 법에 의해 구속을 받지 않는 것이 원칙이다. 따라서 호의관계로 인한 의무가 이행이 되지 않았다거나 손해가 발생하였다고 하여 상대방이 계약상의 이행을 청구하거나 채무불이행에 의한 손해배상(제390조)을 청구할 수 있는 권리가 발생하지 않는다. 그러나 호의관계가 아닌 제750조에 의한 불법행위에 의한 손해배상책임을 물을 수 있으나 호의관계에서 발생하는 손해는 호의성에 비추어 책임을 면책하거나 감경할 수 있다. 판례에 따르면, "호의동승의 경우, 가해자에게 일반 교통사고와 동일한 책임을 지우는 것이 신의칙이나 형평의 원칙으로 보아 매우 불합리하다고 인정될 때에는 그 배상액을 경감할 수 있으나 사고 차량에 단순히 호의로 동승하였다는 사실만 가지고 바로 이를 배상액 경감사유로 삼을 수 없다"고 한다(대판 2012. 4. 26, 2010다60769).

그 밖에 법률관계와 법률제도가 구별된다. 법률제도는 '법에 의하여 규정된 질서의 체계'를 의미하는 반면, 법률관계는 법률제도가 이해관계당사자 사이에 구체화되는 것을 의미한다. 예를 들면, 매매, 임대차 등 계약, 혼인, 상속 등은 법률제도인 반면, 매매에서 매도인과 매수인 사이의 관계, 임대차에서 임대인과 임차인 사이의 관계, 혼인에서 배우자로서의 관계, 상속에서 피상속인과 상속인 사이의 관계는 법률관계이다.

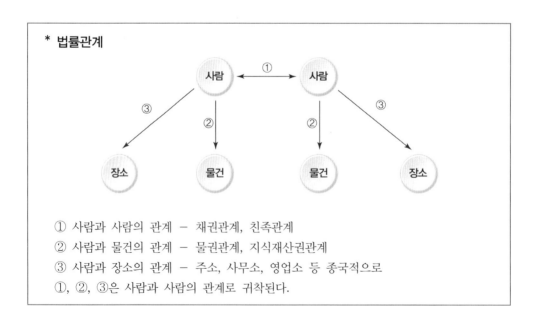

* **법률관계**

① 사람과 사람의 관계 - 채권관계, 친족관계
② 사람과 물건의 관계 - 물권관계, 지식재산권관계
③ 사람과 장소의 관계 - 주소, 사무소, 영업소 등 종국적으로
①, ②, ③은 사람과 사람의 관계로 귀착된다.

제2관 권 리

1. 의 의

권리는 법률관계에서 중요한 구성요소로서 사법의 중심개념이다. 이러한 권리의 본질이 무엇인가에 대하여 계속적인 연구가 있어왔으나, 지금도 보편타당한 견해는 아직 없다고 말할 수 있다(곽윤직·김재형 58쪽). 권리의 본질에 관한 주요한 학설에 대해서 살펴보기로 한다.

(1) 의사설(Willenstheorie)

사비니(Savigny)와 빈트사이트(Windscheid)와 같은 독일의 역사법학자들에 의하여 주장된 것으로 권리의 본질을 법에 의하여 주어진 의사의 힘, 또는 의사의 지배라고 한다. 즉, 권리란 권리자가 자신의 의사를 자유롭게 주장할 수 있는 힘을 법이 인정하는 것이라고 한다. 그러나 이 견해에 따를 경우 의사무능력자가 권리를 보유하는 것에 대해서는 설명하기 힘든 단점이 있다.

(2) 이익설(Interessentherie)

이익설에 따르면 권리란 법에 의하여 보호되는 이익으로 예링(Jhering)이 처음으로 주창하였다. 이는 의사설에서 착안한 것으로 의사설에 따라 권리를 의사의 힘이라고 할 때 그러한 힘을 권리자에게 주는 목적이 권리자에게 일정한 이익을 향유할 수 있게 하기 위한 것이므로 권리란 법에 의하여 보호되는 이익으로 설명한다. 그러나 이 설에 따르더라도 친권처럼 권리자에게 아무런 이익이 없는 권리에 대해서는 설명하지 못하는 문제가 발생하게 된다.

(3) 권리법력설(Rechtsmachttheorie)

권리법력설에 따르면 권리란 일정한 이익을 누릴 수 있게 하기 위하여 법이 인정하는 힘이라고 한다. 이는 에넥케루스(Enneccerus)에 의해 주장된 설로 의사설과 이익설이 야기하는 단점을 보완하고 양자를 절충하여 권리를 설명한다. 오늘날 가장 유력한 설로 통설적인 위치를 차지한다(곽윤직·김재형 58쪽).

2. 구별되는 개념

권리와 구별되는 개념으로 권한, 권능, 권원 그리고 반사적 이익이 있다.

(1) 권한(Zuständigkeit)

'권한'이란 타인을 위하여 일정한 행위를 하고 그로 인한 법률효과는 그 타인에게 발생케 하는 법률상의 자격 또는 지위를 말한다. 그 예로 대리인의 대리권, 법인 이사의 대표권, 사단법인 사원의 결의권, 선택채권에서 선택권자의 선택권 등이 있다.[2]

(2) 권능(Befugnis)

'권능'이란 권리의 내용이 되는 개별의 법률상의 힘을 말한다. 즉, 소유권이라는 권리는 각각 사용권, 수익권, 처분권이라는 권능을 내용으로 한다.[3] 권리의 내용이 하나의 권능으로 이루어진 경우(예: 상계)에는 권리와 권능은 같은 것이 된다.

(3) 권원(Rechtstitel)

'권원'이란 일정한 법률상 또는 사실상의 행위를 하는 것을 정당화하는 법률상의 원인을 말한다. 타인의 토지에 건물을 부속시키는 권원은 소유권, 임차권이다(제256조). 권원에 의하지 않은 점유 또는 사용·수익은 위법한 것이 되어 불법행위 내지 부당이득의 문제가 발생한다.

(4) 권리의 반사 또는 반사적 효과(Objektives Reflexrecht)

'권리의 반사(반사적 효과)'란 법률이 특정인 또는 일반인에게 어떤 행위를 명함으로써 다른 특정인 또는 일반인이 그 반사적 효과로서 받는 이익을 받게 되는 것을 말한다. 예를 들면 각종 교통법규 또는 자연공원법에 의하여 사람들이 안전하게 보행하거나 자연환경을 안전하게 이용하는 것은 법률에 의한 반사적 이익이다. 불법원인급여 또는 소멸시효기간의 완성 등에 의한 이익도 이와 같다. 이러한 반사적 이익은 법률에 의하여 힘이 주어지는 것이 아니다. 그러므로 반사적 효과를 누리기 위해서 법원에 청구하지 못한다.

제3관 의 무

1. 의 의

'의무'란 의무자의 의사와는 상관없이 법에 의하여 일정한 행위를 하거나 또는 하지 말아야 할 법률상의 구속을 말한다. 이때 일정한 행위를 하는 의무를 '작위의무'라고 하고 반대로 하지 말아야 할 의무를 '부작위의무'라고 한다. 부작위의무는 다시 '단순부작위의무'와 '인용의무'로 나누는데, 단순부작위의무는 일정한 행위를 하지 않아야 하는 의무이고, 인용의무는 일정한 침해행위에 대하여 이를 수용해야 할 의무를 말한

---

2) 그러나 권한을 가지는 자가 타인을 위하여 그러한 효과를 발생케 하는 데 있어서 이익을 가지는 때에는 이를 권리라고 하여도 상관없다. 곽윤직·김재형, 앞의 책, 58쪽.
3) 따라서 권리의 내용이 하나의 권능으로 되어 있는 경우에는 권리와 권능은 같다. 곽윤직·김재형, 앞의 책, 59쪽.

다. 상법 제41조에 의한 경업금지가 단순부작위의무라고 한다면, 제624조에 의한 임대인의 임대물 수선행위에 대하여 임차인이 방해하지 아니하는 것 그리고 제217조제2항의 이웃 거주자는 토지소유자의 매연 등이 통상의 용도에 적당한 것인 때 인용하는 것을 인용의무라 할 수 있다.

2. 의무와 권리의 관계

'의무'란 권리와 표리관계를 이루는 것으로 서로 대응하는 개념이라 할 것이다. 그렇다고 하여 양자가 반드시 대응하는 것은 아니고 취소권, 추인권, 해제권과 같은 형성권과 같이 권리만 있고 의무가 없는 경우가 있는가 하면, 청산인의 공고의무(제88조, 제93조), 이사 또는 청산인의 등기의무(제50조 내지 제52조, 제85조, 제94조)와 같이 의무만 있고 권리가 없는 경우도 있다.

〈매매계약관계에서 권리와 의무의 대응관계〉

3. 간접의무

의무와 구별하여야 할 개념으로 간접의무라는 것이 있다.[4] '간접의무'란 의무적으로 그 실행을 강제하고 있는 것은 아니지만 그것을 실행하지 아니하는 경우에는 법률상 불이익이 초래되는 것을 말한다. 따라서 의무는 이행되지 않으면 권리자가 소에 의해서 이행을 강제하거나 손해배상을 청구할 수 있지만, 간접의무는 슈미트(Reimer Schimit)가 보험법에서 일반화한 개념으로 위반시 법규에서 정한 불이익을 받을 뿐 강제이행이나 손해배상책임을 지지 않는다. 제528조의 승낙연착의 통지의무, 제559조제1항의 증여자의 하자고지의무, 제612조의 사용대차의 사용대주의 하자고지의무, 상법 제69조의 상인간의 매매에서 매수인의 목적물의 검사와 하자통지의무를 그 예로 들 수 있다.

---

4) 김형배 교수는 이를 책무라고 표현한다(채권총론, 44쪽). 그러나 책무는 의무보다도 중한 느낌을 주므로 간접의무라는 용어가 오히려 적절하다는 견해가 있다(곽윤직 · 김재형, 채권총론, 98쪽).

제 2 절 권리의 종류

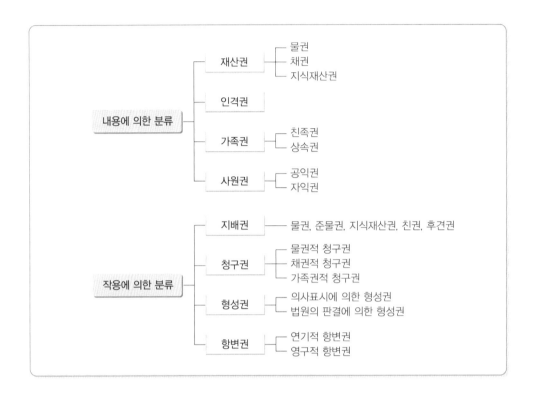

제1관 민법상 권리

법을 분류할 때 공법, 사법, 사회법으로 나누는데, 이에 대응하여 권리도 공권, 사권, 사회권으로 나눌 수 있다. 민법은 사법으로 민법상의 권리는 사권이다. 사권을 구체적인 기준에 따라 다시 나눌 수 있다. 즉, 내용에 따라 분류로 재산권, 인격권, 가족권, 사원권으로, 작용에 따라 분류로 지배권, 청구권, 형성권, 항변권으로 그리고 그 밖에 분류로 나눌 수 있다.

제2관 내용에 따른 분류

1. 재산권

'재산권'이라 함은 경제적인 가치가 있는 이익을 목적으로 하는 권리를 말한다. 그러나 경제적인 가치가 있는 권리에는 금전으로 평가할 수 있는 권리 이외에 금전으로 가액을 산정할 수 없는 채권(예: 어떤 일의 완성을 청구할 채권, 제373조 참조)과 부양청구권(제974조)과 같은 친족 사이의 가족권도 포함된다. 따라서 권리자의 인격이나 가족관계에서의 지위와 불가분적으로 결합하는 권리(비재산권)가 아닌 모든 권리를 재산권이라고 할 수 있다. 재산권에서 가장 중요한 것은 물권, 채권, 지식재산권이다.

(1) 물 권

'물권'은 권리자가 물건을 직접 지배함으로써 이익을 얻는 배타적인 권리이다. 민법은 물권을 소유권과 점유권 그리고 용익물권으로 지상권·지역권·전세권을, 담보물권으로 유치권·질권·저당권의 8종을 인정하고 있다. 그리고 관습법상 물권으로는 분묘기지권, 관습법상 법정지상권이 있다. 한편 물권과 구별해야 하는 것으로 준물권이 있는데, '준물권(예: 광업권, 어업권, 임업권 등)'은 물권과는 달리 물건을 직접 지배하지는 않지만 물건에 대하여 다른 자에 우선하여 독점적으로 물건을 취득할 수 있는 권리이다.

(2) 채 권

특정인(채권자)이 다른 특정인(채무자)에 대하여 일정한 행위(급부)를 하여 줄 것을 요구할 수 있는 권리를 '채권'이라 한다. 채권은 주로 계약에 의하여 발생하기 때문에 사적자치의 원칙 중 계약자유의 원칙이 강하게 지배하여서 원칙적으로 내용의 제약을 받지 않아 그 종류가 매우 다양하다. 채권은 근대사법에서 가장 중요한 지위를 차지한다.

(3) 지식재산권

'지식재산권'이란 인간의 창조적 활동 또는 경험 등에 의하여 창출되거나 발견된 지식·정보·기술·사상이나 감정의 표현, 영업이나 물건의 표시, 생물의 품종이나 유전자원, 그 밖에 무형적인 것으로서 재산적 가치가 실현될 수 있는 권리(지식재산기본법 제3조제1호)를 말한다. 지식재산권은 지적소유권, 지적재산권 또는 무체재산권[5]이라고 한다. 특허권·상표권·저작권·디자인권·실용신안권 등이 이에 속한다. 오늘날 컴퓨터 프로그램이라든지 캐릭터, 프랜차이징, 영업비밀 등과 같이 새로운 내용의 지식재산권이 계속하여 발생함에 따라 지식재산권의 보호에 대한 필요성이 증가하였고, 이에 1993년 12월 15일 지식재산권협정(Agreement on Trade-Related Aspects of Intellectual Property Rights; TRIPs)이 타결되어 지식재산권의 보호가 강화되고 있다.

---

5) 무체재산권이라는 용어는 독일에서 관용되고 있는 Immaterialgüterrecht를 번역한 것으로 지적재산권이라고 부르는 것이 가정 적절하다고 생각하지만, 2011년 지식재산기본법을 제정하면서 '지식재산권'이라는 용어로 사용하고 있다(곽윤직·김재형, 민법총칙, 62쪽).

2. 인격권

'인격권'이란   생명·신체·명예·신용·정조·성명·초상·창작·사생활(프라이버시) 등과 같이 인간이라는 존재로부터 발생하는 인격적 이익을 누리는 것을 그 내용으로 하는 독점적·배타적 권리이다. 이는 헌법 제10조에서 보장하는 인간의 존엄과 가치권을 보장하기 위한 사법적 해결방안으로 제751조를 통해서 타인의 신체, 자유 또는 명예를 해하거나 기타 정신상 고통을 가한 자는 재산 이외의 손해에 대하여도 배상할 책임이 있다고 하여 소극적으로 보호하고 있다.

인격권은 권리의 주체와 분리할 수 없는 권리이기 때문에 이를 양도하거나 상속할 수 없다. 인격권은 그 특성상 피해의 완전한 회복이 어렵기 때문에 사후적인 구제수단인 금전배상이나 명예회복 등의 청구권을 인정할 뿐만 아니라 사전적인 구제수단으로 침해행위의 정지나 방지 등의 금지청구권도 인정된다.[6]

3. 가족권(신분권)

'가족권'이란 친족권과 상속권을 포함하는 상위개념으로 가족관계나 친족관계에 있어서 일정한 지위에 따른 이익을 누리는 것을 내용으로 하는 권리로 친권, 후견인의 권리, 배우자가 가지는 권리, 부양청구권, 재산상속권, 유증을 받을 수 있는 권리, 유류분에 관한 권리 등이 그 예이다. 가족권은 권리보다는 의무적 색채가 강한 것이 특색이다.

4. 사원권

사단법인의 구성원이라는 지위에서 나오는 포괄적인 권리를 '사원권'이라 하고, 이 사원권은 단체 자체의 목적을 달성하기 위해 사업수행에 참여하는 것을 내용으로 하는 '공익권'과 단체로부터 경제적 이익을 받을 것을 내용으로 하는 '자익권'으로 나누어진다. 전자의 예로는 결의권, 소수사원권 등이 있는데 양도나 상속이 허용되지 않고, 후자로는 이익배당청구권, 잔여재산분배청구권, 시설이용권 등이 있으며 양도나 상속이 가능하다.

제3관   작용(효력)에 따른 분류

1. 지배권(Herrschaftsrecht)

'지배권(예: 물권, 지식재산권, 인격권, 친권, 후견권 등)'이란 권리 객체인 목적물을 직

---

6) 대판 1996. 4. 12, 93다40614·40621.

접적(대내적 효력)·배타적(대외적 효력)으로 지배하는 권리이다. 친권, 후견권 등은 사람을 상대로 하지만 상대방의 의사를 억제하고 권리내용을 직접 실현하는 점에서 지배권에 속한다고 할 수 있다. 지배권에서 직접적으로 지배한다는 것은 권리내용인 이익실현을 위하여 권리자 외에 타인의 행위나 동의 없이도 그 권리의 내용을 향유할 수 있다는 것이다. 지배권이 위법하게 침해되면 물권적 청구권이나 불법행위에 기한 손해배상청구권이 발생하게 된다.

2. 청구권(Anspruch)

'청구권'이란 일방이 타방에 대하여 일정한 작위 또는 부작위를 요구할 수 있는 권리이다. 청구권은 채권적 청구권, 물권적 청구권, 가족법상의 청구권을 포함하는 상위개념으로 채권보다는 넓은 개념이다. 한편 청구라는 측면에서는 그 성질이 동일하므로 채권규정을 유추하는 것이 가능하다. 그렇다고 하더라도 채권양도규정은 유추할 수 없고, 청구권은 그 성질상 청구권이 기초하는 권리와 분리하여 처분할 수 없다. 또한 청구권은 상대권이기는 하지만 제3자에 의하여 침해가 발생한 경우에는 제750조 불법행위에 의한 손해배상청구가 가능하다. 주의할 점은 청구권의 명칭을 가지고 있지만 형성권으로 해석되는 청구권이 있다. 예를 들면, 지료증감청구권(제286조), 지상물매수청구권(제285조), 부속물매수청구권(제316조), 매매대금감액청구권(제572조) 등이 그 예이다.

3. 형성권(Gestaltungsrecht)

'형성권'이란 권리자의 일방적 의사표시만으로 법률관계를 발생·변경·소멸시킬 수 있는 권리로, 권리자의 의사표시만으로 족한 '일반적 형성권'과 법원의 판결에 의하여야만 하는 '형성소권'으로 나뉜다. 전자는 당사자의 일방적 의사표시로 행사가 가능할 뿐만 아니라 재판상 행사도 가능하다. 그 예로 해제권, 해지권, 추인권, 거절권, 상계권, 동의권, 취소권, 상속포기권, 매매의 일방예약완결권 등과 청구권이라고 표현되지만 성질상 형성권인 지료증감청구권(제286조), 지상물매수청구권(제285조), 부속물매수청구권(제316조), 매매대금감액청구권(제572조)이 있다. 후자는 포괄적 기초권리관계가 변동되는 것으로 재판상 행사만 가능하고, 그 예로 채권자취소권, 친생부인권, 입양취소권, 재판상 이혼청구권, 재판상 파양권 등이 있다. 이와 같이 재판에 의해서만 법률관계를 형성하는 이유는 형성권의 효과가 제3자에게도 미치기 때문이다.

4. 항변권(Einrede)

'항변권'이란 청구권의 행사에 대하여 그 작용을 저지할 수 있는 권리이다. 항변권은 주장되는 청구권의 존재를 전제로 하며, 청구권의 성립을 방해하거나 그것이 소멸하였다는 사실의 주장은 항변권이 아니다. 항변권은 상대방이 권리를 승인하면서 그 권리의 작용에 일방적인 변경을 발생하게 하는 점에서 특수한 형성권이라고 하는 것이 보통이다. 항변권은 청구권의 행사를 일시적으로 저지할 수 있는 '연기적 항변권'과 영구적으로 저지할 수 있는 '영구적 항변권'으로 구분한다. 전자의 예로는 동시이행의 항변권, 보증인이 가지는 최고 및 검색의 항변권이 있고, 후자의 예로는 상속인의 한정승인의 항변권이 있다.

제4관   기타의 분류

1. 절대권과 상대권

'절대권'이란 대세권이라고도 하며 특정의 상대방이 없고 누구에 대하여도 주장할 수 있는 권리로 물권·지식재산권·친권·인격권 등의 지배권이 그 예이고, '상대권'이란 대인권이라고도 하며 특정인에 대하여만 주장할 수 있는 권리로 채권 등 청구권이 그 예다. 절대권의 대상은 모든 자이기 때문에 어느 누구라도 절대권을 침해하는 경우 불법행위에 해당된다. 반면, 상대권의 대상은 특정의 상대방이기 때문에 그 상대방으로부터 침해받은 경우(예: 채무불이행)가 일반적이지만, 제3자에 의해서도 침해(예: 제3자에 의한 채권침해)를 받을 수 있는 예외가 있다.

2. 일신전속권과 비일신전속권

'일신전속권'이란 권리의 성질상 타인에게 귀속시킬 수 없는 권리로서 양도나 상속 등에 의하여 타인에게 이전될 수 없는 권리로 대부분의 가족권·인격권이 이에 속한다. 일신전속권은 권리가 인격적인 특성과 밀접하게 결합되어 있어 타인에게 이전되는 것이 불가능한 '귀속상 일신전속권'과, 행사 여부에 대하여 권리자 자신이 직접 결정하여야만 하는 권리인 '행사상 일신전속권'으로 나뉜다. 전자의 예로 부양청구권·인격권 및 고용·위임 등과 같은 계속적 계약에서의 당사자의 지위를 들 수 있고, 후자의 예로 제404조제1항 단서의 일신전속권을 거론할 수 있다. 이 두 종류의 일신전속권은 거의 일치하지만 예외도 존재한다. 예컨대 이혼위자료청구권은 행사상 일신전속권이지만, 귀속상 일신전속권이 아니어서, 청구권을 행사할 의사가 외부적, 객관적으로 명백하게 된 이상 양도나 상속이 가능하다(대판 1993. 5. 27, 92므143).

'비일신전속권'이란 양도성과 상속성이 있는 권리를 말하며 대부분의 재산권이 비일신전속권이다.

3. 주된 권리와 종된 권리

'종된 권리'는 다른 권리에 대하여 종속관계에 있는 권리를 말한다. 즉, 종된 권리는 주된 권리의 존재를 전제로 발생하게 된다. 따라서 '주된 권리'는 종된 권리의 전제가 되는 권리이다. 예를 들면, 이자채권, 질권·저당권, 보증인에 대한 채권은 종된 권리이고, 이에 전제가 되는 권리인 원본채권, 피담보채권, 주채무자에 대한 채권은 주된 권리이다. 종된 권리와 주된 권리에서 종속성의 정도는 개개의 종된 권리의 성질에 따라 다르지만, 대체로 종된 권리는 주된 권리의 법률상 그 발생과 변경, 소멸을 같이 한다.

4. 기대권

'기대권'이란 권리가 발생하기 위한 요건 중 일부만을 갖추고 있어, 아직 권리가 온전하게 발생한 것은 아니지만 장래에 남은 요건이 갖추어지면 권리를 취득할 수 있는 상태에 대하여 법이 보호해 주는 권리이다. 조건부 권리, 기한부 권리, 소유권유보부매매에서 매수인의 지위, 상속개시 이전에 추정상속인의 지위 등이 그 예이다.

제 8 장   권리의 주체(자연인과 법인)

　권리란 일정한 이익을 향유하기 위하여 법이 인정하는 힘으로 그러한 이익을 누릴 주체를 전제로 한다. 이때 이러한 이익을 누리기 위한 법적 힘을 갖는 자를 '권리의 주체'라고 한다. 따라서 모든 권리와 의무에는 주체가 있고 민법에서는 자연인과 법인을 권리의 주체로서 인정하고 있다.

　한편 독일은 2002년 개정된 민법에 권리와 의무의 주체를 자연인, 소비자, 사업자 그리고 법인으로 구분하여 제1절에 자연인, 소비자와 사업자를, 제2절에 법인을 규정하고 있다.

---

* 소비자의 개념

　독일민법(2002년 개정) 제13조에는 "소비자는 자신의 영업활동이나 독립적 직업활동에 속하지 아니하는 목적으로 법률행위를 하는 자연인을 말한다." 반면에 제14조제1항에 "사업자는 법률행위를 함에 있어서 자신의 영업활동이나 독립적 직업활동의 일환으로 행위하는 자연인, 법인 또는 권리능력있는 인적회사를 말한다"고 규정하고 있다. 이렇게 소비자의 개념을 민법에 편입시킴으로써, 민법의 기본원리의 재고찰 즉, 형식적 사적자치의 원칙에서 실질적 사적자치의 원칙으로의 고찰, 민법상 소비자개념의 범위와 그 밖의 소비자개념과의 관계 그리고 민법상 인(人)의 개념의 재고찰(확대문제)이 필요하게 되었다.[1]

　우리 민법에 소비자의 개념을 수용할 것인가에 대하여는 먼저 소비자의 민법규정의 필요성, 다양한 소비자의 개념의 통일, 민법상 해당규정의 위치, 민법상 소비자의 법적 지위, 민법상 자연인과의 소비자의 관계 등이 정립되어야 할 것이다. 아울러 소비자관련법의 통일화도 모색되어야 할 것이다.

---

1) 이병준, "독일 민법상 소비자개념", 민사법학 제26호, 2004.9, 197쪽 이하.

제 1 절 자 연 인

제1관 권리능력(제3조)

제3조 [권리능력의 존속기간]

사람은 생존하는 동안 권리와 의무의 주체가 된다.

제1항 권리능력의 의의

'권리능력'이란 권리의 주체가 될 수 있는 지위 또는 자격을 말하는 것으로 '인격'이라고도 한다. 권리능력에 대응하여 의무의 주체가 될 수 있는 지위를 '의무능력'이라고 한다. 권리능력은 동시에 의무능력이다(제3조). 따라서 권리능력이라는 표현보다는 '권리의무능력'이 더 정확한 표현이다. 그러나 민법은 권리능력에 관한 규정은 있으나, 의무능력에 관한 규정이 없기 때문에 권리능력에는 의무능력을 포함하는 개념이다.

권리능력을 갖는 자를 권리능력자라고 하고 살아있는 사람인 자연인과 권리능력이 인정된 사단과 재단이라고 하는 법인이 있다.[2] 자연인은 무제한적인 권리능력을 갖는 것에 비하여 법인은 정관상 목적범위 내에서만 권리능력을 가질 뿐이다.

제2항 권리능력의 시작

사람은 생존하는 동안 권리능력을 갖게 되므로 출생함으로써 권리능력이 시작된다. 이 때 출생의 시기에 대해서 진통설(분만개시설), 일부노출설, 전부노출설, 독립호흡설의 네 가지 학설로 나뉘고 있다. 이 중에서 비교적 출생의 시점을 명확하게 확정할 수 있는 전부노출설이 통설이다.[3] 형법은 진통설이 통설이다. 왜냐하면 형법 제

---

2) 민법에서 '인(人)'이라는 말은 대부분 자연인과 법인을 포함하는 경우가 많다. 예를 들면 본인(114조, 115조, 116조, 119조 120조, 121조, 123조, 124조, 126조, 131조, 134조, 135조 등), 타인(125조, 130조, 131조, 135조 741조, 745조, 750조, 753조, 754조 등), 매도인·매수인(568조 이하), 보증인(428조 이하), 임차인·임대인(623조 이하), 도급인·수급인(664조 이하), 위임인·수임인(680조 이하) 등에서 '인'은 자연인과 법인을 모두 포함한다. 그러나 자연인만을 가리켜 '인'이라고 하는 경우도 많으므로 그때그때 검토하여야 한다.

3) 그런데 민법상 출생에 관하여 전부노출설을 취하는 종래의 학설·판례의 태도는 의료과오사건이 거의 제기되지 않았을 때 다루어졌던 것으로서 실제에 있어서 태아가 모체로부터 분리되기 시작하여 주기적인 진통이 시작되었으나 이후 의료과오(분만과실)로 인하여 전부노출되지 못한 경우에 태아는 법률상 보호받지 못하게 된다는 불합리한 결과를 가져오게 된다. 또한 분만 도중 태아가 사산한 경우에 있어서 전부노출되어야만 사람으로 다루어지고, 전부노출 직전 사망한 경우에는 모

251조에 '...분만 중 또는 분만직후의 영아살해...'라는 규정을 두고 있기 때문이다.

출생의 시기를 어디에 두느냐에 따라 상속인과 상속분을 결정하는 데에 차이가 있다. 즉, 일단 출생하여 사망한 경우는 권리능력을 일단은 가졌기 때문에 상속인이 되어 상속을 받을 수 있지만, 사산되는 경우에는 권리능력을 가지지 못하기 때문에 상속을 받을 자격이 발생하지 않는다. 한편 살아서 태어나기만 하면 기형아, 쌍생아 또는 인공수정자인가를 묻지 않고 모두 권리능력자가 된다.

출생의 신고는 가족관계의 등록에 관한 법률 제44조, 제45조, 제46조에 의거 출생 후 1월 이내에 신고의무자가 출생지에서 출생증명서를 첨부하여 하여야 한다. 출생신고는 보고적 신고에 지나지 않기 때문에 신고가 있는 날로부터 권리능력을 취득하는 것은 아니고, 출생과 동시에 당연히 권리능력을 취득한다. 따라서 가족관계등록부에 기재된 사실은 출생의 연월일이라고 추정될 뿐이므로 조산사나 의사 기타의 증거에 의하여 출생시기 등을 확정할 수 있다(대판 1994. 6. 10, 94다1883 참조).

제3항 권리능력의 끝

사람은 생존하는 동안 즉, 출생에서 사망까지 권리능력을 가지므로 사망시에 권리능력이 소멸하게 된다. 출생과 마찬가지로 사망시점에 대해서도 확정적인 기준이 있어야 하는데 사람의 호흡과 심장이 영구히 정지한 때 사망한다는 심장박동정지설이 통설이다.[4]

사망의 신고는 가족관계의 등록 등에 관한 법률 제84조, 제85조, 제86조 등에 따라 신고의무자가 사실을 안 날부터 1개월 이내에 진단서 또는 검안서를 첨부하여 사망지·매장지·화장지에서 하여야 한다. 가족관계등록부에 사망이 기재된 때에 사망

체의 일부로 다루어진다고 하게 되면 극단적인 경우 외료과오를 일으킨 의료인이 책임을 은폐하기 위하여 고의로 태아를 사망에 이르게 하는 악결과를 초래할 수도 있고 또한 형사상 사람과 민사상 사람을 구별할 실익이 없다는 점, 그리고 분만개시 후 전부노출되기 전에 의료과오로 사망된 태아의 경우 정지조건설이나 해제조건설에 따르더라도 전혀 보호받지 못한다는 문제점을 들어 출생의 시기를 진통설로 보아야 한다는 견해가 있다(김영규, "분만계약의 당사자와 태아의 권리능력", 판례월보 320호, 1997.5, 63쪽).

4) 의학적으로는 뇌기능이 멈춘 뇌사인 경우 아직 호흡과 심장박동은 계속되고 있지만 사망으로 의제하고자 하는 경향이 있다. 의학의 발달로 인하여 뇌의 기능이 멈추더라도 호흡과 혈액순환을 유지할 수 있게 되자 장기이식을 위하여 뇌사를 사망으로 의제하자는 것이다. 이에 장기이식과 뇌사에 관하여 장기 등 이식에 관한 법률(1999.2.8 법5858호)이 제정되었다. 동법에 따르면 본인이 뇌사 전에 장기 등의 적출에 동의하거나, 동의 또는 반대의 사실이 확인되지 않은 때에는 그 가족 또는 유족이 적출에 동의한 경우로서, 대가 없이 기증하는 경우에 한한다(제1조제10조 이하 제18조). 뇌사자가 동법에 의한 장기 등의 적출로 사망한 때에는 뇌사의 원인이 된 질병 또는 행위로 인하여 사망한 것으로 본다(제17조). 본인이나 가족이 장기 등의 적출에 동의하지 않은 때의 뇌사에 관하여는 동법은 규정하고 있지 않다. 뇌사의 판정으로 사망이 되는 것이 아니라 장기가 적출되는 때 사망한 것으로 본다.

하는 것이 아니라 실제로 사망한 시점에 사망한 것으로 인정되므로 반증으로 뒤집어 정정할 수도 있다.

사망의 시점은 상속(제997조 이하) · 유언의 효력발생(제1073조 이하) · 잔존배우자의 재혼(제810조) · 보험금청구 또는 연금청구 등과 관련되어 있기 때문에 출생의 시점보다 더욱 중요하다.

제4항 태아의 권리능력

사람은 생존하는 동안 즉, 출생해서 사망하기까지 권리능력을 갖게 된다. 이 원칙을 관철하게 되면 태아는 권리능력자가 되지 않게 되어 태아에게 불리한 결과가 발생하게 된다. 예를 들면 부가 사망한 직후 출생한 태아는 상속개시 당시 출생되지 않았으므로 권리능력이 없어 상속을 받지 못하게 되는데, 이는 출생의 시기라는 우연한 사정에 의존한다는 점에서 문제가 있다. 그런데 본래 출생의 완료로써 권리능력을 인정하는 것은 그 증명이 용이하다는 데서 그렇게 하고 있는 것이며, 태아는 출생의 완료까지는 보호할 값어치가 없다고 해서 그런 것은 아니다(곽윤직 · 김재형 99쪽).

1. 입법주의

태아가 살아서 태어나는 경우, 태아의 이익을 고려하여 각국에서는 이를 보호하고자 하는 규정을 두고 있다. 일반적 보호주의(스위스민법 제31조제2항)와 개별적 보호주의(독일민법 제844조 · 제1923조, 프랑스민법 제725조 · 제906조, 일본민법 제721조 · 제886조 · 제965조)가 그것이다. 전자에 따르면 태아의 이익을 위하여 모든 법률관계에 있어서 태아가 이미 출생한 것으로 보는 것이다. 후자는 현행 민법이 취하고 있는 태도로 중요한 법률관계에 관해서만 개별적으로 출생한 것으로 보자는 것이다. 일반적 보호주의에 따를 경우 태아의 이익을 모두 보호할 수 있다는 장점은 있지만 구체적인 경우에 과연 어떤 범위에서 출생한 것으로 볼 것인가에 관한 어려운 문제가 남는 단점이 있다(곽윤직 · 김재형 76쪽). 우리 민법은 적용의 범위를 명료하게 하는 장점이 있다는 이유에서 개별주의를 채택하였으나(민법안심의록(상) 5쪽), 태아의 모든 이익을 보호하지 못한다는 단점이 있다. 이러한 단점을 보완하기 위하여 개별적 보호주의에 따른 규정을 원칙적인 규정으로 보고 이를 기초로 하여 문제가 되는 기타의 경우에 유추적용하자는 견해가 있다(곽윤직 · 김재형 99쪽). 이에 우리 민법은 중요한 법률관계에 관한 사항을 개별적으로 열거하여 태아의 권리능력을 인정한다.

2. 태아의 권리능력이 인정되는 민법규정

(1) 불법행위에 의한 손해배상의 청구(제762조)

태아는 손해배상의 청구권에 관하여는 이미 출생한 것으로 본다(제762조)고 하여 태아 자신이 타인의 불법행위로 인하여 손해를 입은 경우(제750조)에 적용된다. 즉, 태아 자신의 손해배상청구권(예: 의사 또는 제3자에 의하여 태아가 기형아가 된 경우)(제750조)과 부 또는 모의 생명침해에 따른 태아 자신의 위자료청구권(제752조)이 그 예이다. 그러므로 직계존속이 타인의 불법행위에 의하여 사망한 경우에 발생하는 직계존속의 재산상·정신상의 손해에 대해서는 태아의 상속능력(제1000조제3항)으로 해결하여야 한다.

> **부의 사망에 대한 태아의 위자료청구권 인정 여부**
>
> 대법원 1993. 4. 27. 선고 93다4663 판결
>
> 태아도 손해배상청구권에 관하여는 이미 출생한 것으로 보는바, 부가 교통사고로 상해를 입을 당시 태아가 출생하지 아니하였다고 하더라도 그 뒤에 출생한 이상 부의 부상으로 인하여 입게 될 정신적 고통에 대한 위자료를 청구할 수 있다.

> **조산된 태아의 재산상 손해배상청구권 인정 여부**
>
> 대법원 1968. 3. 5. 선고 67다2869 판결
>
> 교통사고의 충격으로 태아가 조산되고 또 그로 인하여 제대로 성장하지 못하고 사망하였다면 위 불법행위는 한편으로 산모에 대한 불법행위인 동시에 한편으로는 태아 자신에 대한 불법행위라고 볼 수 있으므로 따라서 죽은 아이는 생명침해로 인한 재산상 손해배상청구권이 있다.

(2) 상속(제1000조제3항)

태아는 상속순위에 관하여는 이미 출생한 것으로 본다(제1000조제3항)고 하여 태아도 상속을 받을 수 있도록 하고 있다.[5] 이 경우 논의가 되는 것으로 태아에게 대습상속(제1001조)과 유류분권(제1112조)도 인정되는가 하는 점이다. 통설은 대습상속과 유

---

5) 태아인 중에 상속재산의 협의분할이 이루어질 경우에 법정대리인 또는 재산관리자의 존재를 통해 태아를 분할협의에 참가시킬 것인가(해제조건설), 아니면 태아가 살아서 출생한 때 비로소 상속재산의 분할협의를 할 것인가(정지조건설)의 문제와 관련된다. 해제조건설에 의하여 법정대리인을 통해 분할협의에 참가한다 해도 태아가 혼인중의 자인 경우에는 母도 상속인이 되기 때문에 모의 법정대리는 이해상반행위에 해당하여 특별대리인을 선임하여야 하나(제921조), 그 참가절차가 인정되지 않으므로 결국 협의를 중지하고 태아의 출생시까지 기다려야 할 것이다. 그러나 태아가 인지된 혼외자인 경우에는 생모가 법정대리인이 되어 분할 협의에 참가할 수 있다(이화숙, "태아의 법률상의 지위, 채권법에 있어서 자유와 책임", 김형배교수회갑기념논문편찬위원회, 1994, 120쪽).

류분권이 상속과 관련하여 발생하기 때문에 당연히 인정되어야 한다고 하지만, 소수설은 이들을 인정하기 위한 명문의 규정이 없으므로 제1000조제3항을 유추적용하여 태아의 권리능력을 인정하여야 한다(김주수·김상용, 친족·상속법(제5전정판), 502쪽; 양창수, "태아의 권리능력", 고시연구(88. 6.), 46쪽)고 한다.

(3) 유증(제1064조)

상속에서 태아의 권리능력(제1000조제3항)에 관한 규정은 유증에도 준용된다(제1064조). 유증은 계약인 증여와는 달리 단독행위이므로 태아는 유효하게 유증을 받을 수 있다. 유증의 효력은 유언자가 사망할 때로부터 생기기 때문에(제1073조제1항), 유증자의 사망시까지 포태되어 있으면 되고 유언시에 포태되어 있을 필요는 없다고 할 것이다.[6]

(4) 인지(제858조)

'인지'란 혼인외의 출생자에 대하여 그 생부나 생모가 자기의 자로서 승인하여 법률상의 친자관계를 발생하게 하는 단독행위이다(제855조제1항). 이 때 그 생부는 포태중인 자에 대해서도 인지를 할 수 있다(제858조).[7]

3. 태아의 법적 지위

태아의 권리능력을 일정한 경우 예외적으로 인정한다고 할 때, 출생하기 전까지 태아의 법적 지위에 대해서 법적 이론을 어떻게 구성할 것인가에 대해서 학설이 대립되고 있다.[8]

---

6) 사인증여에 있어서도 태아의 권리능력이 인정되는지에 대해서 문제가 된다. 사인증여는 수증자의 승낙을 요하는 계약이라는 점에서 무상의 단독행위인 유증과 다르기 때문이다. 다수설(곽윤직·김재형 76쪽, 김용한 95쪽, 김증한·김학동 101쪽)은 유증에서 태아에게 권리능력이 인정되고, 사인증여에 대해서 유증에 관한 규정을 준용하므로 사인증여의 경우에도 제562조에 의거 태아의 권리능력을 인정할 수 있다고 한다. 소수설(김주수·김상용 121쪽, 이영준 849쪽, 김준호 65쪽, 백태승 126쪽, 이호정, "태아와 사인증여", 고시계(1977.7), 88쪽)은 태아에 대하여 법정대리인제도를 규정하고 있지 않아 사인증여계약을 체결할 수 없고, 유증에 의하더라도 사인증여의 효과를 충분히 얻을 수 있다는 점을 들어 부정하고 있다.
7) 반대로 태아가 생부나 생모에 대하여 인지청구권을 행사할 수 있는가에 대해서는 인정되지 않는다고 본다. 민법제정 당시에는 태아의 인지청구권을 신설하자는 제안이 있었으나 채택되지 않았다(민법안심의록(상), 5쪽).
8) 양설은 모두 태아가 살아서 출생하는 경우에 해당하는 것으로 사산인 경우에는 양설 중 어느 것을 취하더라도 권리능력을 갖지 못한다.

정지조건설	해제조건설
권리능력의 시기를 의제	출생 자체를 의제
태아인 동안 권리능력 없다	태아인 동안 권리능력 있다
법정대리인 없다	법정대리인 있다
거래안전의 보호	태아의 보호

(1) 정지조건설

태아로 있는 동안에는 권리능력을 인정받지 못하고 있다가 살아서 출생하는 것을 조건으로 하여 권리능력 취득의 효과가 문제의 사실이 발생한 시기까지 소급해서 생긴다고 보는 견해이다(이영준 851쪽, 김주수·김상용 124쪽). 이 견해에 따르면 태아인 동안에는 권리능력이 인정되지 않기 때문에 법정대리인이 있을 수 없다. 이는 태아 자신의 이익을 보호하기보다는 거래의 안전을 보호하기 위한 것으로 평가할 수 있다. 즉, 이 설에 의할 경우 태아가 사산하더라도 타인에게 불측의 손해를 줄 우려는 없으나, 태아가 취득 또는 상속할 재산을 출생 전에는 보존·관리할 수 없다는 단점이 있다. 소수설과 판례의 태도이다.

> **태아의 권리능력 인정 시기**   대법원 1976. 9. 14. 선고 76다1365 판결
>
> 태아가 특정한 권리에 있어서 이미 태어난 것으로 본다는 것은 살아서 출생한 때에 출생시기가 문제의 사건의 시기까지 소급하여 그 때에 태아가 출생한 것과 같이 법률상 보아 준다고 해석하여야 상당하므로 그가 모체와 같이 사망하여 출생의 기회를 못가진 이상 배상청구권을 논할 여지는 없다.

(2) 해제조건설

태아는 이미 출생한 것으로 보고 권리능력이 인정되는 개별사항의 범위 내에서 제한된 권리능력을 가지며 법정대리의 규정이 태아에게 적용된다는 견해로 다수설이다(곽윤직·김재형 101쪽, 김용한 97쪽, 김증한·김학동 103쪽, 양창수, "태아의 권리능력", 고시연구(1988.6), 49쪽). 즉, 문제의 사실이 발생한 때로부터 태아는 권리능력을 갖지만 사산인 경우에는 해제조건이 성취되어 소급하여 권리능력을 상실하게 된다. 이 설에 따를 경우 태아인 동안에도 권리능력을 갖게 되고 모(母)의 법정대리가 가능하다. 살아서 출생하지 아니한 경우에는 해제조건성취로 권리능력취득의 효과는 소급적으로 소멸하게 된다. 따라서 상대방이나 거래안전을 보호하는 데는 불리하지만 태아보호에는 유리하다. 오늘날 태아의 사산율이 매우 낮기 때문에 상대방 또는 제3자에게 불측의 손해를 줄 경우의 수가 적으므로 해제조건설을 취하는 것이 바람직하다(곽윤직·김

재형 101쪽).

제5항 외국인의 권리능력

'외국인'이란 대한민국의 국적을 가지지 않은 자연인으로 외국의 국적을 가진 자와 무국적자를 포함한다. 외국인의 경우 헌법 제6조제2항을 통해서 국제법과 조약이 정하는 바에 의하여 그 지위가 보장한다고 규정하여 원칙적으로 내국인과 같은 권리능력을 인정하는 평등주의를 선언하고 있으나, 국가의 정책상 특별법에 의하여 특정한 권리의 취득을 금지하는 수가 있다.

외국인은 한국선박 및 한국항공기의 소유권을 취득할 수 없고(선박법 제2조, 항공안전법 제8조), 도선사가 될 권리가 없다(도선법 제6조, 이는 공법상의 권리능력의 제한임).

상호주의에 의하여 외국인의 권리능력이 제한되는 경우도 있다. 외국인이 대한민국 내의 일반토지를 취득하는 계약을 체결한 경우 계약체결일로부터 60일 이내에 시장·군수·구청장(자치구의 구청장을 말함)에게 신고하여야 한다(부동산신고등에 관한 법률 제8조제1항). 다만, 군사시설보호구역, 문화재보호구역, 생태·경관보전지역, 야생동·식물보호구역 등 지역에 토지의 취득계약을 체결하기 전에 시장·군수·구청장에게 허가를 받아야 한다(부동산신고등에 관한 법률 제9조제1항). 그리고 외국인 등이 상속·경매 기타 대통령령이 정하는 계약 외의 원인으로 인하여 대한민국 안의 토지를 취득한 경우에는 토지를 취득한 날부터 6개월 이내에 대통령령이 정하는 바에 따라 시장·군수 또는 구청장에게 신고하여야 한다(부동산신고등에 관한 법률 제8조제2항). 또한 특허권(특허법 제25조), 실용신안권(실용신안법 제3조), 디자인권(디자인보호법 제27조), 저작권(저작권법 제3조), 상표권(상표법 제27조), 광업권(광업법 제10조의2), 품종보호권(종자산업법 제18조), 전자거래(전자문서 및 전자거래기본법 제30조), 국가배상(국가배상법 제7조)은 상호주의에 의한다.

대한민국 국민이 대한민국 국적을 상실한 때부터 대한민국 국민이 누릴 수 있는 권리를 누릴 수 없다. 그 권리 중 대한민국의 국민이었을 때 취득한 것으로 양도할 수 있는 것은 그 권리와 관련된 법령에 따로 정한 바가 없으면 3년 내에 대한민국의 국민에게 양도하여야 한다(국적법 제18조제2항). 다만, 대한민국 안의 부동산 등을 가지고 있는 대한민국국민이나 대한민국의 법령에 따라 설립된 법인 또는 단체가 외국인등(부동산 거래신고 등에 관한 법률 제2조제4호 참조)으로 변경된 경우, 그 외국인등이 해당 부동산등을 계속 보유하려는 경우에는 외국인등으로 변경된 날로부터 6개월 이내에 대통령령으로 정하는 바에 따라 시장·군수·구청장에게 신고하여야 한다(부동산 거래신고 등에 관한 법률 제8조제3항).

제2관 행위능력

제1항 의사능력 · 책임능력 · 행위능력

1. 의사능력

'의사능력'이란 자기가 하는 행위의 의미나 결과를 정상적인 인식력과 예기력을 바탕으로 합리적으로 인식하고 판단함으로써 법률행위를 체결하는 데 필요한 정상적인 자기의 의사결정을 할 수 있는 정신적 능력을 말한다. 민법의 기본원칙인 사적자치의 원칙을 보장하기 위해서는 사인 사이의 법률관계 형성의 기본수단이 의사이고, 그 개인의 의사를 실현하기 위한 법이 필요할 것이다.

의사능력의 유무에 관하여 행위능력의 유무를 판단하는 데 있어서 획일적인 기준을 정하고 있는 것과는 달리, 판단에 일괄적인 기준이 있는 것이 아니라 구체적인 법률행위와 관련하여 구체적인 행위자에 대하여 개별적으로 판단한다. 따라서 의사무능력을 주장하는 자가 무능력임을 입증할 책임을 지게 되고, 이에 따라 의사무능력자라고 판단된 자의 법률행위는 무효가 된다. 한편 의사능력이라는 것은 자연인을 대상으로 하는 것이므로 법인에 대해서는 의사능력이 문제되지 않는다.

> **의사능력 없는 유아의 법정대리인이 대리의 의사표시 없이 한 어음행위의 효력**
> 대법원 1976. 12. 14. 선고 76다2191 판결
>
> 의사능력이 없는 미성년자에 대하여는 그 법정대리인이 당연히 이를 대리하여 법률행위를 할 수 있는 것이므로 만 2세인 유아 A의 아버지가 A의 이름으로 어음을 배서양도 받았다해서 A앞으로의 어음취득이 무효라고 할 수 없고, 이 사건 어음상에 법정대리인의 표시가 없다고 하여 결론을 달리할 바 되지 못한다.

> **의사능력이 없이 유언증서를 작성한 경우** 대법원 1996. 4. 23. 선고 95다34514 판결
>
> 유언공정증서를 작성할 당시에 유언자가 반혼수상태였으며, 유언공정증서의 취지가 낭독된 후에도 그에 대하여 전혀 응답하는 말을 하지 아니한 채 고개만 끄덕였다면, 유언공정증서를 작성할 당시에 유언자에게는 의사능력이 없었으며 그 공정증서에 의한 유언은 유언자가 유언의 취지를 구수하고 이에 기하여 공정증서가 작성된 것으로 볼 수 없어서, 민법 제1068조가 정하는 공정증서에 의한 유언의 방식에 위배되어 무효이다.

2. 책임능력

'책임능력'이란 법률상의 책임을 변식할 수 있는 정도의 정신적 능력 즉, 자기의

행위가 타인의 법익을 위법하게 침해한다는 것을 알기에 충분한 판단능력으로 '불법행위능력'이라고도 말한다. 책임능력은 불법행위성립요건으로 법률행위에서의 의사능력에 대응하는 개념이다. 책임무능력자는 불법행위에 의한 손해배상책임을 지지 않는다.

> **행위무능력자의 책임능력(불법행위능력)**   대법원 1971. 4. 6. 선고 71다187 판결
> 13세 6개월된 소년은 특별한 사정이 없는 한 사회통념상 자기행위에 대한 책임을 변식할 지능(민법 제753조)이 있다고 볼 수 있다.

3. 행위능력

'행위능력'이란 행위자 단독으로 확정적으로 유효한 법률행위를 할 수 있는 지위 또는 자격을 의미한다. 이러한 행위능력을 갖지 못한 자를 '제한능력자'라 하고, 행위능력의 유무는 정형화되고 획일적인 표준에 의하여 객관적으로 판단된다. 이러한 객관적 판단은 상대방 또는 제3자에게 예기치 못한 손해를 막을 기회를 주게 되고, 행위자를 보호하게 된다. 이들 제한능력자가 행한 법률행위는 원칙적으로 취소할 수 있고, 법정대리인의 동의나 추인에 의하여 확정적으로 유효한 법률행위로 인정함으로써 제한능력을 보완하고 있다. 제한능력은 자연인에게서만 문제되고 법인에게 문제되지는 않는다. 즉, 제한능력자인 법인은 없다.

행위능력	의사능력	책임능력
제한능력자에 대한 판단기준이 획일적·객관적	의사무능력자에 대한 판단기준이 개별적·구체적	책임무능력자에 대한 판단기준이 개별적·구체적
제한능력자의 법률행위는 취소할 수 있다(원칙)	의사무능력자의 법률행위는 무효이다	책임무능력자에 의한 불법행위는 성립하지 않는다
법정대리인에 의한 보완가능	법정대리인에 의한 보완불가	일정한 경우 법정대리인이 책임을 진다

제3관   제한능력자

행위능력의 유무에 대한 판단기준에 따라 행위능력이 없음이 인정된 자를 '제한능력자'라 하고 미성년자, 피성년후견인, 피한정후견인, 피특정후견인 등 네 가지가 있다. 그러나 피특정후견인은 행위능력상 전혀 제약이 없다. 즉, 피특정후견인은 특정후견의 심판을 받아도 행위능력을 갖는다. 그리고 피한정후견인은 원칙적으로 행위능력

을 가지며, 가정법원이 피한정후견인이 한정후견인의 동의를 받아야 하는 행위의 범위에서만 행위능력을 제한받는다. 또한 미성년자와 피성년후견인은 원칙적으로 단독으로 유효한 법률행위를 할 수 없다.[9) 제한능력자에 관한 규정은 법질서의 기본구조에 관한 규정이기 때문에 강행규정이다. 행위무능력(제한능력)자제도는 사적자치의 원칙이라는 민법의 기본이념, 특히 자기책임의 원칙을 구현하게 하는 도구로서 인정되는 것이고, 거래의 안전을 희생시키더라도 행위무능력자(제한능력자)를 보호하고자 함에 근본적 입법취지가 있다(대판 2007. 11. 16, 2005다71659·71666·71673).

	권리능력	의사능력	행위능력
태 아	X (일정한 경우 개별적으로 인정)	X	X
유 아	O	X	X
미성년자	O	O	X (법정대리인에 의해 보완가능)
만취한 성년자	O	X	O

제1항 미성년자(제4조 내지 제8조)

1. 미성년자의 의의(성년, 제4조)

제4조 [성년]

사람은 19세로 성년에 이르게 된다.

제4조에 따라 사람은 출생일로부터(제158조 참조) 만 19세가 되면 성년이 된다. 따라서 성년에 이르지 않은 자를 '미성년자'라 한다. 성년과 미성년은 가족관계등록부나 기본증명서 또는 주민등록증 등의 객관적인 자료를 통하여 획일적으로 구별가능하다. 그러나 미성년제도의 지나친 획일화는 거래나 가족관계에서 또다른 문제를 야기하게 되는 경우가 있어 미성년자에게 영업을 허락한 범위에 있어서 법률행위시에는 성년으로 본다든지, 혼인을 한 경우 성년으로 의제(제826조의2)하는 등의 방법으로 이러한 제도를 완화하고 있다.

---

9) 의사무능력과 제한능력이 경합하는 경우, 즉 표의자가 제한능력자임과 동시에 의사무능력자인 경우 표의자는 제한능력을 이유로 취소를 주장할 수도 있고, 의사무능력을 이유로 무효를 주장할 수도 있게 된다.

2. 미성년자의 행위능력(제5조)

제5조 [미성년자의 능력]

① 미성년자가 법률행위를 함에는 법정대리인의 동의를 얻어야 한다. 그러나 권리만을 얻거나 의무만을 면하는 행위는 그러하지 아니하다.
② 전항의 규정에 위반한 행위는 취소할 수 있다.

(1) 원 칙

미성년자가 유효한 법률행위를 하기 위해서는 제5조제1항 본문에 따라 원칙적으로 법정대리인의 동의를 얻어야 한다. 이를 위반한 경우에는 동조제2항에 따라 취소할 수 있게 된다. 즉, 미성년자가 법정대리인의 동의 없이 자신의 재산에 대하여 법률행위를 한 경우에는 미성년자 본인이나 법정대리인이 취소할 수 있다. 법정대리인의 동의가 있었다는 입증책임은, 그 동의가 있었음을 이유로 법률행위의 유효를 주장하는 자에게 있다(대판 1970. 2. 24, 69다1568).

(2) 예 외

1) 단순히 권리만 얻거나 또는 의무만을 면하는 행위(제5조제1항 단서)

제5조제1항 단서에 따라 단순히 권리만을 얻거나 의무만을 면하는 행위를 하는 경우 법정대리인의 동의가 없더라도 유효하게 된다.

단순히 권리만 얻거나 의무만을 면하는 행위 (취소권 행사 불가)	단순히 권리만 얻거나 의무만을 면하지 않는 행위 (취소권 행사 가능)
미성년자의 친권자에 대한 부양료청구, 임금청구, 부담 없는 증여의 수락, 제3자를 위한 계약으로 행해진 부담 없는 증여 계약에서 수익의 의사표시, 서면에 의하지 않는 증여에 대한 해제, 담보물권을 설정받거나 보증을 취득하는 것, 의무만을 부담하는 계약에 대한 해약, 채무면제의 청약에 대한 승낙	변제의 수령, 경제적으로 유리하나 의무부담하는 행위, 상속승인, 부담부수증

2) 처분이 허락된 재산의 처분행위(제6조)

아래 3. (3) 처분이 허락된 재산의 처분에서 자세히 언급한다.

3) 영업이 허락된 미성년자의 영업에 관한 행위(제8조제1항)

아래 3. (5) 영업허락과 그 취소와 제한에서 자세히 언급한다.

4) 혼인을 한 미성년자의 행위(제826조의2)

미성년자가 혼인을 하면 성년으로 의제된다(제826조의2). 여기서 혼인은 법률혼을 의미하며, 혼인해소(예: 혼인의 취소 또는 이혼)에 의해서도 성년의제의 효력은 지속된다고 해석된다.

5) 대리행위

미성년자의 행위능력의 제한은 미성년자 자신을 위한 것이므로, 타인의 대리인으로서 대리행위에 관하여는 행위능력이 제한되지 않아, 단독으로 유효한 대리행위를 할 수 있다(제117조).

6) 유언행위

제5조는 유언행위에 적용되지 않으므로, 만 17세가 된 의사능력이 있는 미성년자는 단독으로 유효한 유언을 할 수 있다(제1061조).

7) 근로계약체결과 임금청구

미성년자의 친권자나 후견인은 미성년자의 근로계약을 대리할 수 없다(근로기준법 제67조제1항). 따라서 미성년자는 자신이 직접 근로계약을 체결해야 한다. 다만, 미성년자의 근로계약체결시 법정대리인의 동의를 얻어야 하는가의 여부에 대하여 학설이 나뉘는데, 다수설은 동의를 필요로 한다고 한다. 그리고 미성년자는 단독으로 임금청구를 할 수 있다(근로기준법 제68조).

8) 법정대리인의 허락을 얻어 회사의 무한책임사원이 된 미성년자가 그 사원자격에 의하여 행하는 행위(상법 제7조)

3. 미성년자의 법정대리인(제6조 내지 제8조)

(1) 법정대리인이 되는 자

미성년자의 법정대리인은 먼저 친권자가 되고, 친권자가 없거나 친권자가 법률행위의 대리권과 재산관리권을 행사할 수 없는 경우에 그 다음으로 미성년후견인이 된다(제928조).

미혼의 미성년자의 부모가 모두 살아 있고 또한 혼인 중인 때에는 그 부모가 공동으로 친권을 행사한다(제909조제2항 본문). 만약 부모의 의견이 일치하지 않은 경우에는 부모 중 어느 쪽이 친권을 행사할 것인지 가정법원이 결정한다(제909조제2항 단서). 하지만, 부모 중 한쪽이 친권을 행사할 수 없는 경우(예: 부모 중 한쪽이 사망, 장기출타,

행방불명, 친권상실)에는 다른 한쪽이 친권을 행사한다(제898조제3항). 부모가 이혼한 경우, 부모의 협의로 부모의 한쪽을 친권자로 정하고, 협의가 성립되지 않으면 가정법원이 부모의 한쪽을 친권자로 정한다(제909조제4항). 다만 부모의 협의가 자녀의 복리에 반하는 경우에는 가정법원은 보정을 명하거나 직권으로 친권을 정한다(제909조제4항 단서). 그리고 혼인 외의 자에 관하여는 모가 단독으로 친권을 행사하지만, 부가 인지한 후에는 부모가 이혼한 경우에 친권자를 정하는 것과 같은 방법으로 친권자를 결정한다(제909조제4항). 혼인의 취소, 재판상 이혼 또는 인지청구의 소의 경우에는 가정법원이 직권으로 친권자를 정한다(제909조제5항). 가정법원은 자의 복리를 위하여 필요하다고 인정하는 경우에는 자녀의 4촌 이내의 친족의 청구에 의하여 정해진 친권자를 다른 일방으로 변경할 수 있다(제909조제6항). 그 밖에 친권자 지정에 대하여는 제909조의2에 자세히 규정하고 있다.

친권자는 원칙적으로 부와 모이기 때문에의 공동대리가 된다. 그러나 자의 행위를 목적으로 하는 채무를 부담할 경우에는 본인의 동의를 얻어야 한다(제920조). 그리고 부모의 공동친권행사의 경우, 부모의 일방이 부모의 명의로 자를 대리하거나 자의 법률행위에 동의한 때에는 다른 일방의 의사에 반한 때에도 공동대리의 효과가 발생한다. 그러나 상대방이 악의인 때에는 그러하지 아니한다(제920조의2).

미성년후견인에게는 지정후견인(제931조)·선임후견인(제932조)이 있고, 미성년후견인의 수는 한 명으로 한다(제930조제1항). 즉, 가정법원은 제931조(유언에 의한 후견인의 지정)에 따라 지정된 미성년후견인이 없는 경우에는 직권으로 또는 미성년자, 친족, 이해관계인, 검사, 지방자치단체의 장의 청구에 의하여 미성년후견인을 선임하며, 미성년후견인이 없게 된 경우에도 또한 같다(제932조제1항).

(2) 법정대리인의 권한

미성년자의 법정대리인은 미성년자가 법률행위를 함에 동의를 할 권리 즉, 동의권을 갖고(제5조제1항), 미성년자를 대리하여 재산상 법률행위를 할 권한 즉, 대리권을 갖는다(제920·949조). 또한 미성년자가 동의 없이 행한 법률행위에 대하여 취소할 권리 즉, 취소권을 갖는다(제5조제2항, 제140조).

1) 동의권

미성년자의 법정대리인은 미성년자의 법률행위에 대하여 동의할 권리 즉, 동의권을 갖는다(제6조제1항). 또한 법정대리인은 동의와 같은 성질인 재산처분의 허락(제6조) 또는 특정한 영업을 허락(제8조)할 권리를 갖는다. 동의는 미성년자의 법률행위의 이전 또는 동시에 해야 하며, 이후에 하는 동의는 추인으로 해석된다. 동의권의 상대방은 미성년자 또는 미성년자의 상대방이며, 동의의 방법은 특별한 방법을 요구하지 않으므로 묵시적으로 할 수 있다(대판 2007. 11. 16, 2005다71659,71666,71673). 그리고 미성년자의 후견인이 미성년자의 일정한 행위에 대하여 대리권을 행사는 경우, 후견감독인이 있으면 그의 동의를 받아야 한다(제950조). 주의할 것은, 법정대리인으로부터 동의를 얻은 미성년자는 행위능력자가 되는 것이 아니기 때문에, 동의를 했거나 처분이 허락된 법률행위에 대하여 법정대리인은 대리권을 갖는다. 그러나 법정대리인으로부터 허락을 얻은 특정한 영업에 대하여는 성년자와 동일한 행위능력을 갖기 때문에 법정대리인은 대리권을 행사할 수 없다(제8조제1항).

2) 대리권

법정대리인은 미성년자의 재산상 법률행위를 대리할 권한이 있다(제920조, 제949조). 그러나 미성년자 본인의 행위를 목적으로 하는 채무부담하는 경우에는 본인의 동의를 얻어야 하고(제920조 단서, 제949조제2항), 법정대리인과 미성년자의 이익이 상반하는 행위(예: 법정대리인의 채무를 위하여 미성년자의 부동산에 저당권을 설정하는 행위)에는 법정대리인의 대리권이 제한된다(제921조). 그리고 제3자가 미성년자에게 무상으로 준 재산에 관하여 그 제3자가 법정대리인의 관리를 배제하는 의사를 표시한 때에는 법정대리인의 대리권이 배제된다(제918조, 제956조). 그 밖에 근로계약(법정대리인의 동의를 얻어 미성년자가 직접 근로계약체결하고 미성년자에게 불리하다고 인정되는 경우에 근로계약을 해지할 수 있다. 근로기준법 제66조, 제67조), 임금청구(근로기준법 제68조)는 미성년자가 단독으로 행사할 수 있으므로 법정대리인의 대리권이 필요하지 않다. 영업허락의 경우에는 그 범위에서 법정대리인의 대리권은 소멸한다(제8조제1항).

3) 취소권

법정대리인은 미성년자가 동의 없이 행한 법률행위를 취소할 수 있다(제5조제2항, 제140조).

법정대리인의 묵시적 동의

대법원 2007. 11. 16. 선고 2005다71659,71666,71673 판결

미성년자가 법률행위를 함에 있어서 요구되는 법정대리인의 동의는 언제나 명시적이어야 하는 것은 아니고 묵시적으로도 가능한 것이며, 미성년자의 행위가 위와 같이 법정대리인의 묵시적 동의가 인정되거나 처분허락이 있는 재산의 처분 등에 해당하는 경우라면, 미성년자로서는 더 이상 행위무능력을 이유로 그 법률행위를 취소할 수 없다.

(3) 처분이 허락된 재산의 처분

> **제6조 [처분을 허락한 재산]**
>
> 법정대리인이 범위를 정하여 처분을 허락한 재산은 미성년자가 임의로 처분할 수 있다.

1) 범 위

법정대리인이 범위를 정하여 처분을 허락한 재산에 대해서는 미성년자가 법정대리인의 동의 없이 임의로 처분하더라도 유효한 것으로 취소할 수 없게 된다(제6조). 이 경우 특정사용목적 이외의 목적으로 재산을 처분한 경우 그 법률행위가 무효인지 유효인지 즉, 범위가 '재산의 범위'만 인정하는 것인지 아니면 '목적의 범위'까지도 인정하는 것인지에 대해서는 견해가 나뉘고 있다. 사용목적과 재산의 범위 내에서의 처분행위만 유효하다고 하는 견해가 소수설(방순원 49쪽)이고, 사용목적이 정하여져 있더라도 그 목적과는 상관없이 재산의 범위 내에서 임의로 처분할 수 있다는 것이 다수설(곽윤직·김재형 89쪽, 이영준 689쪽, 김용한 109쪽)의 입장이다.[10] 다수설에 따르면 특정사용목적을 벗어난 재산처분행위라 하더라도 유효한 법률행위로 인정되기 때문에 취소권이 발생하지 않는다.

2) 법정대리인의 허락

미성년자가 재산을 처분할 수 있도록 한 그 법정대리인의 허락은 동의와 다름이 없지만, 사용목적을 벗어나는 경우에도 유효한 점에서 차이가 있다. 그리고 법정대리인의 처분허락에 의하여 취득한 재산의 처분은 원칙적으로 다시 허락을 받을 필요는 없다. 다만, 허락되어 취득한 재산이 취득시보다 현저히 가치가 높아진 경우(예: 허락하여 구입한 복권이 1등 당첨된 경우)에는 다시 법정대리인의 허락을 얻어야 될 것이다. 아울러 법정대리인의 허락은 대리권을 소멸시키지 않고, 허락 여부에 대한 입증책임은 동의와 같이 미성년자의 처분행위의 유효를 주장하는 자가 부담할 것이다.

---

10) 사용목적이라는 것은 주관적인 것이어서, 미성년자와 거래하는 외부의 제3자가 이를 알 수 없는 것이 보통이다. 외부에서 알 수 없는 사용목적에 처분하지 않았다고 해서 후에 미성년자의 행위를 취소할 수 있다면, 거래의 안전에 큰 위협이 된다. 결국 소수설은 미성년자의 보호에 중점을 두는 견해이고, 다수설은 거래의 안전을 더 강조하는 것이다. 거래의 안전이 무능력자 개인의 보호보다도 앞서야 한다는 견지에서, 다수설이 타당하다고 생각한다(곽윤직·김재형, 민법총칙, 116쪽).

(4) 동의와 허락의 취소

> **제7조 [동의와 허락의 취소]**
>
> 법정대리인은 미성년자가 아직 법률행위를 하기 전에는 전2조의 동의와 허락을 취소할 수 있다.

미성년자가 아직 법률행위를 하기 전이라면 법정대리인은 그가 하였던 동의와 허락(제5조)을 취소할 수 있다(제7조). 이때의 취소는 법률행위를 하기 전에 장래에 발생할 효력을 소멸시키는 것으로 소급효가 없으므로 그 성질상 철회라고 하는 것이 적절하다. 철회의 의사표시는 미성년자나 그 상대방에게 할 수 있는데, 다만 철회의 의사표시가 미성년자에게만 행해진 경우 선의의 제3자(즉, 상대방)에 대항할 수 없다(제8조제2항 유추해석).

(5) 영업허락과 그 취소와 제한

> **제8조 [영업의 허락]**
>
> ① 미성년자가 법정대리인으로부터 허락을 얻은 특정한 영업에 관하여는 성년자와 동일한 행위능력이 있다.
> ② 법정대리인은 전항의 허락을 취소 또는 제한할 수 있다. 그러나 선의의 제3자에게 대항하지 못한다.

1) 영업허락

미성년자가 법정대리인으로부터 허락을 얻은 특정한 영업에 관하여는 성년자와 동일한 행위능력을 갖는다(제8조제1항). 성년자와 동일한 능력을 가진다는 것은 허락받은 영업에 대하여 법정대리인의 동의를 필요로 하지 않을 뿐만 아니라 법정대리인의 대리권도 그 범위 내에서 소멸한다는 뜻이다. 여기서 '영업'은 상업을 포함하는 널리 영리를 목적으로 하는 독립적 · 계속적 사업을 의미한다(통설). 그리고 법정대리인이 영업을 허락할 때, 반드시 영업의 종류를 특정하여야 하기 때문에(예: 전자제품판매 또는 문구류판매), 영업의 일부(예: TV만 판매, 만원 이하 문구류만 판매)는 이에 해당되지 않는다. 그리고 영업이 상업인 때에는 상업등기를 하지 않으면 선의의 제3자에게 대항하지 못한다(상법 제6조, 제37조). 따라서 상업 이외에 영업의 허락이 있는 경우에는 제3자가 이를 알 수 있는 방법이 없기 때문에 그 입증책임은 법률행위의 유효를 주장하는 자에게 있을 것이다.

2) 영업허락의 취소와 제한

아울러 법정대리인은 미성년자에게 특정한 영업에 관하여 하였던 허락을 취소 또는 제한할 수 있다. 이때의 취소도 소급효는 없고 장래에 향하여 효력을 소멸시킬 뿐이므로 그 성질상 철회를 의미한다. 영업의 제한도 마찬가지로 여러 가지의 영업 중에서 일부만 장래를 향하여 효력을 소멸시키는 것이므로 그 성질상 일부철회라고 할 수 있다.

영업을 허락한 행위를 취소 또는 제한하기 위해서는 미성년자의 법정대리인이 친권자인지 후견인인지에 따라 그 방법이 다르다. 이 방법에 있어서 미성년자의 법정대리인은 아무런 제한을 받지 않으나, 미성년후견인은 미성년후견감독인의 동의를 얻어야 한다(제945조제3호). 한편 법정대리인인 친권자의 의견이 일치하지 않은 경우 당사자의 청구에 의하여 법원의 판결에 따른 친권자에 의하여 그 취소 또는 제한이 이루어지고(제909조제2항), 부모 일방이 친권을 행사할 수 없는 경우에는 다른 일방이 그 취소 또는 제한을 행사한다(제909조제3항).

허락된 영업의 취소나 제한은 선의의 제3자, 즉 미성년자와 거래한 선의의 상대방에게 대항하지 못한다(제8조제2항 단서). 허락된 영업이 상업인 경우에는 상업허락의 취소 또는 제한은 지체없이 등기말소 또는 변경등기해야 하기 때문에 말소등기 또는 변경등기 이전에는 선의의 제3자는 보호된다. 하지만 상업 이외 영업허락의 취소 또는 제한은 제3자에게 공시할 방법이 없기 때문에 선의의 제3자보호규정이 필요한 것이다.

한편 법정대리인이 친권자인 경우, 영업허락의 취소 또는 제한을 행사할 때에는 자기 재산과 동일한 주의의무를 부담하지만(제922조), 후견인인 경우에는 수임인과 같은 선량한 관리자의 주의의무를 부담한다(제956조, 제681조).

법정대리인의 동의 없는 미성년자의 법률행위

을 또는 갑은 갑의 신용카드구매행위를 취소할 수 있나?

사례　미성년자인 갑은 대학생으로서 아르바이트로 매월 60만원 정도 수입이 있다. 그리고 갑은 주로 자신의 신용카드(미성년자의 신용카드는 법정대리인의 동의 등의 서류가 필요함, 여신전문금융업법 제14조제2항제2호, 여신전문금융업법시행령 제6조의7제3항제1호)로 할부구입하였다. 그러나 갑은 노트북이 필요하여 법정대리인의 동의 없이 자신의 신용카드로 할부로 지급할 것을 결제하였다. 이에 갑의 법정대리인인 을은 취소할 수 있는가?(대판 2007. 11. 16, 2005다71659,71666, 71673)

> **해설** 미성년자는 제한능력자로서 법정대리인의 동의를 얻어서 법률행위를 하여야 유효하다(제5조제1항). 그러나 갑은 동의 없이 카드로 노트북을 구입하였기 때문에 갑 측(갑 또는 을)은 갑의 매매를 취소할 수 있다. 여기서 갑의 신용카드발급시 을이 법정대리인으로서 동의한 것이 곧, 갑의 매매를 동의한 것은 아니다. 그리고 갑의 법정대리인인 을의 동의 없이 신용카드구매행위를 당사자인 갑이 취소하는 것은 신의성실의 원칙에 위배되는 것은 아니다.

제2항 성년후견제도

1. 서 설

(1) 성년후견제도의 도입

행위능력이란 "행위자 단독으로 확정적으로 유효한 법률행위를 할 수 있는 지위 또는 자격"을 말하는데, 이러한 행위능력을 갖지 못한 자를 행위무능력자라고 한다. 구민법에 의하면 미성년자, 한정치산자, 금치산자를 행위무능력자로 인정하여 일정한 법률효과를 부여하고 있었다. 그런데 행위무능력자 중 한정치산자와 금치산자의 경우 본인의 의사와 장애의 정도에 대한 고려 없이 정형화되고 획일적인 기준에 의하여 객관적으로 행위능력을 판단하고 있었으며, 적용대상 또한 재산적 법률행위에 한정하고 있었다. 이러한 무능력자 제도에 대해서는 고령화 사회, 복지국가 지향이라는 현재의 사회적 흐름에 맞지 않는다는 문제점이 계속 제기되어 왔다. 이에 한정치산자와 금치산자 제도를 대체하는 새로운 성년후견제도의 도입을 주요골자로 하는 민법일부개정이 국회를 통과하여 2011년 3월 7일 법률 제10429호로 공포됨으로써 2013년 7월부터 시행되고 있다.

(2) 성년후견제도의 이념적 기초[11]

1) 자기결정권의 존중

성년후견제도의 대표적 이념인 '자기결정권의 존중'이란 정신적 능력이 부족하거나 결여된 사람도 조금이라도 능력이 있는 한 잔존하는 범위 내에서 그 인격이 바라는 자기결정권을 존중하여야 한다는 것으로, 성년후견인이 선임되는 과정이나 기타 후견

---

11) 성년후견제의 이념적 기초에 대한 이하의 내용은, 김은효, "민법개정 일반 및 성년후견제", 제65회 변호사연수회, 228-230면의 내용을 정리하였음.

관련 업무절차 등에서 피성년후견인이 배제되어서는 안 된다는 원칙이다. 즉, 이용자 본인의 자기결정권을 존중하여 무능력자가 가능한 한 사회생활에 필요한 통상적인 생활을 가능하도록 하는 데 있다.

2) 정상화(Normalization)

이는 1959년 덴마크의 지적장애인 부모들의 운동에서 제창된 것으로 장애인들에 대하여 시설 중심의 장애인 복지접근을 비판하면서 장애인을 특별한 그룹으로 취급하여 사회로부터 격리하는 것이 아니라 사회의 일원으로서 생활할 수 있도록 하자는 이념이다. 정상화의 이념은 시설복지서비스가 아닌 지역사회복지서비스가 강화되기 시작하는 배경이 되었으며, 이는 성년후견제도를 통하여 장애인뿐만 아니라 고령자에게 까지도 응용되어 정착되게 되었다.

3) 잔존능력의 활용

판단능력이 불충분한 사람이라 하더라도 잔존능력이 있는 경우에는 이를 활용하는 것이 타당하며 이를 최대한 존중하여야 한다는 원칙이다. 성년후견제도의 피보호자는 판단능력이 일시에 상실되거나 일정수준 이하로 저하되는 경우는 드물고 대부분의 경우 판단능력이 단계적, 점차적으로 감퇴하기 때문에 획일적 기준을 적용할 수 없다. 따라서 본인의 보호에 필요한 범위에서 후견의 범위를 정하고 또 경우에 따라서는 본인의 의사능력의 정도에 따라 구체적인 후견의 범위를 변경할 수 있도록 하여야 할 것이다.

4) 필요성의 원칙

고령화에 따라 판단능력이 쇠퇴하는 것은 사실이지만 판단능력에는 개인별로 차이가 있어 일률적으로 확정할 수 없으므로 개인에 대한 보호기준도 다양할 수밖에 없다. 성년후견제도는 본인의 의사결정권의 존중과 본인을 보호하기 위한 제도이므로 후견은 본인에게 필요한 경우에 한하여 필요한 범위에서 인정되어야 한다. 이렇게 성년후견이 인정되는 직무의 범위에 한해서만 제한되고 필요한 한도 내에서 행해지도록 하는 것이 필요성의 원칙이다.

5) 보충성의 원칙

보충성의 원칙이란 과거부터 이용되어 온 원조로서 가족이나 지인, 이웃 또는 단체나 공무원 특히 각종 사회복지제도에 의한 원조의 중요성이 강조되고, 성년후견제도가 시행되더라도 이들의 영역은 침해되지 않도록 한다는 원칙이다.

(3) 성년후견제도의 기본구조

우리나라의 성년후견제도는 크게 법정후견제도와 임의후견제도(후견계약)로 나누어진다. 법정후견제도는 질병, 장애, 노령, 그 밖의 사유로 인한 정신적 제약으로 사무를 처리할 능력이 지속적으로 결여된 자에게 인정되는 성년후견과 동일한 원인으로 사무를 처리할 능력이 부족한 자에 대하여 인정되는 한정후견 그리고 동일한 원인으로 일시적 후원 또는 특정한 사무에 관한 후원이 필요한 자에게 인정되는 특정후견으로 나누어진다. 임의후견(후견계약)은 질병, 장애, 노령 그 밖의 사유로 인한 정신적 제약으로 사무를 처리할 능력이 부족한 상황 내지 부족하게 될 상황에 대비하여 자신의 재산관리 및 신상보호에 관한 사무의 전부 또는 일부를 타인에게 위탁하고 그 위탁사무에 관하여 대리권을 수여하는 계약이다.

우리나라의 성년후견제도는 일원론적 보호유형을 채택하고 있는 독일식 성년후견제도보다는 요보호자의 상태 및 보호의 내용을 기준으로 여러 가지 유형을 인정하되 각각의 유형에 따라 탄력적인 운영을 가능하게 하는 다원론적 보호유형에 해당하는 프랑스식 내지 일본식 성년후견제도를 택하였다고 할 수 있다.

제3항 법정후견

1. 피성년후견인(제9조 내지 제11조)

(1) 피성년후견인의 의의

'피성년후견인'은 질병, 장애, 노령 그 밖의 사유로 인한 정신적 제약으로 사무를 처리할 능력이 지속적으로 결여된 자에 대하여 일정한 자의 청구에 의하여 가정법원으로부터 성년후견개시의 심판을 받은 자를 말한다. 이때의 사무에는 법률행위, 소송행위 등의 법적인 사무 외에 신상감호에 대한 사무도 포함된다고 해석된다.

(2) 성년후견개시의 심판요건

제9조 [성년후견개시의 심판]

① 가정법원은 질병, 장애, 노령, 그 밖의 사유로 인한 정신적 제약으로 사무를 처리할 능력이 지속적으로 결여된 사람에 대하여 본인, 배우자, 4촌 이내의 친족, 미성년후견인, 미성년후견감독인, 한정후견인, 한정후견감독인, 특정후견인, 특정후견감독인, 검사 또는 지방자치단체의 장의 청구에 의하여 성년후견개시의 심판을 한다.
② 가정법원은 성년후견개시의 심판을 할 때 본인의 의사를 고려하여야 한다.

---

1) 형식적 요건

성년후견이 선고되기 위해서는 본인, 배우자, 4촌 이내의 친족, 미성년후견인, 미성년후견감독인, 한정후견인, 한정후견감독인, 특정후견인, 특정후견감독인, 검사 또는 지방자치단체의 장의 청구가 있어야 한다(제9조제1항). 따라서 법원이 직권으로 선고할 수는 없다. 기존의 한정치산자, 금치산자 청구권자에 '후견감독인'과 '지방자치단체의 장'이 추가되었다. 본인은 의사능력을 회복한 때에 단독으로 심판청구를 할 수 있다. 검사를 청구권자로 한 이유는 청구권자가 없거나 청구권자가 있어도 청구하지 않을 경우에 공익의 대표자로서 청구할 수 있기 위함이다. 또한 지방자치단체의 장을 청구권자로 한 이유는 해당 지방자치단체가 성년후견개시요건에 갖춘 자의 돌봄제도를 통하여 어느 누구보다도 많은 정보를 가진 전문기관이기 때문이다.

한편 가정법원은 성년후견개시의 심판을 할 때 본인의 의사를 고려하여야 하는 것으로 하고 있는데, 이는 피성년후견인의 자기결정권의 존중이라는 성년후견제도의 이념적 기초에 부합한다고 할 수 있다.

2) 실질적 요건

성년후견이 개시되기 위해서는 '질병, 장애, 노령, 그 밖의 사유로 인한 정신적 제약으로 사무를 처리할 능력이 지속적으로 결여'라는 원인이 인정되어야 한다. 정신적 제약을 그 내용으로 하고 있으므로 고령화 사회와 복지국가로의 이념에 맞게 치매성 노인이나 정신적 장애인이 성년후견제도에 의한 보호를 받을 수 있게 되었다. 위 요건에서 '.... 정신적 제약으로 사무를 처리할 능력이 지속적으로 결여'라는 의미는 정신적 제약만으로는 불충분하고, 정신적 제약에 의하여 사무처리능력이 지속적으로 결여되어야 하기 때문에 정신적 제약과 사무처리능력의 지속적 결여 사이에 인과관계가 존재하여야 한다. 가정법원은 성년후견 개시의 심판을 할 때, 피성년후견인이 될 사람의 정신상태에 관하여 의사에 감정을 시켜야 한다. 다만 피성년후견인이 될 사람의 정신상태를 판단할 만한 충분한 자료가 있는 경우에는 그러하지 않는다(가사소송법 제45조의2). 그러나 이러한 의학적 정신감정은 성년후견개시요건이 충족되는지 여부를 판단하는 자료에 불과한 것이지, 그 자료가 정신적 제약으로 사무처리능력의 지속적 결여 여부를 결정하는 것은 아니다.

한편 신체적 장애도 성년후견의 개시요건으로 할 것인지와 관련하여 이를 요건으로 하는 외국의 입법례도 있으나(독일민법 제186조제1항, 프랑스민법 제425조), 개정안은 신체적 장애를 성년후견개시의 요건으로 채택하지 않았다.[12] 물론 신체적 장애도 그

---

12) 신체적 장애를 성년후견개시의 요건으로 채택하지 않은 이유와 관련하여 김형석 교수는 "우리 입법자가 '聾者, 啞者, 盲者'를 준금치산자로 정하던 의용민법의 규정(동법 제11조)를 폐지하였고, 신

로 인하여 사무를 처리할 수 없으면 성년후견의 개시요건이 되는 것으로 해석하여야 할 것이다.[13]

(3) 성년후견개시의 심판절차

성년후견개시의 심판절차는 가사소송법과 가사소송규칙에 의하고, 모든 요건이 갖추어지면 반드시 가정법원은 성년후견개시의 심판을 해야 한다(제9조 참조). 성년후견개시의 공시는 후견등기부(가족관계등록부가 아님)에 기록한다(후견등기에 관한 법률 제2조).

(4) 성년후견종료의 심판

제11조 [성년후견종료의 심판]

성년후견개시의 원인이 소멸된 경우에는 가정법원은 본인, 배우자, 4촌 이내의 친족, 성년후견인, 성년후견감독인, 검사 또는 지방자치단체의 장의 청구에 의하여 성년후견 종료의 심판을 한다.

성년후견개시의 원인이 소멸되면 가정법원은 본인, 배우자, 4촌 이내의 친족, 성년후견인, 성년후견감독인, 검사 또는 지방자치단체의 장의 청구에 의하여 성년후견종료의 심판을 한다(제11조). 이 심판절차도 가사소송법과 가사소송규칙에 의하며, 성년후견종료의 심판요건을 갖추면 반드시 성년후견종료의 심판을 해야 한다.

그 심판이 있으면 피성년후견인은 행위능력을 회복하고, 그 효력은 심판이 내려진 때부터이다. 다만, 피성년후견인에 대하여 한정후견개시의 심판을 하기 위하여 종료심판을 할 때 성년후견은 종료되지만 한정후견이 개시되기 때문에 그러하지 않는다(제14조의3제2항 참조).

(5) 피성년후견인의 행위와 취소

제10조 [피성년후견인의 행위와 취소]

① 피성년후견인의 법률행위는 취소할 수 있다.
② 제1항에도 불구하고 가정법원은 취소할 수 없는 피성년후견인의 법률행위의 범위를 정할 수 있다.
③ 가정법원은 본인, 배우자, 4촌 이내의 친족, 성년후견인, 성년후견감독인, 검사 또는 지방자치단체의 장의 청구에 의하여 제2항의 범위를 변경할 수 있다.

체에 중대한 결함'을 한정치산 원인으로 하고 있던 민법초안의 규정이 이후 심의과정에서 삭제되었다는 사실을 중요한 정책적 근거로 고려하였다"고 설명하고 있다. 이와 관련해서는, '김형석, "민법 개정안에 따른 성년후견법제", 가족법연구 제24권 2호, 125면 참조.

13) 백승흠, "한국법무부의 성년후견제도에 관한 민법개정안", 재산법연구 제26권 제3호, 2010, 206쪽.

④ 제1항에도 불구하고 일용품의 구입 등 일상생활에 필요하고 그 대가가 과도하지 아니한 법률행위는 성년후견인이 취소할 수 없다.

피성년후견인은 가정법원이 달리 정하지 않는 한 원칙적으로 확정적인 유효한 법률행위를 할 수 없다. 따라서 피성년후견인은 법정대리인인 성년후견인의 동의를 얻은 법률행위도 취소할 수 있다. 다만 아래와 같은 재산행위에는 예외로 취소할 수 없다.

첫째, 가정법원이 취소할 수 없는 피성년후견인의 법률행위범위를 정한 경우 그 법률행위는 취소할 수 없다(제10조제2항). 그 범위의 변경은 본인, 배우자, 4촌 이내의 친족, 성년후견인, 성년후견감독인, 검사 또는 지방자치단체의 장의 청구에 의하여 가정법원으로부터 받는다(제10조제3항).

둘째, 일용품의 구입 등 일상생활에 필요하고 그 대가가 과도하지 아니한 법률행위는 성년후견인이 취소할 수 없다(제10조제4항). 이 피성년후견인의 취소할 수 없는 행위는 취소를 막으려는 상대방이 입증해야 한다.

그 밖에 신분법상 행위인 약혼(제802조), 혼인(제808조제2항), 협의이혼(제835조), 인지(제856조), 입양(제873조제1항), 협의파양(제902조)은 성년후견인의 동의를 얻어 피성년후견인이 유효하게 할 수 있으며, 만 17세 이상인 의사능력이 있는 피성년후견인의 유언(제1063조)은 취소할 수 없다(제1062조). 그리고 피성년후견인의 의사능력입증을 위해 의사가 심신회복의 상태임을 유언서에 부기하고 서명날인해야 한다(제1063조제2항).

(6) 성년후견인(법정대리인)

1) 성년후견인의 선임

가정법원의 성년후견개시심판이 있는 경우에는 그 심판을 받은 사람의 성년후견인을 두어야 한다(제929조). 성년후견인은 가정법원이 직권으로 선임하여야 하는데(제936조제1항), 가정법원이 성년후견인을 선임할 때에는 피성년후견인의 의사를 존중하여야 하며, 그 밖에 피성년후견인의 건강, 생활관계, 재산상황, 성년후견인이 될 사람의 직업과 경험, 피성년후견인과의 이해관계의 유무(법인이 성년후견인이 될 때에는 사업의 종류와 내용, 법인이나 그 대표자와 피성년후견인 사이의 이해관계의 유무를 말한다) 등의 사정도 고려하여야 한다(제936조제4항). 가정법원은 성년후견인이 사망, 결격, 그 밖의 사유로 없게 된 경우에도 직권으로 또는 피성년후견인, 친족, 이해관계인, 검사, 지방자치단체의 장의 청구에 의하여 성년후견인을 선임하며(제936조제2항), 성년후견인이 선임된 경우에도 필요하다고 인정하면 직권으로 또는 제2항의 청구권자나 성년후견인의 청구에 의하여 추가로 성년후견인을 선임할 수 있다(제936조제3항).

2) 성년후견인의 자격과 수

성년후견인은 피후견인의 법정대리인이 되는데(제938조제1항), 가정법원은 성년후견인이 제1항에 따라 가지는 법정대리권의 범위를 정할 수 있다(제938조제2항). 또한 가정법원은 성년후견인이 피성년후견인의 신상에 관하여 결정할 수 있는 권한의 범위를 정할 수 있으며(제938조제3항), 제2항 및 제3항에 따른 법정대리인의 권한의 범위가 적절하지 아니하게 된 경우에 가정법원은 본인, 배우자, 4촌 이내의 친족, 성년후견인, 성년후견감독인, 검사 또는 지방자치단체의 장의 청구에 의하여 그 범위를 변경할 수 있다(제938조제4항).[14]

성년후견인은 피성년후견인의 신상과 재산에 관한 모든 사정을 고려하여 여러 명을 둘 수 있으며(제930조제2항), 법인도 성년후견인이 될 수 있다(제930조제3항). 자연인뿐 아니라 사회복지법인 등도 후견업무를 수행할 수 있을 뿐만 아니라, 효율성의 측면에서는 법인이 후견업무를 수행하는 것이 바람직하다고 할 수 있으므로 법인도 성년후견인이 되는 것으로 규정하였다.

가정법원은 직권으로 여러 명의 성년후견인이 공동으로 또는 사무를 분장하여 그 권한을 행사하도록 정할 수 있고(제949조의2제1항), 직권으로 제1항에 따른 결정을 변경하거나 취소할 수 있다(제949조의2제2항). 여러 명의 성년후견인이 공동으로 권한을 행사하여야 하는 경우에 어느 성년후견인이 피성년후견인의 이익이 침해될 우려가 있음에도 법률행위의 대리 등 필요한 권한행사에 협력하지 아니할 때에는 가정법원은 피성년후견인, 성년후견인, 후견감독인 또는 이해관계인의 청구에 의하여 그 성년후견인의 의사표시를 갈음하는 재판을 할 수 있다(제949조의2제3항).

3) 성년후견인의 임무

성년후견인은 피성년후견인의 재산관리와 신상보호를 할 때 여러 사정을 고려하여 그의 복리에 부합하는 방법으로 사무를 처리하여야 하며, 이 경우 성년후견인은 피성년후견인의 복리에 반하지 아니하면 피성년후견인의 의사를 존중하여야 한다(제947조).

먼저 후견인은 피성년후견인의 재산을 관리하고 그 재산에 관한 법률행위에 대하

---

14) 제937조는 후견인의 결격사유를 정한 후 이를 성년후견감독인(제940조의7), 한정후견인(제959조의3), 한정후견감독인(제959조의5), 특정후견인(제959조의9), 특정후견감독인(제959조의10)에 이를 준용하고 있다. 제937조(후견인의 결격사유) 다음 각 호의 어느 하나에 해당하는 자는 후견인이 되지 못한다. 1. 미성년자 2. 피성년후견인, 피한정후견인, 피특정후견인, 피임의후견인 3. 회생절차개시결정 또는 파산선고를 받은 자 4. 자격정지 이상의 형의 선고를 받고 그 형기(刑期) 중에 있는 사람 5. 법원에서 해임된 법정대리인 6. 법원에서 해임된 성년후견인, 한정후견인, 특정후견인, 임의후견인과 그 감독인 7. 행방이 불분명한 사람 8. 피후견인을 상대로 소송을 하였거나 하고 있는 자 또는 그 배우자와 직계혈족.

여 피후견인을 대리한다(제949조). 후견인은 피후견인의 법정대리인이 된다(제938조제1항). 가정법원은 그 법정대리권의 범위를 정할 수 있고(제938조제2항), 성년후견인이 피성년후견인의 신상에 관하여 결정할 수 있는 범위를 정할 수 있다(제938조제3항). 만약 법정대리인의 권한 범위가 적절하지 않게 된 경우에 가정법원은 본인, 배우자, 사촌 이내의 친족, 성년후견인, 성년후견감독인, 검사 또는 지방자치단체의 장의 청구에 의하여 그 범위를 변경할 수 있다(제938조제4항). 또한 일정한 경우에 성년후견인의 대리권 행사는 후견감독인의 동의를 받아야 한다(제949조, 제950조). 원칙적으로 피성년후견인은 성년후견인의 동의를 얻어도 유효한 법률행위를 할 수 없으나, 일정한 가족법상 행위에 대하여 동의권을 갖는다. 그리고 피성년후견인의 행위는 취소할 수 있으므로, 성년후견인은 취소권을 갖는다(제10조제1항).

여기서 주목할 점은 과거 한정치산·금치산제도가 재산관리에 치중되어 있음에 반하여 성년후견제도에서는 성년후견인의 임무로 재산관리 외에 '신상보호'가 인정되었다는 점인데 이는 피성년후견인의 보호를 위해서는 재산관리만으로 적합하지 않기 때문이다. 그리고 성년후견제도에서 신상보호에 관하여 우선적으로 피성년후견인의 자기결정을 중시하고, 자기결정을 할 수 없는 경우에 이에 갈음하여 성년후견인이 결정할 수 있도록 권한을 부여하였고, 그 권한의 남용을 막기 위하여 가정법원의 감독을 규정하였다. 즉, 성년후견인의 신상결정에 있어서는, 피성년후견인이 자신의 신상에 관하여 그의 상태가 허락하는 범위에서 단독으로 결정하는 것을 원칙으로 하되(제947조의2제1항), 성년후견인이 피성년후견인을 치료 등의 목적으로 정신병원이나 그 밖의 다른 장소에 격리하려는 경우에는 가정법원의 허가를 받아야 하고(제947조의2제2항), 피성년후견인의 신체를 침해하는 의료행위에 대하여 피성년후견인이 동의할 수 없는 경우에는 성년후견인이 그를 대신하여 동의할 수 있다(제947조의2제3항). 제3항의 경우 피성년후견인이 의료행위의 직접적인 결과로 사망하거나 상당한 장애를 입을 위험이 있을 때에는 가정법원의 허가를 받아야 한다. 다만, 허가절차로 의료행위가 지체되어 피성년후견인의 생명에 위험을 초래하거나 심신상의 중대한 장애를 초래할 때에는 사후에 허가를 청구할 수 있다(제947조의2제4항). 또한 성년후견인이 피성년후견인을 대리하여 피성년후견인이 거주하고 있는 건물 또는 그 대지에 대하여 매도, 임대, 전세권 설정, 저당권 설정, 임대차의 해지, 전세권의 소멸, 그 밖에 이에 준하는 행위를 하는 경우에는 가정법원의 허가를 받아야 한다(제947조의2제5항).

(7) 성년후견감독인

종래 후견인에 대한 감독기관이라고 할 수 있는 친족회가 사실상 유명무실하게 운영되고 있는 점을 반영하여 친족회는 현행민법에 의하여 폐지되었고 이를 대체할 제도로 성년후견감독인이 도입되었다.

가정법원은 필요하다고 인정할 때 직권으로 또는 피성년후견인, 친족, 성년후견인, 검사, 지방자치단체의 장의 청구에 의하여 성년후견감독인을 선임할 수 있다(제940조의4제1항). 성년후견감독인은 성년후견인과 가족관계가 없고(제940조의5, 제779조), 후견인으로서 결격사유가 없어야 한다(제940조의7, 제937조). 후견감독인은 후견인의 사무를 감독하며, 후견인이 없는 경우 지체 없이 가정법원에 후견인의 선임을 청구하여야 한다(제940조의6제1항). 성년후견감독인은 피후견인의 신상이나 재산에 대하여 급박한 사정이 있는 경우 그의 보호를 위하여 필요한 행위 또는 처분을 할 수 있으며(제940조의6제2항), 후견인과 피후견인 사이에 이해가 상반되는 행위에 관하여는 후견감독인이 피후견인을 대리한다(제940조의6제3항).

2. 피한정후견인(제12조 내지 제14조)

(1) 피한정후견인의 의의

'피한정후견인'은 질병, 장애, 노령, 그 밖의 사유로 인한 정신적 제약으로 사무를 처리할 능력이 부족한 자로서 일정한 자의 청구에 의하여 가정법원으로부터 한정후견개시의 심판을 받은 자를 말한다(제12조제1항).

(2) 한정후견개시의 심판요건

제12조 [한정후견개시의 심판]

① 가정법원은 질병, 장애, 노령, 그 밖의 사유로 인한 정신적 제약으로 사무를 처리할 능력이 부족한 사람에 대하여 본인, 배우자, 4촌 이내의 친족, 미성년후견인, 미성년후견감독인, 성년후견인, 성년후견감독인, 특정후견인, 특정후견감독인, 검사 또는 지방자치단체의 장의 청구에 의하여 한정후견개시의 심판을 한다.
② 한정후견개시의 경우에 제9조제2항을 준용한다.

1) 형식적 요건

성년후견이 선고되기 위해서는 본인, 배우자, 4촌 이내의 친족, 미성년후견인, 미성년후견감독인, 성년후견인, 성년후견감독인, 특정후견인, 특정후견감독인, 검사 또는 지방자치단체의 장의 청구가 있어야 한다. 따라서 법원이 직권으로 선고할 수는 없다. 기존의 한정치산자, 금치산자 청구권자에 '후견감독인'과 '지방자치단체의 장'이 추가되었다.

이런 심판절차는 일정한 자의 청구가 있어야 하므로, 가정법원이 직권으로 개시하지 못한다. 위 청구권자 중 미성년후견인과 미성년후견감독인을 청구권자로 둠으로써 미성년자가 피한정후견의 요건을 갖춘 경우 그 미성년자를 보호하게 되었다.

한편 가정법원은 한정후견개시의 심판을 할 때 본인의 의사를 고려해야 한다(제12조제2항, 제9조제2항).

2) 실질적 요건

성년후견이 개시되기 위해서는 '질병, 장애, 노령, 그 밖의 사유로 인한 정신적 제약으로 사무를 처리할 능력이 부족'이 존재해야 한다. 그리고 성년후견의 요건과 같이 정신적 제약으로 사무처리능력을 기준으로 하기 때문에 그 능력의 부족에 대한 판단은 성년후견의 요건에 준하여 판단한다. 성년후견의 경우와 마찬가지로 가정법원은 한정후견개시의 심판을 할 경우에 원칙적으로 피한정후견인이 될 사람의 정신상태에 관하여 의사에게 감정을 시켜야 한다(가사소송법 제45조의2).

(3) 한정후견개시의 심판절차

한정후견개시의 심판절차는 가사소송법과 가사소송규칙에 의하고, 모든 요건이 갖추어지면 반드시 가정법원은 한정후견개시의 심판을 해야 한다(제12조제1항). 한정후견개시의 공시는 후견등기부에 기록한다.

(4) 한정후견종료의 심판

제14조 [한정후견종료의 심판]

한정후견개시의 원인이 소멸된 경우에는 가정법원은 본인, 배우자, 4촌 이내의 친족, 한정후견인, 한정후견감독인, 검사 또는 지방자치단체의 장의 청구에 의하여 한정후견종료의 심판을 한다.

한정후견개시의 원인이 소멸되면 가정법원은 본인, 배우자, 4촌 이내의 친족, 한정후견인, 한정후견감독인, 검사 또는 지방자치단체의 장의 청구에 의하여 한정후견종료의 심판을 한다. 이 심판절차도 가사소송법과 가사소송규칙에 의하며, 한정후견종료의 심판요건을 갖추면 반드시 한정후견종료의 심판을 해야 한다. 그리고 가정법원이 피한정후견인에 대하여 성년후견개시의 심판을 한 때에는 종전의 한정후견의 종료심판을 한다(제14조의3제1항).

한정후견종료의 심판이 있으면 피한정후견인은 행위능력을 회복하고, 그 효력은 심판이 내려진 때부터이다. 그러나 가정법원이 피한정후견인에 대하여 성년후견개시 심판을 할 때 종전의 한정후견종료의 심판을 한 경우에는 그러하지 않는다.

(5) 피한정후견인의 행위능력과 한정후견인의 동의

제13조 [피한정후견인의 행위와 동의]

① 가정법원은 피한정후견인이 한정후견인의 동의를 받아야 하는 행위의 범위를 정할 수 있다.

② 가정법원은 본인, 배우자, 4촌 이내의 친족, 한정후견인, 한정후견감독인, 검사 또는 지방자치단체의 장의 청구에 의하여 제1항에 따른 한정후견인의 동의를 받아야만 할 수 있는 행위의 범위를 변경할 수 있다.

③ 한정후견인의 동의를 필요로 하는 행위에 대하여 한정후견인이 피한정후견인의 이익이 침해될 염려가 있음에도 그 동의를 하지 아니하는 때에는 가정법원은 피한정후견인의 청구에 의하여 한정후견인의 동의를 갈음하는 허가를 할 수 있다.

④ 한정후견인의 동의가 필요한 법률행위를 피한정후견인이 한정후견인의 동의 없이 하였을 때에는 그 법률행위를 취소할 수 있다. 다만, 일용품의 구입 등 일상생활에 필요하고 그 대가가 과도하지 아니한 법률행위에 대하여는 그러하지 아니하다.

가정법원은 피한정후견인이 한정후견인의 동의를 받아야 하는 행위의 범위를 정할 수 있고(제13조제1항), 또한 가정법원은 본인, 배우자, 4촌 이내의 친족, 한정후견인, 한정후견감독인, 검사 또는 지방자치단체의 장의 청구에 의하여 제1항에 따른 한정후견인의 동의를 받아야만 할 수 있는 행위의 범위를 변경할 수 있다(제13조제2항).

또한 피한정후견인은 원칙적으로 확정적인 유효한 법률행위를 할 수 있으므로, 한정후견인의 동의를 필요로 하는 행위에 대하여 한정후견인이 피한정후견인의 이익이 침해될 염려가 있음에도 그 동의를 하지 아니하는 때에는 가정법원은 피한정후견인의 청구에 의하여 한정후견인의 동의를 갈음하는 허가를 할 수 있다(제13조제3항). 그리고 한정후견인의 동의가 필요한 법률행위를 피한정후견인이 한정후견인의 동의 없이 하였을 때에는 그 법률행위를 취소할 수 있다. 다만, 일용품의 구입 등 일상생활에 필요하고 그 대가가 과도하지 아니한 법률행위에 대하여는 그러하지 아니하다(제13조제4항).

한편 신분법상 약혼, 혼인, 협의이혼, 입양, 협의파양 등에 관하여 미성년자와 피성년후견인에게만 규정하고 있으므로 피한정후견인에 대하여 유추적용하지 않는다고 해석되어, 이 경우 피한정후견인은 한정후견인의 동의 없이 유효하게 할 수 있다고 본다.

(6) 한정후견인과 한정후견감독인

가정법원의 한정후견개시의 심판이 있는 경우에는 그 심판을 받은 사람의 한정후견인을 두어야 하며(제959조의2), 한정후견인을 직권으로 선임한다(제959조의3제1항). 또한 가정법원은 한정후견인에게 대리권을 수여하는 심판을 할 수 있다(제959조의4제1

항). 따라서 한정후견인은 당연히 법정대리인이 되는 것이 아니고, 가정법원으로부터 대리권 수여심판이 있는 경우에 한하여(가정법원이 법정대리권의 범위를 정한 경우에는 그 범위 내에서만) 한정후견인은 법정대리권을 갖는다(제959조의4제2항, 제938조제3항). 대리권의 범위는 동의권의 유보범위와 제도의 취지가 다르기 때문에 꼭 일치하는 것은 아니다. 따라서 한정후견인은 원칙적으로 피한정후견인에 대하여 법률행위의 동의권, 취소권이 없으나, 동의가 유보된 경우에는 동의권과 취소권을 가진다. 한정후견인의 수는 성년후견인과 마찬가지로 여러 명이 가능하고, 법인도 한정후견인이 될 수 있다(제959조의3제2항, 제930조제3항).

그 밖에 가정법원은 필요하다고 인정하면 직권으로 또는 피한정후견인, 친족, 한정후견인, 검사, 지방자치단체의 장의 청구에 의하여 한정후견감독인을 선임할 수 있다(제940조의5제1항). 또한 한정후견감독인은 한정후견인과 가족관계가 없고(제959조의5제2항, 제940조의5, 제779조), 후견인으로서 결격사유가 없어야 한다(제959조의5제2항, 제937조). 그리고 한정후견인과 한정후견감독인에 대해서는 성년후견인과 성년후견감독인에 대한 규정을 준용한다(제959조의3 내지 제959조의7 참조).

3. 피특정후견인(제14조의2)

(1) 피특정후견인의 의의

'피특정후견인'은 질병, 장애, 노령, 그 밖의 사유로 인한 정신적 제약으로 일시적 후원 또는 특정한 사무에 관한 후원이 필요한 자에 대하여 일정한 자의 청구에 의하여 가정법원으로부터 특정후견의 심판을 받은 자를 말한다(제14조의2제1항). 성년후견과 한정후견의 경우 후견이 개시되면 종료심판이 있을 때까지 피성년후견인과 피한정후견인에 대하여 후견이 계속되는 반면, 특정후견은 정신적 제약으로 일시적 후원 또는 특정한 사무에 관한 후원이 필요한 자에 대하여 일시적·특정적으로 가정법원에 의해 후원을 받는 제도이다.

이 제도는 영국의 정신능력법(Mental Capacity Act 2005)에서 규정하고 있는 제도를 도입한 것으로, 행위능력에 관한 제약이 없이도 보호를 받을 수 있는 제도이기 때문에 많은 이용이 있을 것으로 예상되고 있으며, 개시원인에 있어서도 성년후견이나 한정후견과 구별이 없으므로 성년후견이나 한정후견의 유형에 해당하는 사람도 이 청구를 할 수 있을 것이다.[15]

---

15) 백승흠, "한국법무부의 성년후견제도에 관한 민법개정안", 재산법연구 제26권 제3호, 2010, 219-220쪽.

(2) 특정후견심판의 요건

제14조의2 [특정후견의 심판]

① 가정법원은 질병, 장애, 노령, 그 밖의 사유로 인한 정신적 제약으로 일시적 후원 또는 특정한 사무에 관한 후원이 필요한 사람에 대하여 본인, 배우자, 4촌 이내의 친족, 미성년후견인, 미성년후견감독인, 검사 또는 지방자치단체의 장의 청구에 의하여 특정후견의 심판을 한다.
② 특정후견은 본인의 의사에 반하여 할 수 없다.
③ 특정후견의 심판을 하는 경우에는 특정후견의 기간 또는 사무의 범위를 정하여야 한다.

---

1) 형식적 요건

특정후견이 선고되기 위해서는 본인, 배우자, 4촌 이내의 친족, 미성년후견인, 미성년후견감독인, 검사 또는 지방자치단체의 장의 청구가 있어야 한다. 따라서 법원이 직권으로 선고할 수는 없다. 지속적인 보호를 받는 피성년후견인과 피한정후견인에 대하여 특정후견심판을 청구하는 것은 부당하므로 성년후견인과 한정후견인은 청구권자에서 제외하였다. 반면에 미성년후견인, 미성년후견감독인을 청구권자로 규정함으로써, 미성년자는 특정후견을 받을 수 있다.

이런 심판절차는 일정한 자의 청구가 있어야 하므로, 가정법원이 직권으로 개시하지 못한다. 또한 가정법원은 특정후견의 심판을 할 때 본인의 의사에 반하여 할 수 없다(제14조의2제2항). 그렇다고 하여 본인의 적극적 동의를 요하는 것은 아니다. 즉, 성년후견과 한정후견의 경우에는 법원이 후견개시 심판을 할 때 본인의 의사를 고려하여야 하는 것으로 하고 있는 반면(제9조제2항, 제12조제2항), 특정후견은 본인의 의사에 반하여 할 수 없다(제14조의2제2항).

2) 실질적 요건

특정후견이 개시되기 위해서는 '질병, 장애, 노령, 그 밖의 사유로 인한 성신석 세약으로 일시적 후원 또는 특정한 사무에 관한 후원이 필요한 경우'가 존재해야 한다. 따라서 정신적 제약이 필요한 것은 피성년후견인 및 피한정후견인에서와 같지만, 사무처리할 능력의 부족을 요구하지 않는다.

(3) 특정후견심판의 종료

제14조의3 [심판사이의 관계]

① 가정법원이 피한정후견인 또는 피특정후견인에 대하여 성년후견개시의 심판을 할 때에는 종전의 한정후견 또는 특정후견의 종료 심판을 한다.
② 가정법원이 피성년후견인 또는 피특정후견인에 대하여 한정후견개시의 심판을 할 때에는 종전의 성년후견 또는 특정후견의 종료 심판을 한다.

특정후견종료의 심판제도는 없다. 왜냐하면 특정후견은 일시적·특정적 후견으로 처리할 사무의 성질에 의하여 그 기간과 범위가 정해지기 때문이다(제14조의2제3항). 다만 가정법원이 피특정후견인에 대하여 성년후견개시의 심판을 하거나 한정후견개시의 심판을 한 때에는 종전의 특정후견의 종료심판을 한다(제14조의3제1·2항).

(4) 피특정후견인의 행위능력

특정후견의 경우에는 피특정후견인에 대한 후원만을 그 내용으로 하므로 피특정후견인의 행위능력에는 영향을 미치지 아니한다. 따라서 특정후견인이 선임되고 법정대리권이 부여되어도 피특정후견인의 행위능력에 제한이 없으며, 특정후견인의 동의 없이 한 피특정후견인의 법률행위의 효력에 영향을 주지 않는다. 그러나 특정후견인에게 대리권을 수여하는 심판이 있은 후에 특정후견인의 행위가 피특정후견인의 행위와 경합할 경우에는 두 행위가 모두 유효하므로 민법의 일반 법리에 따라 해석되어야 할 것이다(지원림 85쪽).

(5) 특정후견인과 특정후견감독인

가정법원은 피특정후견인의 후원을 위하여 필요한 처분을 명할 수 있는데(제959조의8), 그 처분으로 피특정후견인을 후원하거나 대리하기 위한 특정후견인을 선임할 수 있다(제959조의9). 또한 가정법원은 필요하다고 인정하면 직권으로 또는 피특정후견인, 친족, 특정후견인, 검사, 지방자치단체의 장의 청구에 의하여 특정후견감독인을 선임할 수 있다(제959조의10). 그리고 특정후견감독인은 특정후견인과 가족관계가 없고(제959조의10제2항, 제940조의5, 제779조), 후견인으로서 결격사유가 없어야 한다(제959조의10제2항, 제937조).

피특정후견인의 후원을 위하여 필요하다고 인정하면 가정법원은 기간이나 범위를 정하여 특정후견인에게 대리권을 수여하는 심판을 할 수 있으며(제959조의11제1항), 제1항의 경우 가정법원은 특정후견인의 대리권 행사에 가정법원이나 특정후견감독인의 동의를 받도록 명할 수 있다(제959조의11제2항). 그 밖에 특정후견인과 특정후견감독인에 대해서는 성년후견인과 성년후견감독인에 대한 규정이 준용된다(제959조의9 내지 제959조의13 참조).

제4항 임의후견(후견계약)

1. 후견계약의 의의

'후견계약'이란 "질병, 장애, 노령, 그 밖의 사유로 인한 정신적 제약으로 사무를 처리할 능력이 부족한 상황에 있거나 부족하게 될 상황에 대비하여 자신의 재산관리 및 신상보호에 관한 사무의 전부 또는 일부를 다른 자에게 위탁하고 그 위탁사무에 관하여 대리권을 수여하는 것을 내용으로 하는 계약"이다(제959조의14제1항). 이 계약은 민법상 일종의 위임계약이다(제680조 참조).

후견계약제도는 후견을 받을 자의 자기결정을 존중하는 것으로, 후견을 받을 자가 평소 신뢰하고 친숙한 사람을 후견인에 선임할 수 있도록 함으로써 피후견인의 의향이 후견사무의 집행시에 반영될 수 있게 되는 장점을 가지고 있다.[16) 또한 후견계약은 본인(피임의후견인)과 임의후견인이 될 자 사이의 계약에 의하여 성립하는데, 이 계약은 공정증서에 의하여 체결하여야 한다(제959조의14제2항).

2. 후견계약의 효력발생과 종료

후견계약은 가정법원이 임의후견감독인을 선임한 때부터 효력이 발생한다(제959조의14제3항).

그러나 다음과 같은 경우에 후견계약의 효력이 발생하지 않거나 종료된다.

첫째, 임의후견인이 제937조 각 호에 해당하는 자 또는 그 밖에 현저한 비행을 하거나 후견계약에서 정한 임무에 적합하지 아니한 사유가 있는 자인 경우에 가정법원은 임의후견감독인을 선임하지 아니한 경우(효력불발생, 제959조의17제1항), 둘째, 임의후견감독인을 선임한 이후 임의후견인이 현저한 비행을 하거나 그 밖에 그 임무에 적합하지 아니한 사유가 있게 된 경우에 가정법원이 임의후견감독인, 본인, 친족, 검사 또는 지방자치단체의 장의 청구에 의하여 임의후견인을 해임한 경우(제959조의17제2항), 셋째, 임의후견감독인의 선임 전에 본인 또는 임의후견인이 공증인의 인증을 받은 서면으로 후견계약의 의사표시를 철회한 경우(효력불발생, 제959조의18제1항), 넷째, 임의후견감독인의 선임 이후에 본인 또는 임의후견인이 정당한 사유가 있는 때에 가정법원의 허가를 받아 후견계약을 종료한 경우(제959조의18제2항).

---

16) 백승흠, "민법개정안의 성년후견제도와 피후견인의 신상보호", 법학논고 제35집, 2011, 69쪽.

3. 임의후견감독인의 선임과 임무

가정법원은 후견계약이 등기되어 있고, 본인이 사무를 처리할 능력이 부족한 상황에 있다고 인정할 때에는 본인, 배우자, 4촌 이내의 친족, 임의후견인, 검사 또는 지방자치단체의 장의 청구에 의하여 임의후견감독인을 선임한다(제959조의15제1항). 임의후견감독인은 임의후견인과 가족관계에 있는 자(제959조의15제5항, 제940조의5, 제779조), 임의후견감독인은 후견인으로서 결격사유가 있는 자(제937조 참조) 또는 그 밖에 현저한 비행을 하거나 후견계약에서 정한 임무에 적합하지 아니한 사유가 있는 자는 가정법원으로부터 선임되지 아니한다(제959조의17제1항).

임의후견감독인은 임의후견인의 사무를 감독하며 그 사무에 관하여 가정법원에 정기적으로 보고하여야 하며(제959조의16제1항), 가정법원은 필요하다고 인정하면 임의후견감독인에게 감독사무에 관한 보고를 요구할 수 있고 임의후견인의 사무 또는 본인의 재산상황에 대한 조사를 명하거나 그 밖에 임의후견감독인의 직무에 관하여 필요한 처분을 명할 수 있다(제959조의16제2항).

4. 후견계약과 성년후견 · 한정후견 · 특정후견의 관계

후견계약이 등기되어 있는 경우에는 가정법원은 본인의 이익을 위하여 특별히 필요할 때에만 임의후견인 또는 임의후견감독인의 청구에 의하여 성년후견, 한정후견 또는 특정후견의 심판을 할 수 있으며, 이 경우 후견계약은 본인이 성년후견 또는 한정후견 개시의 심판을 받은 때 종료된다(제959조의20제1항). 이 규정 해석상 특정후견 개시 심판이 있어도 후견계약은 종료되지 않고 지속된다고 본다. 즉, 특정후견과 임의후견이 병존적으로 존재할 수 있을 것이다. 본인이 피성년후견인, 피한정후견인 또는 피특정후견인인 경우에 가정법원은 임의후견감독인을 선임함에 있어서 종전의 성년후견, 한정후견 또는 특정후견의 종료 심판을 하여야 한다. 다만, 성년후견 또는 한정후견 조치의 계속이 본인의 이익을 위하여 특별히 필요하다고 인정하면 가정법원은 임의후견감독인을 선임하지 아니한다(제959조의20제2항).

제5항 제한능력자의 상대방의 보호(제15조 내지 제17조)

1. 제한능력자의 상대방의 의의

제한능력자의 상대방은 제한능력자의 법률행위에 대하여 상대방이 되는 자로서 제한능력자가 행한 법률행위가 효력이 없거나 법률행위 이행 전에 동의권을 취소한 경우에 특히 문제가 된다.

2. 상대방보호의 필요성

제한능력자의 법률행위는 원칙적으로 본인이나 법정대리인이 이를 취소할 수 있다. 따라서 제한능력자 측은 제한능력자의 법률행위를 취소할 수도 있고 하지 않을 수도 있다. 취소하지 않으면 확정적으로 유효한 법률행위가 되고, 취소하게 되면 소급하여 절대적으로 무효가 된다. 또한 취소권의 행사는 제한능력자 측만 가지고 있고, 그 행사도 자유이므로 제한능력자와 거래한 상대방은 제한능력자 측의 의사에 의해 좌우되는 불확정한 상태에 놓이게 된다. 따라서 제한능력자의 상대방은 제한능력자의 보호를 위하여 희생당하게 된다. 그 결과 제3자에게까지 영향을 주어 거래안전을 해치게 될 수 있다. 이러한 문제를 해결하기 위하여 일반적으로 취소권에 단기소멸시효기간을 정하고, 법정추인제도를 두고 있다. 예컨대 취소권은 추인할 수 있는 날로부터 3년 내에, 법률행위를 한 날로부터 10년 내에 행사하지 않으면 소멸하고(제146조), 일정한 사유가 있으면 추인한 것으로 본다(제145조). 제한능력자가 한 법률행위에 대해서도 물론 이 규정의 적용을 받지만 소멸시효기간이 비교적 장기간이어서 제한능력자의 상대방은 오랜 시간 동안 불확정한 상태에 놓이게 된다. 또한 법정추인제도를 따른다고 하더라도 이는 예외적인 현상이므로 실효성이 떨어진다. 따라서 제한능력자와의 법률행위에서 상대방을 불안한 지위를 확정하여 안정된 상태를 만들고자 하는 제도가 제한능력자의 상대방 보호이다. 이를 위하여 상대방에게 확답촉구권, 철회권 그리고 거절권을 인정하고, 일정한 경우에 제한능력자의 취소권을 상실하도록 하고 있다.

3. 상대방의 확답촉구권(제15조)

제15조 [제한능력자의 상대방의 확답을 촉구할 권리]

① 제한능력자의 상대방은 제한능력자가 능력자가 된 후에 그에게 1개월 이상의 기간을 정하여 그 취소할 수 있는 행위를 추인할 것인지 여부의 확답을 촉구할 수 있다. 능력자로 된 사람이 그 기간 내에 확답을 발송하지 아니하면 그 행위를 추인한 것으로 본다.
② 제한능력자가 아직 능력자가 되지 못한 경우에는 그의 법정대리인에게 제1항의 촉구를 할 수 있고, 법정대리인이 그 정하여진 기간 내에 확답을 발송하지 아니한 경우에는 그 행위를 추인한 것으로 본다.
③ 특별한 절차가 필요한 행위는 그 정하여진 기간 내에 그 절차를 밟은 확답을 발송하지 아니하면 취소한 것으로 본다.

(1) 의의 및 성질

제한능력자의 상대방이 제한능력자 측에 대하여 제한능력자의 취소할 수 있는 행위를 취소 또는 추인(취소권의 포기)할 것을 촉구하는 권리가 '확답촉구권'이다. 이러한 상대방의 확답촉구에 대하여 제한능력자 측에서 취소를 하거나 추인을 한다면 그에 따른 취소나 추인의 효과가 발생하게 된다. 이는 취소나 추인의 효과일 뿐 확답촉구권의 효과는 아니다. 그러나 상대방의 확답촉구에도 불구하고 제한능력자 측에서 확답을 하지 않는 경우 상대방은 계속해서 불안정한 지위에 놓이게 되는데 이러한 문제를 해결하기 위하여 일정한 상황에 따라 취소나 추인으로 의제한다. 확답촉구의 성질은 상대방이 의욕한 의사를 묻지 않기 때문에 의사표시와 구별되는 의사의 통지이고, 또 법률이 일정한 효과를 부여하고 있다는 점에서 형성권에 속한다.

(2) 요 건

상대방이 확답촉구권을 행사하기 위해서는 우선 취소할 수 있는 행위를 적시하고, 1개월 이상의 유예기간을 정하여, 추인 여부의 확답을 촉구하여야 한다. 따라서 기간을 정하지 않고 확답촉구하거나 1개월보다 짧은 기간을 정하여 확답촉구한 경우라도 1개월의 기간이 경과하면 그 효력이 생긴다.

(3) 확답촉구권의 상대방

제한능력자는 그가 능력자로 된 후에만 확답촉구의 상대방이 될 수 있고(제15조제1항), 제한능력자가 아직 능력자가 되지 못한 경우 그 법정대리인이 상대방이 된다(제15조제2항). 따라서 제한능력자에 대하여 확답촉구를 하였다면 이는 무효가 된다. 왜냐하면 제한능력자는 확답촉구를 수령하거나 취소 또는 추인을 할 수 없기 때문이다.

(4) 효 과

상대방의 확답촉구에 의하여 확답촉구의 수령자가 그 유예기간 내에 추인 또는 취소의 확답을 하는 경우, 추인 또는 취소의 효과가 발생하게 된다. 이에 유예기간 내에 추인이나 취소의 의사표시를 하지 않은 경우에는 원칙적으로 추인한 것으로 간주하고(제15조제1, 2항), 예외적으로 특별한 절차를 요하는 행위는 취소로 본다(제15조제3항). 즉, 확답촉구수령자가 단독으로 추인할 수 있는 경우에도 유예기간 동안 취소나 추인의 의사표시를 하지 않았다면 추인한 것으로 보고, 확답촉구수령자가 단독으로 추인할 수 없는 경우(예: 영업, 금전차용, 부동산 또는 중요한 재산에 관한 권리변동, 소송행위, 상속승인 등)에 취소나 추인의 의사표시 없이 유예기간이 경과하였다면 단독으로 취소할 수 있는 지위만 남게 되므로 취소한 것으로 본다. 따라서 유예기간이 지난 후 추인 또는 취소를 하였으면 추인한 것으로, 특별한 절차를 요하는 행위는 취소한 것으로 본다.

또한 확답촉구의 상대방은 유예기간 내에 확답을 발송하면 되고, 그것이 유예기간 내에 도달할 필요는 없다(발신주의). 만약 확답이 유예기간 내에 발송하였지만 도달되지 않은 경우, 확답발송이 증명된 경우에 한하여 확답의 효과가 생긴다고 봐야 할 것이다(송덕수 222쪽 참조).

4. 상대방의 철회권과 거절권(제16조)

제16조 [제한능력자의 상대방의 철회권과 거절권]

① 제한능력자가 맺은 계약은 추인이 있을 때까지 상대방이 그 의사표시를 철회할 수 있다. 다만, 상대방이 계약 당시에 제한능력자임을 알았을 경우에는 그러하지 아니하다.
② 제한능력자의 단독행위는 추인이 있을 때까지 상대방이 거절할 수 있다.
③ 제1항의 철회나 제2항의 거절의 의사표시는 제한능력자에게도 할 수 있다.

---

(1) 의 의

제한능력자의 상대방을 보호하기 위하여 확답촉구권을 두고 있지만 1개월 이상의 기간이 소요될 뿐만 아니라 그 효력 또한 제한능력자 측의 의사에 달려 있어 상대방을 보호하는 데는 한계가 있다. 따라서 상대방 측에서 법률행위의 효과가 발생하지 않기를 원하는 경우에는 전혀 보호되지 않는다. 그래서 제한능력자의 상대방에게 일정한 요건에 따라 제한능력자의 법률행위의 효과를 확정적으로 무효화시킬 수 있는 철회권과 거절권을 부여하고 있다. 철회권은 계약에 관한 것이고, 거절권은 단독행위에 관한 것이다.

(2) 요 건

1) 철회권

제한능력자와 체결한 계약은 제한능력자 측에서 추인을 하기 전이라면 상대방이 그 의사표시를 철회할 수 있다(제16조제1항). 이미 추인을 한 경우라면 철회권은 소멸하고 법률행위는 확정적으로 유효한 것으로 된다. 다만 상대방이 계약 당시에 제한능력자임을 알았더라면 상대방을 특별히 보호할 필요가 없기 때문에 철회권은 발생하지 않는다.

2) 거절권

제한능력자의 단독행위는 추인이 있을 때까지 상대방이 이를 거절할 수 있다(제16

조제2항). 단독행위 중에서도 상대방 있는 단독행위 즉, 상계나 채무면제 등의 경우에만 상대방이 거절권을 행사할 수 있다. 그러므로 상대방이 없는 단독행위 즉, 유언이나 재산법인 설립행위에는 적용되지 않는다. 상대방이 제한능력자임을 안 때에도 거절권을 행사할 수 있는가에 대해서 법률의 규정이 없다. 그러나 상대방 있는 단독행위에서는 제한능력자의 의사표시만 있을 뿐 상대방은 이러한 의사표시를 수령하는 지위만 있으므로 제한능력자임을 알았더라도 거절권을 행사할 수 있다(통설).

3) 철회권과 거절권의 상대방

상대방은 제한능력자의 법정대리인뿐만 아니라 제한능력자에 대하여도 철회권이나 거절권의 행사를 할 수 있다(제16조제3항). 그러나 일반적으로 제한능력자는 의사표시를 수령할 수 없어 그에 대한 의사표시로써 대항하지 못한다(제112조). 따라서 본조항은 특칙이라 할 수 있다.

(3) 효 과

상대방의 철회나 거절의 의사표시가 있는 때에는 그 계약이나 단독행위는 확정적으로 무효가 된다. 따라서 이미 급부가 이행되었다면 부당이득으로서 반환되어야 한다(제741조).

5. 제한능력자 측의 취소권의 배제(제17조)

> **제17조 [제한능력자의 속임수]**
> ① 제한능력자가 속임수로써 자기를 능력자로 믿게 한 경우에는 그 행위를 취소할 수 없다.
> ② 미성년자나 피한정후견인이 속임수로써 법정대리인의 동의가 있는 것으로 믿게 한 경우에도 제1항과 같다.

(1) 의 의

제한능력자가 법률행위를 함에 있어 속임수로써 상대방으로 하여금 자신을 능력자로 믿게 하거나 또는 미성년자나 피한정후견인이 속임수로써 동의가 있는 것으로 믿게 한 경우에는 제한능력자를 보호할 필요는 없다. 이러한 경우 상대방은 속임수(사기)에 의한 의사표시를 이유로 그 법률행위를 취소(제110조) 또는 불법행위를 이유로 손해배상을 청구할 수도 있고(제750조), 확답촉구권이나 거절권, 철회권을 행사할 수도 있다. 그러나 민법은 제한능력자의 법률행위에 대하여 속임수로 자기를 능력자로 믿게 한 경우에는 제한능력자 측에게 취소권을 처음부터 박탈하여 상대방을 보호하는 규정을 두고 있다(제17조제1항).

(2) 요 건

1) 능력자로 믿게 하려고 하였거나(제17조제1항), 미성년자나 피한정후견인이 법정대리인의 동의가 있는 것으로 믿게 하였어야 한다(제17조제2항). 그러나 피성년후견인은 법정대리인의 동의를 얻은 법률행위를 취소할 수 있다. 왜냐하면 피성년후견인은 법정대리인의 동의가 있더라도 유효한 법률행위를 하지 못하고, 그 행위는 역시 취소할 수 있기 때문이다. 하지만 피성년후견인이 속임수로 자신이 능력자임을 믿게 하였다면 제17조제1항에 의거 취소권을 잃는다.

2) 속임수를 썼어야 한다. 속임수는 어떤 것을 의미하느냐에 대해서 학설과 판례가 대립하고 있다. 판례는 속임수에 대해서 단순히 표현하는 것보다 더욱 강도 높은 적극성을 요구한다(대판 1971. 12. 14, 71다2045). 이에 반하여 적극성은 필요하지 않다는 것이 다수설의 입장이다(이영준 881쪽, 김용한 124쪽). 즉, 적극적인 기망수단을 쓴 것뿐만 아니라 일반인이 오인할 정도의 사술을 쓰는 경우도 속임수에 해당한다고 한다. 따라서 침묵이나 부작위 등의 통상적인 기망수단으로 오신을 유발하였다면 속임수로 본다. 이에 대하여 제한능력자제도의 핵심적 효과인 '취소권의 발생'을 배척하기 위해서는 제한능력자보호를 포기할 만한 사정이 있어야 하며, 그러한 사정은 판례가 인정하는 적극적인 기망수단으로 보아야 한다는 소수설이 있다(이은영 184쪽).

한편 통설적 견해에 찬동하면서도 단순한 침묵의 경우까지 속임수에 포함시키는 것에 대해서는 무능력자가 법률행위를 하면서 자신이 무능력자라는 사실을 밝힐 의무는 없고 또 무능력의 표지가 마련된 이상 그에 대해 확인을 하지 않은 것은 상대방의 부주의에 돌아간다는 점에서 이를 제한하여야 한다는 견해가 있다(고상룡 150쪽 이하). 속임수를 넓게 해석하는 것은 상대방의 보호와 거래의 안전을 중시하는 것이고, 속임수를 좁게 해석하는 것은 제한능력자 본인의 보호를 중요시하는 것이다.

3) 제한능력자의 속임수에 기하여 상대방이 능력자로 믿었거나 법정대리인의 동의가 있다고 믿었어야 한다.

4) 상대방이 위에 잘못된 믿음(오신)에 근거하여 제한능력자와 법률행위를 했어야 한다.

(3) 효 과

제한능력자가 속임수를 사용하여 능력자로 믿게 하려 하였거나 또는 미성년자나 피한정후견인이 법정대리인의 동의가 있었던 것으로 믿게 하려고 하였던 경우 제한능력자 본인은 물론 그의 법정대리인이나 기타의 취소권자도 제한능력을 이유로 그 행위를 취소하지 못한다(제17조).

사술의 의미

　대법원 1955. 3. 31. 선고 4287민상77 판결; 1971. 12. 14. 선고 71다2045 판결

　민법 제17조의 소위 "무능력자인 것을 믿게 하기 위하여 사술을 쓴 때"라 함은 무능력자가 상대방으로 하여금 그 능력자임을 믿게 하기 위하여 적극적으로 사기수단을 쓴 것을 말하는 것으로서 단순히 자기가 능력자라 칭한 것만으로는 사술을 쓴 것이라 할 수 없다.

취소권 배제의 입증책임　　　　대법원 1971. 12. 14. 선고 71다2045 판결

　본조에 이른바 "무능력자가 사술로써 능력자로 믿게 한 때"에 있어서의 사술을 쓴 것이라 함은 적극적으로 사기수단을 쓴 것을 말하는 것이고 단순히 자기가 능력자라 사언함은 사술을 쓴 것이라고 할 수 없다.

제4관　주소(제18조 내지 제21조)

제18조 [주소]
① 생활의 근거되는 곳을 주소로 한다.
② 주소는 동시에 두 곳 이상 있을 수 있다.

제1항 주소의 의의와 효과

1. 의　의

　'주소'란 생활의 근거가 되는 곳으로 생활관계의 근거지가 된다. 일반적으로 사회생활을 통해서 발생하는 법률관계는 민법상 장소와 관련된 당사자의 법률관계규율의 기준이 되기도 한다. 따라서 주소는 단순히 사실상의 문제에 국한되지 않고 법률상의 기준이 되는 장소라는 법률문제로 인식되어야 할 것이다.

2. 주소결정에 관한 입법주의

(1) 형식주의와 실질주의

　'형식주의'란 등록기준지 등 형식적 기준에 의하여 주소를 획일적으로 결정하는 것을 말한다. '실질주의'란 생활의 실질적 관계에 의하여 결정하는 견해이다. 우리 민법의 경우 '생활의 근거가 되는 곳'을 주소로 한다고 하였으므로 실질주의에 입각하고 있다는 데 이설이 없다.

> **생활의 근거되는 곳** 　　　　　대법원 1990. 8. 14. 선고 89누8064 판결
>
> 　　민법 제18조 제1항은 생활의 근거되는 곳을 주소로 한다고 규정하는데, 생활의 근거가 되는 곳이란 생활관계의 중심적 장소를 말하고 이는 국내에서 생계를 같이 하는 가족 및 국내에 소재하는 자산의 유무 등 생활관계의 객관적 사실에 따라 판정하여야 한다.

(2) 의사주의와 객관주의

　　의사주의에 따르면 정주의 사실과 정주의 의사를 요건으로 주소를 결정하고, 객관주의에 따르면 정주의 사실만을 요건으로 주소를 결정한다. 이에 대하여 명문의 규정을 두고 있지는 않지만 제18조제1항에 따라 실질주의에 의해 주소를 정하는 점, 동조 제2항에 따라 주소를 두 곳 이상 인정하는 점으로 미루어 객관주의를 취한다고 할 수 있다(백태승 172쪽).

(3) 단일주의와 복수주의

　　단일주의는 주소를 하나만 인정하는 주의이고, 두 곳 이상의 주소를 인정하는 것을 복수주의라고 한다. 우리나라의 경우 복수주의를 취하고 있음을 명문으로 밝히고 있다(제18조제2항).

3. 효 과

(1) 민법상의 효과

　　주소는 부재 및 실종의 표준(제22조, 제27조), 법인사무소의 소재지(제36조), 변제장소(제467조), 상속개시지(제998조)가 된다.

(2) 민법 이외의 사법관계의 효과

　　주소는 어음행위의 장소(어음법 제2조, 수표법 제8조), 재판관할의 표준(민소법 제3조, 가소법 제13조, 제22조, 제26조, 채무자 회생 및 파산에 관한 법률 제3조), 민사소송법상의 부가기간의 표준(민소법 제172조), 국제사법상 준거법을 정하는 기준(국제사법 제3조)이 된다.

(3) 공법상의 효과

　　주소는 귀화 및 국적회복의 요건(국적법 제5조 내지 제7조), 주민등록대상자의 요건(주민등록법 제6조제1항), 징세의 기준(국세기본법 제8조, 국세징수법 제12조, 제13조, 소득세법 제9조)이 된다.

등록기준지	가족관계의 등록 등에 관한 법률상의 개념으로 출생 또는 그 밖의 사유로 처음으로 등록을 하는 경우에 지정하는 장소이다. 구 호적법상 본적지의 개념과 유사하다.
주민등록지	30일 이상 거주할 목적으로 일정한 장소에 주소 또는 거소를 가지는 자가 주민등록법에 의하여 등록한 장소로 반증이 없는 한 주소로 추정된다.
사업소·영업소	사무소는 사람이 사무를 집행하는 장소이며, 영업소는 영업을 하는 장소로서 본점과 지점이 있다.
법률행위지	법률행위를 한 장소로서 일정한 경우에 국제사법관계에 있어서 준거법을 결정하는 표준이 된다.
재산소재지	재산이 존재하는 장소로서 채무변제를 제공(제467조)이나, 임치물을 반환(제700조)하는 장소 등으로 다양한 법률효과가 부여된다.

피상속인이 해외이주허가를 받아 출국함으로써 주민등록이 말소되었으나 사망 당시의 생활근거지가 국내에 있었던 경우, 상속세 인적공제 여부 등을 결정함에 있어서 국내에 주소를 둔 자로 볼 것인지 여부   대법원 1990. 8. 14. 선고 89누8064 판결

민법 제18조 제1항은 생활의 근거되는 곳을 주소로 한다고 규정하였는데, 생활의 근거되는 곳이란 생활관계의 중심적 장소를 말하고, 이는 국내에서 생계를 같이하는 가족 및 국내에 소재하는 자산의 유무 등 생활관계의 객관적 사실에 따라 판정하여야 한다(대법원 1984. 3. 27. 선고 83누548 판결 참조).

그리고 주소는 동시에 두 곳 이상 있을 수 있는데(민법 제18조 제2항), 국내에 주소지가 둘 이상인 자에 대하여는 주민등록법의 규정에 의하여 등록된 곳을 상속세법이 규정하는 주소지로 본다고 한 상속세법시행령 제1조의2는 국내에 주민등록지가 있는 경우에 관한 규정이라고 해석되고, 주소를 결정함에 있어 주민등록이 중요한 자료가 되기는 하지만 그것만으로 주소가 결정되는 것은 아니다.

이 사건 피상속인의 출·입국경위와 국내 및 국외거주기간에 상속재산신고와 조사에서 밝혀진 피상속인의 국내의 재산보유상황과 국내에서 중기부속품판매업 등을 경영한 사정에 의하여 알 수 있는 가족관계 및 그 구성원의 출·입국정황과 국내 거주사실 등을 고려하면, 피상속인이 사망당시 실제 거주하였고 원고들이 그의 주소지라고 신고한 서울 은평구 역촌동 14의16을 피상속인의 사망당시 생활근거지로 봄이 상당하고, 피상속인이 해외이주법에 의하여 보건사회부장관의 해외이주허가를 받아 "출국한"자라거나 해외거주자가 사업상, 일신상의 사유로 "일시"국내에 체재하고 있었다고는 볼 수 없으므로, 피고와 원심으로서는 모름지기 피상속인을 국내에 주소를 둔 자로 보고 상속세과세가액에서 상속세법이 정하는 인적공제 등의 적용 여부를 결정했어야 한다.

제2항 거소·가주소·현재지(제19조 내지 제21조)

1. 거 소

> **제19조 [거소]**
> 주소를 알 수 없으면 거소를 주소로 본다.

> **제20조 [거소]**
> 국내에 주소없는 자에 대하여는 국내에 있는 거소를 주소로 본다.

'거소'란 사람이 상당한 기간 계속하여 거주하는 장소로서 주소의 정도에 이르지 않은 곳을 말한다. 국내에 주소가 없는 자에 대하여 주소가 필요한 경우 국내에 있는 거소를 주소로 본다(제20조).

2. 가주소

> **제21조 [가주소]**
> 어느 행위에 있어서 가주소를 정한 때에는 그 행위에 관하여는 이를 주소로 본다.

'가주소'란 당사자가 특정의 거래에 관하여 일정한 장소를 선정하여 주소의 법률효과를 부여하는 경우 그 장소를 가주소라 말하고, 당사자의 의사에 의하여 설정된다. 거래의 편의를 위한 것이므로 엄격한 의미에서의 주소라고 하기는 어렵다.

3. 현재지

여행 중의 숙소처럼 거소보다 장소의 긴밀도가 낮은 개념이 '현재지'이다. 이는 독자적인 법률효과가 있는 개념은 아니다.

제5관 부재와 실종

제1항 서 설

사람이 주소지를 떠난 기간이 지속되고 돌아올 가망성이 희박한 경우에 그의 잔존재산을 관리하여야 할 필요성이 발생하고 또한 이러한 상태가 지속되어 생존가능성이 희박하게 된 경우에 잔존배우자와 상속인을 보호할 수 있도록 하는 제도가 필요하게 된다. 이때 돌아올 가망성이 희박한 자를 '부재자(Abwesender)'라 하고 아직 생존하고 있는 것으로 추정되고, 생존의 가능성이 희박한 자를 '실종자(Verschollender)'라 하고 실종선고제도를 통해서 사망한 것으로 간주된다. 부재인 경우 부재자 재산관리제도를 통해 부재자를 보호하는 규정을 두고 있고, 실종인 경우 실종선고제도를 통해 잔존배우자와 상속인을 보호하고 있다.

제2항 부재자의 재산관리(제22조 내지 제26조)

1. 부재자의 의의(제22조)

'부재자'란 종래의 주소나 거소를 떠나 돌아올 가망이 희박하여서 종래 주소나 거소에 있는 그의 재산을 관리할 필요성이 있는 자를 말한다. 따라서 부재자의 판단기준에는 그의 잔류재산에 대한 관리필요성이 있는지 여부가 고려되어야 한다. 생사불명과 상관없이 실종선고나 인정사망을 받지 않았다면 아직 부재자이다. 부재자는 성질상 자연인에 한한다. 부재자의 재산관리는 가정법원의 심판에 의한다(가소법 제2조).

> **부재의 정도**   대법원 1960. 4. 21. 선고 4292민상252 판결
>
> 당사자가 외국에 가 있다 하여도 그것이 정주의 의사로써 한 것이 아니고 유학의 목적으로 간 것에 불과하고 현재 그 국의 일정한 주거지에 거주하여 그 소재가 분명할 뿐만 아니라 계쟁부동산이나 기타의 그 소유재산을 국내에 있는 사람을 통하여 그 당사자가 직접 관리하고 있는 사실이 인정되는 때에는 부재자라고 할 수 없는 것이다.

> **법인의 부재자 인정 여부**   대법원 1965. 2. 9. 선고 64민상9 판결
>
> 법인을 부재자라 하여 그 재산관리인을 선정할 수 없다는 원심의 판단은 정당하다.

2. 부재자의 재산관리(제22조)

제22조 [부재자의 재산의 관리]

① 종래의 주소나 거소를 떠난 자가 재산관리인을 정하지 아니한 때에는 법원은 이해관계인이나 검사의 청구에 의하여 재산관리에 관하여 필요한 처분을 명하여야 한다. 본인의 부재중 재산관리인의 권한이 소멸한 때에도 같다.
② 본인이 그 후에 재산관리인을 정한 때에는 법원은 본인, 재산관리인, 이해관계인 또는 검사의 청구에 의하여 전항의 명령을 취소하여야 한다.

부재자에 관한 규정은 그의 잔류재산을 관리하기 위한 것이므로 부재자의 재산을 관리할 자가 있는 경우에는 국가가 부재자의 재산관리에 참견할 필요가 없게 된다. 따라서 부재자가 제한능력자이어서 법정대리인이 있는 경우, 또는 부재자가 스스로 재산관리인을 둔 경우가 그러하다. 다만 부재자 본인의 부재중에 재산관리인의 권한이 소멸하거나(제22조제1항 2문) 부재자의 생사가 분명하지 않게 된 경우(제23조)에는 국가(가정법원)가 개입할 필요가 있게 된다. 전자의 경우에는 처음부터 재산관리인이 없었던 경우와 마찬가지의 절차를 밟아서 재산관리인을 선임하지만, 후자의 경우에는 가정법원이 재산관리인·이해관계인 또는 검사의 청구에 의하여 재산관리인을 개임할 수 있다(제23조, 가사소송규칙 제41조). 그리고 후자의 경우, 가정법원이 재산관리인을 개임하지 않고 감독만 하는 경우에는 재산목록작성, 재산보존에 필요한 처분을 명하고, 재산관리인의 권한을 넘는 행위를 할 때에 허가를 하고(제25조 후단), 상당한 담보를 제공하게 하거나, 부재자 재산으로 상당한 보수를 지급할 수 있다(제26조제3항).

그러나 부재자가 재산관리인을 정하지 않은 경우 이해관계인 또는 검사의 청구에 의하여 법원이 재산관리명령을 한다(제22조제1항 1문). '이해관계인'이란 부재자의 재산보존에 법률상의 이해관계를 가지는 자(예: 상속인, 배우자, 부양청구자, 채권자, 보증인, 부재자와 함께 한 연대채무자)를 말한다. 가정법원이 명할 수 있는 '재산관리에 필요한 처분'으로는 재산관리인의 선임(가소규 제41조)·경매에 의한 부재자의 재산매각(가소규 제49조) 등이 있다. 이 때 재산관리인은 부재자의 의사와는 관계없이 법원에 의하여 선임된 법정대리인의 지위를 갖고, 선임된 재산관리인은 언제든지 사임이 가능하며, 법원도 언제든 개임이 가능하다.

부재자가 법원의 재산관리명령을 한 후 재산관리인을 정한 경우, 법원은 부재자 본인·재산관리인·이해관계인 또는 검사의 청구에 의하여 처분에 관한 명령을 취소하여야 한다(제22조제2항). 왜냐하면 더 이상 법원의 간섭이 필요 없기 때문이다. 또한 부재자가 스스로 재산관리를 한 경우 또는 그의 사망이 분명하게 되거나 실종선고가 있는 경우에는 부재자 본인 또는 이해관계인의 청구에 의하여 종전의 처분명령을 취소해야 한다(가소규칙 제50조).

부재자의 사망과 재산관리인의 권한   대법원 1970. 1. 27. 선고 69다719 판결

법원에 의하여 부재자재산관리인의 선임결정이 있는 이상, 가사 부재자가 그 이전에 이미 사망하였음이 밝혀졌다 하여도 법에 의한 절차에 따라 그 선임결정이 취소되지 않는 한 선임된 관리인의 권한은 당연히 소멸되지는 아니하고 그 선임결정이 취소된 경우에도 그 취소의 효력은 장래에 향하여서만 생기는 것이고 그간의 부재자 재산관리인의 상법한 권한행사의 효과는 이미 사망한 부재자의 재산상속인에게 미친다고 할 것이다.

3. 재산관리인의 개임(제23조)

> **제23조 [관리인의 개임]**
>
> 부재자가 재산관리인을 정한 경우에 부재자의 생사가 분명하지 아니한 때에는 법원은 재산관리인, 이해관계인 또는 검사의 청구에 의하여 재산관리인을 개임할 수 있다.

부재자가 재산관리인을 정하여 둔 경우 그들 관계는 위임관계가 성립하고 이에 대해서 법원이 개입하는 것이 원칙적으로 인정되지 않는다. 그러나 부재자가 재산관리인을 두었으나 생사가 불분명한 경우에는 법원은 재산관리의 필요성이 있는 경우이기 때문에 재산관리인, 이해관계인 또는 검사의 청구에 의하여 재산관리인을 개임할 수 있다. 그리고 재산관리인의 권한이 소멸할 경우라면 본인이 재산관리인을 두지 않은 경우와 동일하게 취급한다. 재산관리인은 부재자의 수임인으로서 임의대리인의 성질을 갖고 위임시 관리권한뿐만 아니라 처분권한을 위임받는 것도 가능하게 된다. 그러나 구체적인 권한을 정하지 않은 경우에는 관리행위만을 할 수 있는 것이 원칙이다(제118조 참조). 처분명령이 취소되면, 재산관리는 종료되고, 그 효력은 장래에 대해서만 발생하며, 이미 재산관리인이 한 행위의 효과는 부재자 또는 그의 상속인에게 미친다(대판 1970. 7. 28, 70다741).

> **부재자의 선임에 의한 재산관리인의 처분권 인정 여부**
>
> 대법원 1973. 7. 24. 선고 72다2136 판결
>
> 부재자가 스스로 위임한 재산관리인이 있는 경우에 그 재산관리인의 권한은 그 위임의 내용에 따라 결정될 것이고 그 위임관리인에게 재산처분권까지 위임된 경우에는 그 재산관리인이 그 재산을 처분함에 있어 법원의 허가를 요하는 것은 아니다.

4. 재산관리인의 권리와 의무 등(제24조 내지 제26조)

(1) 재산관리인의 직무

> **제24조 [관리인의 직무]**
>
> ① 법원이 선임한 재산관리인은 관리할 재산목록을 작성하여야 한다.
> ② 법원은 그 선임한 재산관리인에 대하여 부재자의 재산을 보존하기 위하여 필요한 처분을 명할 수 있다.
> ③ 부재자의 생사가 분명하지 아니한 경우에 이해관계인이나 검사의 청구가 있는 때에는 법원은 부재자가 정한 재산관리인에게 전2항의 처분을 명할 수 있다.
> ④ 전3항의 경우에 그 비용은 부재자의 재산으로써 지급한다.

재산관리인은 부재자의 재산목록을 작성하여 제출하여야 하고, 법원에서 명하는 처분행위(예: 재산의 공탁·봉인, 변제, 보존등기, 부패하기 쉬운 물건의 매각)를 수행하여야 하며, 담보제공 등을 할 수 있다(제24조). 이 경우에 비용은 부재자의 재산에서 지급한다.

(2) 재산관리인의 권한

제25조 [관리인의 권한]

법원이 선임한 재산관리인이 제118조에 규정한 권한을 넘는 행위를 함에는 법원의 허가를 얻어야 한다. 부재자의 생사가 분명하지 아니한 경우에 부재자가 정한 재산관리인이 권한을 넘는 행위를 할 때에도 같다.

---

1) 관리행위

법원의 명령에 의한 권한범위의 정함이 있는 경우에는 그에 따르고, 법원의 명령에 의한 권한범위의 정함이 없는 경우에는 원칙적으로 보존행위만 가능하고 가정법원의 허가를 필요로 하지 않는다. '보존행위'란 물건이나 권리의 성질을 변하지 아니하는 범위에서 그 이용 또는 개량을 하는 행위를 말한다. 예컨대, 부재자재산에 대한 차임청구나 불법행위로 인한 손해배상청구 또는 등기청구나 물건의 인도청구는 보존행위에, 부재자를 위한 소송비용으로 금원을 차용하면서 그 돈을 임대보증금으로 하여 부재자재산을 채권자에게 임대하는 것은 이용 또는 개량행위에 해당된다(대판 1980. 11. 11, 79다2164). 그러나 보존의 정도를 넘는 행위를 하는 경우에는 가정법원의 허가를 얻어야 한다.

2) 처분행위

관리인의 처분행위가 유효한 행위가 되기 위해서는 법원의 허가가 있어야 한다. 허가가 없는 처분행위 또는 허가를 얻었더라도 부재자의 이익과 무관한 용도로 처분한 경우에는 무권대리가 된다.[17) 다만, 재산관리인은 관리부분에 대하여 법정대리권이 있으므로, 그 권한초과의 행위는 권한을 넘은 표현대리(제126조)가 될 수 있다. 한편

---

17) 또한 허가 없이 한 처분이 표현대리가 성립하는 경우도 있다(부재자재산관리인(임의관리인)이 권한을 초과하여 토지매각의 대리행위를 한데 대해 동인이 본인의 실인(實印)을 소지하고 있던 사실 외에 저당채무의 변제에 충당하기 위하여 부득이한 사정이 있은 때에는 권한유월(權限踰越)의 경우 대리권이 있다고 믿는 데 정당한 이유가 있는 것이라고 판시한다. 日本最高判 昭 31.9.18, 民集 10.9.1148). 뿐만 아니라 부재자재산관리인이 그 본래의 관리권한을 초과하는 경우 외에 법원의 매각처분허가를 받은 경우에도 그 처분권한의 범위를 넘는 행위를 믿은 거래의 상대방에 대하여 표현대리가 성립할 수 있을 것이라는 견해가 있다(최공웅, "부재자재산관리인의 처분권한초과행위와 표현대리", 민사판례연구 제1권, 79.4, 12-13쪽).

법원의 허가를 얻어 처분행위를 한 후, 그 허가결정이 취소되었어도 그 취소는 소급효가 없으며, 이미 행한 처분행위는 유효하다(대판 1971. 3. 23, 71다189 참조).

> **법원의 허가가 있더라도 무효로 본 사안**   대법원 1976. 12. 21. 자 75마551 결정
>
> 법원의 허가처분을 받은 부재자재산관리인이라 할지라도 부재자를 위한 것이 아닌 한 처분행위는 권한을 넘는 것이고 그러한 경우 특별한 사정이 없는 한 거래의 상대방으로서는 그 권한이 있다고 믿는 것이 선의 무과실이라 할 수 없다.

(3) 재산관리인의 권리와 의무

> **제26조 [관리인의 담보제공, 보수]**
> ① 법원은 그 선임한 재산관리인으로 하여금 재산의 관리 및 반환에 관하여 상당한 담보를 제공하게 할 수 있다.
> ② 법원은 그 선임한 재산관리인에 대하여 부재자의 재산으로 상당한 보수를 지급할 수 있다.
> ③ 전2항의 규정은 부재자의 생사가 분명하지 아니한 경우에 부재자가 정한 재산관리인에 준용한다.

1) 권 리

재산관리인에게는 일정한 보수청구권이 인정되고 있고, 비용상환청구권, 손해배상청구권 등 재산관리를 위하여 지출한 필요비와 그 이자 및 무과실에 의한 손해배상청구가 가능하다.

2) 의 무

재산관리인은 법원에서 선임한 법정대리인으로 부재자와 계약관계가 없지만, 그 직무의 성질상 수임인과 동일한 의무를 부담하는 것으로 해석한다(이설없음).

따라서 위임규정이 적용되므로 제681조의 수임인의 선관주의의무가 적용되고, 위임 종료시라도 급박한 사정이 있는 때에는 수임인, 그 상속인이나 법정대리인은 위임인, 그 상속인이나 법정대리인이 위임사무를 처리할 수 있을 때까지 그 사무의 처리를 계속하여야 한다(제691조). 그 밖에 관리할 재산의 목록작성(제24조제1항), 부재자의 재산의 보존을 위하여 가정법원이 명하는 처분의 수행(제24조제2항) 등의 의무가 있다.

또한 재산관리인은 관리가 종료되면 그 재산을 부재자에게 반환하여야 하고, 이러한 재산반환의무를 담보하기 위해서 법원이 관리인에게 담보제공명령을 한 경우 담보권을 취득하는 것은 법원이 아니라 부재자라고 새겨야 한다(제26조제1항).

제3항 실종선고(제27조 내지 제30조)

1. 실종선고의 의의(제27조)

'실종선고(Verschollenheitserklärung)'란 생사불명의 상태가 일정기간 계속된 부재자에 대하여 일정한 자의 신청이 있으면 가정법원의 선고에 의하여 사망으로 의제하는 제도를 말한다. 이는 부재자 재산관리상태가 장기화되는 것을 방지하고, 그 주소를 중심으로 했던 부재자의 재산관계와 신분관계를 정리하므로써 상속인과 잔존배우자를 보호하기 위한 제도이다.

2. 실종선고의 요건(제27조)

제27조 [실종의 선고]

① 부재자의 생사가 5년간 분명하지 아니한 때에는 법원은 이해관계인이나 검사의 청구에 의하여 실종선고를 하여야 한다.
② 전지에 임한 자, 침몰한 선박 중에 있던 자, 추락한 항공기 중에 있던 자 기타 사망의 원인이 될 위난을 당한 자의 생사가 전쟁종지 후 또는 선박의 침몰, 항공기의 추락 기타 위난이 종료한 후 1년간 분명하지 아니한 때에도 제1항과 같다.
---

(1) 실질적 요건

1) 부재자의 생사 불분명

부재자의 생사가 불분명해야 한다. '생사의 불분명'이란 생존과 사망의 증명을 할 수 없는 상태를 말한다. 생사의 불분명은 절대적인 것이 아니어서 모든 자에게 불분명할 필요는 없으며, 법원과 선고청구권자에게 불분명하면 된다. 한편 호적상에 이미 사망한 자로 기록되어 있는 경우, 그 호적상 사망기재의 추정력을 뒤집을 수 있는 자료가 없는 한 그 생사가 불분명한 것으로 실종선고할 수 없다(대결 1997. 11. 27, 97스4).

2) 실종기간의 경과

부재자의 생사에 관하여 어느 쪽도 증명되지 않는 상태가 일정기간 이상 지속되어야 한다. 이때 일반실종의 경우 최종소식이 있었던 시점을 기산점으로 하여 5년이 경과되어야 하고, 특별실종의 경우 전쟁종지시, 선박침몰시, 항공기추락시, 위난종료시를 기산점으로 하여 1년(과거민법개정안 제27조에 따르면, 선박침몰과 항공기추락의 경우에는 사건발생 후 6개월, 전쟁 그 밖의 위난의 경우에는 전쟁종지 그 밖의 위난종료 후 1년으로 구분하고 있음)이 경과하여야 한다.[18]

(2) 형식적 요건

이해관계인이나 검사의 청구가 있으면 실종선고의 청구를 받은 가정법원은 6개월 이상 공고를 하여 부재자 및 부재자의 생사에 관하여 알고 있는 자에 대하여 신고하도록 공시하고, 이 공시최고기간이 경과하도록 신고가 없는 경우에는 비로소 실종선고를 하게 된다. 이 경우 '이해관계인'이란 단순히 사실상, 경제상 이해관계를 말하는 것이 아니라 실종선고로 인하여 직접 권리를 취득하거나 의무를 면하게 되는 법률상, 신분상의 이해관계를 말한다. 예컨대, 추정상속인이 아닌 친족, 추정상속인의 내연의 처, 부재자의 지인이나 이웃은 이해관계인이 아니고, 부재자의 배우자, 추정상속인, 유증의 수증자, 연금채무자, 추정상속인의 채권자, 법정대리인, 부재자의 재산관리인, 생명보험금의 수취인 등은 이해관계인에 해당된다. 아울러 검사는 공익의 대표자로서 선고의 청구권자가 된다.

호적에 사망기재가 된 경우, 실종선고의 인정 여부

대법원 1997. 11. 27. 자 97스4 결정

호적부의 기재사항은 이를 번복할 만한 명백한 반증이 없는 한 진실에 부합하는 것으로 추정되고, 특히 호적부의 사망기재는 쉽게 번복할 수 있게 해서는 안되며, 그 기재내용을 뒤집기 위해서는 사망신고 당시에 첨부된 서류들이 위조 또는 허위 조작된 문서임이 증명되거나 신고인이 공정증서원본불실기재죄로 처단되었거나 또는 사망으로 기재된 본인이 현재 생존해 있다는 사실이 증명되고 있을 때, 또는 이에 준하는 사유가 있을 때 등에 한해서 호적상의 사망기재의 추정력을 뒤집을 수 있을 뿐이고, 그러한 정도에 미치지 못한 경우에는 그 추정력을 깰 수 없다 할 것이므로, 호적상 이미 사망한 것으로 기재되어 있는 자는 그 호적상 사망기재의 추정력을 뒤집을 수 있는 자료가 없는 한 그 생사가 불분명한 자라고 볼 수 없어 실종선고를 할 수 없다.

제1순위 상속인이 있는 경우에 제4순위 상속인의 이해관계인 인정 여부

대법원 1980. 9. 8. 자 80스27 결정

1. 본조 소정의 실종선고를 청구할 수 있는 이해관계인이라 함은 법률상 뿐만 아니라 경제적, 신분적 이해관계인이어야 할 것이므로 부재자의 제1순위 재산상속인

---

18) 독일실종법(Verschollenheitsgestz vom 15, Januar 1951)에 의하면 전쟁실종은 1년, 선박(해난)실종은 6월, 항공실종은 3월, 기타 위난실종은 1년으로 하고 있다(谷口知平, 注釋民法(1), 有斐閣, 1980, 278-279쪽). 오늘날 교통통신수단의 발달은 모든 소식을 시공을 초월해서 매우 빠르게 전달됨에도 불구하고 사망의 확률이나 개연성을 무시한 채 일률적으로 1년으로 한 것은 특별실종의 의미를 크게 떨어뜨리므로 실종기간을 각기 달리 정하는 것이 타당하다는 견해와 더불어 보통실종의 경우도 현재 5년의 실종기간을 단축하는 것이 어떨까 하는 견해가 있다(어인의, "사망에 관한 민법의 개정방향", 법학논집 15집, 청주대법학연구소, 1999.8, 123-124쪽).

이 있는 경우에 제4순위의 재산상속인은 위 부재자에 대한 실종선고를 청구할 이해관계인이 될 수 없다.

2. 민법 부칙(1977. 12. 31) 제6항의 취지는 1977. 12. 31자 개정민법 시행 후에 실종기간이 만료된 경우에는 그 개정민법을 적용한다는 취지이므로 실종기간이 개정민법 시행 전에 만료된 경우에는 실종선고가 개정전 민법 시행 후이면 언제 선고되더라도 개정전 민법이 적용된다.

제2순위 상속인의 이해관계인 인정 여부　　　대법원 1986. 10. 10. 자 86스20 결정

1. 민법 제27조의 실종선고를 청구할 수 있는 이해관계인이라 함은 부재자의 법률상 사망으로 인하여 직접적으로 신분상 또는 경제상의 권리를 취득하거나 의무를 면하게 되는 사람만을 뜻한다.
2. 부재자의 자매로서 제2순위 상속인에 불과한 자는 부재자에 대한 실종선고의 여부에 따라 상속지분에 차이가 생긴다고 하더라도 이는 부재자의 사망 간주시기에 따른 간접적인 영향에 불과하고 부재자의 실종선고 자체를 원인으로 한 직접적인 결과는 아니므로 부재자에 대한 실종선고를 청구할 이해관계인이 될 수 없다.

3. 실종선고의 효과(제28조)

제28조 [실종선고의 효과]

실종선고를 받은 자는 전조의 기간이 만료한 때에 사망한 것으로 본다.

(1) 장소적 범위

실종기간이 만료되면 사망으로 의제된다. 따라서 만료된 시점에 상속이 개시되고, 혼인이 해소되어 잔존배우자는 재혼을 할 수 있게 되며 이러한 효과는 모든 사람에 대해서 발생하게 된다. 실종선고가 되면 사망한 것으로 의제되기 때문에 선고가 취소되지 않는 한 생존 등의 반증을 제시하더라도 실종선고의 효력이 부인되지 않고, 실종선고의 취소선고가 있어야만 실종선고의 효력이 부인된다. 또한 실종기간 만료시와 다른 시기에 사망한 사실이 확인된다고 하더라도 이미 개시된 상속을 부정하고 그와 다른 상속관계를 인정할 수는 없다.

사망으로 의제되는 범위는 종래의 주소지 중심의 사법상 법률관계(가족적 법률관계도 포함)만 종료될 뿐이고 권리능력이 박탈되는 것은 아니다. 따라서 실종자의 다른 주소 또는 거소에서의 사법적 법률관계라든지 종래의 주소 또는 거소로 귀환한 후의 사법적 법률관계에서는 사망의 효과가 미치지 않는다. 실종선고로 인하여 실종자가 사망한 것으로 주민등록이 정리되더라도 공법상의 선거권이나 피선거권, 그리고 범죄

의 성립 여부 등에는 아무런 영향을 미치지 않는다.

(2) 시간적 범위

실종선고를 받으면, 실종기간만료시에 실종선고를 받은 자는 사망한 것으로 의제되기 때문에 실종기간만료 이전에 법률관계에 대하여 실종선고의 효력 즉, 사망으로 의제되지 않는다. 따라서 실종기간이 피상속인의 사망 이전에 만료되었으면 실종자는 상속인이 될 수 없다(대판 1982. 9. 14, 82다144). 또한 동일한 부재자에 대하여 실종선고를 두 번 할 수는 없으나, 만일 두 번 선고한 경우에는 제1의 선고에 의하여 상속 등의 법률관계를 판단하여야 한다(대판 1995. 12. 22, 95다12736).

실종기간이 사망이전에 만료된 경우 실종선고받은 자의 상속

대법원 1982. 9. 14. 선고 82다144 판결

소외망인이 1951. 7. 2. 사망하였으며, 그의 장남인 소외 (갑)은 1970. 1. 30. 서울가정법원의 실종선고에 의하여 소외망인 사망전인 1950. 8. 1. 생사불명기간 만료로 사망 간주된 사실이 인정되는 사안에 있어서 소외 (갑)은 소외 망인의 사망이전에 사망한 것으로 간주되었으므로 소외망인의 재산상속인이 될 수 없다고 한 원심의 판단은 실종선고로 인하여 사망으로 간주되는 시기에 관하여 실종 기간 만료 시기설을 취하는 우리 민법하에서는 정당하다.

2차례 실종선고시 상속관계의 판단기준   대법원 1995. 12. 22. 선고 95다12736 판결

실종자에 대하여 1950. 7. 30. 이후 5년간 생사불명을 원인으로 이미 1988. 11. 26. 실종선고가 되어 확정되었는데도, 그 이후 타인의 청구에 의하여 1992. 12. 28. 새로이 확정된 실종신고를 기초로 상속관계를 판단한 것은 잘못이다.

---

4. 실종선고의 취소(제29조)

제29조 [실종선고의 취소]

① 실종자의 생존한 사실 또는 전조의 규정과 상이한 때에 사망한 사실의 증명이 있으면 법원은 본인, 이해관계인 또는 검사의 청구에 의하여 실종선고를 취소하여야 한다. 그러나 실종선고 후 그 취소 전에 선의로 한 행위의 효력에 영향을 미치지 아니한다.

② 실종선고의 취소가 있을 때에 실종의 선고를 직접원인으로 하여 재산을 취득한 자가 선의인 경우에는 그 받은 이익이 현존하는 한도에서 반환할 의무가 있고 악의인 경우에는 그 받은 이익에 이자를 붙여서 반환하고 손해가 있으면 이를 배상하여야 한다.

(1) 의 의

'실종선고의 취소'란 실종선고의 원인과 다른 사정이 있음이 증명된 경우 일정한 자의 청구에 의하여 사망으로 의제된 효과를 번복하는 것으로 가정법원의 심판에 따른다. 실종선고를 받으면 사망으로 의제되는 효력을 저지하기 위해서는 반대의 사실을 제시하는 것만으로는 부족하고 그 실종선고의 취소가 있어야 한다(대판 1970. 3. 10, 69다2103).

> **반증에 의한 실종선고의 효과(소극)**   대법원 1995. 2. 17. 선고 94다52751 판결
> 민법 제28조는 "실종선고를 받은 자는 민법 제27조 제1항 소정의 생사불명기간이 만료된 때에 사망한 것으로 본다"고 규정하고 있으므로 실종선고가 취소되지 않는 한 반증을 들어 실종선고의 효과를 다툴 수는 없다.

(2) 요 건

실종선고를 취소하기 위해서는 실질적 요건으로 실종자가 생존하고 있다는 사실이나 실종기간이 만료한 때와는 상이한 시기에 사망하였다는 사실 또는 실종기간의 기산점 이후의 어떤 시기에 생존하고 있었던 사실을 증명할 수 있어야 한다. 그리고 형식적 요건으로 본인이나 이해관계인 또는 검사의 청구가 있어야 하고 취소요건이 구비되면 법원은 반드시 취소를 선고하여야 한다.

(3) 효 과

1) 일반적 효과

실종선고가 취소되면 실종선고는 소급적으로 무효가 되어 실종자의 재산관계와 가족관계는 선고 전의 상태로 회복된다. 실종자의 생존으로 인한 취소의 경우 종전의 재산관계 및 신분관계가 회복된다. 선고에 의한 사망의제 시기와 다른 시점에 사망하였음을 이유로 하여 취소된 경우에는 실제의 사망시기를 표준으로 하여 다시 사망에 의한 법률관계가 확정된다. 마지막으로 실종기간 기산점 이후의 생존을 이유로 취소하는 경우에는 일단 선고 이전의 상태로 회복하게 되고, 이해관계인이 새로운 실종선고를 청구하는 것은 별개의 문제이다.[19]

---

19) 실종선고와 관련하여 실종선고를 받은 자가 그대로의 본적, 성명으로는 혼인신고가 될 수 없겠으나 2중으로 호적을 취적하여 혼인신고를 한 경우 그 혼인은 유효하고 두 사람 사이에서 출생한 자는 혼인중의 자로 될 것이다(한상호, "실종선고의 효과", 법학논집: 취봉김용철선생고희기념, 1993, 박영사, 349쪽).

2) 예외적 효과

실종선고의 '취소' 효력을 관철할 경우 선고를 신뢰한 배우자나, 상속인 기타 이해관계인 또는 제3자에게 불측의 손해를 입히게 된다. 이러한 문제를 해결하기 위하여 취소의 소급효에 대한 예외를 두고 있다.

① '실종선고 후 그 취소 전에 선의로 한 행위'의 효력에는 영향을 미치지 않는다. 상속인의 상속재산 처분행위나 살아남은 배우자의 재혼 등은 선고가 취소되어도 그대로 유효하다. 그 법률행위가 실종선고 후 취소 전에 행하여져야 하고 그 행위가 선의로 행하여져야 하며, 계약과 같이 행위에 당사자가 두 명인 경우 모두에게 선의가 필요한지에 대해서는 통설은 두 당사자의 선의를 요구하며, 한 당사자는 선의이나 다른 당사자는 악의인 경우 행위에 영향을 미친다고 한다(곽윤직·김재형 115-116쪽, 이은영 205쪽, 김증한·김학동 151-152쪽). 이에 대하여 일부에서는 재산관계에 대해서는 선의자에 대해서는 그 효력을 인정하고 악의자에 대해서는 효력을 인정하지 않는 등 개별적·상대적으로 그 효력을 정하는 것이 타당하다는 견해가 있다(이영준 897쪽, 김용한 142쪽).

② 실종의 선고를 직접적인 원인으로 하여 선의로 재산을 취득한 자는 그 받은 이익이 현존하는 한도에서 반환할 의무가 있고, 악의인 경우에는 그 받은 이익에 이자를 붙여서 반환하여야 하며 손해가 발생하였다면 이를 배상하여야 한다. 실종선고를 직접원인으로 하여 재산을 얻은 자만을 의미하므로 상속인이나 유증의 수증자 그리고 생명보험수익자 등을 의미하고 이들로부터 법률행위를 통하여 재산을 취득한 전득자를 포함하지는 않는다. 재산의 반환을 청구할 수 있는 것은 부당이득반환의 성질을 갖기 때문이다. 한편 재산취득자에게 취득시효, 선의취득, 매장물발견, 부합 등의 다른 권리취득원인이 존재하는 경우, 실종선고의 취소가 있어도 그 소유권에는 영향을 미치지 않는다.

③ 상속회복청구권과 관련하여, 실종선고를 직접원인으로 하여 재산을 취득한 자(표현상속인)에 대한 진정상속인의 반환청구인 재산반환청구가 상속회복청구가 되므로 상속회복청구의 제척기간이 적용되는지에 관하여 인정(이영준 899쪽, 백태승 188쪽)과 부정(김상용 205쪽)으로 견해가 나뉘고 있다. 제척기간으로 보는 것이 타당하다. 이러한 재산반환청구는 외형상 물권적 반환청구권이지만 실질적으로는 상속회복청구라고 할 수 있다. 다만 제척기간에 관하여 선행하는 실종선고가 있었던 날을 기준으로 할 것이 아니라 후행하는 실종선고가 있었던 날을 기준으로 해야 할 것이다.[20]

④ 잔존배우자의 재혼의 경우, 전혼과 후혼(재혼)의 효력에 관하여 첫째, 재혼의

---

20) 박찬주, "실종선고취소의 효과에 대한 새로운 이해", 저스티스 99호, 2007. 8, 73쪽 이하 참조.

양당사자가 선의이면 재혼은 유효하고 전혼은 부활하지 않는다는 견해(곽윤직·김재형 115쪽, 김증한·김학동 153쪽), 둘째, 항상 전혼은 부활되고 재혼의 당사자가 모두 선의이면 전혼이 취소된다는 견해(이은영 208쪽), 셋째, 전혼과 재혼의 효력은 당사자의 협의에 의하거나 혼인해소의 가사소송에 의하여 결정한다는 견해(고상룡 108쪽), 넷째, 재혼 당사자의 선의·악의와 관계없이 전혼은 부활하지 않는다는 견해(명순구 157쪽)로 나눌 수 있다. 이 경우에 재혼 당사자의 선의 또는 악의를 기준으로 하여 즉, 재혼 당사자 모두가 선의이면 후혼은 유효하고 전혼은 부활하지 않으며, 악의이면 후혼은 취소할 수 있고 전혼은 부활한다고 생각한다. 이는 인간의 존엄과 행복추구권(헌법 제10조)에 부합한다고 본다. 또한 재혼배우자 어느 일방만 선의인 경우에도 후혼이 유효가 되지 않는다고 해석하는 것이 바람직하다. 왜냐하면 재혼당사자의 어느 일방의 악의를 당사자 모두가 선의인 경우와 동일하게 볼 필요가 없기 때문이다. 또한 혼인은 당사자의 자유스러운 신분상 합의에 의하여 존재하는 것으로 어느 일방이 중혼임을 알고 재혼하는 것까지 법이 굳이 보호할 필요가 없을 것이다.

실종선고의 취소

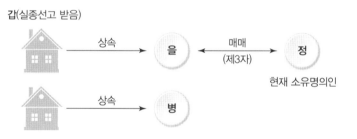

그 뒤 갑이 생존하고 있어서 실종선고를 취소선고 받음.
① 정이 선의인 경우와 악의인 경우, 부동산취득?
② 재혼의 경우 전혼과 후혼?

사례 갑은 실종선고를 받았고, 그 처 을과 자식인 병은 갑의 집을 각각 1채씩을 상속받았다. 그 후 을은 재혼을 하였고, 상속받은 집은 정에게 매매로 소유권이 이전되었다. 그 후 갑은 살아 돌아왔고, 실종선고취소를 법원으로부터 선고받았다. 이 경우 법률관계는?

해설 1. 부동산의 취득관련문제: 정이 선의인 경우에는 갑은 정에 대하여 소유권이전등기의 말소청구를 할 수 없다. 왜냐하면 제29조제1항에 의하여 "취소 전에 선의로 한 행위에 영향을 미치지 않는다"고 규정되어 있기 때문이다. 이 경우, 갑은 을에 대하여 부당이득반환청구권을 행사할 수 있다. 그러나 정이 악의인 경우에는 갑은 정에 대하여 소유권이전등기의 말소청구를 하여 소유권을 회복할 수 있다. 그러므로 이 경우에는 갑은 을에 대하여 부당이득반환청구를 할 필요가 없을 것이다.
2. 재혼의 문제: 실종선고의 취소의 경우, 재혼 당사자 쌍방이 선의인 경우에는 재혼은 유효하고(재혼은 취소할 수 없다), 재혼 당사자의 일방이나 쌍방이 악의인 경우(실종자의 생존사실을 알고 있었던 경우)

는 전혼이 부활되어 후혼은 중혼으로 취소될 수 있고, 전혼에는 이혼원인(제840조제1항)이 존재하게 된다. 후혼이 선의의 사실혼인 경우에도 전혼은 부활된다. 사실혼은 법률혼이 아니기 때문이다.

5. 부재선고 · 인정사망 · 동시사망(제30조)

> **제30조 [동시사망]**
> 2인 이상이 동일한 위난으로 사망한 경우에는 동시에 사망한 것으로 추정한다.

(1) 부재선고

'부재선고제도'란 미수복지역에서 이남지역으로 이동하여 가호적(假戸籍)을 취적한 자 중 미수복지구(북한지역) 잔류자로 표시된 자에 대하여 부재선고에 관한 특별조치법에 규정된 일정한 요건을 갖추면 법원이 부재선고를 하게 되는 제도를 말한다. 부재선고가 되면 혼인과 상속에 관해서만 민법상의 실종선고의 효력과 같이 사망한 것으로 의제하는 제도이다. 이것은 부재선고에 관한 특별조치법(이하 "동법"이라 함)에 의한 일종의 실종선고로서(이영준 899쪽) 잔존배우자와 가족에게 재혼과 상속이 행해질 수 있도록 하려는 제도이다.

부재선고를 하기 위해서는 잔류자임이 분명하여야 하고 청구권자의 청구가 있어야 하며 가정법원은 1개월 이상의 기간을 정하여 공시최고를 하였음에도 불구하고 공시최고기간이 경과하도록 잔류자가 미수복지구 이외의 지역에 거주하고 있다는 사실의 신고가 없을 때에는 부재선고를 반드시 하여야 한다.

부재선고를 하게 되면 선고를 받은 자는 가족관계등록부를 폐쇄한다. 이 경우에는 민법 제997조의 적용 및 혼인에 관하여는 실종선고를 받은 것으로 본다(동법 제4조).

부재선고를 받은 자가 사망한 사실 또는 군사분계선 이북지역 이외의 지역에 거주하고 있는 사실의 증명이 있거나 잔류자가 거주하는 군사분계선 이북지역이 그 이남지역의 행정구역에 편입된 경우에는 법원은 본인, 가족 또는 검사의 청구에 의하여 부재선고를 취소하여야 한다. 그러나 부재선고 후 그 취소 전에 선의로 한 행위의 효력에 영향을 미치지 아니한다(동법 제5조).

(2) 인정사망

'인정사망'이란 재난으로 인하여 사망한 사람이 있는 경우에 사망의 직접적인 원인은 밝힐 수 없으나 사망의 개연성이 현저한 경우 실종선고의 기간을 기다릴 필요 없이 이를 조사한 관공서의 통보로 인하여 사망으로 추정하는 것으로 민법상의 제도가 아니라 '가족관계의 등록 등에 관한 법률(이하 "동법"이라 함)'에 의한 것이다.[21]

'재난'이란 수해, 화재와 같은 것으로 사체의 확인이 어려운 것을 말하며 이러한 재난으로 인하여 사망한 사람이 있는 경우에는 이를 조사한 관공서는 지체 없이 사망지의 시·읍·면의 장에게 통보하여야 한다(동법 제87조 본문). 다만, 외국에서 사망한 때에는 사망자의 등록기준지의 시·읍·면의 장 또는 재외국민 가족관계등록사무소의 가족관계등록관에게 통보하여야 한다(동법 제87조 단서).

인정사망에 의하면 사망한 것으로 추정될 뿐이므로 반대의 사실이 입증되기만 하면 번복할 수 있다. 따라서 실종선고나 부재선고와 같은 취소의 선고가 필요하지는 않다.

(3) 동시사망

2인 이상이 동일한 위난[22]으로 사망한 경우에는 동시에 사망한 것으로 추정되어 동시사망한 자들 사이에는 상속이 발생하지 않는다. 이는 상속, 대습상속, 유증에도 적용된다.[23] 판례에 따르면, 피대습자와 피상속인이 동시에 사망한 것으로 추정되는 경우 대습상속이 인정된다(대판 2001. 3. 9, 99다13157).

동시사망의 추정

갑, 을(갑의 자)

↓ 침몰로 사망

* 현재, 육지에 갑의 처인 병과 어머니 정이 생존
① 갑이 먼저 사망한 경우
② 을이 먼저 사망한 경우
③ 갑과 을이 동시에 사망한 경우 상속관계는?

사례 갑과 미혼인 자 을이 같은 크루즈선박으로 여행 중 침몰하여 모두 사망하였다. 유족으로 갑의 처인 병과 어머니 정이 있다. 이 경우 상속관계는 어떻게 되는가?

---

21) 이러한 인정사망은 권리능력에 관한 것이고 권리능력에 관한 실체법상의 효력은 민법에 규정하든지 아니면 특별법에 규정하는 것이 원칙이다. 인정사망이 사망추정적 효과가 주어지는 데 불과한 것이라고 하더라도 일단은 사망으로 인정한다. 그렇다면 이것을 호적법에 규정하기보다는 실체법인 민법에 규정하는 것이 마땅하다는 견해가 있다(어인의, 앞의 논문, 129쪽).

22) 동일한 위난은 아니지만 비슷한 시간에 사망한 경우에도 생존의 입증이 없는 한 동시에 사망한 것으로 추정하는 것이 타당하며 따라서 제30조의 동일한 위난을 법문의 내용대로만 해석하게 되면 다른 위난의 경우에는 본 조항이 적용되지 않는다 할 것이므로 '동일한 위난'이라는 요건을 삭제하는 것이 본조의 입법취지에 적합한 합리적 추정이라는 견해가 있다(어인의, 앞의 논문, 127-128쪽).

23) 동시사망과 대습상속과의 관계에서는 대습상속이 인정될 수 있다고 하여야 할 것인지, 인정될 수 없다고 하여야 할 것인지 대하여 해석상의 다툼이 발생하게 되는데 이러한 다툼을 없애기 위하여 입법론적으로 이를 명확히 할 필요가 있다는 견해가 있고 그 방법으로 현행 제1001조를 "상속개시 전 또는 상속의 개시와 동시에"로 개정하는 것이 좋다는 견해가 있다(이해일, "동시사망의 추정과 배우자의 대습상속권", 고시계 43권 6호(496호), 1998.6, 179쪽).

해설　1. 갑이 먼저 사망한 경우: 이 경우, 상속인은 자인 을과 처(妻)인 병이다. 따라서 상속지분은 을이 1이고, 병은 1.5이다. 그러나 을도 그 뒤에 사망하였고, 을의 상속인은 병뿐이므로 결국 병이 단독으로 상속한다.

2. 을이 먼저 사망한 경우: 이 경우, 상속인은 사망자의 부모인 갑과 병이 상속권이 있다. 그러나 그 뒤 갑이 사망하였고, 갑 상속인은 병과 정이다. 따라서 먼저 을의 상속재산을 갑과 병이 동일한 지분으로 상속한다. 그 후 갑의 상속재산은 병과 정이 공동으로 상속하되, 병은 처로서 1.5, 정은 어머니로서 1의 상속지분을 갖는다.

3. 동시사망으로 추정되는 경우: 이 경우, 동시사망의 추정을 받는 갑과 을은 상호 상속이 생기지 않는다. 따라서 을이 미혼이므로 그의 재산은 어머니인 병에게 상속되고, 갑의 재산은 상속권자인 병(1.5)과 정(1)에게 상속된다. 만약 을이 기혼인 경우에는 을의 재산은 그의 처와 자에게 상속된다. 그러므로 이 경우 갑의 상속권자는 을의 처와 자 그리고 갑의 처인 병이 된다. 즉, 을의 처와 자는 동시사망에 대하여 대습상속이 부정되지 않기 때문(대판 2001. 3. 9, 99다13157)에 갑의 대습상속인(제1001조)으로서 상속권을, 병은 갑의 상속인으로서 상속권을 갖는다. 따라서 갑의 어머니인 정은 상속권이 없다.

동시사망의 추정 : 동시사망의 추정을 번복하기 위한 입증책임의 내용 및 정도
대법원 1998. 8. 21. 선고 98다8974 판결

민법 제30조에 의하면 2인 이상이 동일한 위난으로 사망한 경우에는 동시에 사망한 것으로 추정하도록 규정하고 있는바, 이 추정은 법률상 추정으로서 이를 번복하기 위하여는 동일한 위난으로 사망하였다는 전제사실에 대하여 법원의 확신을 흔들리게 하는 반증을 제출하거나 또는 각자 다른 시각에 사망하였다는 점에 대하여 법원에 확신을 줄 수 있는 본증을 제출하여야 하는데, 이 경우 사망의 선후에 의하여 관계인들의 법적 지위에 중대한 영향을 미치는 점을 감안할 때 충분하고도 명백한 입증이 없는 한 위 추정은 깨어지지 아니한다.

동시사망과 대습상속
대법원 2001. 3. 9. 선고 99다13157 판결

[1] 피상속인의 사위가 피상속인의 형제자매보다 우선하여 단독으로 대습상속한다는 민법 제1003조 제2항이 위헌인지 여부(소극)

① 우리 나라에서는 전통적으로 오랫동안 며느리의 대습상속이 인정되어 왔고, 1958. 2. 22. 제정된 민법에서도 며느리의 대습상속을 인정하였으며, 1990. 1. 13. 개정된 민법에서 며느리에게만 대습상속을 인정하는 것은 남녀평등·부부평등에 반한다는 것을 근거로 하여 사위에게도 대습상속을 인정하는 것으로 개정한 점, ② 헌법 제11조 제1항이 누구든지 성별에 의하여 정치적·경제적·사회적·문화적 생활의 모든 영역에 있어서 차별을 받지 아니한다고 규정하고 있고, 헌법 제36조 제1항이 혼인과 가족생활은 양성의 평등을 기초로 성립되고 유지되어야 하며 국가는 이를 보장한다고 규정하고 있는 점, ③ 현대 사회에서 딸이나 사위가 친정 부모 내지 장인장모를 봉양, 간호하거나 경제적으로 지원하는 경우가 드물지 아니한 점, ④ 배우자의 대습상속은 혈족상속과 배우자상속이 충돌하는 부분인데 이와 관련한

상속순위와 상속분은 입법자가 입법정책적으로 결정할 사항으로서 원칙적으로 입법자의 입법형성의 재량에 속한다고할 것인 점, ⑤ 상속순위와 상속분은 그 나라 고유의 전통과 문화에 따라 결정될 사항이지 다른 나라의 입법례에 크게 좌우될 것은 아닌 점, ⑥ 피상속인의 방계혈족에 불과한 피상속인의 형제자매가 피상속인의 재산을 상속받을 것을 기대하는 지위는 피상속인의 직계혈족의 그러한 지위만큼 입법적으로 보호하여야 할 당위성이 강하지 않은 점 등을 종합하여 볼 때, 외국에서 사위의 대습상속권을 인정한 입법례를 찾기 어렵고, 피상속인의 사위가 피상속인의 형제자매보다 우선하여 단독으로 대습상속하는 것이 반드시 공평한 것인지 의문을 가져볼 수는 있다 하더라도, 이를 이유로 곧바로 피상속인의 사위가 피상속인의 형제자매보다 우선하여 단독으로 대습상속할 수 있음이 규정된 민법 제1003조 제2항이 입법형성의 재량의 범위를 일탈하여 행복추구권이나 재산권보장 등에 관한 헌법규정에 위배되는 것이라고 할 수 없다.

[2] 동시사망으로 추정되는 경우 대습상속의 가능 여부(적극)

원래 대습상속제도는 대습자의 상속에 대한 기대를 보호함으로써 공평을 꾀하고 생존 배우자의 생계를 보장하여 주려는 것이고, 또한 동시사망 추정규정도 자연과학적으로 엄밀한 의미의 동시사망은 상상하기 어려운 것이나 사망의 선후를 입증할 수 없는 경우 동시에 사망한 것으로 다루는 것이 결과에 있어 가장 공평하고 합리적이라는 데에 그 입법 취지가 있는 것인바, 상속인이 될 직계비속이나 형제자매(피대습자)의 직계비속 또는 배우자(대습자)는 피대습자가 상속개시 전에 사망한 경우에는 대습상속을 하고, 피대습자가 상속개시 후에 사망한 경우에는 피대습자를 거쳐 피상속인의 재산을 본위상속을 하므로 두 경우 모두 상속을 하는데, 만일 피대습자가 피상속인의 사망, 즉 상속개시와 동시에 사망한 것으로 추정되는 경우에만 그 직계비속 또는 배우자가 본위상속과 대습상속의 어느 쪽도 하지 못하게 된다면 동시사망 추정 이외의 경우에 비하여 현저히 불공평하고 불합리한 것이라 할 것이고, 이는 앞서 본 대습상속제도 및 동시사망 추정규정의 입법 취지에도 반하는 것이므로, 민법 제1001조의 '상속인이 될 직계비속이 상속개시 전에 사망한 경우'에는 '상속인이 될 직계비속이 상속개시와 동시에 사망한 것으로 추정되는 경우'도 포함하는 것으로 합목적적으로 해석함이 상당하다.

[3] 피상속인의 자녀가 상속개시 전에 전부 사망한 경우 피상속인의 손자녀의 상속의 성격(대습상속)

피상속인의 자녀가 상속개시 전에 전부 사망한 경우 피상속인의 손자녀는 본위상속이 아니라 대습상속을 한다.

제 2 절 법인(제31조 내지 제97조)

제1관 서   설

제1항 법인의 의의

'법인'이란 법률에 의하여 권리능력의 주체가 될 수 있는 지위 또는 자격을 갖는 단체나 재산을 말한다. 이 때 일정한 목적과 조직하에 결합된 사람의 단체에 권리능력을 인정하게 되면 '사단법인'이라 하고, 일정한 목적을 위하여 출연된 재산에 대하여 권리능력을 인정하게 되면 '재단법인'이라고 한다.

이처럼 단체나 재산에 대하여 권리능력을 부여하게 된 이유는 단체나 재산의 구성원과는 독립된 법인격을 인정함으로써 그들을 독립된 권리와 의무의 주체로 인정하여 단체나 재산의 집합에 관한 법률관계를 간편하게 취급하기 위해서이다. 그러나 이러한 법인의 인정취지에서 벗어나거나 악용되는 경우(법인격의 남용의 경우)에는 그 범위 내에서 법인격을 부정하고자 하는 것이 다수설[24]과 판례[25]의 태도이다.

제2항 법인의 본질

법인이 법률상 독립한 권리와 의무의 주체로 인정되는 근거가 무엇인가에 대하여 19세기 법학자들 사이에서 논쟁이 있어 왔고 그 결과 법인에 대해서 자연인에 의제한다는 의제설과 그에 대한 반박으로 실재설이 등장하였으며, 의제설의 연장으로 법인부인설이 일부학자들 사이에서 주장되었다. 그러나 입법과 학설·판례의 노력으로 법인이론이 확립되어 있는 오늘날에 있어서는 법인의 본질에 관한 여러 학설에 관한 논의는 별로 실익이 없다(곽윤직·김재형 156쪽).

---

24) 송호용, "법인격부인론의 요건과 효과", 저스티스 통권 제66호, 258쪽 이하.

25) 외형상으로는 법인의 형식을 갖추고 있으나 이는 법인의 형태를 빌리고 있는 것에 지나지 아니하고 그 실질에 있어서는 완전히 그 법인격의 배후에 있는 타인의 개인기업에 불과하거나 그것이 배후자에 대한 법률적용을 회피하기 위한 수단으로 함부로 쓰여 지는 경우에는, 비록 외견상으로는 회사의 행위라 할지라도 회사와 그 배후자가 별개의 인격체임을 내세워 회사에게만 그로 인한 법적 효과가 귀속됨을 주장하면서 배후자의 책임을 부정하는 것은 신의성실의 원칙에 위반되는 법인격의 남용으로서 심히 정의와 형평에 반하여 허용될 수 없고, 따라서 회사는 물론 그 배후자인 타인에 대하여도 회사의 행위에 관한 책임을 물을 수 있다고 보아야 한다(대판 2001. 1. 9, 97다21604). 이렇게 판례는 주로 회사의 배후자에게 책임추궁을 위하여 법인격이 부인되고 있다.

1. 의제설

권리와 의무의 주체가 될 수 있는 것은 자연인뿐이라는 전제하에 법인이 권리능력을 갖는 것은 법률에 의해 법인의 권리능력을 자연인에 의제한 것이라는 견해이다. 이 학설에 따르면 법인 자체의 독자성이 부인되고, 권리능력의 범위는 법률이 인정하는 범위로 제한된다.

2. 부인설

법인이 자연인에 의제한 것이라고 하게 되면 그 실체는 법인의 이익을 최종적으로 누리게 되는 개인이거나 또는 일정한 목적하에 출연된 재산뿐이므로 결국 법인의 실체는 없다는 결론이 된다. 즉, 법인의 독자적 실체를 부정하고, 재산이나 다수의 개인 또는 관리자를 실체로 보는 견해이다. 이는 주로 재단을 대상으로 하는 이론이며, 사단에 관한 설명으로서는 무력하고 법인의 실체를 인정하여 이를 권리주체로 하고 있는 현재의 법률제도에는 부합하지 않는 설이다(곽윤직·김재형 157쪽).

3. 실재설

'실재설'은 법인은 자연인에 의제된 것이 아니라 권리주체로서의 사회적 실체로 실재하는 것을 법이 인정하는 것이라고 하는 견해이다. 실재설에는 사회적 실체가 무엇인가에 따라, 단체를 사회적 유기체로 보는 '유기체설'과 법인의 실체를 권리주체임에 적합한 법률상의 조직체라고 보는 '조직체설'과 법인의 본질은 법인격을 부여할 만한 사회적 가치를 가지고 독자적인 사회적 작용을 하는 점에 있다는 '사회적 작용설' 등이 있다.

제3항 법인의 종류

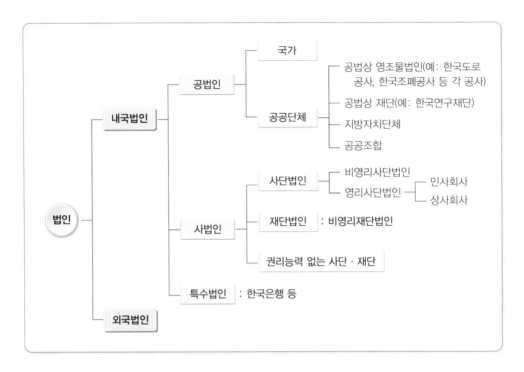

형태	목적	비영리	영리
사단법인	법인격 없는 사단법인	민사법인	–
	사단법인		상사법인
재단법인	법인격 없는 재단법인		–
	재단법인		–

1. 공법인과 사법인

'공법인'이란 사적자치의 원칙이 적용되지 않는 것으로 공익을 목적으로 국가에 의해 설립된 법인이다. '사법인'이란 사적자치의 원칙이 적용되는 것으로 사적 목적을 위하여 사법에 따라 설립된 법인을 말한다. 공법인과 사법인을 구별하는 획일적인 기준도 없고, 공법인과 사법인의 중간적 법인(한국은행, 한국토지주택공사, 농업협동조합 등)의 등장으로 그 구별은 더욱 어렵다. 구별의 실익을 살펴보면, 공법인은 행정소송절차에 따르고 사법인은 민사소송절차에 따른다. 공법인은 국세징수법에 의해서 강제징수되고 사법인은 민사소송법에 의해 강제집행되며, 공법인은 불법행위책임에 있어서 국가배상법상의 배상책임을 지고 사법인은 민법상의 불법행위책임을 진다. 그리고 공법인이 문서를 위조하게 되면 공문서위조죄가 성립하고 사법인은 사문서위조죄가 성립하며, 그 구성원이 범죄를 저지른 경우, 공법인은 직무에 관한 죄가 성립하고 사법인은 일반범죄가 성립한다.

2. 영리법인과 비영리법인

사원의 이익을 목적으로 하는 법인을 '영리법인'이라 하고 상법상 회사가 대표적이다. 그러나 교통이나 통신 그리고 보도, 출판 등과 같이 공공사업을 목적으로 하는 법인이더라도 사원의 이익을 목적으로 하는 법인은 영리법인이다. 영리법인은 구성원의 이익을 목적으로 하기 때문에 구성원이 없는 재단법인은 영리법인이 될 수 없다. 그러므로 우리 민법상 영리재단법인은 인정되지 않는다.

영리가 아닌 사업 즉, 학술·종교·자선·기예·사교 등을 목적으로 하는 사단법인이나 재단법인을 '비영리법인'이라고 한다. 아울러 비영리법인은 비영리의 목적을 달성하기 위하여 그 본질에 반하지 않는 영리행위는 가능하다(예: 입장료를 받고 전람회를 개최하는 경우, 입원료를 받고 입원하는 경우). 비영리법인은 반드시 비공익·비영리를 목적으로 하는 비영리법인도 인정되고, 비영리법인 중 공익법인에 대하여는 특별법(공익법인의 설립·운영에 관한 법률)을 제정하여 규율을 하고 있다. 민법상 법인이라면 사단법인이나 재단법인 모두 비영리법인이다.

3. 사단법인과 재단법인

민법상 사법인은 본질적 구성요소에 따라 다시 사단법인과 재단법인으로 나뉜다. 일정한 목적을 위하여 결합된 사람들의 단체를 '사단법인'이라 하고, 사단법인에는 자율적으로 활동하는 법인으로 사원총회가 의결기관이다. 사단법인은 다시 비영리사단법인과 영리사단법인으로 나뉜다.

일정한 목적을 위하여 결합된 재산의 집합을 '재단법인'이라 하고, 재단법인에는 설립자의 의사에 따라 타율적 법인으로 의사결정기관이 없다. 재단법인은 모두 비영리법인이다.

제2관 법인격 없는 법인(권리능력 없는 법인, 인격 없는 법인)

1. 의 의

'법인격 없는 법인'이란 단체의 실질이 법인임에도 불구하고 법인으로 되지 않은 법인격 즉, 권리능력을 갖지 못한 단체를 말한다. 민법에 따르면 법인의 설립에 대하여 특정한 경우 허가를 통해서만 할 수 있도록 하고 있다. 즉, 자유설립이 인정되지 않는다. 그래서 단체로서의 외관은 모두 갖추었다고 하더라도 허가를 받지 못하거나 허가를 얻지 않고 있는 동안의 단체는 권리능력 없는 단체로서 존재할 수밖에 없으므로 법인설립이 강제되어 있지 않은 이상 법인격 없는 법인의 존재는 불가피하다. 그리고 인적 구성단체인 조합과 사단은 그 단체성에 강약의 차이가 있을 뿐, 단체라는 점에서는 같으므로, 이론상 모두 법인의 실체가 될 수도 있다. 즉, 사단 또는 조합의 구별은 단체의 실체에 관하여 결정되는 것이며, 법인 또는 비법인은 궁극적으로 입법 정책에 의해 구분된다. 따라서 실체에서는 조합이면서 법인격이 있는 경우(예: 상법상 합명회사), 조합이면서 법인의 실체를 가지는 경우(예: 특별법상 협동조합 또는 노동조합) 그 밖에 실체가 사단이면서 법인격을 얻지 못하여 법인격 없는 법인(비법인)으로 남는 경우가 있다.

법인격이 없는 법인이 발생하는 원인은 첫째, 주무관청의 허가를 얻지 못한 경우 둘째, 행정관청의 규제나 감독을 꺼려하여 법인으로 하지 않는 경우 셋째, 법인이 설립 도중에 있는 경우이다.

2. 인격 없는 사단

(1) 의 의

법인격 없는 사단은 단체의 실질이 사단이지만 법인격(권리능력)을 가지지 않는 사단을 말한다. 예컨대 종중, 교회, 재건축조합, 어촌계, 아파트입주자대표회의, 연합주택조합 등은 법인격(권리능력) 없는 사단 또는 비법인사단이다. 비법인사단의 재산관계는 총유로 단체는 구성원으로부터 완전히 독립하고 있지 않고 구성원들이 집합적으로 소유하고 있다.

(2) 성립요건

비법인사단이 성립하기 위해서는 첫째, 구성원의 개인성과는 별개로 권리·의무의 주체가 될 수 있는 독자적 존재로서의 단체적 조직을 가지는 특성이 있어야 한다. 둘째, 어떤 단체가 고유의 목적을 가지고 사단적 성격을 가지는 규약을 만들어 이에 근거하여 의사결정기관 및 집행기관인 대표자를 두는 등의 조직을 갖추고 있고, 기관의 의결이나 업무집행방법이 다수결의 원칙에 의하여 행하여지며, 구성원의 가입, 탈퇴 등으로 인한 변경에 관계없이 단체 그 자체가 존속되고, 그 조직에 의하여 대표의 방법, 총회나 이사회 등의 운영, 자본의 구성, 재산의 관리 기타 단체로서의 주요사항이 확정되어 있어야 한다(대판 1999. 4. 23, 99다4504).

| 비법인사단으로서의 인정기준 | 대법원 1999. 4. 23. 선고 99다4504 판결 |

비법인사단은 구성원의 개인성과는 별개로 권리·의무의 주체가 될 수 있는 독자적 존재로서의 단체적 조직을 가지는 특성이 있다 하겠는데, 어떤 단체가 고유의 목적을 가지고 사단적 성격을 가지는 규약을 만들어 이에 근거하여 의사결정기관 및 집행기관인 대표자를 두는 등의 조직을 갖추고 있고, 기관의 의결이나 업무집행 방법이 다수결의 원칙에 의하여 행하여지며, 구성원의 가입, 탈퇴 등으로 인한 변경에 관계없이 단체 그 자체가 존속되고, 그 조직에 의하여 대표의 방법, 총회나 이사회 등의 운영, 자본의 구성, 재산의 관리 기타 단체로서의 주요사항이 확정되어 있는 경우에는 비법인사단으로서의 실체를 가진다고 할 것이다.

(3) 사단법인에 관한 민법상 규정의 유추적용

1) 권리능력

비법인사단의 경우 원칙적으로 민법상의 권리능력이 인정되지는 않는다. 그러나 제34조를 유추적용하여 일정한 범위에서 권리와 의무의 주체가 될 수 있다. 또한 소송상 당사자능력이 인정되며(민사소송법 제52조), 부동산등기법상 등기능력이 인정된다(부동산등기법 제26조).

2) 법률관계

비법인사단의 내부관계에 대해서는 사적자치의 원칙에 따른 단체자치의 원칙에 따라 우선 '정관'을 적용하고, 정관에 규정이 없으면 민법상 사단법인에 관한 규정 중 법인격을 전제로 하는 것을 제외한 나머지 사단법인의 내부관계에 관한 민법규정을 유추적용할 수 있다는 것이 통설과 판례의 입장이다. 비법인사단의 외부관계에 대해서도 민법상 사단법인 규정을 유추적용한다. 다만 외부관계에서 대표자의 대표권을 제한한 경우에 등기할 방법이 없어서, 등기를 해야 제3자에게 대항할 수 있다는 제60조는 준용되지 않는다(대판 2003. 7. 22, 2002다64780). 아울러 비법인사단의 정관에 대표자의 대표권을 제한한 경우에, 거래상대방이 그와 같은 대표권 제한 및 그 위반사실을 알았거나 과실로 인하여 알지 못한 때에는 그 거래행위가 무효로 된다(대판 2007. 4. 19, 2004다60072,60089).

---

* 사단과 조합

1. 사단과 조합의 준별론

(1) 문제

민법은 인(人)을 자연인과 법인 두 가지로 구분하고 있고, 법인을 다시 사단법인과 재단법인으로 나누고 있다. 사람의 단체에 권리능력이 인정되는 사단법인이 있고, 이는 일정한 물적 집단인 재단법인에 상대적 개념이다. 민법에 법인규정에는 인적 집단인 사단법인에 관하여 규정하고 있을 뿐 또 다른 인적 집단인 조합에 관하여는 규정하고 있지 않고 있다. 조합은 조합계약에 의하여 성립하는 인적 단체로서, 조합계약을 민법의 전형계약으로 분류하고 있다(제307조 내지 제324조). 이런 이유로 조합은 민법상 법인이 아니다. 이런 구별론은 독일이론을 계수한 것으로 현재 통설과 판례의 경향이다.

그러나 최근에 이러한 구별론은 사회현상의 변화에 따라 비판을 받고 있다.

(2) 통설과 판례의 경향

사단법인은 인적 단체로서 법인격이 부여되는 경우와 그렇지 않은 경우(권리능력이 없는 경우)로 구분하여 다루어지고 있다. 반면 조합은 인적 단체이지만 법인이 아니다. 더 나아가 법인격이 없는 사단법인과 조합을 구별하고 있다. 법인격이 없는 사단은 법인설립 등기가 되어 있지 않을 뿐 사단으로서 성격을 가지고 있는 것을 말한다. 즉, 사단은 단체로서 구성원의 개성을 초월한 존재이고, 단체의 행동은 그 기관에 의하여 행해지고, 법률효과는 단체에 귀속된다. 구성원은 총회를 통하여 다수결원리에 따라, 기관의 행동을 감독하고, 단체의 운영에 참여할 수 있을 뿐이다. 자산과 부채도 모두 단체에 귀속하기 때문에 구성원은 자산으로부터 배당을 받거나 그 설비를 이용할 수 있고, 그 채무에 대하여 책임이 없다. 그러나 조합은 인적 단체이지만, 구성원과 독립한 존재이고, 단체로서 단일성보다는 구성원의 개인성이 강조된다. 따라서 단체의 행동은 구성원 전원 또는 전원으로부터 대리권을 부여받은 자가 행사하고, 그 효과는 조합이 아닌 구성원 전원에게 미친다. 구성원의 의견이 일치되지 않은 경우에는 다수결원리에 따르게 되며, 자산 또는 부채는 공동소유 또는 공동부채로 단체적으로 구속받는다. 조합은 법인 아닌 조합계약에 의하여 이루어진 계약관계이다.[26] 이와 같이 조합은 단체성이 약한 반면, 사단법인은 단체성이 강하다.

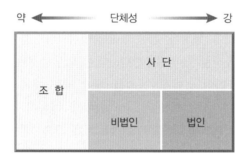

따라서 사단과 조합은 단체의 단일성(Einheit)과 구성원의 다수성, 즉 단체성의 강약으로 구분하는 것이 통설과 판례의 경향이다.

(3) 공유, 총유와 합유

조합과 사단법인은 단체로서 재산에 대한 구성원의 소유권 성질도 다르다. 사단법인 재산의 소유권은 법인의 단독소유가 될 것이지만, 권리능력없는 사단의 소유권은 총유(제275조제1항)이고, 조합의 소유권은 합유이다(제274조). 그 밖의 2인 이상의 어떤 물건에

---

26) 곽윤직·김재형, 민법총칙, 박영사, 2017, 162쪽.

대한 소유형태는 원칙적으로 공유로 나타난다. 위와 같은 공동소유개념은 독일법에서 유래된 것으로, 총유는 게르만의 촌락공동체의 토지에 대한 소유형태에서 유래된 것으로 단체성이 강한 반면, 합유는 단체성이 약한 소유형태이다.

2. 관련민법개정안

제39조의2에는 "법인 아닌 사단과 재단에 대하여는 그 성질에 반하지 아니하는 한 본장의 규정을 준용한다"고 규정함으로써 비법인 사단과 재단에 대하여 법인규정을 준용할 수 있도록 하고 있다.

3. 비 판

(1) 통설과 판례의 문제점

통설과 판례에 따르면, 사회에 존재하는 단체를 추상적으로 조합과 사단의 두 개념으로 구분하여, 그 성격, 내부관계, 재산관계, 대외관계 등에 대하여 언급하고 있다. 따라서 이러한 차이 때문에 조합에 대하여 사단의 관련규정이 적용될 수 없다는 것이다. 이러한 구분은 문제점을 내포하고 있다.[27] 더 나아가 이에 대한 해결책 모색으로 "실질적 법인개념이론"을 제기하는 견해도 있다.[28]

(2) 사회학적 실체로서 구별

조합과 사단의 구별은 사회학적 실체로서 구분된 것이다. 즉, Gierke[29]에 따르면, 법인은 독립한 단체 그 자체로 유기체로서 구성원의 의사와 구별되어 존재하는 데 반하여, 조합은 단체로서 유기체가 아닌 인적 단체로서 구성원의 의사를 본질로 하는 것이라고 하여 법인과 조합을 구분하고 있다. 이러한 영향 때문에 단체성이 강조된 사단법인과 단체성이 약한 조합으로 구분되고 이런 사회학적 실체를 바탕으로 법리가 구성되고, 이를 민법에 규정한 것으로 생각한다.

(3) 사단과 조합의 준별론의 붕괴

민법상 사단과 조합을 구별해야 하는 법적 이유가 있는 것이 아니라, 단지 단체와 조합을 구별하여 각각의 관계와 이에 관한 규정을 언급하는 것으로 구분하는 것은 아니다. 즉, 사단과 조합에 관한 규정은 단체유형의 구별을 전제로 하여 규정한 것이 아니다. 더욱이 그 구별의 배경도 사회학적 실체에 있기도 하다. 또한 구분 중 하나인 비법인 사단의 소유를 총유, 조합의 소유를 합유로 하는 규정은 첫째, 이런 소유형태의 구분에 대한 이론적 필요성이 제시되고 있지 않고 둘째, 처음부터 그 총유과 합유의 개념 자체에 대한 구체적 내용이 애매하여 개별적 쟁점을 해결하지 못하고 있다. 판례[30]에서도 먼저 비법

---

27) 1994년 개정된 조직변경법(Umwandlungsrecht)에 의하면, 민법상 조합도 단순한 형식변경만으로 법인이 될 수 있다(Jürgen Wagner, Begründung zum Regierungsentwurf, Vorbemerkung zum fünften Buch, in: Das neue Umwandlungsrecht: Gesetze—Begründungen—Materialien, Bonn 1994, S. 226). 따라서 이법에 따르면 조합과 사단의 엄격한 경계(구분)이 무너지고 있음을 알 수 있다.

28) 남기윤, "독일법에서 합수이론과 민법상 조합의 법인격인정에 관한 최근 논쟁", 저스티스 제79호, 2006.06, 73쪽.

29) Otto von Gierke, Deutsches Privatrecht, Bd. I, 1895, S. 339ff.

30) 대판 2006. 10. 26, 2004다17924 외 다수.

인사단 여부를 확정하고 이에 따라 소유형태를 적용하고 있을 뿐, 어떤 쟁점되는 소유형태가 문제가 되어 먼저 그 소유형태를 파악하여 총유인 경우에 그 단체가 비법인사단이라고 도출하고 있지 않다.

현실적으로 조합의 이름이지만, 비법인사단의 형태인 경우(예: 거의 모든 재건축조합) 반대로 단체이지만 실체가 조합인 경우 등 혼동하여 존재하고 있다. 따라서 이러한 것이 법원에서 문제가 되는 경우에는 구체적으로 그 단체의 성격을 파악하여 소유형태를 정하게 된다. 그렇다면 단체의 이름은 단순한 명칭에 불과할 뿐 단체의 성격을 결정하는 기준이 되지 못한다. 입법례에서도 프랑스에서는 조합이라는 의미인 société는 회사를 의미하고, 독일에서는 사단법인이 아닌 조합의 의미이다.

4. 해결책 모색

위의 경우를 민법의 경우와 현실적인 경우로 나누어 살펴보면 아래와 같이 그림을 그릴 수 있다.

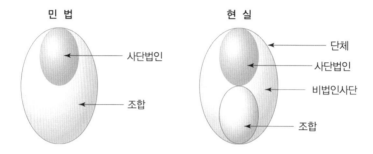

위의 그림에서와 같이, 민법은 인적 단체에 대하여 조합과 사단법인으로 구분하고 있는 반면에 현실에서는 단체를 사단법인, 비법인사단, 조합 등으로 구분하고 있다. 따라서 사단과 조합의 준별론은 현실적으로 힘을 얻지 못함을 알 수 있다. 이미 판례에서는 사단과 조합의 준별론을 넘어서 어느 정도 현실을 반영하는 판례들이 상당수 존재하고 있다 (예: 비법인사단을 인정하는 판례). 하지만 민법상 사단법인과 조합으로 인적단체를 구분하는 한, 인적 단체는 어느 한 쪽에 속하게 될 것이라면, 이에 대한 구분은 실질적으로 이루어질 필요가 있다. 왜냐하면 비법인사단의 법적 성질 등 대내외관계가 민법상 규정되어 있지 않기 때문이다. 따라서 민법개정안 제39조의2의 법인준용규정은 비법인사단에 대하여 실질적 역할을 할 것이 기대된다. 그러나 동규정의 "그 성질에 반하지 않는 한"라고 규정하고 있어 이에 대한 구체적 의미는 사법적 판단에 맡겨져 있다. 앞으로 이 규정은 조합이 아닌 사단법인규정을 준용하는 정관을 두고 있는 많은 조합들의(특히, 재건축조합 또는 재개발조합) 법적 성격을 정하는 잣대가 될 것이다.

더욱이 민법개정안에 법인설립등기에서 설립인가로(제32조 참조) 변경함으로써 앞으로 요건만 갖추면 법인자격을 취득하도록 함으로써 현실적으로 비법인사단을 사단법인으로 양성화할 것이고, 이를 통하여 인적 단체의 민법적 규범화의 틀을 마련하게 될 것이다.

(4) 재산귀속관계

1) 비법인사단의 소유형태 - 총유

비법인사단은 사단으로서의 실체는 있으나 독자적인 법인격이 없기 때문에 사원 전원을 공동으로 하는 소유형태를 취할 수밖에 없는데, 제275조는 그 소유형태를 총유[31]라고 하여 공동소유의 한 형태로 인정하고 있다. 비법인사단의 재산의 귀속에 관하여는 우선 정관에 따르고, 정관이 없을 경우에는 제276조와 제277조를 적용한다. 비법인사단의 총유재산의 보존행위에 대해서는 명문의 규정이 없으나 사원총회의 결의를 필요로 한다는 것이 통설과 판례의 입장이다. 이러한 보존행위는 총유물의 관리, 처분행위로서 사원총회의 결의가 없는 경우에는 절대적 무효가 된다. 그러나 비법인사단의 금전채무 보증행위가 재산보존행위에 속하는지 여부에 대하여는 긍정(학계)[32]과 부정(판례)[33]으로 견해가 나뉜다.

한편 총유에 관한 규정은 소유권 이외의 재산권에도 준용되므로(제278조), 채권·채무 등의 재산권도 준총유한다. 그러므로 사단의 구성원인 사원은 지분권이나 분할청구권을 갖지 못한다.

2) 채무의 귀속

비법인사단의 채무는 구성원에게 총유적으로 귀속한다. 즉, 총사원이 준총유를 한다. 이 경우에도 대표기관의 행위로 인한 채무만을 부담하고, 기타 구성원의 개별적 법률행위에 대해서는 총유적으로 총유단체 또는 그 구성원이 책임을 지는 것은 아니다. 즉, 비법인사단의 총유재산만이 그의 책임재산으로 인정될 뿐이고, 구성원인 사원의 개인재산은 사단채권자에 대한 책임재산이 되지 않는다. 따라서 대표자라 하더라도 대표자 개인의 재산이 책임재산이 되지는 않는다.

---

31) 비법인사단의 소유관계를 총유로 설명하는 것이 적당할지 모르나, 소유관계에 대한 분쟁을 규율하기 부족하기 때문에 총유규정의 해석, 적용에 있어 그 단체의 본질을 해하지 않는 범위 내에서 사단법인의 법리와 조화를 이루도록 해석, 적용이 필요하다(문준섭, "사원총회결의없는 비법인사단 금전채무 보증행위의 효력", 저스티스 제99호, 2007.8, 243쪽).
32) 비법인사단의 금전채무 보증행위는 총유재산을 관리, 처분하는 행위에 해당하므로, 사원총회의 결의를 요한다. 다만, 제276조제1항은 사단의 법리에 따라 대표권을 제한하는 규정에 불과하므로, 사원총회의 결의없이 이루어진 총유물 관리, 처분행위가 당연무효는 아니지만, 거래상대방이 사원총회의 결의가 없다는 사실을 알았거나 알 수 있었을 경우에만 그 효력을 부정하는 것이 타당하다(문준섭, 위에 논문, 234쪽 이하).
33) 비법인사단의 금전채무 보증행위는 총유물 관리, 처분에 해당하지 않는다고 하여 사원총회의 결의를 요하지 않는다(대판(전합) 2007. 4. 19, 2004다60072,60089).

* 종중재산의 성격

1. 종중의 의의

'종중'이란 일반적으로 성년을 종원[34]으로 하여 구성되는 종족의 자연발생적 집단으로 선조의 사망과 동시에 자손에 의하여 성립하는 조직이다. 반드시 특정한 명칭사용 및 종중규약이 존재하거나 종중의 대표자가 계속하여 선임되는 내용을 갖추는 것은 아니다.[35]

2. 종중의 성격

종중은 종원으로 이루어진 인적 단체로서 법인설립등기를 받은 경우에는 사단법인으로, 그렇지 않은 경우에는 '권리능력없는 사단'이 되는 것이 통설과 판례의 입장이다. 그러나 일률적으로 법인설립등기 없는 종중을 권리능력 없는 사단으로 분류하는 것은 문제가 있다.[36]

3. 종중재산의 의의

'종중재산'은 제사를 봉양하고 종중원의 구제 등의 목적에 제공되는 자산을 말한다. 이 자산은 墓山, 宗山, 宗位土, 門位土, 墓位土, 位土, 宗土로 불리운다.

4. 종중재산의 성격

종중재산은 종원의 총유로 보는 것이 다수설과 판례의 경향이다.

5. 종중재산관리의 문제점

일반적으로 종중명의로 종중재산의 처분이 쉽다는 점, 명의수탁자의 명의의 종중재산 등기는 부동산실명법에 의하여 예외적으로 인정하여 해당 명의수탁자가 쉽게 처분할 수 있는 점, 종중재산이 농지인 경우에는 종중명의로 등기하지 못하는 점[37], 종중재산관리에 대한 신탁법리 적용에 한계가 있다는 점, 경우에 따라서는 재단의 성격이 강한 종중도 존재하는 데 단순히 사단과 재단으로 구분하는 것은 이분법의 도그마라는 점, 재산이 조성된 본래의 목적에 위배한 분배결의는 총회결의라고 해도 무효가 될 수 있다는 점[38] 등을 문제점으로 거론할 수 있다.

(5) 불법행위책임

대표자가 불법행위를 한 경우에는 제35조제1항을 유추적용하여 법인이 그 책임을 부담하게 되고 대표자의 책임과 법인의 책임은 부진정연대채무의 관계에 있게 된다. 따라서 비법인사단에게는 불법행위책임이 인정된다.

---

34) 종원을 성년남자만으로 제한하는 존재의 관습법은 이제 더 이상 법적 효력이 없다. 그러므로 과거 판례와 달리 이 판례에 의하여 성년여자도 종원으로서 지위를 인정받게 되었다(대판 2005. 7. 21, 2002다1178 전원합의체).
35) 대판 1998. 7. 10, 96다488.
36) 곽윤직·김재형, 민법총칙, 박영사, 2017, 163쪽.
37) 조성민, "종중재산관리의 문제점과 해결방안", 고시계, 2004.3, 100－101쪽.
38) 김제완, "단체법리의 재조명: 종중재산의 법적 성격", 민사법학 31호, 2006.3, 117쪽, 121쪽.

3. 인격 없는 재단

'인격 없는 재단(비법인재단)'이란 재단법인의 실질 즉, 목적재산과 조직은 갖추고 있으나 설립등기를 마치지 않은 실체를 말하며 '비법인재단'이라고도 표현한다. 이 때 목적재산은 기부자 등의 재산과 구별되어 관리되는 독립된 것이다. 대표적인 예로 육영회나 유치원, 종교재단 등이 있다. 그 밖에 사적 소유의 재산을 채권자 또는 제3자의 권리로부터 보호하기 위하여 법률상 그 사람의 다른 재산과 구별하기 위하여 인정되는 물적 단체로, 파산재단, 공장 및 광업재단 저당법에 따른 공장재단이나 광업재단 등이 이에 속한다.

비법인재단은 민법상 재단법인의 규정을 유추적용하여 명예권 등의 인격권을 향유하고, 등기능력과 당사자능력뿐만 아니라 불법행위능력도 인정된다. 비법인재단의 재산은 사원이 없기 때문에 총유가 되지 않는다. 이에 재산의 귀속에 대하여 학설이 나뉘고 있는데, 부동산, 동산, 채권 모두 비법인재단에 귀속이 가능하다는 것이 다수설과 판례의 태도이고, 부동산은 비법인재단에 귀속되나 그 이외의 재산은 신탁으로 보아야 한다는 견해가 있다(곽윤직·김재형 169쪽). 즉, 이 견해에 따르면, 재산은 관리자의 명의로 보유하며, 법률행위도 그 관리자의 개인명의로 하게 된다.

비법인재단과 관련하여 특히 문제가 되는 것은 한정승인을 한 상속재산, 상속인이 없는 상속재산, 각종 재단저당의 목적이 되는 재산, 파산재단 등을 비법인재단으로 보아야 하는가 하는 문제이다. 이에 대해서 비법인재단으로 인정하는 긍정설이 다수설이고, 권리의 객체일 뿐이지 비법인재단이 아니라는 부정설이 소수설이다.

그 밖의 점에 관하여는 민법의 재단법인에 관한 규정 중에서 법인격을 전제로 하는 것을 제외하고는 인격 없는 재단에 준용하여야 할 것이다.

종단에 사찰 등록을 마친 일반 사찰의 법적 지위 및 사찰 재산에 대한 점유권의 귀속 주체 대법원 1996. 1. 26. 선고 94다45562 판결

사설 사암이나 사설 사찰이 아닌 한국불교 태고종에 등록된 일반적인 사찰은 독자적인 권리능력과 당사자능력을 가진 법인격 없는 사단이나 재단이라 할 것이므로, 그 사찰의 토지 및 건물을 점유하고 있는 자는 사찰 자신이고, 그 주지의 지위에 있는 자가 그 토지와 건물을 점유하는 것은 아니다.

사찰의 권리능력 또는 소송상의 당사자능력의 유무 대법원 1988. 3. 22. 선고 85다카1489 판결

사찰이 독립된 단체를 이루고 있는 경우에 있어서는 불교재산관리법에 따른 사찰 및 주지취임등록처분의 유무에 의하여 그 사찰의 실체가 좌우되는 것이 아니므

로 독립된 단체를 이루고 있는 사찰은 그 등록처분의 유무에 불구하고 권리능력 없는 사단 또는 재단으로서의 독립된 권리능력과 소송상의 당사자능력을 가지며 그 단체의 규약에 따라 선정된 대표자가 당해 사찰을 대표한다.

제3관 법인의 성립(제31조 내지 제33조)

제1항 준칙주의와 허가주의

제31조 [법인성립의 준칙]

법인은 법률의 규정에 의함이 아니면 성립하지 못한다.

제32조 [비영리법인의 설립과 허가]

학술, 종교, 자선, 기예(技藝), 사교 기타 영리 아닌 사업을 목적으로 하는 사단 또는 재단은 주무관청의 허가를 얻어 이를 법인으로 할 수 있다.

---

1. 자유설립주의(System der freien Körperschaftsbildung)

'자유설립주의'란 법인을 설립하는 데 있어 아무런 제한을 두지 않는 것으로 법인의 실체를 갖추기만 하면 당연히 권리능력을 인정하는 입법주의이다. 우리 민법은 법률의 규정에 의함이 아니면 성립하지 못한다(제31조)고 하여 자유설립주의를 배제하고 있다.

2. 준칙주의(Normativsystem)

'준칙주의'란 법인을 설립하는 데 있어서 법률로 미리 그 요건을 정하여 두고 그 요건이 충족되면 법인이 성립하는 것으로 하는 주의이다. 따라서 설립에 있어서 행정관청의 간섭을 배제할 수 있다는 장점이 있다. 한편 준칙주의에 따르더라도 그러한 조직체를 외부에서는 알기가 어렵기 때문에 이를 공시하기 위해서 등기절차를 거쳐야만 성립하는 것으로 한다. 각종 영리법인(상법 제172조), 노동조합(노동조합 및 노동관계조정법 제6조 참조) 등이 이 주의를 따르고 있다.

3. 허가주의(Konzessionsystem)

'허가주의'에 따르면 법인을 설립할 때 주무관청의 자유재량에 따른 허가를 취득해야만이 법인을 설립하게 되는 것으로 법인설립의 자유는 크게 제한된다. 민법은 비영리법인에 관하여 이 주의를 채용하고 있다(제32조). 그 밖에 사립학교법인, 의사회, 한의사회, 치과의사회 등의 설립도 허가주의에 따른다.

4. 인가주의(System der Genehmigung)

'인가주의'에 따르면 법인을 설립하기 위해서는 우선 법률이 정한 요건을 갖추고, 주무관청의 인가를 받으면 된다. 허가주의는 주무관청의 자유재량에 따라 허가가 날 수도 있고 나지 않을 수도 있으나, 인가주의에 따르면 법인설립에 따른 법률요건을 갖추게 되면 주무관청은 반드시 인가를 해야 한다. 법무법인, 지방변호사회, 대한변호사협회, 농업협동조합, 중소기업협동조합, 수산업협동조합, 해운조합, 여객자동차운수사업조합, 상공회의소 등이 인가주의에 의한 법인이다.

5. 특허주의(Oktroisystem)

'특허주의'란 법인을 설립함에 있어서 특별법 제정이 요구되는 입법주의를 말한다. 이 주의는 국가의 재정, 금융 또는 산업 등과 같이 통제·강화를 위해 국가정책상 국영기업에 형식적 독립성을 준다. 따라서 한국은행, 한국산업은행, 한국수출입은행, 중소기업은행, 한국토지주택공사, 대한석탄공사, 한국방송공사, 한국과학기술원, 한국가스공사, 한국도로공사, 한국전력공사 등이 특허주의에 의해 설립된 법인이다.

6. 강제주의(Gründungszwangsystem)

'강제주의'란 법인의 설립이 국가에 의해 강제되는 입법주의이다. 의사인(의사, 치과의사, 한의사, 조산사, 간호사)의 중앙회와 그 지부, 약사회 등이고, 강제주의에 의한 법인은 그 법인이 성립하면 유자격자는 당연히 회원이 되는 것으로 한다. 즉, 가입이 강제된다. 강제주의는 사람의 자유를 크게 제한하는 것이므로, 사회 일반의 이해관계에 큰 영향이 있는 경우에 한하여 적용된다.

제2항 비영리법인의 설립(제32조)

제32조 [비영리법인의 설립과 허가]

학술, 종교, 자선, 기예(技藝), 사교 기타 영리 아닌 사업을 목적으로 하는 사단 또는 재단은 주무관청의 허가를 얻어 이를 법인으로 할 수 있다.

---

1. 비영리사단법인의 설립

(1) 요 건

비영리사단법인을 설립하기 위해서는 목적의 비영리성, 정관작성, 주무관청의 허가, 설립등기의 네 가지 요건을 갖추어야 한다.

1) 목적의 비영리성(구성원의 이익을 목적으로 하지 않음)

비영리사단법인은 그 목적이 학술·종교·자선·기예·사교 기타의 영리 아닌 사업이어야 한다(제32조). 여기서 '영리 아닌 사업'이란 반드시 공익을 위한 것일 필요는 없고 법인을 구성하는 개개의 구성원의 이익을 목적으로 하지 않는 사업을 말한다. 비영리법인이라 하더라도 영리행위를 전혀 할 수 없는 것은 아니고, 비영리사업의 목적을 달성하기 위해서 필요한 한도에서의 영리행위는 인정되며, 이에 따른 수익은 반드시 사업목적을 수행하는 데 제공되어야 한다. 따라서 어떤 방법으로든 구성원에게 제공되어서는 안 된다.

2) 정관작성(설립행위)

사단법인을 설립하기 위해서는 2인 이상의 설립자(발기인)가 법인의 근본규칙을 정하여 이를 서면에 기재하고 기명날인하여야 한다(제40조). 이 서면을 '정관'이라고 한다. 사단 설립자(발기인)의 수를 민법이 규정하고 있지 않지만, 성질상 2인 이상이어야 한다. 이러한 정관을 작성하는 것이 사단법인의 설립행위이고 법적 성질은 합동행위이다.

정관에는 '필요적 기재사항'과 '임의적 기재사항'이 있는데 필요적 기재사항이 하나라도 빠지면 정관으로서의 효력이 발생하지 않게 된다. 필요적 기재사항으로는 목적, 명칭, 사무소의 소재지, 자산에 관한 규정, 이사의 임면에 관한 규정, 사원자격의 득실에 관한 규정, 존립시기나 해산사유를 정하는 때에는 그 시기 또는 사유를 반드시 정하여야 한다. 임의적 기재사항에는 특별한 제한이 없다. 임의적 기재사항이라 하더라도 일단 정관에 작성되면 필요적 기재사항과 그 효력을 같이 한다.

3) 주무관청의 허가

비영리법인의 설립을 위해서는 주무관청의 허가를 받아야 한다(제32조). 따라서 비영리법인의 경우 허가주의에 따른다고 할 수 있다. 이때의 '주무관청'이란 법인이 목적으로 하는 사업을 관리하는 행정관청을 말한다. 법인의 목적상 주무관청이 두 개 이상인 경우 모든 관청의 허가를 취득해야만 설립이 된다. 허가는 행정관청의 자유재량에 속하는 것으로 허가를 얻을 수도 있고 얻지 못할 수도 있는데, 허가를 얻지 못한다고 하더라도 행정소송의 대상은 되지 않는다. 다만, 재량권의 한계를 넘거나 그것을 남용하는 때에는 행정소송의 대상이 된다(대판 1996. 9. 10, 95누18437).

4) 설립등기

주된 사무소의 소재지에서 설립등기를 함으로써 법인이 성립한다(제33조). 따라서 설립등기는 법인을 설립하기 위한 성립요건이다.

(2) 설립행위의 성질

정관을 작성하는 행위 즉, 법인설립행위는 서면에 의하는 요식행위이며 그 실질은 장래에 성립할 사단에 법인격 취득의 효과를 발생시키려는 의사표시를 요소로 하는 법률행위이다. 이러한 법률행위를 합동행위로 보아야 하는지 아니면 특수계약으로 보아야 하는지에 대해서 학설이 나뉘고 있다. 우리나라의 다수설은 합동행위이다.

(3) 설립 중의 사단법인

사단법인의 설립과정을 살펴보면, 먼저 설립자(발기인) 사이에 법인설립을 목적으로 하는 법률관계를 성립하고, 이어서 그 이행으로서 정관작성 기타 법인설립을 위한 여러 행위를 하고, 그 후 주무관청의 허가를 얻어 설립등기를 한다. 첫 단계에 있는 것을 '설립자조합(또는 발기인조합)', 둘째 단계에 있는 것을 '설립 중의 사단'이라고 하며, 셋째 단계가 비로소 '사단법인'이 된다.

첫 단계인 설립자조합은 민법상 조합으로 이해하지만(통설) 법인설립에 필요한 여러 가지 준비행위(예: 정관의 원인작성, 중요한 서류의 작성, 사무소의 임차 등)를 하고, 이는 설립 중의 행위와 구별된다. 발기인조합이 그 조합계약의 이행행위로서, 정관을 작성하고 법인의 최초의 구성원이 확정되면, '설립 중의 사단'이 성립하게 된다. 따라서 2인 이상의 설립자가 정관을 작성하는 등의 사단의 실질은 갖추었으나 아직 설립등기를 마치지 못한 단체를 '설립 중의 사단법인'이라고 한다. 이는 법인설립을 위한 설립자들의 법률관계인 조합관계와 구별되고 또한 사단의 실질을 갖추고 설립등기까지 마친 법인과도 구별되는 개념이다. 설립 중의 사단도 역시 비법인사단으로 설립등기만 갖추지 않았기 때문에 등기를 갖추게 되면 당연히 전후가 동일한 것으로 인정된다. 그러므로 설립 중 사단법인의 행위는 설립 후 사단법인의 행위로 해석된다. 그러나 판례는 설립 중의 법인의 행위에 의하여 설립된 후의 법인에 책임을 지우는 것은 그 법인의 '설립 자체를 위한 행위'에 한한다고 한다(대판 1965. 4. 13, 64다1940 참조).

2. 비영리재단법인의 설립

(1) 요 건

비영리재단법인의 설립도 비영리사단법인의 설립과 마찬가지로 목적의 비영리성, 설립행위(재산출연과 정관작성), 주무관청의 허가와 설립등기가 필요하다.

1) 목적의 비영리성

비영리재단법인도 비영리사단법인과 마찬가지로 그 목적은 영리를 추구하지 않아야 한다.

2) 설립행위(재산출연과 정관작성)

재단법인의 설립자는 일정한 재산을 출연하고 정관을 작성하여 기명날인하여야 한다. 비영리사단법인과는 달리 반드시 일정한 재산의 출연이 있어야 한다. 재단법인의 설립행위는 생전행위로도 할 수 있고, 유언으로도 할 수 있다. 생전행위로 하는 경우에는 증여에 관한 규정을 준용하고(제47조제1항), 유언으로 하는 경우에는 유증에 관한 규정을 준용한다(제47조제2항).

① **재산의 출연**　　재단법인의 설립자는 일정한 재산을 출연하여야 하는데 출연되는 재산은 어떤 종류인지 묻지 않는다. 따라서 물권은 물론이고, 확실하다면 채권이라도 상관없다. 이때 '출연'이란 자신의 재산을 상대방에게 기부함으로써 자신에게는 손실이 발생하나 상대방에게는 이득이 발생하는 것을 말한다.

② **정관작성**　　재단법인의 설립자는 일정한 재산의 출연과 제40조제1호 내지 제5호의 사항을 기재한 정관을 작성하여 기명날인해야 한다(제43조). 정관기재사항은 사단법인과 원칙적으로 동일하나, 사원자격의 득실과 존립시기나 해산사유는 재단법인의 특성상 기재사항이 아니다(제43조).

3) 주무관청의 허가와 설립등기

비영리사단법인의 내용과 동일하다(비영리사단법인 해당사항 참조).

(2) 설립행위의 성질

재단법인의 설립행위에 대해서는 단독행위라는 견해와 계약이라는 견해로 나뉘고 있다. 단독행위라는 견해에 따르면, 설립자가 1인인 경우에는 상대방 없는 단독행위라고 하는 데 이론이 없으나 설립자가 수인인 경우 단독행위의 경합이라고 보는 견해와 합동행위로 보는 견해가 대립하는데 전자가 다수설이다. 계약이라는 견해에 따르면, 출연행위를 증여와 유사한 양도계약으로 해석한다.

(3) 설립 중의 재단법인

'설립 중의 재단법인'은 재단법인 설립자가 재산을 출연하고 정관을 작성하여 재단의 실질을 갖추었지만 설립등기를 마치지 못한 단체를 말한다. 설립 중의 재단법인에 대하여도 설립중의 사단법인과 유사한 문제가 발생한다. 판례에 따르면, 재단법인의 발기인은 법인설립인가(현행은 허가)를 받기 위한 준비행위를 할 수 있고, 이를 위하여 재산의 증여를 받거나 그 등기의 명의신탁을 할 수 있으며, 이러한 법률행위의 효과는 법인의 성립과 동시에 법인에게 당연히 계승된다(대판 1973. 2. 28, 72다2344,2345).

> **재단법인 발기인의 법률행위 효과**　　대법원 1973. 2. 28. 선고 72다2344,2345 판결
>
> 　재단법인의 발기인은 법인설립인가를 받기 위한 준비행위로 재산의 증여를 받을 수 있고 그 등기의 명의신탁을 할 수 있으며 이러한 법률행위의 효과는 그 법인이 법인격을 취득함과 동시에 당연히 이를 계승한다.

제3항 법인의 설립등기(제33조, 제49조)

제33조 [법인설립의 등기]

법인은 그 주된 사무소의 소재지에서 설립등기를 함으로써 성립한다.

제49조 [법인의 등기사항]

① 법인설립의 허가가 있는 때에는 3주간내에 주된 사무소소재지에서 설립등기를 하여야 한다.
② 전항의 등기사항은 다음과 같다.
　1. 목적
　2. 명칭
　3. 사무소
　4. 설립허가의 연월일
　5. 존립시기나 해산사유를 정한 때에는 그 시기 또는 사유
　6. 자산의 총액
　7. 출자의 방법을 정한 때에는 그 방법
　8. 이사의 성명, 주소
　9. 이사의 대표권을 제한한 때에는 그 제한

법인은 영리 아닌 사업을 그 목적으로 하여 법인의 정관(제40조 및 제43조)을 작성하고 주무관청의 허가가 있은 후 3주간 내에 주된 사무소에 설립등기를 함으로써 성

립한다(제33조). 즉 설립등기는 법인(사단법인, 재단법인)의 성립요건이다.

그리고 설립등기의 등기사항은 제49조의 규정에 따른다. 따라서 법인정관의 필요적 기재사항과 법인의 등기사항이 서로 불일치하는 부분도 있다(제40조, 제43조 및 제49조 참조).

제4관 법인의 능력

제1항 서   설

법인도 법률상 사람으로 인정되기 때문에 권리와 의무의 주체가 된다. 즉, 권리능력, 행위능력, 불법행위능력을 모두 가지게 된다. 그러나 법인은 자연인과는 본질적인 차이가 있기 때문에 설립목적에 따라 능력 범위에 제한을 받게 된다. 권리능력의 면에서 향유할 수 있는 권리와 의무의 범위를 제한받게 되고, 행위능력의 면에서 능력을 누리기 위해서는 법인의 누가 법률행위를 할 수 있는가에 있으며, 불법행위능력의 면에서는 누구의 어떤 불법행위에 대해서 법인 자신이 손해배상책임을 부담하는가에 있다.

제2항 법인의 권리능력(제34조)

> **제34조 [법인의 권리능력]**
>
> 법인은 법률의 규정에 좇아 정관으로 정한 목적의 범위내에서 권리와 의무의 주체가 된다.

1. 법인의 권리능력의 범위

법인은 법률의 규정에 좇아 정관으로 정한 목적의 범위 내에서 그 권리능력이 제한되므로 법률의 규정과 정관으로 정한 목적 범위 내에서만 권리능력이 인정된다. 그리고 법인은 자연인과 달리 정신적 작용이 없기 때문에 법인의 특성상 법인의 권리능력은 성질, 법률, 목적에 의하여 제한을 받는다.

2. 법인의 권리능력의 제한

(1) 성질상 제한

법인은 자연인과는 본질적으로 그 성질이 다르기 때문에 자연인의 속성을 전제로 하는 권리 즉, 성(性)이나 연령, 생명권, 친권, 정조권, 상속권, 배우자의 권리, 육체상 자유권 등이 인정되지 않는다. 그러나 일정한 경우 자연인은 아니나 자연인의 본질적 성질에 근거하지 않은 권리인 신용권, 재산권, 명예권, 성명권, 정신적 자유권은 법인도 주체가 될 수 있고, 유증과 포괄유증에 있어서도 주체성이 인정된다. 즉, 포괄유증이 인정되기 때문에 실질적으로 상속권이 있는 것과 마찬가지의 효과가 인정된다(제1078조).

(2) 법률상 제한

법인의 권리능력은 제34조에 따라 법률로 제한할 수 있다. 따라서 명령으로 제한할 수는 없다. 법률로 제한하는 규정도 제81조 청산법인의 권리능력은 청산의 목적범위 내에서만 인정된다고 하는 것과 상법 제173조 회사는 다른 회사의 무한책임사원이 되지 못한다는 것 등 개별적 제한규정만 있을 뿐이고, 일반적으로 제한하는 규정은 없다.

(3) 목적상 제한(정관상 제한)

법인은 제34조에 따라 정관으로 정한 목적의 범위 내에서 제한을 받게 되는데, 이 경우 '목적의 범위 내'라는 것은 법인의 목적으로서 정관에 기재된 사항에 한정한 것이 아니다(학설 일치). 다만 그 범위를 어느 정도로 인정해 줄 것인가에 대하여 견해가 나뉘고 있다. 즉, 목적에 위반되지 않는 범위라면 모두 목적의 범위 내로 본다는 견해가 광의설이고, 목적의 달성에 필요한 범위가 목적의 범위 내라는 견해가 협의설이다. 판례(대법원 2001. 9. 21. 자 2000그98 결정)에 따르면, "제34조에 법인의 권리능력은 법인의 설립근거가 된 법률과 정관상의 목적에 의하여 제한되나 그 목적 범위 내의 행위라 함은 법률이나 정관에 명시된 목적 자체에 국한되는 것이 아니라 그 목적을 수행하는 데 있어 직접, 간접으로 필요한 행위는 모두 포함된다"라고 하여 협의설의 입장을 원칙으로 하고 있다. 그러나 목적범위를 좀 더 넓게 해석하는 것이 법인의 목적 수행과 거래안전에도 부합할 것으로 생각한다.

---

* 제34조 "목적범위 내"의 해석

학설은 "목적범위 내"란 권리능력의 범위 내에서 현실적으로 권리·의무를 취득하는 것으로 행위능력까지 제한한다는 것(권리능력·행위능력 쌍방제한설), 법인의 권리능력을 제한하는 것(권리능력제한설), 대표기관이 할 수 있는 행위의 종류를 제한한 것(행위능력제한설), 대표권을 제한하는 것(대표권제한설) 등 다양하게 견해가 존재한다. 판례는 "제34조에 의하면 법인은 법률의 규정에 좇아 정관을 정한 목적의 범위 내에서 권리와 의무의 주체가 된다고 규정하고 있으므로 법인의 권리능력이 그 목적에 의하여 제한됨은 명백하나...."라고 하여 권리능력제한설을 따르고 있다.

목적의 범위   대법원 1987. 9. 8. 선고 86다카1349 판결

회사의 권리능력은 회사의 설립근거가 된 법률과 회사의 정관상의 목적에 의하여 제한되나 그 목적범위내의 행위라 함은 정관에 명시된 목적 자체에 국한되는 것이 아니고 그 목적을 수행하는데 있어 직접 또는 간접으로 필요한 행위는 모두 포함되며 목적수행에 필요한지 여부도 행위의 객관적 성질에 따라 추상적으로 판단할 것이지 행위자의 주관적, 구체적 의사에 따라 판단할 것은 아니다(대법원 1987. 12. 8. 선고 86다카1230 판결도 같은 취지).

대표권의 범위   대법원 2016. 8. 24. 선고 2016다222453 판결

주식회사의 대표이사가 대표권의 범위 내에서 한 행위는 설사 대표이사가 회사의 영리 목적과 관계없이 자기 또는 제3자의 이익을 도모할 목적으로 권한을 남용한 것이라도 일응 회사의 행위로서 유효하다. 그러나 행위의 상대방이 그와 같은 정을 알았던 경우에는 그로 인하여 취득한 권리를 회사에 대하여 주장하는 것이 신의칙에 반하므로 회사는 상대방의 악의를 입증하여 행위의 효과를 부인할 수 있다.

제3항 법인의 불법행위능력(제35조)

제35조 [법인의 불법행위능력]
① 법인은 이사 기타 대표자가 그 직무에 관하여 타인에게 가한 손해를 배상할 책임이 있다. 이사 기타 대표자는 이로 인하여 자기의 손해배상책임을 면하지 못한다.
② 법인의 목적범위외의 행위로 인하여 타인에게 손해를 가한 때에는 그 사항의 의결에 찬성하거나 그 의결을 집행한 사원, 이사 및 기타 대표자가 연대하여 배상하여야 한다.

1. 법인의 불법행위능력

자연인은 제750조에 따라 일정한 경우 불법행위에 의한 손해배상책임을 부담하게 된다. 그러나 법인은 제750조에 따르지 않고 법인의 기관이 그 직무를 수행함에 있어서 타인에게 가한 손해에 대해서는 배상할 책임이 있다(제35조제1항)고 규정함으로써 법인의 불법행위능력을 인정하고 있다. 따라서 제35조는 제750조의 특칙이라고 볼 수 있다.

비법인사단의 대표자의 행위의 제35조 적용
대법원 2008. 1. 18. 선고 2005다34711 판결
비법인사단의 대표자가 직무에 관하여 타인에게 손해를 가한 경우 그 사단은 민

법 제35조 제1항의 유추적용에 의하여 그 손해를 배상할 책임이 있고, 비법인사단
의 대표자의 행위가 대표자 개인의 사리를 도모하기 위한 것이었거나 혹은 법령의
규정에 위배된 것이었다 하더라도 외관상, 객관적으로 직무에 관한 행위라고 인정
할 수 있다면 민법 제35조 제1항의 직무에 관한 행위에 해당한다 할 것이나, 한편
그 대표자의 행위가 직무에 관한 행위에 해당하지 아니함을 피해자 자신이 알았거
나 또는 중대한 과실로 인하여 알지 못한 경우에는 비법인사단에게 손해배상책임을
물을 수 없다. 여기서 중대한 과실이라 함은, 거래의 상대방이 조금만 주의를 기울
였더라면 대표자의 행위가 그 직무권한 내에서 적법하게 행하여진 것이 아니라는
사정을 알 수 있었음에도 만연히 이를 직무권한 내의 행위라고 믿음으로써 일반인
에게 요구되는 주의의무에 현저히 위반하는 것으로 거의 고의에 가까운 정도의 주
의를 결여하고, 공평의 관점에서 상대방을 구태여 보호할 필요가 없다고 봄이 상당
하다고 인정되는 상태를 말한다.

2. 법인의 불법행위 성립요건

(1) 대표기관의 행위일 것

법인의 행위로 인정되기 위해서는 법인의 대표기관의 행위에 한한다. '법인의 대표
기관'이라 함은 이사, 임시이사, 직무대행자, 특별대리인, 청산인 등을 말하며, 이들이
행한 불법행위에 대해서 법인은 불법행위책임을 진다. 그러나 감사와 사원총회는 법
인기관이지만 법인의 대표기관이 아니고, 지배인(상법 제11조), 임의대리인(제62조)은
이사에 의하여 선임된 대리인으로 대표기관이 아니기 때문에 이들의 불법행위에 대해
서 법인은 불법행위책임을 지지는 않는다. 다만 법인은 이들의 사무집행과 관련하여
타인에게 손해를 가한 때에는 제756조에 따라 사용자책임을 질 수 있다.

(2) 대표기관이 '직무에 관하여' 타인에게 손해를 입혔을 것

법인의 대표기관은 직무에 관하여서만 법인을 대표한다. 따라서 법인대표기관의
직무행위만이 법인의 행위가 된다. '직무에 관하여'라는 것은 외형상 직무수행행위라고
볼 수 있는 행위 및 직무행위와 사회관념상 견련성을 가지는 행위를 포함한다(통설,
대판 1990. 2. 23, 89다카555 등).

외형상 직무수행행위라고 볼 수 있는 행위의 기준으로 판단할 경우 상대방이 대표
자의 배임행위에 대하여 악의 또는 중과실인 경우에는 직무관련성이 인정되지 않지만
대표기관이 자신이나 또는 제3자의 이익을 위하여 대표권한을 남용하는 경우에도 외
형이론에 따르면 법인의 직무에 관한 행위로 인정되어 법인이 불법행위책임을 부담하
게 되는 문제가 발생하게 된다. 판례(대판 2004. 2. 27, 2003다15280)도 "행위의 외형상
법인의 대표자의 직무행위라고 인정할 수 있는 것이라면 설사 그것이 대표자 개인의

사익을 도모하기 위한 것이었거나 혹은 법령의 규정에 위배된 것이었다 하더라도 직무에 관한 행위에 해당"한다고 판시하고 있다. 아울러 직무행위가 부당하게 행해진 경우에도 '직무수행행위'로 인정된다. 예컨대, 회사의 대표이사가 회사소유의 자동차에 대한 집행관의 강제집행을 방해해서 압류를 할 수 없게 함으로써 채권자에게 손해를 입힌 경우에는 그 대표이사의 행위는 회사의 재산관리라는 직무행위에 상당하다는 것이고, 회사는 그 손해를 배상해야 한다(대판 1959. 8. 27, 4291민상395).

또한 직무행위와 사회관념상 견련관계에 있고, 외형상 법인이 담당하는 사회적 작용을 실현하기 위한 행위도 직무에 관한 행위에 해당된다. 예를 들면, 채권실행을 위하여 소송을 제기한 대표이사가 채무자의 반증이 실제로 위증이 아님에도 불구하고 이 반증을 뒤집기 위하여 위증을 하였다고 고소한 행위(즉, 채무자가 실제로는 위증을 하고 있지 않은데도 위증죄로 고소한 때)는 채무자에 대한 법인의 불법행위에 해당된다.

그리고 법인의 대표기관의 행위가 법인의 행위로 인정되지 않은 경우 즉, 법인의 대표기관이 자신 또는 제3자의 개인적 이익을 꾀할 목적으로 권한을 남용한 경우(대표권의 남용)에 제35조를 적용하여 법인의 불법행위책임을 인정할 필요가 있다. 판례는 이런 경우에 법인의 불법행위책임을 인정하고 있다(대판 1975. 8. 19, 75다666 참조).

(3) 불법행위의 요건을 충족할 것

법인의 불법행위능력을 규정한 제35조제1항은 제750조의 특별규정으로서, 법인의 대표기관은 제35조제1항 2문에 따라 법인의 불법행위가 성립하는 경우에 자신의 불법행위도 성립하는 것으로 정하고 있다. 이는 대표기관 자신의 불법행위가 성립할 때 비로소 법인의 불법행위가 성립한다고 하는 것으로 해석할 수 있다. 따라서 대표기관 개인에게 고의나 과실이 있어야 하고 책임능력이 있어야 하며 가해행위가 위법하고 피해자가 손해를 입어야 한다.

3. 효 과

(1) 법인의 불법행위가 성립하는 경우

이 경우, 제35조제1항 1문에 따라 법인의 불법행위에 의한 손해배상책임이 성립하고, 동항 2문에 따라 대표기관의 손해배상책임이 면제되지 않는다. 따라서 법인과 대표기관은 경합하여 피해자에 대하여 불법행위에 의한 손해배상책임을 부담한다. 그러므로 법인이 피해자에게 배상하였다면 대표기관 개인에 대하여 구상권(상환청구권)을 행사할 수 있다. 다시 말하면, 법인의 대표기관은 법인을 위하여 선량한 관리자의 주의의무(제61조 참조)를 부담하므로 대표기관이 그 직무에 관하여 타인에게 손해를 끼친 경우는 그 선관주의의무를 다한 것이 아니다. 즉, 자신의 직무를 게을리한 것이므로 법인은 대표기관 개인에 대하여 구상권을 갖게 된다(제61조, 제65조).

(2) 법인의 불법행위가 성립하지 않는 경우

이 경우, 대표기관은 제750조에 따른 불법행위가 성립하지만 법인의 불법행위가 성립하지 않는다. 다만, 제35조제2항에 따라 의결에 찬성하거나 그 의결을 집행한 사원, 이사 및 기타 대표자가 공동불법행위의 성립과 관계없이 항상 연대하여 배상할 책임이 있다.

비법인사단의 불법행위(간접손해)

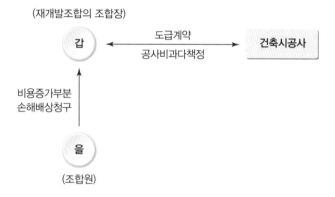

사례　재개발조합의 조합장인 갑이 재개발시공자의 공사비를 객관적인 물가상승률을 고려하지 않고 과다하게 건축비를 산정하여 조합원에게 예정된 공사금액보다 훨씬 많은 공사대금을 부담하게 하였다. 이에 조합원인 을은 재개발조합을 상대로 비용증가에 대한 손해배상청구를 할 수 있는가?

해설　도시재개발법에 의하여 설립된 재개발조합의 조합원이 조합의 이사 기타 조합장 등 대표기관의 직무상의 불법행위로 인하여 직접 손해를 입은 경우에는 도시재개발법 제21조, 민법 제35조에 의하여 재개발조합에 대하여 그 손해배상을 청구할 수 있으나, 재개발조합의 대표기관의 직무상 불법행위로 조합에게 과다한 채무를 부담하게 함으로써 재개발조합이 손해를 입고 결과적으로 조합원의 경제적 이익이 침해되는 손해와 같은 간접적인 손해는 민법 제35조에서 말하는 손해의 개념에 포함되지 아니하므로 이에 대하여는 위 법 조항에 의하여 손해배상을 청구할 수 없다(대판 1999. 7. 27, 99다19384).

제4항 법인의 행위능력

법인도 권리능력을 가지고 있으므로 법인이 가진 권리를 현실적으로 취득하거나 이미 취득한 권리를 사용 또는 처분하기 위해서는 일정한 행위를 하여야 할 것이나, 법인은 자연인과는 다른 본질적인 차이로 인하여 누가 그러한 행위를 해야 하는지, 그 행위자와 법인과의 관계는 어떠한지 그리고 어떠한 범위에서 할 수 있는지가 문제된다. 이러한 행위능력에 대하여 명문규정이 없고 다만 법인의 권리능력 범위 내에서

행위능력을 가진다는 데 견해가 일치하고 있을 뿐이다.

이에 법인의 행위는 자연인을 통해서만 이루어질 수 있는데, 이때의 자연인을 '대표기관'이라고 하고 '대표기관'이 행한 행위는 자연인으로서의 행위가 아니라 법인의 행위로 본다. 대표기관이 행한 행위는 법인을 대표하는 행위로 대리규정이 준용된다(제59조제2항). 따라서 대표행위에서도 대리행위에서와 같이 법인을 위하여 하는 것임을 표시하여야 한다. 따라서 무권대리 및 표현대리의 규정도 예외적인 사정이 없는 한 준용한다.

아울러 법인의 행위능력의 범위는 그의 권리능력의 범위와 일치한다. 그러므로 법인의 행위능력의 범위를 벗어난 대표기관의 행위는 법인의 행위로서 인정되지 않으며, 그것은 대표기관의 개인의 행위에 불과하다.

제5관 법인의 주소(제36조)

> **제36조 [법인의 주소]**
>
> 법인의 주소는 그 주된 사무소의 소재지에 있는 것으로 한다.

법인은 그 주된 사무소의 소재지를 주소로 한다(제36조). 따라서 법인설립등기는 그 주된 사무소의 소재지에서 하여야 하며(제49조제1항), 사무소를 이전하게 되면 제54조제1항에 따라 이전등기를 하여야 제3자에게 대항할 수 있다. 그 외에도 법인의 주소는 자연인과 마찬가지로 채무이행장소의 기준이 되는 등의 역할을 한다.

제6관 법인사무의 주무관청의 감독(제37조)

> **제37조 [법인의 사무의 검사, 감독]**
>
> 법인의 사무는 주무관청이 검사, 감독한다.

제1항 법인사무의 감독

비영리법인은 설립에서 소멸에 이르기까지 일반적으로 국가의 감독을 받는다. 이는 비영리법인의 성질상 요구되는 것으로 영리법인과 다른 점이다. 법인이 존재하고 있는 동안에는 설립허가를 준 주무관청이 법인의 업무를 감독하게 되고, 법인이 해산하게 되면 그때부터는 청산단계까지 법원이 청산사무를 감독한다.

1. 업무감독

법인은 설립허가를 준 주무관청에 의해서 목적에 따라 업무가 행하여지고 있는지 감독받는다. 감독의 내용은 법인의 사무 및 재산상황의 검사 그리고 설립허가의 취소 등이다.

2. 해산과 청산의 감독

법인은 법원에 의해서 해산과 청산에 관하여 감독을 받게 된다. 해산과 청산의 절차는 정관에 작성된 법인의 목적과 관련이 있는 것이 아니라 제3자의 이해관계와 관련이 있기 때문이다. 감독의 내용은 해산과 청산에 있어서 필요한 검사와 청산인의 선임과 개임 등이다.

제2항 벌   칙

민법은 법인의 일정한 행위에 대하여 벌칙을 부과할 수 있도록 하여 법적 규제와 업무감독의 실효를 거두고 있다. 벌칙사항으로는 법인에 관한 등기를 게을리 하거나(제97조제1호), 재산목록 또는 사원명부의 작성·비치에 관한 의무(제55조)에 위반하거나 또는 부정하게 기재한 때(제97조제2호), 주무관청 또는 법원의 검사와 감독을 방해한 때(제97조제3호), 주무관청 또는 총회에 대하여 사실 아닌 신고를 하거나 사실을 은폐한 때(제97조제4호), 총회의사록의 작성과 비치의무(제76조)를 위반하거나 또는 청산인이 채권신고기간 내에 변제한 때(제97조제5호), 청산인이 채권신고의 공고(제83조)나 또는 파산선고신청의 공고(제93조)를 게을리 하거나 부정공고를 한 때(제97조제7호)이고 이 경우 법인의 이사, 감사 또는 청산인은 과태료에 대한 책임을 면하지 못한다.

제7관 법인의 설립허가의 취소(제38조)

> **제38조 [법인의 설립허가의 취소]**
> 법인이 목적 이외의 사업을 하거나 설립허가의 조건에 위반하거나 기타 공익을 해하는 행위를 한 때에는 주무관청은 그 허가를 취소할 수 있다.

법인이 그가 정관에 기재한 목적 이외의 사업을 하거나 설립허가의 조건에 위반되는 행위를 하거나 기타 공익을 해하는 행위를 하게 되면 주무관청은 그 허가를 취소함으로써 법인을 규제하고 있다.

공익을 해하는 행위   대법원 1982. 10. 26. 선고 81누363 판결

비영리법인이 공익을 해하는 행위를 한 때라 함은 법인의 기관이 공익을 침해하는 행위를 하거나 그 사원총회가 그러한 결의를 한 경우를 의미한다고 전제한 후 원고 법인 설립 후 그 회장선거 및 운영을 둘러싸고 일부 회원 사이에 불미한 사실이 있었으나 그것이 원고법인의 기관의 행위이었거나 사원총회의 결의 내용이었다고 볼 증거가 없고, 달리 원고법인에 설립허가 취소사유 및 해산명령 사유가 없으므로 피고의 이 사건 설립허가취소 및 해산 명령은 취소되어야 할 것이라고 판시하였는바 원심의 위와 같은 조치는 기록에 비추어 적법히 수긍된다.

목적달성 불능이 취소사유인지 여부   대법원 1968. 5. 28. 선고 67누55 판결

비영리법인 설립 후에 있어서의 허가취소는 본조에 해당되는 경우에 국한되는 것으로서 그 목적달성이 불능하게 되었다는 것으로는 본법 제77조 소정 당연해산 사유에 해당될지 몰라도 그 사유만으로 설립허가를 취소할 사유에 해당된다 할 수 없다.

제8관 영리법인(제39조)

제39조 [영리법인]

① 영리를 목적으로 하는 사단은 상사회사설립의 조건에 좇아 이를 법인으로 할 수 있다.
② 전항의 사단법인에는 모두 상사회사에 관한 규정을 준용한다.

제1항 영리법인(Wirtschaftliche juristische Person)의 의의

영리를 목적으로 하는 사단법인을 '영리법인'이라 한다. 교통이나 통신과 같은 공공사업을 목적으로 하더라도 구성원의 이익을 목적으로 한다면 이는 영리법인이 된다. 가장 대표적인 영리법인은 상사회사 설립의 조건에 따른 즉, 상법상의 회사이다.

제2항 민법상 영리법인

영리법인은 구성원의 사익을 위해서 법인의 기업이익을 구성원에게 분배하여 경제적 이익을 주는 데 그 목적을 두고 있는 법인이므로 구성원이 없는 재단법인은 영리법인이 될 수 없다. 따라서 제39조에 의거 민법상 영리재단법인은 인정되지 않는다.

제9관 정관작성과 변경(제40조 내지 제48조)

제1항 정관의 의의

'정관'이란 제40조 규정에 따라 법인의 목적과 명칭 그리고 사무소의 소재지 등 법인의 설립에 있어서 필요한 사항을 기재한 서면으로, 이러한 정관을 작성하는 것을 설립행위라고 한다. 따라서 설립행위는 서면에 의한 요식행위이다.

제2항 사단법인의 정관작성(제40조)

제40조 [사단법인의 정관]

사단법인의 설립자는 다음 각호의 사항을 기재한 정관을 작성하여 기명날인하여야 한다.
1. 목적
2. 명칭
3. 사무소의 소재지
4. 자산에 관한 규정
5. 이사의 임면에 관한 규정
6. 사원자격의 득실에 관한 규정
7. 존립시기나 해산사유를 정하는 때에는 그 시기 또는 사유

2인 이상의 사단법인의 설립자(발기인)는 법인의 목적, 법인의 명칭(특별히 제한 없음), 사무소의 소재지(사무소가 둘 이상인 경우에는 모두를 가재하고 주된 사무소를 정해야 함, 제36조 참조), 자산에 관한 규정(자산의 종류, 구성, 관리, 운용방법, 회비 등에 관한 사항을 기재), 이사의 임면(임면방법을 규정, 특별히 제한 없음)에 관한 규정, 사원자격의 득실에 관한 규정(입사, 퇴사 및 제명에 관한 사항) 그리고 법인의 존립시기나 해산사유를 정하는 때에는 그 시기 또는 사유(따라서 필요한 경우에 기재)를 기재한 정관을 작성하여 기명날인하여야 한다(제40조). 이상의 기재사항은 필요적 기재사항으로 반드시 기재되어야 하고 그 외에는 임의로 기재할 수 있다.

임의적 기재사항은 위의 필요적 기재사항 이외의 사단에 관한 기재사항이다. 임의적 기재사항도 정관에 기재되어 기명날인되고 등기되면 필요적 기재사항과 동일한 효력을 갖게 된다. 따라서 정관에 기재된 임의적 기재사항도 필요적 기재사항과 마찬가지로 정관변경의 절차에 따른다.

비법인사단인 주택조합에서, 결원임원임명권의 조합장에의 귀속 및 총회권한의 운영위원회에의 위임을 규정한 규약의 효력

대법원 1997. 1. 24. 선고 96다39721,39738 판결

비법인사단에 대하여는 사단법인에 관한 민법 규정 가운데서 법인격을 전제로 하는 것을 제외하고는 이를 유추적용할 것인바, 민법 제40조, 제58조, 제68조에 의하면 법인의 경우 정관의 규정에 따라 이사의 임면이나 수인의 이사의 사무집행이 이루어지는 것이며 총회의 권한을 정관에 의하여 이사 또는 기타 임원에게 위임할 수 있으므로, 그 실질이 비법인사단인 주택조합에서 최초 임원은 총회에서 선출하되 결원 임원은 임원회의 추천을 받아 조합장이 임명하고, 임원으로 구성된 운영위원회에서의 결의는 총회 결의와 동일한 효력을 가지도록 하는 내용을 규약으로 정한 경우, 그 규약에 정한 바에 따른 조합장에 의한 결원임원의 임명 및 총회권한의 운영위원회에의 위임이 사단성의 본질에 반하는 것으로 볼 수 없다.

사단법인의 정관의 법적 성질(=자치법규) 및 정관의 규범적인 의미 내용과는 다른 해석이 사원총회의 결의에 의하여 표명된 경우, 그 결의에 의한 해석이 구속력을 갖는지 여부

대법원 2000. 11. 24. 선고 99다12437 판결

[1] 사단법인의 정관은 이를 작성한 사원뿐만 아니라 그 후에 가입한 사원이나 사단법인의 기관 등도 구속하는 점에 비추어 보면 그 법적 성질은 계약이 아니라 자치법규로 보는 것이 타당하므로, 이는 어디까지나 객관적인 기준에 따라 그 규범적인 의미 내용을 확정하는 법규해석의 방법으로 해석되어야 하는 것이지, 작성자의 주관이나 해석 당시의 사원의 다수결에 의한 방법으로 자의적으로 해석될 수는 없다 할 것이어서, 어느 시점의 사단법인의 사원들이 정관의 규범적인 의미 내용과 다른 해석을 사원총회의 결의라는 방법으로 표명하였다 하더라도 그 결의에 의한 해석은 그 사단법인의 구성원인 사원들이나 법원을 구속하는 효력이 없다.

[2] 사단법인의 정관에 회장의 중임을 금지하는 규정만 두고 있을 뿐 전임자의 궐위로 인하여 선임된 이른바 보선회장을 특별히 중임제한 대상에서 제외한다는 규정을 두고 있지 않은 경우, 중임이 제한되는 회장에는 보선회장도 포함되는 것으로 해석함이 상당하다고 한 사례.

제3항 이사의 대표권제한(제41조)

> **제41조 [이사의 대표권에 대한 제한]**
>
> 이사의 대표권에 대한 제한은 이를 정관에 기재하지 아니하면 그 효력이 없다.

법인의 이사는 법인의 대표집행기관이며 이사의 선임이나 해임 그리고 퇴임에 관한 사항은 정관의 필요적 기재사항으로 정관에 의하여 정하여진다(제40조 참조). 다만 정관에 이러한 이사의 임면에 관한 사항이 불충분하거나 기재되지 않은 경우에는 법인과 이사의 관계를 내부적으로 '위임'과 유사한 성질을 가진다고 하여 위임의 규정(제680조－제692조)을 유추적용할 수 있다는 데 견해가 일치된다('대표권의 제한'에 관하여는 아래 관련사항에서 자세히 설명한다).

법인이사의 대표권의 제한

사례 갑은 법인의 대표이사로서, 법인진입도로의 공사에 레미콘을 공급하는 을 레미콘회사에 대한 레미콘대금채무를 연대보증하였다. 그 후 을 회사가 파산하여, 채권자인 병은 을에게 가지고 있는 물품대금의 연대보증인 갑이 대표이사로 있는 법인에 대하여 연대보증채무를 바탕으로 채무변제를 요구하였다. 법인은 채무변제의무가 있는가?

해설 이사의 대표권은 성질상 포괄적 대표권이다. 그러나 이사의 대표권은 정관의 규정, 사단법인총회의 의결, 기타 법률의 규정에 의하여 제한될 수 있다(제59조제1항 단서 참조). 이러한 대표권의 제한은 제3자(선의, 악의 불문)에게 대항하기 위하여 등기를 해야 한다(제60조). 물론 학설에는 제60조의 제3자를 선의의 제3자를 지칭한다는 견해도 있으나, 판례는 대표권제한을 넓게 해석하여 악의, 선의 제3자를 모두 포함하고 있다.

따라서 법인이 레미콘회사의 레미콘대금채무를 연대보증한 사실은 인정되고, 법인의 주장과 같이 일정한 채무부담행위에 대하여 그 정관에 대표자의 권한에 관한 제한이 있다고 하더라도 이는 등기하지 아니하면 제3자에 대항할 수 없다. 따라서 법인은 을의 레미콘대금채무의 연대보증으로 인하여 병에게 채무변제의무가 발생한다.

제4항 사단법인의 정관변경(제42조)

제42조 [사단법인의 정관의 변경]

① 사단법인의 정관은 총사원 3분의 2이상의 동의가 있는 때에 한하여 이를 변경할 수 있다. 그러나 정수에 관하여 정관에 다른 규정이 있는 때에는 그 규정에 의한다.
② 정관의 변경은 주무관청의 허가를 얻지 아니하면 그 효력이 없다.

---

1. 서 설

'정관의 변경(Änderung der Satzung)'이란 기존의 법인의 동일성을 유지하면서 그 조직을 변경하는 것을 의미한다. 사단법인의 경우 사원총회를 통해서 법인의 운영이 자율적으로 이루어지기 때문에 정관변경이 원칙적으로 인정된다.

2. 요 건

사단법인의 정관을 변경하기 위해서는 두 가지 요건을 필요로 하는데, 하나는 사원총회의 결의이고 다른 하나는 주무관청의 허가이다.

'사원총회의 결의'란 제42조에 따라 총사원의 3분의 2이상의 동의가 있는 것을 말하고, 정족수에 관해서는 정관에 다른 규정이 있는 때에는 그 규정에 의한다. 또한 정관변경은 사원총회의 전권사항이기 때문에 정관에서 총회의 결의에 의하지 않고 정관을 변경할 수 있다고 규정하고 있다 하더라도 그 정관의 규정은 효력이 없다.

그리고 주무관청의 허가를 얻어야 변경된 정관이 효력을 갖는다. 허가 여부는 주무관청의 자유재량에 속하지만 재량권의 남용은 허용되지 않는다. 다만 정관의 변경사항이 등기사항인 경우에는 그 변경사항을 등기하여야 제3자에게 대항할 수 있다(제54조제1항).

3. 한 계

정관에 그 정관을 변경할 수 없다는 내용을 기재하여 허가를 얻었다 하더라도 사단법인의 성질에 비추어 모든 사원의 동의를 얻는다면 정관을 변경할 수 있다는 데 견해가 일치한다. 또한 법인의 목적도 비영리의 목적을 계속하여 유지할 수 있다고 한다면 그 범위 내에서는 정관에 규정한 목적변경도 정관의 변경절차(제42조)에 따라 할 수 있다는 데 의견이 일치한다. 그러나 총회의 의결이 있다 하더라도 사단법인의 본질에 반하는 정관의 변경은 무효이다.

설립목적에 반하는 정관변경이 인정되는지 여부

대법원 1978. 9. 26. 선고 78다1435 판결

종원 일부만이 참석한 종중회합에서 종중원의 일부를 종원으로 취급하지도 않고 또 일부 종원에 대하여는 영원히 종원으로서의 자격을 박탈하는 것으로 규약을 개정한 것은 종중의 원래의 설립목적과 종중으로서의 본질에 반하는 것으로서 그 규약개정의 한계를 넘어 무효이다.

제5항 재단법인의 정관작성(제43조)

제43조 [재단법인의 정관]

재단법인의 설립자는 일정한 재산을 출연하고 제40조제1호 내지 제5호의 사항을 기재한 정관을 작성하여 기명날인하여야 한다.

재단법인의 설립자는 재단을 설립을 위하여 일정한 재산을 출연하고 법규(제40조)에 따른 필요적 기재사항을 기재한 정관을 작성하고 기명날인하여야 한다. 재단법인은 사단법인과 같이 필요적 기재사항과 임의적 기재사항이 있는데, 다른 점은 필요적 기재사항에 사원자격의 득실에 관한 규정과 법인의 존립시기나 해산사유를 정하는 때에는 그 시기나 사유가 제외되어 있다(제43조). 사원자격의 득실에 관한 규정은 재단의 성질상 사원이 존재하지 않기 때문에 불필요한 사항이고, 법인의 존립시기나 해산사유는 임의적 기재사항이다.

제6항 재단법인의 정관보충과 변경(제44조 내지 제46조)

1. 재단법인의 정관보충

제44조 [재단법인의 정관의 보충]

재단법인의 설립자가 그 명칭, 사무소소재지 또는 이사임면의 방법을 정하지 아니하고 사망한 때에는 이해관계인 또는 검사의 청구에 의하여 법원이 이를 정한다.

'재단법인 정관의 보충'이란 재단법인의 설립자가 재단을 설립하고자 하였으나 정관의 필요적 기재사항을 다 정하지 못하고 사망하였다면 이해관계인이나 검사의 청구에 의하여 법원이 정할 수 있도록 하는 것이다. 이때의 필요적 기재사항이란 재단법인의 명칭과 사무소소재지 또는 이사임면의 방법(제44조)이다.

2. 재단법인의 정관변경

제45조 [재단법인의 정관변경]

① 재단법인의 정관은 그 변경방법을 정관에 정한 때에 한하여 변경할 수 있다.
② 재단법인의 목적달성 또는 그 재산의 보전을 위하여 적당한 때에는 전항의 규정에 불구하고 명칭 또는 사무소의 소재지를 변경할 수 있다.
③ 제42조제2항의 규정은 전2항의 경우에 준용한다.

재단법인의 경우 목적재산이 목적한 대로 운영되어야 하기 때문에 사단법인과는 달리 정관을 변경할 수 없는 것이 원칙이고, 예외적인 경우(제45조, 제46조)에만 정관의 변경이 가능하다. 그러나 제45조제1항에 따르면 정관에 그 정관의 변경방법을 정하여 둔 경우에는 변경할 수 있도록 하고 있는데 이는 본래 의미에서의 정관변경이라기보다는 단순한 정관의 실행에 지나지 않는다는 데 의견이 일치하고 있다. 이러한 변경은 주무관청의 허가를 받아야 효력이 발생하며(제45조제3항), 변경된 사항이 등기사항이라고 한다면 등기하여야 제3자에게 대항할 수 있다(제54조제1항, 제49조제2항).

또한 정관에서 그 변경방법을 정하고 있지 않더라도 재단법인이 추구하고자 하였던 목적을 달성할 수 없거나 그 재산을 보전하기 위하여 적당한 때에는 명칭 또는 사무소의 소재지를 변경할 수 있다(제45조제2항). 이 경우에도 주무관청의 허가를 받아야 효력이 발생하고(제45조제3항), 변경된 사항이 등기사항이라고 한다면 등기하여야 제3자에게 대항할 수 있다(제54조제1항, 제49조제2항).

재단법인 정관변경 허가의 법적 성질

대법원 1996. 5. 16. 선고 95누4810 전원합의체 판결

[1] 민법 제45조와 제46조에서 말하는 재단법인의 정관변경 "허가"는 법률상의 표현이 허가로 되어 있기는 하나, 그 성질에 있어 법률행위의 효력을 보충해 주는 것이지 일반적 금지를 해제하는 것이 아니므로, 그 법적 성격은 인가라고 보아야 한다.

[2] 인가는 기본행위인 재단법인의 정관변경에 대한 법률상의 효력을 완성시키는 보충행위로서, 그 기본이 되는 정관변경 결의에 하자가 있을 때에는 그에 대한 인가가 있었다 하여도 기본행위인 정관변경 결의가 유효한 것으로 될 수 없으므로 기본행위인 정관변경 결의가 적법 유효하고 보충행위인 인가처분 자체에만 하자가 있다면 그 인가처분의 무효나 취소를 주장할 수 있지만, 인가처분에 하자가 없다면 기본행위에 하자가 있다 하더라도 따로 그 기본행위의 하자를 다투는 것은 별론으로 하고 기본행위의 무효를 내세워 바로 그에 대한 행정청의 인가처분의 취소 또는 무효확인을 소구할 법률상의 이익이 없다.

> **제46조 [재단법인의 목적 기타의 변경]**
>
> 재단법인의 목적을 달성할 수 없는 때에는 설립자나 이사는 주무관청의 허가를 얻어 설립의 취지를 참작하여 그 목적 기타 정관의 규정을 변경할 수 있다.

한편 재단법인의 목적을 달성할 수 없는 때에는 설립자나 이사는 주무관청의 허가를 얻어 설립의 취지를 참작하여 그 목적 기타 정관의 규정을 변경할 수 있는데(제46조), 이는 재단법인이 목적을 달성할 수 없다고 하여 재단법인을 해산하는 것보다는 목적을 변경하여서라도 존속시키는 것이 사회경제적으로도 유리하고 설립자의 의사를 더욱 존중하는 것이 되기 때문이다. 여기서 "변경사항"은 설립목적을 비롯한 정관의 모든 규정을 말한다. 설립목적의 변경 시 설립의 취지를 참작하여야 하는데, "설립취지의 참작"은 반드시 전의 목적과 비슷한 목적으로 변경한다는 의미는 아니라고 해석된다(김상용 253쪽, 김증한 · 김학동 218쪽). 정관변경은 설립자나 이사가 주무관청의 허가를 얻어 할 수 있으며, 변경등기를 함으로써 제3자에게 대항할 수 있음은 물론이다(제54조제1항). 그리고 재단법인의 정관변경에 대한 주무관청의 허가는 법률행위의 효력을 보충해주는 것이지 일반적 금지를 해제하는 것이 아니므로 법률적 성질은 "인가"이다(대판(전합) 1996. 5. 16, 95누4810 참조).

그 밖에 재단법인의 정관에 정한 절차에 따른 기본재산의 처분행위라도 이는 재단법인의 실체와 목적수행에 직접관계가 있으므로 정관변경을 통하여 이루어져야 그 처분행위의 효력이 발생하며 또한 주무관청의 허가를 얻지 않으면 그 효력이 없다(대판 1966. 11. 29, 66다1668). 그러므로 기본재산의 처분행위는 정관변경과 주무관청의 허가가 없으면 무효라고 할 수 있다(대판 1976. 11. 9, 76다486). 이렇게 엄격하게 하는 이유는 재단법인의 기본재산은 법인의 실체인 동시에 법인의 목적을 수행하기 위한 가장 기본적인 수단이기 때문이다. 그리고 기본재산의 감소 또는 증가도 기본재산의 처분행위로서 정관변경을 통해서 이루어져야 한다. 그렇다고 하여 기본재산에 관한 모든 법률행위에 대하여 정관변경을 필요로 하는 것은 아니다. 기본재산에 관한 법률행위를 하더라도 정관변경을 필요로 하지 않은 경우에는 주무관청의 허가를 받지 않아도 된다.

> **재단법인의 기본재산 처분행위와 주무관청의 허가**
>
> 대법원 1966. 11. 29. 선고 66다1668 판결
>
> 재단법인의 정관에는 본법 제43조, 제40조 제4호에 의하여 자산에 관한 규정을 기재하여야 하고 따라서 재단법인의 기본재산의 처분은 결국 재단법인 정관변경을 초래하게 됨으로 정관의 변경이 이루어지지 아니한다면 재단의 기본재산에 관한 처분행위는 그 효력을 발생할 수 없다.

> **주무관청의 허가 없는 재단법인의 처분행위**
>
> 대법원 1974. 6. 11. 선고 73다1975 판결
>
> 재단법인의 기본재산의 처분은 정관변경을 요하는 것이므로 주무관청의 허가가 없으면 그 처분행위는 물권계약으로 무효일 뿐 아니라 채권계약으로서도 무효이다.

〈법인정관변경〉

	사단법인	재단법인
정관규정에 있는 경우	정관에 따름	정관에 따름
정관변경에 관한 규정이 없는 경우	총사원의 2/3 이상 동의. 하지만 이 정수는 정관에 변경할 수 있음(제42조제1항)	불가(원칙) 예외: ① 목적달성 또는 재산보전을 위해 명칭, 사무소소재지 변경(제45조제2항) ② 목적달성이 불가능한 경우, 주무관청허가 후 정관변경가능(제46조)
정관에 정관변경 불가로 정한 경우	모든 사원의 동의로 변경(통설)	관련규정 없음. 다만 목적달성이 불가능한 경우, 주무관청허가 후 정관변경 가능하다고 해석(제46조 유추적용)
정관변경의 효력발생시기	주무관청의 허가시(제42조제2항)	주무관청의 허가시(제45조제3항)
정관변경의 제3자 대항요건	등기(제54조제1항)	등기(제54조제1항)

제10관 재단법인의 재산출연

제1항 재산출연의 준용규정(제47조)

> **제47조 [증여, 유증에 관한 규정의 준용]**
> ① 생전처분으로 재단법인을 설립하는 때에는 증여에 관한 규정을 준용한다.
> ② 유언으로 재단법인을 설립하는 때에는 유증에 관한 규정을 준용한다.

재단법인의 재산출연은 생전처분에 의해 법인이 설립되는지, 유언에 의해 법인이

설립되는지에 따라 달라지게 되는데 전자의 경우에는 증여에 관한 규정을 준용하고, 후자의 경우에는 유증에 관한 규정을 준용한다(제47조).

제2항 출연재산의 귀속시기(제48조, 비교 제187조)

제48조 [출연재산의 귀속시기]

① 생전처분으로 재단법인을 설립하는 때에는 출연재산은 법인이 성립된 때로부터 법인의 재산이 된다.

② 유언으로 재단법인을 설립하는 때에는 출연재산은 유언의 효력이 발생한 때로부터 법인에 귀속한 것으로 본다.

출연재산의 귀속시기는 생전행위로 이루어졌는지 유언으로 이루어졌는지에 따라 달라지게 된다. 생전처분으로 재단법인을 설립하는 때에는 제48조제1항에 따라 출연재산은 법인이 성립한 때로부터 법인의 재산이 된다. 법인은 설립등기를 한 때 성립하므로 설립등기시에 출연재산은 법인에게 귀속된다고 할 것이다. 유언으로 재단법인을 설립하는 때에는 동조제2항에 따라 출연재산은 유언의 효력이 발생한 때로부터 법인에 귀속한 것으로 본다. 유언의 효력은 유언자의 사망으로 개시되므로 유언자의 사망시점에 법인에게 귀속한다. 이 경우 절차상 유언자가 사망한 후 법인이 성립할 때까지 어느 정도의 시간을 요하게 되는데 법인의 실질적인 성립시에 재산이 귀속된다고 한다면 재산이 상속인들에게 귀속되는 불합리한 문제가 발생하게 되므로 유언자의 사망시에 소급하여 재산이 귀속된다고 한다.[39]

출연재산이 물권인 경우 물권변동에 관하여 성립요건주의를 취하고, 채권인 경우 지시채권의 양도에는 증서의 배서·교부를, 그리고 무기명채권에는 증서교부를 그의 효력발생요건으로 하기 때문에 해석상의 문제를 발생하게 되는데 구체적인 내용을 살펴보면 다음과 같다.

1. 출연재산이 물권인 경우

생전처분으로 재단법인을 설립하는 경우에 출연재산은 법인이 성립된 때로부터 법인의 재산이 된다(제48조제1항)고 하고 있으나 법률행위로 인한 물권변동은 성립요건주의에 따르고 있어 그 귀속시기가 문제가 된다. 즉, 출연재산이 제186조에 따라 부동

---

[39] 민법개정위원회 개정안 제48조 제3항에 "제1항 및 제2항의 경우에 그 권리변동에 등기, 인도 등이 필요한 출연재산은 이를 갖추어야 법인의 재산이 된다"고 규정함으로써, 생전처분이든(제1항) 유언에 의하든(제2항) 재단법인의 재산출연의 효력발생시기에 관하여 물권변동에 관한 형식주의의 원칙을 관철하고 있음을 알 수 있다(양창수, "재단법인출연재산의 귀속시기에 관한 독일민법의 규정 – 민법 제48조의 개정에 관련하여–", 저스티스 통권 제74호, 2003.8, 87쪽 이하).

산은 등기한 경우, 제188조에 따라 동산은 인도한 경우에 법인의 재산이 되는지 아니면 제48조를 특별규정으로 하여 등기나 인도 없이도 법인이 설립등기를 한 때 또는 설립자의 사망시에 당연히 법인의 재산으로 되는가가 문제된다.

(1) 학 설

다수설에 따르면 제48조를 특별규정으로 인정하여 등기나 인도 없이도 재단법인이 성립되는 때에 출연재산은 당연히 재단법인에 귀속한다고 한다(곽윤직·김재형 136쪽, 고상룡 192쪽, 김상용 232쪽, 김주수·김상용 163쪽, 김용한 170쪽).

소수설에 따르면 재단법인의 설립행위에 의한 물권의 이전도 법률행위에 의한 물권변동이므로 등기나 인도를 하여야만 재단법인에 이전한다고 한다. 따라서 법인은 법인이 성립하거나 설립자가 사망한 시점에 출연재산에 대한 이전청구권을 가질 뿐이고 출연재산이 실질적으로 법인에게 이전되는 것은 등기나 인도를 한 때라고 한다(김증한·김학동 183쪽, 이영준 940쪽, 이은영 267-268쪽).

사견으로는 원칙적으로 재단법인의 설립행위에 의한 재산출연시기는 재단법인이 성립한 때이지만, 일정한 요건(권리변동의 일정한 형식)이 필요한 경우(예: 등기, 인도, 배서교부, 교부)에는 그 요건을 완비한 때로 해석한다. 제48조는 우리 민법의 원칙 중 하나인 형식주의의 예외 또는 특별규정으로 해석할 근거가 없으므로 제48조를 다른 관련규정을 배제하여 우선시 또는 특별하게 다룰 이유가 없다. 민법개정안 제48조제3항에는 "권리변동에 등기, 인도 등이 필요한 출연재산은 이를 갖추어야 법인의 재산이 된다"고 규정하고 있다.

(2) 판 례

판례(대판(전합) 1979. 12. 11, 78다481,482)는 재단법인을 설립함에 있어서 출연재산은 그 법인이 성립된 때로부터 법인에 귀속된다는 제48조의 규정은 출연자와 법인과의 관계를 상대적으로 결정하는 기준에 불과하여 출연재산이 부동산인 경우 출연자와 법인 사이에는 법인의 성립 외에 등기를 필요로 하는 것은 아니지만, 제3자에 대한 관계에서는 출연행위는 법률행위이므로 등기가 필요하다고 하여 소수설을 따르고 있다. 이 법리는 유언에 의한 재단법인설립의 경우에도 적용된다(대판 1993. 9. 14, 93다8054).

> **재단법인의 설립에서 출연재산의 귀속시기**
> 대법원 1979. 12. 11. 선고 78다481,482 전원합의체 판결
> 재단법인의 설립함에 있어서 출연재산은 그 법인이 성립된 때로부터 법인에 귀속된다는 민법 제48조의 규정은 출연자와 법인과의 관계를 상대적으로 결정하는

기준에 불과하여 출연재산이 부동산인 경우에도 출연자와 법인 사이에는 법인의 성립 외에 등기를 필요로 하는 것은 아니지만, 제3자에 대한 관계에 있어서, 출연행위는 법률행위이므로 출연재산의 법인에의 귀속에는 부동산의 권리에 관한 것일 경우 등기를 필요로 한다.

> **유언에 의한 재단법인설립시 출연재산의 귀속과 등기**
>
> 대법원 1993. 9. 14. 선고 93다8054 판결
>
> 유언으로 재단법인을 설립하는 경우에도 제3자에 대한 관계에서는 출연재산이 부동산인 경우는 그 법인에의 귀속에는 법인의 설립 외에 등기를 필요로 하는 것이므로, 재단법인이 그와 같은 등기를 마치지 아니하였다면 유언자의 상속인의 한 사람으로부터 부동산의 지분을 취득하여 이전등기를 마친 선의의 제3자에 대하여 대항할 수 없다.

2. 출연재산이 채권인 경우

출연재산이 지명채권(예: 공사대금채권 등)인 경우에는 제48조에 따라 법인이 성립한 때 법인에게 귀속된다고 하는 데는 이론이 없으나, 출연재산이 지시채권(예: 약속어음채권 등)이거나 무기명채권(예: 상품권, 무기명국·공채, 사채 등)인 경우에는 견해가 나뉘고 있다. 즉, 지시채권의 배서·교부(제508조)나 무기명채권의 교부(제523조)가 없이도 제48조가 정하는 시기에 당연히 법인에게 귀속된다고 하는 견해가 있고, 지시채권의 배서·교부나 무기명채권의 교부가 있어야만 법인에게 귀속된다는 견해가 있다. 전자가 다수설(김용한 171쪽, 김증한·김학동 184쪽, 백태승 232쪽, 이은영 269쪽)이다.

제11관 법인의 등기

제1항 법인등기의 의의

법인을 설립하기 위해서는 주된 사무소의 소재지에서 등기를 하여야 하고 등기를 함으로써 비로소 법인은 법인격을 취득하게 된다. 따라서 법인의 설립등기는 권리능력을 취득하기 위한 성립요건이다.

제2항 등기의 종류(제49조 내지 제54조, 비교 제33조)

1. 법인의 등기

제49조 [법인의 등기사항]

① 법인설립의 허가가 있는 때에는 3주간내에 주된 사무소소재지에서 설립등기를 하여야 한다.
② 전항의 등기사항은 다음과 같다.
  1. 목적
  2. 명칭
  3. 사무소
  4. 설립허가의 연월일
  5. 존립시기나 해산이유를 정한 때에는 그 시기 또는 사유
  6. 자산의 총액
  7. 출자의 방법을 정한 때에는 그 방법
  8. 이사의 성명, 주소
  9. 이사의 대표권을 제한한 때에는 그 제한

법인은 주무관청에서 법인설립의 허가를 받은 경우 허가를 받은 날로부터 3주 내에 주된 사무소의 소재지에서 제49조제2항에 따른 등기사항을 기재하여 설립등기를 하여야 한다(제49조제1항). 등기사항은 목적, 명칭, 사무소, 설립허가의 연월일, 존립시기나 해산사유를 정한 때에는 그 시기 또는 사유, 자산의 총액, 출자의 방법을 정한 때에는 그 방법, 이사의 성명, 주소, 이사의 대표권을 제한한 때에는 그 제한에 관한 내용이다(제49조제2항).

2. 분사무소설치의 등기

제50조 [분사무소설치의 등기]

① 법인이 분사무소를 설치한 때에는 주사무소소재지에서는 3주간내에 분사무소를 설치한 것을 등기하고 그 분사무소소재지에서는 동기간내에 전조제2항의 사항을 등기하고 다른 분사무소소재지에서는 동기간내에 그 분사무소를 설치한 것을 등기하여야 한다.
② 주사무소 또는 분사무소의 소재지를 관할하는 등기소의 관할구역내에 분사무소를 설치한 때에는 전항의 기간내에 그 사무소를 설치한 것을 등기하면 된다.

법인이 분사무소를 설치하고자 하는 경우에는 우선 주사무소 소재지에서 3주 이내에 분사무소를 설치한 것을 등기하고, 이후 분사무소 소재지에서도 3주 이내에 제49조제2항에 따른 등기사항을 등기하고 다른 분사무소 소재지에서는 같은 기간 내에 그 분사무소를 설치한 것을 등기하여야 한다(제50조제1항). 분사무소가 주사무소이거나 분사무소의 소재지를 관할하는 등기소의 관할 구역 범위 안이라면 분사무소를 설치하고 3주 이내에 그 사무소를 설치한 것을 등기하면 된다(제50조제2항).

3. 사무소이전의 등기

> **제51조 [사무소이전의 등기]**
>
> ① 법인이 그 사무소를 이전하는 때에는 구소재지에서는 3주간내에 이전등기를 하고 신소재지에서는 동기간내에 제49조제2항에 게기한 사항을 등기하여야 한다.
> ② 동일한 등기소의 관할구역내에서 사무소를 이전한 때에는 그 이전한 것을 등기하면 된다.

법인이 그 사무소를 이전하는 경우에는 기존의 소재지에서는 3주 이내에 이전등기를 하고 이전된 소재지에는 3주 이내에 제49조제2항에 따른 등기사항을 등기하여야 한다(제51조제1항). 그러나 동일한 등기소의 관할구역 내에서 사무소를 이전한 때에는 그 이전한 것을 등기하면 된다(제51조제2항).

4. 변경등기

> **제52조 [변경등기]**
>
> 제49조제2항의 사항 중에 변경이 있는 때에는 3주간내에 변경등기를 하여야 한다.

제49조제2항에 따른 등기내용에 변경이 있는 때에는 3주 이내에 변경등기(제3자의 대항요건, 제52조)를 하여야 한다. 이 경우, 등기기간의 기산점과 등기효력은 분사무소 설치의 등기의 경우와 같다(제53조, 제54조제1항 참조).

5. 직무집행정지 등 가처분의 등기

> **제52조의2 [직무집행정지 등 가처분의 등기]**
>
> 이사의 직무집행을 정지하거나 직무대행자를 선임하는 가처분을 하거나 그 가처분을 변경·취소하는 경우에는 주사무소와 분사무소가 있는 곳의 등기소에서 이를 등기하여야 한다.

이사의 직무집행과 관련하여 그의 직무집행을 정지하거나 직무대행자를 선임하는 가처분을 하거나 그 가처분을 변경하거나 취소하는 경우에는 주사무소와 분사무소가 있는 곳(왜냐하면 법인대표의 직무는 분사무소에도 영향을 미치기 때문)의 등기소에서 그 내용을 등기하여야 한다(제52조의2). 이 등기는 대항요건이다.

6. 등기기간의 기산

> **제53조 [등기기간의 기산]**
>
> 전3조의 규정에 의하여 등기할 사항으로 관청의 허가를 요하는 것은 그 허가서가 도착한 날로부터 등기의 기간을 기산한다.

분사무소설치를 등기, 사무소이전을 등기 또는 변경등기를 하는 경우 관청의 허가를 요하는 것은 그 허가서가 도착한 날(민법의 일반원칙인 도달주의)로부터 기간을 기산한다(제53조).

7. 설립등기이외의 등기의 효력과 공고

> **제54조 [설립등기이외의 등기의 효력과 등기사항의 공고]**
>
> ① 설립등기 이외의 본절의 등기사항은 그 등기 후가 아니면 제3자에게 대항하지 못한다.
> ② 등기한 사항은 법원이 지체없이 공고하여야 한다.

설립등기 이외의 등기사항은 그 등기 후가 아니면 제3자에게 대항하지 못한다(제54조제1항). 따라서 법인등기 중 설립등기는 성립요건인 반면, 그 밖의 등기는 대항요건이다. 그러므로 이사 변경등기가 있어도 등기된 대로 실체적 효력이 없으며(대판 2000. 1. 28, 98다26187), 법인해산등기가 없으면 제3자에게 대항하지 못한다(대판 1984. 9. 25, 84다카493). 그리고 등기된 사항은 법원이 지체 없이 공고하여야 한다(제54조제2항).

법인등기의 실체적 효력 여부　　　　대법원 2000. 1. 28. 선고 98다26187 판결
민법 제54조 제1항에 의하면 설립등기 이외의 법인등기는 대항요건으로 규정되어 있으므로 이사 변경의 법인등기가 경료되었다고 하여 등기된 대로의 실체적 효력을 갖는 것은 아니다.

> **해산등기의 제3자에 대한 대항력 인정 여부**
>
> 대법원 1984. 9. 25. 선고 84다카493 판결
>
> 민법 제54조 제1항, 제85조 제1항의 규정에 따르면 법인이 해산한 경우에 청산인은 파산의 경우를 제외하고 해산등기를 하여야 하고 해산등기를 하기 전에는 제3자에게 해산사실을 대항할 수 없다.

제12관   재산목록과 사원명부(제55조)

제55조 [재산목록과 사원명부]

① 법인은 성립한 때 및 매년 3월 내에 재산목록을 작성하여 사무소에 비치하여야 한다. 사업연도를 정한 법인은 성립한 때 및 그 연도말에 이를 작성하여야 한다.
② 사단법인은 사원명부를 비치하고 사원의 변경이 있는 때에는 이를 기재하여야 한다.

법인은 법인이 성립한 때와 매년 3월 내에 재산목록을 작성하여 사무소에 비치하여야 한다. 재산목록은 법인의 적극재산·소극재산 모두를 기재한 명세서이다. 사업연도를 정한 법인은 성립한 때 및 그 연도 말에 재산목록을 작성하여야 한다(제55조제1항). 이 규정의 의미에 대하여 매년도 재산목록이 전년도의 재산상태를 분명히 하기 위한 것이므로 다음해 사업연도의 최초의 3개월 내에 작성하면 된다고 해석한다(통설). 따라서 사업연도가 매년 3월 1일부터 다음해 2월 말인 경우에는 매년 5월 말까지 작성하면 된다. 그리고 사단법인은 재산목록과 사원명부를 열람할 수 있도록 사무소에 비치하고 사원의 변경이 있는 때에는 변경된 사항에 대하여 기재하여야 한다(제55조제2항). 재산목록의 작성 후 비치하도록 한 것은 법인의 재산목록을 분명하게 하고, 법인의 자산상태를 제3자에게 알리는 동시에 이사 개인의 재산과 구분하여 제3자를 보호하기 위함이다.

이사가 이 의무를 위반하거나 사원명부에 부정기재를 한 때에는 500만원 이하의 과태료에 처한다(제97조제2호).

제13관   법인의 기관

제1항 서   설

법인은 그 본질적인 성격상 자신이 가진 권리를 누리기 위해서는 반드시 자연인이 필요하게 되는데 이렇게 구성된 자연인을 '기관'이라고 한다. 법인의 기관에는 의사결

정기관, 업무집행기관, 감독기관이 있을 수 있는데, 법인의 종류에 따라 반드시 일치하지 않는다. 법인에는 반드시 설치해야 하는 필수기관과 둘 수도 있는 임의기관이 있다. 대표기관이면서 집행기관인 이사는 모든 법인이 설치해야 하는 필수기관이고, 이사의 감독기관인 감사는 임의기관이며(다만, 공익법인에서는 필수기관임, 공익법인의 설립·운영에 관한 법률 제3조·제5조 참조), 법인의 최고의사결정기관인 사원총회는 사단법인의 필수기관이다. 사원총회는 재단법인에 존재하지 않는다. 따라서 민법상 구체적 법인기관으로 이사, 감사, 사원총회 등이 있다.

제2항 사원권(제56조)

> **제56조 [사원권의 양도, 상속금지]**
>
> 사단법인의 사원의 지위는 양도 또는 상속할 수 없다.

'사원권'이란 법인의 사업에 관한 여러 권리와 의무를 가지는 사원의 지위를 말한다. 그 내용으로 볼 때 재산권이나 신분권 또는 인격권의 어느 것에도 속하지 않는 특수한 권리이다. 여기서 사원(흔히 회사의 피용자를 사원이라고 부르지만, 이는 법률상 사원이 아니다)은 사단법인의 존립의 기초가 되는 것으로 사원총회라는 의사결정기관을 구성하는 요소가 된다. 그렇다고 하더라도 사원 자체가 사단법인의 기관은 아니다.

사원은 사단법인에 대하여 가지는 권리를 크게 두 가지로 나눈다. 즉, '공익권'과 '자익권'으로 나누는데, '공익권'은 사단의 관리·운영에 참가하는 것을 내용으로 하는 권리로서 결의권, 소수사원권, 업무집행권, 감독권 등이 그 예이다. 그리고 '자익권'은 사원 자신이 이익을 누리는 것을 내용으로 하는 권리로서 사단의 설비를 이용하는 권리(영리법인에서는 이익배당청구권, 잔여재산분배청구권 등이 자익권임) 등이 그 예이다.

한편으로 사원은 법인에 대한 의무를 부담하며, 그 의무로는 회비납부의무와 출자의무 등이 있다.

사원의 자격은 제40조제6호에 의거 그 자격의 취득과 상실에 대해서는 정관에 반드시 기재하여야 한다. 따라서 사원의 입사나 퇴사 그리고 제명 등은 정관에 따라 정해진다.

또한 영리사단법인에서 사원권은 자익권이 강하므로 양도나 상속이 허용되지만(상법 제335조 참조) 비영리사단법인에서는 공익권이 강하므로 사원권은 양도 또는 상속할 수 없다(제56조). 그러나 이 규정은 강행규정이 아니므로 정관을 통해서 양도하거나 상속할 수 있도록 정할 수 있다(대판 1992. 4. 14, 91다26850; 대판 1997. 9. 26, 95다6205).

> **사단의 사원지위의 양도 또는 상속(소극)**　대법원 1997. 9. 26. 선고 95다6205 판결
>
> 　　사단법인의 사원의 지위는 양도 또는 상속할 수 없다고 규정한 민법 제56조의 규정은 강행규정이라고 할 수 없으므로, 비법인사단에서도 사원의 지위는 규약이나 관행에 의하여 양도 또는 상속될 수 있다.

제3항 이사(제57조 내지 제62조, 제65조)

1. 이사의 의의

제57조 [이사]

법인은 이사를 두어야 한다.

'이사(Vorstandsmitglied)'는 대외적으로는 법인의 대표기관이자 대내적으로는 업무집행기관으로 사단법인이나 재단법인에서 반드시 필요한 상설의 필수기관이다.

2. 사무집행

제58조 [이사의 사무집행]

① 이사는 법인의 사무를 집행한다.
② 이사가 수인인 경우에는 정관에 다른 규정이 없으면 법인의 사무집행은 이사의 과반수로써 결정한다.

　　이사는 법인의 모든 사무를 집행한다(제58조제1항). 다만 정관으로 이사의 사무를 정한 경우에는 이사는 그 사무에 제한된다. 이사의 수는 정함이 없으므로 그 제한이 없다 할 것이고 수인의 이사에 의해 사무가 집행되는 경우 그 견해가 엇갈리게 되면 그 결정에 대하여 정관에 규정이 있으면 정관에 따르고 정관에 규정이 없으면 이사의 과반수로써 결정한다(제58조제2항). 그리고 이사는 자연인만 가능하고, 자격상실이나 자격정지의 형을 받은 자는 이사의 자격이 없다(형법 제43조).

　　이사의 주요업무로는 재산목록작성(제55조제1항), 사단법인의 사원명부작성(제55조제2항), 사원총회(통상총회와 임시총회)의 소집(제69조, 제70조제1항), 총회의사록의 작성(제76조), 파산신청(제79조), 법인해산시 청산인이 되는 것(제82조), 법인등기 등이 있다.

3. 대표권

(1) 의 의

제59조 [이사의 대표권]

① 이사는 법인의 사무에 관하여 각자 법인을 대표한다. 그러나 정관에 규정한 취지에 위반할 수 없고 특히 사단법인은 총회의 의결에 의하여야 한다.

② 법인의 대표에 관하여는 대리에 관한 규정을 준용한다.

---

* 대리권과 대표권의 비교

1. 대리권과 대표권의 개념 등

'대리'는 타인인 대리인이 법률행위를 하지만 그 효력은 본인에게 귀속하는 제도로서 대리인은 대리권을 갖는다. 반면에 대표는 법인에 있어서 그 대표자가 법인의 직무범위 내에서 법률행위나 사실행위를 하지만 그 효력은 법인에게 귀속하는 제도로서 그 대표자는 대표권을 갖는다. 대리인이나 대표자는 본인 또는 법인을 위하여 대리권 또는 대표권을 행사하여야 하는데, 만약 자신을 위하거나 제3자의 이익을 위한 법률행위를 한 경우에는 그 남용의 문제가 발생한다.

2. 대리권과 대표권의 남용의 문제

대리권과 대표권의 남용은 외관상 완전한 대리행위와 대표행위로 보이지만 실질적으로 본인 또는 법인을 위한 의사가 없이 자신 또는 제3자의 이익을 위한 법률행위이다. 그러므로 이런 남용의 경우, 그 법률효과를 대리인 또는 대표자에게 귀속시킬 것인가 아니면 본인 또는 법인에게 귀속시킬 것인가 하는 문제가 발생한다.

첫째, 대리인 또는 대표자가 대리권 또는 대표권을 가지면서 대리권 또는 대표권을 남용한 경우, 법률행위의 상대방의 보호가 필요하다. 왜냐하면 그 상대방은 전적으로 대리인 또는 대표자를 신뢰하였고, 법에서 이를 보호할 필요가 있기 때문이다. 이 경우에는 판례와 같이 비진의표시(제107조제2항)를 유추적용하여, 남용자의 대리행위, 법률행위의 유효성을 인정하고 그 대리행위의 효과의 본인에게의 귀속과 그 법률행위를 법인의 행위로 인정하여 본인 또는 법인으로 하여금 상대방에게 대하여 이행책임을 부담하게 하는 것이 타당하다. 그러나 상대방이 대리권 또는 대표권의 남용사실을 알았거나 알 수 있었을 경우에는 그 대리행위 또는 대표행위는 무효가 된다.[40]

둘째, 대리인 또는 대표자가 대리권 또는 대표권 없이 대리권 또는 대표권을 남용한 경우, 대리행위 또는 대표행위의 외관은 본인 또는 법인을 위한 것으로 표상하지만, 실질적으로 본인 또는 제3자의 이익을 위한 것이기 때문에 상대방 또는 본인이나 법인을 보호할 필요가 있게 된다. 이 경우에 대표권이 제한되는 대표자의 대표권 남용은 그 법률행위가 법인의 직무집행의 범위 내이면 법인의 불법행위(제35조제1항)가 인정되어, 법인은

제2절 법인(제31조 내지 제97조) 155

이행책임을 지지 않지만 손해배상책임을 진다. 그리고 대리권 남용에는 협의의 무권대리에 관한 제135조제1항의 규정을 유추적용하여 상대방의 선택에 따라서 표현대리인인 자신이 이행책임을 지거나 불법행위로 인한 손해배상책임을 지도록 이론구성을 하면 될 것이다.[41]

이사는 법인의 사무를 집행하고 집행한 사무에 대해서는 각자 법인을 대표한다. 따라서 수인의 이사의 경우도 각 이사는 단독으로 법인을 대표한다. 이사는 법인에 대하여 대표권을 가지므로 법인의 대표기관으로서 이사의 행위는 법인의 행위로 된다. 따라서 이사가 법인의 사무집행을 위해 필요한 모든 사항에 관하여 재판상 또는 재판 외의 행위는 모두 법인에 귀속하게 된다. 법인의 대표에 관하여는 대리에 관한 규정을 준용하므로 무권대리·표현대리 등 모든 대리규정이 법인대표에 준용된다(제59조제2항). 따라서 이사는 법인을 위한 행위임을 밝혀야 한다(제114조제1항).

(2) 대표권의 제한

> **제60조 [이사의 대표권에 대한 제한의 대항요건]**
> 이사의 대표권에 대한 제한은 등기하지 아니하면 제3자에게 대항하지 못한다.

이사의 대표권은 첫째, 제59조제1항의 단서에 의거 제41조에 따라 기재된 정관에 의해 제한될 수 있고 둘째, 사원총회의 의결로써 제한할 수 있으며(제59조제1항 단서) 셋째, 제64조에 따라 법인과 이사 사이에 이해가 상반되는 행위의 경우 넷째, 복임권에 대하여 제한될 수 있다.

첫째, 이사의 대표권은 정관에 의하여 제한할 수 있으며, 그 대표권의 제한은 정관에 기재하여야 하며, 정관에 기재하지 않은 때에는 그 대표권의 제한은 무효이다(제41조).

둘째, 사단법인의 대표권의 제한은 총회의 의결에 의하여 제한할 수 있다(제59조제1항 단서). 이 제한은 정관에 기재할 필요는 없다(반대의견 있음).

셋째, 법인과 이사의 이익이 상반하는 사항에 관하여는 이사에게 대표권이 없다(제64조 단서). 이익상반의 경우에는 이해관계인 또는 검사의 청구에 의하여 법원이 선임하는 특별대리인이 법인을 대표한다(제64조 후단). 그 특별대리인은 당해 사항(법인과 이사의 이익이 상반하는 사항)에 한하여 법인을 대표한다. 그리고 이사가 2인 이상이 있는 경우, 일부 이사와 법인의 이익에 상반되는 때에는 다른 이사가 법인을 대표하고,

---

40) 김상용, "대리권과 대표권의 남용에 관한 판례비교", 고시연구 2003. 5, 192쪽.
41) 김상용, 위에 든 논문, 192쪽.

다른 이사가 없는 경우에 한하여 특별대리인이 법인을 대표할 것이다.

넷째, 이사는 대표권을 행사함에 있어서, 정관 또는 총회의 결의로 금지하지 않은 사항에 한하여 타인으로 하여금 특정행위를 대리하게 할 수 있다(제62조). 따라서 이사에게 포괄적인 복임권은 인정되지 않고, 그 대리인의 선임·감독의 책임을 진다(제121조제1항 참조).

이사의 대표권에 대한 제한은 등기하지 않으면 제3자에게 대항하지 못한다(제60조). 여기에 "제3자"의 범위에 대해서 선의의 제3자만 그 범위로 하자는 제한적인 견해(곽윤직·김재형 216쪽, 이영준 957쪽, 이은영 278-279쪽)와 선악을 불문하고 모두 제3자의 범위에 포함하자는 무제한적인 견해(김증한·김학동 204쪽, 김용한 184쪽, 양창수, "법인의 대표권제한에 대한 약간의 문제", 현대법학의 제문제, 박영사, 1987, 14쪽)가 대립되고 있는데, 판례(대판 1975. 4. 22, 74다410; 대판 1987. 11. 24, 86다카2484; 대판 1992. 2. 14, 91다24564; 대판 2005. 6. 9, 2005다2554)는 후자의 견해를 따른다. 즉, 대표권의 제한이 등기되지 않는 한 법인은 이를 악의의 제3자에게도 대항할 수 없다고 한다.

사견으로는 대표권의 제한의 공시인 등기에 대한 제3자의 범위를 선의의 제3자로 제한해야 한다(제한설). 대표권의 제한이 공시(등기)되었음에도 그 내용을 안 제3자를 보호하는 것은 정의의 관념에도 위배된다.

이사의 대표권제한에 대한 등기 없는 경우 제3자의 대항력(소극)

대법원 1992. 2. 14. 선고 91다24564 판결

재단법인의 대표자가 그 법인의 채무를 부담하는 계약을 함에 있어서 이사회의 결의를 거쳐 노회와 설립자의 승인을 얻고 주무관청의 인가를 받도록 정관에 규정되어 있다면 그와 같은 규정은 법인 대표권의 제한에 관한 규정으로서 이러한 제한은 등기하지 아니하면 제3자에게 대항할 수 없다.

(3) 직무대행자

제60조의2 [직무대행자의 권한]

① 제52조의2의 직무대행자는 가처분명령에 다른 정함이 있는 경우 외에는 법인의 통상사무에 속하지 아니한 행위를 하지 못한다. 다만, 법원의 허가를 얻은 경우에는 그러하지 아니하다.
② 직무대행자가 제1항의 규정에 위반한 행위를 한 경우에도 법인은 선의의 제3자에 대하여 책임을 진다.

이사의 선임행위에 흠이 있는 경우에 이해관계인의 신청으로 법원이 가처분에 의

하여 직무대행자를 선임한다. 직무대행자는 가처분명령에 다른 정함이 없으면 법인의 통상 사무행위만 할 수 있는 임시적 기관이다(제60조의2제1항 본문). 다만 법원은 허가를 얻은 경우에는 통상의 사무를 벗어난 사무를 집행할 수 있다(제60조의2제1항 단서). 직무대행자가 위 제1항을 위반한 행위 즉, 통상의 사무나 법원의 허가를 벗어난 행위를 한 경우에는 법인은 선의의 제3자에 대하여 책임을 진다(제60조의2제2항). 따라서 직무대행자는 법인의 임시적 대표기관이다.

4. 주의의무

> **제61조 [이사의 주의의무]**
> 이사는 선량한 관리자의 주의로 그 직무를 행하여야 한다.

이사는 이사의 선임행위가 일종의 위임행위이므로 법인의 사무를 집행함에 있어서 선량한 관리자의 주의로 그 직무를 집행하여야 한다(제61조). 이사가 이 의무를 위반하면, 법인에 대하여 채무불이행에 의한 손해배상책임을 부담하게 된다. 또한 이사가 그 임무를 게을리한 경우에는 그 이사는 법인에 대하여 연대하여 손해배상책임을 부담하게 된다(제65조).

5. 대리인 선임권(복임권)

> **제62조 [이사의 대리인 선임]**
> 이사는 정관 또는 총회의 결의로 금지하지 아니한 사항에 한하여 타인으로 하여금 특정한 행위를 대리하게 할 수 있다.

이사는 원칙적으로 대리인을 선임(복임권)할 수 없으나, 정관 또는 총회의 결의로 금지하지 아니한 사항에 한하여 타인으로 하여금 특정행위를 대리하게 할 수 있다(제62조). 따라서 이사는 포괄적 복임권이 없다(대판 1989. 5. 9, 87다카2407). 이러한 복임권은 대표권 있는 이사만이 행사할 수 있고, 선임된 대리인은 법인의 기관이 아니다. 그러므로 그 대리인의 불법행위는 제35조가 아닌 제756조가 적용된다. 또한 이사는 대리인의 선임·감독에 관한 책임을 진다(통설, 제121조 참조).

그 밖에 대리인의 자격제한이 없으므로 대표권 없는 이사도 대리인이 될 수 있다.

6. 손해배상책임

> **제65조 [이사의 임무해태]**
>
> 이사가 그 임무를 해태한 때에는 그 이사는 법인에 대하여 연대하여 손해배상의 책임이 있다.

이사가 그 임무를 게을리한 때에는 그 이사는 법인에 대하여 연대하여 손해배상의 책임을 지게 되는데, 이때 법인의 이사 전원이 그 임무를 게을리한 경우 전원이 연대하여 책임을 지게 되고, 일부의 이사가 임무를 게을리한 경우에는 게을리한 이사들이 연대하여 책임을 지게 된다.

제4항 이 사 회

이사가 수인이 있는 경우, 보통 이사회는 이사 전원으로 구성된다. 이사회는 민법상 법인의 기관은 아니지만, 정관으로 집행기관으로 할 수 있다. 공익법인(공익법인법 제6조), 학교법인(사립학교법 제15조)의 경우에는 이사회가 필요기관이다. 이사회의 소집과 결의 및 의사록의 작성에 관해서는 정관에 특별한 규정이 없는 한 사원총회에 관한 규정을 유추적용한다(이설 없음).

한편 민법상 법인의 이사회의 결의에 하자가 있는 경우에 관한 법률의 별도의 규정이 없으므로 그 결의에 무효사유가 있는 경우에는 이해관계인은 언제든지 또 어떤 방법에 의하든지 그 무효를 주장할 수 있다고 할 것이지만, 이와 같은 무효주장의 방법으로서 이사의 결의 무효확인소송이 제기되어 승소 확정판결이 난 경우, 그 판결의 효력은 그 소송의 당사자 사이에만 발생하는 것이지 대세적 효력은 없다(대판 2003. 4. 25, 2000다60197).

> **이사회의 결의에 부존재 또는 무효 등 하자있는 경우**
>
> 대법원 2003. 4. 25. 선고 2000다60197 판결
>
> 민법상 법인의 이사회의 결의에 부존재 혹은 무효 등 하자가 있는 경우 법률에 별도의 규정이 없으므로 이해관계인은 언제든지 또 어떤 방법에 의하든지 그 무효를 주장할 수 있다.

제5항 임시이사(제63조)

제63조 [임시이사의 선임]

이사가 없거나 결원이 있는 경우에 이로 인하여 손해가 생길 염려 있는 때에는 법원은 이해관계인이나 검사의 청구에 의하여 임시이사를 선임하여야 한다.

이사가 없거나 결원이 있는 경우에 이로 인하여 손해가 발생할 우려가 있는 때에는 법원은 이해관계인이나 검사의 청구에 의하여 임시이사를 선임하여야 한다. 여기서 "이사가 없거나 결원이 있는 경우"는 이사가 전혀 없거나 정관에 정한 이사의 인원수가 부족한 경우를 의미하고, "이로 인하여 손해가 생길 염려가 있는 때"는 통상의 이사 선임절차에 따라 이사가 선임되기를 기다릴 때에 법인이나 제3자에게 손해가 생길 우려가 있는 때를 의미하며, "이해관계인"은 임시이사의 선임과 관련한 법률상 이해관계인을 의미하는 것으로 다른 이사, 사원 및 채권자 등이 이에 해당된다(대결(전합) 2009. 11. 19, 2008마699 참조).

임시이사의 자격에 대하여는 법률상 규정하고 있지 않지만, 법인의 성격에 비추어 그 자격이 제한될 수 있을 것이다(대결(전합) 2009. 11. 19, 2008마699 참조).

임시이사는 정식이사가 임명될 때까지 일시적인 기관이지만 이사와 동일한 권한을 가진 법인의 대표기관이다. 따라서 정식이사가 선임되면 임시이사의 지위는 소멸된다.

> **임시이사의 선임을 신청할 수 있는 이해관계인의 범위**
>
> 대법원 2009. 11. 19. 자 2008마699 전원합의체 결정
>
> 임시이사의 선임을 신청할 수 있는 '이해관계인'이라 함은 임시이사가 선임되는 것에 관하여 법률상의 이해관계가 있는 자로서 그 법인의 다른 이사, 사원 및 채권자 등을 포함한다.

제6항 특별대리인(제64조)

제64조 [특별대리인의 선임]

법인과 이사의 이익이 상반하는 사항에 관하여는 이사는 대표권이 없다. 이 경우에는 전조의 규정에 의하여 특별대리인을 선임하여야 한다.

이사도 개인의 자격으로 법인과 거래를 할 수도 있다. 이 경우 법인과 이사의 이

익이 상반하게 되는 때에는 이사의 대표권을 제한하고 이 사항에 관해서만 법인을 대표하는 '특별대리인'을 선임하여야 한다(제64조). 특별대리인의 선임은 이해관계인이나 검사의 청구에 의하여 법원이 한다. 특별대리인을 선임하는 것은 다른 이사가 없는 경우에 한한다(통설). 따라서 일부의 이사의 이익상반행위에 대해서는 다른 이사가 법인을 대표하면 된다. 이익상반행위에 대해서 일괄적인 기준은 없고 구체적인 경우에 개별적으로 정하여야 한다.

이 특별대리인은 대리인이 아니고 법인의 대표기관이다.

제7항 감사(감독기관)(제66조 내지 제67조)

1. 감 사

> **제66조 [감사]**
>
> 법인은 정관 또는 총회의 결의로 감사를 둘 수 있다.

사단법인 또는 재단법인은 이사에 대한 감독기관으로서 정관 또는 총회의 결의로 1인 또는 수인의 감사를 둘 수 있다. 따라서 감사는 법인의 필요기관이 아닌 임의기관이다. 감사의 수에 대해서는 아무런 규정이 없으므로 정관이나 총회의 결의를 통해서 수인의 감사를 둘 수 있다(제66조). 감사의 자격이나 선임방법 그리고 선임행위의 성질, 해임, 퇴임 등은 모두 이사의 경우와 동일하다. 그러나 감사는 법인을 대표하는 기관이 아니므로 제3자의 이해에 영향을 미칠 염려가 없기 때문에 감사의 성명이나 주소를 등기할 필요가 없다.

2. 감사의 직무

> **제67조 [감사의 직무]**
>
> 감사의 직무는 다음과 같다.
> 1. 법인의 재산상황을 감사하는 일
> 2. 이사의 업무집행의 상황을 감사하는 일
> 3. 재산상황 또는 업무집행에 관하여 부정, 불비한 것이 있음을 발견한 때에는 이를 총회 또는 주무관청에 보고하는 일
> 4. 전호의 보고를 하기 위하여 필요있는 때에는 총회를 소집하는 일

감사는 법인의 내부에서 이사의 업무집행을 감독하는 기관으로, 제67조에 따라 법인의 재산상황의 감사, 이사의 업무집행 상황을 감사, 재산상황 또는 업무집행에 관하

여 부정하거나 불비한 것이 있음을 발견한 때에는 이를 총회 또는 주무관청에 보고, 이러한 보고를 하기 위해서 필요하다고 인정되는 때에는 총회를 소집할 수 있다. 그러나 감사는 직무상 필요한 때에는 그 외의 행위도 할 수 있다(이설 없음).

감사의 직무의 성격상 감사가 수인인 때에도 각자 단독으로 직무를 수행하는 것이 원칙이다. 감사가 그의 직무를 위반한 경우에는 민법에 규정은 없으나 위임에 관한 규정(제681조)를 유추적용하여 법인에 대해 배상책임을 지고, 감사가 여럿인 경우에는 연대책임을 부담한다(제65조 참조, 연대책임을 부정하는 견해도 있음). 그리고 감사는 법인을 위임인으로 하는 수임인으로서 감사의 직무에 관하여 선량한 관리자의 주의의무(제681조 참조)를 다하여야 하므로, 이에 위반한 경우 채무불이행으로 인한 손해배상책임을 부담하여야 한다(제390조 참조).

제8항 사원총회(의사결정기관)

1. 총회의 권한(제68조)

> **제68조 [총회의 권한]**
> 사단법인의 사무는 정관으로 이사 또는 기타 임원에게 위임한 사항외에는 총회의 결의에 의하여야 한다.

'사원총회(Mitgliederversammlung)'란 사단법인의 최고의 의사결정기관으로 사원 전원으로 구성되는 필요기관이다. 정관으로 이사 그 밖의 임원에게 위임한 사항을 제외하고 사단법인의 모든 사무는 근본적으로 사원총회의 결의에 의하여야 한다. 그러나 강행규정, 사회질서, 법인의 본질에 반하는 결의는 할 수 없으며, 정관의 규범적 의미내용과 다른 해석을 사원총회의 결의하는 방법으로 할 수도 없다(대판 2000. 11. 24, 99다12437). 총회의 의결사항은 법인의 대표기관 또는 집행기관이 집행한다. 왜냐하면 총회는 대외적으로 대표기관도 대내적으로 집행기관도 아니기 때문이다. 그리고 소수사원권(제70조제2항)과 사원의 결의권(제73조)과 같은 고유권은 총회의 결의에 의하더라도 박탈될 수 없다. 또한 정관변경(제42조)과 임의해산(제77조제2항)은 총회의 전권사항으로, 정관에 의해서도 이 권한을 박탈하지 못한다.

한편 재단법인은 사원이 없으므로 사원총회가 존재하지 않고, 재단법인의 최고의사는 정관에 의하여 정해진다.

> **사단의 정관의 법적성질 및 정관의 규범적 의미 내용과 다른 사원총회의 결의**
>
> 대법원 2000. 11. 24. 선고 99다12437 판결
>
> 사단법인의 정관은 이를 작성한 사원뿐만 아니라 그 후에 가입한 사원이나 사단법인의 기관 등도 구속하는 점에 비추어 보면 그 법적 성질은 계약이 아니라 자치법규로 보는 것이 타당하므로, 이는 어디까지나 객관적인 기준에 따라 그 규범적인 의미 내용을 확정하는 법규해석의 방법으로 해석되어야 하는 것이지, 작성자의 주관이나 해석 당시의 사원의 다수결에 의한 방법으로 자의적으로 해석될 수는 없다 할 것이어서, 어느 시점의 사단법인의 사원들이 정관의 규범적인 의미 내용과 다른 해석을 사원총회의 결의라는 방법으로 표명하였다 하더라도 그 결의에 의한 해석은 그 사단법인의 구성원인 사원들이나 법원을 구속하는 효력이 없다

2. 통상총회 · 임시총회(제69조 내지 제70조)

(1) 통상총회

제69조 [통상총회]

사단법인의 이사는 매년 1회 이상 통상총회를 소집하여야 한다.

'통상총회'란 1년에 1회 이상 소집되는 사원총회의 하나이다(제69조). 통상총회는 사단법인의 이사가 소집한다. 소집되는 시기는 정관에서 정하여지는 것이 보통이다. 그러나 정관에 규정이 없으면 총회의 결의를 통해 시기를 정할 수 있고, 총회의 결의도 없으면 이사가 임의로 정할 수 있다.

(2) 임시총회

제70조 [임시총회]

① 사단법인의 이사는 필요하다고 인정한 때에는 임시총회를 소집할 수 있다.

② 총사원의 5분의 1이상으로부터 회의의 목적사항을 제시하여 청구한 때에는 이사는 임시총회를 소집하여야 한다. 이 정수는 정관으로 증감할 수 있다.

③ 전항의 청구있는 후 2주간내에 이사가 총회소집의 절차를 밟지 아니한 때에는 청구한 사원은 법원의 허가를 얻어 이를 소집할 수 있다.

임시총회는 통상총회 이외의 세 가지의 원인으로 소집되는 사원총회를 말한다. 이 임시총회는 첫째, 이사가 필요하다고 인정하는 때(제70조제1항)이고 둘째, 감사가 필요하다고 인정하는 때(제67조) 셋째, 총사원의 1/5이상이 회의의 목적사항을 제시하여 청구하는 때(제70조제2항) 열리는 사원총회이다. 총사원의 1/5 이상의 수는 정관에 의

해 증감시킬 수 있으나(제70조제2항 후단), 이 소수사원의 총회소집권은 박탈하지 못한다. 이러한 소수사원의 총회소집권을 '소수사원권'이라고 한다.

소수사원의 임시총회 소집의 청구가 있으면 2주 이내에 이사는 총회소집 절차를 밟아야 하고, 이사가 이를 하지 아니하는 경우에 청구한 사원은 법원의 허가를 얻어서 소집할 수 있다(제70조제3항).

3. 총회소집(제71조)

> **제71조 [총회의 소집]**
>
> 총회의 소집은 1주간 전에 그 회의의 목적사항을 기재한 통지를 발하고 기타 정관에 정한 방법에 의하여야 한다.

총회의 소집은 총회의 1주일 전에 회의의 목적사항을 기재한 통지를 발송하면 되고 도달할 필요는 없으며, 그 밖에 정관에 정한 방법에 의하여야 한다(제71조). 1주일의 기간에 대해서는 단축은 인정되지 않지만 연장은 정관을 통해서 가능하다(이설 없음). 통지의 방법으로는 개별적 통지와 신문광고, 기관잡지에의 기재 등의 방법으로 일반적으로 정하고 있으나, 정관에 규정이 없는 경우에는 이사가 적당한 방법을 정하면 될 것이다(곽윤직·김재형 192쪽). 소집절차가 법률 또는 정관을 위반하여 이루어진 경우, 그 효과는 치유될 수 있는 하자가 아닌 한 그 총회의 소집은 무효일 것이다(종중총회에 관한 판례 준용, 대판 2007. 9. 6, 2007다34982 참조).

총회소집의 통지는 관념의 통지로서 준법률행위이다.

4. 총회의 결의(제72조 내지 제75조)

(1) 총회의 성립

총회의 결의가 유효한 것으로 성립하기 위해서는 우선 총회가 성립되어야 한다. 따라서 적법한 소집절차에 따라 총회가 성립되어야 하고, 정족수의 사원이 출석하여야 한다. 그러나 총회가 성립되기 위한 정족수에 대해서는 민법에 규정이 없어서 2인 이상의 사원이 출석하면 총회가 성립한다고 한다(사원의 과반수의 출석이 필요하다는 견해도 있음, 김준호 167쪽, 김증한·김학동 211쪽). 제75조제1항은 의결정족수를 정한 것이며, 의사정족수를 정한 것은 아니다(곽윤직·김재형 193쪽).

(2) 총회의 결의사항

> **제72조 [총회의 결의사항]**
>
> 총회는 전조의 규정에 의하여 통지한 사항에 관하여서만 결의할 수 있다. 그러나 정관에 다른 규정이 있는 때에는 그 규정에 의한다.

총회는 통지한 사항에 관하여만 결의할 수 있다(제72조). 그 밖에 결의사항은 정관에 의한 총회의 권한 내의 사항이어야 하고, 사회질서 또는 강행규정을 위반한 사항이 아니어야 한다.

(3) 사원의 결의권

1) 의 의

> **제73조 [사원의 결의권]**
>
> ① 각사원의 결의권은 평등으로 한다.
> ② 사원은 서면이나 대리인으로 결의권을 행사할 수 있다.
> ③ 전2항의 규정은 정관에 다른 규정이 있는 때에는 적용하지 아니한다.

각 사원은 총회의 사항에 대하여 결의할 수 있고, 이러한 결의권은 각 사원에게 평등하게 주어진다(제73조제1항). 그러나 정관에 의하여 결의권 평등의 원칙을 변경할 수 있다(제73조제3항). 그렇다고 하더라도 결의권은 고유권이므로 완전히 박탈하지는 못한다. 그리고 결의권은 정관에 다른 규정이 없는 한 서면이나 대리인을 통해서 결의권을 행사할 수 있다(제73조제2, 3항).

2) 결의권의 배제

> **제74조 [사원이 결의권 없는 경우]**
>
> 사단법인과 어느 사원과의 관계사항을 의결하는 경우에는 그 사원은 결의권이 없다.

사원의 결의권이 고유권이더라도 사단법인과 어느 사원과의 관계에 대한 사항을 의결하는 경우에는 해당 사원은 결의권이 박탈된다(제74조). 따라서 민법상 사단법인의 이사회(또는 총회)에서 법인과 어느 이사(또는 사원)와의 관계사항을 의결하는 경우에는 그 의결권이 없다. '의결권이 없다'는 의미는 의결정족수에 포함하지 않는다는 의미이므로, 의사정족수에는 해당 이사(또는 사원)를 포함한다(대판 2009. 4. 9, 2008다1521). 즉, 의결권이 없는 해당 이사(또는 사원)가 그 결의를 한 회의에 참가하였다는 사정만으로 그 결의가 위법하여 무효라고 할 수 없다(대판 2012. 8. 30, 2012다38216).

이해관계 있는 이사의 의결권   대법원 2009. 4. 9. 선고 2008다1521 판결

민법 제74조는 사단법인과 어느 사원과의 관계사항을 의결하는 경우 그 사원은 의결권이 없다고 규정하고 있으므로, 민법 제74조의 유추해석상 민법상 법인의 이사회에서 법인과 어느 이사와의 관계사항을 의결하는 경우에는 그 이사는 의결권이 없다. 이 때 의결권이 없다는 의미는 상법 제368조 제4항, 제371조 제2항의 유추해석상 이해관계 있는 이사는 이사회에서 의결권을 행사할 수는 없으나 의사정족수 산정의 기초가 되는 이사의 수에는 포함되고, 다만 결의 성립에 필요한 출석이사에는 산입되지 아니한다고 풀이함이 상당하다.

3) 결의방법

제75조 [총회의 결의방법]

① 총회의 결의는 본법 또는 정관에 다른 규정이 없으면 사원 과반수의 출석과 출석사원의 결의권의 과반수로써 한다.
② 제73조제2항의 경우에는 당해 사원은 출석한 것으로 한다.

총회의 결의에 대한 정수(의결정족수)는 정관에 따르고, 정관에 규정이 없으면 사원 과반수의 출석과 출석사원의 결의권의 과반수로써 한다(제75조). 그러나 정관변경은 총사원의 2/3이상의 동의(제42조제1항), 임의해산은 총사원의 3/4이상의 동의(제78조)가 있는 경우에 결의가 성립한다는 특칙을 두고 있다. 서면이나 대리인에 의하여 결의권을 행사하는 사원은 출석한 것으로 본다(제75조제2항).

5. 총회의 의사록(제76조)

제76조 [총회의 의사록]

① 총회의 의사에 관하여는 의사록을 작성하여야 한다.
② 의사록에는 의사의 경과, 요령 및 결과를 기재하고 의장 및 출석한 이사가 기명날인하여야 한다.
③ 이사는 의사록을 주된 사무소에 비치하여야 한다.

법인의 이사는 총회의 의사에 관하여는 의사록을 작성하여야 한다. 의사록에는 의사의 경과와 요령 및 결과를 기재하여야 하고, 의장 및 출석한 이사가 기명날인하여야 한다. 작성된 의사록은 이사에 의해 주된 사무소에 비치되어야 한다(제76조). 이사가 의사록을 작성하지 않거나 비치하지 아니한 경우에는 과태료의 처분을 받는다(제97조제5호).

제14관 법인의 소멸

제1항 법인소멸의 의의

　‘법인의 소멸’이란 법인의 권리능력이 소멸하는 것을 말한다. 자연인은 사망으로 인하여 권리능력이 소멸하게 되고, 이로 인하여 자연인에게 귀속되었던 재산은 상속을 통해서 일정한 자에게 승계된다. 이에 비하여 법인은 해산과 청산으로 권리능력이 소멸하게 된다. 이때는 자연인과는 달리 상속이 개시되지는 않는다. 법인소멸은 이와 같이 해산 및 청산의 2단계를 거치게 되는데, ‘해산’이란 법인이 종래 행하였던 활동을 정지하고 청산절차(잔무처리, 재산정리)에 들어가는 것을 말하고, ‘청산’이란 해산 후의 재산관계를 정리하는 절차를 말한다. 따라서 법인은 해산한 후 본래의 법인과 동일성을 유지하는 청산을 할 수 있는 권리능력을 가진 청산법인으로 남게 되고 청산법인에 의하여 재산관계를 정리하게 되면, 즉 청산을 종료하게 되면 법인은 완전히 소멸한다.

제2항 법인의 해산(제77조 내지 제80조)

1. 해산사유

제77조 [해산사유]
① 법인은 존립기간의 만료, 법인의 목적의 달성 또는 달성의 불능 기타 정관에 정한 해산사유의 발생, 파산 또는 설립허가의 취소로 해산한다.
② 사단법인은 사원이 없게 되거나 총회의 결의로도 해산한다.

　‘법인의 해산’이란 법인이 본래의 목적을 달성하기 위한 적극적인 활동을 정지하고 청산절차로 들어가는 것을 말한다. 재단법인이든 사단법인이든 법인의 존립기간이 만료, 법인의 목적이 달성되었거나 법인의 목적달성이 불가능한 경우(그러나 목적달성이 불가능한 경우, 정관변경으로 법인이 존속할 수 있음, 제46조 참조) 기타 정관에 정한 해산사유의 발생, 파산 또는 설립허가의 취소로써 법인은 해산한다(제77조제1항).

　법인의 존립시기나 해산사유에 대해서 사단법인은 정관에 필요적 기재사항으로 기재되어 있고, 재단법인은 임의적 기재사항으로 없을 수도 있다. 목적달성의 여부에 대한 판단은 사회관념에 따라서 결정된다. 법인이 채무를 완전히 변제할 수 없는 상태 즉, 채무초과(소극재산이 적극재산보다 많은 경우)가 된 때에 이사는 지체없이 파산을 신청해야 한다. 또한 법인이 목적 이외의 사업을 한 때, 설립허가의 조건에 위반한 때 그 밖에 공익을 해치는 행위를 한 때에는 주무관청은 설립허가를 취소할 수 있다. 이 설립허가의 취소는 장래에 향하여 법인의 존재를 부인하는 것이므로 소급효가 없다.

한편 사단법인의 경우 그 특성으로 인하여 사원이 없게 되거나 총회의 결의를 통해서도 해산한다(제77조제2항). 이는 사단법인에만 존재하는 특유한 해산사유이다(해산결의에 관하여는 아래에서 설명). 해산사유는 등기하여야 한다(제85조제1항).

2. 사단법인의 해산결의

> **제78조 [사단법인의 해산결의]**
>
> 사단법인은 총사원 4분의 3이상의 동의가 없으면 해산을 결의하지 못한다. 그러나 정관에 다른 규정이 있는 때에는 그 규정에 의한다.

총회의 결의에 의한 해산은 "임의해산"이라고 하며, 총회의 전권사항이다. 따라서 이 권한을 총회에서 박탈하는 정관규정은 무효이다. 해산결의는 총사원의 4분의 3이상의 동의를 얻어야 되고, 이 정족수는 정관에 달리 규정할 수 있다(제78조).

> **비법인사단의 해산**　　　대법원 2003. 11. 4. 선고 2001다32687 판결
>
> 비법인사단의 해산도 사단법인의 해산의 규정을 유추적용한다. 그러므로 존립기간의 만료 기타 정관에 정한 해산사유발생, 법인의 목적달성 또는 달성의 불가능, 파산, 사원이 없는 경우 그리고 총회의 결의 등이 해산사유이다. 예를 들면, 비법인사단인 교회에 교인이 존재하지 않은 경우, 교인들이 예배를 중단하고 다른 교회로 가기로 결의한 경우에는 교회는 해산하여 청산절차에 청산의 목적범위 내에서 권리·의무의 주체가 되며, 청산인으로 선임된 자가 비법인사단을 대표하여 청산업무를 담당한다.

3. 파산신청

> **제79조 [파산신청]**
>
> 법인이 채무를 완제하지 못하게 된 때에는 이사는 지체없이 파산신청을 하여야 한다.

법인의 파산원인은 단순한 채무초과로 충분하고(채무자회생 및 파산에 관한 법률 제306조), 자연인과 같이 지급불능을 요하지 않는다(채무자회생 및 파산에 관한 법률 제305조 참조). 법인해산 후 파산신청은 잔여재산의 인도 또는 분배가 종료되어야 가능하다

(채무자회생 및 파산에 관한 법률 제298조). 파산신청자로 민법에서는 이사만, 채무자회생 및 파산에 관한 법률 제294조에는 이사 외에 채권자를 규정하고 있다. 파산신청을 게을리한 경우 과태료의 처분을 받게 된다.

4. 잔여재산의 귀속

> **제80조 [잔여재산의 귀속]**
> ① 해산한 법인의 재산은 정관으로 지정한 자에게 귀속한다.
> ② 정관으로 귀속권리자를 지정하지 아니하거나 이를 지정하는 방법을 정하지 아니한 때에는 이사 또는 청산인은 주무관청의 허가를 얻어 그 법인의 목적에 유사한 목적을 위하여 그 재산을 처분할 수 있다. 그러나 사단법인에 있어서는 총회의 결의가 있어야 한다.
> ③ 전2항의 규정에 의하여 처분되지 아니한 재산은 국고에 귀속한다.

법인이 해산하게 되면 법인에게 귀속되어 있던 재산은 먼저 정관에 따라 정관이 지정한 자에게 귀속하게 되고, 정관으로 귀속권리자를 지정하지 아니하거나 이를 지정하는 방법을 정하지 아니한 때에는 이사나 청산인이 주무관청의 허가를 얻어서 그 법인의 목적에 유사한 목적을 위하여 그 재산을 처분할 수 있다(제89조제2, 3항). 그러나 사단법인에 있어서는 총회의 결의가 있어야 한다. 이들 방법에 의하여 처분되지 않는 재산은 국고에 귀속된다(제80조제3항). 따라서 법인의 구성원에게 분배되지 않는다(상법 제538조 참조).

제3항 법인의 청산(제81조 내지 제94조, 준용규정 제96조)

1. 법인의 청산

> **제81조 [청산법인]**
> 해산한 법인은 청산의 목적범위 내에서만 권리가 있고 의무를 부담한다.

'청산'이란 해산한 법인이 남아 있는 사무를 처리하고 재산을 정리하여 완전히 소멸할 때까지 절차를 말한다. 해산의 원인이 파산인 경우에는 채무자회생 및 파산에 관한 법률에 정한 절차에 따르고, 그 이외의 원인에 의한 경우에는 민법이 정하는 절차에 따른다. 그리고 청산절차는 제3자에게 중대한 영향을 미치기 때문에 청산에 관한 규정은 강행규정(대판 1995. 2. 10, 94다13473)으로 정관으로 달리 정한 경우에는 그 정관규정은 무효이다.

제2절 법인(제31조 내지 제97조) **169**

또한 '청산법인'이란 해산한 법인의 재산관계를 정리하기 위해서 종전의 법인의 성격을 유지하면서 청산에 관한 권리능력을 갖는 법인을 말한다. 따라서 해산한 법인은 청산의 목적범위 내에서만 권리를 가지고 의무를 부담하며(제81조), 그 목적범위 외의 행위는 무효이다(대판 1980. 4. 8, 79다2036).

> **법인의 청산절차에 관한 규정은 강행규정**   대법원 1980. 4. 8. 선고 79다2036 판결
>
> 민법 제80조, 제81조, 제87조와 같은 청산절차에 관한 규정은 모두 제3자의 이해관계에 중대한 영향을 미치기 때문에 소위 강행규정이라고 해석되므로 만일 그 청산법인이나 그 청산인이 청산법인의 목적범위 외의 행위를 한 때는 무효라 아니할 수 없다.

2. 청산인

(1) 청산인이 되는 자

> **제82조 [청산인]**
>
> 법인이 해산한 때에는 파산의 경우를 제하고는 이사가 청산인이 된다. 그러나 정관 또는 총회의 결의로 달리 정한 바가 있으면 그에 의한다.

청산인은 청산법인의 집행기관이다. 그러므로 청산인은 대외적으로 청산법인을 대표하며, 대내적으로는 청산법인의 사무를 집행한다. 또한 청산법인의 청산인은 법인의 이사와 같은 지위를 가지며 이사에 관한 규정을 준용한다(제96조). 따라서 이사의 사무집행방법, 대표권, 대표권에 대한 제한의 대항력, 주의의무, 대리인 선임, 특별대리인의 선임, 임무해태, 임시총회의 소집 등에 관한 규정은 청산인에게 준용한다. 그리고 법인이 해산을 하게 되면 청산인이 청산절차에 따라 청산을 하게 된다.

청산인이 되는 자는 첫째, 정관에 정한 자, 둘째, 총회 결의로 선임된 자, 셋째, 이들이 없는 경우 해산 당시의 이사가 청산인이 된다(제82조).

청산절차는 제3자의 이해관계에 중대한 영향을 미치기 때문에 강행규정이고 따라서 이에 반하는 정관의 기재사항은 무효가 된다.

(2) 청산인의 선임

> **제83조 [법원에 의한 청산인의 선임]**
>
> 전조의 규정에 의하여 청산인이 될 자가 없거나 청산인의 결원으로 인하여 손해가 생길 염려가 있는 때에는 법원은 직권 또는 이해관계인이나 검사의 청구에 의하여 청산인을 선임할 수 있다.

정관이나 총회결의에 따르더라도 청산인이 없거나 이사도 없는 경우 즉, 제82조에 의한 청산인에 해당하는 자가 없는 경우, 법원은 직권으로 또는 이해관계인이나 검사의 청구에 의하여 청산인을 선임할 수 있다(제83조). 그리고 청산인을 선임하였음에도 불구하고 청산인의 결원으로 인하여 손해가 생길 염려가 있는 때에는 법원은 직권으로 또는 이해관계인이나 검사의 청구에 의하여 청산인을 선임할 수 있다(제83조).

(3) 청산인의 해임

> **제84조 [법원에 의한 청산인의 해임]**
>
> 중요한 사유가 있는 때에는 법원은 직권 또는 이해관계인이나 검사의 청구에 의하여 청산인을 해임할 수 있다.

청산은 제3자에게 미치는 영향이 크기 때문에 중요한 사유가 있는 때에는 법원은 직권 또는 이해관계인이나 검사의 청구에 의하여 청산인을 해임할 수 있다(제84조). 이와 같이 법원의 감독권을 강화한 이유는 청산이 제3자에게 미치는 영향이 크기 때문이다. 여기서 "중요한 사유"란 청산인이 직권을 남용하여 부정행위를 하거나 이해관계인에 대하여 현저하게 불공정한 행위를 하거나 또는 청산인으로서의 의무를 현저하게 위반하는 것과 같이 청산인의 지위에 그대로 있어서는 안 될 중대한 사유가 있는 것을 말한다(민법주해(Ⅰ) 759쪽(최기원)).

3. 청산인의 직무

(1) 해산등기

> **제85조 [해산등기]**
>
> ① 청산인은 파산의 경우를 제하고는 그 취임 후 3주간 내에 해산의 사유 및 연월일, 청산인의 성명 및 주소와 청산인의 대표권을 제한한 때에는 그 제한을 주된 사무소 및 분사무소 소재지에서 등기하여야 한다.
> ② 제52조의 규정은 전항의 등기에 준용한다.

법인의 해산으로 청산인이 된 자는 파산의 경우를 제외하고는 그 취임 후 3주 내에 해산의 사유 및 연월일, 청산인의 성명 및 주소, 그리고 청산인의 대표권을 제한한 때에는 그 제한을 주된 사무소 및 분사무소 소재지에서 등기하고(제85조제1항), 같은 사항을 주무관청에 신고하여야 한다(제86조제1항). 청산중에 해산등기사항에 변경이 생기면 3주간 내에 변경등기를 하여야 한다(제85조제2항, 제52조). 청산인은 해산등기를 게을리하면 500만원 이하의 과태료의 처분을 받는다(제97조제1호).

한편 파산에 의한 청산의 경우에는 법원이 등기를 촉탁하고 주무관청에 통지하므로(채무자회생 및 파산에 관한 법률 제23조, 제314조), 청산인은 이를 할 필요가 없다.

(2) 해산신고

제86조 [해산신고]

① 청산인은 파산의 경우를 제하고는 그 취임 후 3주간 내에 전조제1항의 사항을 주무
　관청에 신고하여야 한다.
② 청산중에 취임한 청산인은 그 성명 및 주소를 신고하면 된다.

청산인은 파산의 경우를 제외하고는 취임 후 3주 내에 해산의 사유 및 연월일, 청산인의 성명 및 주소, 그리고 청산인의 대표권을 제한한 때에는 그 제한을 주무관청에 신고하여야 한다(제86조제1항). 청산중에 취임한 청산인은 그 성명 및 주소를 주무관청에 신고해야 한다(제86조제2항). 그리고 청산 중 해산등기사항에 변경이 발생하면, 3주간 내에 변경등기를 하여야 한다(제85조제1항, 제52조 참조). 청산인이 사실 아닌 신고를 주무관청에 하거나 사실을 은폐하면 500만원 이하의 과태료의 처분을 받는다(제97조제4호).

(3) 현존사무의 종결 등

제87조 [청산인의 직무]

① 청산인의 직무는 다음과 같다.
　1. 현존사무의 종결
　2. 채권의 추심 및 채무의 변제
　3. 잔여재산의 인도
② 청산인은 전항의 직무를 행하기 위하여 필요한 모든 행위를 할 수 있다.

그 밖에 청산인은 현존사무를 종결(제87조제1항제1호)하고 채권을 추심(세87조제1항제2호)한다. 그러나 변제기가 도래하지 않은 채권이 있거나, 조건부채권이 있는 경우 즉시로 추심할 수 없는 문제가 발생하게 되는데, 이런 경우에는 양도나 환가처분 등의 적당한 방법을 통하여 환가하는 방법으로 전환할 수밖에 없다(민사집행법 제241조 참조). 채무의 변제(제87조제1항제2호)는 제3자의 이익을 위하여 제88조 내지 제92조에 따라 하여야 한다. 청산인이 이상의 절차를 밟은 후에도 잔여재산이 있는 경우에는 귀속권자에게 인도하면 된다. 귀속권자의 순위는 일차로 정관에 정한 자이고, 다음으로 이사 또는 청산인이 주무관청의 허가를 얻어서 그 법인의 목적에 비슷한 목적을

위하여 처분할 수 있으며, 해산 전에는 이사가 처분할 수 있으나, 해산 후에는 청산인만이 처분할 수 있다. 그리고 사단법인에 있어서는 주무관청의 허가 외에 총회의 결의가 있어야 한다.

마지막으로 위의 어느 방법으로도 처분할 수 없는 경우에는 잔여재산은 국고에 귀속한다(제83조제3항).

(4) 채무변제의 절차

채무변제는 제3자의 이익과 관련되는 문제로 그 절차에 대하여 법으로 규정해 놓고 이를 따르도록 하고 있다.

1) 채권신고의 공고

> **제88조 [채권신고의 공고]**
>
> ① 청산인은 취임한 날로부터 2월 내에 3회 이상의 공고로 채권자에 대하여 일정한 기간 내에 그 채권을 신고할 것을 최고하여야 한다. 그 기간은 2월 이상이어야 한다.
> ② 전항의 공고에는 채권자가 기간 내에 신고하지 아니하면 청산으로부터 제외될 것을 표시하여야 한다.
> ③ 제1항의 공고는 법원의 등기사항의 공고와 동일한 방법으로 하여야 한다.

청산인은 취임한 날로부터 2개월 내에 3회 이상의 공고로 채권자에 대하여 2월 이상의 기간을 정하여 기간 내에 그 채권을 신고할 것을 최고하여야 한다(제88조제1항). 이 기간 내에 채권자가 신고하지 않으면 청산으로부터 제외된다는 내용도 표시하여야 한다(제88조제2항). 공고는 법원의 등기사항의 공고와 동일한 방법으로 하여야 한다(제88조제3항). 청산인은 이 공고를 게을리하거나 부정공고를 하면 500만원 이하의 과태료의 처분을 받는다(제97조제7호).

2) 채권신고의 최고

> **제89조 [채권신고의 최고]**
>
> 청산인은 알고 있는 채권자에게 대하여는 각각 그 채권신고를 최고하여야 한다. 알고 있는 채권자는 청산으로부터 제외하지 못한다.

청산인이 제88조에 따라 채권자에게 신고할 것을 공고하는 것은 청산인이 모르는 채권자에게 공고하여 그들의 권리를 보전하기 위한 것이다. 따라서 채권자에 대하여 제88조에 의한 공고만으로 그 직무를 다하였다고 할 수는 없고, 청산인은 자신이 알고 있는 채권자에 대하여는 각각 그 채권신고를 최고하여야 하며(제89조 1문), 채권자를 알고 있다면 그 채권자를 청산에서 제외하지 못하고 반드시 변제하여야 한다. 만약 채권자가 변제를 수령하지 않는다면 공탁하여야 한다.

3) 채권신고기간내의 변제금지

> **제90조 [채권신고기간내의 변제금지]**
>
> 청산인은 제88조제1항의 채권신고기간 내에는 채권자에 대하여 변제하지 못한다. 그러나 법인은 채권자에 대한 지연손해배상의 의무를 면하지 못한다.

청산인은 제88조제1항의 채권신고기간 내에는 채권자에 대하여 변제하지 못한다(제90조 본문). 이는 채권자 공평의 원칙에 따른 것이다. 즉, 채권의 변제기가 도래한 채권자에 대해서도 채권신고기간이 경과할 때까지는 변제를 하여서는 안 된다. 따라서 청산인은 이러한 채권자에게는 지연손해배상의 의무를 부담하여야 한다(제90조 단서).

4) 채권변제의 특례

> **제91조 [채권변제의 특례]**
>
> ① 청산중의 법인은 변제기에 이르지 아니한 채권에 대하여도 변제할 수 있다.
> ② 전항의 경우에는 조건 있는 채권, 존속기간의 불확정한 채권 기타 가액의 불확정한 채권에 관하여는 법원이 선임한 감정인의 평가에 의하여 변제하여야 한다.

청산중의 법인은 변제기에 이르지 아니한 채권에 대하여도 기한이익을 포기하고 변제할 수 있다(제91조제1항). 변제기가 도래하지 않은 채권이 조건 있는 채권이거나 존속기간이 불확정한 채권이거나 기타 가액이 불확정한 채권인 경우에는 법원이 선임한 감정인의 평가에 의하여 변제하여야 한다(제91조제2항).

5) 청산으로부터 제외된 채권

> **제92조 [청산으로부터 제외된 채권]**
>
> 청산으로부터 제외된 채권자는 법인의 채무를 완제한 후 귀속권리자에게 인도하지 아니한 재산에 대하여서만 변제를 청구할 수 있다.

청산인이 알지 못하는 일반 채권자가 채권신고기간 내에 신고를 하지 않은 경우 원칙적으로 청산으로부터 제외되어 채권을 변제받지 못하지만, 법인의 채무를 완제한 후 귀속권리자에게 인도하지 아니한 재산이 있다면 이 재산의 범위 내에서 변제를 청구할 수 있다(제92조). 따라서 귀속권리자에게 인도한 후에는 청구하지 못한다. 채권신고기간은 제척기간이다.

(5) 파산신청

제93조 [청산중의 파산]

① 청산중 법인의 재산이 그 채무를 완제하기에 부족한 것이 분명하게 된 때에는 청산인은 지체 없이 파산선고를 신청하고 이를 공고하여야 한다.
② 청산인은 파산관재인에게 그 사무를 인계함으로써 그 임무가 종료한다.
③ 제88조제3항의 규정은 제1항의 공고에 준용한다.

청산인이 청산 중에 법인의 재산이 그 채무를 완제하기에 부족한 것이 분명한 경우(즉, 채무초과로 밝혀진 때)에는 청산인은 지체 없이 파산선고를 신청하여야 하고 이러한 내용을 공고하여야 한다. 공고는 법원의 등기사항의 공고와 동일한 방법으로 하여야 한다(제93조제3항, 제88조제3항). 청산인이 파산신청을 게을리 하거나 또는 공고를 게을리하거나 부정한 공고를 하게 되면 500만원 이하의 과태료의 처분을 받는다(제97조제7호).

청산인의 신청에 의하여 파산이 선고되면 파산관재인이 정해지고 청산인은 파산관재인에게 사무를 인계하여야 하며, 사무가 인계되면 청산인의 임무는 종료한다(제93조제2항). 청산인의 임무가 종료한다고 하여 청산인이 청산법인에 관한 모든 임무가 종료하는 것은 아니고 파산재단에 속하는 권리와 의무에 대해서만 임무가 종료할 뿐이므로 그 밖의 사무에 대해서는 청산인의 임무는 존속한다. 즉, 파산관재인의 직무 외의 청산법인의 직무에 대해서는 청산인이 계속하여 집행하고 청산법인을 대표한다.

(6) 청산종결의 등기와 신고

제94조 [청산종결의 등기와 신고]

청산이 종결한 때에는 청산인은 3주간 내에 이를 등기하고 주무관청에 신고하여야 한다.

청산이 종결하면 청산인은 3주간 내에 이를 등기하여야 하고 또한 주무관청에 신고하여야 한다(제94조). 청산종료등기가 경료되었으나 청산사무가 남아 있는 경우 청산법인은 존속하고(대판 2003. 2. 11, 99다66427·73371), 청산법인으로서 당사자능력을 가진다(대판 1997. 4. 22, 97다3408).

청산법인의 당사자 능력(적극)　　　　대법원 1997. 4. 22. 선고 97다3408 판결

　법인에 관하여 청산종결등기가 경료된 경우에도 청산사무가 종료되었다고 할 수 없는 경우에는 청산법인으로서 당사자능력이 있다.

제4항 법인의 감독 등(제95조)

제95조 [해산, 청산의 검사, 감독]

법인의 해산 및 청산은 법원이 검사, 감독한다.

　법인의 업무감독은 설립허가를 한 곳인 주무관청이 담당하고, 법인의 해산 및 청산은 법원이 담당한다. 즉, 법인사무는 법인의 목적에 따라 해야 하기 때문에 허가한 주무관청이 하고, 법인의 해산과 청산은 법인의 목적과 관계없이 제3자의 이해관계에 큰 영향을 주기 때문에 법원이 한다. 주무관청의 감독내용은 법인의 사무 및 재산상황의 감사, 설립허가의 취소 등이며(제37, 38조), 법원의 감독내용은 필요한 검사, 청산인의 선임과 개임 등이다(제95조, 제83, 84조).

제15관　벌　칙(제97조)

제97조 [벌칙]

　법인의 이사, 감사 또는 청산인은 다음 각호의 경우에는 500만원 이하의 과태료에 처한다.
　1. 본장에 규정한 등기를 해태한 때
　2. 제55조의 규정에 위반하거나 재산목록 또는 사원명부에 부정기재를 한 때
　3. 제37조, 제95조에 규정한 검사, 감독을 방해한 때
　4. 주무관청 또는 총회에 대하여 사실아닌 신고를 하거나 사실을 은폐한 때
　5. 제76조와 제90조의 규정에 위반한 때
　6. 제79조, 제93조의 규정에 위반하여 파산선고의 신청을 해태한 때
　7. 제88조, 제93조에 정한 공고를 해태하거나 부정한 공고를 한 때

　법인의 이사나 감사 또는 청산인이 법률의 규정에 의한 직무를 해태한 경우에는 500만원 이하의 과태료에 처하게 된다. 따라서 이는 공법적 성격을 가진 조항이라 할 수 있다. 벌칙을 받는 사항을 7가지 정하여 두고 있다(제97조). 첫째, 법인의 설립과 변경, 해산 그리고 청산에 있어서 규정된 등기를 해태한 때, 둘째, 재산목록과 사원명

부를 비치하지 않거나 재산목록 또는 사원명부에 부정한 기재를 한 경우, 셋째, 주무관청이 법인의 사무를 검사하거나 감독하는 데 있어서 이를 방해한 경우, 법인의 해산 및 청산에 대하여 법원이 하는 검사나 감독을 방해한 경우, 넷째, 주무관청 또는 총회에 대하여 사실 아닌 신고를 하거나 사실을 은폐한 때, 다섯째, 총회의 의사록에 대한 규정을 위반하거나 채권신고기간 내에 변제를 한 경우, 여섯째, 파산신청 사유가 있음에도 이를 지체하거나 청산중에 파산신청 사유가 있음에도 이를 지체한 경우, 마지막으로 채권신고의 공고를 해태하거나 청산 중 파산공고를 해태한 경우에는 과태료에 처하게 된다.

제16관　외국법인

제1항 외국법인의 의의

'외국법인'이란 내국법인이 아닌 외국법인을 말한다. 내·외국법인을 결정하는 기준에 관한 법률이 없고, 다만 학설상 준거법설(준거법을 기준으로 하는 설), 주소지설(주된 사무소의 소재를 기준으로 하는 설), 설립자국적 기준설(설립자의 국적을 기준으로 하는 설) 등이 있다. 다수설인 준거법설에 따르면, 한국법률에 준거 내지 의거하여 설립하지 않은 법인은 외국법인이다. 한편 특별법에는 국가의 정책상 외국법인의 범위를 다르게 정하고 있다(외국인토지법 제2조).

제2항 외국법인의 능력

외국법인의 능력에 관하여 민법에 규정이 없다. 일반적으로 내·외국법인 평등주의를 취하고 있다. 그러나 외국법인의 권리능력도 외국인의 권리능력과 마찬가지로 법률 또는 조약에 의하여 제한하는 경우가 있다(예: 상호주의에 의한 제한). 따라서 외국법인의 능력을 포함한 그 밖에 외국법인에 관한 민법상 규정이 필요하다.

제 9 장   권리의 객체

제 1 절   서   설

민법은 권리의 객체에 대하여 일반적인 규정은 두고 있지 않고 물권의 객체인 물건에 대해서만 규정하고 있는데, 이는 물건이 물권의 객체가 됨과 동시에 간접적으로는 채권이나 형성권 등의 권리와도 관련 있기 때문에 여러 권리의 객체 중에서 '물건'에 대해서만 규정하고 있다.

제1관   권리의 객체의 의의

'권리의 객체(Rechtsobjekt)'란 권리의 내용이나 목적이 성립하기 위한 대상을 말한다. 물권은 일정한 물건을 직접 지배하여서 이익을 얻는 것이 목적이자 내용이므로 이때의 물건이 물권의 객체가 된다. 채권의 객체는 채무자의 행위 즉 급부이고, 형성권에 있어서는 법률관계, 지식재산권에 있어서는 저작과 발명 등의 정신적 산물, 인격권에 있어서는 생명 · 신체 · 자유 · 명예 등의 인격적 이익, 친족권에 있어서는 친족법상 지위, 상속권에 있어서는 상속재산 등이 권리의 객체가 된다.

제2관   물   건

> **제98조 [물건의 정의]**
>
> 본법에서 물건이라 함은 유체물 및 전기 기타 관리할 수 있는 자연력을 말한다.

제1항 물건의 의의

'물건(Sache)'이란 유체물 및 전기 기타 관리할 수 있는 자연력을 말한다(제98조).

1. 유체물(Körperliche Sache)

'유체물'이란 일정한 형체를 가지고 공간의 일부를 차지하며 사람의 감각에 의하여

지각될 수 있는 물질을 말하고, '무체물(Unkörperliche Sache)'이란 전기나 열, 빛, 소리, 향기, 에너지 등과 같이 형체가 없는 것을 말한다. 제98조에 따르면 유체물뿐만 아니라 무체물도 물건으로 인정되어 물권의 객체가 될 수 있다. 다만 무체물의 경우에는 관리할 수 있어야 한다는 제한을 두고 있다. 관리할 수 있다는 것은 배타적 지배가 가능하다는 것으로 유체물에도 요구되는 요건이다.[1]

2. 관리가능성

'관리가능성'이란 지배가 가능하다는 것을 의미한다. 이는 무체물에만 적용되는 요건이 아니라 유체물에도 적용되는 요건이다. 따라서 관리가능하지 않다면 유체물이라 하더라도 물건이 될 수 없으므로 물권의 객체가 되지 못한다. 왜냐하면 지배 또는 관리할 수 없는 물건은 법률상 사용·수익·처분할 수 없으므로, 권리의 객체가 될 수 없기 때문이다. 그러므로 해, 달, 공기, 별, 바다 등은 유체물이지만 관리가능성이 결여되어 있으므로 물건이 될 수 없고, 가스나 전기 같은 것은 관리가 가능하므로 물건이 된다. 이러한 관리가능성은 상대적이며, 시대변천에 따라 다르게 나타난다.

3. 비인격성(외계의 일부일 것)

물건이 되기 위해서는 인격이 없어야 한다. 즉, 사람은 그 형체가 있다 하더라도 인격이 있으므로 물건이 되지 않고 따라서 권리의 객체가 되지 않는다. 의치나 의안, 의수, 의족, 가발 등과 같은 물건은 유체물로서 물건이지만 신체에 부착되어 있으면 인체로 파악되어 물건으로 인정되지 않는다. 그러나 모발이나 혈액 또는 장기가 신체에서 분리되면 물건으로 다루어지고 이들은 분리 전에는 그 사람의 소유에 속한다. 이들 분리된 혈액이나 장기가 타인에게 이식되어 신체의 일부가 되면 물건성을 상실한다.

사체나 유골이 물건인가에 대해서는 이를 물건으로 보고 소유권의 객체로 인정하자는 견해가 다수설이다(김증한·김학동 233쪽, 곽윤직·김재형 213쪽, 이은영 301쪽). 사체나 유골을 물건으로 본다고 하여 이를 사용하거나 수익 또는 처분의 대상으로 인정하자는 것은 아니고, 단지 매장이나 제사 등을 할 수 있는 권리의 객체로 인정될 뿐이다. 따라서 시체에 대한 권리는 제사를 주재하는 자에게 있으며(제1008조의3), 사자(死者)의 제사주재자가 없는 경우에는 사자의 상속인에게 귀속한다.

---

1) 동물도 물건인가에 대해서 독일민법은 1990년 개정을 통하여 동물에 관한 규정을 두었다. "동물은 물건이 아니고 특별법에 의하여 보호된다. 다만 다른 특별한 규정이 없다면 동물에 대하여는 물건에 관한 규정이 준용된다"(BGB 제90조의a).

4. 독립성

물건이 되기 위해서는 독립된 하나의 물건이어야 한다. 독립적인지에 대한 여부는 물리적인 기준에만 의할 것은 아니고, 사회통념이나 거래관념에 따라 결정하는 것이 타당하다. 따라서 물건의 일부나 구성부분은 물건이 될 수 없고, 물건의 집합도 물건이 될 수 없다. 이처럼 독립된 하나의 물건에 하나의 물권이 인정되는 것을 '일물일권주의'라 하고 이는 예외가 인정된다. 즉, 예외적으로 물건의 일부가 물건의 객체가 되는 경우가 있고 또는 다수의 물건의 집단을 법률규정에 의하여 하나의 물건으로 보는 경우도 있다.

제2항 물건의 개수

1. 물건의 일부

물건은 독립성이 있어야 일물일권주의에 따라 권리의 객체가 될 수 있다. 그러나 물건의 일부에 대하여 물권을 인정해야 할 실익이 있고 또한 물건의 일부나 집단에 대해 공시가 가능하거나 공시와는 관계가 없는 경우에는 예외적으로 물권의 객체가 될 수 있다. 예를 들면 부동산의 일부는 용익물권의 객체가 되며, 수목의 집단은 '입목에 관한 법률'에 의하여 등기를 함으로써 토지와 분리하여 소유권 또는 저당권의 목적이 될 수 있고, 판례에 따르면 미분리의 천연과실과 수목의 집단은 명인방법이라는 관습법상의 공시방법을 갖추면 독립한 부동산으로 소유권의 객체가 되고, 농작물은 토지와 별개의 물건으로 다루어진다.

2. 단일물

'단일물(Einzelsache)'이란 각 구성부분이 개성을 잃고 단일한 일체를 이루고 있는 물건을 말한다(예: 컵 1개, 책 1권). 단일물은 물건으로 당연히 권리의 객체가 된다.

3. 합성물

'합성물(Gesamtsache)'이란 건물이나 자동차, 보석반지와 같이 여러 개의 물건이 각각의 개성을 잃지 않고 결합하여 단일한 형태를 이루는 물건을 말한다. 합성물은 하나의 물건으로 일반적으로 한 사람이 소유권을 가지나, 각각의 물건에 대하여 소유자를 달리하는 합성물의 경우 각자의 소유권의 존속은 인정되지 않고, 부합이나 혼화 또는 가공의 법리에 따라 소유권의 변동이 있게 된다.

4. 집합물

'집합물(Sachgesamtheit)'이란 도서관의 책과 공장의 기계 등과 같이 다수의 물건이 집합한 것으로, 경제적으로 하나의 가치로 평가되며 거래상으로도 하나의 물건으로 다루어지는 것을 말한다. 일물일권주의에 따르면 집합물은 물건성이 인정되지 않지만 사회적으로 보아 하나의 물건으로 다루어야 할 필요성이 있고, 적당한 공시방법을 갖출 수 있다면 그 한도에서 집합물 위에 하나의 물권의 성립을 인정하는 예외를 두고 있다. 다만 특별법(예: 공장 및 광업재단 저당법 등)에 규정이 있는 경우에만 집합물은 하나의 물건으로 다루어진다. 또한 판례는 복수의 동산을 양도담보로 제공하는 집합 동산양도담보를 유효하게 보고 있다. 즉, 일정한 점포 내의 상품과 같이 증감변동하는 상품 일체도 집합물에 대한 양도담보권으로서 그 목적물을 종류, 장소, 수량 지정 등의 방법에 의하여 특정할 수 있다면 그 집합물 전체를 하나의 재산권으로 하는 담보 설정이 가능하다(대판 2005. 2. 18, 2004다37430). 2012년에 시행하고 있는 '동산·채권 등의 담보에 관한 법률'에는 여러 개의 동산을 특정할 수 있는 경우에 담보등기의 목적물로 규정하고 있다(동법 제3조제2항 참조).

제3항 물건의 분류

일반적으로 물건은 동산·부동산, 주물·종물, 원물·과실로 분류되고, 학문상 융통물·불융통물, 가분물·불가분물, 대체물·부대체물, 특정물·불특정물, 소비물·비소비물로 나눈다.

1. 융통물 · 불융통물

'융통물'이란 사법상 거래가 될 수 있는 물건을 말하고, '불융통물'이란 사법상 거래의 객체가 되지 못하는 물건을 말한다. 불융통물에는 공용물과 공공용물 그리고 금제물이 있다.

(1) 공용물

'공용물'이란 그 소유가 국가나 공공단체에 속하며, 이들에 의해 공적 목적에 사용되는 물건이다. 관공서의 건물이나 국공립학교의 건물이 대표적인 공용물이다. 공용물은 공공용물과 함께 국유재산법상 행정재산으로 구성하며(국유재산법 제6조), 그 용도나 목적에 장애가 없는 한도에서 사용허가가 있는 예외를 제외하고는 사법상 거래의 객체가 되지 않는다(동법 제27조). 그러나 공용물이라도 공용폐지 후에는 사법상의 거래의 객체(융통물)가 된다.

(2) 공공용물

'공공용물'이란 도로나 하천, 공원과 같이 공중이 일반적으로 사용할 수 있도록 제공되는 물건이다. 공공용물은 공용물과 함께 국유재산법상의 행정재산을 구성하지만, 공공용물은 공용물과는 달리 그 소유권자가 사인인 경우도 있을 수 있다. 도로법 제3조에 따르면 도로부지는 사인의 소유에 속할 수 있다고 한다(도로법 제3조). 공공용물도 공공폐지가 있으면 사법상의 거래의 객체가 되고 그 전에는 사법상 거래의 객체가 되지 않는다.

(3) 금제물(禁制物)

'금제물'이란 법령에 의하여 거래가 금지되는 물건을 말한다. 금제물은 소유와 거래의 양자가 금지된 것과 소유는 인정되나 거래가 금지되는 것으로 나뉘는데 전자는 아편·아편흡식기구, 음란한 문서·도화 기타의 물건, 위조·변조된 통화와 그 유사물과 같은 것이고, 후자는 국보나 지정문화재(문화재보호법 제39·60조 참조) 등이다.

2. 가분물·불가분물

'가분물'이란 곡물이나 토지 등과 같이 그 성질이나 가격을 현저하게 손상하지 않고 나눌 수 있는 물건(예: 금전, 곡물, 토지 등)이고, '불가분물'이란 가축(예: 소, 말, 돼지 등)이나 건물 등과 같이 나누었을 때 그 성질이나 가격이 현저하게 손상되는 물건을 말한다. 이러한 구별은 공유물의 분할(제269조)과 다수당사자의 채권관계(제408조)에서 그 실익이 나타난다.

3. 대체물·부대체물

'대체물'이란 같은 종류의 같은 질을 가진 같은 양의 물건으로 대신하여도 당사자에게 영향을 주지 않는 물건(예: 술, 곡물, 금전, 유가증권, 서적 등)을 말한다. 따라서 대체물은 그 개성이 무시되고 단순히 종류나 품질 그리고 수량에 의하여 정하여진다. '부대체물'이란 물건의 개성이 뚜렷하여 다른 물건으로 대체할 수 없는 물건(예: 그림, 골동품, 건물, 중고자동차, 소, 말 등)을 말한다. 이러한 구별은 소비대차(제598조 이하), 소비임치(제702조 이하) 등에서 그 실익이 나타난다.

4. 특정물·불특정물

'특정물'이란 당사자가 물건의 개성을 중시하여 동종의 다른 물건으로 바꾸지 못하게 한 물건을 말한다. '불특정물'이란 물건의 개성이 중시되지 않아 다른 물건으로 바꿀 수 있게 한 물건을 말한다. 대체물과 부대체물은 객관적인 기준에 따른 구별이고,

특정물과 불특정물은 거래 당사자의 주관적인 구별이다. 일반적으로 특정물과 부대체물, 불특정물과 대체물이 일치하지만 그렇지 않은 경우도 있다. 예를 들면, 금전·유가증권과 같은 대체물에 번호를 특정하여 거래하는 경우나 쌀과 같은 대체물에 해당 쌀만으로 특정하여 거래한 경우에는 특정물로 거래되고, 소, 말 같은 부대체물을 대량으로 거래하는 경우 불특정물로 거래되기도 한다. 이러한 구별은 목적물의 보관의무(제374조)와, 채무변제의 장소(제467조), 매도인의 담보책임(제570조 이하) 등에서 그 실익이 나타난다.

5. 소비물·비소비물

'소비물'이란 한 번 사용하고 나면 다시 사용할 수 없는 성질의 물건(예: 술, 곡물)을 말한다. '비소비물'이란 물건의 용도에 따라 수차례 사용하거나 수익할 수 있는 물건(예: 건물, 토지)을 말한다. 이러한 구별은 소비대차와 사용대차 그리고 임대차에 관하여 그 실익이 있다. 소비물은 소비대차의 목적물이 되고 비소비물은 사용대차와 임대차의 목적물이 될 수 있다. 금전은 그 성질상 소비대차의 목적물은 되어도 사용대차나 임대차의 목적물은 되지 못한다(제598조 참조).

제4항 재　　산

1. 민법상 재산

'재산(Vermögen)'이란 어떤 주체를 중심으로 또는 일정한 목적 아래 결합된 물건 및 권리와 의무의 전체를 의미한다. 따라서 적극적 권리뿐만 아니라 의무 즉, 소극적 권리도 재산에 포함된다. 어떤 주체를 중심으로 하는 물건 및 권리와 의무 즉, 재산 중에서 한정승인을 한 상속인이 상속받은 재산은 적극적 재산이고, 단순승인을 한 상속인이 상속받은 재산은 소극적 재산까지 포함한다. 다음으로 일정한 목적 아래 결합된 물건 및 권리와 의무 즉, 재산은 조합재산, 재단법인의 출연재산, 신탁재산 등이 있다. 그러나 미성년자에게 처분을 허락한 재산(제6조) 등과 같이 경제적 가치가 있는 물건이나 권리를 의미할 뿐 '재산'에 특별한 의의가 없는 것도 있다.

2. 기업재산

'기업재산(Unternehmen Vermögen)'이란 기업에 속하는 각종의 물건이나 물권, 채권, 지적재산권 그리고 형성권 등의 권리뿐만 아니라 영업상의 비밀이나 고객관리 등과 같은 이익을 의미한다. 이와 같이 기업재산은 법률상 하나의 물건은 아니지만 채권계약시에는 독립성과 단일성을 인정하여 객체로 인정한다. 이는 채권계약상 객체가 될 뿐이기 때문에 기업재산을 양도하기 위해서는 일물일권주의에 따라 개개의 물권이나 권리를 각각 양도하여야 한다.

제3관 부동산과 동산(제99조)

제99조 [부동산, 동산]

① 토지 및 그 정착물은 부동산이다.
② 부동산이외의 물건은 동산이다.

제1항 부동산과 동산의 의의

부동산과 동산은 법률상 여러 가지 측면에서 다르게 다루어지기 때문에 그 구별은 매우 중요하고 가장 기본적이라 할 수 있다. 양자를 구별하는 이유는 연혁적으로 볼 때 부동산이 동산보다 경제적 가치가 훨씬 크기 때문이었는데 현재는 유가증권과 같이 부동산은 아니나 중요한 가치를 갖는 것이 출현하게 되어 그 구별실익이 약해지고 있다. 따라서 양자를 구별하는 중요한 기준은 공시성에 있다. 부동산은 가동성이 없어서 동일성을 확인하기 쉽고 공적 장부 등에 의하여 공시하는 것이 편리하지만 동산은 가동성이 높아 동일성 확인이 어렵고 그 성질상 공적 장부에 의한 공시가 불가능하다. 그러나 동산인 경우에도 등기 또는 등록의 방법으로 공시되는 동산(예: 선박·자동차·항공기·건설기계)이 늘어나고 있는 추세이다.

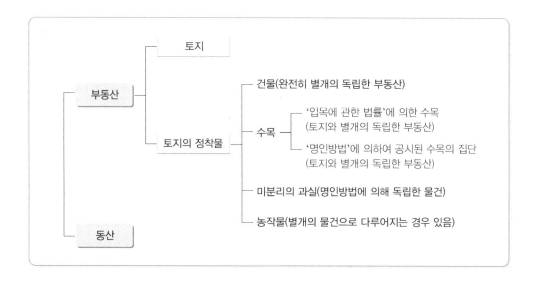

제2항 부 동 산

'부동산'이란 토지 및 그 정착물을 말한다(제99조제1항). 따라서 토지도 독립한 부동산이 되고 정착물인 건물 등도 독립한 부동산으로 인정된다. 이는 토지만을 부동산으로 하고 그 정착물은 독립한 부동산으로 다루지 않는 서양법제와 구별되는 우리나라만의 특별한 형식이다.

1. 토 지

'토지'란 일정한 범위의 지면과 그 지면에서 정당한 이익이 있는 범위 내에서의 그 위아래를 포함하는 것이다(제212조). 따라서 토지의 구성물인 암석이나 토사 등은 토지로 인정되고 토지의 소유권은 당연히 이러한 구성물에도 미친다. 토지에 광업법 제3조에 따른 미채굴된 광물이 있는 경우, 토지 소유자에게 귀속하는 것이 아니라, 국유에 속하는 독립한 부동산으로 본다는 견해(곽윤직·김재형 221쪽)와, 국가의 배타적인 채굴취득허가권의 객체이므로 소유권의 행사가 제한된다는 견해(고상룡 277쪽, 이영준 993쪽, 김용한 223쪽)로 나뉘고 있다. 어느 견해를 따르더라도 결과는 크게 차이가 없다. 토지의 지하수나 온천수, 동굴은 토지의 구성부분이므로 토지 소유권자에게 귀속된다.

토지는 연결되어 있기 때문에 권리의 객체가 되기 위해서는 독립성을 갖추어야 한다. 그래서 지표에 인위적으로 구획을 나누어 지적공부에 등록된다. 등록된 각 구역은 독립성이 인정되며, 지번으로 표시되고 각각을 '필(筆)'로써 계산한다. 1필의 토지가 독립된 하나의 물건으로 인정되므로 1필 토지의 일부가 거래의 객체가 되지 못한다. 따라서 지적법상 분필(分筆)절차 없이 1개의 토지로서 등기의 목적이 될 수 없기 때문에 등기부에만 분필등기가 실행되었어도 분필의 효과가 발생할 수 없고, 이러한 분필등기는 1부동산 1등기용지(등기기록)의 원칙에 위반한 등기로 무효이다(대판 1997. 9. 9, 95다47664). 그러므로 토지의 일부를 거래의 객체로 하기 위해서는 분필절차를 밟아야 한다. 그러나 용익물권의 경우 예외적으로 분필절차 없이도 1필 토지의 일부에 권리 설정이 가능하다(부동산등기법 제69·70·72조 참조).

온천수의 독립성 인정 여부　　　　　　대법원 1970. 5. 26. 선고 69다1239 판결

온천에 관한 권리를 관습법상의 물권이라고 볼 수 없고 또한 온천수는 민법 제235조, 제236조 소정의 공용수 또는 생활상 필요한 용수에 해당하지 아니한다.

2. 토지의 정착물

'토지의 정착물'이란 건물, 수목, 돌담, 도로의 포장 등과 같이 토지에 부착되어 있고 이동이 용이하지 않은 물건으로 토지에 부착된 상태로 사용하는 것이 물건의 거래상 인정되는 것을 말한다. 따라서 토지에 부착되어 있다고 하더라도 그 정도가 미흡하여 이동이 용이하다면 부동산이 아니라 동산으로 인정된다. 예를 들면, 판자집, 임시로 심어놓은 나무, 토지나 건물에 충분히 정착되어 있지 않은 기계 등은 토지의 정착물이 아니다.

토지의 정착물은 부동산이지만, 건물은 토지와 별개의 부동산으로 인정되고, 돌담, 교량, 도랑, 도로의 포장 등은 토지의 일부로서 부동산으로 인정된다. 현행법상 토지와는 별개의 독립한 부동산으로 다루어지는 정착물은 다음과 같다.

(1) 건 물

'건물'이란 토지에 부착되어 이동이 용이하지 않은 토지와는 별개의 독립한 부동산을 의미한다. 따라서 건물은 토지와는 별도로 건축물대장에 등록되고 건물등기부를 가지고 있고, 토지와 별개로 거래의 객체가 될 수 있다(부동산등기법 제14조제1항). 기둥이나 지붕 그리고 벽이 아직 완성되지 않은 짓고 있는 건물은 아직 미완성의 건물로 동산으로 보아(대판 1986. 11. 11, 86누173) 등기나 등록할 수 없으므로 거래에서 양수인은 등기나 등록 없이 점유함으로써 소유권을 취득한다. 짓고 있는 건물은 언제부터 독립된 부동산인지, 헐고 있는 건물은 언제부터 건물이 아닌지는 양도와 압류 등에 있어서 중요한 문제가 된다. 건물은 건축물대장에 등록되어 있는 것만으로 독립된 건물이 아니고 건물로 등기하여야 비로소 독립된 부동산으로 물권의 객체가 되고, 그렇지 않은 경우에는 토지의 정착물이 될 것이다. 만약 건물이 정착되지 않은 건축물 자재에 불과하다면 동산으로 취급한다.

한편 독립한 건물의 개수는 동(棟)으로 표시하며, 건물의 개수는 사회통념에 의하여 결정하여야 한다(대판 1997. 7. 8, 96다36517). 1동의 건물이라고 하여 한 개의 부동산으로 인정하지 않고 집합건물과 같이 건물의 일부가 독립된 소유권의 객체가 될 수 있다면 독립된 일부에 대해서 각각의 소유권 즉, 구분소유권이 인정된다. 구분소유에 관한 내용은 특별법인 '집합건물의 소유 및 관리에 관한 법률'에 규정하고 있다.

건물의 인정 범위   대법원 1966. 5. 31. 선고 66다551 판결

네 개의 나무기둥을 세우고 그 위에 유지로 만든 지붕을 얹었고, 사면 중 앞면을 제외한 삼면에 송판을 띄엄띄엄 가로질러 놓았으나 벽이라고 볼 만한 시설이 되어 있지 아니한 물건이라면 쉽게 이를 해체 이동할 수 있는 것이어서 토지의 정착물, 즉 부동산이라고 볼 수 없다.

| **독립된 건물** | 대법원 2001. 1. 16. 선고 2000다51872 판결 |

　독립된 부동산으로서의 건물이라고 하기 위하여는 최소한의 기둥과 지붕 그리고 주벽이 이루어지면 된다.

(2) 수목의 집단

'수목의 집단'은 토지의 정착물로 토지의 구성부분이 되는 부동산으로 인정되는 것이 원칙이나 그 특성상 토지와 분리하여 독립된 거래의 객체가 될 필요가 있다. 그러나 우리 민법은 이에 대한 어떠한 규정도 두고 있지 않다. 이에 판례를 통해서 부동산으로 인정되는 이론이 발전하게 되었는데, '명인방법'이라는 관습법상의 공시방법을 갖추면 독립한 부동산으로 거래의 목적이 될 수 있다는 것이다. 그러나 이러한 방법은 불완전한 것이어서 이를 보완하기 위하여 '입목에 관한 법률(이하 "입목법"이라 한다)'을 제정하게 되었고 입목에 관한 법률에 따라 등기된 수목은 독립한 부동산으로 거래의 객체가 된다.

1) 입 목

'입목'이란 입목에 관한 법률 제2조에 의하여 토지에 부착된 수목의 집단으로 그 소유자가 동법에 의하여 소유권보존등기를 받은 것을 의미한다. 입목은 독립한 부동산으로 토지와 분리하여 거래의 객체가 될 수 있다(입목법 제3조제1항). 그러므로 입목을 토지와 분리하여 소유권과 저당권의 목적이 될 수 있고(입목법 제3조제2항), 토지의 소유권이나 지상권의 처분은 입목에 영향을 주지 않는다(입목법 제3조제3항). 그리고 토지의 일부분에 자라는 수목도 입목으로 등기할 수 있으며, 수종에 제한이 없다(입목법시행령 제1조).

2) 수 목

'수목'이란 입목이 아닌 그 밖의 수목이나 수목의 집단 즉, 입목법에 등기할 수 없는 수목이나 입목소유자가 입목등기할 수 있음에도 등기하지 않은 수목이나 수목의 집단을 명인방법에 의해서 관습법상 공시방법을 갖추면 토지와는 독립한 별개의 부동산으로 거래의 객체가 된다(대결 1998.10.28, 98마1817). 명인방법에 의한 수목은 소유권의 객체가 될 뿐이고 다른 권리의 객체가 되지는 못한다.

3) 미분리의 과실

'미분리의 과실'이란 과수의 열매와 같이 수목의 일부에 지나지 않으나 명인방법을 갖추게 되면 독립한 물건(예: 과일, 잎담배, 뽕잎 등)으로 거래의 목적이 될 수 있다. 미분리의 과실을 부동산으로 보는 견해(김용한 228쪽, 김상용 300쪽, 김증한·김학동 195쪽,

이영준 997쪽)와 동산으로 보는 견해(곽윤직·김재형 226쪽)가 나뉜다. 생각건대 미분리의 과실은 명인방법을 갖추었다고 하더라도 동산이 되지는 않고 부동산으로 인정된다. 왜냐하면 동산으로 보면 선의취득이 인정되어 부당하기 때문이다. 다만 미분리과실은 명인방법에 의하여 거래의 객체가 되고, 법률에서 편의상 동산처럼 다루어지는 경우가 있다(1월 이내에 수확할 수 있는 미분리과실을 압류한 경우, 민사집행법 제189조제1항제2호 참조).

4) 농작물

'농작물'이란 토지에서 경작되거나 재배되는 것으로 토지의 정착물(예: 약초, 마늘 등)이며, 그것은 토지의 본질적 구성부분이다. 정당한 권원에 의하여 타인의 토지에서 재배되는 농작물은 토지와는 별개의 독립한 부동산으로 다루어진다. 그러나 판례는 정당한 권원 없이 타인의 토지에 농작물(예: 모, 입도(立稻, 서있는 벼), 약초, 양파, 마늘, 고추)을 재배하였다고 하더라도 명인방법을 갖출 필요도 없이 소유권은 경작자에게 있는 것으로 본다(대판 1963. 2. 21, 62다913; 대판 1967. 7. 11, 67다893; 대판 1968. 6. 4, 68다613, 614).

농작물의 소유권 귀속 여부　　　대법원 1968. 3. 19. 선고 67다2729 제1부 판결
　권한 없이 타인의 농지를 경작하였더라도 그 경작자에 귀속된다.

농작물의 인정범위　　　대법원 1979. 8. 28. 선고 79다784 판결
　적법한 경작권 없이 타인의 토지를 경작하였더라도 그 경작한 입도가 성숙하여 독립한 물건으로서의 존재를 갖추었으면 입도의 소유권은 경작자에게 귀속한다.

제3항 동 산

1. 의 의

'동산'이란 부동산 이외의 모든 물건을 말한다. 토지에 부착되어 있다고 하더라도 정착물이 아니면 동산이고, 전기 기타 관리할 수 있는 자연력도 동산이다. 선박·자동차·항공기·일정한 건설기계 등은 동산이지만, 부동산처럼 등기 또는 등록하여 다루어진다.

2. 특수한 동산(금전)

금전은 동산이기는 하지만 물건으로서의 동산이 가지는 성질은 갖고 있지 않고, 재화를 교환하는 데 매개가 되고 그 가치를 측정하는 일반적 기준이 될 뿐이다. 따라

서 금전을 취득하였다는 것은 그에 따른 일정한 가치를 취득한 것이다. 그러므로 금전을 도난당한 경우에는 물권적 청구권에 의한 반환을 청구하는 것이 아니라 채권적 청구권을 갖는다. 그러나 수집의 목적으로 특정금전(예: 처음 발행되는 특정금전을 수집하는 경우)을 매매하는 경우에는 물건으로 다루어질 것이다.

제4관 주물과 종물(제100조)

제100조 [주물, 종물]

① 물건의 소유자가 그 물건의 상용에 공하기 위하여 자기소유인 다른 물건을 이에 부속하게 한 때에는 그 부속물은 종물이다.

② 종물은 주물의 처분에 따른다.

제1항 주물과 종물의 의의

배와 노, 자물쇠와 열쇠, 시계와 시곗줄, 본채와 딴 채로 된 광(창고), 주유소와 주유기, 횟집건물과 수족관시설물, 가방과 열쇠 등의 관계에서처럼 독립된 두 물건 사이에서 한편이 다른 한편의 효용을 돕는 경우가 있는데 이 때 주된 물건을 '주물(Hauptsache)'이라 하고 주물에 부속된 물건을 '종물(Zubehör)'이라 한다. 종물은 주물의 처분에 따른다(제100조제2항).

제2항 종물의 요건

종물이 되기 위해서는 첫째, 주물의 상용에 이바지 하여야 하고 둘째, 독립한 물건이어야 하며, 마지막으로 주물과 종물이 모두 동일한 소유자에게 귀속하여야 한다. '상용에 이바지 한다는 것'은 계속적으로 쓰이는 것을 의미한다. 따라서 가구는 건물의 종물이 아니다. 왜냐하면 가구는 건물소유자의 사용에 도움이 되지만, 주물인 건물 자체의 효용과 직접 관계가 없기 때문이다. 한편 종물로서 독립한 물건이기 위해서는 주물의 구성부분이 아니어야 하고, 경제적 효용을 높이기 위해 부속된 물건에 지나지 않아야 한다. 독립한 물건이라고 하여 동산만을 의미하는 것은 아니고 주택의 창고와 같이 부동산의 경우에도 종물이 될 수 있다. 마지막으로 양자가 동일한 소유자에게 귀속하여야 하는데(대판 2008. 5. 8, 2007다36933,36940 참조), 종물은 주물의 처분에 따르기 때문에 양자의 소유자가 다른 경우 종물의 소유자는 이유 없이 소유권을 상실하게 되는 결과가 발생하기 때문이다. 그러나 제3자를 해하지 않는 범위에서 다른 소유자에게 속하는 물건 사이에도 주물·종물의 관계를 인정할 필요가 있다(이설 없음).

> **본채와 떨어진 연탄창고 및 공동변소의 종물성**
>
> 대법원 1991. 5. 14. 선고 91다2779 판결
>
> 가. 낡은 가재도구 등의 보관장소로 사용되고 있는 방과 연탄창고 및 공동변소가 본채에서 떨어져 축조되어 있기는 하나 본채의 종물이라고 본 사례
>
> 나. 명도를 구하는 건물이 주된 소유 건물의 부합건물이라는 원고의 주장에 대하여 위 건물이 주된 건물과는 독립된 것이라는 이유로 이를 배척하기 위하여서는 위 주장 속에 종물이라는 주장이 포함된 것이 아닌가 하는 점도 석명해 보아야 한다.

> **백화점의 전화교환설비의 종물성** 대법원 1993. 8. 13. 선고 92다43142 판결
>
> 백화점 건물의 지하 2층 기계실에 설치되어 있는 전화교환설비가 건물의 원소유자가 설치한 부속시설이며, 위 건물은 당초부터 그러한 시설을 수용하는 구조로 건축되었고, 위 시설들은 볼트와 전선 등으로 위 건물에 고정되어 각 층, 각 방실까지 이어지는 전선 등에 연결되어 있을 뿐이어서 과다한 비용을 들이지 않고도 분리할 수 있고, 분리하더라도 독립한 동산으로서 가치를 지니며, 그 자리에 다른 것으로 대체할 수 있는 것이라면, 위 전화교환설비는 독립한 물건이기는 하나, 그 용도, 설치된 위치와 그 위치에 해당하는 건물의 용도, 건물의 형태, 목적, 용도에 대한 관계를 종합하여 볼 때, 위 건물에 연결되거나 부착하는 방법으로 설치되어 위 건물인 10층 백화점의 효용과 기능을 다하기에 필요불가결한 시설들로서, 위 건물의 상용에 제공된 종물이라 할 것이다.

제3항 종물의 효과

종물은 주물의 처분에 따른다(제100조제2항). 이 때 '처분'이라 함은 소유권을 양도하거나 제한물권을 설정하는 것과 같은 물권적 처분과 매매나 대차와 같은 채권적 처분도 포함하는 넓은 의미의 처분을 뜻한다. 이는 강행규정이 아니기 때문에 당사자는 특약으로 주물을 처분할 때에 종물을 제외할 수도 있고, 종물만을 따로 처분할 수도 있다. 그러나 주물에 저당권이 설정된 경우에는 이러한 취지를 등기하여야 한다(제358조 단서, 부동산등기법 제140조).

> **주물에 설정된 저당권의 효력** 대법원 1993. 8. 13. 선고 92다43142 판결
>
> 부동산의 종물은 주물의 처분에 따르고, 저당권은 그 목적 부동산의 종물에 대하여도 그 효력이 미치기 때문에, 저당권의 실행으로 개시된 경매절차에서 부동산을 경락받은 자와 그 승계인은 종물의 소유권을 취득하고, 그 저당권이 설정된 이후에

종물에 대하여 강제집행을 한 자는 위와 같은 경락인과 그 승계인에게 강제집행의 효력을 주장할 수 없다.

제4항 주물과 종물과의 관계

주물과 종물의 관계는 물건 상호간의 관계에 관한 것이지만 이러한 결합관계는 권리 간에도 유추적용된다. 따라서 원본채권이 양도되면 이자채권도 함께 양도되고, 건물이 양도되면 그 건물을 위한 대지의 임차권 내지 지상권도 함께 양도된다고 할 것이다(대판 1996. 4. 26, 95다52864).

> **건물소유권과 지상권**　　　　　　　　대법원 1992. 7. 14. 선고 92다527 판결
>
> 경락인이 건물을 제3자에게 양도한 때에는 특별한 사정이 없는 한 민법 제100조 제2항의 유추적용에 의하여 건물과 함께 종된 권리인 지상권도 양도하기로 한 것으로 봄이 상당하다 할 것이니, 위 건물 양수인은 그 지상권이전등기청구권을 보전하기 위하여 경락인을 대위하여 종전의 지상권자에게 지상권이전등기절차의 이행을 구할 수 있다.

제5관　원물과 과실(제101조 내지 제102조)

제101조 [천연과실, 법정과실]

① 물건의 용법에 의하여 수취하는 산출물은 천연과실이다.
② 물건의 사용대가로 받는 금전 기타의 물건은 법정과실로 한다.

제102조 [과실의 취득]

① 천연과실은 그 원물로부터 분리하는 때에 이를 수취할 권리자에게 속한다.
② 법정과실은 수취할 권리의 존속기간일수의 비율로 취득한다.

제1항 원물과 과실의 의의

'원물(Muttersache)'이란 과실을 발생하게 하는 물건을 말하고, '과실(Frühte)'이란 이러한 원물에서 생기는 경제적 수익을 의미한다. 과실은 수익권자에게 귀속하는 것이 원칙이나 수익권자가 달라지게 되면 과실을 분배하는 데 문제가 발생하게 된다. 이러한 문제를 해결하기 위한 방법을 민법에 규정해두고 있다. 과실에는 '천연과실'과 '법

정과실' 두 가지를 인정하고 있다. 이들은 물건으로부터 생기는 경제적 수입이라는 점에서 같지만, 그 본질은 다르고, 민법 또한 별도로 규정하고 있다. 그리고 민법은 물건의 과실만 인정할 뿐, 권리의 과실(예: 주식의 배당금, 특허권의 사용료 등)의 개념은 인정하고 있지 않다.

제2항 과실의 종류

1. 천연과실

(1) 의 의

'천연과실(natürliche Frucht)'이란 물건의 용법에 의하여 취득하게 되는 산출물을 의미한다(제101조제1항). '물건의 용법에 의하여'란 원물의 경제적 용도나 사명에 따라서 취득하게 되는 물건을 의미하고, '산출물'이란 자연적으로 생산되는 물건(예: 열매, 곡물, 양모, 우유, 가축의 새끼)뿐만 아니라 인공적으로 취득하게 되는 광물, 석재 또는 토사 등과 같은 물건도 포함한다. 그러므로 화분의 열매, 화물운반 전용마가 낳은 망아지는 물건의 용법에 의하여 취득한 산출물이 아니므로 천연과실이 아니다. 천연과실은 원물에서 분리되기 전에는 원물의 구성부분이고, 분리되면 독립한 물건으로 된다.

(2) 귀 속

천연과실이 원물로부터 분리되는 때 누구에게 귀속하게 되는가가 가장 중요한 문제인데, 우리 민법은 이를 거두어들일 수 있는 권리자에게 속한다(제102조제1항)고 한다. 일반적으로 원물의 소유자가 수취권을 가지므로 분리된 천연과실은 원물의 소유권자에게 귀속한다. 그러나 선의의 점유자(제201조), 지상권자(제279조), 전세권자(제303조), 유치권자(제323조), 질권자(제343조), 저당권자(제359조), 매도인(제587조), 사용차주(제609조), 임차인(제618조), 친권자(제923조), 유증의 수증자(제1079조) 등에게 수취권이 인정된다. 그러나 제102조는 임의규정이므로 당사자가 임의로 수취권자를 정해도 위법은 아니다.

(3) 미분리과실

미분리과실은 독립한 물건은 아니지만 명인방법을 갖춘 경우에는 독립성이 인정되고, 타인의 소유권의 객체로 인정된다.

새끼돼지에 대한 양도담보권의 효력   대법원 1996. 9. 10. 선고 96다25463 판결

돼지를 양도담보의 목적물로 하여 소유권을 양도하되 점유개정의 방법으로 양도담보설정자가 계속하여 점유·관리하면서 무상으로 사용·수익하기로 약정한 경우,

> 양도담보 목적물로서 원물인 돼지가 출산한 새끼돼지는 천연과실에 해당하고 그 천연과실의 수취권은 원물인 돼지의 사용·수익권을 가지는 양도담보설정자에게 귀속되므로, 다른 특별한 약정이 없는 한 천연과실인 새끼돼지에 대하여는 양도담보의 효력이 미치지 않는다고 본 사례.

2. 법정과실

(1) 의 의

'법정과실(juristische Frucht)'이란 물건의 사용대가로 받는 금전 기타의 물건을 의미한다(제101조제2항). 물건의 사용대가는 타인에게 물건을 사용하도록 하고, 이후에 원물 자체 또는 동종·동질·동량의 것을 반환하여야 할 법률관계가 있는 경우에 인정되는 것으로 물건의 경우만을 의미한다. 물건의 대차에서 생긴 사용료(예: 집세, 지료 등) 또는 금전소비대차에서 이자 등이 법정과실이다. 원물과 과실은 모두 물건이므로, 노동의 대가나 대가를 받을 수 있는 권리 등은 법정과실이 아니다.

(2) 귀 속

법정과실은 수취할 권리의 존속기간 일수의 비율로 취득한다(제102조제2항). 예를 들면, 이미 임대상태에 있는 주택매매의 경우 그 차임은 주택의 소유권이 이전한 날을 기준으로 하여, 매도인과 매수인 사이에 나누어진다. 이는 임의규정에 불과하므로 당사자의 약정에 따라 변경될 수 있다. 따라서 이 규정은 권리의 귀속을 정한 것이 아니고 당사자 사이의 내부관계를 정한 것에 불과하다.

제10장 권리의 변동

제1절 서 설

제1관 권리변동의 의의

　사람이 사는 생활관계는 끊임없이 유동적이고 변화하고 있다. 이런 생활관계 속에서 새로운 생활관계가 발생하고 기존의 생활관계가 변경되며 소멸한다. 이러한 생활관계의 발생, 변경, 소멸(생활관계의 변동)은 일정한 생활상 원인에 의한 결과로서 나타난 것이다. 이러한 모습은 그대로 법률관계에서는 생활상 원인은 '법률원인'으로, 생활관계의 변동은 '법률관계의 변동'으로 이어진다. 즉, 법률관계의 변동은 법률요건에 터잡아서 나타난 결과(효과)이므로, 법률관계의 변동은 법률효과이며, 법률관계는 권리·의무관계이기 때문에 법률효과는 권리·의무변동이라고 할 수 있다. 넓은 의미에서 권리의 개념에 의무를 포함하기 때문에 권리·의무변동은 권리변동이라고 한다. '권리변동'이란 권리의 발생·변경·소멸을 의미한다. '권리의 발생·변경·소멸'이란 일정한 법률관계의 변동의 원인이 되는 법률요건이 있을 때에 그 결과로서 생기는 법률효과이다. 권리변동을 권리주체입장에서는 권리의 득실변경이 되며, 권리의 득실은 권리의 상대적 발생·소멸을 의미한다. 민법이 적용되기 위해서는 법률관계가 있어야 하고, 법률관계는 권리의 발생·변경·소멸로 이루어지므로 권리변동의 핵심이 된다.

　권리변동은 법률관계의 변동에서 나타나는 것이므로, 법률관계의 변동 즉, 법률효과는 권리변동(권리에 의무를 포함하지 않는다는 견해에 따르면 '권리·의무의 변동'이라고도 함)이라고 할 수 있다. 법률관계의 변동(법률효과)은 일정한 원인에 의하여 일정한 효과가 생기는 것을 말한다. 여기서 일정한 원인은 법률관계의 변동(법률효과)의 원인으로서 '법률요건'이라고 하고, 일정한 효과는 '법률효과'라고 한다. 예컨대, A가 B 소유의 책 1권을 3만원에 산다고 하였고, B가 이를 받아들이면, A와 B 사이에 책을 목적물로 하여 매매가 성립한다. 그리고 성립된 매매에 의하여, A는 B에 대하여 책의 소유권이전청구권을 갖고, B는 A에 대하여 책의 대금(3만원)지급청구권을 갖는다. 이 사례에서 A의 소유권이전청구권과 B의 대금지급청구권은 매매라는 법률요건에 의하여 발생한 법률효과이다. 또한 A가 고의 또는 과실로 인하여 주먹으로 B를 다치게 한 경우, B에 대한 A의 불법행위(여기서는 '폭력행위')가 성립하게 된다. 이 사례에서 A의 불법행위는 법률요건이고, B의 A에 대한 손해배상청구권은 법률효과이다.

제2관 권리변동의 모습

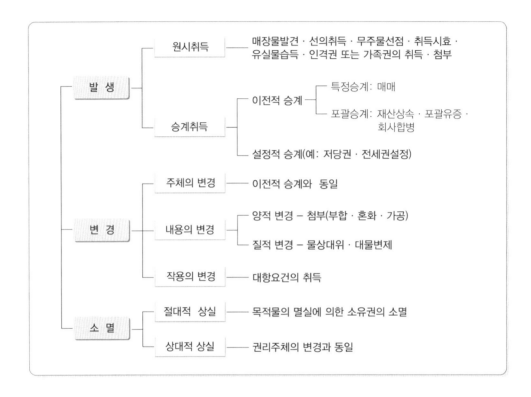

1. 권리의 발생

(1) 원시취득(절대적 발생)

'원시취득'이란 특정한 권리가 타인의 권리에 기초하지 않고 특정인에게 새롭게 발생하는 권리변동으로 절대적 발생이라고도 한다. 신축건물의 소유권을 취득한다든지, 무주물의 선점(제252조), 유실물습득(제253조), 매장물발견(제254조), 선의취득(제249조), 시효취득(제245조), 인격권 또는 가족권의 취득이 그 대표적인 것이다. 원시취득은 이미 존재하고 있던 권리는 소멸하고 새로운 권리가 절대적으로 발생하는 것이기 때문에 원시취득에 의한 권리는 취득 전의 권리상태에 의하여 영향을 받지는 않는다.

(2) 승계취득(상대적 발생)

'승계취득'이란 타인의 특정한 권리를 바탕으로 하여 권리를 취득하는 것으로 상대적 발생이라고도 한다. 승계취득은 다시 '이전적 승계'와 '설정적 승계'로 나누어지고,

이전적 승계는 다시 '특정승계'와 '포괄승계'로 나누어진다. '이전적 승계'란 옛 권리자에게 속하고 있었던 권리가 그 동일성을 유지하면서 그대로 새로운 권리자에게 이전되는 것으로 권리의 주체가 변경된다. 이러한 이전적 승계 중에서 특정권리가 그에 맞는 취득원인에 의해서만 특정인에게 취득되는 경우를 '특정승계'라고 하고, 하나의 원인에 의해 다수의 권리가 포괄적으로 취득되는 경우를 '포괄승계'라고 한다. 전자의 경우에는 매매에 의한 소유권 취득이나 단순유증 등이 있고, 후자의 경우 상속(제1005조), 포괄유증(제1078조), 회사합병(상법 제235조, 제530조제2항, 제603조) 등이 있다. '설정적 승계'란 옛 권리자의 권리를 그대로 존속시키면서 새로운 권리자가 새로운 권리를 취득하는 것을 말한다. 예를 들면, 지상권, 전세권, 저당권의 설정 또는 임차권의 취득이 이에 해당한다. 승계취득에 의해 새로이 권리를 취득하게 된 자는 옛 권리자가 가진 권리 이상의 권리를 취득하지 못한다. 따라서 옛 권리자(전주)가 무권리자이면, 새로운 권리자(후주)는 권리를 취득하지 못한다. 또한 옛 권리자의 권리에 제한이나 흠이 있으면, 새로운 권리자의 권리도 같은 제한이나 흠을 가지게 된다.

2. 권리의 변경

'권리의 변경'이란 권리가 그의 동일성에는 변함없이 권리의 주체·내용·작용이 변경되는 것이다. '주체변경'은 이전적 승계에 해당하고, '내용(객체)변경'은 권리의 내용이 질적 또는 양적으로 변경되는 것이다. 즉, 내용(객체)변경에는 선택채권의 선택이라든지 물상대위, 대물변제 등과 같은 '질적 변경'과, 물건의 증감, 첨부, 소유권의 객체에 대한 제한물권의 설정 등과 같은 '양적 변경'이 있다. '작용변경'은 권리의 작용(효력)에 관하여 변경이 있는 것으로서, 선순위저당권의 소멸에 의한 후순위저당권의 순위승진, 부동산임차권의 등기에 의한 대항력발생(제621조) 등이 그 예이다.

3. 권리의 소멸

'권리의 소멸'이란 권리가 권리의 주체로부터 분리되는 것을 말한다. 권리의 소멸에는 '상대적 소멸'과 '절대적 소멸'이 있는데, 전자의 경우 권리의 주체가 변경됨으로 인하여 전주의 권리가 상실되는 것이고, 후자의 경우 권리가 사회에서 멸실되어버리는 것을 말한다. 그 예로 목적물의 멸실에 의한 권리소멸, 소멸시효·변제에 의한 채권의 소멸이 있다.

제3관   권리변동의 원인

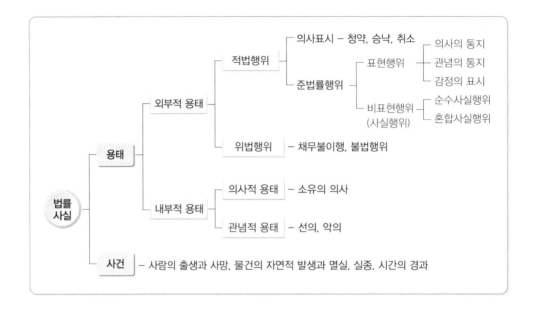

1. 법률요건

'법률요건'이란 일정한 법률효과를 발생하게 하는 사실의 전부를 말한다. 법률요건으로 가장 중요한 것은 단독행위, 계약, 합동행위와 같은 법률행위이고, 그 외에도 준법률행위·사무관리·부당이득·불법행위 등 여러 가지가 있다. 법률요건은 법률행위의 요건과는 구분된다. 후자는 법률행위가 성립하고 유효하기 위한 요건을 말한다.

한편 '법률요건'을 법률효과의 발생에 적합한 법적 상태라고 하는 견해도 있다(송덕수 133쪽).

2. 법률사실

법률요건을 구성하는 개개의 요소를 '법률사실'이라고 한다. 따라서 법률요건은 1개 또는 수개의 법률사실로 구성된다. 예컨대, 유언·동의·추인 등 하나의 의사표시가 법률사실로서 법률요건이 되고, 계약이라는 법률행위는 청약과 승낙 등 두 개의 의사표시가 법률사실로서 합쳐져서 법률요건이 된다.

법률사실에 대해서는 전통적으로 용태(사람의 정신적 작용에 의거한 법률사실)와 사건(사람의 정신적 작용에 의거하지 않는 법률사실)으로 구분하여왔으나, 이는 미시적 구분방법으로 과거 독일개념법학의 산물로서 구분을 위한 구분에 불과할 뿐, 그 구분의 실익에 대한 의문이 제기되고 있다. 이에 대한 대안으로 법률사실을 의사표시

(Willenserklärung), 준법률행위(Geschäftsähnliche Handlungen), 사실행위(Realakte)로 나누고 있다.[1] 이는 전통적인 방식과는 차이가 있지만 나름대로 의미 있는 구분이라고 생각된다. 이 대안에서 '의사표시'란 일정한 법률효과의 발생을 목적으로 내부의 의사를 밖으로 표현하는 것으로 법률행위의 필요불가결의 요소이다. '준법률행위'란 표의자의 의사와 관계없이 일정한 법적 효과가 발생하는 법률요건이라는 점에서 의사표시와 차이가 있고, 표의자의 의사 내지는 의사에 대한 표현이 존재하기 때문에 단순한 사실행위와 다르다. '사실행위'란 그 행위에 의하여 표시되는 의식의 내용과는 상관없이 일정한 행위에 대한 결과로 법률효과가 인정되는 행위를 말한다.

여기서는 전통적인 방식에 의한 구별에 따른 설명을 부가한다.

(1) 사람의 정신작용에 의거한 법률사실

사람의 정신작용에 의거한 현상을 '용태'라고 하고 이는 다시 '외부적 용태'와 '내부적 용태'로 나누어진다.

1) 내부적 용태

내부적 용태란 '내면의 의식(마음속의 의식)'을 말한다. 원래 행위라는 것은 외부에 표현될 때 법적 효력을 갖게 되는 것으로 내면의 심리상태에 어떤 의미가 주어지지 않는 것이 원칙이다. 그러나 법률은 내부적 용태에 대해서도 법률상의 의미를 인정하여 이를 법률사실로 하고 있는 경우가 있다. 이런 경우의 내부적 용태는 '관념적 용태'와 '의사적 용태'로 구분한다. 전자는 선의(어떤 사정을 알지 못하는 것)·악의(어떤 사정을 아는 것)·정당한 대리인이라는 믿음(제126조) 등과 같이 일정한 사실에 대하여 인식이 있느냐 없느냐에 대한 내면의 의식을 말하고, 후자는 소유의 의사(제197조), 제3자의 변제에 있어서의 채무자의 허용 또는 불허용의 의사(제469조), 사무관리의 경우의 본인의 의사(제734조) 등과 같이 내면에 일정한 의사를 가지고 있는지 아닌지에 대한 내심적 과정을 의미한다.

2) 외부적 용태

외부적 용태란 '의사가 외부에 표현되는 모습'으로서 '행위'를 의미한다. 이 때 '행위'란 적극적 행동인 작위뿐만 아니라 소극적 행동인 부작위도 포함한다. 행위는 법적 평가에 따라 '위법행위'와 '적법행위'로 나누어진다.

'위법행위'란 법률질서에 위반하는 행위로 행위자에게 불이익한 효과가 발생하도록 하는 행위를 의미한다. 민법상 위법행위에는 채무불이행(제390조), 불법행위(제750조)가 있다.

---

1) Brox, AT Rdnr. 92f.; Flume, AT, S. 23ff.; Larenz/Wolf, AT, §22 Ⅲ; Köhler, AT, S. 108−109.

'적법행위'란 법률질서에 적합한 행위로 일정한 사법상의 효과를 발생하게 하는 행위를 말한다. 적법행위는 다시 '의사표시'와 '준법률행위(법률적 행위)'로 나눈다. '의사표시'란 일정한 법률효과의 발생을 목적으로 하는 의사의 표시로, 법률행위의 필수적 요소가 되는 법률사실(구체적 설명은 제2절 제1관 제2항 의사표시를 참조)이다. 다시 '준법률행위'(구체적 설명은 제2절 제1관 제5항 준법률행위를 참조)는 행위자의 의사와 관계없이 법률에 의하여 일정한 법률효과가 부여되는 행위로서 '표현행위'와 '비표현행위(사실행위)'로 구분한다. 표현행위에는 의사의 통지·관념의 통지·감정의 표시 등이 있다.

(2) 사람의 정신작용에 의거하지 않은 법률사실

사람의 정신작용에 의거하지 않은 법률사실을 '사건'이라고 하고, 사람의 출생과 사망, 실종, 시간의 경과, 물건의 자연적인 발생과 소멸 등이 있다. 천연과실의 분리, 물건의 파괴, 혼화·부합 등은 사람의 정신적 작용에 의한 것이라도 정신적 작용에 의하지 않은 경우와 결과가 동일한 것으로 결과발생만의 문제로 보아서 사건에 포함시킨다고 본다(곽윤직·김재형 241쪽, 김상용 307쪽, 이영준 82쪽).

제 2 절 법률행위

제1관 서 설

제1항 사적자치의 원칙과 법률행위 자유의 원칙

1. 사적자치와 법률행위 자유의 원칙

'사적자치(Privatautonomie)의 원칙'이란 개인이 자기의 법률관계를 그의 자유로운 의사에 따라 결정하고 자유로이 형성하도록 하는 것이 합목적적이라는 원칙을 말한다. 사적자치의 원칙은 사법제도에서 자기결정(Salbstbestimmung)과 자기책임(Selbtverantwortung)을 핵심으로 하고 있고 우리나라도 개인주의와 자유주의 사상이 기초를 이루고 있으므로 사적자치의 원칙이 민법의 기본원리를 이루고 있다고 할 수 있다(제1편 제3장 제3절 참조).

사적자치를 실현하는 수단은 개인의 자유로운 의사의 표시에 따른 법률행위가 있고, 그 법률행위에서 표시되어 있는 개인이 의욕한 대로의 효과의 발생을 인정함으로써 달성된다. 따라서 이를 사적자치에서는 '법률행위의 자유의 원칙'이라고 한다. 그리고 사적자치의 원칙이 가장 중요하게 발현되는 법률행위가 계약이기 때문에, 법률행위의 자유의 원칙을 계약자유의 원칙이라고도 한다.

2. 법률행위 자유의 원칙의 수정

사적자치의 원칙은 당사자 간에 힘이 평형을 이루고, 시장의 거래는 공정하고 자유롭게 이루어진다는 전제에서 적용되는 원칙이다. 그러나 자본주의의 발달로 인하여 사회적·경제적 기반이 크게 변화함으로써 이 원칙을 유지하기 어렵게 되었다. 즉, 자유주의경제 또는 자본주의 경제의 발전으로 인하여 사회적·경제적 강자와 약자의 격차가 현저하게 나타남으로써 진정한 법률행위의 자유와 계약의 자유를 기대할 수 없게 되었다. 따라서 오늘날 법 앞에 형식적 자유와 평등 및 계약자유가 그대로 적용·실현됨으로써 사회·경제적으로 큰 문제가 발생하게 되었다. 이러한 문제를 해결하기 위하여 사회·경제적 약자를 보호할 필요성이 대두되었고, 추상적이고 형식적인 계약의 자유에서 실질적이고 구체적인 계약의 자유를 실현하고자 관련 법률 즉, 민법과 주택임대차보호법, 약관규제에 관한 법률, 근로기준법, 할부거래에 관한 법률, 방문판매 등에 관한 법률 등의 특별법을 통해서 제한을 할 필요가 있게 되었다.

제2항 법률행위와 의사표시

1. 법률행위의 의의

'법률행위'란 일정한 법률효과의 발생을 목적으로 하는 하나 또는 수개의 의사표시를 불가결의 요소로 하는 법률요건이다. 또한 법률행위는 사적자치를 실현하기 위한 법률상 수단이 되는 법률요건이다. 그리고 법률행위는 의사표시를 반드시 필요로 하는 법률요건으로 매매, 채권양도, 소유권양도, 혼인, 유언 등과 같은 개개의 행위유형이 의사표시를 필수적 요소로 한다는 공통점에 기초하여 이들을 종합적으로 포함하고자 만든 추상적 개념이다. 법률행위는 권리의 변동을 원하는 당사자의 의사대로 그 효과가 발생하는 점에 그 특질이 있다.

그러나 법률행위가 의사표시를 공통점으로 갖는다고 하더라도 그 내용이나 성질은 같은 것이 아니기 때문에 일괄적으로 다루는 데는 한계가 있다. 따라서 재산행위에는 적용이 되지만 신분행위에는 원칙적으로 그 적용이 없다는 것이 통설이다.

2. 의사표시의 의의

'의사표시'란 일정한 법률효과의 발생을 목적으로 하는 내적 의사(innere Wille)를 외부에 표시하는 행위(Äußerung dieses Willens)로 구성되고, 법률행위에서는 반드시 필요한 요소가 되는 법률사실이다. 의사표시에 따라 법률행위의 효력이 발생하는 데 의사표시의 중요성이 있다.

3. 법률행위와 의사표시의 관계

법률행위는 의사표시를 불가결의 요소로 하고 있고, 의사표시 한 개만으로 법률행위가 성립하는 경우가 있는가 하면, 여러 개의 의사표시 또는 다른 법률사실과 합하여 법률행위가 성립하기도 한다. 즉, 의사표시가 법률행위의 유일한 요건은 아니며, 의사표시 이외에 대란 법률사실을 필요로 하는 것도 있다. 예컨대, 물건의 인도와 같은 법률사실이 요구되는 법률행위도 있고, 관청의 협력(예: 법인설립시 주무관청의 허거)을 필요로 하는 법률행위도 있다. 그리고 의사표시 그 자체만으로는 법률행위가 되지 않기 때문에 표의자가 원하는 대로 효과가 발생하지는 않고 법률행위가 됨으로써 표의자가 의도하는 효과가 발생한다. 따라서 법률효과를 발생시키는 것은 법률행위이고 법률행위를 구성하는 필수요소인 의사표시를 통해서 표의자가 의도하였던 효과가 발생하는 것이므로 의사표시에 무효나 취소의 사유가 있으면 당연히 법률행위에도 그 영향이 미친다. 예컨대, A 소유의 책을 B가 2만원에 사겠다고 의사표시(청약)를 하고, A가 그 가격으로 팔겠다고 의사표시(승낙)를 하면, 매매라는 계약 즉 법률행위가 성립하여 일정한 법률효과(A의 대금(책값)채권과 B의 목적물(책)소유권이전채권)가 발생하게 된다. 따라서 매매라는 법률행위는 청약과 승낙이라는 두 개의 의사표시의 합치로 성립하게 된다. 이 경우, A와 B의 의사표시는 법률행위가 아닌, 매매라는 법률행위를 이루는 의사표시이다. 즉, 이 의사표시는 일정한 법률효과를 발생하기 위한 매매라는 법률행위의 법률요건의 요소를 이루는 법률사실에 불과하다. 따라서 A와 B는 각각 팔겠다는 의사표시(승낙)와 사겠다는 의사표시(청약)를 요소(법률사실)로 한 매매라는 법률행위가 체결되면, 그 법률효과로서 A는 B에게 책값을 청구하는 채권, B는 A에게 책소유권을 넘겨달라는 채권을 가지게 되고(채권발생), 이에 상응하여 A는 B에 대하여 책을 넘겨줄 채무, B는 A에 대하여 책값을 지불할 채무를 부담하게 된다(채무발생). 따라서 법률행위에 의하여 발생하는 법률효과는 실제로는 법률행위를 구성하는 요소인 의사표시에서 표의자가 발생시키려고 원한 법률효과에 근거하게 된다. 그러므로 청약 또는 승낙이라는 의사표시에 무효 또는 취소사유가 존재하면, 해당 법률행위(위의 사례에서는 매매)는 무효 또는 취소할 수 있게 된다.

그리고 법률행위와 의사표시의 의미는 엄밀하게는 다르지만, 민법에서는 곳곳에서 법률행위 · 행위(제116조제2항, 제118조, 제124조, 제125조, 제126조, 제136조), 의사표시(제114조, 제115조, 제116조제1항)를 섞어 사용하고 있다. 그 이유는 법률행위는 의사표시 없이 존재할 수 없어서 실질적으로 법률행위와 의사표시가 같은 결과를 가져오기 때문인 것으로 보인다.

제3항 의사표시의 구성

의사표시는 의사를 표시하는 것이다. 의사표시는 내부적 의사와 이러한 내부적 의사를 밖으로 표출하는 표시행위로 구성된다. 내부적 의사는 동기, 효과의사, 행위의사와 표시의사로 구성된다. 종래는 내부적 의사를 어떤 동기에 의하여 일정한 법률효과의 발생을 목적으로 하는 의사(효과의사)를 결정하고, 이어서 이 의사를 외부(타인)에 알리기 위해 표현하는 의사(표시의사)로 구성한다고 하였다. 근래에는 행위의사를 포함하여 내부적 의사를 구성하는 것이 일반적(독일의 전통적인 견해임)이다.

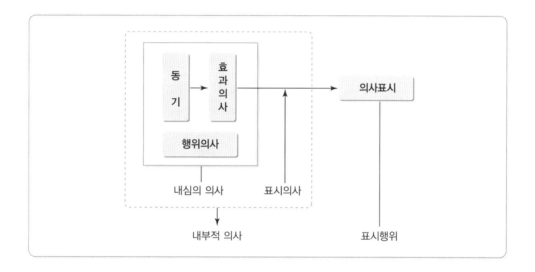

1. 표시행위

'표시행위'란 내면의 의사(효과의사)에 따른 효력을 발생하게 하기 위하여 그 효과의사를 외부에 표시하는 행위를 말한다. 내면의 의사는 외부로 표출되어야만 비로소 그 효력을 가질 수 있기 때문이다. 표시행위는 언어나 문자 또는 행위를 통해서 성립된다. 그러나 이러한 표시행위는 표의자의 의식에 의한 표현이어야 하기 때문에 수면 중의 행위나 강제에 의한 거동은 표시행위가 아니다.

표시행위는 명시적 표시 또는 묵시적 표시로서 나타나며, 원칙적으로 법률효과에 차이는 없다. 다만, 민법상 일정한 요식행위를 요구하는 표시행위(예: 유언)에서는 필요한 형식을 갖춘 명시적 표시이어야 법률효과가 발생한다.

2. 행위의사

'행위의사(Handlungswille)'란 어떤 행위(외부적 용태)를 한다는 인식(의사)을 말한다.

이 의사는 보통은 언어, 문자 등에 의하여 알 수 있지만 일정한 몸짓이나 침묵에 의해서 나타나는 경우도 있다. 행위의사가 존재하지 않은 행위 예컨대, 수면 또는 최면중에 한 행위, 의식불명상태의 행위, 저항할 수 없는 폭력에 의한 행위(예: 서명행위), 단순한 반사적 행위 등은 행위의사 없는 의사표시로서 의사표시에 의한 법률효과가 발생하지 않는다.[2] 왜냐하면, 행위의사 없는 의사표시는 존재하지 않기 때문이다. 판례는 강박의 정도가 극심하여 표의자의 의사결정의 자유가 완전히 박탈된 경우에는 그 의사표시는 무효라고 한다(대판 1992. 11. 27, 92다7719).

한편 행위의사를 의사표시의 요소로 보지 않는 견해는 표시행위의 문제로서 다루고 있다(곽윤직·김재형 257쪽).

3. 효과의사

'효과의사(Erfolgswille)'란 표시행위에 의해 추측하거나 판단될 수 있는 일정한 법률효과를 원하는 의사를 말한다. 예컨대, 매매계약체결시 매수자로서 의사표시인 청약에서 매수자가 되려는 의사 즉, 매매대금지급의사 및 목적물의 소유권을 취득하려는 의사가 효과의사이다. 효과의사는 구체적 법률효과를 원하는 의사인 반면에 일반적·추상적 법률효과를 원하는 표시의사(이는 표시의사에 대한 소수견해의 의미임)와 다르다. 따라서 효과의사는 일정한 법률효과를 부여할 가치가 있는 것을 내용으로 하고 있기 때문에, 도의적·종교적·사교적·의례적인 것을 내용으로 하는 의사는 효과의사가 아니다. 아울러 표의자의 의욕이 없는 점에서 행위자의 의사와 관계없이 법률에 의하여 일정한 법률효과를 부여하는 행위인 '준법률행위(의사의 통지·관념의 통지·감정의 표시)'와 다르다.

일정한 경우 효과의사가 표의자의 착오나 기타의 이유로 인하여 그의 표시행위에 부합하는 의사가 없는 경우가 발생할 수 있는데, 이때 표시행위로부터 추측되거나 판단되는 효과의사를 '표시상 효과의사'라고 하고, 표의자의 실제의 의사를 '내심의 효과의사(진의, 내심의 의사)'라고 한다. 이와 같이 표시상 효과의사와 내심의 효과의사가 일치하지 않는 경우 일률적으로 판단하는 것이 표의자에게 가혹하게 되는 경우가 있게 되므로 상황에 따라 그 효과를 달리하고 있다. 즉, 법률은 일정한 경우에는 의사표시로부터 효과가 발생하는 것을 부인하거나 또는 일단 발생하지만 취소할 수 있는 것으로 하고 있다. 예를 들면, 태블릿PC를 86만원에 팔려고 했으나, 청약서에 68만원에 기재한 경우, 효과의사(즉, 86만원으로 기재하려는 표시상 효과의사) 없이 행위의사와 표시의사만 존재한다. 이때 상대방의 신뢰보호에 따라 계약은 성립하지만(제107조 내지

---

2) Staudinger-Dilcher, Vorbem, Rdnr. 17 zu §§116 ff. BGB; MünchKomm-Kramer, Vorbem. Rdnr. 7a zu §116 BGB; Brox, AT Rdnr. 82; Hübner, AT Rdnr. 385; Flume, AT, S. 46.

제109조 참조), 추단되는 표시상 효과의사가 없어서 착오에 의한 의사표시를 이유로 청약을 취소할 수 있다. 판례 또한 의사표시의 요소가 되는 것은 표시상 효과의사라고 한다(대판 2002. 6. 28, 2002다23482).

> **표시상 효과의사**　　　　　　대법원 2002. 6. 28. 선고 2002다23482 판결
>
> 　의사표시 해석에 있어서 당사자의 진정한 의사를 알 수 없다면, 의사표시의 요소가 되는 것은 표시행위로부터 추단되는 효과의사 즉, 표시상의 효과의사이고 표의자가 가지고 있던 내심적 효과의사가 아니므로, 당사자의 내심의 의사보다는 외부로 표시된 행위에 의하여 추단된 의사를 가지고 해석함이 상당하다.

4. 표시의사

'표시의사(Erklärungswille)'에 대해서는 효과의사를 외부에 대하여 발표하려는 의사 즉, 효과의사와 표시행위를 심리적으로 매개하는 의사를 의미한다는 견해(곽윤직·김재형 251쪽)와 자기의 행위가 일정한 법적 의미를 가지는 표시를 나타낸다고 인식하는 것이라는 견해(백태승 313쪽, 송덕수 156쪽)가 있다. 앞의 견해가 다수설[3]로 표시의사가 의사표시의 구성요소가 되지는 않는다고 한다. 따라서 표시의사 없이도 의사표시는 유효하다(다수설). 그러므로 표시의사 없이도 의사표시의 성립에는 영향이 없다. 예컨대, 어떤 사람이 찻길 건너편 친구에게 손을 흔들었는데 지나던 택시가 택시를 세우는 줄 알고 정차한 경우, 승차의사표시에 대한 표시의사가 없어도 손을 흔든 행위는 택시정차를 위한 표시행위가 된다. 왜냐하면 이 행위에는 승차의사(효과의사)를 외부적으로 표현하려는 의사(표시의사)가 없지만, 손을 흔드는 행위(표시행위)에 의해 승차의사(효과의사)가 존재하는 것으로 볼 수 있기 때문이다. 그러나 이 경우, 표의자의 의사표시에 표시행위에 부합하는 효과의사(표시상 효과의사)가 존재하지 않기 때문에 표의자의 착오 즉, 표의자의 표시상 착오로 의사표시의 착오문제가 발생하게 된다(제109조 참조).

제4항 의사표시에 관한 주의(의사주의·표시주의·효력주의 등)

1. 의사주의

'의사주의'란 법률행위(의사표시)는 개인의 의사에 의하여 법률효과가 주어진다는 견해이다. 이 주의에 따르면, 표시행위가 존재하고 이에 대응하는 효과의사가 존재하

---

3) 김증한·김학동 261쪽, 고상룡 387쪽, 황적인 145-146쪽, 이은영 453쪽, Flume, AT, S, 449-450, Brox, AT Rdnr. 83, Larenz/Wolf, AT §24, 2.

여야 의사표시의 효력이 발생한다. 그러므로 표시행위에 대응하는 효과의사가 존재하지 않은 의사표시는 무효 또는 불성립이 된다. 따라서 내심의 효과의사를 의사표시의 핵심으로 본다. 이 주의는 거래의 안전을 해치게 되는 단점이 있다.

2. 표시주의

'표시주의'란 의사표시에 있어서 효과의사와 표시행위가 일치하지 않는 경우 표시행위에 따라 법률효과가 발생하도록 한다는 견해이다. 이 주의는 표시를 의사표시의 핵심으로 본다. 따라서 의사표시에서 표시행위가 존재하는 한 이에 대응하는 효과의사가 존재하지 않아도 표시행위로서 법률효과가 발생한다. 표시주의는 거래의 안전은 유지할 수 있지만 표의자의 내심의 효과의사에 따른 효력은 발생하지 않는다. 따라서 표의자는 자신이 행한 표시행위의 객관적 내용을 목적으로 하지 않았다 하더라도 의도한 것과 마찬가지로 책임을 져야 한다.

3. 효력주의

'효력주의'란 의사표시가 단순히 내심의 의사를 외부에 통지하는 것일 뿐만 아니라 법률효과를 발생하는 표시라는 견해이다. 따라서 내심의 의사는 그 자체로서는 아무런 법적 의미가 없으나 그러한 내심의 의사를 외부에 표시하는 표시행위에 의하여 법적으로 의미가 있는 의사가 되어 표의자가 이에 구속받게 된다. 이 주의는 의사표시를 의사와 표시로 구분하지 않고 일체로 파악한다.

4. 절충주의

우리 민법은 의사주의와 표시주의를 모두 채택하고 있는 절충주의를 취하고 있다. 재산법관계에서는 표시주의를 중점적으로 채택하여 행위의 외형을 신뢰한 상대방을 보호하고 거래안전을 꾀하지만, 가족법관계에서는 당사자의 진의가 존중되어야 하기 때문에 표시주의의 적용이 원칙적으로 배제되고 있다.

제5항 준법률행위

1. 의　의

'준법률행위'란 '행위자의 의사와 관계없이 법률에 의하여 일정한 법률효과가 부여되는 행위'이다. 또한 준법률행위는 적법행위 중에서 법률행위를 제외한 모든 법률요건을 포괄하는 추상적 개념으로 일반규정이 없다. 왜냐하면 준법률행위는 법률행위와 다르지만 그 유형이 다양하고 공통점을 찾을 수 없기 때문이다. 따라서 준법률행위는 법률행위가 아니므로 당사자의 의사 내지는 의욕과는 상관없이 법률에 의하여 획일적인 효과가 발생하게 된다.

2. 종 류

준법률행위는 다시 '표현행위'와 '비표현행위'로 구분된다.

'표현행위'란 의식내용 그 자체를 일정한 표상을 통하여 외부에 표현하는 것으로 표의자의 의도와 관계없이 법률이 정한 효과가 발생하는 행위를 말한다. 표현행위는 '의사의 통지', '관념의 통지', '감정의 표시'로 나눈다.

'의사의 통지'란 자기의 의사를 타인에게 통지하는 행위를 말한다. 의사의 통지는 표의자의 외부에 표시되는 의사가 법률효과를 향한 효과의사가 아닌 것이어도 법률이 정한 효과를 발생하는 것으로, 각종 최고나 거절이 이에 해당한다. 즉, 의사를 통지한 자가 원하는 법률효과와는 상관없이 법률에 따른 일정한 법률효과가 발생한다.

'관념의 통지'란 표시된 의식의 내용이 어떤 객관적 사실에 관한 관념에 지나지 않는 것으로, '사실의 통지'라고도 한다. 그 예로는 사원총회 소집의 통지(제71조), 채무의 승인(제168조, 제450조), 채권양도의 통지나 승낙(제450조), 공탁의 통지(제488조), 승낙연착의 통지(제528조) 등이 있다.

'감정의 표시'란 일정한 감정을 표시하는 행위이다. 용서(제565조제2항, 제841조)가 그 예이다.

'비표현행위(사실행위)'란 그 행위에 의하여 표시되는 의식의 내용이 무엇인지를 묻지 않고, 행위가 행하여져 있다는 것 또는 그 행위에 의하여 생긴 결과만이 법률에 의하여 법률상 일정한 의미 있는 것으로 인정되는 행위를 말한다. '순수사실행위'란 주소의 설정, 매장물 발견, 가공, 유실물 습득 등과 같이 외부적 결과의 발생만 있으면 법률이 일정한 효과를 발생하도록 하는 것이고, '혼합사실행위'란 점유의 취득상실이나 무주물선점, 물건의 인도, 부부의 동거, 사무관리 등과 같이 일정한 의식과정에 따를 것을 요구하는 것을 말한다. 순수사실행위는 행위자의 의식내용에 따라서 법률이 어떤 의미를 인정하는 것이 아닌 즉, 외부적 결과의 발생만으로 법률효과를 인정하는 점에서 '사건'과 동일하다.

제2관 법률행위의 요건

제1항 서 설

법률행위가 법률효과를 발생하기 위해서는 우선 법률행위로서 성립요건을 갖추어

야 하고 성립요건을 갖춘다고 하여 그 목적한 대로 효력이 발생하지는 않고 효력요건
을 갖추었을 때 비로소 효력이 발생하게 된다. 이렇게 법률행위의 법률효과발생을 위
한 요건은 성립요건과 효력요건으로 나누고는 있지만 이를 명확하게 나누는 기준은
없고 일반적인 이론이 있을 뿐이다. 그러나 성립요건과 효력요건의 구별의 기준은 없
다고 하더라도 성립요건에 대한 입증은 효력을 주장하는 자가 부담하여야 하는 반면,
효력요건에 대해서는 당해 법률행위의 무효를 주장하는 자가 그것의 부존재에 대한
입증책임을 부담하여야 하므로 구별의 실익은 있다.

제2항 법률행위의 성립요건

'성립요건'이란 법률행위의 성립과 불성립을 판가름하기 위한 필요 최소한의 외형
적, 형식적 요건을 말한다. 성립요건은 다시 '일반적 성립요건'과 '특별성립요건'으로
나뉘게 된다.

'일반적 성립요건'으로는 '당사자', '목적', '의사표시'의 세 가지를 든다. 당사자가
존재하여야 법률행위가 성립하게 되는데 당사자가 존재한다는 것은 실존하여야 한다
는 개념이 아니라 당사자로서 객관적으로 특정되어야 한다는 의미이다. 목적이 있어
야 한다는 것은 법률행위에 의하여 발생시키고자 하는 법률효과 즉, 법률내용이 존재
함을 말한다. 의사표시가 존재하여야 한다는 것은 의사표시라고 할 수 있는 행위가
존재하여야 한다는 것인데 단순히 의사표시가 존재한다는 것만으로는 계약과 같이 의
사표시의 합치가 필요한 법률행위를 설명하기에는 부족하다. 따라서 의사표시의 합치
가 존재하여야 한다고 하는 것이 정확하다.

특별성립요건은 공통적이지는 않고 개별적 법률행위에 있어서 당사자의 합의나 법
률의 규정에 따라 부가되어야 할 요건을 말한다. 요식행위에 있어서 일정한 방식(예:
일정한 방식의 혼인신고, 제812조 참조)을 갖추어야 한다든지, 요물계약(예: 현상광고)에
있어서 일정한 급부가 있어야 한다는 것이 특별성립요건이다.

제3항 법률행위의 효력요건(유효요건)

'효력요건(유효요건)'이란 성립요건을 갖추어 성립된 법률행위가 법률상의 효력을
발생하는 데 필요한 요건을 의미하고, 이는 다시 '일반적 효력요건'과 '특별효력요건'으
로 나눌 수 있다.

'일반적 효력요건'이란 모든 법률행위의 효력을 발생하기 위한 공통된 요건이다.
이는 다음의 세 가지로 구분한다. 우선 당사자는 행위능력과 의사능력을 가지고 있어
야 한다. 권리능력이 없는 자의 의사표시는 의사표시로서 인정되지 않으므로 권리능

력의 유무는 성립요건의 문제이다. 다음으로 목적이 확정할 수 있고, 가능하여야 하며, 적법하고 사회적 타당성이 있어야 한다. 마지막으로 의사와 표시는 일치하여야 하고, 표시된 의사가 타인의 부당한 간섭이 없는 상태에서 자유롭게 결정되었어야 한다.

'특별효력요건'이란 개별적 법률행위에 당사자의 특약 또는 법률규정에 따라 요구되는 특별한 효력요건이다. 예컨대, 제한능력자의 법률행위에 있어서 법정대리인의 동의(제5조, 제13조), 유언의 효력이 발생하기 위한 유언자의 사망(제1073조), 대리행위에 있어서 대리권의 존재(제114조 내지 제136조), 조건부·기한부 법률행위에 있어서 조건의 성취·기한의 도래(제147조 내지 제154조) 등이 민법상 특별효력요건이다. 특별법상 특별효력요건으로는 농지매매에서 소재지 관서의 농지취득자격증명(농지법 제8조), 사립학교의 기본재산의 처분시 주무관청의 허가(사립학교법 제28조), 토지거래허가구역 내에서 토지거래시 관할관청의 허가(국토의 계획 및 이용에 관한 법률 제118조제6항) 등이 있다.

제3관 법률행위의 종류

제1항 단독행위, 계약, 합동행위

1. 단독행위

'단독행위'란 일방행위라고도 하며 권리주체가 행하는 하나의 의사표시에 의하여 성립하는 법률행위로 상대방의 의사표시와 결합하지 않고 단독으로 독립하여 법률행위를 구성한다. 단독행위는 상대방이 수령할 수 있느냐의 여부에 따라 '상대방 있는 단독행위'와 '상대방 없는 단독행위'로 나누어진다. 또한 효과의 내용에 따라 타인의 권리·의무의 변동을 목적으로 하는 단독행위와 타인의 권리·의무의 변동을 목적으로 하지 않는 단독행위로 나누어진다. 대부분의 단독행위는 타인의 권리·의무의 변동을 목적으로 하지 않는 법률행위이고, 타인의 권리·의무의 변동을 목적으로 하는 단독행위란 법정대리인의 취소권 행사(제5조제2항)와 채무자의 사해행위에 대한 채권자의 취소권행사(제406조) 등과 같이 법률에 규정이 있거나 당사자 사이에 이를 유보하는 약정이 있는 경우에만 예외적으로 허용되는 법률행위를 말한다.

(1) 상대방 있는 단독행위

'상대방 있는 단독행위'란 하나의 의사표시에 의하여 성립하는 법률행위(단독행위)의 법률효과가 발생하기 위하여 상대방에 대하여 행하는 법률행위를 말한다. 따라서 그 의사표시가 상대방에게 도달한 때 법률효력이 발생한다(제111조제1항). 법정대리인의 동의, 채무면제, 무권대리행위에 대한 본인의 추인, 매매계약에 대한 법정대리인의 취소, 금전채무자의 상계, 매매계약에 대한 해제, 위임계약의 해지, 제한물권의 포기, 채무면제는 상대방 있는 단독행위로 그 의사표시가 상대방에게 도달하여야 법률행위의 효과가 발생하게 된다.

(2) 상대방 없는 단독행위

'상대방 없는 단독행위'란 하나의 의사표시에 의하여 성립하는 법률행위(단독행위)의 법률효과가 발생하기 위하여 특정의 상대방에 대하여 행할 필요가 없는 법률행위를 말한다. 따라서 상대방 없이 의사표시만 있으면 상대방에게 도달 여부와 관계없이 즉시 단독행위의 효력이 발생한다. 예컨대, 유언, 재단법인의 설립행위, 특정의 이해관계인이 없는 소유권의 포기는 상대방 없는 법률행위로 의사표시와 동시에 법률행위가 성립한다. 상대방 없는 단독행위의 경우 그 의사표시의 진정성을 확보하기 위하여 대부분 요식행위로 되어 있다.

2. 계 약

'계약'이란 넓은 의미에서 2인 이상 당사자의 의사표시 즉, 청약과 승낙이라는 서로 대립되는 의사표시가 서로 내용상 합치로 성립하는 법률행위이다. 따라서 복수의 의사표시가 있다는 점에서 단독행위와 다르고 복수의 의사표시가 대립적이고 교환적이라는 점에서 평행적이고 구심적인 합동행위와 다르다. 이는 법률관계의 변동으로 공법과 사법뿐만 아니라 재산법과 신분법에서 모두 존재하게 된다.

좁은 의미에서 계약은 채권관계의 발생을 목적으로 하는 것으로 채권계약을 말하고, 우리 민법 채권편에 가장 많이 이용되는 15가지의 전형계약을 두고 있다. 그러나 계약자유의 원칙에 따라, 오늘날 계약의 종류는 이에 한정하지 않고, 다양화되고 있다.

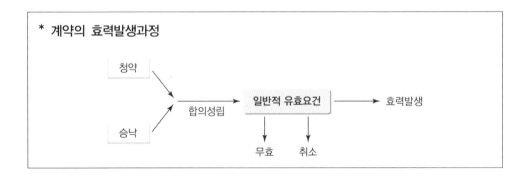

* 계약의 효력발생과정

3. 합동행위

'합동행위'란 복수의 의사표시가 평행적·구심적으로 향하여 합치된 법률행위이다. 예컨대, 사단법인 설립행위를 들 수 있다. 합동행위는 복수의 의사표시가 존재한다는 점에서 하나의 의사표시가 존재하는 단독행위와 다르고, 복수의 의사표시가 같은 방향과 의의를 가지고 같은 법률효과를 발생시키는 점에서 복수의 의사표시가 다른 방향과 의의를 가지고 합치되는 계약과 다르다.

합동행위를 인정할 것인가에 대하여 학설이 대립하고 있다. 긍정설인 통설(곽윤직·김재형 255쪽)에 따르면 합동행위는 방향을 같이하는 복수의 의사표시가 합치하여 성립하는 법률행위로 공동 목적을 두고 있는데 반하여 계약은 대립하는 복수의 의사표시의 합치에 의하여 성립되며, 각각 독립된 이익과 목적을 가지고 있어 양자는 구별되고, 또한 허위표시규정(제108조)과 자기계약·쌍방대리의 금지규정(제124조)의 적용범위를 계약에만 적용을 인정하고 있을 뿐이고 합동행위에 대해서는 그 적용을 인정하지 않으므로 합동행위라는 개념을 인정할 실익이 있기 때문이라고 한다. 부정설(김증한·김학동 278쪽, 이영준 181쪽)은 합동행위도 계약의 일종으로 파악하고 있다.

제2항 재산법적 행위, 신분법적 행위

'재산법적 행위(재산행위)'란 법률행위에 의하여 발생하는 효과가 재산상 법률관계에 관한 것을 의미하고, 그 예로는 매매, 임대차, 소유권양도, 채권양도 등이 있으며, '신분법적 행위(신분행위 또는 가족법상 행위)'란 법률행위에 의하여 발생하는 효과가 신분상 법률관계에 관한 것을 의미하고, 그 예로는 혼인, 입양, 약혼, 인지, 유언 등이 있다. 상속의 경우 가족관계와는 직접적인 관계가 없으나 일반적으로 신분행위로 파악한다(상속법상 행위를 재산행위로 파악하는 견해도 있다. 송덕수 174쪽). 신분법적 행위는 의사주의와 요식주의를 취하고 있어 재산법적 행위와는 구별이 되고 민법총칙편의 법률행위에 관한 규정이 주로 재산행위에 적용되며, 신분행위에는 가족법에서 규정하고 있는 특칙에 따르고 있어 양자를 구별하는 실익이 있다.

제3항 채권행위, 물권행위, 준물권행위

1. 채권행위

'채권행위'란 채권적 청구권 또는 채권을 발생시키는 즉, 채권관계를 성립시키는 법률행위로서 채권행위에 의해서는 물권변동이 발생하지 않는다. 또한 채권행위는 매매에 있어서 소유권의 이전, 임대차에 있어서는 사용·수익을 위한 목적물의 인도 등과 같이 채무자에 의한 이행이라는 문제를 남긴다. 물권행위 및 준물권행위는 처분행위이므로 처분권한을 필요로 하지만, 채권행위는 의무부담행위이므로 처분권한을 필요로 하지 않는다.

2. 물권행위

‘물권행위’란 물권을 발생·변경·소멸시키는 법률행위를 의미한다. 예컨대, 소유권이전행위, 제한물권설정행위 등이 있다. 물권행위는 그 법률행위로 인하여 직접 물권변동이 발생하기 때문에 채무이행의 문제가 남지 않는다. 다만 물건의 인도나 등기를 갖추어야 물권변동이 발생하는 경우에는 그 요건을 갖춘 때에 물권변동이 발생한다. 물권행위란 법률적 처분행위이므로 행위자는 반드시 처분권한이 있어야 한다.

3. 준물권행위

‘준물권행위’란 물권 이외의 권리의 변동을 목적으로 하며, 이행문제가 남지 않는 법률행위를 말한다. 준물권행위는 이행이라는 문제를 남기지 않으므로 법률적 처분행위이다. 채권양도, 채무면제, 지식재산권의 양도가 대표적인 예이다.

제4항 요식행위, 불요식행위

‘요식행위’란 법률행위를 함에 있어서 행위자가 신중하게 행위를 하도록 하기 위해서 또는 법률관계를 명확히 하고자 서면이나 신고 등과 같이 일정한 방식을 요구하는 행위를 말한다. 법인의 설립행위(제40조·제43조), 혼인(제812조), 인지(제859조), 입양(제878조), 유언(제1060조) 등이 대표적 예이다. 요식행위는 그 방식을 갖추어야 비로소 법률행위가 성립하게 되므로 일정한 방식을 요구하지 않는 불요식행위와 구별된다. 한편 소제기방식을 요구하는 채권자취소권(제406조) 또는 요물계약도 요식행위라고 보는 견해가 있다(김상용 356쪽). 요식행위에 요구되는 방식을 갖추지 않은 경우에는 그 행위는 불성립 또는 무효가 된다. ‘불요식행위’란 법률행위를 하는 데 있어서 행위자에게 일정한 방식을 요구하지 않는 행위를 말한다. 법률행위의 자유는 방식의 자유도 포함하기 때문에 법률행위는 불요식행위가 원칙이다. 예외적으로 당사자의 특약이나 법률규정에 의하여 일정한 방식 즉, 요식행위를 요구하기도 한다.

제5항 유인행위, 무인행위

‘유인행위’란 어떤 원인 즉, 어떤 법률관계를 전제로 하여 법률행위의 효력이 발생하는 법률행위를 의미한다. 예컨대, 목적물의 소유권을 이전하는 법률행위에서 매매계약은 원인행위가 되고 소유권이전에 대한 물권적 합의는 원인행위를 전제로 하는 후발적 법률행위로 유인행위가 된다. 따라서 원인행위가 무효가 되면 후발적 법률행위도 무효가 되므로, 만약 매수인이 매도인에게 매매대금을 지급하였다면, 매도인은 매수인에게 매매대금을 부당이득으로 반환하여야 한다(매도인의 소유권반환은 별도의 문제임).

'무인행위'란 법률행위의 효력의 전제가 되는 원인 즉, 다른 법률관계의 영향을 받지 않는 법률행위를 말한다. 예컨대, 채무변제를 위하여 어음을 배서·교부한 경우에, 그 채무가 존재하지 않더라도 어음채권은 유효하게 이전된다(상대방은 부당이득반환의무를 부담). 무인행위의 예로는 배서에 의한 지시채권(예: 어음, 수표, 창고증권, 화물상환증, 선하증권 등)의 양도(제513조, 제514조, 제515조 본문), 경개(更改)(제504조 및 대판 1980. 11. 11, 80다2050 참조), 어음행위·수표행위 등이 있다.

유인행위는 원인행위에 영향을 받기 때문에 정적 안전을 보호할 수는 있지만 동적 안전을 보호하지 못하게 되어 거래안전을 해할 수 있다. 무인행위는 거래안전을 확보할 수 있다는 장점은 있지만 악의의 제3자까지도 보호하는 문제가 발생한다. 어떤 법률행위를 유인행위 또는 무인행위로 할지는 논리문제가 아닌 법률정책의 문제이다.

유인행위 대법원 2003. 1. 24. 선고 2001다2129 판결

[1] 증권회사 직원이 과거 자신의 잘못으로 고객의 계좌에 발생한 손해를 보전하여 주기 위한 방법으로 고객에게 향후 증권거래 계좌 운용에서 일정한 최소한의 수익을 보장할 것을 약정한 것은 공정한 증권거래질서의 확보를 위하여 구 증권거래법(2000. 1. 21. 법률 제6176호로 개정되기 전의 것) 제52조 제1호 및 제3호에서 금지하고 있는 것에 해당하여 무효라고 할 것이고, 손실보전약정이 유효함을 전제로 일정기간동안 법적 조치 등을 취하지 않기로 하는 약정도 당연히 무효로 된다.

[2] 증권회사 직원이 자신만이 알고 있으나 이를 밝힐 수 없는 확실한 투자정보가 있다면서 고객으로 하여금 주식을 대량으로 매수하도록 유도하고, 그 후 거듭된 매도 요청에도 불구하고 손실을 보전해 주겠다는 각서까지 써 주면서 이를 거부한 것은, 증권회사의 직원으로서 고객에게 과대한 위험을 수반하는 거래를 적극적으로 권유하면서 그에 수반되는 위험성에 대한 인식을 방해한 행위 즉, 고객에 대한 보호의무를 위반한 행위에 해당한다고 할 것이므로 불법행위를 구성한다고 판단한 사례.

제6항 독립행위, 보조행위

'독립행위'란 일반적인 법률행위로 직접적으로 실질적인 권리관계의 변동을 발생하게 하는 법률행위이고, '보조행위'는 다른 법률행위의 효과를 형식적으로 보충하거나 확정하는 법률행위를 의미한다. 대부분의 법률행위는 독립행위이지만, 동의, 추인, 허가, 대리권의 수여 등과 같이 다른 법률행위의 효과를 단순히 보충하거나 확정하는 역할을 하는 행위는 보조행위이다. 하지만 이 구별에는 실익이 없다.

제7항 주된 행위, 종된 행위

'주된 행위'란 종된 법률행위의 존재를 전제로 하는 법률행위를 의미한다. '종된 행위'란 주된 행위를 기초로 하는 법률행위를 의미한다. 부부재산계약 또는 담보계약은 혼인 또는 금전소비대차계약을 전제로 하므로 혼인 또는 금전소비대차계약이 주된 행위가 되고, 부부재산계약 또는 담보계약(예: 저당권설정계약, 질권설정계약 등)은 종된 행위가 된다. 종된 행위는 주된 행위와 법률상의 효력을 같이 한다는 데 그 의의가 있다.

제8항 신탁행위, 비신탁행위

'신탁행위'란 신탁자로부터 부여받은 권리를 수탁자 자신이 아닌 신탁자 또는 제3자를 위하여 행사하도록 법률관계를 설정하는 행위를 말한다. 그렇지 않은 법률행위를 '비신탁행위'라고 한다. 신탁행위는 크게 신탁법상의 신탁행위와 민법상의 신탁행위로 나누어진다.

1. 민법상 신탁행위

'민법상 신탁행위'란 신탁자가 자신이 의도하는 경제적 목적을 달성하는 데 필요한 한도를 넘는 권리를 수탁자에게 부여하고 수탁자는 그 목적 범위 안에서 그 권리를 행사할 의무를 부담하는 행위를 의미한다. 민법상 신탁은 명의신탁, 양도담보, 채권양도를 설명하기 위하여 독일보통법이 로마법의 신탁을 발전시킨 것이다(이영준 195쪽). 우리 민법에는 민법상 신탁행위로 동산양도담보와 추심을 위한 채권양도 등이 있고, 명의신탁은 특별법에 원칙적으로 무효로 하고 있어서(부실법 제4조제1항), 예외적으로 유효한 경우(부실법 제4조제2항 단서, 제8조)에는 민법상 신탁행위로서 효력을 인정할 수 있을 것이다.

민법상 신탁행위에 따르게 되면 신탁재산의 소유권이 외부적으로는 수탁자에게 이전되고 내부적으로는 여전히 신탁자에게 머무는 이중적인 법률관계가 형성된다. 따라서 수탁자는 외부에 대해서는 원칙적으로 진정한 권리자의 지위를 갖게 된다.

> **민법상 신탁행위의 법률관계** 대법원 2003. 9. 5. 선고 2001다32120 판결
>
> [1] 계약을 체결하는 행위자가 타인의 이름으로 법률행위를 한 경우에 행위자 또는 명의인 가운데 누구를 계약의 당사자로 볼 것인가에 관하여는, 우선 행위자와 상대방의 의사가 일치한 경우에는 그 일치한 의사대로 행위자 또는 명의인을 계약의 당사자로 확정하여야 할 것이고, 행위자와 상대방의 의사가 일치하지 않는 경우에는 그 계약의 성질·내용·목적·체결 경위 등 그 계약 체결 전후의 구체적인 제반 사정을 토대로 상대방이 합리적인 사람이라면 행위자와 명의자 중 누구를 계약당사자로 이해할 것인가에 의하여 당사자를 결정하여야 한다.
>
> [2] 어떤 사람이 타인을 통하여 부동산을 매수함에 있어 매수인 명의 및 소유권이전등기 명의를 그 타인 명의로 하기로 하였다면 이와 같은 매수인 및 등기 명의의 신탁관계는 그들 사이의 내부적인 관계에 불과한 것이므로 특별한 사정이 없는 한 대외적으로는 그 타인을 매매 당사자로 보아야 한다.

2. 신탁법상 신탁행위

'신탁법상의 신탁행위'란 신탁자가 그 법률행위에 의하여 수탁자에게 재산권을 이전하면서 수탁자가 그 재산권을 일정한 목적에 따라서 자기 또는 제3자를 위하여 관리처분하도록 하는 법률관계를 말한다. 신탁법(1961년 제정 후 2012년 전부개정)에서 '신탁'은 '신탁을 설정하는 자(위탁자)와 신탁을 인수하는 자(수탁자) 간의 신임관계에 기하여 위탁자가 수탁자에게 특정의 재산(영업이나 지식재산권의 일부를 포함)을 이전하거나 담보권의 설정 또는 그 밖의 처분을 하고, 수탁자로 하여금 일정한 자(수익자)의 이익 또는 특정의 목적을 위하여 그 재산의 관리·처분·운영·개발 그 밖에 신탁 목적의 달성을 위하여 필요한 행위를 하게 하는 법률관계'를 말한다(신탁법 제2조). 이러한 신탁행위는 위탁자와 수탁자 사이의 계약, 위탁자의 유언 또는 위탁자의 선언에 의해 설정할 수 있다(신탁법 제3조). 등기 또는 등록할 수 있는 재산권에 관하여는 신탁의 등기 또는 등록을 하여야 제3자에게 대항할 수 있고(신탁법 제4조), 신탁 전의 원인으로 발생한 권리가 아니면 신탁재산에 대하여는 강제집행 등을 할 수 없다(신탁법 제22조).

신탁법상 신탁행위는 신탁재산이 수탁자에게 절대적으로 이전되고 신탁설정자에게는 그 계약에 따른 이익을 받을 채권만을 발생시키는 반면, 민법상 신탁은 외부적으로 재산권이 수탁자에게 이전되지만 내부적으로는 신탁자가 여전히 권리자이다. 또한

신탁법상 신탁행위는 능동적 행위인 반면, 민법상 신탁 특히 명의신탁은 수동적 행위이다.

> **신탁법상 신탁행위의 법률관계**   대법원 1994. 10. 14. 선고 93다62119 판결
>
> 신탁은 위탁자가 수탁자에게 재산권을 이전하거나 기타의 처분을 하여 수탁자로 하여금 신탁의 목적을 위하여 재산의 관리 또는 처분을 하도록 하는 것이어서 부동산의 신탁에 있어서 신탁자의 위탁에 의하여 수탁자 앞으로 그 소유권이전등기를 마치게 되면 대내외적으로 소유권이 수탁자에게 완전히 이전되고, 위탁자와의 내부관계에 있어서 소유권이 위탁자에게 유보되어 있는 것은 아니므로 신탁의 해지 등 신탁종료의 사유가 발생하더라도 수탁자가 신탁재산의 귀속권리자인 수익자나 위탁자 등에게 새로이 목적부동산의 소유권 등 신탁재산을 이전할 의무를 부담하게 될 뿐, 신탁재산이 수익자나 위탁자 등에게 당연히 복귀되거나 승계된다고 할 수 없다.

3. 명의신탁

'명의신탁'이란 신탁자는 대내적 관계에서 소유권을 가지고, 목적물을 관리·수익하는 반면, 수탁자는 공부상 소유명의인으로 기재됨으로써 대외적 관계에서 소유권을 갖는 것을 말한다. 이 제도는 판례에서 확립된 제도로서, 현재에는 부동산실권리자명의등기에 관한 법률에서 강하게 규제받고 있다. 즉, 이 특별법에 따르면 원칙적으로 부동산명의신탁약정과 물권변동은 무효이다(동법 제4조제1, 2항 본문). 명의신탁의 무효는 제3자(악의의 제3자도 포함)에게 대항하지 못한다(동법 제4조제3항). 그리고 예외적으로 명의신탁의 유효를 인정하고 있다(동법 제4조제2항 단서, 제8조).

제9항 출연행위, 비출연행위

'출연행위'란 자기의 재산을 감소시키면서 타인의 재산을 증가하도록 하는 행위이고, '비출연행위'란 타인의 재산은 증가되지 않으면서 행위자의 재산만 감소하거나 또는 직접 재산의 증감이 일어나지 않도록 하는 행위이다. 예를 들면, 매매, 임대차 등의 채권계약, 소유권양도행위, 저당권설정행위, 채권양도는 출연행위이고, 소유권포기, 대리권수여 등은 비출연행위이다.

출연행위를 자기 출연과 대가관계의 존부에 따라, 대가관계가 있는 행위를 유상행위(예: 매매, 임대차, 부담부유증 등), 대가관계가 없는 행위는 무상행위(예: 증여, 사용대차)라고 한다. 유상행위는 매매에 관한 규정이 준용된다(제567조). 또한 출연행위는 출연하는 데 일정한 목적 또는 이유가 있고, 그 목적 또는 이유가 출연의 원인이 된다. 출연행위는 이 원인의 유무가 출연행위에 영향을 주는 '유인행위(민법상 출연행위는

유인행위가 원칙이지만, 물권행위의 유인 또는 무인에 관하여는 학설이 나뉨)'와 영향을 주지 않는 '무인행위(예: 어음행위)'로 구분한다(자세한 것은 위 제5항을 참조).

제10항 생전행위, 사후행위

'사후행위'란 행위자의 사망으로 그 효력이 발생하게 되는 법률행위로 사인행위(死因行爲)라고도 한다. 예컨대, 유언, 사인증여 등이 이에 해당한다. 유언의 경우 효력이 개시되는 시점에 행위자가 사망하고 없으므로 행위의 존재나 내용을 명확하게 해 둘 필요성이 있다. 따라서 유언은 일정한 방식에 의하지 않으면 그 효력이 없다(제1060조). 이에 반하여 사인증여(死因贈與)는 계약으로 성립되므로 유언과 같이 일정한 방식을 갖추어야 효력이 발생하는 것은 아니다. '생전행위'란 사후행위에 대하여 일반적 법률행위를 의미한다.

제4관 법률행위의 목적(내용)

제1항 서 설

'법률행위의 목적(내용)'이란 법률행위자가 그 법률행위를 통하여 발생시키고자 하는 법률효과를 의미하고 법률행위의 내용이라고도 한다. 법률행위는 법률행위자의 의사표시에 의해 성립되므로 법률행위의 목적은 의사표시의 목적에 의하여 정하여진다. 따라서 법률행위의 목적은 법률행위의 목적물과는 다른 개념이다. 예컨대, 매매에서 법률행위인 매매의 목적은 매수인의 소유권이전청구권과 매도인의 매매대금지급청구권이며, 법률행위의 목적물은 매매목적물(예: 매매목적물이 부동산인 경우, 그 부동산)이다. 예를 들면, A가 B 소유의 책을 3만원에 구입하기로 하여 매매를 체결한 경우, 매매(채권행위)의 목적은 A가 B에 대하여 갖는 B 소유의 책의 소유권이전청구권과 B가 A에 대하여 갖는 3만원 대금지급청구권이다. 그리고 B가 A에게 B 책의 소유권이전의 합의(물권행위)를 한 경우, B로부터 A로의 소유권이전이 물권행위의 목적이다. 위 사례에서 책은 법률행위의 목적이 아닌 목적물이다.

제2항 목적의 확정

법률행위의 목적은 확정하거나 확정할 수 있어야 한다. 확정의 시기에 대해서는 법률행위 성립 당시에 확정될 필요는 없고 이행기까지 확정할 수 있으면 법률행위 목적의 확정성이 갖추어졌다고 할 수 있다. 판례는 매매계약에서 매매목적물과 대금은 반드시 그 계약체결 당시에 구체적으로 특정되어 있을 필요는 없고 이를 사후라도 구체적으로 특정할 수 있는 방법과 기준으로 정하여져 있으면 충분하다고 한다(대판 1986. 2. 11, 84다카2454).

한편 목적이 불확정한 법률행위는 외형이 법률행위로서 존재하더라도 무효이다. 예컨대, 갑과 을이 '갑의 소유의 동산을 을에게 판매한다'라고 하였을 때, 그 법률행위는 어떤 동산을 판매하는지 확정하지 못하여 무효가 된다. 그러나 '갑이 가지고 있는 책상 위 법률책을 판매하겠다'라고 했을 때, 해당 법률행위는 장차 선택에 의하여 해당 법률행위의 목적(내용)이 확정되기 때문에 유효하다.

매매계약의 내용에 목적이 확정성을 갖추고 있는지에 대한 판단은 법률행위의 해석을 통하여 이루어지고, 해석을 통해서도 목적을 확정하는 것이 불가능한 법률행위는 불성립 또는 무효이다. 예컨대, 계약에서 계약의 본질적이 부분 즉, 목적물과 대금이 계약해석을 통해서도 확정할 수 없는 경우에는 계약이 불성립하는 것으로 보는 것이 타당할 것이다(대판 1997. 1. 24, 96다26176 참조). 다만, 이행지나 이행기 등과 같이 계약의 비본질적인 부분에 대한 약정은 있지만 그 내용을 확정할 수 없는 경우에는 이 부분은 무효이고, 이에 대하여 일부무효의 법리를 적용할 수 있을 것이다. 예를 들면, A와 B와 승용차와 그 대금에 대하여 확정하지 않았거나 확정할 수 없는 매매계약을 체결한 경우, 이 매매는 불성립하고, 어느 승용차와 얼마의 대금이 확정되었지만 언제 또는 어느 곳에서 매매목적물인 승용차를 인도 또는 그 매매대금을 지급하는지에 대하여 확정하지 않았거나 확정할 수 없는 경우, 이 매매는 무효가 될 것이다.

확정의 시기   대법원 1996. 4. 26. 선고 94다34432 판결

매매계약은 당사자 일방이 재산권을 상대방에게 이전할 것을 약정하고 상대방이 그 대금을 지급할 것을 약정하는 계약으로 매도인이 재산권을 이전하는 것과 매수인이 그 대가로서 금원을 지급하는 것에 관하여 쌍방 당사자의 합의가 이루어짐으로써 성립하는 것이므로, 특별한 사정이 없는 한 부실기업 인수를 위한 주식 매매계약의 체결시 '주식 및 경영권 양도 가계약서'와 '주식매매계약서'에 인수 회사의 대표이사가 각 서명날인한 행위는 주식 매수의 의사표시(청약)이고, 부실기업의 대표이사가 이들에 각 서명날인한 행위는 주식 매도의 의사표시(승낙)로서 두 개의 의사표시가 합치됨으로써 그 주식 매매계약은 성립하고, 이 경우 매매 목적물과 대금은 반드시 그 계약 체결 당시에 구체적으로 확정하여야 하는 것은 아니고 이를 사후에라도 구체적으로 확정할 수 있는 방법과 기준이 정하여져 있으면 족하다.

계약 목적의 확정성이 없는 경우의 효력   대법원 1993. 5. 27. 선고 93다4908 판결

매매의 예약은 당사자의 일방이 매매를 완결할 의사를 표시한 때에 매매의 효력

이 생기는 것이므로 적어도 일방예약이 성립하려면 그 예약에 터잡아 맺어질 본계약의 요소가 되는 매매목적물, 이전방법, 매매가액 및 지급방법 등의 내용이 확정되어 있거나 확정할 수 있어야 한다.

제3항 목적의 실현가능성

법률행위가 유효하기 위해서는 그 목적의 실현이 가능하여야 한다. 목적의 실현이 가능하다는 것은 물리적으로 가능한가를 기준으로 하는 것이 아니라 사회통념상 가능한 것을 기준으로 한다(사회통념상 실현불가능한 예: 강바닥에서 잃어버린 보석을 찾는 계약, 1분에 1000리터는 마시는 계약). 따라서 사회통념상 그 목적이 원시적으로 불능인 법률행위는 무효이다. 불능이 되기 위해서는 확정적이어야 하며, 일시적으로 불능이더라도 이행기에 가능하게 될 가망이 많은 경우에는 불능이라고 할 수 없다.

불능은 법률행위의 성립 시를 기준으로 하여 성립 이전에 불능인 '원시적 불능'과 성립 이후에 불능인 '후발적 불능'으로 나누어진다.

원시적 불능의 경우, 전부불능이면 법률행위는 전부가 무효이고, 일부불능이면 원칙적으로 전부가 무효이나 그 무효부분이 없더라도 법률행위를 하였을 것이라고 인정된 때에는 나머지 부분만 유효하게 된다(일부무효법리, 제137조). 그리고 원시적 불능이 전부불능하였다면 계약체결상의 과실책임(제535조)의 문제가 남으므로 선의·무과실의 상대방에게 신뢰이익을 배상하여야 하고 일부불능이었다면 담보책임(제567조, 제572조, 제574조)의 문제가 된다. 즉, 계약이 무효이면 채권·채무가 발생할 수 없기 때문에 채무를 전제로 하는 채무의 이행이익을 지향할 수 없으므로 상대방은 계약을 유효함으로 믿는 데에 따른 신뢰이익에 따를 수밖에 없고, 이 신뢰이익은 계약이 유효함에 대한 이행이익을 넘지 못하는 것은 당연한 논리라는 것이다. 그러나 원시적 불능이 주관적 불능(채무자가 실현할 수 없는 것)이었다면 전부불능이든, 일부불능이든 담보책임이론으로 해결하여야 한다.

후발적 불능은 채무자의 귀책사유 유무에 따라 구별할 수 있다. 채무자의 귀책사유에 의하지 않은 불능이 전부불능인 경우 위험부담의 문제(제537조)가 되어 채무자위험부담주의에 따르게 되고, 일부불능인 경우 위험부담법리를 유추하거나 담보책임에 따라 해결할 수 있는데 어떤 것을 선택하더라도 사실상 같은 결과가 도출된다. 채무자의 귀책사유에 의하여 후발적으로 불능이 된 경우 전부불능이거나 일부불능이거나 채무불이행에 의한 책임을 면치 못한다.

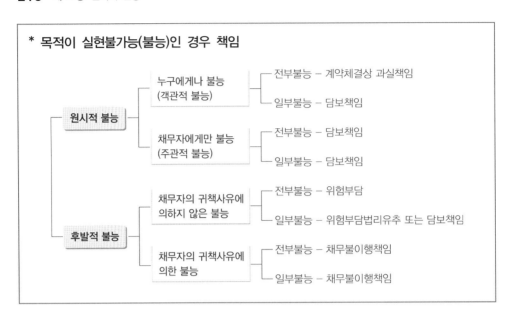

제4항 목적의 적법성

1. 의 의

법률행위의 목적은 적법하여야 한다. 그러나 목적이 적법하지 않은 모든 법률행위가 일괄적으로 그 효력이 발생하지 않는 것은 아니고, 임의규정에 위반한 법률행위는 유효하고 강행규정에 위반한 법률행위는 무효이다. 또한 단순한 단속규정에 위반한 법률행위는 유효이고, 효력규정에 위반한 법률행위는 무효이다.

2. 강행법규

(1) 강행규정과 임의규정

'강행규정'이란 민법상 선량한 풍속 기타 사회질서에 관한 규정을 의미하고, '임의규정'이란 제105조나 제106조에서 "법령 중 선량한 풍속 기타 사회질서와 관계없는 규정"을 의미한다. 강행규정을 위반한 경우 적법요건을 갖추지 못하였으므로 무효가 되고 추인도 불가능하다. 임의규정을 위반한 경우 당사자의 의사로 임의규정 적용배제 특약이 가능하므로 임의규정에 반하는 법률행위라 하더라도 유효하므로 당사자의 의사에 따른 법률효과가 발생하게 되어 이행청구권과 채무불이행에 의한 손해배상청구권과 같은 채무불이행책임을 물을 수 있게 된다.

강행규정과 임의규정을 구분하는 일반적 원칙이 없기 때문에 구체적 규정에 따라 규정의 종류·성질·입법목적 등을 고려하여 구체적으로 결정해야 한다.

강행규정의 구체적 예로는 친족·상속에 관한 일정한 제도를 유지하기 위한 규정(친족편·상속편의 많은 규정), 법률질서의 기본구조에 관한 규정(능력과 법인에 관한 규정), 제3자의 이해관계와 사회일반의 이해에 직접 중요한 영향을 미치는 규정(물권의 많은 규정), 거래안전에 관한 규정(공시제도·선의취득·유가증권에 관한 규정), 경제적 약자의 보호를 위한 사회정책적인 규정(제104·289·608·652조, 주택임대차보호법, 약관규제에 관한 법률 등) 등이 있다.

(2) 목적의 적법성과 사회적 타당성

제103조의 '선량한 풍속 기타 사회질서'와 제105조의 '선량한 풍속 기타 사회질서'와 관련하여 적법성과 사회적 타당성을 구별할 필요가 없다는 견해(이영준 208쪽)와 구별하여야 한다는 견해(백태승 348쪽)가 나뉘고 있다. 양자의 구별을 긍정하는 견해에 따르면 적법성과 사회적 타당성 요건을 별개로 보아 법률행위가 유효하기 위해서는 그 목적이 강행규정에 위반하지 않아야 하고, 선량한 풍속 기타 사회질서에 위반해서는 안 된다고 한다. 양자의 구별을 부정하는 학설에 따르면 적법과 사회적 타당성의 요건을 동일시하여 강행규정은 선량한 풍속 기타 사회질서를 법률로 규제한 하나의 구체적 표현에 불과하기 때문에 양자는 모두 사적자치의 한계를 규정하는 것이므로 적법성 기준 이외에 사회적 타당성을 별도로 인정할 필요가 없다고 한다(이영준 208쪽).

사견으로는, 구분론에 따른다. 예컨대 이중매매 자체는 사적자치의 원칙의 위반이 아니지만 제2매수인이 매도인의 배임행위에 적극 가담한 경우에는 해당 이중매매는 적법성이 아닌 사회적 타당성을 잃어 무효가 된다고 본다(대판 1996. 10. 25, 96다29151 참조). 또한 판례는 담배사업법상 강행규정에 위반한 행위와 관련하여 '이에 위반하는 행위가 무효라고 하더라도 이것을 선량한 풍속 기타 사회질서에 반하는 행위라고 할 수 없다(대판 2001. 5. 29, 2001다1782)'고 하여 둘을 별개의 요건으로 파악하고 있다.

| **적법성과 불법원인급여** | 대법원 2001. 5. 29. 선고 2001다1782 판결 |

부당이득의 반환청구가 금지되는 사유로 민법 제746조가 규정하는 불법원인이라 함은 그 원인되는 행위가 선량한 풍속 기타 사회질서에 위반하는 경우를 말하는 것으로서 법률의 금지에 위반하는 경우라 할지라도 그것이 선량한 풍속 기타 사회질서에 위반하지 않는 경우에는 이에 해당하지 않는다고 할 것인바, 담배사업법은 "담배산업의 건전한 발전을 도모하고 국민경제에 이바지하게 함을 목적"으로 제정된 것으로서, 원료용 잎담배의 생산 및 수매와 제조담배의 제조 및 판매 등에 관한 사항을 규정하고 있기는 하나, 원래 담배사업이 반드시 국가의 독점사업이 되어야 한다거나 담배의 판매를 특정한 자에게만 하여야 하는 것은 아니어서 그 자체에 반윤리적 요소가 있는 것은 아니고, 또한 담배 사재기가 물가안정에 관한 법률에 의하여 금지되고 그 위반행위는 처벌되는 것이라고 하여도 이는 국민경제의 정책적

차원에서 일정한 제한을 가하고 위반행위를 처벌하는 것에 불과하므로, 이에 위반하는 행위가 무효라고 하더라도 이것을 선량한 풍속 기타 사회질서에 반하는 행위라고는 할 수 없다. 따라서 구 담배사업법(1999. 12. 31. 법률 제6078호로 개정되기 전의 것) 소정의 등록도매업자 또는 지정소매인이 아닌 자가 담배사재기를 위하여 한국담배인삼공사로부터 담배를 구입키로 하고 지급한 담배구입대금은 불법원인급여에 해당하지 않아 그 반환을 청구할 수 있다고 보아야 한다.

강행법규에 위반한 법률행위의 사법적 효력　대법원 1978. 5. 9. 선고 78다213 판결

변호사법 제48조는 강행법규로서 같은 법조에서 규정하고 있는 이익취득을 목적으로 하는 법률행위는 그 자체가 반사회적 성질을 띠게 되어 사법적 효력도 부정된다.

3. 효력규정 · 단속규정

개인의 의사에 의해 그 규정의 효력을 배제할 수 없다는 측면에서 보면 일반적으로 강행규정을 효력규정과 단속규정으로 구분할 수 있다(다수설). 효력규정은 그 규정을 위반하면 사법상 효력이 부정되는 규정이고, 단속규정은 그 규정을 위반하면 사법상 효력에 영향을 미치지 않는 규정을 말한다. 따라서 사법상 효력 측면에서 보면 강행규정은 단속규정과 달리 효력규정이라고 볼 수 있다. 왜냐하면 효력규정은 강행규정과 같이 그 규정의 위반 시 사법상 효력이 부정되기 때문이다. 반면에 단속규정은 국가가 일정한 행위를 단속할 목적으로 그것을 금지하거나 제한하는 것으로 위반시 행위 자체의 사법상 효력에 영향을 미치지 않는다. 그러므로 '단속규정'이란 일정한 행정목적으로 실현하기 위하여 설정된 행정법상 단속규정을 의미한다고 할 수 있다.

판례상 단속규정의 예	중간생략등기를 금지하는 부동산등기특별조치법 제2조제2항 투자일임매매약정을 제한하는 구 증권거래법 제107조 외국환관리법상의 제한규정(종래 효력규정으로 보던 입장을 변경함) 비실명금융거래금지하는 금융실명거래 및 비밀보장에 관한 법률 제3조제1항 국민주택의 전매 제한하는 주택건설촉진법 제38조의3 신용협동조합의 업무범위를 한정하고 있는 구 신용협동조합법 제29조제1항 　가목 및 제40조제1항
판례상 효력규정의 예	증권회사의 부당한 권유행위(투자자수익보장약정, 투자손실금보장약정)를 금지한 구 증권거래법 제52조 부동산중개수수료의 상한을 정한 공인중개자의 업무 및 부동산거래신고에 관한 법률 제32조와 관련한 규정 변호사 아닌 자의 법률상담 등의 행위를 금지하는 변호사법 제109조 의료인이나 의료법인 등 비영리법인 아닌 자의 의료기관 개설을 금지하는 의료법 제30조제2항

한편 어떤 규정이 효력규정인지 단속규정인지를 구분하는 기준은 매우 중요하지만 일반적인 원칙은 없다. 따라서 개별규정의 목적, 보호법익, 위반의 중대성, 법규정을 위반하려는 의도 등을 종합적, 구체적으로 고려하여 효력규정·단속규정의 여부를 판단해야 할 것이다.

4. 탈법행위

'탈법행위'란 강행법규에 직접 위반하지 않으나 강행규정이 금지하고 있는 실질적인 내용을 다른 수단으로 달성하려는 행위를 의미한다(대판 1997. 6. 27, 97다9529 참조). 예컨대, 공무원 또는 군인의 연금수급권을 대통령령으로 정하는 금융기관의 담보로 제공할 수는 있으나, 그 밖에는 이를 담보로 하는 것이 금지되어 있다(공무원연금법 제32조, 군인연금법 제7조). 그런데 이 연금수급권의 담보금지규정을 직접 위반하는 것을 피하기 위하여 공무원 또는 군인이 채권자에게 연금증서를 교부하고 대리권을 주어서 연금의 추심을 위임하고 추심한 연금을 변제에 충당하게 한다는 방법을 이용할 수 있다. 이 때 원금과 이자를 모두 변제할 때까지 추심위임을 해제하지 않겠다는 특약을 하면, 그것은 연금수급권을 담보로 제공하는 것과 동일한 효과를 거둘 수 있게 되는 탈법행위가 된다. 이러한 탈법행위는 법률이 인정하지 않는 것의 실현을 목적으로 하기 때문에 무효라고 할 것이다. 그런데 강행규정에 직접적으로 위반하든 또는 간접적으로 위반하든 그것이 강행규정 본래의 취지에 위반한 것이라면 굳이 강행규정 위반의 모습을 기준으로 탈법행위의 개념을 따로 인정할 것인가에 대해서는 견해가 나뉘고 있다.

탈법행위를 인정하는 학설에 따르면 탈법행위는 강행규정에 정면으로 위반하는 것은 아니지만 법률의 정신에 반하고 법률이 허용하지 않는 결과발생을 목적으로 하기 때문에 원칙적으로는 무효이지만 덕대계약(德大契約)(광업권의 임대차, 대법원 판례(대판 1976. 9. 14, 75다204)는 유효성을 인정)과 동산양도담보(2012년 6월 11일에 시행된 동산·채권 등의 담보에 관한 법률에 의하여 법인 또는 상업등기한 사람의 담보동산을 등기할 수 있으므로, 제한된 범위에서는 동산양도담보가 등기제도로 포섭되었음을 알 수 있음)는 탈법행위의 한계로 유효하다고 한다(김상용 393쪽). 탈법행위를 부정하는 견해에 따르면 탈법행위라고 하여 언제나 무효는 아니며, 강행규정의 취지에 따라 그 효력을 나누어 판단하자는 견해이다. 이 설에 따르면 강행규정이 '특정의 수단이나 형식'을 금지한 것에 지나지 않으면 유효라고 하고, '특정한 결과'를 금지한 것이라면 무효라고 한다.

생각건대 탈법행위는 원칙적으로 무효이지만 덕대계약과 일반인의 동산양도담보는 탈법행위의 한계로 유효하다.

탈법행위의 인정 여부   대법원 1997. 6. 27. 선고 97다9529 판결

국유재산 처분 사무의 공정성을 도모하기 위하여 관련 사무에 종사하는 직원에 대하여 부정한 행위로 의심받을 수 있는 가장 현저한 행위를 적시하여 이를 엄격히 금지하는 한편, 그 금지에 위반한 행위의 사법상 효력에 관하여 이를 무효로 한다고 명문으로 규정하고 있으므로, 국유재산에 관한 사무에 종사하는 직원이 타인의 명의로 국유재산을 취득하는 행위는 강행법규인 같은 법 규정들의 적용을 침탈하기 위한 탈법행위로서 무효이고, 나아가 같은 법이 거래안전의 보호 등을 위하여 그 무효로 주장할 수 있는 상대방을 제한하는 규정을 따로 두고 있지 아니한 이상, 그 무효는 원칙적으로 누구에 대하여서나 주장할 수 있으므로, 그 규정들에 위반하여 취득한 국유재산을 제3자가 전득하는 행위 또한 당연무효이다.

덕대계약   대법원 1976. 9. 14. 선고 75다204 판결

조광권자의 덕대계약에 의하여 내부적으로 채탄권에 따른 인사권 독립경영권등을 취득하는 한편 보안준수 종업원에 대한 재해보상등 의무를 부담하게 된 "갑"이 "을"과 분덕대계약을 체결하여 모든 권리의무를 이양받은 "을"이 갱을 직접 점유하여 그 책임과 채산아래 채탄하여 왔다고 해도 "갑"은 최소한 갱을 간접적으로 점유하고 있다고 볼 수 있고 이러한 간접점유자는 직접점유자가 그 손해의 방지에 필요한 주의를 해태하지 아니한 때에는 비록 제2차적일망정 점유자로서 공작물의 설치와 그 보존의 하자로 인한 손해를 배상할 책임이 있다 할 것이다.

제5항 목적의 사회적 타당성

1. 반사회질서의 법률행위(제103조)

> **제103조 [반사회질서의 법률행위]**
> 선량한 풍속 기타 사회질서에 위반한 사항을 내용으로 하는 법률행위는 무효로 한다.

(1) 의 의

법률행위의 목적은 사회적 타당성을 가져야 한다. 따라서 제103조는 목적의 적법성과 상이한 사회적 타당성을 규정한 것으로 선량한 풍속 기타 사회질서에 위반한 사항을 내용으로 하는 반사회질서의 법률행위에 대하여 그 효력을 인정하지 않음으로써 사회질서를 유지함에 목적을 두고 있다.

'선량한 풍속'과 '사회질서'의 관계에 대해서 선량한 풍속은 상위개념인 사회질서의 일종이라는 견해(곽윤직·김재형 282쪽, 송덕수 129쪽), 양자 모두 행위의 사회적 타당성

을 의미하는 추상적 일반조항으로서 양자를 합쳐서 사회질서라고 하면 충분하다는 견해(고상룡 370쪽, 이은영 367쪽, 백태승 348쪽)와 선량한 풍속은 윤리개념이고, 사회질서는 공익개념이기 때문에 어느 하나가 다른 하나에 포함되는 개념이 아니라 병존하는 개념이라는 견해(김상용 398쪽, 이영준 229쪽)가 있다.

사견으로는 구별론에 찬성한다. 선량한 풍속은 과거의 선량한 행태가 축적된 현재의 풍속이 기준이 되는 것으로 윤리개념에 가깝고, 사회질서는 과거가 아닌 현재의 질서행태가 기준이 되는 공익개념에 가깝다.

'선량한 풍속 기타 사회질서'란 사회의 건전한 도덕관념과 사회생활의 평화와 질서를 유지하는 데 있어서 일반국민이 반드시 지켜야 할 일반규범이다.

(2) 요 건

1) 주관적 인식의 요부

선량한 풍속 기타 사회질서에 위반한다는 것에 대해서 주관적인 인식이 있어야 할 필요성이 있는지에 대해서 견해가 나뉘고 있다. 즉, 자신의 법률행위가 사회질서에 반함을 행위자가 인식하여야 하는지에 대하여 긍정하는 견해(이영준 253쪽, 대판 1996. 10. 11, 95다1460)와 부정하는 견해(이은영 370쪽, 명순구 384쪽, 송덕수 130쪽)가 대립한다. 사견으로는 주관적 요건을 인정한다.

폭리행위의 악의 여부(적극)   대법원 1996. 10. 11. 선고 95다1460 판결

민법 제104조에 규정된 불공정한 법률행위는 객관적으로 급부와 반대급부 사이에 현저한 불균형이 존재하고 주관적으로 그와 같은 균형을 잃은 거래가 피해 당사자의 궁박, 경솔 또는 무경험을 이용하여 이루어진 경우에 한하여 성립하는 것으로서 약자적 지위에 있는 자의 궁박, 경솔 또는 무경험을 이용한 폭리행위를 규제하려는 데에 그 목적이 있으므로, 피해 당사자가 궁박, 경솔 또는 무경험의 상태에 있었다고 하더라도 그 상대방 당사자에게 그와 같은 피해 당사자측의 사정을 알면서 이를 이용하려는 의사, 즉 폭리행위의 악의가 없었다면 불공정한 법률행위는 성립하지 않는다.

---

2) 동기의 반사회성

법률행위 자체는 사회질서에 반하지 않지만 그 동기가 선량한 풍속 기타 사회질서에 위반하는 경우에 그 법률행위에 제103조를 적용하여 효력을 무효로 볼 것인지가 문제된다. 이에 대하여 불법한 동기가 표시된 때에 한하여 표시된 동기는 법률행위의 내용을 이루게 되어 반사회성을 갖추고 있는지를 판단할 수 있다는 견해(곽윤직·김재형 219쪽), 불법한 동기가 표시된 경우뿐만 아니라 표시되지 않았더라도 상대방이 그

동기를 알았거나 알 수 있었다면 그 법률행위는 무효로 된다는 견해(이영준 255쪽, 김 증한·김학동 312쪽, 김용한 267쪽), 일괄적으로 해결할 것은 아니고 유효와 무효의 이 익을 비교형량하여 결정하고 구체적 타당성을 확보하여야 한다는 견해(김주수·김상용 321쪽), 동기는 고려되지 않는 것이 원칙이나 법률행위의 해석을 통하여 동기가 법률 행위의 내용으로 되면 제103조를 적용할 수 있다는 견해(이영준 233-234쪽, 김상용 407-408쪽), 동기와 계약은 내용상 별개의 것이므로 동기가 불법이라고 하여도 계약 의 효력에는 영향을 주지 못하고, 예외적으로 동기가 표시되지 않았더라도 상대방이 알 수 있었던 경우, 양당사자가 계약에 의하여 공동으로 추구하는 목적이나 동기가 사회질서에 반하는 경우, 단독행위는 표시유무를 불문하고 무효라고 하는 견해(백태승 358-359쪽)가 있다. 판례(대판 1992. 11. 27, 92다7719, 대판 1994. 3. 11, 93다40522 등) 는 동기가 표시되거나 상대방에게 알려진 동기가 반사회적 행위에 해당한다고 한다.

사견으로는 동기가 반사회성이라는 이유만으로는 반사회질서행위에 해당되어 무효 로 볼 것이 아니라, 그 반사회성이 있는 동기가 법률행위의 내용인 된 경우 또는 그 동기가 표시되지 않았더라도 상대방이 알았거나 알 수 있었을 경우에는 무효로 볼 것이 다. 그 이유는 반사회성이 있는 동기가 표시된 경우에는 물론 표시되지 않았지만 상대방이 이를 알았거나 알 수 있었을 경우에는 반사회성이 사회질서에 편입되었기 때문이다.

무효로 되는 반사회질서행위의 의미　　　대법원 1994. 3. 11. 선고 93다40522 판결

민법 제103조에 의하여 무효로 되는 반사회질서행위는 법률행위의 목적인 권리 의무의 내용이 선량한 풍속 기타 사회질서에 위반되는 경우뿐만 아니라 그 내용 자 체는 반사회질서적인 것이 아니라고 하여도 법률적으로 이를 강제하거나 법률행위 에 반사회질서적인 조건 또는 금전적 대가가 결부됨으로써 반사회질서적 성질을 띠 게 되는 경우 및 표시되거나 상대방에게 알려진 법률행위의 동기가 반사회질서적인 경우를 포함한다.

3) 반사회성의 판단시기

반사회질서 법률행위에 대한 판단시기는 법률행위 당시를 기준으로 하여야 할 것이 다. 따라서 법률행위 시에 반사회성을 띠어 무효로 된 법률행위는 그 후 사회질서 의 개념이 바뀌게 되더라도 유효로 되지는 않는다. 그러나 일단 유효하게 성립한 법 률행위가 아직 이행되지 않고 있던 중 그 법률행위가 그 후의 사정에 의하여 사회질 서에 반하는 것으로 된 때에는 그 채무의 이행을 청구할 수 없다는 견해가 있다(이영 준 257쪽).

(3) 유 형

선량한 풍속 기타 사회질서에 반하는 행위에는 정의관념에 반하는 행위(범죄행위를 내용하는 계약, 매도인의 배임행위에 적극가담한 이중매매, 약정에 의해 정의관념에 반하는 경우, 경제정의 관념에 배치되는 경우, 과도한 의무부과계약, 상대방의 권리박탈행위, 공무원의 정당한 직무수행에 뇌물을 받는 행위, 금전을 받고 증인신청을 취하하는 행위), 인륜·신분질서에 반하는 행위(부자 또는 부부간의 인륜을 해하는 행위, 독신약관, 첩계약, 현재의 처와 이혼하면 혼인한다는 계약, 부모와 자가 동거하지 않는다는 계약, 자녀가 부모에 대하여 손해배상을 청구하는 행위, 부부관계의 종료를 해제조건으로 하는 증여계약 등), 개인의 자유를 심히 제한하는 행위(인신매매, 매춘행위, 윤락행위 및 이를 유인 또는 강요하는 행위, 노동3권의 박탈·제한, 노동관계법에 위배되는 계약이나 취업규칙, 고용주와 피고용자와의 사이에 퇴직 후 일정한 영업을 하지 않는다는 계약, 영업양도자가 일정한 기간 같은 종류의 영업을 하지 않는다는 계약), 생존의 기초재산에 관한 처분행위(사찰존립에 필수불가결한 임야의 증여계약, 장차 취득할 재산 모두를 양도하는 계약), 폭리행위(제104조) 등이 그 예이다.

그러나 양도소득세 회피를 위한 매매 또는 명의신탁, 강제집행면탈 목적의 허위의 부동산근저당설정등기행위, 전통사찰의 주지직의 양도양수를 위한 거액금액의 수수약정행위, 부첩관계 해소를 위한 금전지급약정행위, 법률에 근거한 복권(예: 각종 복권, 마권)발행행위, 양도소득세 면탈목적으로 면탈기간 3년 이후에 소유권이전등기를 받기로 한 계약, 정당한 매매계약체결 후 목적물이 범죄행위로 취득한 것을 알고 한 소유권이전등기행위 등은 반사회질서행위에 위반되지 않아 유효하다.

(4) 효 과

법률행위의 목적이 사회질서에 위반한 것이면 그 법률행위는 무효이다(제103조). 그 무효는 절대적이어서 선의의 제3자에게도 미치고, 사회질서위반의 무효인 행위를 추인하여도 새로운 법률행위의 효과가 발생하지 않는다(대판 1973. 5. 22, 72다2249).

그 법률행위가 물권행위인 경우 등기 또는 인도되었다 하더라도 물권변동은 발생하지 않고, 선의의 제3자의 소유권은 원인행위의 무효로 말소가 된다. 즉, 이중매매가 반사회질서행위로 무효가 되는 경우, 제2매수인으로부터 매수한 선의의 제3자(전득자)의 소유권은 매도인과 제2매수인 사이의 이중매매가 반사회질서행위가 무효가 되고, 이를 원인행위로 취득한 선의의 제3자의 소유권 또한 효력이 없어 말소가 된다. 다만 제1매수인은 매도인이 제2매수인에 대하여 피대위권리(부당이득반환청구권)가 존재하지 않음에도 불구하고 매도인을 대위하여 제2매수인 명의의 등기를 말소할 수 있다고 한다(대판 1980. 5. 27, 80다565). 그러나 판례는 매도인의 제2매수인에 대한 피대위권리가 존재하지 않음에도 불구하고 어떻게 제1매수인이 매도인을 대위하여 소유권이전등기말소청구를 할 수 있는지에 대한 구체적 언급이 없다.

채권행위인 경우 이행 전과 후로 나누어 살펴보아야 한다. 채권행위가 이행 전이면 그 채권행위의 효력이 발생하지 않아서 이행할 필요가 없다. 채권행위가 이행한 후인 경우, 학설의 견해가 다양하지만 판례는 불법성 비교론을 채용하면서 불법원인급여(제746조, 대판 1997. 10. 24, 95다49530 다수)를 적용하여 반환청구를 부인하고 있다. 그리고 일부만이 사회질서에 위반한다면 일부무효의 법리(제137조)에 따른다. 즉, 반사회질서행위가 분할이 가능한 경우에는 일부무효인 제137조를 적용하고, 분할이 가능하지 않을 경우에는 제138조가 적용되어 무효행위의 전환이 적용될 것이다(무효행위의 전환을 일부무효의 특수한 경우로 보는 견해에 따르는 경우).

반사회질서행위와 채권자대위   대법원 1980. 5. 27. 선고 80다565 판결

소외인으로부터 피고에게 소유권이전등기가 경료된 것이 원고에 대한 배임행위로서 반사회적 법률행위에 의한 것이라면 원고는 소외인을 대위하여 피고앞으로 경료된 등기의 말소를 구할 수 있다.

불법원인급여에서 불법성비교와 부당이득반환

대법원 1997. 10. 24. 선고 95다49530,49547 판결

민법 제746조에 의하면 급여가 불법원인급여에 해당하고 급여자에게 불법 원인이 있는 경우에는 수익자에게 불법 원인이 있는지의 여부나 수익자의 불법 원인의 정도 내지 불법성이 급여자의 그것보다 큰지의 여부를 막론하고 급여자는 그 불법원인급여의 반환을 구할 수 없는 것이 원칙이나, 수익자의 불법성이 급여자의 그것보다 현저히 크고 그에 비하면 급여자의 불법성은 미약한 경우에도 급여자의 반환 청구가 허용되지 않는다고 하는 것은 공평에 반하고 신의성실의 원칙에도 어긋나므로 이러한 경우에는 민법 제746조 본문의 적용이 배제되어 급여자의 반환 청구는 허용된다고 해석함이 상당하다.

---

(5) 불법원인급여와의 관계

통설과 판례(대판 1983. 11. 22, 83다430)에 따르면 제746조의 '불법'은 '선량한 풍속 기타 사회질서'에 반한다고 한다. 즉, 제103조와 제746조는 제103조에 의해 사전적으로 효과의 발생을 저지하였음에도 불구하고 물권의 변동이 발생한 경우에 제746조에 의하여 사후적으로 법적 구제를 거부하도록 하는 표리관계에 있다(이영준 263쪽, 백태승 358쪽). 이에 대하여 '불법'의 범위를 축소하여 사회질서에 위반할 뿐만 아니라 인격적으로도 비난을 받을 만한 경우에만 제746조의 적용이 있다는 견해가 있다(이은영, 채권각론, 박영사, 2006, 526-527쪽). 판례(대판 1983. 11. 22, 83다430)는 사회질서 위반

의 법률행위는 제103조에 의하여 무효이고 이는 제746조가 적용되어 부당이득반환청구(제741조) 및 물권적 반환청구(제213조)가 부인된다고 하여 표리일체관계설을 취하고 있다. 이 경우에 표리일체관계설이란 제103조의 반사회질서행위와 제746조의 불법원인급여가 전적으로 같은 범위라는 의미는 아니다. 왜냐하면 제746조의 모든 불법원인에 의한 행위가 곧 제103조에 반사회질서행위에 해당되는 것은 아니기 때문이다.

> **불법원인급여 요건으로서 불법의 의미**　　대법원 1983. 11. 22. 선고 83다430 판결
>
> 　민법 제746조가 규정하는 불법원인이라 함은 그 원인될 행위가 선량한 풍속 기타 사회질서에 위반하는 경우를 말하는 것으로서 설사 법률의 금지에 위반하는 경우라 할지라도 그것이 선량한 풍속 기타 사회질서에 위반하지 않는 경우에는 이에 해당하지 않는 것이다.

2. 불공정한 법률행위(제104조)

> **제104조 [불공정한 법률행위]**
>
> 　당사자의 궁박, 경솔 또는 무경험으로 인하여 현저하게 공정을 잃은 법률행위는 무효로 한다.

(1) 의 의

법률행위의 목적은 당사자에게 공정하여야 한다. 따라서 당사자의 궁박, 경솔 또는 무경험으로 인하여 현저하게 공정을 잃은 법률행위는 그 효력이 발생하지 않도록 하고 있다.

'현저하게 공정을 잃었다'라는 것은 급부와 반대급부가 현저하게 불균형한 상태를 의미한다. 이 경우 어느 정도가 현저한 불균형인가 대해서 의문이 있을 수 있으나 일정한 표준은 없고 구체적인 경우에 법관의 재량에 따라 결정될 것이며, 이 때 제103조의 선량한 풍속 기타 사회질서가 그 추상적인 표준이 될 수 있을 것이다.

> **시가의 1/3로 부동산을 매매한 경우 불공정한 법률행위인지 여부**
> 　　　　　　　　　　　　　　　　대법원 1973. 5. 22. 선고 73다231 판결
>
> 　건물의 매도인이 건물철거소송의 패소확정에 의하여 건물을 철거당함으로써 생업을 중단하게 될 궁박한 상태를 매수인이 이용하고 또 위 소송의 패소로써 위 궁박한 상태에 이르는 것으로 속단한 매도인의 경솔로 인하여 시가의 3분의1에 미달하는 금액을 대금으로 하여 이루어진 건물의 매매는 불공정한 법률행위로서 무효이다.

(2) 제103조와 제104조의 관계

반사회질서 행위에 관한 규정(제103조)과 불공정한 법률행위에 관한 규정(제104조)의 관계에 대해서 다수설과 판례(대판 1965. 11. 23, 65다28)는 후자는 전자의 예시규정에 불과하다고 한다. 따라서 불공정한 법률행위의 적용요건이 갖추어지지 않았더라도 반사회질서 규정을 적용하는 것은 가능하다.

사회질서 위반으로 제103조를 적용하기 위해서는 반사회성이라는 객관적인 요건을 중요하게 다루고, 제104조를 적용하기 위해서는 주관적 요건까지도 중요하게 다루어진다. 제103조의 효과는 절대적 무효이나 제104조의 효과는 일부무효도 있을 수 있다.

(3) 제104조의 적용범위

제104조는 매매 등과 같은 유상계약에 적용된다. 다만 계약이 아닌 유상행위 또는 무상행위에 대하여도 적용할 수 있는가에 대하여 의문이 있다. 학설은 유상행위에만 적용한다는 견해(곽윤직·김재형 280쪽, 김상용 401쪽, 김주수·김상용 303쪽, 백태승 376쪽), 무상행위에도 적용해야 한다는 견해(김증한·김학동 320쪽, 이영준 270쪽, 이은영 410쪽)로 나뉜다. 생각건대 후자의 견해가 바람직하다고 생각된다. 왜냐하면 강박에 의한 증여의 경우 전자의 학설에 따르면 제104조를 적용하지 못해 증여자의 진의와 관계없이 유효하게 되기 때문이다.

또한 대가관계를 상정할 수 있는 합동행위에도 제104조가 적용될 것이다(어촌계 총회결의에 의한 폭리행위, 대판 2003. 6. 27, 2002다68034).

> **어촌계 총회의 결의내용의 불공정**　　　대법원 2003. 6. 27. 선고 2002다68034 판결
>
> 법인 아닌 어촌계가 취득한 어업권은 어촌계의 총유이고, 그 어업권의 소멸로 인한 보상금도 어촌계의 총유에 속하므로 총유물인 손실보상금의 처분은 원칙적으로 계원총회의 결의에 의하여 결정되어야 할 것이지만, 어업권의 소멸로 인한 손실보상금은 어업권의 소멸로 손실을 입은 어촌계원들에게 공평하고 적정하게 분배되어야 할 것이므로, 어업권의 소멸로 인한 손실보상금의 분배에 관한 어촌계 총회의 결의 내용이 각 계원의 어업권 행사 내용, 어업 의존도, 계원이 보유하고 있는 어업 장비나 멸실된 어업 시설 등의 제반 사정을 참작한 손실의 정도에 비추어 볼 때 현저하게 불공정한 경우에는 그 결의는 무효이다.

(4) 요 건

1) 주관적 요건

불공정한 법률행위가 성립하기 위해서는 주관적으로 상대방의 궁박, 경솔, 무경험을 이용한다는 인식이 있어야 한다. 즉, 불공정한 법률행위가 성립하기 위해서는 반드

시 악의가 있어야 하고 이러한 악의는 객관적 요건의 존재가 있다고 하여 추정되지는 않는다. 요건으로 궁박, 경솔, 무경험의 세 가지를 갖출 필요는 없고 이 중 하나만 충족하면 된다.

'궁박'은 급박한 곤궁을 뜻하는 것으로 벗어날 길이 없는 어려운 상태를 말한다. 궁박의 상태가 계속적이든 일시적이든 무방하며, 궁박은 경제적, 정신적 또는 실리적 원인에 기인할 수도 있다(대판 2008. 3. 14, 2007다11996 등 다수).

'경솔'은 신중하지 못한 것을 말한다. 의사를 결정할 때에 그 행위의 결과나 장래에 관하여 보통인이 베푸는 고려를 하지 않는 심리상태에 있으면 경솔에 해당한다. 독일민법은 1976년 개정시 '경솔(Leichtsinn)'이란 표현 대신에 '판단능력부족(Mangel an Urteilvermögen)' 또는 '현저한 의지박약(erhebliche Willensschwäche)'으로 바꾸었고, 이런 표현은 2004년 민법 개정안에서 '경솔'을 '판단력의 부족'으로 수정하여 제안하였었다. 따라서 우리 민법에 고려해 볼 가치가 있다.

'무경험'이란 일반적인 생활경험이 불충분한 것을 말한다. 어느 특정영역에서의 경험부족이 아니라 거래일반에 대한 경험부족을 의미한다(대판 2008. 3. 14, 2007다11996). 또한 판례는 농촌에서 농사만 짓다가 처음 사고를 당한 농부(대판 1979. 4. 10, 78다2457), 질병을 앓고 있는 무학문맹의 노인(대판 1979. 4. 10, 79다275), 사회경험이 부족한 가정주부(대판 1975. 5. 13, 75다92)를 무경험자의 예로 들고 있다.

당사자의 궁박 또는 무경험 상태의 존재 여부는 그의 나이, 직업, 교육, 사회경험의 정도, 재산상태 및 그가 처한 상황의 절박성의 정도 등 제반 사정을 종합하여 구체적으로 판단하여야 하며(대판 2008. 3. 14, 2007다11996), 법률행위가 현저하게 공정을 잃었다고 하여 곧 그것이 궁박, 경솔 또는 무경험으로 이루어진 것이라고 추정되지 않는다(대판 1976. 4. 13, 75다704).

한편, 대리행위에서는 궁박은 본인을 기준으로, 경솔이나 무경험은 대리인을 기준으로 판단하여야 한다(대판 1972. 4. 25, 71다2255).

그리고 위 요건 이외에 '폭리자의 이용의도(악의)'가 있어야 한다. 판례는 '피해당사자가 궁박, 경솔 또는 무경험의 상태에 있고 상대방 당사자가 그와 같은 피해 당사자 측의 사정을 알면서 이를 이용하려는 의사 즉, 폭리행위의 악의를 가지고....(대판 2010. 7. 15, 2009다50308; 대판 2011. 1. 27, 2010다53457)'고 하여, 폭리자의 악의(이용의도)를 또 다른 주관적 요건으로 언급하고 있다.

> **불공정한 법률행위 판단기준**   대법원 2008. 3. 14. 선고 2007다11996 판결
>
> 민법 제104조에 규정된 불공정한 법률행위는 객관적으로 급부와 반대급부 사이에 현저한 불균형이 존재하고, 주관적으로 그와 같이 균형을 잃은 거래가 피해 당사자의 궁박, 경솔 또는 무경험을 이용하여 이루어진 경우에 성립하는 것으로서,

약자적 지위에 있는 자의 궁박, 경솔 또는 무경험을 이용한 폭리행위를 규제하려는 데에 그 목적이 있고, 불공정한 법률행위가 성립하기 위한 요건인 궁박, 경솔, 무경험은 모두 구비되어야 하는 요건이 아니라 그 중 일부만 갖추어져도 충분한데, 여기에서 '궁박'이라 함은 '급박한 곤궁'을 의미하는 것으로서 경제적 원인에 기인할 수도 있고 정신적 또는 심리적 원인에 기인할 수도 있으며, '무경험'이라 함은 일반적인 생활체험의 부족을 의미하는 것으로서 어느 특정영역에 있어서의 경험부족이 아니라 거래일반에 대한 경험부족을 뜻하고, 당사자가 궁박 또는 무경험의 상태에 있었는지 여부는 그의 나이와 직업, 교육 및 사회경험의 정도, 재산 상태 및 그가 처한 상황의 절박성의 정도 등 제반 사정을 종합하여 구체적으로 판단하여야 하며, 한편 피해 당사자가 궁박, 경솔 또는 무경험의 상태에 있었다고 하더라도 그 상대방 당사자에게 그와 같은 피해 당사자측의 사정을 알면서 이를 이용하려는 의사, 즉 폭리행위의 악의가 없었다거나 또는 객관적으로 급부와 반대급부 사이에 현저한 불균형이 존재하지 아니한다면 불공정 법률행위는 성립하지 않는다.

2) 객관적 요건

객관적으로는 급부와 반대급부 사이에 객관적 가치가 크게 차이가 있어야 한다. 즉, 현저하게 공정성이 상실되어야 한다. 어느 정도가 현저하게 공정성을 잃었는가에 대한 일정한 표준은 없다. 구체적 사안의 경우, 법관의 재량으로 판단하지만, 제103조의 선량한 풍속 기타 사회질서가 추상적 기준이 될 것이다. 그리고 현저하게 공정성이 상실되었다고 하기 위해서는 당사자의 주관적 기준에 따를 것은 아니고 객관적인 기준에 따라야 할 것이다. 판례는 시가의 3분의 1에 미달하는 금액을 대금으로 이루어진 건물의 매매를 불공정한 법률행위로 인정한다(대판 1973. 5. 22, 73다231).

대가적 관계가 없는 증여는 불공정한 법률행위가 적용될 여지가 없지만(대판 1993. 7. 16, 92다41528,41535), 단독행위에는 적용될 수 있다. 예컨대, 구속된 남편의 징역형을 면하기 위하여 한 채권포기행위는 거래관계에서 현저하게 균형을 잃은 행위로서 불공정한 법률행위에 해당된다(대판 1975. 5. 13, 75다92).

3) 요건의 판단시기

요건의 판단시기에 대해서는 법률행위시에 판단하자는 견해(곽윤직·김재형 221쪽, 고상룡 356쪽, 김상용 419쪽, 이은영 416쪽)가 다수설이다. 판례(대판 2013. 9. 26, 2013다26746 전원합의체) 또한 같다. 다만 이행기에 현저한 불균형이나 불이익이 없어진 경우에는 그 이행기에 와서 법률행위를 무효로 주장할 수 없다고 해석한다(이은영 416쪽).

| 정신적 궁박의 인정 여부 | 대법원 1996. 6. 14. 선고 94다46374 판결 |

민법 제104조에 규정된 불공정한 법률행위는 객관적으로 급부와 반대급부 사이

에 현저한 불균형이 존재하고, 주관적으로 그와 같이 균형을 잃은 거래가 피해 당사자의 궁박, 경솔 또는 무경험을 이용하여 이루어진 경우에 성립하는 것으로서, 약자적 지위에 있는 자의 궁박, 경솔 또는 무경험을 이용한 폭리행위를 규제하려는 데 그 목적이 있고, 불공정한 법률행위가 성립하기 위한 요건인 궁박, 경솔, 무경험은 모두 구비되어야 하는 요건이 아니고 그 중 일부만 갖추어져도 충분한데, 여기에서 '궁박'이라 함은 '급박한 곤궁'을 의미하는 것으로서 경제적 원인에 기인할 수도 있고, 정신적 또는 심리적 원인에 기인할 수도 있으며, 당사자가 궁박의 상태에 있었는지 여부는 그의 신분과 재산상태 및 그가 처한 상황의 절박성의 정도 등 제반 상황을 종합하여 구체적으로 판단하여야 한다.

심리적 궁박의 인정 여부   대법원 1997. 3. 25. 선고 96다47951 판결

지역사회에서 상당한 사회적 지위와 명망을 가지고 있는 자가 유부녀와 통정한 후 상간자의 배우자로부터 고소를 당하게 되면 자신의 사회적 명예가 실추되고 구속될 여지도 있어 다소 궁박한 상태에 있었다고 볼 수는 있으나 상간자의 배우자가 상대방의 그와 같은 처지를 적극적으로 이용하여 폭리를 취하려 하였다고 볼 수 없는 경우, 고소를 하지 않기로 합의하면서 금 170,000,000원의 약속어음공정증서를 작성한 행위가 불공정한 법률행위에 해당한다고 볼 수 없다고 한 원심판결을 수긍한 사례.

(5) 입증책임

당사자의 궁박, 경솔 또는 무경험으로 인하여 급부와 반대급부 간의 현저한 불균형이 있다고 하여 곧바로 당사자의 궁박, 경솔 또는 무경험에 기인한 것으로 추정되지 않고(대판 1969. 12. 30, 69다1873), 이로 인한 법률행위의 무효를 주장하기 위해서는 무효를 주장하는 자에게 입증책임이 있다.

불공정한 법률행위의 입증책임   대법원 1977. 12. 13. 선고 76다2179 판결

매매가격이 시가의 약 8분의 1정도로 현저한 차이가 있고 매도인이 평소 어리석은 사람인 것이 인정되며 또한 매수인은 이긴 부동산을 매수한 후 약 3개월 후에 매수가격이 4.5배 정도로 전매한 경우 특별한 합리적인 근거를 찾아 볼 수 없는 사정이라면 이는 매도인의 경솔, 무경험에 인한 것이며 매수인이 그 사정을 알고 이를 이용함으로써 이루어졌다고 추인할 수 있다.

(6) 효 과

불공정한 법률행위는 무효이다. 이 무효는 절대적 무효로서 추인에 의하여 유효하게 되지 않는다(대판 1994. 6. 24, 94다10900). 법률행위의 전부가 아닌 일부가 무효가

되는 경우 일부무효의 법리가 적용된다(제137조). 그리고 불공정한 법률행위가 불법행위의 요건을 갖추면 불법행위로 인한 손해배상청구권이 발생한다. 또한 불공정한 법률행위를 아직 이행하지 않은 경우 이행할 필요는 없고, 이미 이행한 경우에는 제746조 본문에 적용되어 이미 이행한 것을 반환청구할 수 없지만, 폭리자에게만 불법성이 있고 상대방에게 불법성이 없는 경우에는 제746조 단서가 적용되어 이미 이행한 것을 반환청구할 수 있다.

판례는 불공정한 법률행위의 무효는 절대적 무효로서, 목적부동산이 제3자에게 이전된 경우에 제3자가 선의라고 하여도 그 소유권을 취득하지 못한다(대판 1963. 11. 7, 63다479). 또한 불공정한 계약으로 인하여 불이익을 입는 당사자로 하여금 불공정성을 소송 등 사법적 구제수단을 통하여 주장하지 못하도록 하는 부제소의 합의 역시 무효이다(대판 2010. 7. 15, 2009다50308).

한편 불공정한 법률행위가 불법원인급여에 해당하는 경우, 폭리의 피해자만이 반환청구권을 갖는다는 견해(이은영 417쪽), 양속위반과 반사회질서위반을 구분하여 규율하는 견해(송덕수 262쪽), 모든 경우 부당이득반환청구를 인정하는 견해(명순구 390쪽)가 있다. 이에 대하여 공평의 원칙에 부합하도록, 폭리자의 행위와 상대방의 행위를 구분하여 상대방이 폭리자의 폭리행위에 부응하여 폭리를 얻은 것이 아니라면 폭리자가 상대방에게 행한 급부행위 자체는 유효하므로 상대방은 그 급부를 유효하게 소지한다고 볼 수 있다(이영준 279쪽).

불공정한 법률행위의 절대적 무효　　　　대법원 1963. 11. 7. 선고 63다479 판결

대물변제계약이 불공정한 법률행위로서 무효인 경우에는 목적부동산이 제3자에 소유권이전등기가 된 여부에 불구하고 누구에 대하여서도 무효를 주장할 수 있다.

불공정한 법률행위의 무효에 관한 부제소합의의 무효

대법원 2010. 7. 15. 선고 2009다50308 판결

매매계약과 같은 쌍무계약이 급부와 반대급부와의 불균형으로 말미암아 민법 제104조에서 정하는 '불공정한 법률행위'에 해당하여 무효라고 한다면, 그 계약으로 인하여 불이익을 입는 당사자로 하여금 위와 같은 불공정성을 소송 등 사법적 구제수단을 통하여 주장하지 못하도록 하는 부제소합의 역시 다른 특별한 사정이 없는 한 무효이다.

불공정조항 무상행위 적용 여부　　　　대법원 2000. 2. 11. 선고 99다56833 판결

민법 제104조가 규정하는 현저히 공정을 잃은 법률행위라 함은 자기의 급부에 비하여 현저하게 균형을 잃은 반대급부를 하게 하여 부당한 재산적 이익을 얻는 행

위를 의미하는 것이므로, 증여계약과 같이 아무런 대가관계 없이 당사자 일방이 상대방에게 일방적인 급부를 하는 법률행위는 그 공정성 여부를 논의할 수 있는 성질의 법률행위가 아니다.

제5관 법률행위의 해석

제1항 법률행위의 해석의 의의

1. 법률행위의 의의 및 필요성

'법률행위의 해석'이란 법률행위의 목적 또는 내용을 확정하는 것이다.

법률행위의 해석은 표의자의 의사표시가 명확하거나 진의와 일치하는 경우에 문제되지는 않는다. 그러나 먼저 법률행위의 해석이 필요한 것은 표의자의 표시를 의사표시로 볼 수 있을 것인지(의사표시의 존재 여부를 포함)가 문제되는 경우이다. 그 밖에 법률행위의 당사자가 누구인가 문제가 되는 경우(대판 2011. 1. 27, 2010다81957), 당사자의 의사표시의 합치가 있었는지가 문제되는 경우, 체결된 계약이나 단독행위의 법률효과를 확정하고자 하는 경우 등에 있어서 법률행위의 해석이 필요하다. 따라서 법률행위의 해석에 의하여 그 내용이 확정되어야 그 법률행위에 따른 법적 효과가 확실하게 되고, 확정된 법적 효과를 법률이 보장할 것인지, 보장한다면 어떠한 법률에 의하여 보장할 것인지를 결정할 수 있게 된다. 법률행위는 의사표시를 요소로 하는 것이므로, 법률행위의 해석을 달리 '의사표시의 해석'이라고 할 수 있다. 법률행위의 해석의 예를 들면, 갑이 을회사를 인수하면서 A사장의 대우에 대하여 인수약정서에 '최대한 노력하겠다'고 적은 경우, 이것이 계약인지 또는 단순히 호의관계인지 해석의 문제가 있고, A와 B가 동업계약을 하면서 '부정행위'가 있을 때 손해배상한다고 약정했을 경우, B가 동업을 위해 돈을 사용하였지만 A와 상의하지 않은 것은 부정행위에 해당하는지 여부의 해석문제가 있다.

2. 법률행위 해석의 방법

(1) 주관적 해석

주관적 해석이란 "어떤 의사표시가 진의와 다르게 잘못하여 표시(오표시)된 경우, 상대방이 진의를 인식했다면 그 진의대로 의사표시의 효력이 발생한다는 해석"을 말한다. 즉, 사실상 일치하여 의욕된 것(의사의 일치)은 문언의 일반적 의미보다 우선한다는 해석으로 "자연적 해석"이라고도 한다. 이 해석은 "잘못된 표시는 해가 되지 않는다(falsa demonstratio non nocet, 오표시 무해의 원칙)"에서 발전된 것이다. 예를 들면, 중국에 유학중인 한국학생 사이에 금전을 빌려주고 빌리는 데(금전소비대차)에 있어서 한국화폐 단위인 "원"으로 표시되었지만 당사자는 중국화폐인 "위안"으로 생각하였다면 표시된 "원"이 아닌 "위안"으로 해석하는 방법이다. 그리고 주관적 해석에 따른 판례도 다수가 존재한다(대판 1993. 10. 26, 93다2629 · 2636; 대판 2001. 5. 29, 2000다3897; 대판 2010. 4. 29, 2009다29465).

한편 표의자의 착오에 의한 의사표시를 상대방이 표의자의 진정한 의사를 알 수 있었으나, 실제로 알지 못한 경우에는 주관적 해석이 적용되지 않고, 착오에 의한 의사표시의 문제가 발생되어 제109조(착오에 의한 의사표시) 적용에 따른 취소문제가 발생하게 된다.

계약당사자의 확정방법　　　　대법원 2001. 5. 29. 선고 2000다3897 판결

계약을 체결하는 행위자가 타인의 이름으로 법률행위를 한 경우에 행위자 또는 명의인 가운데 누구를 계약의 당사자로 볼 것인가에 관하여는, 우선 행위자와 상대방의 의사가 일치한 경우에는 그 일치한 의사대로 행위자 또는 명의인을 계약의 당사자로 확정해야 하고, 행위자와 상대방의 의사가 일치하지 않는 경우에는 그 계약의 성질 · 내용 · 목적 · 체결 경위 등 그 계약 체결 전후의 구체적인 제반 사정을 토대로 상대방이 합리적인 사람이라면 행위자와 명의자 중 누구를 계약 당사자로 이해할 것인가에 의하여 당사자를 결정하여야 한다.

(2) 객관적 해석

객관적 해석이란 "표의자의 의사표시에 대하여 상대방이 어떻게 이해하였는지 관계없이 의사표시의 객관적 의미를 명백하게 확정하는 해석"을 말한다. 또한 판례도 "당사자가 그 표시행위에 부여한 객관적 의미를 명백하게 확정하는 것"이 법률행위의 해석이라고 한다(대판 1988. 9. 27, 86다카2375). "객관적 의미"를 탐색하기 위하여 표현행위의 의미에 관련된 모든 사정을 종합적으로 고려하여야 한다. 또한 판례도 "객관적인 의미가 명확하게 나타나지 않는 경우, 그 문언의 내용과 그 법률행위가 이루어진 동기 및 경위, 당사자가 그 법률행위에 의하여 달성하려고 하는 목적과 진정한 의사, 거래의 관행 등을 종합적으로 고려하여 사회정의와 형평의 이념에 맞도록 논리와 경험의 법칙 그리고 사회 일반의 상식과 거래의 통념에 따라 합리적으로 해석하여야 한다(대판 1996. 7. 30, 95다29130)"고 언급하고 있다. 객관적 해석을 "규범적 해석"이라고도 한다.

예를 들면, 매도인이 매매목적물인 동산을 76만원에 매도하려는 의사를 가지고 있었으나, 계약서에 67만원으로 그릇되게 표시하였고, 상대방인 매수인이 이 표시가 그

롯된 것을 몰랐을 경우, 매매대금은 표시된 대로 67만원으로 된다는 해석이 규범적 해석이다.

> **계약해석의 기준과 방법**　　　　　대법원 1996. 7. 30. 선고 95다29130 판결
>
> 　일반적으로 법률행위의 해석은 당사자가 그 표시행위에 부여한 객관적인 의미를 명백하게 확정하는 것으로서 당사자가 표시한 문언에 의하여 그 객관적인 의미가 명확하게 드러나지 않는 경우에는 그 문언의 내용과 그 법률행위가 이루어진 동기 및 경위, 당사자가 그 법률행위에 의하여 달성하려고 하는 목적과 진정한 의사, 거래의 관행 등을 종합적으로 고찰하여 사회정의와 형평의 이념에 맞도록 논리와 경험의 법칙, 그리고 사회 일반의 상식과 거래의 통념에 따라 합리적으로 해석하여야 한다.

(3) 보충적 해석

　보충적 해석이란 "법률행위의 틈이 있는 경우 이를 보충하는 해석"을 말한다. 이러한 보충적 해석은 주관적 해석(자연적 해석)이나 객관적 해석(규범적 해석)에 의해 법률행위의 성립이 인정된 이후에 문제가 된다. 이것은 법률행위의 틈을 가정적인 당사자의 의사에 의하여 보충하는 것이다. "가정적인 당사자의 의사"란 만약 당사자들이 계약의 흠을 알았더라면 규정하였을 것이라고 추측되는 것을 말한다(곽윤직·김재형 298쪽). 판례 또한 보충적 해석을 인정하고 있다. 즉, 계약당사자 쌍방이 계약의 전제나 기초가 되는 사항에 관하여 같은 내용으로 착오가 있고 이로 인하여 그에 관한 구체적 약정을 하지 아니하였다면, 당사자가 그러한 착오가 없을 때에 약정하였을 것으로 보이는 내용으로 당사자의 의사를 보충하여 계약을 해석할 수 있다고 한다. 여기서 보충되는 당사자의 의사는 당사자의 실제 의사 또는 주관적 의사가 아니라 계약의 목적, 거래관행, 적용법규, 신의칙 등에 비추어 객관적으로 추인되는 정당한 이익조정 의사를 말한다(대판 2006. 11. 23, 2005다13288).

　한편 보충적 해석을 법률행위의 보충이라고 본는 견해(김상용 415쪽, 이영준 306쪽), 법의 적용으로 보는 견해(이은영 429쪽, 김준호 233쪽, 송덕수 190쪽)로 나뉜다.

3. 법률행위 해석의 표준

　해석의 표준에 대해서 일반적 규정을 두고 있는 국가(프랑스, 독일, 스위스)도 있으나 우리나라의 경우 제106조의 규정이 있을 뿐이다. 해석의 표준에 대해서는 일반적으로 당사자의 목적, 관습, 임의규정, 신의성실의 원칙과 조리가 법률행위 해석의 중요한 표준이 된다. 그 이외에 의사표시가 행하여진 당시의 사정도 해석의 기준이 될 수 있는가에 대해서는 견해(이은영 426쪽)가 나뉘고 있다.

제2항 당사자의 목적

법률행위를 해석한다는 것은 우선 당사자가 법률행위를 통해서 이루고자 하는 목적을 파악하는 것이다. 그러나 일반적으로 법률행위(계약)의 문언에서 당사자의 의도나 목적을 파악하지 못하는 경우가 많다. 따라서 법률행위에 의하여 표시된 문자나 행위에만 국한될 것이 아니라 당사자가 이루고자 하는 취지를 찾아서, 그 취지를 달성하도록 해석해야 한다. 즉, 법률행위 중 모순되는 부분은 되도록 통일적으로 해석하고, 행위의 내용 또는 목적은 될 수 있으면 가능·유효하도록 해석하여야 한다(예: 유효·무효 어느 쪽으로도 해석할 수 있는 경우, 유효한 것으로 해석)(곽윤직·김재형 300쪽).

제3항 임의규정(제105조)

> **제105조 [임의규정]**
> 법률행위의 당사자가 법령중의 선량한 풍속 기타 사회질서에 관계없는 규정과 다른 의사를 표시한 때에는 그 의사에 의한다.

사적자치의 원칙에 따라 법률행위의 당사자가 법령 중의 선량한 풍속이나 기타 사회질서에 관계없는 규정과 다른 의사를 표시한 때에는 그 의사에 따르도록 하여 의사표시가 임의규정과 다른 때에는 임의규정의 적용을 배제하고 당사자의 의사에 따라 효력이 발생하게 된다. 그러나 당사자의 의사가 불명확하거나 불완전한 경우에도 당사자의 의사에 따른 효력이 발생하는 것은 문제가 있으므로 이를 반대로 해석하여 당사자의 의사가 불분명하거나 당사자가 특별한 의사가 없는 경우에는 임의규정을 적용할 수 있을 것이고, 이에 임의규정이 법률해석의 표준이 된다.

제4항 사실인 관습(제106조)

> **제106조 [사실인 관습]**
> 법령 중의 선량한 풍속 기타 사회질서에 관계없는 규정과 다른 관습이 있는 경우에 당사자의 의사가 명확하지 아니한 때에는 그 관습에 의한다.

법령 중의 선량한 풍속 기타 사회질서에 관계없는 규정과 다른 관습이 있는 경우에는 당사자의 의사가 명확하지 아니한 때에 그 관습에 의한다고 하여 법률행위의 해석의 표준으로 관습을 두고 있다. 따라서 제106조가 적용되기 위해서는 강행법규에 위반되지 않아야 하고(대판 1983. 6. 13, 80다3231), 임의법규가 존재하거나 존재하지 않아야 하며, 임의법규와 다른 관습이 존재하고, 마지막으로 당사자의 의사가 명확하지 않아야 하는 네 가지의 요건을 갖추어야 하고, 제106조의 적용으로 당사자의 의사를 보충하는 효과를 얻을 수 있다. 입증책임에 관하여 사실인 관습은 일반생활에서 일종의 경험칙에 속하는 것이고, 경험칙은 일종의 법칙이므로 법관이 어떠한 경험칙의 유무를 판단함에는 당사자의 주장이나 입증에 구애됨이 없이 법관 스스로 직권에 의하여 이를 판단할 수 있다(대판 1976. 7. 13, 76다983). 그러나 법원이 이를 알 수 없을 때에는 당사자가 주장·입증하여야 할 경우가 생길 수 있다(대판 1983. 6. 14, 80다3231).

제106조에서 '관습'이란 제1조에서 말하는 '관습법'과는 구별하는 것이 판례 및 다수설의 입장이다. 제1조의 관습법은 사회적으로 법적 확신을 가진 것으로 법으로서 인정되는 관습이고, 제106조의 관습을 '사실인 관습'이라고 하고, 이는 사회적으로 법적 확신을 얻지 않은 것을 의미한다. 따라서 '사실인 관습'은 당사자의 의사를 해석하는 표준으로 의사표시의 내용이 되어 효력을 가지게 되지만, '관습법'은 당사자의 의사와는 관계없이 당연히 법규로서의 효력이 있다.

관습법은 법률에 대하여 보충적 효력을 가질 뿐이므로 법률에 규정이 있는 사항에 대해서는 그 존재가 인정될 수 없지만, 사실인 관습은 법률행위의 해석을 통하여 임의법규를 개폐하는 효력을 가진다. 그러므로 제1조는 법률적용의 문제이고, 제106조는 법률해석의 문제이므로 모순이 되지는 않는다. 그러나 법률행위의 해석을 하는 경우에, 사실인 관습에는 관습법도 포함해야 한다는 견해가 있다. 즉, 사적자치가 인정되는 범위에서는 사실인 관습이나 관습법은 임의규정에 우선해서 해석의 기준이 되고, 따라서 이 한도에서는 관습법과 사실인 관습을 구별할 필요가 없다(곽윤직·김재형 301쪽).

〈사실인 관습과 관습법의 비교〉

구분 \ 차이	개념	관련규정	법률행위의 해석	효력
사실인 관습	사회의 법적 확신에 의하여 지지될 정도에 이르지 않는 관습	제106조	법률행위 해석의 표준	임의규정을 개폐하는 효력
관습법	사회의 법적 확신 또는 법적 인식에 의하여 지지되고 있는 법으로서 가치를 갖는 관습	제1조	법률행위 해석과 관계없이 법규로서 효력	법규정의 보충적 효력

제5항 신의성실의 원칙(제2조)과 조리

법률행위의 해석의 기준으로 당사자의 목적, 관습, 임의규정에 의하더라도 그 법률
행위의 내용을 확정할 수 없는 경우에는 법률상의 행동원리가 되는 신의성실의 원칙이
나 법의 근본이념이 되는 조리에 따라야 한다. 신의성실의 원칙 또는 조리를 기준으로
하는 예로 '예문해석'이 있다. 일반적으로 부동산임대차, 부동산매매, 금전소비대차, 위
임, 제한물권설정 등의 계약에서는 이미 정해진 일정한 서식을 이용한다. 그러나 이러
한 내용을 당사자의 합의내용으로 보지 않고, 단순한 '예문'에 지나지 않는 것으로 보
아 당사자를 구속하지 않는다(대판 1996. 10. 29, 95다2494 등 다수). 이를 '예문해석'이라
한다. 이는 예문이 조리 또는 신의성실의 원칙에 위반하므로 구속력이 없다고 새기는
조리해석이라고 하였다. 그러나 예문이 계약내용이 되는 약관에 해당하는 경우 즉, 예
문이 약관으로서 계약에 편입되는 경우에는 약관의 규제에 관한 법률이 적용된다.

부동문자로 인쇄된 일반거래약관상 의사표시의 해석방법
대법원 1996. 10. 29. 선고 95다2494 판결

근저당권설정계약서는 처분문서이므로 특별한 사정이 없는 한 그 계약 문언대로
해석하여야 함이 원칙이나, 근저당권설정계약서가 일률적으로 일반거래약관의 형태
로 부동문자로 인쇄하여 두고 사용하는 계약서인 경우에 그 계약조항에 피담보채무
의 범위를 근저당권 설정으로 공급받는 계속적인 물품공급거래로 인한 대금채무 외
에 기존의 채무나 장래에 부담하게 될 다른 원인에 의한 모든 채무도 포괄적으로
포함하는 것으로 기재하였다고 하여도, 당사자의 의사는 당해 물품공급거래로 인한
대금채무만을 그 근저당권의 피담보채무로 약정한 취지라고 해석하는 것이 합리적
일 때에는 그 계약서의 피담보채무에 관한 포괄적 기재는 부동문자로 인쇄된 일반
거래약관의 예문에 불과한 것으로 보아 그 구속력을 배제하는 것이 타당하다.

제6관 흠결 있는 의사표시

제1항 흠결 있는 의사표시의 의의

'흠결 있는 의사표시'란 내심의 효과의사와 표시상의 효과의사가 합치하지 않는 경
우와 사기·강박에 의한 의사표시를 말한다. 법률행위가 효력을 발생하기 위해서는
내심의 효과의사와 표시행위가 일치하여야 하는데 그렇지 않은 경우 문제가 된다. 이
에 내심의 효과의사에 따라 효력을 발생할 것인지 표시된 행위에 따라 효력을 발생할
것인지가 문제된다. 우리 민법은 이러한 문제를 일괄적으로 처리하지 않고 거래안전

을 해치지 않는 범위 내에서 표의자의 진의를 존중하고 표의자의 이익과 사회 일반의 이익을 조화하기 위해서 절충주의를 취하고 있다.

제2항 의사와 표시의 불일치

의사와 표시의 불일치 즉, 내심의 효과의사와 표시상 효과의사가 불일치한 경우를 다시 불일치를 표의자가 스스로 알고 있는 경우와 알지 못하는 경우로 구분한다. 표의자가 의사와 표시의 불일치를 알고 있는 경우는 다시 상대방과 통정한 경우 즉, 통정허위표시(제108조)와 그러하지 않은 경우 즉, 진의 아닌 의사표시(제107조)가 문제되고, 표의자가 의사와 표시의 불일치를 모르는 경우에는 착오에 의한 의사표시(제109조)가 문제된다.

분류 / 표의자·상대방·제3자		표의자	상대방		무효·취소할 경우, 선의의 제3자에게
			선의·무과실	악의 또는 과실	
비진의표시(심리유보) (제107조)		–	유효	무효	대항하지 못 한다
통정허위표시(제108조)		–	–	악의의 경우로 무효	대항하지 못 한다
착오(제109조)		중과실이 면 유효	취소	취소	대항하지 못 한다
사기·강박 (제110조)	상대방의 사기·강박 (제110조 제1항)	–	–	악의의 경우만 취소	대항하지 못 한다
	제3자의 사기·강박 (제110조 제2항)	–	유효	취소	대항하지 못 한다

1. 진의 아닌 의사표시(비진의표시, 심리유보)(제107조)

> **제107조 [진의 아닌 의사표시]**
> ① 의사표시는 표의자가 진의아님을 알고한 것이라도 그 효력이 있다. 그러나 상대방이 표의자의 진의아님을 알았거나 이를 알 수 있었을 경우에는 무효로 한다.
> ② 전항의 의사표시의 무효는 선의의 제3자에게 대항하지 못한다.

(1) 의 의

'진의 아닌 의사표시'란 표의자가 진의아님을 알고서 한 의사표시로 '비진의표시'라고도 한다. 즉, 표시행위가 표의자의 진의와 다른 의미로 이해된다는 것을 표의자

스스로 알면서 하는 의사표시로 표시행위에 대응하는 내심의 효과의사가 결여되어 있고, 이를 표의자 스스로가 아는 경우이다. 비진의표시는 표시와 다른 진의를 마음속에 유보하고 있다는 의미에서 '심리유보'라고도 한다. 예를 들면, 증권회사 직원이 증권투자 고객에게 고객의 손해에 대하여 책임을 지겠다는 내용의 각서를 써 준 경우, 그 각서가 남편을 안심시키려는 고객의 요청에 따라 작성된 것으로 비진의표시에 해당되어 무효이다(대판 1999. 2. 12, 98다45744). 또한 회사 직원이 사직할 의사가 없으면서도 사용자의 지시에 따라 사직서를 제출한 경우도 비진의표시에 해당되어 무효이다(대판 1992. 5. 26, 92다3670).

비진의표시는 의사와 표시의 불일치를 표의자가 의식하고 있다는 점에서 통정허위표시와 같지만, 진의와 다른 표시를 표의자가 단독으로 하고 상대방 있는 경우에도 그와 통정하는 일이 없는 점에서 통정허위표시와 다르다. 이런 이유로 비진의표시는 상대방과 통정을 요건으로 하는 통정허위표시에 대응하여 단독 허위표시라고도 한다.

비진의표시로서 무효　　　　　　　대법원 1999. 2. 12. 선고 98다45744 판결

증권회사 직원이 증권투자로 인한 고객의 손해에 대하여 책임을 지겠다는 내용의 각서를 작성해 준 사안에서, 그 각서를 단지 그동안의 손실에 대하여 사과하고 그 회복을 위해 최선을 다하겠다는 의미로 해석하는 것은 경험칙과 논리칙에 반하지만, 그 각서가 남편을 안심시키려는 고객의 요청에 따라 작성된 경위 등에 비추어 비진의 의사표시로서 무효

---

(2) 요 건

1) 의사표시의 존재

비진의표시가 성립하기 위해서는 일정한 효과의사를 추단할 만한 행위가 있어야 한다. 따라서 극중에 배우가 한 대사나 사교적인 명백한 농담과 같은 경우 효과의사가 존재하지 않기 때문에 비진의표시로 문제되지 않는다. 그리고 비진의표시는 사법상의 의사표시에 관한 규정이므로 공무원의 사직서 제출 등과 같은 공법상의 의사표시 내지는 법률행위에는 적용되지 않는다(대판 1994. 1. 11, 93누10057).

2) 진의와 표시의 불일치

진의 아닌 의사표시가 성립하기 위해서는 의사표시가 존재하여야 하고 진의와 표시가 불일치하여야 한다. 즉, 내심의 효과의사와 표시상의 효과의사가 객관적으로 부합하지 않아야 한다. 여기서 '진의'란 특정한 내용의 의사표시를 하려는 표의자의 생각을 말하는 것이지 표의자가 진정으로 마음속에서 바라는 사항을 뜻하는 것은 아니다(대판 2000. 4. 25, 99다34475). 진의와 표시가 일치하는지 일치하지 않는지에 대한 판

단은 법률행위의 해석을 통하여 확정하여야 한다.

한편 강박에 의한 의사표시라도 표의자에게 남아 있는 의사형성의 자유에 기한 것이라면 이를 비진의표시라고 할 수 없다. 즉, 표의자가 그의 재산을 강제로 뺏긴다는 것이 본심에 잠재되어 있었다고 하여도 강박에 의하여서나마 증여를 하기로 하고 그에 따른 증여의 의사표시를 한 이상 증여의 내심의 효과의사가 결여된 것이라고 할 수 없다(대판 1993. 7. 16, 92다41528).

> **강박에 의한 의사표시와 비진의표시**
>
> 대법원 1993. 7. 16. 선고 92다41528,92다41535(병합) 판결
>
> 비진의의사표시에 있어서의 진의란 특정한 내용의 의사표시를 하고자 하는 표의자의 생각을 말하는 것이지 표의자가 진정으로 마음속에서 바라는 사항을 뜻하는 것은 아니라고 할 것이므로, 비록 재산을 강제로 뺏긴다는 것이 표의자의 본심으로 잠재되어 있었다 하여도 표의자가 강박에 의하여서나마 증여를 하기로 하고 그에 따른 증여의 의사표시를 한 이상 증여의 내심의 효과의사가 결여된 것이라고 할 수는 없다.

3) 표의자가 진의와 표시의 불일치를 알고 있을 것

진의 아닌 의사표시가 성립하기 위해서는 의사표시가 존재하여야 하고 의사와 표시가 불일치하여야 하며, 표의자가 스스로 그 불일치를 알고 있어야 한다. 이 점에서 비진의표시는 허위표시와 같고 착오와 다르다. 의사와 표시가 불일치하다는 것은 표시행위에 해당하는 효과의사가 없다는 것이다.

한편 대리행위에 있어서는 진의와 표시의 불일치를 알고 있어야 하는 표의자는 본인이 아니고 대리인이다(제116조).

4) 표의자의 행위의 이유나 동기 불문

상대방이나 제3자를 속이려고 하는 경우이든, 그들이 표의자의 진의를 당연히 이해하리라고 생각하여 한 것이든 관계없이 표의자의 의사표시를 하게 된 이유와 동기를 묻지 않는다.

5) 증명책임

의사표시의 존재는 그 법률효과를 발생시키는 자(상대방)가 주장·증명하여야 하지만, 나머지의 요건들은 즉, 상대방의 악의 또는 과실유무는 그 의사표시의 무효화하는 자(표의자)가 주장·증명하여야 한다(대판 1992. 5. 22, 92다2295 참조).

(3) 효 과

1) 원 칙

진의 아닌 의사표시는 제107조 본문에 따라 표시된 대로 효력이 발생하는 것이 원칙이다. 표시를 믿은 상대방의 신뢰를 보호하기 위하여 표시된 대로 효력이 발생하는 것이다. 일부학설(이영준 329쪽)은 상대방으로 하여금 표시행위대로 효력이 발생한다고 믿도록 하는 것이 표의자의 의사이고, 이 의사에 따라 비진의표시가 표시된 대로 효력을 발생하는 것이라고 한다.

2) 예 외

제107조 단서에 따르면 상대방이 표의자의 진의 아님을 알았거나 알 수 있었을 경우에는 무효이다. '알 수 있었을 경우'에도 무효로 할 수 있는가에 대해서 알 수 있었을 경우라는 것은 과실로 알지 못하는 경우를 말한다(통설). 즉, 보통사람의 주의를 가지고 있었다면 알았을 경우를 말한다. 비진의라는 사실을 알았는지 알지 못했는지, 과실이 있었는지 없었는지에 대한 판단 기준은 행위 당시에 상대방이 표시를 깨달아 안 때를 기준으로 한다는 것이 통설(곽윤직·김재형 309쪽, 김증한·김학동 330쪽, 김용한 284쪽)이고, 상대방의 영역에 진입하였을 때를 기준으로 하여야 한다는 견해(이영준 376쪽)가 있다.

3) 제3자와의 관계

비진의표시가 무효가 되면 표의자는 불법행위책임을 져야 하는가에 대해서 상대방이 악의인 경우에는 문제되지 않지만 상대방이 선의나 과실이 있는 때에는 표의자에게 신뢰이익배상의 책임이 있다는 견해가 있다(이영준 377쪽, 김상용 462쪽, 김용한 284쪽). 이와 반대로 민법은 상대방이 알았거나 알 수 있었을 것을 유책사유로 하고 있으므로 손해배상청구권이 부정된다는 견해도 있다(곽윤직·김재형 301쪽). 사견으로는 상대방이 표의자의 비진의표시를 신뢰하여 법률행위를 하였지만, 표의자의 비진의표시로 인하여 그 법률행위가 무효가 되었기 때문에 이에 대한 책임은 표의자에게 있을 것이다. 이 책임은 법률행위의 무효에 의한 책임으로 신뢰이익책임이다. 다만 상대방의 과실에 의한 손해는 신뢰이익배상과 관계가 없으므로 별개로 취급해야 할 것이다.

비진의표시가 예외적으로 무효가 되더라도 선의의 제3자에게는 대항하지 못한다. "제3자"라 함은 비진의표시를 기초로 새로운 이해관계를 맺은 자이고, "선의"라 함은 표의자의 진의 아님을 알지 못하는 것으로 무과실일 필요는 없다. 제3자의 악의는 주장하는 자에게 입증책임이 있다.

> **상대방의 선의, 과실의 유무에 대한 입증책임**
>
> 대법원 1992. 5. 22. 선고 92다2295 판결
>
> 어떠한 의사표시가 비진의 의사표시로서 무효라고 주장하는 경우에 그 입증책임은 그 주장자에게 있다.

(4) 제107조의 적용범위

비진의표시는 상대방 있는 의사표시뿐만 아니라 상대방 없는 의사표시에도 적용된다. 따라서 상대방 없는 의사표시의 경우에는 제107조 단서규정이 적용될 여지가 없어서 언제나 유효하다는 것이 다수설의 견해이다(곽윤직·김재형 301쪽, 김증한·김학동 331쪽). 반면에 소수설에 따르면 상대방 없는 의사표시이더라도 상대방이 구체적인 권리와 의무를 취하는 경우에는 단서를 적용하여 무효가 될 수 있다고 한다(김상용 462쪽, 김용한 283쪽).

한편 비진의표시와 대리관계에서, 대리인의 비진의표시의 효과는 본인에게 미치기 때문에 의사표시자인 대리인을 기준으로 하여 제107조를 유추적용해야 할 것이다. 즉, 대리인의 비진의표시를 그 상대방이 알았거나 알 수 있었을 경우에는, 그 대리행위는 무효로 대리행위가 성립하지 않는다(대판 1990. 1. 15, 98다39602 참조).

가족법상의 행위는 당사자의 진의를 가장 중요하게 생각하기 때문에 제107조는 적용되지 않는다. 혼인과 입양에 있어서는 제107조의 배제를 명문(제815조제1호, 제663조제1호)으로 규정하고 있다. 즉, "당사자 간에 합의가 없는 때"에는 혼인과 입양은 무효이다. 또한 상법 제302조제2항에는 주식인수의 청약에는 민법 제107조제1항 단서가 적용되지 않는다고 규정하고 있다. 그 밖에 의사실현, 공법행위(대판 1997. 12. 12, 97누13962), 소송행위, 유가증권의 행위 등에는 적용되지 않는다.

비진의표시와 강박에 의한 의사표시 구별

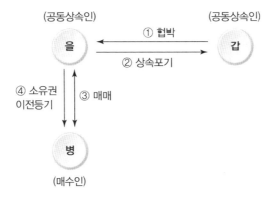

사례 공동상속인인 을은 다른 공동상속인 갑의 협박(상속을 포기하지 않으면 외화밀반출의 사실을 고발하겠다고 함)으로 상속을 포기하고, 상속포기서를 공증하였다. 그리고 그 후 을은 병과 매매계약을 체결하고 상속대상토지의 상속지분을 양도하기로 합의하였다. 병은 매매를 원인으로 하여 을에게 상속지분에 대한 소유권이전등기청구의 소를 제기하여 승소하였다. 따라서 을의 상속지분은 병으로 소유권이전되었다. 이에 갑은 을에 대하여 증여계약의 불이행을 원인으로 손해배상청구를 하였다. 이 경우 을의 의사표시는 비진의표시인가? 아니면 강박에 의한 의사표시인가? (대법원 2002. 12. 27. 선고 2000다47361 판결)

해설 이 경우는 강박에 의한 의사표시에 해당된다. 그러나 이는 곧 반사회질서행위에 해당되지 않는다. 왜냐하면 보통 제103조에서 말하는 반사회질서행위로 인정받기 위해서는 법률행위자의 행위가 반사회적이거나 법률행위자가 갖고 있는 동기가 반사회적이어야 하기 때문이다. 물론 강박에 의한 의사표시로 취소할 수 있는 것(제110조)은 별개의 문제이다.

한편 비진의표시로 무효가 되기 위해서는 보통 진의와 표시가 불일치하며 상대방이 그 불일치를 알 수 있거나 알 수 있었을 것을 요구한다. 여기서 말하는 "진의"란 표의자가 실제로 갖고 있었던 의사, 즉 내심의 효과의사를 의미하며, 표시란 실제로 표시행위로 추단되는 효과의사, 즉 표시상의 효과의사를 말한다. 따라서 "진의"란 특정한 내용의 의사표시를 하고자 하는 표의자의 생각을 말하는 것이지 표의자가 진정으로 마음속에서 바라는 사항을 뜻하는 것은 아니라고 할 것이다.

따라서 을은 갑의 강박에 의한 증여의 의사표시는 내심의 효과의사를 결여한 것이 아니기 때문에 비진의사표시가 아니다.

비진의표시(심리유보(心裡留保))와 허위표시의 구별

사례 갑은 소유의 건물을 매도의 의사 없이 매도하겠다고 말하고, 그 사정을 알면서 을은 매수하여 소유권이전을 받았다. 을은 그 건물을 선의의 병에게 전매하여 병으로 소유권이전을 마쳤다. 그런데 그 뒤 갑은 자기에게 매도의사가 없음을 이유로 병에 대하여 이전등기말소를 청구하였다.

해설 갑이 매도의사가 없음을 매매의 상대방인 을이 알고 매수한 것이기 때문에 비진의표시(심리유보)에 해당된다. 따라서 갑과 을의 매매는 제107조제1항의 단서에 의하여 무효이다. 이런 이유로 병은 무권리자인 을로부터 소유권을 이전받은 것이 되어 법적 보호를 받지 못한다.

그러나 이러한 무효는 상대적 무효로서 선의의 상대방에게 주장하지 못한다(제107조제2항)고 해석할 수 있다(다수설). 따라서 진정한 권리자인 갑은 선의의 제3자인 병에게 무효를 주장할 수 없으므로 병은 적법하게 소유권을 취득하게 된다.

2. 통정한 허위의 의사표시(제108조)

> **제108조 [통정한 허위의 의사표시]**
> ① 상대방과 통정한 허위의 의사표시는 무효로 한다.
> ② 전항의 의사표시의 무효는 선의의 제3자에게 대항하지 못한다.

(1) 의 의

'통정허위표시'란 표의자가 진의 아닌 의사표시를 하는 데 있어서 상대방과 합의하여 하는 허위의 의사표시를 의미한다(대판 1998. 9. 4, 98다17909). 허위표시를 법률사실로 하는 법률행위를 '가장행위(假裝行爲)'라고 한다. 제108조는 선의취득이 인정되지 않는 부동산거래나 지명채권양도와 같은 분야에서 거래안전을 위한 중요한 규정이다. 예를 들면, 채무자가 채무불이행으로 자신 부동산의 강제집행을 회피할 목적으로 다른 사람과 짜고 매매계약을 체결한 경우, 세금의 과부담을 줄이기 위하여 상대방과 합의하여 실제 부동산매매대금보다 적게 표시하여 매매계약을 체결한 경우 등이 이에 해당한다.

(2) 요 건

1) 의사표시의 존재

통정허위표시가 성립하기 위해서는 일정한 효과의사를 목적으로 하는 의사표시가 존재하여야 한다. 허위표시는 상대방과 통정하여 이루어지므로 상대방 있는 의사표시로써 사회관념상 의사표시가 있는 것으로 인정될 수 있으면 되고 등기나 등록 등과 같은 외형을 갖출 필요는 없다. 그러나 실제로는 등기나 등록 등과 같은 외형을 갖추는 경우가 일반적이다. 이는 허위표시가 제3자에 대하여 표의자의 진의를 감추려는 목적이 있기 때문에 법률행위의 성립을 제3자가 믿을 만한 겉모양을 갖추려고 하는 것이다.

2) 진의와 표시가 불일치하고 표의자가 이를 알고 있을 것

의사표시가 존재하여야 하고 이러한 의사표시에 있어서 진의와 표시가 일치하지 않아야 한다. 즉, 표시상의 효과의사(표시로부터 추측·판단되는 의사)와 내심의 효과의사(진의)가 달라야 한다. 따라서 표시행위에 대응하는 진정한 의사가 있다면 허위표시가 아니고, 법적 효과와 경제적 목적이 다른 신탁행위도 허위표시가 아니고, 진의가 존재한다면 표시가 잘못되었다 하더라도 허위표시가 아니며, 사실과 다른 기재를 하였다고 하더라도 행위 자체가 진정으로 의욕된 것이라면 허위표시가 아니다.

그리고 표의자는 내심의 효과의사와 표시상의 효과의사가 다르다는 것을 알고 있어야 한다. 이 점은 비진의표시와 같고 착오와 다르다.

3) 상대방과의 통정이 있을 것

상대방과 통정하여야 한다. 통정하였다는 것은 비진의표시임을 상대방이 단순히 알고 있었다는 것만으로는 부족하고 상대방이 적극적으로 통정허위표시에 대한 의사합치를 하여야 한다. 상대방이 다수인 경우 합의는 모든 상대방과의 사이에 성립하여야 한다. 예컨대, 다수의 채권자가 채무자와 짜고 각 채권자의 채무의 일부를 면제해주는 내용의 화해계약을 체결하였으나, 그중 어떤 채권자가 다른 채권자가 모르게 채무자와 짜고 각 채권자의 채무를 완전히 변제하기로 합의한 때에는 이 합의는 모든 상대방과의 사이에 이루어진 합의가 아니어서 허위표시에 해당되지 않지만 화해계약은 허위표시에 해당된다.

그리고 표의자의 진의 아님에 대한 상대방과의 통정은 없었으나 상대방이 단순히 이 사실을 알았던 경우에는 제108조에 의한 통정허위표시가 아닌 제107조제1항 단서 규정에 의한 비진의표시로 무효가 된다. 통정허위표시는 제3자를 속일 의도가 없는 경우에도 적용된다.

4) 증명책임

허위표시에서 의사표시의 존재는 표의자가 주장·증명하여야 하지만, 나머지 요건은 허위표시로서 무효임을 주장하는 자가 증명하여야 한다. 판례는 특별한 사정없이 동거하는 부부 사이에 남편이 처에게 토지를 매도하고 소유권이전등기까지 경료하는 것은 이례에 속하는 일로서 가장매매라고 추정한다(대판 1978. 4. 25, 78다226).

사실과 다른 기재에 대한 허위표시 인정 여부

대법원 1989. 9. 12. 선고 88다카34117 판결

실제채무액보다 더 많은 액수의 어음을 발행하여 공증을 하였다고 하더라도 그 공정증서에 표시되어 있는 채권자와 채무자의 촉탁에 의하여 그 공정증서가 작성된 것이 확실하다면 그 공정증서에 의한 강제집행인 전부명령(채무자가 제3채무자에게 가진 압류한 금전채권을 집행채권에 갈음하여 압류채권자에게 이전시키는 법원의 결정)을 무효라고 하기 어렵고 제3채무자(채무자의 채무자)로서는 채무자에 대하여 부담하고 있는 채무액의 한도에서 그것을 전부채권자에게 변제하면 완전히 면책된다 할 것이다.

부부사이에 매매와 경험칙   대법원 1978. 4. 25. 선고 78다226 판결

특별한 사정없이 동거하는 부부간에 있어 남편이 처에게 토지를 매도하고 그 소

유권이전등기까지 경료한다함은 이례에 속하는 일로서 가장매매라고 추정하는 것이 경험칙에 비추어 타당하다.

(3) 효 과

1) 당사자 간의 효과

당사자 사이의 통정에 의한 허위표시는 당사자 사이에서는 언제나 무효이다. 선의의 제3자가 허위표시의 유효를 주장하는 경우에도 마찬가지이다. 따라서 이행 전이라면 이행할 필요가 없고 이행한 후라면 부당이득반환을 청구할 수 있다. 그러나 허위표시 자체가 불법은 아니기 때문에 불법행위에 의한 손해배상청구권을 행사할 수 없을 뿐만 아니라(제750조 이하 참조), 불법을 원인으로 한 부당이득반환청구권을 행사할 수 없다(제746조 참조). 예컨대, 자력이 없는 채무자 A가 채권자 B의 강제집행을 피하기 위하여 A 자신의 유일한 아파트를 C에게 매매한 것처럼 서류를 꾸며 소유권이전등기를 한 경우, 매매가 통정허위표시에 의한 무효로 A는 C에게 소유권이전등기 말소청구권을 행사할 수 있다. 그리고 B는 자신의 채권을 보전하기 위하여 A가 C에 대하여 갖는 소유권이전등기 말소청구권을 대위행사할 수 있다(제404조 참조). 그러므로 허위표시가 제406조의 요건을 갖춘 경우에는 허위표시를 이유로 채무자의 채권자는 채권자취소권을 행사할 수 있다.

2) 제3자와의 관계

허위표시가 무효가 되더라도 선의의 제3자에게 대항하지 못한다. 허위표시의 외형을 신뢰한 제3자를 보호하기 위해서이다. 따라서 여기서 '제3자' 의미는 허위표시 행위를 기초로 하여 새로운 이해관계를 맺은 자만을 말한다. 왜냐하면 제108조제2항은 허위표시임을 알지 못하여 그것이 유효하다고 믿고 거래한 제3자를 보호하기 위한 규정이기 때문이다. 예컨대, 가장매매에 의하여 가등기 및 그에 의한 본등기를 한자로부터 목적부동산을 매수한 자(대판 1994. 4. 26, 94다12074), 가장매매의 매수인으로부터 저당권을 설정받은 자 또는 가장전세권 위에 저당권을 취득한 자(대판 2006. 2. 29, 2005다59864), 가장소비대차에 기한 대여금채권의 양수인(대판 2004. 1. 15, 2002다31539), 가장매매의 매수인에 대한 압류채권자, 가장채무에 대한 보증인이 보증채무를 이행한 경우에 그 보증인(대판 2000. 7. 6, 99다51258), 파산자가 상대방과 통정한 허위표시를 통하여 가장채권을 보유하고 있다가 파산선고된 경우에 파산관재인(대판 2003. 6. 24, 2002다48214)은 제3자에 해당되지만, 대리인이나 대표기관이 상대방과 허위표시를 한 경우의 본인이나 법인, 채권의 가장양수인으로부터 추심을 위하여 채권을 양수한 자, 가장양수인의 일반채권자, 가장소비대차에 있어서 대주의 지위를 이전받은 자 등은 제3자에 해당되지 않는다.

'선의'라는 것은 의사표시가 허위표시임을 알지 못하는 것으로 선의인지 악의인지에 대한 판단 시기는 법률상의 이해관계가 발생하였을 때이다. 예컨대, 가장채권양도의 경우에는 양도통지시가 아니고 양도계약시가 기준이다. 선의의 제3자로부터 다시 전득한 자가 악의인 경우에도 전득자는 선의의 제3자의 지위를 승계하고 있기 때문에 허위표시의 무효를 가지고 대항하지 못한다. 왜냐하면 이렇게 해야 선의의 제3자를 보호하려는 제108조제2항의 취지를 살릴 수 있기 때문이다. 아울러 제3자가 악의이고 그 전득자가 선의인 경우에도 허위표시자는 통정허위표시라는 이유로 전득자에게 대항하지 못한다(대판 2013. 2. 15, 2012다49292). 그리고 제3자는 선의이기만 하면 되고 무과실일 필요는 없다(대판 2006. 3. 10, 2002다1321).

제3자의 악의에 대해서는 이를 주장하는 자가 입증하여야 한다(통설, 대판 2006. 3. 10, 2002다1321).

'대항하지 못한다'는 것은 법률행위의 당사자가 제3자에 대하여 법률행위의 유효, 무효를 주장하지 못하지만, 선의의 제3자가 표시된 대로의 효력을 주장하는 경우 허위표시의 무효를 주장하지 못한다는 것이다. 즉, 허위표시의 당사자, 그 포괄승계인, 당사자의 채권자, 당사자의 특정승계인은 무효를 주장하지 못한다. 예컨대, 가장매매예약의 예약매도인으로부터 부동산을 매수한 자는 선의의 제3자(등기를 마친 경우)에게 무효를 주장하지 못한다. 그러나 선의의 제3자가 무효를 주장하는 것은 상관없다.

한편 허위표시는 무효이므로 철회는 논리적으로 무의미하지만 당사자는 상대방에 대하여 통정한 의사표시를 철회할 수 있다. 그러나 이에 대하여 철회 이전에 이해관계를 맺은 선의의 제3자에게 대항하지 못한다.

제3자가 악의라는 입증책임　　　　　대법원 2006. 3. 10. 선고 2002다1321 판결

　민법 제108조 제1항에서 상대방과 통정한 허위의 의사표시를 무효로 규정하고, 제2항에서 그 의사표시의 무효는 선의의 제3자에게 대항하지 못한다고 규정하고 있는데, 여기에서 제3자는 특별한 사정이 없는 한 선의로 추정할 것이므로, 제3자가 악의라는 사실에 관한 주장·입증책임은 그 허위표시의 무효를 주장하는 자에게 있다.

제108조제2항의 제3자의 범위　　　　　대법원 2000. 7. 6. 선고 99다51258 판결

　상대방과 통정한 허위의 의사표시는 무효이고 누구든지 그 무효를 주장할 수 있는 것이 원칙이나, 허위표시의 당사자와 포괄승계인 이외의 자로서 허위표시에 의하여 외형상 형성된 법률관계를 토대로 실질적으로 새로운 법률상 이해관계를 맺은 선의의 제3자에 대하여는 허위표시의 당사자뿐만 아니라 그 누구도 허위표시의 무효를 대항하지 못하는 것인바, 허위표시를 선의의 제3자에게 대항하지 못하게 한

취지는 이를 기초로 하여 별개의 법률원인에 의하여 고유한 법률상의 이익을 갖는 법률관계에 들어간 자를 보호하기 위한 것이므로, 제3자의 범위는 권리관계에 기초하여 형식적으로만 파악할 것이 아니라 허위표시행위를 기초로 하여 새로운 법률상 이해관계를 맺었는지 여부에 따라 실질적으로 파악하여야 한다.

(4) 제108조의 적용범위

통정허위표시는 계약뿐만 아니라 상대방이 있는 의사표시(예: 채무면제)에도 적용된다. 그러나 상대방과의 통정이 요건이므로 상대방 없는 의사표시에는 적용될 여지가 없다. 채권계약, 물권계약 모두에 적용된다. 가족법상의 행위는 당사자의 진의가 절대적으로 중요하기 때문에 허위표시가 있는 경우 언제나 무효이다. 또한 선의의 제3자에 대하여도 그 적용이 인정되지 않는다고 하는 것이 가족관계의 본질에 비추어 타당하다고 할 것이다. 따라서 가족관계에서는 허위표시의 무효를 선의의 제3자에게도 주장할 수 있다.

(5) 허위표시와 구별되는 행위

1) 은닉행위

"은닉행위"란 진실된 법률행위를 숨기고 다른 법률행위로 가장하는 행위에서 숨겨진 행위를 말한다. 예를 들면, 증여의 의사를 숨기고 매매로 가장하는 행위에서 증여행위, 매매계약체결시 실제 합의된 매매대금과 다르게 매매대금을 적는 행위에서 실제로 매매대금을 합의한 행위를 말한다. 이러한 예에서 가장된 매매행위, 다르게 매매대금을 적는 행위는 '가장행위(허위행위)'라고 한다. 이런 은닉행위에서 가장행위는 통정허위표시로 무효이지만, 은닉행위(유효요건을 갖추었다는 전제에서)는 가장행위의 무효와 관계없이 유효하다고 할 것이다(통설, 대판 1993. 8. 27, 93다12930).

> **은닉행위를 수반하는 허위표시**　　　　　　대법원 1993. 8. 27. 선고 93다12930 판결
>
> 매도인이 경영하던 기업이 부도가 나서 그가 주식을 매도할 경우 매매대금이 모두 채권자은행에 귀속될 상황에 처하자 이러한 사정을 잘 아는 매수인이 매매계약서상의 매매대금은 형식상 금 8,000원으로 하고 나머지 실질적인 매매대금은 매도인의 처와 상의하여 그에게 적절히 지급하겠다고 하여 매도인이 그와 같은 주식매매계약을 체결한 경우, 매매계약상의 대금 8,000원이 적극적 은닉행위를 수반하는 허위표시라 하더라도 실지 지급하여야 할 매매대금의 약정이 있는 이상 위 매매대금에 관한 외형행위가 아닌 내면적 은닉행위는 유효하고 따라서 실지매매대금에 의한 위 매매계약은 유효하다.

2) 신탁행위

신탁행위는 민법상 신탁과 신탁법상 신탁으로 구분한다. 민법상 신탁행위는 경제적 목적을 넘는 권리를 양도하고, 상대방으로 하여금 그 목적의 범위 안에서만 권리를 행사하려는 행위이므로, 신탁자는 권리이전의 진의가 있기 때문에 허위표시가 아니다. 예를 들면, 동산양도담보행위는 채권담보라는 경제적 목적을 소유권양도라는 법률적 수단으로 달성하기 위한 행위로서, 동산양도담보설정자의 소유권양도의 의사표시는 진의이기 때문에 허위표시가 아니다.

통정허위표시

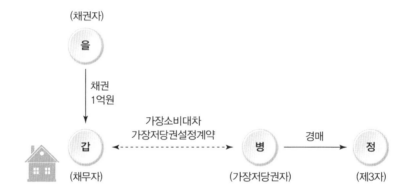

사례　채무자 갑은 채권자 을로부터 1억 원을 빌렸으나, 변제기가 도래하여도 차용금액을 갚지 않았다. 채무자 갑은 채무변제를 회피할 목적으로 자신의 소유인 집을 채권채무의 관계도 없이 친구인 병에게 저당권설정계약을 통하여 저당권설정을 하였다. 을은 해당 집을 강제집행을 신청할 수 있는가? 아울러 경락받아 소유권이전등기한 정의 소유권은?

해설　갑(채무자, 가장저당권설정자)과 병(가장저당권자)의 저당권설정계약은 제108조의 근거한 통정허위표시로 무효이다. 이 경우에 을은 채권자로서 갑에 대한 채권을 회수하기 위하여 병에게 채권자취소권(제406조)을 행사할 수 있다. 즉, 법원에 채권자 을이 갑과 병사이의 저당권설정등기의 취소의 소를 제기할 수 있다. 이런 취소의 소를 통하여 저당권설정등기가 말소되면, 채권자 을은 채무자 갑이 소유하는 집에 대하여 채권회수를 위한 강제집행을 신청을 통하여 채권을 확보할 수 있다. 만약 저당권이 실행된 경우에는 채권자 을은 경락대금에 대하여 해당법원에 배당이의의 소를 제기하여 채권회수를 할 수 있다(대판 2001. 5. 8, 2000다9611).
한편 재산은닉에 성공한 경우에는 채무자 갑이 가장저당권자인 병에게 저당권말소를 청구하였으나, 이를 거부하면 갑은 통정허위표시임을 입증하여 저당권말소를 청구할 수 있다.
그리고 경락으로 소유권이전등기 받은 정이 선의일 때에는 정(선의의 제3자)에게 저당권설정계약이 허위임을 주장하여 대항하지 못한다. 따라서 정은 적법, 유효하게 소유권을 갖는다.

통정허위표시

① 병은 갑과 을의 가장매매를 몰랐지만 정이 안 경우
② 병은 갑과 을의 가장매매를 알았지만 정이 모른 경우

사례 갑은 많은 채무를 부담하고 있어서 채무변제회피의 목적으로 자신의 토지를 을에게 가장매매하였고, 이를 모르는 병은 을과의 매매로 토지의 소유권을 취득하였다. 병은 갑자기 돈이 필요하여 정에게 매매하였으나, 정은 갑과 을의 가장매매의 사실을 이전부터 알고 있었다. 이 경우, 갑은 소유권을 회복할 수 있는가?
또한 위의 예에 병은 가장매매의 사실을 알았지만 정이 그 사실을 모른 경우, 갑은 소유권을 회복할 수 있는가?

해설

1. 병은 선의의 제3자로 병의 소유권이전등기 유효하고, 이를 근거하여 정이 소유권이전등기를 한 것으로 정이 악의여도 유효하게 소유권을 취득한다(다수설). 그러나 선의자의 권리를 양수한 악의의 양수인은 권리승계권이 없다는 견해에(양창수, 주석총칙(하), 235쪽) 따르면, 선의자의 권리를 양수한 악의의 양수인은 선의 제3자 범위에 속하지 않는다. 이 견해에 따르면 정의 소유권이전등기는 효력이 없다.
2. 병은 악의의 제3자, 정은 선의의 전득자로서 정은 제108조제2항의 '선의의 제3자'에 해당되는가가 문제이다. 판례에 따르면 해당된다고 해석할 수 있으므로 정은 소유권을 취득한다(대판 2013. 2. 15, 2012다49292 참조).

제109조 [착오로 인한 의사표시]

① 의사표시는 법률행위의 내용의 중요부분에 착오가 있는 때에는 취소할 수 있다. 그러나 그 착오가 표의자의 중대한 과실로 인한 때에는 취소하지 못한다.
② 전항의 의사표시의 취소는 선의의 제3자에게 대항하지 못한다.

3. 착오로 인한 의사표시(제109조)

(1) 의 의

일반적으로 '착오'란 어떤 객관적 사실에 대한 인식에 잘못이 있는 것을 말하고 '착오에 의한 의사표시'란 이러한 착오에 빠진 상태에서 한 의사표시를 말한다. 따라서 '착오'와 '착오에 의한 의사표시'는 용어 및 개념상 구분될 것이다. 착오에 의한 의사표시는 일정한 요건하에 표의자가 이를 취소할 수 있다(제109조제1항 본문). 이는 사적자치의 원칙에 근거하여 표의자의 의사에 반하는 의사표시의 효력을 그대로 인정하지 않는 것이다.

아래에서 '착오'에 대한 학설과 판례의 견해를 살펴보고자 한다.

다수설에 따르면, 착오에 의한 의사표시는 "표시로부터 추단되는 의사(표시상 효과 의사)와 진의(내심적 효과의사)가 불일치한 의사표시"이다. 이 설에 따르면 동기의 착오 는 원칙적으로 착오에 해당하지 않지만 표시된 경우에는 제109조의 착오에 해당된다 (곽윤직·김재형 308쪽, 황적인 185쪽). 소수설에 따르면, 착오에 의한 의사표시는 "표의 자의 인식과 실제의 사실이 불일치한 의사표시"이다. 이 견해에 따르면 동기표시 여부 를 불문하고 동기의 착오는 착오의 유형에 포함된다(고상룡 416쪽, 김용한 295쪽, 황적 인 185쪽). 절충설에 따르면, 착오란 "의사와 표시의 불일치"이고, 진의란 "착오가 없 었더라면 표시하였을 것으로 판단되는 의사"이므로 동기의 착오는 착오의 유형으로 인정된다(곽윤직·김재형 308쪽). 또한 다수설수정설에 따르면, 착오는 "내심적 효과의 사와 표시행위와의 불일치"로서 동기의 착오는 포함하지 않지만, "거래에 있어서 중요 한 동기의 착오"에 관하여는 표시 여부와 관계없이 제109조를 유추적용한다. 이 견해 는 표시상의 착오와 내용의 착오에는 다수설을, 동기의 착오에서는 소수설을 취하고 있다(이영준 397쪽, 백태승 414-415쪽). 판례는 다수설(대판 1985. 4. 23, 84다카890)을 따르고 있다.

사견으로는 착오에 의한 의사표시는 "표시로부터 추단되는 의사와 진의가 불일치 한 의사표시"로서 동기의 착오도 표시 여부와 관계없이 제109조가 적용될 것이다(민법 개정안 제109조 참조).

> **착오의 의의(다수설)**   대법원 1985. 4. 23. 선고 84다카890 판결
>
> 의사표시의 착오가 법률행위의 내용의 중요부분에 착오가 있는 이른바 요소의 착오이냐의 여부는 그 각 행위에 관하여 주관적, 객관적 표준에 쫓아 구체적 사정 에 따라 가려져야 할 것이고 추상적, 일률적으로 이를 가릴 수는 없다고 할 것인 바, 토지매매에 있어서 시가에 관한 착오는 토지를 매수하려는 의사를 결정함에 있 어 그 동기의 착오에 불과할 뿐 법률행위의 중요부분에 관한 착오라 할 수 없다.

(2) 착오의 유형

1) 표시의 착오

'표시의 착오'란 표시행위 자체를 잘못하여 내심의 효과의사와 표시상의 의사가 불 일치한 경우이다. 예를 들면, 계약서에 30달러라고 표시할 것을 300달러로 잘못 기재 한 경우(오기(誤記)), 매도하려고 했는데 매수한다고 한 경우(오담(誤談))이다. 그러나 실제에 문제되는 경우가 흔하지 않다. 표시의 착오를 '표시상의 착오' 또는 '표시행위

의 착오'라고도 한다(대판 2013. 9. 26, 2013다40353,40360).

한편 표시의사를 의사표시의 요소로 본다면, 표시의 착오에서는 표시의사가 존재하지 않으므로 의사표시가 성립하지 않는다고 해석된다. 따라서 착오의 문제는 발생하지 않는다. 그러나 표시의사를 의사표시의 요소로 하지 않는다면, 표시의 착오는 내용의 착오와 구별할 필요가 없게 된다는 견해가 있다(곽윤직·김재형 308쪽).

> **표시상의 착오**　　　　　　　　대법원 2013. 9. 26. 선고 2013다40353,40360 판결
>
> 강학상 기명날인의 착오(또는 서명의 착오), 즉 어떤 사람이 자신의 의사와 다른 법률효과를 발생시키는 내용의 서면에, 그것을 읽지 않거나 올바르게 이해하지 못한 채 기명날인을 하는 이른바 표시상의 착오는 착오에 의한 의사표시에 관한 법리를 적용하여 취소권 행사의 가부를 가려야 한다.

2) 내용의 착오

'내용의 착오'란 표시행위 자체에는 착오가 없으나, 표시행위가 가지는 의미에 대한 착오를 말한다. 따라서 '의미의 착오'라고도 한다. 즉, 내용의 착오가 있으면, 표시행위가 가지는 의미가 표의자의 생각하는 것과 다른 의미를 갖게 된다. 예를 들면 캐나다 달러와 미국 달러가 같은 가치로 잘못 알고 캐나다 100달러라고 적을 생각으로 미국 100달러라고 적는 경우, 사용대차를 유상계약이라고 생각하면서 사용대차라고 표시한 경우, A라는 이름의 고양이를 B라고 생각하고 B를 판매한다고 표시한 경우를 들 수 있다. 가장 일반적인 착오의 모습이다.

3) 동기의 착오

'동기의 착오'란 의사표시를 하게 된 동기에 착오 즉, 의사형성에 있어서의 착오를 말하는 것으로, 실제 착오의 유형 중 가장 빈번하게 문제가 된다. 예들 들면, 모조품을 진품으로 믿고 구입하는 경우, 개발예정지역이 아닌데도 개발예정지역으로 믿고 구입하는 경우, 동생이 공무원시험에 합격하지 않았는데도 합격했다고 믿고 그에게 시계를 사준 경우 등이다.

동기의 착오에 대해서는 견해가 나뉘고 있는데, 다수설에 따르면 동기의 착오를 불법과 동일한 것으로 취급하여 동기가 표시되고 상대방이 알고 있는 경우에는 동기의 착오를 이유로 의사표시를 취소할 수 있다(이영섭 313쪽, 이영준 407쪽, 김증한·김학동 342-343쪽). 소수설에 따르면, 동기의 착오를 다른 착오와 동일하게 취급한다. 따라서 동기의 표시 여부와 관계없이 법률행위의 중요부분에 관한 동기의 착오는 제109조에 의하여 취소할 수 있다(이은영 516쪽). 절충설은, 동기의 착오도 착오의 유형에 포함하여 착오의 문제로 파악하되, 상대방이 이를 알았거나 알 수 있는 경우에 동기

가 법률행위의 내용이 되므로, 이에 한하여 동기의 착오를 이유로 취소할 수 있다(곽 윤직·김재형 309쪽). 판례는 다수설의 입장을 취하고 있다(대판 1984. 10. 23, 83다카 1187; 대판 1989. 1. 17, 87다카1271; 대판 1990. 5. 22, 90다카7026; 대판 1995. 5. 23, 94다 60318). 그리고 '상대방에 의해 유발된 동기의 착오'의 경우에도 동기의 착오에 포함하 여 취소사유로 한 판례도 있다(대판 1992. 2. 25, 91다38419; 대판 1991. 3. 27, 90다카 27440 등).

생각건대, 소수설의 견해와 같이 동기의 착오는 동기의 표시 여부와 관계없이 법 률행위의 중요부분인 경우에는 취소할 수 있다고 본다. 왜냐하면 동기의 착오를 표시 상의 착오나 내용의 착오와 다른 가치로 볼 이유가 없기 때문이다.

한편 공통의 동기의 착오가 있는 경우에 착오를 이유로 취소할 수 있다(양도세액에 대한 공통의 착오, 대판 1994. 6. 10, 93다24810). 또한 계약당사자 쌍방이 계약의 전제가 되는 사항에 관하여 같은 내용으로 착오(즉, 계약내용에 대한 공통의 착오)가 있는 경우 이로 인하여 그에 관한 구체적 약정을 하지 않았다면, 당사자가 그러한 착오가 없을 때에 약정하였을 것으로 보이는 내용으로 당사자의 의사를 보충하여 계약을 해석할 수도 있다(대판 2006. 11. 23, 2005다13288).

시의 협의매수에 응한 의사표시의 동기의 착오

대법원 1991. 3. 27. 선고 90다카27440 판결

시가 산업기지개발사업을 실시하기 위해 토지를 취득함에 있어 일부가 그 사업 대상토지에 편입된 토지는 무조건 잔여지를 포함한 전체토지를 협의매수하기로 하 여 지주들에게는 잔여지가 발생한 사실 등을 알리지 아니한 채 전체토지에 대한 손 실보상협의요청서를 발송하고 매수협의를 진행함에 따라 지주들이 그 소유 토지전 부가 사업대상에 편입된 것 등으로 잘못 판단하고 시의 협의매수에 응한 것에 대하 여 그 의사표시의 동기에 착오가 있었음을 이유로 취소할 수 있다고

착오가 있는 경우 계약해석방법
대법원 2006. 11. 23. 선고 2005다13288 판결

계약당사자 쌍방이 계약의 전제나 기초가 되는 사항에 관하여 같은 내용으로 착 오가 있고 이로 인하여 그에 관한 구체적 약정을 하지 아니하였다면, 당사자가 그 러한 착오가 없을 때에 약정하였을 것으로 보이는 내용으로 당사자의 의사를 보충 하여 계약을 해석할 수 있는바, 여기서 보충되는 당사자의 의사는 당사자의 실제 의사 또는 주관적 의사가 아니라 계약의 목적, 거래관행, 적용법규, 신의칙 등에 비 추어 객관적으로 추인되는 정당한 이익조정 의사를 말한다.

동기의 착오 1

① 갑은 책을 을이 소유한 희귀본으로 알고 을과 매매계약을 체결하여 그 책을 구입
② 그러나 똑같은 책이 갑의 서고에 있어서 희귀본이 아님을 앎
③ 갑은 동기의 착오로 매매를 취소할 수 있는가?

사례 고서수집가이며 을의 단골고객인 갑은 희귀본 한권을 고서점에서 발견하고 기쁜 마음에 100만원에 구입하였다. 그 후 집에 돌아와 서고를 보니 똑 같은 책이 있었다. 갑은 고서점 주인 을에 대하여 매매를 착오에 의하여 취소를 주장할 수 있는가?

해설 전통적인 의사표시이론에 의하여 갑의 의사표시를 분석해보자. 만약 가격을 표시하여 서적을 서점에 진열한 것은 서점주인 을의 매매계약의 청약이고, 갑이 이에 대하여 구입하겠다고 한 것은 승낙의 의사표시를 행사한 것이다. 이 의사표시에 대응하여 내심의 의사 즉, 그 책을 매입하겠다는 효과의사를 가지고 있다. 이 점에 착오는 없다. 착오가 존재한다는 것은 효과의사를 발생하는 과정 즉, 동기부분이다. 갑은 동기착오에 의하여 계약을 체결한 것으로 상대방인 을이 이를 모르기 때문에 다수설에 의하면 당연히 취소할 수 없고, 소수설에 의한 경우에는 의사표시의 중요부분에 동기의 착오가 존재하여야 하는데, 위 사례의 경우 이에 해당한다고 볼 수 있다. 따라서 소수설에 의하면 갑의 의사표시를 취소할 수 있다. 다만 절충설의 입장에서는 상대방인 을이 몰랐기 때문에 갑의 의사표시를 취소할 수 없다. 그러나 만약 갑이 이미 가지고 있는 고서가 과거에 을의 서점에서 구입한 것이라면, 적어도 을의 몰랐다고 할 수 없으므로 절충설에 의해서도 갑의 의사표시를 취소할 수 있을 것이다.

동기의 착오 2

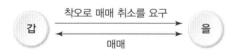

① 갑은 매매시 목적물인 을의 토지가 20평 내지 30평 도로에 편입으로 알았음
② 매매체결 후 매입토지는 197평이 도로에 편입
③ 갑은 동기의 착오로 매매를 취소를 주장

사례 갑은 을의 토지를 매입할 당시에 20평 내지 30평정도가 도로에 편입됨을 알았다. 그러나 막상 도로개설시에 편입된 토지는 매입토지의 30%인 197평이 되었다. 이에 갑은 동기의 착오로 매매를 취소할 수 있는가? (대판 2000. 5. 12, 2000다12259)

해설 이 사안은 동기의 착오에 해당되고 법률행위의 내용의 중요부분에 관한 것으로 갑은 매매를 취소할 수 있다. 동기의 착오가 법률행위의 내용의 중요부분의 착오에 해당됨을 이유로 표의자가 법률행위를 취소하려면 그 동기를 당해 의사표시의 내용으로 삼을 것을 상대방에게 표시하고 의사표시의 해석상 법률행위의 내용으로 되어 있다고 인정되면 충분하다. 당사자들 사이에 별도로 그 동기를 의사표시의 내용으로 삼기로 하는 합의까지 이루어질 필요는 없지만, 그 법률행위의 내용의 착오는 보통 일반인이 표의자의 입장에 있었으면 그와 같은 의사표시를 하지 아니하였으리라고 여겨질 정도로 그 착오가 중요한 부분에 관한 것이어야 할 것이다.

동기의 착오에 의한 취소 요건   대법원 2000. 5. 12. 선고 2000다12259 판결

　동기의 착오가 법률행위의 내용의 중요부분의 착오에 해당함을 이유로 표의자가 법률행위를 취소하려면 그 동기를 당해 의사표시의 내용으로 삼을 것을 상대방에게 표시하고 의사표시의 해석상 법률행위의 내용으로 되어 있다고 인정되면 충분하고 당사자들 사이에 별도로 그 동기를 의사표시의 내용으로 삼기로 하는 합의까지 이루어질 필요는 없지만, 그 법률행위의 내용의 착오는 보통 일반인이 표의자의 입장에 섰더라면 그와 같은 의사표시를 하지 아니하였으리라고 여겨질 정도로 그 착오가 중요한 부분에 관한 것이어야 한다.

4) 표시기관의 착오

　'표시기관의 착오'란 표시기관의 표시의 착오를 말한다. 이는 '전달의 착오'라고 한다. 즉, 표시기관인 중개자가 의사표시자의 의사와 다른 의사표시를 한 경우, 착오에 의한 의사표시가 된다. 이 경우에, 표시기관은 표의자의 진의와 다르게 표시행위를 한 것이 된다. 예를 들면, 표의자가 사자(使者)에게 전하라고 하는 말을 사자가 잘못 전하거나 전하지 않은 경우, 표의자가 100만원에 판매한다는 말을 10만원에 판매한다고 잘못 표시한 경우에는 표시행위 자체를 잘못한 표시한 것으로 표시의 착오가 되어 취소할 수 있다. 따라서 표시기관의 착오는 표시의 착오의 한 가지라고 할 수 있다(통설).

　그러나 이미 완성된 의사표시를 전달기관이 잘못 전달한 경우에는 표시기관의 착오가 되지 않는다. 예를 들면, 전달기관이 표의자가 지시한 주소와 다른 주소에 배달한 경우에는 표시기관의 착오에 의한 의사표시가 아닌 의사표시의 부도달이 발생한다.

5) 법률의 착오

　'법률의 착오'란 법률의 규정 또는 그 의미에 관하여 잘못 인식한 것을 말한다. 즉, 표의자가 의사표시의 법률효과에 대하여 착오가 있는 경우를 말한다. 예를 들면, 매도인이 하자담보책임이 없는 줄 알고 매매했지만 하자담보책임이 발생한 경우, 매도인이 양도소득세를 부과하지 않는 매수인이 제시한 매매방법을 믿고 거래하였지만 양도소득세가 부과된 경우(대판 1981. 11. 10, 80다2475)를 말한다. 법률의 착오도 제109조의 착오의 문제로 해결한다(통설). 법률의 착오는 사안에 따라 동기의 착오인 경우 또는 내용의 착오인 경우도 있다. 한편 형법에서는 법률의 착오를 책임조각사유로 하고 있다(형법 제16조).

(3) 요 건

1) 법률행위 내용의 중요부분 착오

착오가 성립하기 위해서는 법률행위 내용의 중요부분에 착오가 있어야 한다. 이는 의사표시에 의하여 달성하려고 하는 법률효과('사실적 효과' 즉, 의사표시의 내용)의 중요한 부분에 착오가 있는 것을 말한다. 중요부분의 착오가 성립하기 위해서는 주관적 요건과 객관적 요건이 갖추어져야 한다(대판 1996. 3. 26, 93다55487). '주관적 요건'이란 표의자가 그러한 착오가 없었더라면 그 의사표시를 하지 않았을 것이라고 생각될 정도로 중요한 것이어야 한다. '객관적 요건'이란 보통 일반인도 표의자의 입장에 있었다면 그러한 의사표시를 하지 않았으리라고 생각될 정도로 중요한 것이어야 한다.

중요부분의 착오의 모습으로는, 임대인이 다른 사람 소유의 물건을 자기의 소유인 것처럼 임대한 경우, 채무자란이 백지인 근저당설정계약서를 제공 받은 자가 A채무자로 생각하여 근저당설정등기하였는데 실제는 B채무자인 경우, A말로 알고 매매계약했는데 실제는 B말인 경우, A채무로 알고 보증계약을 했는데 실제는 B채무인 경우, 매매목적물인 토지의 현황과 경계가 매매계약서와 다른 경우, 고려청자로 알고 매매하였는데 실제로는 그렇지 않은 경우, 토지현황을 잘 알지 못하여 시가보다 낮게 매도한 경우, 제2심에서 승소한 것을 모르고 화해한 경우, 매매를 증여로 안 경우, 임대차를 사용대차로 안 경우, 연대보증을 보통의 보증으로 안 경우 등을 거론할 수 있다. 그러나 착오로 인하여 표의자가 경제적 불이익을 입지 않았다면 법률행위의 중요내용 부분의 착오가 아니다(대판 2006. 12. 7, 2006다41457).

2) 착오가 표의자의 중과실에 의하지 않을 것

법률행위의 내용의 중요부분에 착오가 존재하여야 하고, 표의자의 중과실이 없어야 한다. '중과실'이란 표의자의 직업이나 행위의 종류 및 목적 등에 비추어 일반적으로 요구되는 정도의 주의를 게을리한 것을 의미한다(대판 1996. 7. 26, 94다25964 참조). 따라서 중대한 과실 유무의 판정은 구체적인 사실관계에 있어서 보통인이 베풀어야 할 주의를 표준으로 하여 그 주의를 심하게 결한 것에 의하여 행하여야 하므로, 표의자 개인의 주의능력을 표준으로 하는 것은 아니다. 즉, 여기서의 중대한 과실의 유무의 문제는 구체적인 과실이 아닌 추상적 과실(즉, 추상적 중과실)의 유무의 문제이다. 예를 들면, 공장부지매입자가 매입할 토지에 공장을 건축할 수 있는지 알아보지 않은 경우(대판 1993. 6. 29, 92다38881), 신용보증기금의 신용보증서를 담보로 대출해 준 금융기관이 대출금이 모두 상환되지 않았는데도 신용보증기금에게 신용보증담보설정해지의 통고를 한 경우(대판 2000. 3. 12, 99다64995), 공장경영을 위하여 건물을 임차하면서 공장신설을 알아보지 않은 경우(대판 1992. 11. 24, 92다25830·25847) 등은 중과실에 해당된다. 그러나 고려청자매수인이 소개한 자를 믿고 가짜 고려청자를 감정 없이 고가로 매수한 경우(대판 1997. 8. 22, 96다26657), 부동산중개인이 매매목적물과 다른 점포를 소개하여 매수인이 착오로 매수한 경우(대판 1997. 11. 28, 97다32772·32789) 등은 중대한 과실에 해당되지 않는다.

한편 상대방이 표의자의 착오를 알면서 이를 이용하였다면 신의칙상 중과실이 요구되지 않는다고 할 것이다. 왜냐하면 제108조제1항 단서는 표의자의 상대방의 이익을 보호하기 위함이기 때문이다. 판례 또한 제108조제1항 단서 규정은 표의자의 상대방의 이익을 보호하기 위한 것이므로, 상대방이 표의자의 착오를 알고 이를 이용한 경우에는 착오가 표의자의 중대한 과실로 인한 것이라고 하더라도 표의자는 의사표시를 취소할 수 있다(대판 2014. 11. 27, 2013다49794)는 입장이다.

> **제109조 '중대한 과실'의 의미**　　　　대법원 1996. 7. 26. 선고 94다25964 판결
>
> 민법 제109조 제1항 단서에서 규정하고 있는 '중대한 과실'이라 함은 표의자의 직업, 행위의 종류, 목적 등에 비추어 보통 요구되는 주의를 현저히 결여한 것을 말한다.

3) 취소배제사유가 부존재할 것

착오를 이유로 법률행위를 취소하기 위해서는 취소배제사유가 존재하지 않아야 한다. '취소배제사유'로는 상대방이 표의자의 진의에 동의하는 경우, 표의자에게 착오가 있는 때가 착오가 없는 때보다 유리한 경우, 취소권배제특약이 있는 경우(대판 2014. 11. 27, 2013다49794), 신의칙에 의해 배제되는 경우(대판 1995. 3. 24, 94다44620) 등이다.

> **제109조 적용배제**　　　　대법원 2014. 11. 27. 선고 2013다49794 판결
>
> 민법 제109조는 의사표시에 착오가 있는 경우 이를 취소할 수 있도록 하여 표의자를 보호하면서도, 착오가 법률행위 내용의 중요 부분에 관한 것이 아니거나 표의자의 중대한 과실로 인한 경우에는 취소권 행사를 제한하는 한편, 표의자가 의사표시를 취소하는 경우에도 취소로 선의의 제3자에게 대항하지 못하도록 하여 거래의 안전과 상대방의 신뢰를 아울러 보호하고 있다. 이러한 민법 제109조의 법리는 적용을 배제하는 취지의 별도 규정이 있거나 당사자의 합의로 적용을 배제하는 등의 특별한 사정이 없는 한 원칙적으로 모든 사법(私法)상 의사표시에 적용된다.

4) 상대방의 예견가능성 문제

착오에 의한 법률행위의 요건으로 상대방의 예견가능성을 필요로 하는지에 대해서

견해가 나뉘고 있는데, 이를 긍정하는 견해(김용한 300쪽, 김주수·김상용 280쪽)에 따르면 착오취소의 간접적 제한을 통하여 상대방의 이익을 보호할 수 있고, 상대방의 신뢰배상청구권을 인정하지 않은 입법의 불비를 보충할 수 있으므로 긍정한다. 그러나 해석을 통하여 법에 근거 없는 요건을 추가하여 취소권을 제한하는 것은 부당하고 중요부분이나 중과실의 적절한 해석으로도 충분하다는 부정설이 다수설(김상용 496쪽, 김증한·김학동 350쪽, 백태승 424쪽, 이은영 525쪽)이고 판례(대판 2006. 2. 24, 2005다29207 참조)이다.

　다수설에 동의한다. 신뢰이익배상을 인정하기 위하여 상대방의 예견가능성을 착오의 요건으로 하는 것은 법문에 없는 규정을 무리하게 해석하는 것으로 보이고, 동기의 착오에 의한 손해배상을 신뢰배상으로 인정하는 것이 곧 법률내용의 착오와 동일하게 취급하는 것으로 보아 예견가능성을 요건으로 하는 것은 법형평에도 위배된다고 본다.

5) 증명책임

　착오에 의한 의사표시의 경우, 착오의 존재와 그 착오가 법률행위의 내용의 중요부분에 존재한다는 증명은 취소권자가 부담하지만(대판 2008. 1. 17, 2007다74188), 표의자에게 중대한 과실이 있다는 증명은 의사표시를 취소하지 않게 하려는 상대방이 부담한다(대판 2005. 5. 12, 2005다6228).

> **착오를 이유로 한 의사표시의 취소권자** 　대법원 2008. 1. 17. 선고 2007다74188 판결
>
> 　착오를 이유로 의사표시를 취소하는 자는 법률행위의 내용에 착오가 있었다는 사실과 함께 그 착오가 의사표시에 결정적인 영향을 미쳤다는 점, 즉 만약 그 착오가 없었더라면 의사표시를 하지 않았을 것이라는 점을 증명하여야 한다.

> **매매에서 부동산의 시가에 관한 착오가 중요부분의 착오인지 여부**
>
> 　　　　　　　　　　　　　　　　대법원 1992. 10. 23. 선고 92다29337 판결
>
> 　부동산 매매에 있어서 시가에 관한 착오는 부동산을 매매하려는 의사를 결정함에 있어 동기의 착오에 불과할 뿐 법률행위의 중요부분에 관한 착오라고 할 수 없다.

> **상대방의 예견가능성 인정 여부** 　　　대법원 2005. 5. 27. 선고 2004다43824 판결
>
> 　사기에 의한 의사표시란 타인의 기망행위로 말미암아 착오에 빠지게 된 결과 어떠한 의사표시를 하게 되는 경우이므로 거기에는 의사와 표시의 불일치가 있을 수 없고, 단지 의사의 형성과정 즉 의사표시의 동기에 착오가 있는 것에 불과하며, 이 점에서 고유한 의미의 착오에 의한 의사표시와 구분되는데, 신원보증서류에 서명날인한다는 착각에 빠진 상태로 연대보증의 서면에 서명날인한 경우, 결국 위와

> 같은 행위는 강학상 기명날인의 착오(또는 서명의 착오), 즉 어떤 사람이 자신의 의
> 사와 다른 법률효과를 발생시키는 내용의 서면에, 그것을 읽지 않거나 올바르게 이
> 해하지 못한 채 기명날인을 하는 이른바 표시상의 착오에 해당하므로, 비록 위와
> 같은 착오가 제3자의 기망행위에 의하여 일어난 것이라 하더라도 그에 관하여는
> 사기에 의한 의사표시에 관한 법리, 특히 상대방이 그러한 제3자의 기망행위 사실
> 을 알았거나 알 수 있었을 경우가 아닌 한 의사표시자가 취소권을 행사할 수 없다
> 는 민법 제110조 제2항의 규정을 적용할 것이 아니라, 착오에 의한 의사표시에 관
> 한 법리만을 적용하여 취소권 행사의 가부를 가려야 한다.

(4) 효 과

1) 법률행위의 취소

법률행위 내용의 중요한 부분에 착오가 있는 때에는 그 의사표시를 취소할 수 있
다. 즉, 취소한 법률행위는 처음부터 무효인 것으로 본다(제141조 본문). 따라서 중요하
지 않은 부분에 착오가 있는 경우에는 취소하지 못하므로 유효하다. 착오가 중대한
과실로 생긴 때에는 비록 중요부분의 착오가 있더라도 표의자는 그의 의사표시의 착
오를 이유로 취소하지 못한다. 착오로 취소가 되면 소급적으로 무효가 되어 이미 이
행한 경우에는 부당이득반환의 문제가 발생하게 된다.

2) 제3자에 대한 관계

중요부분의 착오가 있는 경우 선의의 제3자에게는 취소로 대항할 수 없다(제109조
제2항). 이 규정에서 제3자 · 선의 · 대항할 수 없다 등은 허위표시와 동일하다. 따라서
'제3자'는 당사자와 그의 포괄승계인 이외의 자로서, 착오에 의한 의사표시로 발생한
법률효과에 의하여 새로운 이해관계를 맺은 자를 말한다. '선의'란 착오에 의한 의사표
시임을 모르는 것이다. 선의 여부는 새로운 이해관계가 발생했을 때를 기준으로 한다.
'대항할 수 없다'는 것은 착오에 의한 취소를 주장할 수 없다는 것을 말한다. 그러나
선의의 제3자가 취소의 효과를 주장하는 것은 무방하다. 물론 선의는 추정되는 것으
로 입증책임은 표의자가 부담한다. 이는 거래안전을 위함이다.

3) 신뢰손해배상책임

표의자가 취소권을 행사한 경우 민법은 신뢰손해배상책임을 인정하지 않는다. 그
러나 신뢰손해배상책임을 인정할 필요가 있다(독일민법 제122조제1항 참조). 왜냐하면
취소의 소급효에 의하여 계약이 원시적 불능의 경우와 매우 유사하고, 당사자의 상호
이익과 손해의 균형을 이룰 필요가 있기 때문이다. 물론 신뢰손해배상은 이행이익손
해배상의 범위를 넘지 못한다(제536조제1항 단서). 한편 판례는 착오에 의한 의사표시

에서 중과실이 없는 착오자의 착오를 이유로 한 의사표시의 취소를 허용하고 있는 이 상, 불법행위의 위법성이 인정되지 않는다고 한다(대판 1997. 8. 22, 97다13023).

불법행위의 구성 여부　　　　　대법원 1997. 8. 22. 선고 97다13023 판결

　불법행위로 인한 손해배상책임이 성립하기 위하여는 가해자의 고의 또는 과실 이 외에 행위의 위법성이 요구되므로, 전문건설공제조합이 계약보증서를 발급하면서 조합원이 수급할 공사의 실제 도급금액을 확인하지 아니한 과실이 있다고 하더라도 민법 제109조에서 중과실이 없는 착오자의 착오를 이유로 한 의사표시의 취소를 허 용하고 있는 이상, 전문건설공제조합이 과실로 인하여 착오에 빠져 계약보증서를 발급한 것이나 그 착오를 이유로 보증계약을 취소한 것이 위법하다고 할 수는 없다.

제3자의 무효주장

① 병의 소유한 그림을 을에게 진품이라고 하여 을과 매매
② 갑과 을은 해당 그림을 매매
　그러나 그 뒤 그림이 위작으로 판명됨.

사례　갑은 친구인 을에게서 유명화가 그림 한 점을 구입하였다. 이 그림은 을이 위작이 아니라 는 병의 얘기를 믿고 병으로부터 구입한 것이었다. 그러나 그 그림은 위작이었다. 갑은 을과 매매계 약의 무효를 주장함과 아울러 을의 무자력을 이유로 을과 병의 매매도 을의 착오를 이유로 취소를 주장하고, 을의 병에 대한 대금반환청구권을 대위행사하였다. 갑에 의한 을의 착오의 주장은 인정될 수 있는가?

해설　위의 사례를 두 가지 관점에서 생각해 볼 수 있다.
첫째, 갑의 착오는 그림의 작품에 대한 "성상(性狀)의 착오"로 동기의 착오이다. 병이 을에게 진품으로 믿게 함으로써 갑, 을, 병의 3자 모두가 착오(공통의 착오)에 빠졌거나 병은 을의 착오를 알았다고 할 수 있다. 그렇다면 제109조제1항에 의하여 착오로 취소할 수 있을 것이다.
둘째, 갑이 행사한 을의 병에 대한 대금반환청구권의 대위행사는 제404조에 의하여 채권자대위권을 행 사함으로써 갑은 채무자 을이 무자력인 경우, 을에 대한 채권을 보전하기 위하여 을이 병에 대한 채권을 대위행사할 수 있다.

(5) 제109조의 적용범위

착오에 의한 의사표시는 법률행위의 전반에 걸쳐 발생할 수 있는 것이므로, 모든 분야의 법률행위에 있어서 그 의사표시가 문제된다. 그러나 가족법상의 법률행위에 대해서 제109조가 적용되는가에 대해서 학설은 적용되지 않는다고 하는 데 일치한다. 특히 착오에 의한 혼인행위와 입양행위에 대해서는 무효임을 명문으로 규정하고 있다 (제815조, 제883조).

한편 재산행위일지라도 특별규정에 의하여 제109조의 적용이 배제되는 경우가 있다. 즉, 화해계약에서 화해당사자의 자격 또는 화해의 목적인 분쟁 이외의 사항에 착오가 아닌 그 밖의 착오를 사유로 화해계약을 취소할 수 없다(제733조). 또한 신주인수도 착오를 이유로 취소할 수 없다(상법 제320조). 그 밖에 제109조는 소송행위에 적용되지 않으며, 공법행위에도 원칙적으로 적용되지 않는다.

(6) 계약상 공통의 착오

'계약상 공통의 착오'는 계약을 체결함에 있어서 계약 당사자 쌍방이 일치하여 일정한 사정에 관하여 착오에 빠진 것을 말한다(대판 1994. 6. 10, 93다24810). 그러나 당사자 쌍방이 동일한 착오에 빠졌다고 하더라도 이러한 경우 모두 일방의 착오와 달리 취급되는 것은 아니다. 예를 들면, 약혼한 친구가 결혼할 것으로 믿고 결혼 선물을 샀는데, 실제로는 그 친구가 이미 파혼한 경우이다. 이 경우, 계약 상대방인 매도인도 동일하게 믿었다면 공통의 착오이지만, 이를 일방의 착오와 달리 취급할 필요가 없다고 한다. 왜냐하면 상대방인 매도인으로서는 자신이 매매계약을 체결하는 데 매수인의 친구가 결혼하는지 여부는 별로 중요한 의미를 가지는 것이 아니기 때문이다. 따라서 공통의 착오가 법적 의미를 갖는 것은 그 착오가 상대방에게도 중요한 의미를 가지는 것이어야 한다. 예컨대, 명작품인 그림을 명작품인 줄 모르는 매도인과 매수인이 매매계약을 체결한 경우이다.

판례는 공통의 착오를 취소원인으로 인정하고 있다(대판 1989. 7. 25, 88다카9364 등 다수). 아울러 공통의 착오의 경우에 계약의 수정도 가능하다고 한다. 예를 들면, 토지 매수인이 양도소득세를 산정하여 부담하기로 하였는데, 매도인과 매수인도 예상할 수 없이 실제 부과된 액수가 많은 경우(대판 1994. 6. 10, 93다24810), 건물의 기부채납과 그에 따른 사용료 면제가 부가가치세 부과대상이 되는지를 의식하지 못하여 당사자가 그에 대하여 약정하지 않은 경우(대판 2006. 11. 23, 2005다13288) 등이다. 이 경우 당사자가 그러한 착오가 없을 때에 약정하였을 것으로 보는 내용으로 당사자의 의사를 보충하여 계약을 해석하는 것이라고 할 수 있다(보충적 해석)(윤진수, '계약상 공통의 착오에 관한 연구', 민사법학, 2010, 139쪽).

양도세액의 착오   대법원 1994. 6. 10. 선고 93다24810 판결

　　매도인의 대리인이, 매도인이 납부하여야 할 양도소득세 등의 세액이 매수인이 부담하기로 한 금액뿐이므로 매도인의 부담은 없을 것이라는 착오를 일으키지 않았더라면 매수인과 매매계약을 체결하지 않았거나 아니면 적어도 동일한 내용으로 계약을 체결하지는 않았을 것임이 명백하고, 나아가 매도인이 그와 같이 착오를 일으키게 된 계기를 제공한 원인이 매수인측에 있을 뿐만 아니라 매수인도 매도인이 납부하여야 할 세액에 관하여 매도인과 동일한 착오에 빠져 있었다면, 매도인의 위와 같은 착오는 매매계약의 내용의 중요부분에 관한 것에 해당한다.

재단법인 설립행위에서 착오의 인정 여부   대법원 1999. 7. 9. 선고 98다9045 판결

　　민법 제47조 제1항에 의하여 생전처분으로 재단법인을 설립하는 때에 준용되는 민법 제555조는 "증여의 의사가 서면으로 표시되지 아니한 경우에는 각 당사자는 이를 해제할 수 있다."고 함으로써 서면에 의한 증여(출연)의 해제를 제한하고 있으나, 그 해제는 민법 총칙상의 취소와는 요건과 효과가 다르므로 서면에 의한 출연이더라도 민법 총칙규정에 따라 출연자가 착오에 기한 의사표시라는 이유로 출연의 의사표시를 취소할 수 있고, 상대방 없는 단독행위인 재단법인에 대한 출연행위라고 하여 달리 볼 것은 아니다.

공통의 착오

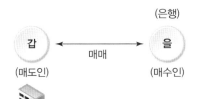

① 갑과 을은 계약체결 이전에 예상되는 양도소득세액을 확인함
② 양도소득세를 매수인 을이 부담하기로 약정한 후 직접 지불하였음
③ 양도소득세액은 잘못 계산되었고, 국세청은 갑에게 부과된 것 보다 많은 양도소득세액을 고지하였음
④ 갑이 착오를 이유로 취소청구함

사례　　재개발지역에 갑은 상가를 소유하고 있었고, 을 은행이 이곳에 은행건물을 짓기 위해 매수요청을 하였다. 갑과 을은 상호 예상되는 양도소득세액을 확인하고, 을이 양도소득세를 부담하는 조건으로 매매계약을 체결하였다. 그러나 매매계약체결 당시에 계산했던 세금액수보다 훨씬 더 많은 액수가 매도인인 갑에게 부과되었다. 이에 갑은 착오를 이유로 취소할 수 있는가? (대판 1994. 6. 10, 93다24810)

해설　　갑과 을이 양도소득세액에 대한 착오로서 매매의 중요내용에 해당된다. 이 착오는 "공통의 착오(falsa demonstratio)"이다. 그리고 갑은 취소할 수 있다.
이에 대하여 학설은 견해를 달리하고 있다. 학설에 따르면, 공통의 (동기)착오를 제109조의 착오취소문제로 다루는 것에 반대한다. 쌍방착오(공통의 착오)의 내용이 일치한다면 비록 착오가 발생했더라도 양

당사자의 진의에 있어 일치된 내용에 따라 계약내용을 수정하여 유지하는 것이 당사자의 진정한 의사나 이익에 부합하는 때가 많다는 점을 이유로 제109조를 적용할 수 없다고 한다(송덕수). 그 해결방법에 대해서는 우선 주관적 행위기초론에 의해 해결하려는 견해(송덕수, 김상용, 백태승)와 보충적 해석론에 의해 해결하려는 견해(이영준, 윤진수, 지원림)로 나뉘어진다. 특히 민법개정안 제109조의2에 의해 착오취소자가 상대방에게 손해배상(신뢰이익)을 해야 할 때, 쌍방착오를 착오의 문제로 다루게 되면 양당사자는 모두 자신의 착오를 이유로 취소할 수 있으며, 그 때에는 먼저 취소했다는 이유로 상대방에게 손해배상책임을 부담해야 하는 결과는 합리성을 결여한 것이다. 특히 과실을 수반하지 않는 착오의 경우에 더욱 그러하다. 그러나 착오에 일반적으로 과실을 수반하는 경우에는 손해배상의 상계를 적용하면 합리성의 결여가 완화될 것이다.

제3항 사기·강박에 의한 의사표시(제110조)

제110조 [사기, 강박에 의한 의사표시]

① 사기나 강박에 의한 의사표시는 취소할 수 있다.
② 상대방 있는 의사표시에 관하여 제3자가 사기나 강박을 행한 경우에는 상대방이 그 사실을 알았거나 알 수 있었을 경우에 한하여 그 의사표시를 취소할 수 있다.
③ 전2항의 의사표시의 취소는 선의의 제3자에게 대항하지 못한다.

(1) 의 의

'사기에 의한 의사표시'란 타인의 기망행위에 의하여 착오에 빠져 의사표시를 하게 되는 경우이다. 따라서 의사와 표시는 일치하지만 그 의사의 형성과정이 자유롭지 못하고 동기에 착오가 발생하는 것으로 고유한 의미의 착오에 의한 의사표시와는 구분된다. 그러나 예외적으로 의사와 표시가 불일치하는 경우가 있다. 즉, 사기에 의하여 법률행위의 내용의 착오가 있는 경우 예를 들면, 상대방 또는 제3자에게 속아서 법적 의미가 다른 서류에 서명한 경우(대판 2005. 5. 27, 2004다43824 참조)에 그러하다. 이 경우 동기의 착오에 의한 취소권과 사기에 의한 취소권이 경합될 것이다.

'강박에 의한 의사표시'란 타인이 불법으로 어떤 해악을 고지하고 그로 인하여 공포를 느껴 의사표시를 한 것을 의미한다. 따라서 의사와 표시가 일치하지만, 예외적으로 불일치하는 경우가 있다. 예컨대, 상대방 또는 제3자의 강박에 의하여 의사표시자가 법적 의미가 다른 서류에 서명한 경우이다. 그리고 강박행위가 위법이 되기 위해서는 강박행위 당시의 거래관념이나 제반사정에 비추어 해악의 고지로써 추구하는 이익이 정당하지 않거나, 강박의 수단으로 상대방에게 고지하는 해악의 내용이 법질서에 위배된 경우이거나, 어떤 해악의 고지가 거래관념상 그 해악의 고지로써 추구하는 이익의 달성을 위한 수단으로 부적당한 경우 등에 해당하여야 한다. 사기나 강박에 의한 의사표시는 취소할 수 있고, 상대방 있는 의사표시에 관하여 제3자가 사기나 강박을 행한 경우에는 상대방이 그 사실을 알았거나 알 수 있었을 경우에 한하여 그 의사표시를 취소할 수 있다.

(2) 요 건

1) 사기(기망)나 강박행위가 존재할 것

'기망행위'란 사실과 다른 잘못된 관념을 야기하거나 강화 또는 유지하는 모든 행위를 의미하며 침묵으로도 상대방이 착오를 일으켰다면 부작위에 의한 기망행위가 성립한다. 예컨대, 부동산 매매에서 매도인은 그 주택이 몇 번 침수된 사실이 있거나 무허가 건물이거나 또는 토지가 도시계획에 걸려있는 사실을 고지하지 않은 것 또는 주택임대차에서 임대인이 임차인에게 임대주택이 무허가건물이거나 제3자에게 경락된 경우에 그 사실을 고지하지 않은 것 등은 매도인 또는 임대인의 부작위로 인한 사기로 볼 수 있다. 그리고 사실과 다른 그릇된 관념이 법률행위의 중요부분일 필요는 없다.

'강박행위'란 강박자가 영향력을 미칠 수 있는 불이익이나 해악을 고지하는 행위로 형태에는 제한이 없다. 또한 이미 유발된 공포심을 이용하더라도 위법하다면 강박이 된다. 강박에 의한 의사표시에서는 표의자의 의사는 착오와 관계가 없다. 강박에 의한 의사표시는 상대방이 불법으로 어떤 불이익이나 해악을 고지함으로써 공포를 느끼고 의사표시를 한 것으로, 부정한 이익을 목적으로 하는 행위가 아닌 형사상 적법절차를 고지하거나 구체적인 해악의 고지가 없는 경우는 강박행위가 아니다. 그 밖에 강박이 표의자의 공포심을 유발할 정도를 넘어서서 의사결정의 자유를 완전히 박탈시키는 정도의 강박에 의한 의사표시는 행위의사가 없는 의사표시로서 무효가 된다. 예를 들면 매매계약서에 서명할 의사가 없는데, 강박자가 강제로 의사표시자의 손을 이끌어 서명하게 한 경우에는 그 의사표시는 무효이다(대판 2003. 5. 13, 2002다73708,73715 등 다수).

강박의 정도 　　　　　대법원 2003. 5. 13. 선고 2002다73708,73715 판결

　강박에 의한 법률행위가 하자 있는 의사표시로서 취소되는 것에 그치지 않고 나아가 무효로 되기 위하여는, 강박의 정도가 단순한 불법적 해악의 고지로 상대방으로 하여금 공포를 느끼도록 하는 정도가 아니고, 의사표시자로 하여금 의사결정을 스스로 할 수 있는 여지를 완전히 박탈한 상태에서 의사표시가 이루어져 단지 법률행위의 외형만이 만들어진 것에 불과한 정도이어야 한다.

---

2) 사기나 강박에 고의가 있을 것

사기자나 강박자는 표의자를 기망하거나 강박하여 착오나 공포에 빠지게 하려는 고의와 그 착오 또는 공포에 기하여 표의자로 하여금 의사표시를 하게 하려는 이중의

고의를 필요로 한다는 것이 통설이다. 사기자나 강박자는 의사표시를 하게 할 고의를 가지고 있어야 하므로 의사능력을 요구하지만, 사기행위나 강박행위는 법률행위가 아니므로 행위능력이나 불법행위능력을 요구하지 않는다.

3) 사기나 강박행위가 위법할 것

기망행위가 위법하여야 한다. 위법한가에 대한 판단은 신의칙이나 거래관행 등을 고려하여 구체적, 개별적으로 판단하여야 할 것이다(대판 1995. 9. 29, 95다7031).

또한 강박행위가 위법하여야 한다. 위법한가에 대한 판단은 강박에 의하여 달성하려고 한 목적과 그 수단인 강박행위를 상관적으로 고찰하여 강박자의 행위 내지 용태 전체로서의 위법성 유무를 판단하여야 한다.

4) 상대방의 예견가능성

상대방 있는 의사표시에서 제3자의 사기나 강박에 의한 의사표시를 한 때 상대방의 예견가능성이 인정되는 경우 즉, 상대방이 알았거나 알 수 있었을 경우에 한하여 취소할 수 있고, 상대방 없는 의사표시에서는 언제든지 취소할 수 있다.

5) 기망행위나 강박행위와 의사표시의 인과관계

기망행위나 강박행위와 의사표시 사이에 인과관계가 있어야 한다. 이 인과관계는 주관적으로 존재하는 것으로 충분하다.

기망행위와 의사표시 사이에, 인과관계가 존재하기 위해서는 먼저 기망행위와 표의자의 착오 사이에 그 다음에 착오와 의사표시 사이에 인과관계가 있어야 한다. 예컨대, 가짜 백자기의 매도인이 진짜 백자기라고 속여서 매수인이 진짜 백자기로 믿고, 그 믿음을 갖고 매수의 의사표시를 한 경우이다.

강박행위와 의사표시 사이에도 인과관계가 존재하기 위해서는 먼저 표의자가 강박의 결과 공포심을 가지고, 그 공포심으로 의사표시를 했어야 한다.

기망행위에 의한 그릇된 관념이 법률행위의 중요부분일 필요성

대법원 1985. 4. 9. 선고 85도167 판결

기망행위로 인하여 법률행위의 중요부분에 관하여 착오를 일으킨 경우뿐만 아니라 법률행위의 내용으로 표시되지 아니한 의사결정의 동기에 관하여 착오를 일으킨 경우에도 표의자는 그 법률행위를 사기에 의한 의사표시로서 취소할 수 있다.

(3) 효 과

1) 원 칙

표의자의 상대방의 사기나 강박으로 인하여 의사표시를 한 때에는 표의자는 그 의사표시를 취소할 수 있게 된다. 따라서 표의자가 취소하지 않는 한 그 법률행위는 유효하고, 취소로 법률행위는 소급적으로 무효가 되므로 아직 이행하지 않은 급부는 소멸하고 이미 이행한 이행급부는 반환하여야 한다.

2) 제3자와의 관계

제3자의 사기나 강박으로 인하여 의사표시를 한 경우에는 상대방 있는 의사표시인지, 상대방 없는 의사표시인지에 따라 효과가 나뉘게 된다. 전자의 경우 상대방이 제3자에 의한 사기나 강박의 사실을 알았거나 또는 알 수 있었을 경우에 한하여 취소할 수 있고, 후자의 경우, 상대방의 예견가능성을 불문하고 표의자는 취소할 수 있다. 그리고 제3자의 사기에 의해 의사표시를 한 경우 상대방이 그 사실을 알 수 없는 때에는 표의자가 그 의사표시를 취소할 수 없지만 제109조 착오에 의한 의사표시에 해당하는 경우에는 착오를 이유로 취소할 수 있다(대판 2005. 5. 27, 2004다43824). "알 수 있었을 것"은 과실로 알지 못하는 것을 말한다. 또한 "제3자"는 그의 행위에 대하여 상대방에게 책임을 지울 수 있는 자만을 의미한다(송덕수 330쪽). 판례 또한 상대방의 범위에 대하여 "상대방의 대리인 등 상대방과 동일시할 수 있는 자는 제3자가 아니나, 단순히 상대방의 피용자이거나 상대방이 사용자책임을 져야 할 관계에 있는 피용자에 지나지 않는 자는 상대방과 동일시 할 수 없어 제3자에 해당한다(대판 1998. 1. 23, 96다41496)"고 한다.

그리고 사기나 강박에 의한 의사표시의 취소는 선의의 제3자에게 대항하지 못한다. 또한 취소한 후 외관을 제거하기 전에 이해관계를 맺은 제3자에 대해서도 제110조제3항을 확대·유추적용할 수 있다는 것이 통설과 판례(대판 1975. 12. 23, 75다533)의 입장이다.

사기에 의한 의사표시에서 제3자　　　대법원 1975. 12. 23. 선고 75다533 판결

사기에 의한 법률행위의 의사표시를 취소하면 취소의 소급효로 인하여 그 행위의 시초부터 무효인 것으로 되는 것이요 취소한 때에 비로소 무효로 되는 것이 아니므로 취소를 주장하는 자와 양립되지 아니하는 법률관계를 가졌던 것이 취소 이전에 있었던가 이후에 있었던가는 가릴 필요없이 사기에 의한 의사표시 및 그 취소사실을 몰랐던 모든 제3자에 대하여는 그 의사표시의 취소를 대항하지 못한다고 보아야 할 것이고 이는 거래안전의 보호를 목적으로 하는 민법 110조 3항의 취지에도 합당한 해석이 된다.

(4) 제110조의 적용범위

제110조는 특별규정이 없는 한 원칙적으로 모든 사법상 의사표시에 적용한다. 그러나 당사자의 진의를 중히 여기는 신분행위는 특별규정이 없더라도 적용되지 않는다. 아울러 단체적 행위, 소송행위, 공법행위에도 적용되지 않는다.

(5) 관련제도

1) 취소와 매도인의 담보책임

매매에서 제110조의 취소권과 매도인의 담보책임이 경합하는 경우, 매수인은 두 권리를 선택적으로 행사할 수 있다. 왜냐하면 두 제도는 각각 다른 목적과 특징을 가지고 있기 때문이다. 판례에 따르면, 제569조(타인의 권리매매)가 타인의 권리의 매매를 유효로 규정한 것은 선의의 매수인의 신뢰이익을 보호하기 위한 것이므로, 매수인이 매도인의 기망에 의하여 타인의 물건을 매도인의 것으로 알고 매수한다는 의사표시를 한 것은 만일 타인의 물건인줄 알았더라면 매수하지 아니하였을 사정이 있는 경우에는 매수인은 제110조에 의하여 매수의 의사표시를 취소할 수 있다고 해석할 수 있다(대판 1973. 10. 23, 73다268).

2) 취소와 손해배상책임

사기나 강박행위로 인하여 의사표시를 취소하는 경우, 불법행위를 이유로 손해배상청구권이 발생할 수도 있다(대판 2007. 4. 12, 2004다62641). 왜냐하면 사기행위나 강박행위는 위법행위이기 때문이다. 이 경우, 피해자는 두 권리를 자유롭게 행사할 수 있다. 즉, 취소권과 함께 손해배상청구권을 행사할 수 있지만, 취소의 효과인 부당이득반환청구권과 불법행위로 인한 손해배상청구권은 경합하여 병존하는 것이므로 중첩적으로 행사할 없다(대판 1993. 4. 27, 92다56087). 또한 취소권을 행사하지 않고 손해배상청구권만 행사할 수 있다(대판 1998. 3. 10, 97다55829).

> **부당이득반환청구권과 손해배상청구권의 경합관계**
>
> 대법원 1993. 4. 27. 선고 92다56087 판결
>
> 법률행위가 사기에 의한 것으로서 취소되는 경우에 그 법률행위가 동시에 불법행위를 구성하는 때에는 취소의 효과로 생기는 부당이득반환청구권과 불법행위로 인한 손해배상청구권은 경합하여 병존하는 것이므로, 채권자는 어느 것이라도 선택하여 행사할 수 있지만 중첩적으로 행사할 수는 없다.

제3자의 사기행위

① 갑은 을에 대하여 3억원 채권을 가짐
② 을은 시공능력이 없고, 자금사정이 좋지 않음
③ 갑이 병에게 아파트분양계약을 권고
④ 을과 병이 아파트분양계약체결
⑤ 을의 부도로 병이 아파트입주가 무산

사례 갑은 건축사업을 하는 아파트건축업자 을에 대하여 채권 3억 원을 가지고 있다. 그리고 을은 현재 아파트 건축사업을 하고 있는 데 사실상 시공능력이 없을 뿐만 아니라 자금사정도 안 좋다. 이 사정을 잘 아는 갑은 자신의 채권을 변제받기 위하여 을에 대한 사정을 숨긴 채 병에게 아파트분양을 받도록 권유하여 병과 을은 분양계약을 체결하였다. 그 후 을이 부도가 나서 병은 아파트입주가 무산되었다.
이에 병은 아파트분양계약을 취소할 수 있는 가? 또 병은 갑에 대하여 불법행위를 이유로 손해배상청구할 수 있는가? (대판 1998. 3. 10. 97다55829)

해설 먼저 병은 아파트분양계약을 취소할 수 있다. 왜냐하면 제3자인 갑의 사기를 행하여 병이 계약 상대방인 을과 아파트계약을 체결하였고, 을은 그 사실을 알았거나 알 수 있었을 것으로 추정되기 때문이다(제110조제2항).
또한 병은 갑의 사기행위를 근거로 아파트계약을 취소하지 않고 손해배상청구를 할 수 있다. 왜냐하면 제3자의 사기행위 자체가 불법행위를 구성하기 때문이다.

제7관 의사표시의 효력발생시기와 수령능력
(제111조 내지 제113조)

제1항 서 설

'의사표시의 효력이 발생하는 시기'는 모든 요건을 갖춘 때이다. 상대방이 없는 의사표시의 경우 표시행위가 완료된 때에 효력이 발생하게 되는 것이 원칙이다. 그러나 상대방이 있는 의사표시의 경우 상대방에게 알려야 할 필요성이 있으므로 상대방이 없는 의사표시와는 달리 하여야 할 것이다. 특히 상대방의 입장에서 볼 때 의사표시의 효력발생 시기가 표의자를 기준으로 할 것인지 상대방을 기준으로 할 것인지 문제가 될 것이고 또한 의사표시의 수령능력도 문제가 된다. 전자의 경우 상대방을 모르거나 상대방의 주소를 알지 못하는 경우도 문제된다.

제2항 의사표시의 효력발생시기

> **제111조 [의사표시의 효력발생시기]**
> ① 상대방이 있는 의사표시는 그 통지가 상대방에 도달한 때에 그 효력이 생긴다.
> ② 의사표의자가 그 통지를 발송한 후 사망하거나 제한능력자가 되어도 의사표시의 효력에 영향을 미치지 아니한다.

1. 입법주의

(1) 표백주의

'표백주의'란 의사표시가 성립할 때 즉, 외형적 존재를 가지는 때에 효력이 발생한다는 주의이다. 예컨대, 서면으로 의사표시를 하는 경우, 서면의 작성이 끝난 때에 효력이 발생한다는 주의이다. 이 주의는 의사표시가 성립한 시기에 대해서 상대방은 전혀 알 수가 없기 때문에 상대방에게 매우 불리하게 되는 문제가 있다.

(2) 발신주의

'발신주의'란 의사표시가 성립하여 상대방에게 발신된 때에 그 효력이 발생한다는 주의이다. 예컨대, 서면을 발송한 때 또는 우편물을 우체국 창구에서 발송한 때에 의사표시의 효력이 생긴다는 주의이다. 이 주의는 신속을 필요로 하는 거래나 다수인에게 동일하게 표시행위를 하여야 할 경우에 유용하다. 우리 민법도 사원총회소집의 통지(제71조), 격지자간 계약성립시기(제531조)에서 발신주의를 취하고 있다. 그러나 발신의 시기라는 것이 표의자의 의사에 의하여 결정되기 때문에 상대방이 알지 못하는 사이에 의사표시의 효과에 구속되는 불합리한 결과를 도출하는 단점이 있다.

(3) 도달주의

1) 의 의

'도달주의'란 의사표시가 상대방에게 도달한 때 즉, 상대방의 지배권 내에 들어간 때에 효력이 발생한다는 주의이다. 이 주의는 의사표시가 상대방에게 배달되었을 때 효력이 발생한다는 것으로 양당사자의 이익을 조화할 수 있는 측면에서 장점이 있고 제111조도 이에 따르고 있다. 우리 민법이 도달주의를 택하고 있는 이유는 당사자 쌍방의 이익을 가장 잘 조화할 수 있고, 의사표시의 효력발생시기를 객관적으로 확정하는 것이 가능하며, 표의자도 통상 그 시점을 예상할 수 있어 법률관계를 간단명료하게 처리하는 것이 가능하기 때문이다.

2) 도달의 의의

'도달'에 대해서도 상대방의 영역에 진입한 것만으로 도달이 성립한다는 견해와 상대방의 영역에 진입하였을 뿐만 아니라 요지가능성까지도 갖추었을 때 즉, 사회통념상 채무자가 통지내용을 알 수 있는 객관적인 상태에 놓여 있을 때 비로소 도달이 성립한다는 견해로 나뉘는데 후자가 통설·판례(대판 2008. 6. 12, 2008다19973)이다.

한편 전자적 의사표시에 관하여는 전자문서 및 전자거래기본법 제6조제2항에 수신시기에 관하여 기술적인 도달시기를 규정하고 있는 것은 민법상 도달시기와는 다르다. 그러나 전자적 의사표시도 특별한 사정이 없는 한 요지할 수 있는 상태에 놓이게 된 때에 도달된 것이라고 새겨야 할 것이다(송덕수 337쪽).

3) 도달의 효과

도달주의에 따르면 의사표시가 상대방에 도달하게 되면 효력이 발생하게 된다(제111조). 따라서 의사표시가 상대방에게 도달하기 전이라면 임의로 의사표시를 철회하는 것이 가능하고, 의사표시가 상대방에게 도달하기 전이나 도달과 동시에 철회의 통지가 상대방에게 도달하게 되면 의사표시의 효력이 발생하지 않는다.

그리고 제111조는 상대방이 대화자인지 격지자인지 구별하지 않고 도달주의를 적용한다. 다만 대화자 사이에는 격지자와 달리 예외적인 경우(예를 들면, 상대방이 귀를 가리고 들으려고 하지 않을 때에는 도달은 있으나 알지(요지) 못하는 상태임)를 제외하고는 표백·발신·도달·요지가 동시에 이루어진다. 대화자·격지자의 구별은 거리와 장소에 따른 개념이 아니라 시간에 따른 개념이다. 따라서 전화, 신호, 화상통화, 네트워크상 대화 등은 두 사람의 거리가 떨어져 있어도 대화자에 불과하다.

도달주의 하에서는 의사표시의 불착·연착은 모두 표의자의 불이익으로 남는다. 최고기간도 도달한 때부터 셈하여 정한다.

한편 표의자가 의사표시를 발신한 후에 표의자가 사망하거나 제한능력자가 된 경우, 이후 상대방에게 도달한 의사표시가 효력이 발생하느냐가 의문이 들 수 있는데 이러한 경우 의사표시는 유효하다.

도달의 인정 범위   대법원 2006. 3. 24. 선고 2005다66411 판결

우편물이 수취인 가구의 우편함에 투입되었다고 하더라도 분실 등을 이유로 그 우편물이 수취인의 수중에 들어가지 않을 가능성이 적지 않게 존재하는 현실에 비추어, 우편함의 구조를 비롯하여 수취인이 우편물을 수취하였음을 추인할 만한 특

별한 사정에 대하여 심리를 다하지 아니한 채 아파트 경비원이 집배원으로부터 우편물을 수령한 후 이를 우편함에 넣어 둔 사실만으로 수취인이 그 우편물을 수취하였다고 추단한 원심판결을 파기한 사례.

우편물의 배달과 도달의 관계　　　대법원 1993. 11. 26. 선고 93누17478 판결

　우편법 제31조, 제34조, 동법시행령 제42조, 제43조의 규정취지는 우편사업을 독점하고 있는 국가가 배달위탁을 받은 우편물의 배달방법을 구체적으로 명시하여 그 수탁업무의 한계를 명백히 한 것으로서 위 규정에 따라 우편물이 배달되면 우편물이 정당하게 교부된 것으로 인정하여 국가의 배달업무를 다하였다는 것일 뿐 우편물의 송달로써 달성하려고 하는 법률효과까지 발생하게 하는 것은 아니므로 위 규정에 따라 우편물이 배달되었다고 하여 언제나 상대방 있는 의사표시의 통지가 상대방에게 도달하였다고 볼 수는 없다.

보통우편의 도달 추정 여부　　　대법원 2002. 7. 26. 선고 2000다25002 판결

　내용증명우편이나 등기우편과는 달리, 보통우편의 방법으로 발송되었다는 사실만으로는 그 우편물이 상당기간 내에 도달하였다고 추정할 수 없고 송달의 효력을 주장하는 측에서 증거에 의하여 도달사실을 입증하여야 한다.

내용증명우편의 도달 인정 여부　　　대법원 2000. 10. 27. 선고 2000다20052 판결

　재건축조합을 탈퇴한다는 의사표시가 기재된 내용증명 우편물이 발송되고 달리 반송되지 아니하였다면 특별한 사정이 없는 한 이는 그 무렵에 송달되었다고 봄이 상당하다.

의사표시의 도달과 철회의 의사표시의 효과
　　　　　　　　　　　대법원 2006. 6. 15. 선고 2004다10909 판결

　법인의 이사를 사임하는 행위는 상대방 있는 단독행위라 할 것이어서 그 의사표시가 상대방에게 도달함과 동시에 그 효력을 발생하고 그 의사표시가 효력을 발생한 후에는 마음대로 이를 철회할 수 없음이 원칙이나, 사임서 제시 당시 즉각적인 철회권유로 사임서 제출을 미루거나, 대표자에게 사표의 처리를 일임하거나, 사임서의 작성일자를 제출일 이후로 기재한 경우 등 사임의사가 즉각적이라고 볼 수 없는 특별한 사정이 있을 경우에는 별도의 사임서 제출이나 대표자의 수리행위 등이 있어야 사임의 효력이 발생하고, 그 이전에 사임의사를 철회할 수 있다.

(4) 요지주의

'요지주의'란 의사표시가 상대방에게 도달했을 뿐만 아니라 상대방이 의사표시의

내용을 알게 되어야 비로소 효력이 발생한다는 주의이다. 예컨대, 도달된 서면을 읽고 그 내용을 알았을 때를 효력발생시기로 보는 주의이다. 이 주의는 상대방을 최대한 보호할 수는 있지만 요지된 시기를 입증하는 것이 곤란하여 민법에서 이 주의를 취하지는 않는다.

2. 우리 민법의 태도

우리 민법은 의사표시의 효력발생시기에 대해서 상대방 있는 의사표시는 상대방에게 도달한 때로부터 효력이 발생한다고 하여 도달주의를 취하고 있고, 상대방 없는 의사표시의 경우 표시행위 완료시에 효력이 발생한다고 한다. 의사표시의 효력시기에 관하여 도달주의를 따르는 제111조는 격지자뿐만 아니라 대화자에 대하여도 적용된다(통설). 또한 준법률행위 가운데 관념의 통지에 해당하는 채권양도의 통지(대판 2010. 4. 15, 2010다57) 및 상대방 있는 행정처분(대판 2009. 11. 12, 2009두11706)에도 적용된다. 그리고 제111조는 당사자의 약정으로 그 시기를 달리 정할 수 있으므로 임의규정이라 할 것이다.

한편 민법은 예외적으로 발신주의에 관한 규정을 두고 있다. 즉, 사원총회소집의 통지(제71조), 격지자간 계약성립시기(제531조)에서는 발신주의를 취하고 있다.

제3항 의사표시의 수령능력

> **제112조 [제한능력자에 대한 의사표시의 효력]**
>
> 의사표시의 상대방이 의사표시를 받은 때에 제한능력자인 경우에는 의사표시자는 그 의사표시로써 대항할 수 없다. 다만, 그 상대방의 법정대리인이 의사표시가 도달한 사실을 안 후에는 그러하지 아니하다.

1. 의 의

'의사표시의 수령능력'이란 표의자의 의사표시의 내용을 이해할 수 있는 능력을 말한다. 의사표시의 수령능력은 표의자의 의사표시가 상대방에게 도달하였을 것을 전제로 한다. '도달'이란 표의자의 의사표시가 상대방의 지배영역에 들어가서 사회통념상 그 의사표시를 알 수 있는 상태에 이른 것으로, 의사표시를 수령하는 자가 그 의사표시를 이해할 능력이 없다면 도달이 되지 않는다. 따라서 의사표시의 상대방이 이를 받은 때에 제한능력자인 경우에는 수령능력이 없다고 보아 표의자는 그 의사표시로써 대항하지 못한다. 즉, 제한능력자는 수령무능력자가 된다.

2. 제한능력자에 대한 의사표시의 효력

표의자가 제한능력자에 대하여 의사표시를 한 경우 표의자는 원칙적으로 도달을 주장하지 못한다(제112조 본문). 예컨대, 미성년자에게 취소 또는 해제의 통지를 한 경우, 그 도달의 효력을 주장할 수 없지만 미성년자 측에서 도달을 주장하는 것은 상관없다. 그러나 제한능력자의 법정대리인이 도달을 안 이후에는 도달을 주장할 수 있다(제112조 단서). 한편 미성년자나 피한정후견인의 경우 일정한 범위 내에서 행위능력을 갖게 되는데 이러한 경우 수령능력이 있다는 것이 통설이다.

3. 적용범위

의사표시의 수령능력은 특정의 상대방에 의한 수령 또는 도달이 되는지 여부를 판단할 때 필요한 것이다. 따라서 의사표시의 수령능력에 관한 규정은 상대방 있는 의사표시에 적용되지만 상대방 없는 의사표시나 발신주의 아래의 의사표시, 공시송달에 의한 의사표시에는 적용되지 않는다.

제4항 의사표시의 공시송달

제113조 [의사표시의 공시송달]

표의자가 과실 없이 상대방을 알지 못하거나 상대방의 소재를 알지 못하는 경우에는 의사표시는 민사소송법 공시송달의 규정에 의하여 송달할 수 있다.

---

1. 의 의

'의사표시의 공시송달'이란 표의자가 상대방을 알지 못하거나 상대방의 주소를 알지 못하는 경우에 공시의 방법을 이용하여 상대방에게 의사표시가 도달할 수 있도록 하는 것을 의미한다.

2. 요 건

공시송달이 이루어지기 위해서는 상대방을 알지 못하거나 상대방의 소재를 알지 못하여야 하고, 상대방을 알지 못한다는 것은 상대방이 사망한 경우 상속인을 알지 못하는 것과 같은 경우이고, 상대방의 소재를 알지 못한다는 것은 상대방은 알고 있으나 상대방이 현재 있는 곳을 알지 못하는 경우를 들 수 있다.

이때 상대방 또는 그의 소재를 알지 못하는 데 대하여 표의자에게 과실이 없어야 한다. 즉, 일반인으로서 주의(선량한 관리자의 주의)를 베풀었는데도 알지 못하여야 한다. 과실의 유무에 대한 입증책임이 표의자에게 있다는 견해(김증한·김학동 378쪽, 송덕수 339쪽)도 있고, 의사표시의 효력을 다투는 자에게 입증책임이 있다는 견해(곽윤직·김재형 323쪽, 김용한 314쪽)도 있다.

3. 절 차

공시의 방법은 민사소송법에서 정하고 있는 공시송달의 규정에 따른다. 즉, 표의자가 법원에 공시송달을 신청하게 되면, 법원서기관이나 서기가 송달할 서류를 보관하고, 그 사유를 법원게시판에 게시하거나, 그 밖에 대법원규칙이 정하는 방법에 따라서 하여야 한다(민소법 제195조). 대법원규칙에 따른 공시방법으로는 법원게시판의 게시, 관보·공보 또는 신문 게재, 전자통신매체를 이용한 공시가 있다(민소규 제54조제1항).

4. 효 과

공시송달은 게시일로부터 2주일이 경과한 때에 상대방에게 도달한 것으로 간주한다(민소법 제196조제1항 본문). 도달의 효과가 발생하기 위해서는 상대방이나 상대방의 소재를 알지 못하는 데 과실이 없어야 하고, 과실이 있거나 악의인 경우에는 도달의 효력은 발생하지 않는다.

> **관념의 통지에 있어서 공시송달의 필요성과 타당성**
> 대전지법 1993. 6. 29. 자 92라102 제1민사부 결정
>
> 의사표시의 공시송달에 관한 민법 제113조의 규정은 표의자가 상대방을 알 수 없거나 또는 그의 소재를 알 수 없는 관계로 의사표시의 효력을 발생케 할 수 없게 되는 불편을 제거하기 위하여 마련된 제도로서 의사표시가 아닌 관념의 통지에 있어서도 그 필요성과 타당성이 긍정되는 한 이를 준용할 수 있다.

제8관 대 리

제1항 서 설

1. 대리의 의의

(1) 의 의

'대리'란 법률행위(의사표시)를 하거나 의사표시를 받는 데 있어서 타인이 본인의 이름으로 본인을 대신하여 하고 그 효과는 본인에게 직접 귀속하게 하는 제도이다.

법률행위의 효과는 의사표시를 한 자에게 귀속되는 것이 원칙이고, 이러한 원칙에 대한 예외로 대리가 인정되고 있다.

대리의 기능에 대해서 주된 기능은 사적자치의 확장이고, 2차적 기능은 사적자치의 보충이다. 사적자치의 확장은 임의대리에서 강하게 드러나는 것이 특징이고, 사적자치의 보충은 법정대리에서 강하게 드러나는 특징이 있다.

(2) 대리의 본질

'대리의 본질'에 관한 문제는 법률행위를 한 자 즉, 의사표시를 한 자에게 법률효과가 귀속하는 원칙이 있음에도 불구하고 이러한 원칙에서 벗어나서 의사표시를 한 자가 아닌 본인에게 법률효과가 직접 귀속하게 되는 그 이론적 근거가 무엇이냐 하는 것이다.

1) 본인행위설(Geschäftsherrntheorie, Savigny가 주장)

법률행위에서 본래의 행위 당사자는 본인과 상대방이고, 대리인은 본인의 기관으로 보아 대리인의 행위를 본인의 행위로 의제하는 견해이다. 따라서 대리인의 행위는 본인의 행위로 의제되어 그 효력이 본인에게 직접 귀속하게 된다. 그러므로 법률행위의 요건에 대한 기준은 대리인이 아니라 본인을 표준으로 하여 결정하여야 한다.

2) 대리인행위설(Repräsentationstheorie, Windscheid가 주장, 우리나라 통설)

대리인행위설은 본인행위설과 반대되는 개념이다. 즉, 법률행위의 당사자는 대리인과 상대방이지만 법률규정에 의하여 그 효력이 본인에게 귀속한다는 것이다. 따라서 법률행위의 요건에 대한 기준도 대리인을 표준으로 하여야 한다. 본인행위설에 따르면 대리인에게 의사결정의 자유가 부여되고 있는 것을 설명할 수 없게 되지만 대리인행위설에 따르면 이러한 문제를 해결할 수 있게 된다. 민법도 제116조제1항에서 대리행위의 흠의 유무는 대리인을 표준으로 하여서 결정한다고 규정하고 있으므로 대리인행위설을 기초로 하고 있음을 시사하고 있다.

그러나 이 설은 무권대리의 경우 대리권이 없음에도 대리의사는 존재함으로 그 효력은 본인에게 발생하게 되는 부당한 결과가 나타난다는 비판이 있다(이영준 496쪽).

3) 공동행위설(Vermitllungstheorie, Mitteis가 주장)

법률행위를 하는 데 있어서 본인과 대리인이 공동으로 상대방과 법률행위를 한다거나, 또는 본인의 대리인에 대한 의사와 대리인의 상대방에 대한 의사가 결합하여 효력이 발생하게 된다는 견해이다.

(3) 대리가 인정되는 범위

대리가 인정되는 범위는 법률행위 내지 의사표시를 하거나 의사표시를 받는 경우에 한한다. 법률행위 이외의 행위 즉, 사실행위나 불법행위에 관하여는 대리는 인정되지 않는다.

1) 법률행위

대리는 법률행위를 대리하는 것이므로 의사표시를 하거나(능동대리), 의사표시를 받는 것(수동대리)에 한하여 인정된다. 그렇다고 하더라도 모든 법률행위에 적용되는 것은 아니고 일정한 제한이 있게 된다. 즉, 대리는 대리금지의 법규에 의하여 제한되기도 하고, 그 성질상 혼인, 입양, 인지, 유언 등과 같은 일신전속적인 행위에 의하여 제한되기도 한다. 또한 당사자의 약정을 통하여 대리금지특약을 두게 되는 경우에도 대리가 제한될 수 있다.

2) 준법률행위

대리는 법률행위에 한해서 인정되므로 의사표시가 아닌 준법률행위에 대해서는 대리가 인정되지 않는 것이 원칙이다. 그러나 의사의 통지나, 관념의 통지 등과 같이 의사표시와 유사한 준법률행위에는 의사표시규정을 유추적용하는 것이 가능하므로 대리규정을 유추적용하는 것도 가능할 것이다.

3) 사실행위

사실행위에서 제3자의 도움을 받았다 하더라도 사실행위는 의사표시가 아니므로 제3자의 행위는 보조행위에 지나지 않게 되므로 대리가 있을 수 없다. 따라서 현실의 인도는 사실행위이므로 대리가 인정되지 않는다. 그러나 간이인도나 점유개정, 목적물반환청구권의 양도에 의한 인도와 같은 관념적 인도에 대해서는 견해가 대립한다. 관념적 인도에 대해서 대리를 인정할 수 있다는 견해(김상용 533쪽)에 따르면 관념적 점유의 이전은 당사자의 의사표시에 의하여 자동적으로 점유이전의 효력이 발생하기 때문에 대리인에 의하여 관념적 점유이전의 의사표시가 있는 경우 섬유는 이전된다고 한다. 그러나 대리인은 단순한 점유보조자이거나 점유매개자에 불과하기 때문에 본인은 이들을 통해서 점유를 취득하거나 이전하는 것이므로 사실행위에는 대리가 인정되지 않는다는 부정적 견해(곽윤직·김재형 336쪽, 백태승 455쪽)가 있다.

대리제도는 원칙적으로 법률행위에 한하여 적용하는 것이다(제114조 참조). 사실행위는 법률행위가 아닌 법률행위를 위한 보조행위로 볼 수밖에 없기 때문이다(곽윤직·김재형 337쪽).

4) 불법행위

불법행위는 불법행위를 직접 한 사람에게 효력이 발생하는 것이므로 대리가 인정되지 않는다. 다만 대리인이 불법행위를 한 경우 본인은 대리인의 사용자로서 사용자책임(제756조)을 지는 것은 가능하다.

(4) 대리와 기초적 내부관계

위임계약(기초적 내부관계)에는 대리관계가 따르는 것이 일반적이다. 예를 들면, A가 B에게 아파트 매수를 부탁하고, B가 승낙한 경우에(기초적 내부관계), B는 A의 대리인으로서 제3자와 아파트매매계약을 체결(대리인의 대리행위에 의한 매매계약체결)하고, 그 매매효력은 A에게 귀속된다. 이 경우에 이론적으로 대리관계가 위임의 외부관계로 파악되는 것은 아니다. 즉, 대리관계와 위임(기초적 내부관계)은 이론상 전혀 별개라는 것이다. 제128조는 위임 기타 기초적 내부관계를 '대리의 원인된 법률관계'라고 하고, 임의대리는 그러한 원인된 법률관계와는 별도로 법률행위(수권행위)에 의하여 대리권이 부여되는 것이라고 함으로써, 대리는 원인된 법률관계로부터 독립한 별개의 제도임을 분명하게 하고 있다. 한편 중개업(상법 제93조), 위탁매매업(상법 제101조) 등은 위임이면서 대리가 따르지 않고, 위임이 아닌 고용계약(제655조), 도급계약(제664조), 조합계약(제703조) 등에서는 대리권이 부여되기도 한다. 이렇게 위임과 대리 또는 기초적 내부관계와 대리관계를 이론상 명확히 구별하는 데에 학설은 일치하고 있다.

2. 대리의 종류

(1) 임의대리 · 법정대리

'임의대리'란 법률행위에 의하여 즉, 본인의 의사에 의하여 대리권이 수여되는 경우이고, '법정대리'란 법률규정 등에 의하여 즉, 본의 의사와 상관없이 대리권이 수여되는 경우이다. 양자를 구별하는 기준은 대리권이 본인의 의사에 의한 법률행위에 기초하여 수여된 것인가 하는 점이다. 양자의 구별은 대리인의 복임권과 대리권소멸원인, 표현대리규정의 적용 여부 등에서 그 실익이 있다.

(2) 능동대리 · 수동대리

'능동대리'란 제3자에 대한 의사표시를 하는 것을 대리행위의 내용으로 하는 대리이고, '수동대리'란 제3자의 의사표시를 수령하는 것을 대리행위의 내용으로 하는 대리이다. 양자는 '의사표시의 주체'에 따라 구별된다. 민법은 능동대리를 기준으로 하고, 수동대리에는 능동대리규정을 준용하도록 한다(제114조제2항). 능동대리권을 갖는 자는 통상 수동대리권도 갖는다.

(3) 유권대리 · 무권대리

'유권대리'란 대리인으로서 행위를 하는 자가 유효한 대리권을 갖는 대리이고, '무권대리'란 대리인으로서 행위를 하는 자가 유효한 대리권이 없는 비정상적인 대리이다. 유권대리행위는 유효하므로 법률효과가 본인에게 귀속한다. 무권대리행위는 확정적으로 무효는 아니고 일정한 경우 유효가 될 여지를 두고 있다.

3. 대리와 구별할 제도

(1) 간접대리

'간접대리'란 법률행위를 하는 데 있어 행위자가 자신의 이름으로, 그러나 타인의 계산으로 하고 그 법률효과는 행위자 자신 즉, 간접대리인에게 발생하고 후에 그가 취득한 권리를 타인에게 이전하는 관계를 말한다. 위탁매매가 대표적이다. 판례에 따르면, '위탁매매인이 그가 제3자에 대하여 부담하는 채무를 담보하기 위하여 그 채권자에게 위탁매매로 취득한 채권을 양도한 경우, 위탁매매인은 위탁자에 대한 관계에서는 위탁자에 속하는 채권을 무권리자로서 양도한 것이므로, 양수인이 그 채권을 선의취득하였다는 등의 특별한 사정이 없는 한 위탁자에 대하여 효력이 없다(대판 2011. 7. 14, 2011다31645)'고 하여 위탁매매인이 간접대리인으로서 그 간접대리행위의 범위를 넘은 행위를 무권대리행위로 보아 위탁인에게 효력이 없음을 언급하고 있다. 이렇게 간접대리는 자신의 이름으로 법률행위를 하고 그 법률효과도 간접대리인 자신에게 발생하는 점에서 대리와 다르다.

(2) 사 자

'사자(使者)'란 본인이 결정한 내심적 효과의사를 상대방에게 표시하여 그 의사표시를 완성하는 자(표시기관으로서 사자) 또는 본인이 완성한 의사표시를 그대로 전달하는 자(전달기관으로서의 사자)를 말한다. 전자의 경우가 대리와 유사하다. 그러나 전자의 경우도 효과의사를 대리인 자신이 결정하는 대리와 다르고, 본인을 위하여 어떤 행위를 할 수 있는 지위라는 점에서는 대리와 동일하다. 사자에게는 대리와 달리 의사능력이나 행위능력이 요구되지 않는다. 사자가 본인으로부터 지시받은 내용을 잘못 전달하는 경우 착오의 문제가 발생할 수 있으나, 대리인이 본인으로부터 지시받은 내용과 다른 표시행위를 한 경우에는 착오의 문제가 아니라 경우에 따라 무권대리가 성립할 수 있다.

한편 사자에 대하여 일정한 경우에 대리규정을 유추적용하자는 견해도 있다. 이러한 이유를 상대방보호와 실질적으로 대리와 사자가 구별이 어렵다는 데에서 찾고 있다(이영준 504쪽 이하).

(3) 법인의 대표

'법인의 대표'란 법인의 기관으로 그의 행위에 의하여 직접 법인이 권리와 의무를 취득하게 된다. 즉, 대표기관의 행위가 법인의 행위로 간주된다. 이 점은 대리와 비슷하지만, 대리인이 본인과의 별개의 독립한 법률적 지위를 갖는 점에서 법인의 대표기관과 다르다. 즉, 대표기관은 법인과 별개의 지위에 있는 것이 아니고, 대표는 법률행위뿐만 아니라 사실행위나 불법행위에서도 성립할 수 있다는 점에서 대리와 차이가 있다.

(4) 재산관리인

'재산관리인'이란 부재자의 재산을 관리하는 자로 타인의 위임에 의하여 그 재산을 관리하는 위임관리인, 법률규정에 의하여 재산관리의 권한을 가지는 법정관리인과 법원의 선임으로 재산을 관리하는 선임관리인이 있다.

이 중에서 법원이 선임한 선임관리인이 재산소유자의 대리인인지가 문제된다. 재산관리인은 대리인이 아니라는 견해에 따르면, 선임관리인은 자기의 이름으로 관리행위를 하고 본인은 재산귀속자라는 지위에서 효과를 받을 뿐이고, 특정 재산 자체를 위하여 관리인 선임시 그 관리인을 특정인의 대리인으로 이해하는 것은 부당하기 때문이라고 한다. 선임관리인을 대리인으로 보는 견해에 따르면, 선임관리인은 통상의 대리인보다 목적물에 밀접하게 결합되어 있으며 본인뿐만 아니라 모든 이해관계인의 이익을 위하여 본인의 재산을 관리하여야 한다는 점에서 선임관리인 역시 타인의 이름으로 법률행위를 하는 자이므로 대리인이고 대리규정 적용이 타당하다고 한다.

4. 대리에 있어서의 삼면관계

대리관계는 본인과 대리인, 대리인과 상대방, 상대방과 본인이라는 3면의 관계를 가지게 된다. 본인과 대리인은 대리권의 수여라는 수권행위에 의한 관계가 발생하게 되고(대리권의 관계), 대리인과 상대방은 대리인의 대리권에 의한 대리행위가 있게 되고(대리행위의 관계), 이러한 대리행위는 상대방에게서 본인에게 직접 법률효과가 귀속하는 관계가 된다(대리에 의한 법률효과의 관계).

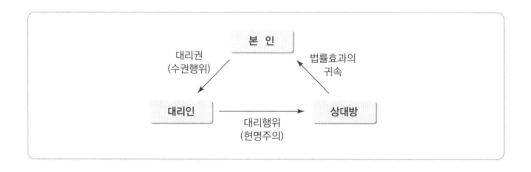

대리의 삼면관계

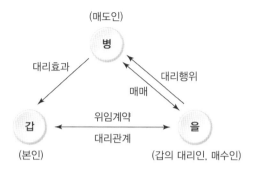

사례   갑은 주택을 구입하고자 한다. 그러나 주택구입에 대하여 전혀 경험이 없기 때문에 경험이 많은 친구 을에게 주택구입을 위탁하였다. 을은 갑의 대리인으로 병의 주택을 점검한 후 대금지불방법 등을 협의하여 매매계약을 체결하였고, 병에게 정해진 날짜에 매매대금을 지불하였다. 아울러 병에서 갑으로 소유권이전등기를 마쳤다. 갑이 을에게 주택구입에 대한 모든 사항을 위임하는 대신 이에 대한 보수를 을에게 지급할 것을 약정하였다.
법률관계는?

해설

1. 갑과 을의 법률관계: 을은 갑의 대리인으로서 병과의 매매계약의 효력은 갑에게 귀속한다(제114조제1항). 을은 갑과의 위임계약을 통하여 대리권을 부여받았으므로, 을이 자신의 대리권(갑을 위한 주택을 구입할 권한)을 행사할 수 있다. 이러한 위임계약에 의한 대리권은 임의대리권이다. 한편 대리권의 범위를 벗어난 경우(예: 주택이 아닌 임야를 구입하는 경우)에는 무권대리의 문제가 발생한다.
2. 을과 병의 법률관계: 을과 병은 매매계약의 당사자이다. 그러나 을은 갑을 대리하여 대리행위의 일환으로 병과 매매계약을 체결한 것으로 그 매매계약의 효력은 갑에게 귀속한다. 만약 을의 대리행위가 대리권의 범위를 벗어난 경우에는 무권대리로서 을의 법률행위는 갑에게 귀속하지 않는다. 그러나 외관상 을의 법률행위가 대리권의 범위내의 행위로 보여지는 경우에는 표현대리가 된다. 즉, "권한을 넘은 표현대리(제126조)"가 되어 본인인 갑은 을의 법률행위에 대하여 본인으로서 책임을 부담한다.
3. 갑과 병의 법률관계: 갑은 병에 대하여 어떤 의사표시가 없었지만, 을이 병과 체결한 매매의 효력은 갑에게 귀속한다.

제2항 대리행위

1. 서   설

'대리행위'란 대리인이 본인의 행위임을 밝히고 상대방과의 사이에서 행한 법률행위를 말한다. 대리행위에 있어서 대리인은 본인을 위한 행위임을 표시하여야만 그 효력이 본인에게 직접 귀속하게 된다. 그러나 본인을 위한 행위임을 밝히지 않았거나 대리행위를 하는 데 있어서 하자가 있는 경우 대리의 효과를 적용할 수 있을지가 문제된다.

2. 대리행위의 효력(제114조)

> **제114조 [대리행위의 효력]**
> ① 대리인이 그 권한내에서 본인을 위한 것임을 표시한 의사표시는 직접 본인에게 대하여 효력이 생긴다.
> ② 전항의 규정은 대리인에게 대한 제삼자의 의사표시에 준용한다.

대리행위의 효력은 의사표시를 행한 대리인에게 귀속되는 것이 아니라 본인에게 직접 효력이 발생하게 된다(제114조). 다만 대리인이 그 권한 내에서 본인을 위한 것임을 표시한 경우에 한한다. 그리고 대리인에 의한 의사표시에 따른 법률행위뿐만 아니라 그 밖의 의사표시에 따른 비법률행위의 효과(예: 매매목적물의 하자에 의한 하자담보책임, 대리인이 사기 또는 강박을 당한 경우 취소권행사) 즉, 의사표시제도의 목적을 달성하기 위하여 법률이 인정하고 있는 여러 가지 효과도 본인에게 바로 귀속한다.

그러나 대리인의 불법행위에 따른 책임은 적법한 의사표시에 의한 행위가 아니므로, 본인에게 귀속하지 않는다. 다만, 본인과 대리인 사이에 사용자와 피용자의 관계가 있는 경우에는 본인이 사용자로서 불법행위책임을 부담할 수 있다(제756조 참조).

본인은 스스로 법률행위 또는 의사표시를 하는 것이 아니므로, 의사능력과 행위능력이 요구되지 않는다. 그러나 대리행위의 효과가 직접 본인에게 귀속하기 때문에 적어도 권리능력은 요구된다. 다만 임의대리의 경우, 본인은 수권행위를 위한 행위능력이 요구되므로 제한능력자인 본인이 행한 수권행위는 원칙적으로 취소할 수 있다.

3. 대리의사의 표시(현명주의)(제114조)

'현명주의'란 대리인이 대리행위를 함에 있어서 그 행위가 본인에게 귀속하기 위한 요건으로 반드시 대리인 자기의 행위가 아니라 본인을 위한 행위임을 표시하여야 하는 것을 의미한다. 본인을 위한 행위임을 밝힌 경우는 당사자가 본인이 되지만 그렇지 않은 경우 당사자를 누구로 볼 것인지에 대한 법률행위 해석의 문제가 남게 된다.

능동대리에서는 대리인이 상대방에 대하여 현명하면 되고, 수동대리인 경우 상대방이 본인에 대한 의사표시임을 표시 즉, 현명하면 된다.

'본인을 위한 것'임을 표시하여야 한다는 것은, 대리인이 당해 법률행위의 법률효과가 본인에게 귀속되기를 원하는 의사 즉, 대리의사를 표시한다는 것이다. 이는 '본인의 이익을 위하여'하는 것임을 의미하는 것이 아니다. 따라서 대리인이 자신의 이익을 위하여 대리행위를 한 경우 즉, 대리인이 사익을 얻고자 대리권을 남용하여 배임행위를 한 경우(예: 대리인 자신의 빚을 청산하기 위하여 본인의 채권을 추심하여 대리수령한 경우 또는 대리인이 금전을 갈취하기 위하여 본인의 대리인으로서 상대방과 금전소비대차를 한 경우)도 대리행위는 유효하다. 다만 상대방이 대리인이 대리인 자신의 이익을 위한 배임인 것을 그 상대방이 알았거나 알 수 있었을 경우에는 제107조제1항 단서의 유추해석상 그 대리인의 행위는 본인의 대리행위로 성립할 수 없으므로 본인은 대리인의 행위에 대하여 법적 책임이 없다(대판 1997. 12. 26, 97다39421). 한편 본인을 위한 것임을 외부에 표시하게 되면 법률관계가 명확해지고 상대방의 신뢰를 보호할 수 있게 된다.

'본인을 위한 것'이라는 의사표시 즉, 대리의사의 표시 존재 여부는 의사표시 해석의 일반원칙에 의하게 되며, 모든 사정으로부터 판단하여 그 취지가 밝혀지면 된다. 예컨대, '갑의 대리인 을'이라는 형식을 갖추지 않아도, 계약서에 회사명·직명 등을 적거나(대판 1968. 3. 5, 67다2297) 일정한 영업소 내에서의 피용자의 행위 등은 당해 회사나 영업주를 위한 것으로 해석할 수 있다.

현명을 하는 방식에는 제한이 없다. 따라서 서면이나 구두에 의하더라도 상관없고, 본인을 반드시 특정하여야 하는가에 대해서는 본인 이름을 반드시 명시(예: 갑의 대리인 을)할 필요는 없고 법률행위의 타인성을 밝히는 것으로 충분하다. 예컨대, 계약서에 본인의 이름을 적고 본인의 인장을 찍은 방법으로 대리행위를 하는 경우, 대리인에게 대리의사가 있는 것으로 인정되는 한 유효한 대리행위로 본다(대판 1987. 6. 23, 86다카1411 참조). 그러나 이러한 행위는 경우에 따라서는 본인의 의사표시를 완성하기 위한 표시기관으로서의 사자(使者)의 행위로 되는 경우가 있으며, 이때에는 대리의 문제가 발생하지 않는다.

수동대리에서는 상대방 쪽에서 본인에 대한 의사표시임을 대리인에게 표시하여야 한다. 왜냐하면 대리인은 상대방 쪽의 의사표시를 현명하여 수령하는 것이 불가능할 뿐만 아니라 불필요하기 때문이다. 이러한 해석은 제114조제2항에 근거한 것이다(통설).

대리인의 본인의 이익에 반한 비진의표시 등

대법원 1997. 12. 26. 선고 97다39421 판결

진의 아닌 의사표시가 대리인에 의하여 이루어지고 그 대리인의 진의가 본인의 이익이나 의사에 반하여 자기 또는 제3자의 이익을 위한 배임적인 것임을 그 상대방이 알았거나 알 수 있었을 경우에는, 민법 제107조 제1항 단서의 유추해석상 그 대리인의 행위는 본인의 대리행위로 성립할 수 없으므로 본인은 대리인의 행위에 대하여 아무런 책임이 없으며, 이때에 그 상대방이 대리인의 표시의사가 진의 아님

을 알았거나 알 수 있었는가의 여부는 표의자인 대리인과 상대방 사이에 있었던 의사표시의 형성 과정과 그 내용 및 그로 인하여 나타나는 효과 등을 객관적인 사정에 비추어 합리적으로 판단하여야 한다.

대리인이 본인의 이름으로 의사표시　　　대법원 1987. 6. 23. 선고 86다카1411 판결

　　갑이 부동산을 농업협동조합중앙회에 담보로 제공함에 있어 동업자인 을에게 그에 관한 대리권을 주었다면 을이 동 중앙회와의 사이에 그 부동산에 관하여 근저당권설정계약을 체결함에 있어 그 피담보채무를 동업관계의 채무로 특정하지 아니하고 또 대리관계를 표시함이 없이 마치 자신이 갑 본인인 양 행세하였다 하더라도 위 근저당권설정계약은 대리인인 위 을이 그의 권한범위 안에서 한 것인 이상 그 효력은 본인인 갑에게 미친다.

4. 대리의사의 표시가 없는 경우(제115조)

> **제115조 [본인을 위한 것임을 표시하지 않은 행위]**
>
> 　대리인이 본인을 위한 것임을 표시하지 아니한 때에는 그 의사표시는 자기를 위한 것으로 본다. 그러나 상대방이 대리인으로서 한 것임을 알았거나 알 수 있었을 때에는 전조 제1항의 규정을 준용한다.

　　대리의사의 표시가 없는 경우, 즉 현명하지 않은 대리행위는 그 의사표시는 자기를 위한 것으로 본다(제115조 본문). 이 경우 대리인 자신의 행위로 의제되므로 착오를 주장하여 취소할 수 없고, 계약의 당사자는 대리인과 상대방이 되므로 상대방은 본인에게 이행을 청구할 수 없으나 대리인에게는 이행을 청구할 수 있게 된다. 따라서 상대방은 뜻하지 않은 손해로부터 벗어날 수 있고, 거래안전을 꾀할 수 있다. 그러나 상대방이 대리인으로서 한 것임을 알았거나 알 수 있었을 때는 본인을 위한 행위로 보아 그 효과가 본인에게 직접 귀속하게 된다. 그러므로 상대방은 대리인에게 이행을 청구할 수는 없고 본인에게 직접 이행을 청구할 수 있게 된다(제115조 단서).

　　이 규정은 수동대리에는 적용되지 않는다. 따라서 상대방이 본인에게 법률효과를 미치고자 하는 의사표시 없이 대리인에게 의사표시를 한 경우에는 의사표시의 해석의 문제가 발생한다. 일반적으로는 효력이 발생하지 않는다.

5. 현명주의의 예외

　　상행위에 관해서는 현명주의의 원칙이 채용되어 있지 않다. 즉, 상행위의 경우, 대리인이 본인을 위한 것임을 표시하지 않아도 그 행위의 효력이 본인에게 생긴다(상법

제48조 본문). 그러나 상대방이 본인을 위한 것임을 알지 못한 때에는 대리인에 대하여도 이행청구를 할 수 있다(상법 제48조 단서). 이 규정은 기업활동의 비개인성에 근거한다.

한편 민법상의 법률행위에서도 대리인 개인을 중요하게 보지 않는 거래 즉, 특정의 영업주를 상대로 하는 거래의 경우, 현명주의의 예외를 인정하자는 견해가 있다(백태승 498쪽, 이영준 583쪽, 김상용 563쪽 참조). 이 예외를 인정하면 대리인이 본인의 이름으로 대리행위를 하지 않아도 본인에게 대리인의 법률행위의 효과가 귀속하게 된다. 이런 예외를 규정하는 입법례(스위스채권법 제32조제3항)도 존재하지만, 특정의 영업주가 대리인보다 늘 자력이 많아서 상대방의 불이익을 초래하지 않는 보장이 없기 때문에 현명주의 예외를 인정할 필요는 없을 것이다.

6. 대리행위의 하자(제116조)

> **제116조 [대리행위의 하자]**
> ① 의사표시의 효력이 의사의 흠결, 사기, 강박 또는 어느 사정을 알았거나 과실로 알지 못한 것으로 인하여 영향을 받을 경우에 그 사실의 유무는 대리인을 표준하여 결정한다.
> ② 특정한 법률행위를 위임한 경우에 대리인이 본인의 지시에 좇아 그 행위를 한 때에는 본인은 자기가 안 사정 또는 과실로 인하여 알지 못한 사정에 관하여 대리인의 부지를 주장하지 못한다.

'대리행위의 하자'란 의사표시의 효력이 의사의 흠결, 사기, 강박 또는 어느 사정을 알았거나 과실로 알지 못한 것으로 인하여 영향을 받은 것을 말하고, 대리행위에 있어서 하자의 사실에 대한 유무는 대리인을 표준으로 하여 결정한다. 그러나 그로 인한 효과는 모두 본인에게 귀속한다. 즉, 대리행위의 하자로부터 생긴 효과(취소권, 무효 주장권 등)는 본인에게 귀속한다. 이 때 대리인이 취소권 등을 행사할 수 있는지는 수권행위의 해석에 의해 결정된다(통설). 제116조제1항은 임의대리, 법정대리 모두에 적용된다.

대리행위에서 본인은 법률행위의 당사자 아니고 대리인이 당사자이지만, 대리행위의 법률효과는 직접 본인에게 귀속하므로, 대리인이 선의이고 본인이 악의인 때에는 본인이 선의의 보호를 받지 못한다. 제116조제2항에 "특정한 법률행위를 위임한 경우에 대리인이 본인의 지시에 좇아 그 행위를 한 때에는 본인은 자기가 안 사정 또는 과실로 인하여 알지 못한 사정에 관하여 대리인의 부지를 주장하지 못한다"고 규정하고 있다. 예컨대, 본인이 지정한 시계를 매수할 때 그 시계에 흠이 있음을 알고 있었다면, 대리인이 그 사실을 몰랐더라도 본인은 매도인에 대하여 하자담보책임(제580조)을 물을 수 없다. 여기서 본인의 "지시"는 엄격하게 특별한 지시를 필요로 하는 의미가 아니고, 문제의 부분이 본인의 의사에 의하여 결정된다는 것을 의미할 뿐이라고 해석된다(통설). 그 밖에 제116조제2항은 법정대리에도 적용되는지 여부와 의사의 흠결·착오·사기·강박의 유추적용 여부에 대하여 견해가 나뉘어 있다. 생각건대, 본조 본항은 제한능력자 보호취지를 따라 법정대리에는 적용되지 않으며, 유추적용의 필요성 및 근거가 없으므로 위 유추적용은 인정되지 않을 것이다(송덕수 386쪽).

무효인 법률행위와 대리행위

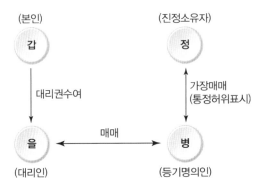

사례 을은 갑으로부터 주택을 매수해 달라는 위임을 받았다. 매도인 병의 소유로 된 주택을 매입하기로 계약을 체결하고, 매매대금을 지불하였다. 그런데 병의 주택은 실제로는 정의 소유로서 정이 강제집행을 면탈하기 위하여 병과 가장매매를 체결하여 잠시 병의 소유로 한 것이었다. 이 사실은 을은 알고 있었으나, 갑은 몰랐다. 이 경우 갑은 해당주택의 소유권을 취득할 수 있는가?

해설 갑은 소유권을 취득할 수 있다. 왜냐하면 병의 소유권은 가장매매에 의하여 취득한 것으로 매매계약은 무효이고 이를 기초로 한 물권행위 또한 무효이므로(부동산실권리자 명의등기에 관한 법률 제4조) 주택의 소유권은 정에게 속하지만 을이 이 사실의 알고 있는 유무와 관계없이 즉, 선의·악의와 관계없이 병과의 계약을 유효함을 주장할 수 있기 때문이다(동법 제4조제3항). 아울러 동법 제4조제3항에 의하여 정은 가장매매의 의한 부동산명의신탁약정과 그에 의한 물권변동의 무효를 제3자인 을(법률행위 당사자) 또는 갑(본인)에게 주장할 수 없다. 따라서 결국 갑은 본인으로서 병에게 계약의 유효함을 주장하여 소유권을 취득할 수 있다.

7. 대리인의 능력(제117조)

> **제117조 [대리인의 행위능력]**
> 대리인은 행위능력자임을 요하지 아니한다.

대리인이 대리행위를 하는 데 있어서 대리인은 행위능력자임을 요하지 않는다. 왜 냐하면 대리행위의 법률효과가 본인에게 귀속하고, 대리인에게 대리행위의 법률효과 가 귀속되는 것이 아니기 때문이다. 그렇다고 하더라도 의사능력까지 필요로 하지 않 는 것은 아니다. 대리인이 의사능력이 없으면 그 대리행위는 무효이다. 대리인에게 행 위능력을 요하지 않는 근거는 대리행위는 그 효과가 의사표시의 당사자 즉, 대리인에 게 직접 귀속하는 것이 아니라 본인에게 귀속한다는 점과 본인이 인정한 대리인이 한 행위에 대해서는 본인이 책임을 져야 한다는 점에서 찾을 수 있다.

한편 법정대리의 경우, 본인을 보호하기 위하여 제한능력자는 법정대리인으로 될 수 없다는 규정(제910조, 제937조, 제940조의7, 제959조의5, 제959조의10, 제959조의16, 제 1098조)이 있지만, 위 규정을 예시적, 주의적 규정으로 볼 근거가 없고, 제한능력자의 대리권을 부인함으로써 복잡한 법률문제가 발생할 수 있기 때문에 제117조는 법정대 리에도 적용된다고 볼 것이다(곽윤직·김재형 356쪽, 송덕수 387쪽).

제117조는 대리인이 제한능력자임을 이유로 본인은 대리인의 대리행위를 취소하지 못함을 규정한 것이므로, 제한능력자인 대리인과 본인 사이의 기초적 내부관계와는 관계가 없다. 즉, 제한능력자인 대리인은 자신이 제한능력자라는 이유를 들어 기초적 내부관계(예: 위임 고용 등)의 취소를 주장할 수 있다. 이 경우, 대리권도 소급하여 실 효되는지(즉, 이미 행해진 대리행위가 무권대리행위가 되는지)에 관하여 유인설과 무인설 등 견해가 대립되어 있다(아래에 수권행위의 독자성과 무인성에서 자세히 설명).

8. 본인의 능력

본인은 스스로 법률행위를 하는 것이 아니므로 꼭 의사능력이나 행위능력을 가질 필요는 없다. 그러나 대리행위의 효과가 본인에게 발생하기 위하여 꼭 권리능력을 가 질 필요가 있다. 다만, 임의대리의 경우, 본인이 수권행위를 위하여 행위능력을 필요 로 한다고 해석된다. 왜냐하면 수권행위는 법률행위로서 제한능력을 이유로 취소할 수 있기 때문이다. 만약 본인이 이를 이유로 취소한 경우에는 취소의 소급효는 배제 되어야 한다는 견해가 있다(송덕수 389쪽 참조).

제3항 대 리 권

1. 대리권의 의의

'대리권'이란 본인을 위하여 의사표시를 하거나 또는 의사표시를 받아서 본인에게 그 법률효과를 귀속하게 하는 법률상의 자격을 의미한다. 대리권은 대리행위의 기초가 된다. 대리행위라는 것은 본인이 자기결정에 의하여 대리인에게 대리권을 수여함으로써 대리행위의 효과를 그에게 귀속시키려는 동의가 존재하는 것이므로 사적자치에 어긋나는 것은 아니다. 법정대리에 있어서도 대리권이 법률에 기초하여 사적자치를 보충하는 기능을 한다.

2. 대리권의 본질

대리권은 권리의 일종이 아니라 법률상 일정한 법률효과를 발생하도록 하는 능력 또는 자격이라는 자격설이 통설이다(김증한·김학동 390쪽, 이은영 596쪽, 김용한 336쪽). 그러나 대리권은 본연의 권리도 아니고 자격으로 표현하는 것도 정확하지 않으므로 대리권을 부차적인 권한으로 인정하고자 하는 견해가 있다. 즉, 대리인은 대리권이 있음으로 인하여 대리행위의 법률적 효과를 본인에게 귀속할 수 있는 것이기 때문에 대리권은 행위능력과 같은 자격이라기보다는 일종의 권한으로 보아야 한다는 것이다(곽윤직·김재형 335쪽, 백태승 462쪽). 또한 대리권은 규율로서의 법률행위를 본인의 것으로 정당화하는 무실체성으로 보는 견해도 있다(이영준 520쪽).

대리권의 본질을 구분하는 실익이 없다고 본다. 따라서 대리권의 본질이 무엇인가는 그렇게 중요하지 않다. 굳이 언급한다면 대리권은 본인에게 법률효과를 귀속시키는 일정한 자격으로 보는 것이 옳다고 본다.

3. 대리권의 발생

(1) 임의대리권의 발생(수권행위)

1) 의 의

'임의대리권이 발생하는 것'은 본인의 의사에 의하여 대리인에게 대리권을 수여하는 행위, 즉 수권행위에 의한다. 대리권수여행위, 즉 수권행위는 위임이나 고용, 도급, 조합 등과 같은 기초적 내부관계를 발생하게 하는 행위와는 구별되어야 한다. 즉, 중개업·위탁매매업의 경우는 위임이지만 대리권이 수여되지 않고, 고용·도급·조합은 위임이 아니지만 대리권이 수여되기도 한다. 수권행위는 본인과 대리인 사이의 기초적 내부관계를 발생하도록 하는 행위 그 자체가 아니라 그것과는 별개의 대리권의 발생만을 목적으로 하는 행위를 일컫는다.

2) 법적 성질

수권행위의 법적 성질에 대해서는 계약(김기선 287쪽)으로 볼 것인지 단독행위로 볼 것인지가 문제된다. 통설은 '상대방 있는 단독행위'로 파악한다(곽윤직·김재형 343−344쪽, 이영준 525−527쪽, 이은영 601쪽, 김상용 558쪽, 김증한·김학동 393쪽). 두 견해의 차이는 수권행위의 상대방의 의사표시를 요하느냐 그리고 상대방의 무능력이나 의사표시의 하자로 인하여 수권행위의 효력이 영향을 받느냐에 있다.

상대방 있는 단독행위로 보는 견해에 따르면, 수권행위의 경우 대리인에게 일정한 지위나 자격을 부여하지만 어떤 권리나 의무를 부여하지 않기 때문에 대리인이 될 자의 승낙을 필요로 하지 않는다. 따라서 대리인은 행위능력자일 필요가 없으며 수권행위를 본인이 철회할 수 있게 된다.

계약으로 보는 견해에 따르면, 수권행위가 단독행위라는 것을 분명하게 하고 있는 규정이 없기 때문이라고 한다. 이러한 견해에 따르게 되면 수권행위에 있어서 대리인이 될 자가 무능력자이거나 의사에 흠결이 있거나 사기·강박 등이 있다면 수권행위는 그 효력을 잃게 되어, 대리인의 대리행위는 무권대리가 된다.

사견으로는 통설의 견해가 옳다. 왜냐하면 수권행위는 본인이 대리인에게 대리권을 부여하고, 대리인에게 행위능력을 필요로 하지 않기 때문이다.

3) 수권행위의 상대방

수권행위의 상대방에 대한 문제는 대리권 수여의 의사표시를 누구에게 하여야 하는가 하는 것으로 대리권한을 취득하는 직접 당사자인 대리인에게 하여야 한다. 대리행위의 상대방이 될 제3자에게 그 의사표시를 하는 경우에는 수권행위가 되지 않고 제125조의 표현대리(대리권수여의 표시에 의한 표현대리)가 성립할 뿐이라고 한다(민법주해(Ⅲ) 31쪽 이하(손지열)).

4) 수권행위의 독자성과 무인성

① 수권행위의 독자성   수권행위는 일반적으로 본인과 대리인 사이에 고용이나 위임 등과 같은 '기초적 내부관계'에 수반하여 이루어진다. 왜냐하면 수권행위는 단독행위이지만, 일정한 요식행위를 요구하는 것(대리하는 법률행위가 요식행위인 때도 같다)도 아니므로 기초적 내부관계와 합쳐져서 하나의 행위로 행해지는 것이 일반적이기 때문이다. 그러나 관념상 기초적 내부관계와 수권행위는 전혀 별개이다(대판 1962. 5. 24, 4294민상251,252). 즉, 기초적 내부관계가 존재하여도 수권행위가 없는 경우(예: 위탁매매)가 있거나 수권행위만이 독립하여 행해지는 경우(예: 운송도급계약)도 있다. 따

라서 기초적 내부관계와 수권행위는 구분된다는 것이 통설적 견해이다.

> **수권행위의 독자성 인정 여부**   대법원 1962. 5. 24. 선고 4294민상251,252 판결
>
> 위임과 대리권수여는 별개의 독립된 행위로서 위임은 위임자와 수임자간의 내부적인 채권채무관계를 말하고 대리권은 대리인의 행위의 효과가 본인에게 미치는 대외적 자격을 말하는 것이므로 위임계약에 대리권수여가 수반되는 일은 있으나 위임계약만으로는 그 효력은 위임자와 수임자 이외에는 미치는 것이 아니므로 舊民法 제655조의 취지는 위임종료의 사유는 이를 상대방에 통지하거나 상대방이 이를 안 때가 아니면 위임자와 수임자간에는 위임계약에 의한 권리의무관계가 존속한다는 취지에 불과하고 대리권관계와는 아무런 관계가 없는 것이다.

② 수권행위의 유인성   수권행위는 그 원인이 되었던 기초적 내부관계가 종료하게 되면 임의대리권도 그때부터 소멸한다. 그러나 원인된 법률관계 즉, 기초적 내부관계가 무효나 취소 등의 사유로 인하여 실효되는 경우 수권행위도 소급하여 효력을 상실하게 되는가에 대한 문제가 남게 되는데 이것이 수권행위의 유인성에 관한 문제이다. 수권행위의 유인성 여부가 문제되는 경우는 많지 않지만 일정한 경우 논의의 실익이 있다. 즉, 수권행위가 따로 행해지고 거기에 실효원인이 없는 경우, 양자가 동시에 행해졌다 하더라도 실효원인이 대리인 측에만 있는 경우, 양자가 유효하게 성립하였는데 후에 원인된 법률관계가 어느 일방의 채무불이행 등의 사유로 해제된 경우이다. 수권행위에 대해서는 유인성을 주장하는 견해(곽윤직·김재형 344쪽, 고상룡 482쪽)와 무인성을 주장하는 견해(김증한·김학동 393쪽, 김주수·김상용 395쪽) 그리고 수권행위를 내부적 수권과 외부적 수권으로 나누어 어느 경우에나 유인설을 취하면서 외부적 수권의 경우에는 제129조가 적용되어 유인성이 제한된다(이영준 532쪽)는 견해로 나뉘고 있다. 그러나 그 결과에서는 차이가 없다. 왜냐하면 수권행위와 기초적 내부관계가 합체되어 행하여지는 경우가 많기 때문이다.

제128조에 따르면, 임의대리권은 "원인된 법률관계의 종료에 의하여 소멸한다." 이는 기초적 내부관계와 대리권을 분리하고 있지만 기초적 내부관계가 대리권에 영향을 주는 수권행위의 유인성을 언급한 것으로 볼 수 있다.

5) 수권행위의 방식

수권행위의 방식에 대해서는 아무런 규정이 없다. 일반적으로 위임장을 작성하고 교부하는 방식으로 수권행위가 이루어지지만, 구두나 묵시적인 의사표시로도 할 수 있을 것이다(대판 2016. 5. 26, 2016다203315).

수권행위가 백지위임장의 형식으로 이루어진 경우에는 위임장이 전전하다가 정당

한 소지인에 의해 대리인의 성명을 기재하게 되면 그와의 사이에 수권행위가 성립하는 동시에 위임계약이 성립하는 것으로 해석한다.

수권행위의 불요식, 묵시적 방법 대법원 2016. 5. 26. 선고 2016다203315 판결
대리권을 수여하는 수권행위는 불요식의 행위로서 명시적인 의사표시에 의함이 없이 묵시적인 의사표시에 의하여 할 수도 있으며, 어떤 사람이 대리인의 외양을 가지고 행위하는 것을 본인이 알면서도 이의를 하지 아니하고 방임하는 등 사실상의 용태에 의하여 대리권의 수여가 추단되는 경우도 있다.

6) 수권행위의 철회

본인은 원인된 법률관계가 종료하기 전이라도 언제든지 수권행위를 철회할 수 있다. 본인이 철회의 의사표시를 한 경우 임의대리가 종료하게 된다. 이 철회의 의사표시는 대리인이나 상대방에 대하여 할 수 있고, 철회의 성질상 철회의 의사표시가 도달한 때로부터 장래에 향하여 대리권이 소멸한다.

7) 수권행위의 흠

'수권행위의 흠'이란 '수권행위 자체에 착오나 사기·강박 등의 하자가 있거나 본인의 제한능력을 이유로 취소할 수 있는 경우 또는 수권행위가 비진의표시로 무효인 경우'를 의미한 것으로, 수권행위를 취소 또는 무효로 할 수 있는가와 그 효력이 문제된다.

① 대리행위 전의 취소가능성 및 무효　　대리인이 대리행위를 하기 전이라면 수권행위의 결함으로 취소권을 행사하지 않거나 수권행위가 비진의표시를 이유로 무효로 하지 않더라도 수권행위의 철회를 통하여 같은 결과를 얻을 수 있기 때문에, 거래의 상대방을 보호할 필요성이 없어서 그 실익이 크지 않다.

② 대리행위 후의 취소가능성 및 무효　　대리인이 대리행위를 한 후에는 취소의 소급효로 인하여 수권행위의 취소를 불인정하는 것이 거래의 상대방의 보호와 거래의 안전을 위하여 필요하다. 그러나 대리인이 대리행위를 한 후라도 수권행위에 착오 등 하자로 인하여 본인과 대리인 간의 법률관계에 영향을 미치는 것 이외에 대리행위의 내용에도 직접 영향을 미칠 때에는 예외적으로 취소를 인정하여야 할 것이다. 왜냐하면 본인이 대리인을 통하여서가 아니라 직접 법률행위를 하더라도 그 의사표시에 결함은 존재하기 때문에 이 경우까지 취소를 배제하여 상대방을 보호할 필요는 없기 때문이다. 그러나 본인이 대리인의 자격에 착오를 일으켜 수권행위를 한 경우에는 대리행위의 내용 자체에 영향을 미치는 것이 아니라 본인과 대리인 사이의 내부관계 문제이므로 착오를 이유로 한 취소는 배제되어야 할 것이다. 비진의표시에 의한 수권행위

의 무효의 경우에도 마찬가지로 해석되어야 할 것이다.

한편 대리행위 후 취소 또는 무효를 인정하더라도 손해배상의무는 남는다고 한다.[4]

(2) 법정대리권의 발생

법정대리권이 발생하는 것은 법규에 의하거나 특정인의 지정행위 또는 법원의 선임에 의한다. 법률에 의하여 법정대리권이 발생하는 것은 친권자(제911조·제920조)나 후견인(제938조)과 같이 본인과 일정한 지위에 있는 자가 당연히 대리인이 되는 것이다. 특정인의 지정행위에 의하여 법정대리권이 발생하는 것은 지정후견인(제931조), 지정유언집행자(제1093조) 등이고, 법원의 선임에 의하여 법정대리권이 발생하는 경우로는 부재자재산관리인(제23조·제24조), 상속재산관리인(제1023조·제1040조·제1044조·제1047조·제1053조), 선임유언집행자(제1096조) 등이 있다.

4. 대리권의 범위(제118조)

> **제118조 [대리권의 범위]**
>
> 권한을 정하지 아니한 대리인은 다음 각호의 행위만을 할 수 있다.
> 1. 보존행위
> 2. 대리의 목적인 물건이나 권리의 성질을 변하지 아니하는 범위에서 그 이용 또는 개량하는 행위

(1) 임의대리권의 범위

먼저 임의대리권은 수권행위에 의하여 그 범위가 정해진다. 본인은 특정인이나 불특정인에게 일정한 사항에 대하여 한정하거나 또는 포괄적으로 대리권을 줄 수 있다. 따라서 대리권의 범위는 수권행위의 해석에 의하여 결정된다. 특히 대리권의 범위는 상대방이나 일반 제3자에게 미치는 영향이 크기 때문에 수권행위를 해석할 때에는 위임장에 기재된 문자, 대리인의 지위, 대리되는 사항의 성질, 거래관행 등을 고려하여 신중하게 해석하여야 한다.

그리고 수권행위의 해석에 의하더라도 대리권의 범위가 명확하지 않거나 표현대리가 성립하지 않는 경우, 제118조에 따른 보존행위, 이용행위, 개량행위, 기한이 도래한 채무의 변제, 부패하기 쉬운 물건의 처분 등의 관리행위를 할 수 있다. 이렇게 대리권의 범위를 법률로 규정한 것은 제3자와 거래가 많은 경우에 제3자로 하여금 대리권의

---

4) Vgl. MünchKomm-Thiele, § 167 BGB Rdnr. 83ff.

범위를 쉽게 알 수 있도록 하여 거래안전을 보호하기 위함이다. 그러나 처분행위는 하지 못한다(대판 1964. 12. 8, 64다968).

1) 보존행위

'보존행위'란 가옥을 수선하는 것과 같이 재산의 가치를 현재의 상태대로 유지하는 것을 목적으로 하는 행위를 말한다. 예컨대, 가옥수선, 소멸시효 중단, 미등기부동산의 보존등기는 보존행위이다. 또한 부패하기 쉬운 물건의 처분, 기한이 도래한 채무변제 등과 같이 재산의 전체에서 보아 현상의 유지라고 인정되는 정도의 처분행위도 보존행위에 포함된다. 그러나 대물변제와 경개는 각각 자신이 급부를 하거나 새로운 채무를 부담하는 것으로 보존행위가 아니다(민법주해(Ⅲ) 59쪽(손지열), 송덕수 354쪽).

2) 이용행위 · 개량행위

'이용행위'란 가옥의 임대, 금전의 이자부대여 등과 같이 재산의 수익을 꾀하는 행위를 말한다. '개량행위'란 가옥을 장식하거나 개선하는 것과 같이 사용가치 또는 교환가치를 증가시키는 행위를 말한다. 제118조제2호에 따라 이용행위를 하거나 개량행위를 하는 것이 인정된다 하더라도 그 객체의 성질을 변하게 하지 않는 범위 내에서만 가능하다. 객체의 성질이 변하였는가에 대한 판단은 사회의 거래관념에 따라야 할 것이다. 따라서 예금을 주식으로 바꾸거나, 담보로 대부를 받는 행위는 객체의 성질을 변경시키게 되어 이용행위 또는 개량행위에 해당되지 않는다.

3) 행위의 성질 결정

대리행위의 성질 즉, 처분행위, 이용행위, 개량행위, 보존행위인지는 통상적으로 행위의 종류에 의하여 추상적으로 정해지며, 본인과 대리인의 이익 여부는 문제되지 않는다. 왜냐하면 본인과 대리인의 이익문제는 본인과 대리인 사이의 내부문제이고, 대리관계가 아니기 때문이다. 그러므로 객체의 성질을 변하게 하지 않는 이용행위나 개량행위가 본인에게 불이익을 주어도 그 대리행위는 유효하며, 반대로 객체의 성질을 변하게 하는 이용행위나 개량행위가 본인에게 이익을 주어도 이는 대리행위로서 성립하지 않는다. 다만 이익을 얻을 본인이 추인한 경우 무권대리의 추인으로 유권대리로 만들 수는 있다.

> **매매계약을 체결할 대리권을 수여받은 대리인의 대리권의 범위**
>
> 대법원 1992. 4. 14. 선고 91다43107 판결
>
> 부동산의 소유자로부터 매매계약을 체결할 대리권을 수여받은 대리인은 특별한 다른 사정이 없는 한 그 매매계약에서 약정한 바에 따라 중도금이나 잔금을 수령할 수도 있다고 보아야 하고, 매매계약의 체결과 이행에 관하여 포괄적으로 대리권을

수여받은 대리인은 특별한 다른 사정이 없는 한 상대방에 대하여 약정된 매매대금 지급기일을 연기하여 줄 권한도 가진다고 보아야 할 것이다.

예금계약의 체결을 위임받은 대리인이 가지는 대리권의 범위

대법원 1992. 6. 23. 선고 91다14987 판결

가. 금융기관에 대한 기명식 예금에 있어서는 금융기관이 누구를 예금주라고 믿었는가에 관계없이 예금을 실질적으로 지배하고 있는 자로서 자기의 출연에 의하여 자기의 예금으로 한다는 의사를 가지고 스스로 또는 사자, 대리인을 통하여 예금계약을 한 자를 예금주로 보아야 한다.

나. 예금계약의 체결을 위임받은 자가 가지는 대리권에 당연히 그 예금을 담보로 하여 대부를 받거나 기타 이를 처분할 수 있는 대리권이 포함되어 있는 것은 아니다.

(2) 법정대리권의 범위

법정대리권은 각종의 법정대리인에 관하여 규정하고, 이들 규정에 의하여 발생하게 되므로 그 범위 역시 법정대리인에 관한 법률의 해석을 통해서 정하여지게 된다. 즉, 법정대리인 중 법원이 선임한 부재자의 재산관리인은 원칙적으로 제118조가 정한 행위만 할 수 있고, 이를 넘은 행위는 법원의 허가를 얻어야 한다(제25조). 그리고 재산관리인에 관한 이 규정은 상속재산관리인에게도 준용된다(제1023조제2항, 제1047조제2항, 제1053조제2항). 또한 법정대리권의 범위를 확장하거나 제한하는 것은 법률의 규정에 의하여야 하고, 당사자의 의사표시에 의해서 범위를 확정하거나 제한하는 것은 불가능하다

5. 대리권의 제한(제119조, 제124조)

(1) 공동대리(제119조)

제119조 [각자대리]

대리인이 수인인 때에는 각자가 본인을 대리한다. 그러나 법률 또는 수권행위에 다른 정한 바가 있는 때에는 그러하지 아니하다.

대리인이 수인인 경우에는 법률 또는 수권행위에 다른 정한 바가 없는 경우에는 각자가 본인을 대리한다(제119조 본문). 그러나 법률이나 수권행위에 의하여 각자대리가 금지되는 경우에는 공동대리에 의한다.

'공동대리'란 수인의 대리인이 공동으로만 대리할 수 있는 것을 말한다. 따라서 대

리인 1인이 대리행위에 참여하지 않거나 의사의 결함이 있으면 그 대리행위는 유효하지 않거나 대리행위 자체에 결함이 있게 된다. 그러므로 공동대리는 각 대리인에게 대리권의 제한이 있다. 공동대리를 하게 되면 수인의 대리인이 상호 협의하여 의사결정을 신중히 하게 되어 대리권의 남용으로부터 본인을 보호할 수 있다.

대리인이 수인인 경우 단독대리인지 공동대리인지를 판단하는 문제가 남게 되는데, 이 경우 법률의 규정이나 수권행위의 해석에 의하여 정하여지지만 공동대리로 한다는 것이 법률의 규정이나 수권행위에서 특별히 정하고 있지 않은 한, 원칙적으로 단독대리이며, 각자가 본인을 대리한다. 법률의 규정에 정한 공동대리의 경우는 미성년 자녀에 대한 부모의 친권의 공동행사(제909조제2항)가 있으나, 수권행위에서 공동으로 대리하도록 정한 경우는 민법에서는 없고, 상법에는 수인의 지배인이 공동의 대리권행사(상법 제12조제1항), 합명회사에서 수인의 사원(상법 제208조제1항), 주식회사에서 수인의 대표이사(상법 제309조제2항)가 있다.

공동대리에 제약이 있는 경우 수동대리에 있어서도 공동으로만 상대방의 의사표시를 수령할 수 있는가가 문제된다. 통설에 따르면 상대방을 보호하고 거래의 편의를 위하여 각 대리인이 단독으로 수령할 수 있다고 보고 있다(이영준 565−566쪽, 김상용 578쪽, 이은영 618쪽, 김용한 351쪽, 곽윤직·김재형 349쪽). 생각건대 제119조 단서는 공동대리를 능동대리에 한정하고 있지 않지만, 본조는 능동대리만을 염두에 두고 규정한 것으로 해석된다. 따라서 공동대리에 제약이 있는 경우에도 수동대리는 각 대리인이 단독으로 행사할 수 있다고 할 것이다(송덕수 358쪽 참조).

공동대리의 제한에 위반하여 복수의 대리인 중의 한 사람의 대리인이 혼자서 대리행위를 한 경우, 권한을 넘은 무권대리가 되어 유권대리로서 효력이 발생하지 않는다(통설). 이 경우, 제126조의 권한을 넘은 표현대리가 성립되는 경우가 많을 것이다.

(2) 자기계약·쌍방대리의 금지(제124조)

> **제124조 [자기계약, 쌍방대리]**
> 대리인은 본인의 허락이 없으면 본인을 위하여 자기와 법률행위를 하거나 동일한 법률행위에 관하여 당사자 쌍방을 대리하지 못한다. 그러나 채무의 이행은 할 수 있다.

1) 의 의

'자기계약'이란 대리인이 한편으로는 본인을 대리하면서, 다른 한편으로는 자기 자신의 자격으로 자기 혼자서 계약을 맺는 것을 말한다. 예컨대, 본인인 갑과 갑의 대리인 을 사이에 맺은 계약을 말한다. '쌍방대리'란 대리인이 계약의 당사자 쌍방을 동시에 대리하여 쌍방의 대리인 자격으로 자기 혼자서 계약을 맺는 것을 말한다. 예컨대,

갑의 대리인 을이 병의 대리인으로서 즉, 을이 갑과 병의 대리인으로서 갑과 병 사이의 계약을 맺는 것을 말한다. 이러한 행위는 제124조에 의해 제한되고 있다.

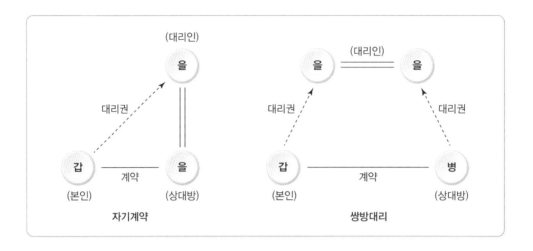

2) 취 지

자기계약이나 쌍방대리가 대리의 이론상 가능하더라도 이를 무제한으로 인정하게 되면 본인의 이익이 부당하게 침해될 염려가 있어 이를 원칙적으로 금지하는 것이다. 또한 한 사람 또는 동일인이 계약을 체결하게 되더라도 계약의 모습을 외부에서 인식하기 어렵고 당사자의 동일성을 확정하기 곤란하기 때문에 금지하는 것이다.

3) 예 외

첫째, 본인이 미리 자기계약과 쌍방대리를 허락하거나 대리권을 주어서 인정하는 경우에는 예외적으로 그 대리는 유효하다(제124조 본문).

둘째, 채무이행에 대해서도 자기계약과 쌍방대리가 예외적으로 유효하다. 왜냐하면 채무이행으로 인하여 새로운 이해관계가 창설되는 것은 아니고 다만 이미 성립하고 있는 이해관계가 해결되는 데 그치기 때문이다. 예컨대, 금전출납권이 있는 대리인이 본인에 대하여 채권을 가지고 있는 경우에 그 기한이 도래하여 본인의 예금으로부터 찾아내서 변제에 충당하는 행위, 본인에 대한 의사표시는 아니지만 주식명의개서나 부동산의 이전등기신청행위, 동일한 법무사가 매도인과 매수인을 모두 대리하여 소유권이전등기를 신청하는 행위 등이 있다. 그러나 다툼이 있는 채무이행이나 대물변제 등은 성질상 자기계약, 쌍방대리가 허용되지 않는다.

변호사가 쌍방대리를 한 경우에 당사자가 이의를 제기하지 않으면 그 소송행위는 유효하다고 한 경우 대법원 1995. 7. 28. 선고 94다44903 판결

원고 소송복대리인으로서 변론기일에 출석하여 소송행위를 하였던 변호사가 피고 소송복대리인으로도 출석하여 변론한 경우라도, 당사자가 그에 대하여 아무런 이의를 제기하지 않았다면 그 소송행위는 소송법상 완전한 효력이 생긴다.

4) 효 과

제124조에 위반한 대리행위는 절대무효가 아니라 무권대리로 보아, 일단 본인에게 효력이 발생하지는 않지만 만약 본인이 추인하게 되면 완전히 유효한 행위가 된다.

5) 적용범위

자기계약, 쌍방대리 금지의 규정은 임의대리뿐만 아니라 법정대리에도 적용된다. 다만, 법정대리에 관하여 특별규정을 두고 있는 경우에는(제64조, 제921조, 제951조 등) 제124조는 적용되지 않는다. 그리고 제124조의 '자기계약'이라는 표현에 대하여 '계약'에만 한정되지 않고 상대방 있는 단독행위에도 적용된다고 보아야 할 것이다(민법주해 (Ⅲ) 83쪽(손지열) 참조). 그러나 친권자(또는 후견인)의 이해상반행위(제921조, 제949조의3), 법인대표에서의 이익상반행위(제64조), 상법상 자기거래(상법 제199조, 제269조, 제398조)는 제124조에 대한 특칙으로 대리권이 없다.

친권자의 자에 대한 증여행위와 이해상반행위(적극) 대법원 1981. 10. 13. 선고 81다649 판결

법정대리인인 친권자가 부동산을 매수하여 이를 그 자에게 증여하는 행위는 미성년자인 자에게 이익만을 주는 행위이므로 친권자와 자 사이의 이해상반행위에 속하지 아니하고, 또 자기계약이지만 유효하다.

자기계약의 금지

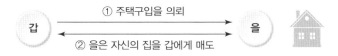

갑과 을의 법률관계의 효력?

사례 을은 갑으로부터 가족이 살 주택의 구입을 의뢰받고, 갑의 대리인이 되었다. 마침 갑이 거주하기에 적합한 집을 을이 가지고 있어서, 을의 집을 갑을 위하여 매매하였다. 매매의 효력은?

해설　자기계약은 원칙적으로 금지하고 있기 때문에(제124조 본문), 자기계약은 무권대리로 본인에 대하여 무효이다(대판 2001. 5. 29, 2001다1782). 따라서 위의 경우 을의 자기계약은 무효이다. 또한 갑이 을의 법률행위를 인정하지 않는 한 갑에게 법률행위의 효과가 귀속되지 않고, 을은 권한 없는 대리행위를 행사한 것이 되어 무권대리의 문제가 발생할 수 있다. 그러나 갑으로부터 사전에 동의를 얻거나 사후에 추인을 얻으면 을의 법률행위(자기계약)는 유효할 것이다. 왜냐하면 본인의 허락이 있거나 채무이행의 경우에는 예외적으로 유효하기 때문이다(제124조).

한편 본인의 이익을 위한 것인 경우에도 자기계약을 금지할 것인가에 대하여, 자기계약은 본인에게 법률상 이익을 부여하는 경우에 한하여 유효한 것으로 하면 대리인이 다수의 본인을 대리하는 불합리한 경우가 발생될 수 있다는 점을 들어 자기계약의 금지를 계속 유지해야 한다는 견해가 있다(이영준 559쪽). 그러나 판례는 본인의 이익을 위한 경우, 즉, 법정대리인이 미성년자인 子에게 자신이 구입한 부동산을 증여하는 행위는 유효하다고 판시하고 있다(대판 1981. 10. 13, 81다649).

쌍방대리의 금지

갑이 을과 병 사이의
매매계약체결

사례　공인중개사인 갑은 을로부터 주택구입의 대리권을 부여받아서 주택을 물색하던 중 병이 자신의 집을 팔아달라는 위임을 받았다. 이에 갑은 을과 병사이의 매매계약을 체결하였다. 매매계약의 효력은?

해설　갑이 을과 병 사이에 체결한 매매는 쌍방대리의 금지로써 제124조를 위반한 것으로 무권대리로 본인에 대하여 무효이다. 이러한 쌍방대리의 금지행위는 대리권이 없는 대리행위로 무권대리가 된다. 물론 사후에 본인이 추인하면 유효한 대리로 전환될 수 있다. 만약 상대방이 본인이 쌍방대리에 관한 허락이 있다고 믿을 만한 정당한 이유가 있는 경우에는 표현대리도 성립될 수 있다(이은영 614쪽).

6. 대리권의 남용

(1) 서 설

대리권의 남용은 대리인이 대리권의 범위 안에서 대리행위를 하였으나 자기 또는 제3자의 이익을 위하는 경우에 상대방이 이를 알았거나 알 수 있었을 때 또는 정당한 이유 없이 알지 못한 때에 발생한다. 이 경우, 대리권 자체의 제한에 해당하지 않지만, 대리행위의 효과가 본인에게 귀속되지 않을 수 있어서 표현대리의 규정이 적용될 수 있을지 문제된다.

대리권의 남용은 임의대리, 법정대리 모두 적용된다(학설, 판례). 다만 제924조의 친권상실선고에 규정되어 있는 친권남용은 자녀학대 등의 사유가 있을 때 일정한 요건 하에 법원이 친권상실을 선고하여 친권자의 친권을 박탈하는 제도로서 대리권 남용이론과 다르다.

(2) 학설과 판례

대리권의 남용에 관하여 학설은 '유추적용설', '권리남용설', '무권대리설'로 나눌 수 있다. 유추적용설에 따르면, 대리인이 자신의 이익을 위하여 대리행위를 하여도, 그 행위는 유효하지만, 이를 상대방이 알았거나 알 수 있었을 경우에는 제107조제1항 단서를 유추적용하여 효력을 부정한다. 권리남용설에 따르면, 대리인의 권리남용은 원칙적으로 본인이 부담해야 하지만, 상대방이 악의·중과실 등에 의한 권리행사가 신의칙에 위반한 경우에는 상대방이 그 위험을 부담한다는 것이다. 또한 무권대리설에 따르면, 상대방이 대리인의 대리권남용을 알았거나 정당한 이유 없이 알지 못한 때에는 대리권이 부정되어 대리인의 대리행위는 무권대리라고 한다.

판례(대판 1987. 7. 7, 86다카1004 참조)는 대체로 유추적용설을 취하여 제107조제1항 단서를 유추적용하고 있으나, 권리남용설(대표권남용의 경우에 상대방이 악의인 때에는 권리를 주장하는 것이 신의칙에 반한다)을 취하는 판례(대판 1987. 10. 13, 86다카1522)도 있다. 유추적용설에 따른 판례에 의하면, 대리인의 진의는 대리행위의 법률효과를 본인에게 귀속시키려는 것이므로 비진의표시에 해당하지 않는다. 그러나 사실적으로 보면, 그 진의는 대리인 또는 제3자가 대리행위의 경제적 효과를 얻으려는 것인데도 이를 숨기고 본인에게 그 효과가 돌아가는 것으로 표시하였으므로 비진의표시에 관한 규정을 유추적용할 수 있다는 것이다(대판 1987. 7. 7, 86다카1004 참조). 또한 법정대리인인 친권자의 대리행위가 미성년자 본인의 이익에 반하여 친권자 또는 제3자의 이익을 위한 배임적인 것임을 행위상대방이 알았거나 알 수 있었을 경우, 제107조제1항 단서 규정을 유추적용하여 행위의 효과가 자에게 미치지 않는다(대판 2011. 12. 22, 2011다64669).

생각건대, 위의 어느 설을 따르든 결과는 동일할 것이다. 즉, 원칙적으로 대리권의 남용은 유효하지만 예외적인 경우에 한하여 대리인의 대리행위의 효력이 부정된다. 다만, 예외적인 경우에 유추적용설과 무권대리설은 상대방의 악의·과실을 요건으로 하지만, 권리남용설은 상대방의 악의·중과실을 요건으로 하고 있다. 만약 상대방이 대리인의 권리남용을 단순한 과실에 의해 알 수 없었던 이유로 상대방의 책임을 무겁게 하는 것은 선의의 상대방을 보호하는 취지에도 어긋날 것이다(송덕수 364쪽). 따라서 대리권남용의 경우, 제107조제1항 단서는 상대방이 대리권의 남용을 알았거나(악의), 알 수 있었을 경우(다만 상대방의 중과실에 한함)에 유추적용한다고 보는 것이 옳을 것이다.

제107조제1항 단서의 유추적용(적극) 등   대법원 1999. 1. 15. 선고 98다39602 판결

  진의 아닌 의사표시가 대리인에 의하여 이루어지고 그 대리인의 진의가 본인의 이익이나 의사에 반하여 자기 또는 제3자의 이익을 위한 배임적인 것임을 그 상대방이 알았거나 알 수 있었을 경우에도 민법 제107조 제1항 단서의 유추해석상 그 대리인의 행위에 대하여 본인은 아무런 책임을 지지 않는다고 보아야 하고, 그 상대방이 대리인의 표시의사가 진의 아님을 알았거나 알 수 있었는가의 여부는 표의자인 대리인과 상대방 사이에 있었던 의사표시 형성 과정과 그 내용 및 그로 인하여 나타나는 효과 등을 객관적인 사정에 따라 합리적으로 판단하여야 한다.

회사의 대표이사의 권한남용행위   대법원 1987. 10. 13. 선고 86다카1522 판결

  주식회사의 대표이사가 그 대표권의 범위내에서 한 행위는 설사 대표이사가 회사의 영리목적과 관계없이 자기 또는 제3자의 이익을 도모할 목적으로 그 권한을 남용한 것이라 할지라도 일응 회사의 행위로서 유효하고 다만 그 행위의 상대방이 그와 같은 정을 알았던 경우에는 그로 인하여 취득한 권리를 회사에 대하여 주장하는 것이 신의칙에 반하므로 회사는 상대방의 악의를 입증하여 그 행위의 효과를 부인할 수 있을 뿐이다.

법정대리인에 제107조제1항 단서 유추적용

            대법원 2011. 12. 22. 선고 2011다64669 판결

  미성년자의 법정대리인인 친권자의 법률행위에서도 마찬가지라 할 것이므로, 법정대리인인 친권자의 대리행위가 객관적으로 볼 때 미성년자 본인에게는 경제적인 손실만을 초래하는 반면, 친권자나 제3자에게는 경제적인 이익을 가져오는 행위이고 그 행위의 상대방이 이러한 사실을 알았거나 알 수 있었을 때에는 민법 제107조 제1항 단서의 규정을 유추 적용하여 행위의 효과가 자(子)에게는 미치지 않는다고 해석함이 타당하다.

7. 대리권의 소멸

(1) 서 설

'대리권의 소멸'이란 본인이나 상대방에게 특수한 사정이 발생하거나 법률의 규정에 따른 소멸사유의 발생 또는 당사자의 의사에 따른 소멸사유가 발생하게 되어 본인과 대리인 사이에 대리관계가 소멸하게 되는 것을 의미한다. 대리권 소멸의 원인에는 임의대리와 법정대리에 공통하는 것과 임의대리에 특유한 소멸원인, 법정대리에 특유한 소멸원인이 있다.

(2) 대리권의 소멸원인

1) 공통된 소멸원인(제127조)

> **제127조 [대리권의 소멸사유]**
>
> 대리권은 다음 각 호의 어느 하나에 해당하는 사유가 있으면 소멸된다.
> 1. 본인의 사망
> 2. 대리인의 사망, 성년후견의 개시 또는 파산

① **본인의 사망**　법정대리에서는 본인의 사망으로 인하여 더 이상의 대리가 필요 없게 되고, 임의대리에서는 본인의 사망으로 본인과 대리인과의 특별신임관계가 없어지기 때문에 대리권이 소멸하게 된다.

그러나 일정한 경우 본인이 사망하더라도 대리관계를 유지하는 예외가 있다. 임의대리에 있어서 기초적 내부관계가 본인의 사망 후에도 존속하는 경우(제691조에 규정한 위임종료시의 긴급처리), 상인이 그 영업에 관하여 수여한 대리권의 경우(상법 제50조에 규정한 대리권의 존속), 본인과 대리인 사이에 본인이 사망하여도 대리인의 대리권이 소멸하지 않는다는 특약이 있는 경우(반대견해 있음) 등이 그러하다.

② **대리인의 사망**　대리인의 사망으로 법정대리와 임의대리 관계는 소멸하게 된다. 대리인이 사망하였다고 하여 대리권이 상속되는 것은 부당하기 때문이다.

그러나 대리인이 사망한 후라도 대내관계의 존속을 인정하는 특수한 경우(제691조에 규정한 위임종료시의 긴급처리)에는 상속인이 대리인이 되기도 한다(반대견해 있음).

③ **대리인의 성년후견의 개시 또는 파산**　수권행위 당시에 피성년후견인이나 파산자도 의사능력이 있다면 대리인이 될 수 있다(제117조, 제937조).

그러나 수권행위 당시에는 정상이었던 대리인이 후에 성년후견이 개시되거나 파산선고를 받았을 경우에는 임의대리인에 대한 본인의 신뢰관계나 법정대리인의 적합성에 변동발생과 대리인의 재산관리능력(성년후견이 개시된 경우)이나 경제적 신용(파산선고의 경우)에 대한 신뢰가 상실되기 때문에 대리권은 소멸한다.

2) 임의대리권의 소멸원인(제127조 내지 제128조)

> **제128조 [임의대리의 종료]**
>
> 법률행위에 의하여 수여된 대리권은 전조의 경우 외에 그 원인된 법률관계의 종료에 의하여 소멸한다. 법률관계의 종료 전에 본인이 수권행위를 철회한 경우에도 같다.

① **원인된 법률관계의 종료**　임의대리권은 그 원인된 법률관계(기초적 내부관계)의

종료로 소멸한다(제128조 전단). 왜냐하면 기초적 내부관계와 수권행위는 별개로 존재하지만, 일반적으로 기초적 내부관계의 수단으로 수권행위가 행해지는 것으로, 기초적 내부관계가 종료되면 수권행위도 소멸하게 되어(유인성) 대리권도 소멸하는 것이 일반적이다. 이 취지를 규정한 것이 제128조 전단이다. 그러나 이 규정은 임의규정이기 때문에 원인된 법률관계의 소멸로 수권행위가 소멸하지 않는다는 특약이 있는 경우, 원인된 법률관계가 종료하더라도 대리권만은 그대로 존재한다.

② 수권행위의 철회　수권행위와 그 원인된 법률관계는 독립된 것이므로 원인된 법률관계가 종료하기 전에 수권행위를 철회하게 되면 대리권은 소멸한다(제128조 제2문). 수권행위 철회의 상대방은 수권행위에서와 달리, 대리인 또는 대리행위의 상대방인 제3자이다. 그리고 제128조는 임의규정이기 때문에 당사자의 특약으로써 수권행위의 철회를 배제할 수 있다(김증한·김학동 412쪽, 곽윤직·김재형 352쪽, 이영준 570쪽).

③ 본인의 파산　본인의 파산이 임의대리권에도 영향을 미치는가에 대해서는 학설이 나뉘고 있다. 즉, 수권자인 본인이 파산하면 임의대리권은 소멸한다는 견해(김증한·김학동 412쪽, 고상룡 510쪽, 이영준 571쪽, 이은영 612쪽, 김용한 362쪽)와, 본인이 파산하게 되면 임의대리권의 특유한 소멸원인으로 대리권이 소멸하는 것이 아니라 일반원칙에 따라 파산으로 원인된 법률관계가 종료함으로써 대리권이 소멸한다는 견해가 있다(곽윤직·김재형 352쪽, 민법주해(Ⅲ) 186쪽(손지열)).

한편 채무자 회생 및 파산에 관한 법률 제342조, 제473조제6호는 본인의 파산을 대리권의 소멸사유로 예정하고 있다고 할 수 있다. 그러나 본인의 파산이 곧 대리권의 소멸로 이어지는 것은 아니다(동법 제342조 참조).

3) 법정대리권의 소멸원인(제127조 내지 제128조)

법정대리권은 그 특유한 소멸원인에 대해서 각각의 법정대리에서 규정하고 있다. 재산관리인에 있어서 법원의 처분명령의 취소(제22조제2항), 법원의 개임(제23조), 선고에 의한 친권상실(제924조), 선고에 의한 대리권상실(제925조), 법원의 허가를 얻은 후견인의 사퇴(제939조), 법원에 의한 후견인의 변경(제940조), 후견사무의 종료(제957조) 등이 그 예이다.

제4항 복 대 리

1. 복대리의 의의

'복대리'란 대리인의 수권행위에 의하여 발생하는 또 하나의 대리를 의미한다. 대리인이 수권한 복대리인은 대리인의 권한 내에서 '대리인' 자신의 이름으로 선임한 '본인의 대리인'의 지위를 갖는다. 따라서 복대리인은 본인의 이름으로 선임된 것도 아니고 대리인의 대리인도 아닌 본인의 대리인이다.

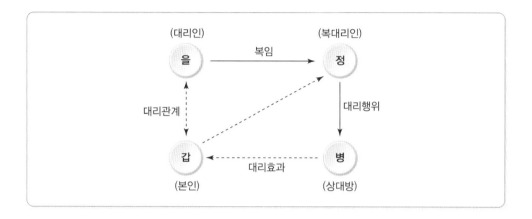

2. 임의대리인의 복임권과 책임(제120조 내지 제121조)

제120조 [임의대리인의 복임권]

대리권이 법률행위에 의하여 부여된 경우에는 대리인은 본인의 승낙이 있거나 부득이한 사유있는 때가 아니면 복대리인을 선임하지 못한다.

제121조 [임의대리인의 복대리인선임의 책임]

① 전조의 규정에 의하여 대리인이 복대리인을 선임한 때에는 본인에게 대하여 그 선임감독에 관한 책임이 있다.
② 대리인이 본인의 지명에 의하여 복대리인을 선임한 경우에는 그 부적임 또는 불성실함을 알고 본인에게 대한 통지나 그 해임을 태만한 때가 아니면 책임이 없다.

(1) 임의대리인의 복임권

임의대리인은 본인과 신임관계가 있고 그 특성상 언제든지 사임할 수 있기 때문에 원칙적으로 복대리인을 선임하지 못한다. 그러나 임의대리인은 본인의 승낙이 있거나 부득이한 사유가 있는 때에는 복대리인을 선임할 수 있다(제120조). "부득이한 사유"로는 본인의 소재불명 등으로 본인의 승낙을 얻을 수 없거나 사임할 수 없는 사정이 있는 것을 의미한다(곽윤직·김재형 360쪽). 그리고 본인의 승낙은 명시적 또는 묵시적으로 행해질 수 있으며, 승낙이 있는지 여부는 수권행위의 해석에 의하여 확정된다. 예를 들면, 갑이 을에게 채권자를 특정하지 않은 채 부동산을 담보로 제공하여 금전을 차용해 줄 것을 위임한 경우에, 갑의 의사에는 복대리인의 선임에 관한 승낙이 포함되어 있고(대판 1993. 8. 27, 93다21156), 또한 대리의 목적인 법률행위의 성질상 대리인 자신에 의한 처리가 필요하지 않은 경우에, 본인이 복대리 금지의 의사를 명시하지 않는 한 복대리인의 선임에 관하여 묵시적 승낙이 있는 것으로 보는 것이 타당하다(대판 1996. 1. 26, 94다30690)고 한다. 그러나 오피스텔이나 아파트 분양업무는 대리인 자신에 의한 처리가 필요한 것이어서 본인의 명시적인 승낙이 없이는 복대리인의 선임이 허용되지 않는다(대판 1999. 9. 3, 97다56099)고 한다.

　법인의 이사의 복임권도 비교적 넓게 인정된다. 왜냐하면 이사는 정관 또는 총회의 결의로 금지하지 아니한 사항에 한하여 타인으로 하여금 특정한 행위를 대리하게 할 수 있기 때문이다(제62조).

　한편 복임권의 법적 성질에 대해서는 대리인이 임의대리인인지 아니면 법정대리인인지에 따라 복임권의 유무와 책임 범위가 달라지게 되므로 그 성질도 나뉜다. 복임권은 대리권 자체와 구별하여 일정한 경우 법률의 규정에 의하여 대리인에게 부여되는 권능으로 해석된다.

　그리고 복임행위가 제120조를 위반하면 무효이며, 그 복대리인의 대리행위는 무권대리가 된다.

임의대리인의 복대리인의 선임　　　　대법원 1996. 1. 26. 선고 94다30690 판결

　대리의 목적인 법률행위의 성질상 대리인 자신에 의한 처리가 필요하지 아니한 경우에는 본인이 복대리 금지의 의사를 명시하지 아니하는 한 복대리인의 선임에 관하여 묵시적인 승낙이 있는 것으로 보는 것이 타당하다.

(2) 임의대리인의 복임행위와 책임

　임의대리인이 본인의 승낙이 있거나 또는 부득이한 사유로 인하여 복대리인을 선임하는 경우에는 본인에 대하여 그 선임감독에 대한 책임이 있다(제121조제1항). 따라서 임의대리인이 복대리인으로 적합하지 않은 자를 선임하거나 적합하게 선임한 복대리인에 대한 감독을 게을리 하여서 본인에게 손해가 발생한 경우에만 임의대리인이 그 책임을 진다. 그러나 임의대리인이 본인의 지명에 의하여 복대리인을 선임한 경우에는 복대리인이 부적임에 대한 책임은 없고 다만 그 부적임이나 또는 불성실함을 알고도 본인에게 통지하지 않거나 해임을 게을리한 경우에만 책임을 진다(제121조제2항).

3. 법정대리인의 복임권과 책임(제122조)

> **제122조 [법정대리인의 복임권과 그 책임]**
>
> 법정대리인은 그 책임으로 복대리인을 선임할 수 있다. 그러나 부득이한 사유로 인한 때에는 전조 제1항에 정한 책임만이 있다.

(1) 법정대리인의 복임권

법정대리인은 언제든지 그 책임으로 복대리인을 선임할 수 있다. 왜냐하면 법정대리인은 임의대리인과 달리 본인과 신임관계가 있는 것이 아니고, 임의로 사임할 수 없을 뿐만 아니라 본인의 대부분은 복대리인 선임에 관하여 허락능력이 없거나 직무범위가 광범위하기 때문이다.

> **아버지가 아들의 채무에 대한 담보 제공을 위하여 아들에게 인감도장과 인감증명서를 교부한 행위가 복임권을 포함하여 채무 담보를 위한 일체의 대리권을 준 것이라고 본 사례**　　　　　　　　　　　대법원 1996. 2. 9. 선고 95다10549 판결
>
> 아버지가 아들의 채무에 대한 담보 제공을 위하여 아들에게 인감도장과 인감증명서를 교부한 사안에서, 아들에게 복임권을 포함하여 채무 담보를 위한 일체의 대리권을 부여한 것이라고 보아, 그 아들로부터 다시 그 인감도장과 인감증명서를 교부받은 제3자가 이를 이용하여 타인에게 설정하여 준 근저당권설정등기가 유효하다고 본 사례.

(2) 법정대리인의 책임

법정대리인은 자유롭게 복대리인을 선임할 수 있는 반면, 그 책임에 있어서는 임의대리인보다 무겁다. 따라서 복대리인의 행위에 의하여 본인에게 손해가 발생한 경우에는 법정대리인에게 복대리인의 선임과 감독에 관한 과실이 없더라도 전적으로 책임을 져야 한다(제122조 본문). 다만 부득이한 사유로 복대리인을 선임하였으나 손해가 발생한 경우에는 선임과 감독의 범위에서만 책임을 진다(제122조 단서, 제121조제1항).

4. 복대리인의 삼면관계(제120조 내지 제123조)

> **제123조 [복대리인의 권한]**
>
> ① 복대리인은 그 권한내에서 본인을 대리한다.
> ② 복대리인은 본인이나 제3자에 대하여 대리인과 동일한 권리의무가 있다.

(1) 복대리인과 상대방의 관계

복대리인은 상대방에 대하여 대리인과 동일한 권리와 의무가 있다. 이는 복대리인은 그 권한의 범위 내에서 본인을 대리하기 때문이다. 따라서 복대리인의 대리행위에 대해서는 대리의 일반원칙이 그대로 적용된다. 즉 제114조와 제115조의 현명주의와, 제116조의 대리행위의 하자, 제117조의 대리인의 능력에 관한 조항은 복대리인에게도 적용된다.

(2) 복대리인과 본인의 관계

복대리인은 본인을 대리하고 본인에 대하여 대리인과 동일한 권리와 의무가 있다. 복대리인의 대리행위는 대외적으로 본인을 대리하기 때문이다. 그러나 내부적으로는 복대리인은 대리인의 선임행위에 의해 형성된 관계로 본인과는 관계가 없다고 할 수 있지만, 복대리인의 대리행위의 효력이 본인에게 직접 귀속하기 때문에 본인과 대리인의 관계처럼 복대리인과의 관계도 인정한다(제123조제2항). 따라서 대리인이 수임인인 경우에는 복대리인도 본인의 수임인으로서 대리행위를 하는 데 있어 선관주의의무, 수령한 금전 등의 인도의무, 비용상환청구권, 대리인과 동일한 범위의 보수청구권 등을 가진다.

(3) 복대리인과 대리인의 관계

대리인은 복대리인에 대하여 선임하고 감독할 책임이 있으므로 복대리인은 대리인에 의하여 지휘와 감독을 받게 된다. 또한 복대리권은 대리권에 근거를 두고 있기 때문에 대리인의 존재와 범위에 의존한다. 따라서 복대리권은 대리인의 대리권보다 그 범위가 넓을 수 없고, 대리인의 대리권이 소멸하면 복대리인의 복대리권도 소멸한다. 그러나 대리인이 복대리인을 선임하였다고 하여 대리인의 대리권이 소멸하는 것은 아니며, 대리인과 복대리인 모두 본인을 대리한다(제123조제2항 참조).

5. 복대리인의 복임권

복대리인이 다시 대리인을 선임할 수 있는가, 즉 복대리인에게도 복임권이 주어지는가에 대하여 민법은 복대리인의 복임권에 대한 규정을 두고 있지 않다. 그러나 복임권을 대리권의 내용의 일부로 보아 실제상 필요하다면 인정하자는 긍정적 태도가 통설이다. 복대리인은 언제나 임의대리인이므로 복복임행위는 임의대리인의 복임권 규정에 따라야 할 것이다.

6. 복대리권의 소멸(제127조의 적용)

> **제127조 [대리권의 소멸사유]**
>
> 대리권은 다음 각 호의 어느 하나에 해당하는 사유가 있으면 소멸된다.
> 1. 본인의 사망
> 2. 대리인의 사망, 성년후견의 개시 또는 파산

일반적으로 대리권은 본인 또는 대리인이 사망하는 경우 소멸하게 된다. 또한 대리인이 성년후견의 개시를 받거나 또는 파산선고를 받게 되는 경우에도 마찬가지이다. 따라서 복대리인도 대리권 일반의 소멸원인(본인의 사망, 복대리인의 사망·성년후견개시·파산)과 복대리인 사이의 수권관계의 소멸(내부적 법률관계의 종료, 대리인의 수권행위 철회) 또는 대리인이 가지는 대리권의 소멸(대리인의 사망·성년후견개시·파산)에 의하여 소멸한다.

제5항 표현대리

1. 표현대리의 의의

'표현대리'란 대리인에게 대리권이 없음에도 본인에게 책임 있는 사정에 의하여 대리권이 있는 것과 같은 외관이 있고, 상대방이 이러한 외관을 믿은 것에 대하여 보호할 만한 가치가 있는 경우 거래의 안전을 위하여 본인에게 그 대리행위의 효과를 귀속하도록 한 것이다.

'외관'이란 대리권의 성립의 외관, 범위의 외관, 존속의 외관을 의미한다. '성립의 외관'이란 대리권이 수여되지 않았으나 수여된 것과 같은 외관을 의미하고(제125조), '범위의 외관'이란 대리권의 범위는 넘었으나 그 범위 내로 보이는 것과 같은 외관을 의미하며(제126조), '존속의 외관'이란 대리권이 이미 소멸하여 대리권이 존재하지 않으나 계속하여 존재하는 것과 같은 외관을 의미한다(제129조). 그리고 이러한 외관을 형성하는 데 본인이 일정한 원인을 준 것 즉, 본인에게 책임 있는 사정이 있어야 한다. 여기서 '사정'은 특정인에게 대리권을 수여하였다는 것을 타인에게 표시한 것(제125조), 배신행위를 하는 사람을 대리인으로 삼은 것(제126조), 대리인의 대리권이 소멸하였는데 이를 방치한 것(제129조)이다. 따라서 본인이 이러한 사정에 대해 책임이 없는 경우에는 본인에게 표현대리의 효과가 귀속되지 않는다.

그 밖에 표현대리가 성립되기 위해서는 대리권의 부존재를 제외하고는 다른 장애사유가 없어야 한다. 즉, 대리행위가 강행법규 또는 반사회질서행위에 해당되어 무효가 아니어야 한다. 예를 들면, 증권회사 또는 그 임직원의 부당권유행위를 금지하는 증권거래법 제52조제1호는 강행법규로서, 이를 위배한 주식거래에 관한 투자수익보장 약정은 무효이므로 표현대리의 법리가 준용될 여지가 없다(대판 1996. 8. 23, 94다 38199).

한편 본인은 표현대리로 인하여 원하지 않는 법률효과를 받음으로써 불이익 또는 손해를 입을 수 있다. 이 경우, 본인은 표현대리인에게 기초적 내부관계에 의하여 부담하는 의무의 위반 또는 불법행위를 이유로 손해배상청구를 할 수 있다.

2. 표현대리의 본질

표현대리도 무권대리에서 시작하는 것이므로 그 본질이 무권대리인가에 대한 의문이 제기된다. 이는 표현대리가 성립하는 경우에 표현대리에 관한 민법의 규정만 적용되는 것인지, 아니면 무권대리에 관한 규정도 적용되는지에 관한 문제이다. 이에 무권대리라는 견해와 유권대리라는 견해로 대립되는데 전자가 통설의 입장이다. 판례는 표현대리에 대하여 정면적으로 무권대리라고 인정하고 있지 않는 것으로 보인다(대판 (전합) 1983. 12. 13, 83다카1489).

(1) 무권대리설

표현대리가 무권대리의 일종이라는 견해(곽윤직·김재형 355쪽, 김상용 689쪽)에 따르면 표현대리가 성립할 경우에도 상대방은 철회권을 가지고(제134조), 본인은 적극적으로 추인해서 상대방의 철회권을 소멸시킬 수 있는(제130조, 제134조) 등 협의의 무권대리로서의 효과가 발생한다.

> **표현대리의 성질** 　　　　　　　대법원 1983. 12. 13. 선고 83다카1489 전원합의체 판결
>
> 　유권대리에 있어서는 본인이 대리인에게 수여한 대리권의 효력에 의하여 법률효과가 발생하는 반면 표현대리에 있어서는 대리권이 없음에도 불구하고 법률이 특히 거래상대방 보호와 거래안전유지를 위하여 본래 무효인 무권대리행위의 효과를 본인에게 미치게 한 것으로서 표현대리가 성립된다고 하여 무권대리의 성질이 유권대리로 전환되는 것은 아니므로, 양자의 구성요건 해당사실 즉 주요사실은 다르다고 볼 수밖에 없으니 유권대리에 관한 주장 속에 무권대리에 속하는 표현대리의 주장이 포함되어 있다고 볼 수 없다.

(2) 유권대리설

표현대리가 유권대리라는 견해(이영준 617쪽)에 따르면 통상적인 유권대리는 외부적 수권행위와 내부적 수권행위가 있고, 무권대리는 외부적 수권행위와 내부적 수권

행위가 없는데, 표현대리는 외부적 수권행위가 있고, 내부적 수권행위가 없는 경우로 표현대리의 효과가 발생하는 것은 이러한 외부적 수권행위의 효과이므로 무권대리의 일종이 아니라 유권대리의 아종(亞種)이라고 한다. 이 견해에 따르면 본인의 책임에 대해서 거래안전을 보호하기 위한 외관책임이라기보다는 외부적 수권행위에 의한 본인책임이라고 한다. 따라서 표현대리 규정만 적용되고, 무권대리의 규정이 적용될 여지는 없게 된다.

3. 표현대리의 종류

(1) 대리권수여의 표시에 의한 표현대리(제125조)

제125조 [대리권수여의 표시에 의한 표현대리]

제3자에 대하여 타인에게 대리권을 수여함을 표시한 자는 그 대리권의 범위내에서 행한 그 타인과 그 제3자간의 법률행위에 대하여 책임이 있다. 그러나 제3자가 대리권 없음을 알았거나 알 수 있었을 때에는 그러하지 아니하다.

1) 의 의

'대리권수여의 표시에 의한 표현대리'란 본인이 특정인에게 대리권을 실제로는 수여하지 않았으나 대리권을 수여하였음을 제3자(상대방)에게 표시한 때에는 그 대리권의 범위 내에서 행한 특정인과 제3자(상대방) 사이의 법률행위에 대하여 책임을 진다는 것이다.

2) 요 건

① 대리권 수여의 표시(통지) 본인은 대리행위의 상대방이 될 제3자에게 어떤 자에게 대리권을 수여하였음을 표시하여야 한다. 이 때 '표시'의 방법에는 제한이 없다. 따라서 위임장을 작성하여도 되고, 묵시적으로 하여도 무방하며, 본인이 직접 하지 않고 대리인이 될 자를 통해서 해도 된다. '상대방'은 특정의 제3자이든, 신문광고를 통한 불특정 제3자이든 상관없다.

이 표시(통지)는 대리인이 대리행위를 하기 이전에 언제든지 철회할 수 있다. 그러나 철회는 표시와 동일한 방법으로 상대방에게 알려야 한다. 즉, 특정인에게 표시(통지)를 한 경우에는 그 자에 대하여 철회의 통지를 해야 하고, 광고에 의하여 표시한 경우에는 그에 준하는 방법으로 철회통지를 해야 한다. 그리고 위임장 그 밖의 수권증서를 준 뒤에 수권행위를 소급적으로 철회한 때에는 법적으로는 대리권이 전혀 없는 것이 되지만, 그 증서는 대리권을 준 뜻을 표시한 것이기 때문에 이 증서를 제3자에게 보여준 경우에는 제125조의 요건을 충족하게 된다(곽윤직·김재형 365쪽).

이 표시(통지)는 수권행위가 아니라 수권행위가 있었다는 뜻을 알리는 관념의 통지이다.

명의대여의 대리권 수여의 표시에 의한 표현대리의 성립 여부

대법원 1998. 6. 12. 선고 97다53762 판결

　민법 제125조가 규정하는 대리권 수여의 표시에 의한 표현대리는 본인과 대리행위를 한 자 사이의 기본적인 법률관계의 성질이나 그 효력의 유무와는 직접적인 관계가 없이 어떤 자가 본인을 대리하여 제3자와 법률행위를 함에 있어 본인이 그 자에게 대리권을 수여하였다는 표시를 제3자에게 한 경우에는 성립될 수가 있고, 또 본인에 의한 대리권 수여의 표시는 반드시 대리권 또는 대리인이라는 말을 사용하여야 하는 것이 아니라 사회통념상 대리권을 추단할 수 있는 직함이나 명칭 등의 사용을 승낙 또는 묵인한 경우에도 대리권 수여의 표시가 있은 것으로 볼 수 있다.

---

② **대리권이 없을 것**　　대리행위를 하는 자에게 대리권이 없어야 한다. 만약 그 자에게 대리권이 수여되었다면, 유권대리 또는 제126조(권한을 넘은 표현대리)의 문제가 된다. '대리권이 없는 것'에는 처음부터 수권행위가 존재하지 않은 경우와 수권행위가 있었지만 무효나 취소의 사유로 효력을 잃은 경우를 포함한다.

③ **표시된 대리권의 범위 내에서 대리행위**　　대리행위는 대리권의 범위 내에서 한 행위이어야 표현대리가 성립가능하게 된다. 따라서 대리권의 범위를 넘은 경우에는 이 적용이 없고, 권한을 넘은 표현대리(제126조)가 성립한다.

백지위임장이 교부된 경우에는 제125조에 의한 무권대리가 아니라 주위사정에 의하여 대리권이 수여된 것으로 보아 유권대리가 된다. 다만 대리인의 성명, 대리권의 내용 또는 상대방 등의 보충이 명백한 대리권 남용에 해당하게 되면, 대리권 남용의 법리에 의하여 규율하는 것이 타당할 것이다(이영준 623쪽).

④ **통지받은 상대방과의 대리행위**　　대리권 수여의 표시를 불특정다수에게 하는 경우 불특정다수가 대리행위의 상대방이 되고, 특정인에게 하는 경우에는 특정인만 상대방이 된다. 전자의 경우 문제가 없으나 특정인에게 대리권 수여의 표시를 한 경우에는 그 특정인만이 표현대리에 의한 보호를 받게 된다. 따라서 통지를 옆에서 지켜보거나 우연히 알게 되었던 자가 상대방이 되어 법률행위를 하였더라도 표현대리에 의한 보호를 받지는 못한다. 그러나 통지가 광고에 의하여 이루어진 때에는 그 광고를 본 모든 제3자가 보호될 수 있다.

⑤ **상대방은 선의·무과실일 것**　　상대방은 선의·무과실이어야 한다. 따라서 상대방은 대리권 없음을 알지 못하여야 하고 알지 못하였음에 과실이 없어야 한다. '선의'

라 함은 대리권이 없음을 알지 못하는 것을 의미하고, '무과실'이라 함은 선의임에 과실이 없는 것, 즉 일반 보통인의 주의를 기울였어도 대리권이 없음을 알 수 없었을 것을 의미한다. 상대방의 악의와 과실에 대한 입증책임은 본인이 부담한다(통설).

3) 적용범위

표현대리란 대리권을 실제 수여하지는 않지만 상대방에게 '대리권을 수여'하였음을 통지하여야 하므로 임의대리에만 적용되고 법정대리에는 적용될 수 없다(통설). 그러나 법정대리라고 하더라도 거래상대방을 보호할 필요성에 있어서는 임의대리와 같고, 호적기재(현재 호적제도는 폐지됨)나 공고를 가지고 대리권수여의 통지에 준하는 것으로 해석이 가능하므로 법정대리도 인정하자는 소수설(이영준 617쪽, 김주수·김상용 438쪽, 김용한 375쪽)이 있다.

4) 효 과

본인은 무권대리인의 대리행위에 대하여 책임이 있다(제125조 본문). 즉, 무권대리행위의 효과는 본인에게 귀속된다. 따라서 본인은 무권대리행위에 의하여 발생하는 권리행사 및 의무이행을 하여야 하고, 상대방(대리권 없음을 알지 못하였음에 과실이 아닌 무권대리행위에 대한 법률행위에 과실)이 과실이 있다고 하여도 과실상계의 법리를 적용하여 본인의 책임을 감경할 수 없다(대판 1996. 7. 12, 95다49554 참조).

표현대리는 상대방이 주장함으로써 문제가 되며, 본인이 표현대리를 주장하지 못한다(이설 없음). 다만, 본인은 상대방이 무권대리행위를 철회하기 전에 먼저 추인하여 표현대리의 효과를 주장할 수 있다. 그리고 유권대리에 관한 주장 속에는 표현대리의 주장이 포함되어 있다고 볼 수 없으며(대판(전합) 1983. 12. 13, 83다카1489), 표현대리를 주장할 때에는 무권대리인과 표현대리에 해당하는 무권대리행위를 특정하여 주장하여야 한다(대판 1984. 7. 24, 83다카1819).

한편 표현대리는 상대방과 거래안전을 위하여 본인을 구속하는 제도이며, 그 밖의 점에서는 무권대리로서 성질을 갖는다. 즉, 본조에 적용되는 표현대리는 곧 유권대리가 되는 것이 아니기 때문에, 무권대리의 규정이 적용된다. 따라서 상대방은 무권대리로서 철회할 수 있고(제134조), 본인은 추인으로서 상대방의 철회권을 소멸시킬 수 있다(제130조). 또한 상대방은 본인에 대하여 추인 여부의 확답을 최고할 수도 있다(제131조).

그러나 상대방이 표현대리를 주장하지 않을 뿐만 아니라, 무권대리행위로서 철회를 하지 않으면 제135조에 의한 무권대리인의 책임을 물을 수 있는가 문제된다. 인정하는 견해에 따르면, 표현대리는 무권대리의 일종이기 때문에 표현대리가 성립하는 경우에도 무권대리인의 책임이 발생한다고 한다. 왜냐하면 제135조에 표현대리의 성립을 무권대리인의 책임이 배제되는 요건으로 규정하고 있지 않고, 상대방이 표현 대리의 성립요건을 주장하여 증명하는 것이 쉽지 않기 때문이다(곽윤직·김재형 377 쪽). 그러나 부정하는 견해에 따르면, 표현대리는 상대방과 거래의 안전을 위하여 본 인을 구속하는 제도이지만, 나머지 부분에서는 무권대리로서 성질을 가진다고 한다. 즉, 무권대리규정이 적용되지만 제135조는 적용되지 않는다는 것이다. 왜냐하면 제 135조의 적용으로 무권대리인에게 책임을 물리게 되면, 상대방은 우연한 사정에 의 하여 유권대리의 상대방 이상으로 보호되는 결과가 되기 때문이다(송덕수 404쪽).

무권대리인 및 표현대리에 해당하는 무권대리행위의 특정요부(적극)

대법원 1984. 7. 24. 선고 83다카1819 판결

표현대리 제도는 대리권이 있는 것 같은 외관이 생긴데 대해 본인이 민법 제125 조, 제126조 및 제129조 소정의 원인을 주고 있는 경우에 그러한 외관을 신뢰한 선의 무과실의 제3자를 보호하기 위하여 그 무권대리 행위에 대하여 본인이 책임 을 지게 하려는 것이고 이와 같은 문제는 무권대리인과 본인과의 관계, 무권대리인 의 행위 당시의 여러가지 사정 등에 따라 결정되어야 할 것이므로 당사자가 표현대 리를 주장함에는 무권대리인과 표현대리에 해당하는 무권대리 행위를 특정하여 주 장하여야 한다 할 것이고 따라서 당사자의 표현대리의 항변은 특정된 무권대리인의 행위에만 미치고 그 밖의 무권대리인이나 무권대리 행위에는 미치지 아니한다.

대리권수여의 표시에 의한 표현대리(제125조)

① 계약금, 중도금지급
② 매도인이 계약위반
③ 을이 제125조의 표현대리를 근거로 갑에게 위약금청구?

사례 갑은 을과 병의 주택을 매매계약체결하면서, 갑은 매매계약서상에 매도인란에 매도인 병의 무인(拇印)이 찍힌 매매계약서상에 "병의 대리인 갑"이라고 기재하였다. 이 계약서에 따라 매매대금 1억원 중 계약금 1000만원을 매매계약체결시 지급하였다. 그리고 계약서의 특약란에는 "중도금 지 급 이후 잔금지급 이전에 토지에 설정된 근저당권을 말소하고, 만약 이를 이행하지 않을 때에는 매 매계약은 효력이 없다. 또한 이 경우 매도인은 매수인에게 위약금으로 계약금의 2배를 지급하기로 한다"고 약정하였다.

그러나 매수인의 중도금 지급 이후 잔금지급 이전에 매도인은 근저당권을 말소할 수 없어서, 해당매매는 효력을 잃었고, 매수인은 매도인으로부터 계약금과 중도금을 지급받고 위약금으로 1000만원을 청구하였으나, 매도인은 이를 거절하였다.
이 경우, 매도인 병은 대리인 갑의 본인으로서 매수인 을의 위약금을 거절할 수 있는가?

해설 매도인 병의 무인이 찍혀져 있는 매매계약서를 교부한 사실이 매수인 을에게 대리권수여의 표시를 한 것인가? 판례는 대리인이 본인 병의 위임장, 인감증명서, 등기필증 등을 소지하지 않은 이상 이러한 사실만으로 대리권수여의 표시로 볼 수 없다고 한다. 따라서 매수인 을의 매도인 병에 대한 대리권수여의 표시에 의한 표현대리책임의 주장이 부정되어, 매도인 병은 매수인 을에게 위약금을 지급할 필요가 없다.
따라서 판례(대판 2007. 8. 23, 2007다23425)는 "민법 제125조가 규정하는 대리권 수여의 표시에 의한 표현대리는 본인과 대리행위를 한 자 사이의 기본적인 법률관계의 성질이나 그 효력의 유무와는 관계가 없이 어떤 자가 본인을 대리하여 제3자와 법률행위를 함에 있어 본인이 그 자에게 대리권을 수여하였다는 표시를 제3자에게 한 경우에 성립(대리권수여의 표시에 의한 표현대리의 성립요건)하는 것이고, 이때 서류를 교부하는 방법으로 민법 제125조 소정의 대리권 수여의 표시가 있었다고 하기 위해서는 본인을 대리한다고 하는 자가 제출하거나 소지하고 있는 서류의 내용과 그러한 서류가 작성되어 교부된 경위나 형태 및 대리행위라고 주장하는 행위의 종류와 성질 등을 종합하여 판단하여야 할 것이다"고 판시하고 있다.

(2) 권한을 넘은 표현대리(제126조)

> **제126조 [권한을 넘은 표현대리]**
> 대리인이 그 권한 외의 법률행위를 한 경우에 제삼자가 그 권한이 있다고 믿을 만한 정당한 이유가 있는 때에는 본인은 그 행위에 대하여 책임이 있다.

1) 의 의

'권한을 넘은 표현대리'란 대리인이 그 권한 외의 법률행위를 한 경우 제3자의 입장에서는 대리인에게 그러한 권한이 있었다고 믿을 만한 정당한 이유가 있는 때에는 대리권을 신뢰하여 거래한 자를 보호하기 위하여 대리권 범위 내에서 대리행위를 한 것과 동일한 법률관계를 인정하는 것을 말한다.

2) 요 건

① **기본대리권이 존재할 것** 대리인이 그 권한을 넘은 법률행위를 하였을 때 적용되는 규정이므로 기본적으로 일정한 범위의 대리권은 가지고 있어야 한다. 이 때 법률행위에 의한 대리권은 당연히 기본대리권이 된다. 여기서 대리인은 대리인으로부터 권한을 수여받은 자(대판 1970. 5. 30, 70다908)와 복대리인(대판 1998. 3. 27, 97다48982)도 포함한다.

그러나 처음부터 전혀 대리권이 없는 경우에는 권한을 넘은 표현대리가 성립하지 않는다. 예컨대, 타인의 인감이나 위임장을 함부로 사용한 경우에는 권한을 넘은 표현대리가 성립하지 않는다(대판 1963. 9. 19, 63다383 참조). 물론 이 표현대리도 대리행위의 방식을 취해야 하고, 표현대리가 성립하기 위해서는 표현대리행위 자체가 유효한 것을 전제로 한다. 그 행위 자체가 무효인 경우에는 본인에게 효과가 귀속될 여지가 없기 때문이다.

> **복대리인을 통한 권한 외의 법률행위를 한 경우 제126조 적용상 기본대리권의 흠결**
> 대법원 1998. 3. 27. 선고 97다48982 판결
>
> 대리인이 사자 내지 임의로 선임한 복대리인을 통하여 권한 외의 법률행위를 한 경우, 상대방이 그 행위자를 대리권을 가진 대리인으로 믿었고 또한 그렇게 믿는 데에 정당한 이유가 있는 때에는, 복대리인 선임권이 없는 대리인에 의하여 선임된 복대리인의 권한도 기본대리권이 될 수 있을 뿐만 아니라, 그 행위자가 사자라고 하더라도 대리행위의 주체가 되는 대리인이 별도로 있고 그들에게 본인으로부터 기본대리권이 수여된 이상, 민법 제126조를 적용함에 있어서 기본대리권의 흠결 문제는 생기지 않는다.

② 권한을 넘은 대리행위가 존재할 것 기본대리권의 권한을 넘은 표현대리행위가 존재하여야 한다. 권한을 넘는다는 것은 진실로 존재하는 대리권의 범위를 넘는 모든 경우를 의미한다. 특히 여기서 문제가 되는 것은 기본대리권 범위 내의 대리행위와 권한을 넘은 표현대리행위가 동종이어야 하는지, 기본대리권의 권한을 넘은 표현대리가 범죄를 구성하는 경우에도 권한을 넘은 표현대리가 성립되는가 하는 점이다.

기본대리권의 월권행위가 그 대리권이 권한을 벗어난 행위와 같은 종류의 대리권이거나 비슷한 대리권이어야 하는 것은 아니다(대판 1978. 3. 28, 78다282,283). 그리고 대리행위가 대리권과 아무런 관계가 없는 경우에도 본조가 적용되는 경우가 있다. 예컨대, 대리인이 수여받은 동업계약의 대리권과 관계없는 본인의 부동산을 매도한 행위(대판 1963. 11. 21, 63다418), 대리인이 수여받은 등기신청의 대리권과 관계없는 대물변제를 한 경우(대판 1978. 3. 28, 78다282,283)에도 본조가 적용된다.

그리고 대리권의 수여를 통지한 때에 그 통지된 범위를 넘은 행위를 한 경우와 과거에 존재하였으나 지금은 이미 소멸해 버린 대리권의 범위를 넘는 행위를 한 경우에 즉, 제125조와 제129조의 표현대리가 성립하는 범위를 넘는 경우에도 제126조(권한을 넘는 표현대리)가 적용되는가에 대하여 학설은 나뉘고 있다. 판례는 제125조의 표현대리에서 권한을 넘는 경우에 관하여 언급하고 있지 않은 것으로 보이지만, 제129조의

표현대리의 경우에서 권한을 넘는 표현대리를 인정하여 제126조를 적용하고 있다(대판 1979. 3. 27, 79다234).

그러나 대리인이 기본대리권과 전혀 다르게 자신을 위한 법률행위를 한 경우에는 권한을 넘은 표현대리를 인정하지 않는다. 예컨대, 담보권설정의 대리권을 수여받은 대리인이 담보설정할 부동산을 자신의 이름으로 소유권이전등기하여 담보권설정을 한 경우가 그 예이다(대판 1981. 12. 22, 80다1475).

한편 공동대리의 경우, 공동대리인 중 1인이 단독으로 대리행위를 하였을 때에도 권한을 넘은 대리행위가 될 수 있다. 다만, 친권은 공동으로 행사하는 공동대리이지만, 일방의 친권행사에서는 상대방이 악의일 때에는 친권행사의 효력이 발생하지 않는다고 규정하고 있다(제920조의2). 따라서 상대방의 과실 유무와 관계없이 선의인 때에는 제126조의 규정이 적용되지 않는다. 그러므로 제920조의2는 제126조의 특별규정이라고 하겠다.

제129조와 제126조 표현대리의 성립 여부

대법원 1979. 3. 27. 선고 79다234 판결

민법 제129조의 대리권 소멸 후의 표현대리로 인정되는 경우에, 그 표현대리의 권한을 넘는 대리행위가 있을 때에는 민법 제126조의 표현대리가 성립될 수 있다.

기본대리권과 전혀 다른 행위를 하였을 때 월권행위 성립 여부

대법원 1981. 12. 22. 선고 80다1475 판결

소외인이 원고로부터 원고를 대리하여 타로부터 금원을 차용하고 본건 부동산에 관한 담보권설정의 대리권을 수여받고 권리증, 인감증명서 등을 교부받았음에도 자기 앞으로 소유권을 이전하여 자신의 이름으로 피고에게 담보권을 설정하여 주고 금원을 차용하여 이를 유용한 경우에는 피고가 소외인에게 금원을 대여하고 그 부동산에 담보권을 설정한 것은 소외인을 진실한 소유자로 믿고 한 것이지 동 소외인을 원고의 대리인이라고 믿고 한 것이 아니고, 소외인이 그 명의로 소유권이전등기함에 있어 원고가 이를 통정 용인하였거나 이를 알고도 방치(허위의 소유권이전등기라는 외관형성에 관여) 하였다고 할 수 없으므로 민법 제126조, 제108조를 유추하여서 피고 명의의 위 담보권을 유효하다고 할 수 없다.

---

③ **상대방에게 정당한 이유가 존재할 것** 상대방(제126조 규정한 "제3자"는 대리행위의 상대방만을 의미함)이 대리인에게 대리행위를 할 권한이 있다고 믿을 만한 정당한 사유가 있어야 한다. '상대방'이란 대리행위의 직접의 상대방을 의미하므로 그로부터 전득한 자는 제3자의 범위에 포함되지 않는다. 물론 상대방에 대하여 표현대리 요건이 갖추어져 있는 경우에 그 상대방으로부터 전득한 자는 유권대리에 기하여 권리를

취득한 것과 마찬가지이므로 표현대리를 주장할 수 있다(대판 1999. 1. 29, 98다27470). 또한 '정당한 이유'란 무권대리행위가 이루어진 때에 존재한 여러 사정(즉, 대리행위의 내용과 성질, 당사자들의 직업이나 사회적 지위, 그들 사이의 인적 관계, 거래의 경과, 기본대리권과 대리행위의 관계 그 밖에 대리행위 이후의 사정 등)으로부터 객관적으로 보아 대리권이 있는 것으로 믿을 만한 경우를 말한다. 판례는 '정당한 이유'를 상대방의 선의·무과실로 이해하거나(대판 2009. 5. 29, 2008다56392 등 다수) 대리권을 주었다고 믿었음을 정당화할 만한 객관적 사정(대판 1998. 7. 10, 98다18988 등 다수) 또는 어떤 사안에서는 상대방의 악의 유무를 불문하고 객관적으로 보아 정당한 이유가 있다(대판 1970. 10. 30, 70다1812)고 파악하고 있다. 판례는 전체적으로 정당한 이유를 선의·무과실이라고 이해하고 있는 것으로 보인다(송덕수 408쪽).

　그리고 정당한 이유에 대한 판단시기는 대리행위 당시를 기준으로 하여야 하고 그 후의 사정은 고려되지 않는다(대판 2009. 2. 26, 2007다30331 다수).

　정당한 이유의 입증책임자는 누구인가에 대하여 학설은 견해가 나뉘고 있으나 판례에 따르면 입증책임은 유효하게 주장하는 자가 부담한다(대판 1968. 6. 16, 68다694). 즉, 입증책임은 상대방에게 있다. 왜냐하면 정당한 사유도 기본대리권과 함께 표현대리의 적극적 요건으로 규정하고 있기 때문이다(김상용 604쪽, 백태승 492쪽, 송덕수 409쪽, 이영준 639쪽).

> **제126조의 표현대리에서 대리권존재의 정당한 이유의 판단시기**
> 대법원 2009. 2. 26. 선고 2007다30331 판결
>
> 　민법 제126조에서 말하는 권한을 넘은 표현대리의 효과를 주장하려면 자칭 대리인이 본인을 위한다는 의사를 명시 또는 묵시적으로 표시하거나 대리의사를 가지고 권한 외의 행위를 하는 경우에 상대방이 자칭 대리인에게 대리권이 있다고 믿고 그와 같이 믿는 데 정당한 이유가 있을 것을 요건으로 하는 것인바, 여기서 정당한 이유의 존부는 자칭 대리인의 대리행위가 행하여 질 때에 존재하는 모든 사정을 객관적으로 관찰하여 판단하여야 한다.

3) 적용범위

　권한을 넘은 표현대리는 임의대리와 법정대리 모두에 적용된다(통설). 판례(대판 1997. 6. 27, 97다3828)에 따르면 "법정대리에도 그 적용이 있으며, 따라서 한정치산자의 후견인이 친족회의 동의를 얻지 않고 한정치산자의 부동산을 처분하는 행위를 한 경우에도, 상대방이 친족회의 동의가 있다고 믿은 데에 정당한 사유가 있는 때에는 본인인 한정치산자에게 그 효력이 미친다"고 하여 이 견해에 따르고 있다.

　한편 일상가사대리권에 관하여는 긍정설과 부정설로 나뉘고, 판례는 신중하게 긍

정설에 따르고 있다(대판 1971. 1. 29, 70다2738 참조). 사견으로는 긍정설에 따른다. 그 근거를 "부부는 공동체생활을 영위하는 주체로서 일상생활을 공동으로 하는 조직체이다"에서 찾을 수 있다.

> **제126조의 법정대리적용(적극)**　　　　　　대법원 1997. 6. 27. 선고 97다3828 판결
>
> 　민법 제126조 소정의 권한을 넘는 표현대리 규정은 거래의 안전을 도모하여 거래상대방의 이익을 보호하려는 데에 그 취지가 있으므로 법정대리라고 하여 임의대리와는 달리 그 적용이 없다고 할 수 없고, 따라서 한정치산자의 후견인이 친족회의 동의를 얻지 않고 피후견인의 부동산을 처분하는 행위를 한 경우에도 상대방이 친족회의 동의가 있다고 믿은 데에 정당한 사유가 있는 때에는 본인인 한정치산자에게 그 효력이 미친다.

4) 효 과

본인은 대리인의 권한을 넘은 행위에 대하여 책임이 있다. 다만 제126조의 표현대리에 있어서 그 요건 중 일부가 구비되지 않았을지라도 양적으로 분할될 수 있는 행위라면 일부무효의 법리를 적용하며, 그 결과 대리권의 범위에서 유효할 수 있다(대판 1989. 1. 17, 89다카1698). 그 밖에 권한을 넘은 표현대리는 형법상 범죄를 구성하는 경우가 많으나, 표현대리로서 본인이 책임지는 것과 서로 모순되지 않는다.

권한을 넘은 표현대리(제126조)

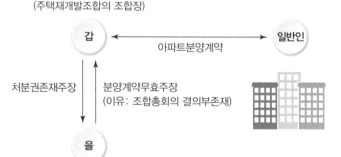

사례　갑 주택재개발조합의 조합장은 조합원의 아파트의 처분에 관한 결의서를 첨부하여 주택재개발사업을 추진하여서 분양계약을 실시하였다. 이에 조합원 을은 조합장의 분양계약이 무효라고 주장하였다.
단, 조합정관에는 조합장의 대표권, 조합원총회의 승인사항, 조합장의 대표권에 관한 제한을 두고 있을 뿐 조합원 재산처분에 관한 규정은 없다.

해설 주택조합은 명칭만 조합이지 비법인사단에 속하고, 그 비법인사단인 주택조합의 조합장(대표자)이 조합총회의 결의를 거쳐야 하는 조합원 총유에 속하는 재산의 처분에 관하여는 조합원 총회의 결의를 거치지 아니하고는 이를 대리하여 결정할 권한이 없다 할 것이어서, 주택조합의 조합장이 행한 총유물인 사건의 건물의 처분행위에 관하여는 제126조의 표현대리에 관한 규정이 준용될 수 없다(대판 2003. 7. 11, 2001다73626).
따라서 조합장의 조합원재산처분행위(여기서는 분양계약)는 권한을 넘은 표현대리가 적용되지 않으므로, 해당분양계약은 무효이다. 즉, 이는 재개발된 아파트 중 일반분양분의 소유는 총유로서 조합총회의 결의를 거쳐야 조합장의 분양계약이 유효함을 나타낸 것이다. 이런 이유로 조합원 을의 갑과 일반인의 아파트분양계약에 대한 무효주장은 적법하다. 또한 갑과 을 사이에는 제126조의 권한을 넘을 표현대리의 규정도 적용되지 않아, 갑과 일반인의 아파트분양계약은 무효이므로 일반인은 갑에 대하여 부당이득반환청구권만 가질 뿐 분양계약에 의한 소유권이전등기청구권은 행사할 수 없다.

(3) 대리권소멸후의 표현대리(제129조)

제129조 [대리권소멸후의 표현대리]
대리권의 소멸은 선의의 제3자에게 대항하지 못한다. 그러나 제3자가 과실로 인하여 그 사실을 알지 못한 때에는 그러하지 아니하다.

1) 의 의

'대리권소멸후의 표현대리'란 대리인이 이전에 대리권을 가지고 있었으나 현재 대리권이 없고 다만, 대리권이 계속해서 있다고 믿을 만한 외관이 존재하고 이에 대하여 대리인의 대리권 소멸을 모르는 거래상대방을 보호하기 위하여 그 효과가 본인에게 귀속하는 것이다. 대리권의 소멸은 이를 과실 없이 모르는 제3자에게 대항할 수 없기 때문에 대리권소멸후의 무권대리행위에 대하여 선의·무과실의 상대방은 표현대리의 성립을 본인에게 주장할 수 있게 되는 것이다.

대리권소멸후의 표현대리는 과거 대리인에게 대리권이 수여되었던 적이 있으므로 제125조의 표현대리와 다르고, 현재는 기본대리권이 소멸한 상태이므로 제126조의 표현대리와도 다르다.

2) 요 건

① 존재하였던 대리권이 소멸하였을 것 대리인은 이전에는 대리권을 가지고 있었으나, 대리행위 당시에는 그 대리권이 이미 소멸하였어야 한다. 따라서 처음부터 대리권이 없었던 경우에는 제129조의 표현대리가 적용될 여지가 없고, 무권대리행위는 소멸된 대리권의 내용과 일치할 필요는 없다. 판례에 따르면, 대리인이 대리권 소멸 후 복대리인을 선임하여 그 복대리인이 대리행위를 한 경우에 제129조의 표현대리가 성

립한다고 한다(대판 1998. 5. 29, 97다55317). 그러나 이 경우에는 제129조를 유추적용하여야 할 것이다(송덕수 414쪽).

② **상대방의 선의·무과실일 것**　상대방의 범위는 대리행위의 상대방만을 지칭하는 것으로 상대방과 거래한 제3자는 포함되지 않는다. "상대방의 선의·무과실"이란 대리인이 과거에 대리권을 가지고 있었기 때문에 현재에도 역시 대리권이 존속하고 있다고 믿고, 그렇게 믿은 데 과실이 없어야 한다는 것이다. 선의와 관련하여 대리권이 이전에 존재하였다는 것과 상대방의 신뢰 사이에 인과관계가 있어야 한다.

상대방의 선의·무과실에 대한 입증책임에 관하여 학설은 나뉘고 있지만, 선의는 상대방이 입증하고, 무과실은 본인이 입증을 부담한다(다수설).

③ **소멸한 대리권의 범위 내에서의 대리행위**　대리행위는 소멸한 대리권의 범위 내에서 행해져야 한다. 만약 소멸한 대리권의 범위를 넘어서 대리행위가 행해지면, 제126조의 표현대리인(대리권한을 넘은 표현대리)의 문제가 될 수 있다. 판례에 따르면, 제129조에 의하여 대리권소멸후의 표현대리가 인정되는 경우에, 그 표현대리의 권한을 넘는 대리행위가 있을 때에는 제126조 대리권의 범위를 넘은 표현대리가 성립할 수 있다(대판 1973. 7. 30, 72다1631; 대판 1979. 3. 27, 79다234). 제129조의 대리권소멸후의 표현대리나 소멸한 대리권의 범위를 넘는 표현대리(제126조 적용)가 성립하기 위해서는 상대방이 과거에 대리인과 거래를 한 적이 있어야 한다.

> **대리권 소멸 후 복대리인에 대한 제129조의 표현대리의 성립(적극)**
> 대법원 1998. 5. 29. 선고 97다55317 판결
>
> 표현대리의 법리는 거래의 안전을 위하여 어떠한 외관적 사실을 야기한 데 원인을 준 자는 그 외관적 사실을 믿음에 정당한 사유가 있다고 인정되는 자에 대하여는 책임이 있다는 일반적인 권리외관 이론에 그 기초를 두고 있는 것인 점에 비추어 볼 때, 대리인이 대리권 소멸 후 직접 상대방과 사이에 대리행위를 하는 경우는 물론 대리인이 대리권 소멸 후 복대리인을 선임하여 복대리인으로 하여금 상대방과 사이에 대리행위를 하도록 한 경우에도, 상대방이 대리권 소멸 사실을 알지 못하여 복대리인에게 적법한 대리권이 있는 것으로 믿었고 그와 같이 믿은 데 과실이 없다면 민법 제129조에 의한 표현대리가 성립할 수 있다.

3) 적용범위

대리권소멸후의 표현대리는 임의대리와 법정대리 모두에 적용된다는 것이 통설과 판례(대판 1983. 12. 27, 83다548)의 입장이다. 그러나 법정대리의 경우 제129조를 원칙적으로 적용하되, 그 적용이 제한능력자의 보호에 반하는 경우에는 그 적용을 부인해야 할 것이다. 예컨대 피성년후견인의 배우자 겸 성년후견인이었던 자가 이혼 후에

대리행위를 한 경우에서와 같이 본인이 계속 제한능력자로 남아 있어서 보호가 필요
할 때에는 제129조의 적용을 배제해야 할 것이다.

4) 효 과

대리권소멸후의 표현대리가 성립하게 되면 본인은 표현대리인의 법률행위에 대하
여 선의의 제3자에게 대항하지 못한다(제129조 본문). 즉, 본인은 표현대리인의 법률행
위에 대하여 책임을 부담한다(곽윤직·김재형 371쪽, 송덕수 417쪽). 따라서 선의의 상대
방은 본인에 대하여 당해 법률행위의 효과에 대한 이행청구가 가능하다.

대리권소멸후의 표현대리(제129조)

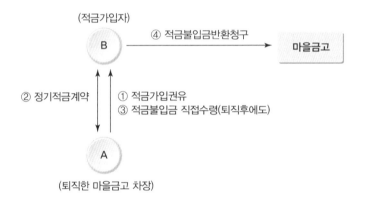

사례 A는 마을금고의 차장으로서 고객 B에 권유하여 정기적금을 가입하게 하였고, 정기적금 매
월불입금 4백만 원을 해당금고를 퇴직한 후에도 계속하여 8개월 동안 개인적으로 받아서 가로챘다.
고객 B는 A가 퇴직 후 간혹 해당금고를 들렀지만, 그 때마다 A가 자리에 없음을 발견하였다. 그리
고 마을금고는 퇴직 후 한차례도 B에게 정기적금불입 독촉을 하지 않았다.
그 뒤 A의 퇴직사실을 안 B는 마을금고에 대하여 정기적금으로 불입한 금액 3,200만원의 반환청구
를 하였고, 이에 마을금고는 B가 마을금고를 방문할 때마다 A가 자리에 없었다는 사실로서 A의 퇴
직을 몰랐다는 것에 과실이 있음을 주장하였다.

해설 이 사례는 대리권소멸 후 표현대리의 인정문제로서, B가 A의 퇴직사실을 몰랐다는 것에 과실
이 인정되면, 위 표현대리가 부정되지만, 그렇지 않으면 위 표현대리가 인정될 것이다. 대법원은 A가 직
접 B에게 마을금고의 차장으로서 가입을 권유하고 직접 매월불입금을 수령하였고, 고객에게 적금가입권
유 등의 사유로 종종 사무실의 자리를 비울 수 있다고 예견된다. 따라서 B의 마을금고 방문시 A가 자리
를 비운 것에 확인으로 퇴직사실을 모른 것에 과실이 없다(대판 1986. 8. 19, 86다카529).
위에 같은 이유로 A는 대리권소멸 후 표현대리자로서 B에 대하여 적금불입금을 수령하였다고 볼 수 있
으므로 마을금고는 B에게 본인으로서 책임이 존재한다. 그러므로 B의 주장은 타당하여 현재까지 불입한
정기적금에 대하여 마을금고는 반환할 의무가 있다.

4. 표현대리의 효과

(1) 본인의 표현대리행위에 대한 책임

본인은 표현대리행위에 대해 책임을 진다. 즉, 표현대리행위에 의한 법률행위의 효과가 본인에게 귀속한다. 따라서 본인은 무권대리를 주장하여 그 효과를 거부하지 못한다. 또한 판례에 따르면 표현대리가 성립하는 경우에 그 본인은 표현대리행위에 의하여 전적으로 책임을 져야 한다. 또한 표현대리에 의하여 본인이 손해를 입은 경우, 표현대리에 대한 기초적 내부관계에 기해 부담하는 의무위반 또는 불법행위를 이유로 손해배상을 청구할 수 있다. 한편 표현대리가 성립한 경우에는 상대방에게 과실이 있다고 하더라고 과실상계의 법리를 유추적용하여 본인의 책임을 경감할 수 없다고 하여 과실상계를 부정하고 있다(대판 1996. 7. 12, 95다49554).

(2) 상대방의 표현대리의 주장

표현대리는 상대방이 이를 주장한 경우에 비로소 그 효력이 발생하게 된다. 따라서 상대방이 표현대리를 주장하지 않는 동안 본인은 무권대리를 주장할 수 있지만, 상대방이 표현대리를 주장하게 되면 표현대리의 효력이 발생하게 된다. 상대방이 표현대리를 주장하지 않는데 본인이 이를 주장할 수는 없다.

상대방이 표현대리를 주장하는데 있어서 세 가지 유형별로 따로 적시할 필요는 없고 어느 하나를 주장하였으나 다른 유형의 요건에 부합하는 경우에는 그것에 대한 주장도 포함한 것으로 보아 같이 심리하여야 한다는 판례가 있다(대판 1963. 6. 13, 63다191; 대판 1987. 3. 24, 86다카1348).

수표위조행위가 대리권수여에 의한 표현대리에 해당

대법원 1987. 3. 24. 선고 86다카1348 판결

갑이 자기의 사위인 을에게 상호를 포함한 영업일체를 양도하여서 동일상호를 사용하여 영업을 계속하게 하는 동안 자기의 당좌거래를 이용하여 대금결제를 하도록 하였고 또 영업을 을에게 양도한 이후에도 자기명의의 당좌수표 및 약속어음 20여장이 을로부터 병에게 물품대금으로 교부되어 그 대부분이 결제되었다면 갑이 병으로 하여금 을이 갑명의의 수표를 사용할 권한이 있다고 믿게 할 만한 외관을 조성하였다 할 것이고 이와같은 외관을 가지고서 을이 갑의 인장을 남용하여 수표를 위조한 행위는 대리권수여표시에 의한 표현대리에 해당한다.

---

(3) 상대방이 표현대리를 주장하지 않는 경우의 효과

표현대리의 본질은 무권대리라는 것이 통설적 견해이고, 또한 표현대리가 그 효력을 발생하기 위해서는 상대방이 주장하여야만 하기 때문에 표현대리가 성립하였다고

하여 유권대리가 되는 것은 아니고, 주장하기 전까지는 언제나 무권대리이다. 따라서 상대방이 표현대리를 주장하지 않는 경우는 무권대리의 효과가 발생하게 된다. 즉, 본인은 추인할 수 있고, 상대방은 본인에게 추인 여부의 확답을 최고할 수 있으며, 상대방은 대리권 없는 대리인(무권대리인)이 한 계약을 본인이 추인하기 전에는 철회할 수 있고, 본인의 추인이 없는 경우에 상대방은 무권대리인에 대해 계약의 이행 또는 손해배상을 청구할 수 있게 된다.

제6항 협의의 무권대리

1. 협의의 무권대리의 의의

'무권대리'란 대리권 없는 대리인이 대리행위를 한 것이다. 무권대리라고 하여 확정적으로 무효가 되지는 않고 제130조 내지 제136조에서 규정하고 있는 효력을 갖는다. 무권대리는 표현대리와 협의의 무권대리가 포함된 개념으로 여기서는 후자인 협의의 무권대리에 대해서 설명하기로 한다.

'협의의 무권대리'에는 대리권 없는 대리인의 대리행위와 표현대리가 성립하더라도 상대방이 이를 주장하지 않는 동안의 표현대리를 포함한다. 협의의 무권대리에서는 표현대리와 달리 상대방이 대리의 효과를 주장하지 못한다. 협의의 무권대리는 계약 또는 단독행위에서 행해질 수 있다.

2. 협의의 무권대리의 종류

(1) 계약에 의한 무권대리(제135조)

> **제135조 [상대방에 대한 무권대리인의 책임]**
> ① 다른 자의 대리인으로서 계약을 맺은 자가 그 대리권을 증명하지 못하고 또 본인의 추인을 받지 못한 경우에는 그는 상대방의 선택에 따라 계약을 이행할 책임 또는 손해를 배상할 책임이 있다.
> ② 대리인으로서 계약을 맺은 자에게 대리권이 없다는 사실을 상대방이 알았거나 알수 있었을 때 또는 대리인으로서 계약을 맺은 사람이 제한능력자일 때에는 제1항을 적용하지 아니한다(2013.7.1 시행).

1) 의 의

'계약의 무권대리'란 대리권이 없는 자가 다른 자의 대리인으로 상대방과 계약을 하고 그 대리권을 증명하지 못하거나 본인의 추인을 얻지 못하여 그들의 법률행위의 효과가 본인에게 귀속되지 못하고, 상대방의 선택에 좇아 무권대리인이 계약을 이행하거나 손해배상책임을 지게 되는 것을 말한다(제135조제1항). 무권대리인의 상대방이 대리권이 없다는 것을 계약 당시에 알았거나 알 수 있었을 때, 대리인으로서 계약을 맺은 자가 제한능력자일 때에는 상대방은 무권대리인에 대하여 계약의 이행을 청구하거나 손해배상을 청구하지 못한다. 다만 제한능력자가 법정대리인의 동의를 얻어 무권대리행위를 한 때에는 무권대리인으로서의 책임을 진다(백태승 520쪽).

대리관계에는 본인과 상대방, 상대방과 대리인, 대리인과 본인의 3면관계가 존재하므로, 계약의 무권대리의 효과에 대하여도 3면관계로 나누어 살펴본다.

2) 본인과 상대방 사이의 효과

협의의 무권대리는 완전히 무효인 것은 아니고, 유효·무효가 확정되지 않은 상태에 있는 '유동적 무효'라고 할 수 있다. 따라서 본인의 추인 여부에 따라 협의의 무권대리의 효력발생 여부가 결정된다. 민법에 따르면, 본인이 상대방에 대해 추인권과 추인거절권을 갖으며, 이에 대하여 상대방보호를 위해서 상대방은 본인에 대해 최고권과 철회권을 갖는다.

① 추인권

제130조 [무권대리]

대리권 없는 자가 타인의 대리인으로 한 계약은 본인이 이를 추인하지 아니하면 본인에 대하여 효력이 없다.

가. 의 의 　　　　'추인권'이란 본인이 무권대리인에 의하여 행하여진 불확정적 계약에 관하여 무권대리행위가 있음을 알고 그 행위의 효과를 본인에게 직접 발생하게 하는 것을 목적으로 하는 의사표시이며, 상대방 또는 무권대리인의 동의나 승낙을 필요로 하지 않는 단독행위이다(제130조 참조). 그 법적 성질은 형성권이라는 것이 통설과 판례이다(대판 2002. 10. 11, 2001다59217; 대판 1995. 11. 14, 95다28090). 또한 이는 사후적 대리권 수여도 아니고 계약도 아니다. 무권대리에서 본인의 추인권은 처음부터 효력이 없는 무권대리행위를 소급적으로 효력이 생기게 한다는 점에서, 불소급하여 법률행위를 유효하게 확정하는 취소할 수 있는 법률행위의 추인과 다르다.

추인의 성질　　　　　　　　　　대법원 1995. 11. 14. 선고 95다28090 판결

무권대리행위는 그 효력이 불확정 상태에 있다가 본인의 추인 유무에 따라 본인에 대한 효력발생 여부가 결정되는 것인바, 그 추인은 무권대리행위가 있음을 알고 그 행위의 효과를 자기에게 귀속시키도록 하는 단독행위이다.

　　나. 추인권자 　　　추인권은 본인만 가지고 본인이 사망한 경우 상속인이 상속을 받아 추인할 수 있으며, 법정대리인이나 본인으로부터 수권을 받은 임의대리인도 추인할 수 있다.

　　다. 추인의 방법 　　　추인의 방법에는 제한이 없다. 그러나 추인은 단독행위이므로 의사표시로서 요건을 갖추고 있어야 한다. 따라서 본인이 무권대리행위의 사실을 알고 있으면서 이의를 제기하지 않은 것만으로는 추인이 되지 않는다(대판 1990. 3. 27, 88다카181). 그러나 상대방에게 추인을 하는 경우에는 명시적이든 묵시적이든 관계없다(대판 2010. 2. 11, 2009다68408 등 다수). 하지만 추인이 유효하기 위해서는 무권대리행위가 있음을 알고 하여야 한다(대판 2000. 9. 8, 99다58471). 만약 추인의 의사표시가 상대방에 대하여 하지 않은 경우, 상대방에게 대항하지 못한다. 그러나 상대방이 그 사실을 안 때에는 상대방에 대하여 의사표시를 하지 않았더라도 대항할 수 있다. 그리고 추인은 의사표시의 전부에 대하여 행하여져야 하고 일부나 내용을 변경하여 추인을 한 경우에는 상대방의 동의가 없는 한 무효이다(대판 1982. 1. 26, 81다카549).

　　라. 추인의 성질 　　　무권대리행위에 대한 추인'은 추인권자(본인)가 아직 효력발생이 불투명한 무권대리행위의 효과를 자기에게 직접 발생하도록 하는 의사표시이다. 즉, 본인은 무권대리행위로서 행해진 계약을 추인으로 대리권이 있었던 것과 동일한 효과를 발생하게 할 수 있다. 이러한 추인은 무권대리인 또는 상대방의 동의나 승낙을 필요로 하지 않는 단독행위이며, 무권대리행위 이후에 대리권을 수여하는 것이 아니고, 법적 성질은 형성권이다. 그리고 이러한 추인은 일단 효력이 발생하였지만 취소사유가 존재하는 법률행위를 확정으로 유효하게 하는 추인의 의사표시와는 다르다.

> **이의제기 없이 장시간 방치한 것은 추인(소극)**
>
> 　　　　　　　　　　　　　　　　　대법원 1990. 3. 27. 선고 88다카181 판결
>
> 　　무권대리행위에 대하여 본인이 그 직후에 그것이 자기에게 효력이 없다고 이의를 제기하지 아니하고 이를 장시간에 걸쳐 방치하였다고 하여 무권대리행위를 추인하였다고 볼 수 없다.

　　마. 추인의 상대방

> **제132조 [추인, 거절의 상대방]**
>
> 　　추인 또는 거절의 의사표시는 상대방에 대하여 하지 아니하면 그 상대방에 대항하지 못한다. 그러나 상대방이 그 사실을 안 때에는 그러하지 아니하다.

본인은 추인의 의사표시를 상대방이나 무권대리인에 대하여 하여야 한다(대판 1981. 4. 14, 80다2314 등). 그리고 본인의 추인의 의사표시가 상대방에게 하는 경우에는 추인으로서 효력이 발생하지만, 무권대리인에 대하여 추인의 의사표시를 하는 경우에는 상대방이 추인사실을 알 때까지 본인은 상대방에 대하여 추인의 효력을 주장하지는 못한다(제132조 참조). 따라서 이 경우, 상대방은 무권대리행위에 대하여 제134조에 의한 철회를 주장할 수 있고, 또 무권대리인에의 추인이 있었음을 주장할 수도 있다(대판 1981. 4. 14, 80다2314).

> **무권대리행위의 추인이 방식 및 그 상대방** 대법원 1981. 4. 14. 선고 80다2314 판결
>
> 　가. 무권대리행위의 추인에 특별한 방식이 요구되는 것이 아니므로 명시적인 방법만 아니라 묵시적인 방법으로도 할 수 있고, 그 추인은 무권대리인, 무권대리행위의 직접의 상대방 및 그 무권대리행위로 인한 권리 또는 법률 관계의 승계인에 대하여도 할 수 있다.
>
> 　나. 민법 제132조는 본인이 무권대리인에게 무권대리행위를 추인한 경우에 상대방이 이를 알지 못하는 동안에는 본인은 상대방에게 추인의 효과를 주장하지 못한다는 취지이므로 상대방은 그때까지 민법 제134조에 의한 철회를 할 수 있고, 또 무권대리인에의 추인이 있었음을 주장할 수도 있다.

바. 추인의 효과

> **제133조 [추인의 효력]**
>
> 　추인은 다른 의사표시가 없는 때에는 계약시에 소급하여 그 효력이 생긴다. 그러나 제삼자의 권리를 해하지 못한다.

　무권대리행위에 대하여 본인이 추인을 하게 되면 무권대리행위는 계약시에 소급하여 그 효력이 생긴다(제133조 본문). 그러나 본인과 상대방의 계약으로 장래에 대하여 효력이 발생하는 것으로 약정하게 되면 그 약정에 따라 효력이 발생한다. 추인의 소급효는 제3자의 권리를 침해하지 못한다(제133조 단서). 즉, 제3자의 권리를 해치는 범위 내에서는 소급효가 제한된다. 여기서 '제3자의 권리'란 무권대리행위시부터 추인까지의 사이에 제3자가 취득한 권리 기타 법적 지위로서 계약상대방의 법적 지위와 양립할 수 없는 것을 말한다.

　제133조 단서는 무권대리행위의 상대방의 권리와 제3자의 권리 중 배타적 권리는 그렇지 않은 권리에 우선한다는 규정이다. 그러므로 갑의 무권대리인 을이 갑의 부동산을 병에게 매도한 후 소유권이전등기 이전에, 갑이 자신의 부동산을 정(제3자)에게 매도하여 소유권이전등기를 하였고, 그 후 갑이 을의 무권대리행위를 추인하였다고

하여도 정의 소유권은 배타적 권리이기 때문에 정의 소유권을 침해하지 못한다. 이런 이유에서 제133조 단서는 무권대리행위의 상대방의 권리와 제3자의 권리 모두 배타적 효력이 있는 경우에만 적용된다고 할 수 있다. 예컨대, 동일한 채권을 무권대리인과 본인이 차례로 각각 다른 자에게 양도하고 이 두 양수인 모두 대항요건을 갖춘 경우에는 본인이 무권대리행위를 추인하더라도 본인으로부터 채권을 양수한 자(제3자)의 채권은 보호된다.

> **본인이 무권대리인의 어음교환행위를 추인한 경우 무권대리인이 어음교환을 위하여 한 배서행위도 추인한 것으로 해석할 것**　대법원 1994. 8. 12. 선고 94다14186 판결
>
> 　어음교환행위가 주로 갑 회사에 대한 자금융통을 위하여 행하여진 것으로서 을 회사의 직원인 병이 어음을 교환함에 있어 갑 회사가 을 회사의 대외적 신용을 이용하여 그 어음을 용이하게 할인할 수 있도록 하기 위하여 권한 없이 을 회사 명의의 배서를 한 것이라면 그 배서행위는 실질적으로는 어음교환의 한 과정에 불과한 것이므로, 을 회사가 무권대리인인 병의 어음교환행위를 추인하였다면 거기에는 다른 특별한 사정이 없는 한 병이 어음교환을 위하여 한 배서행위도 추인하여 그 배서를 유효한 것으로 하겠다는 의사도 포함된 것으로 해석함이 상당하다.

② 추인거절권

가. 의 의　　　'추인거절권'이란 본인이 적극적으로 추인의 의사가 없음을 통지하여 무권대리를 확정적으로 무효로 할 수 있는 것이다. 무권대리의 경우 본인이 가만히 있더라도 효과가 발생하지는 않지만 추인거절권을 행사하게 되면 다시는 추인할 수 없고, 상대방도 최고권이나 철회권을 행사할 수 없게 된다.

나. 본인의 지위와 무권대리인의 지위가 동일인에게 귀속한 경우(혼동)　　　이런 경우는 상속에서 자주 일어난다. 즉, 무권대리인이 본인을 상속하게 되어 양자의 지위가 동일인에게 귀속하게 되는 경우, 본인의 지위에서 추인거절하는 것(무권대리행위의 무효)은 금반언의 원칙이나 신의칙에 반하여 허용되지 않는다(대판 1994. 9. 27, 94다20617). 이 경우에 무권대리인은 제135조에 따라 이행 또는 손해배상의 책임을 부담한다.

반면 본인이 무권대리인을 상속하는 경우에는 이에 대한 판례는 없지만, 무권대리인이 본인을 상속한 경우와 달리 본인은 추인뿐만 아니라 추인거절도 할 수 있고, 이는 신의칙에 위배되는 것은 아니다. 다만 이 경우에도 제135조에 의하여 이행 또는 손해배상의 책임을 부담할 것이다(곽윤직·김재형 375쪽, 송덕수 425쪽).

③ 최고권

제131조 [상대방의 최고권]

　대리권 없는 자가 타인의 대리인으로 계약을 한 경우에 상대방은 상당한 기간을 정하여 본인에게 그 추인여부의 확답을 최고할 수 있다. 본인이 그 기간내에 확답을 발하지 아니한 때에는 추인을 거절한 것으로 본다.

　가. 의 의　　　'최고권'이란 상대방이 본인에 대하여 무권대리행위의 추인 여부의 확답을 촉구하는 행위이다(제131조 본문).
　나. 내 용　　　최고권의 성질은 제한능력자의 상대방에 대한 확답촉구권과 같다. 그러므로 최고는 의사의 통지이며, 최고권은 일종의 형성권이다. 그리고 무권대리의 상대방은 본인에게 상당한 기간을 정하여 본인에게 그 추인 여부의 확답을 최고할 경우, 그 기간 내에 확답을 하지 않은 때에는 추인거절로 본다(제131조). 계약 당시 무권대리임을 상대방이 알았다고 하더라도 최고할 수 있다. 상대방의 최고에 대하여 본인이 추인을 하거나 추인을 거절하게 되면 그에 따른 효과가 발생하게 된다. 이 때 이러한 의사표시는 상대방에게 하여야 하고 무권대리인에게 한 경우에는 무효이다. 최고권의 효력발생시기는 최고권을 발신할 때이다(발신주의). 그리고 상대방이 최고권을 행사하기 이전에 본인이 추인을 하거나 추인거절을 하게 되면 상대방은 최고권을 행사하지 못한다.

④ 철회권

제134조 [상대방의 철회권]

　대리권 없는 자가 한 계약은 본인의 추인이 있을 때까지 상대방은 본인이나 그 대리인에 대하여 이를 철회할 수 있다. 그러나 계약당시에 상대방이 대리권 없음을 안 때에는 그러하지 아니하다.

　가. 의 의　　　'철회권'이란 상대방이 계약 당시에 대리인에게 대리권이 없음을 알지 못한 경우(즉 상대방이 선의의 경우) 본인이 추인하기 이전에 본인이나 무권대리인에게 계약을 철회하는 행위이다(제134조 본문).
　나. 내 용　　　철회권의 성질은 상대방이 무권대리인과 체결한 계약을 무효로 하는 단독행위로서 일종의 형성권이다. 이러한 철회권은 무권대리인과 맺은 계약을 확정적으로 무효로 하는 것으로서, 이 철회 후 본인은 무권대리행위를 추인하지 못한다. 그리고 이 철회는 무권대리행위의 상대방은 본인이 추인하기 전에 본인이나 그 대리인에 대하여 이를 철회하여야 하며, 계약 당시 상대방이 대리권이 없음을 안 때

(상대방이 악의의 경우)에는 철회의 의사표시를 하지 못한다(제134조 단서). 따라서 상대방에게 선의가 요구되고, '계약당시'를 표준으로 하고, 입증책임은 본인이 부담한다.

한편 본인이 상대방이 아닌 무권대리인에 대하여 추인의 의사표시를 하였더라도 상대방이 이를 알지 못했다면 본인이 상대방에게 추인의 효과를 주장하지 못하기 때문에 상대방은 철회의 의사표시로서 확정적으로 무권대리행위를 무효로 할 수 있다.

3) 무권대리인과 상대방 사이의 효과: 무권대리인의 책임(제135조)

> **제135조 [무권대리인의 상대방에 대한 책임]**
>
> ① 다른 자의 대리인으로서 계약을 맺은 자가 그 대리권을 증명하지 못하고 또 본인의 추인을 받지 못한 경우에는 그는 상대방의 선택에 따라 계약을 이행할 책임 또는 손해를 배상할 책임이 있다.
> ② 대리인으로서 계약을 맺은 자에게 대리권이 없다는 사실을 상대방이 알았거나 알 수 있었을 때 또는 대리인으로서 계약을 맺은 사람이 제한능력자일 때에는 제1항을 적용하지 아니한다.

① **의의**   무권대리인이 맺은 계약의 효력은 본인을 위하여 대리행위를 한 것이 아니므로 본인에게 귀속되지 않는다. 즉, 무권대리가 표현대리가 되지 않거나 본인의 추인도 없으면 본인은 책임을 부담하지 않는다. 따라서 무권대리인에게 책임을 지우지 않으면 상대방은 손해를 부담하게 된다. 민법은 상대방을 보호하기 위하여 일정한 요건에 따라 무권대리인에게 일정한 책임을 물을 수 있도록 하고 있다(제135조).

② **무권대리인의 책임의 근거 및 성질**   무권대리인에게 책임을 지우는 근거로는 상대방의 보호와 거래의 안전 그리고 대리제도의 신용유지를 들고 있다. 또한 그 성질에 대해서는 무권대리인의 과실을 요건으로 하지 않는 '법정의 무과실책임'으로 파악한다(대판 1962. 4. 12, 4294민상1021).

③ **책임의 요건**   무권대리인에게 책임을 지우기 위해서는 첫째, 무권대리인의 대리행위가 있어야 한다. 둘째, 대리인이 대리권을 증명하지 못하여야 한다(제135조제1항). 그 입증책임은 무권대리인에게 있다. 셋째, 상대방이 무권대리인에게 대리권 없음을 알지 못하고 또한 알지 못하는 데 과실이 없어야 한다(제132조제2항). 즉, 상대방은 선의·무과실이어야 하며, 그 입증책임 또한 무권대리인에게 있다. 넷째, 본인의 추인이 없어야 한다(제135조제1항). 본인이 추인하게 되면 무권대리행위에 대하여 본인이 책임을 지게 되어 상대방을 보호하게 된다. 다섯째, 상대방이 철회권을 행사하지 않고 있어야 한다. 상대방이 무권대리행위에 대하여 철회권을 행사하게 되면, 그 계약은 확정적으로 무효가 되므로 본인과 무권대리인에게 책임을 물을 수 없다. 여섯째, 무권대리인이 행위능력자이어야 한다(제135조제2항). 왜냐하면 제한능력자에게 무거운 책임을

지우게 하는 것은 제한능력자의 보호와 제117조의 취지에 위배되기 때문이다. 일곱째, 무권대리인의 과실은 필요하지 않다. 즉, 무권대리인은 무과실책임을 부담한다(대판 2014. 2. 27, 2013다213038).

> **무권대리인의 무과실책임**　　　대법원 2014. 2. 27. 선고 2013다213038 판결
>
> 　　민법 제135조 제1항은 "타인의 대리인으로 계약을 한 자가 그 대리권을 증명하지 못하고 또 본인의 추인을 얻지 못한 때에는 상대방의 선택에 좇아 계약의 이행 또는 손해배상의 책임이 있다."고 규정하고 있다. 위 규정에 따른 무권대리인의 상대방에 대한 책임은 무과실책임으로서 대리권의 흠결에 관하여 대리인에게 과실 등의 귀책사유가 있어야만 인정되는 것이 아니고, 무권대리행위가 제3자의 기망이나 문서위조 등 위법행위로 야기되었다고 하더라도 책임은 부정되지 아니한다.

　④ **책임의 내용**　　　위의 요건을 충족하는 경우 상대방은 무권대리인에 대하여 이행책임을 지우거나 손해배상책임을 지울 수 있다(제135조제1항). 이는 결과적으로 무권대리인과 상대방과의 계약이 성립하는 것과 유사하게 된다. 무권대리의 두 책임은 상대방의 선택에 의해 어느 하나로 특정되므로 선택채권으로 보아 무권대리인이 계약을 이행하는 것이 불가능한 경우에는 손해배상책임만을 지는 것으로 확정된다.

　　가. **계약의 이행**　　　무권대리인은 당해 대리행위가 유권대리였을 경우 본인이 상대방에 대하여 부담하였을 것과 같은 내용의 것을 이행하여야 한다.

　　나. **손해배상**　　　무권대리인은 당해 대리행위가 유권대리였다면 얻었을 이익을 그 범위로 하여 상대방에게 배상하여야 한다. 이는 무권대리인과 상대방과의 계약에 의한 이행책임이 아닌 법정책임이고, 신뢰이익배상책임이 아닌 이행이익배상책임으로 해석된다.

　4) **본인과 무권대리인 사이의 효과**

　　본인이 추인하지 않으면, 본인에 대하여 무권대리행위의 효력이 발생하지 않으므로, 본인과 무권대리인 사이에는 법률관계가 발생하지 않는다. 그러나 본인이 추인을 하게 되면 무권대리인과 본인과의 사이에 없던 기초적 내부관계가 발생하는 것은 아니지만, 무권대리인은 의무 없이 본인의 사무를 관리한 것이므로 사무관리가 성립하게 되어 무권대리인은 무권대리에 의해 취득한 이익을 본인에게 인도하여야 하고, 비용을 지출하였다면 그 상환을 청구할 수 있게 된다(제734조 이하). 그 밖에도 무권대리관계가 아닌 일반원칙에 의해 무권대리인에게 부당한 이익이 발생한 경우에는 부당이득 또는 본인의 이익을 침해한 경우에는 불법행위가 성립될 수 있다.

(2) 단독행위에 있어서의 무권대리(제136조)

> **제136조 [단독행위와 무권대리]**
>
> 단독행위에는 그 행위당시에 상대방이 대리인이라 칭하는 자의 대리권 없는 행위에 동의하거나 그 대리권을 다투지 아니한 때에 한하여 전6조의 규정을 준용한다. 대리권 없는 자에 대하여 그 동의를 얻어 단독행위를 한 때에도 같다.

1) 의 의

'단독행위에 있어서의 무권대리'란 상대방 있는 단독행위에서 무권대리인이 그 행위를 한 경우에 일정한 요건을 갖추게 되면 무권대리의 규정을 준용하도록 하는 것이다.

2) 상대방 없는 단독행위

상대방 없는 단독행위(예: 재단법인설립행위, 상속의 승인 또는 포기)의 경우, 무권대리는 본인의 추인 여부와 관계없이 언제나 절대적으로 무효이다. 왜냐하면 본인이 추인한다고 하더라도 보호해야 할 상대방이 없기 때문이다.

3) 상대방 있는 단독행위

상대방 있는 단독행위(예: 계약해제, 채무면제, 상계)의 경우, 원칙적으로 무효이다. 그러나 이러한 경우에는 상대방을 보호하여야 할 필요성이 있으므로 일정한 요건을 갖춘 경우에는 무권대리에 관한 규정을 준용한다.

① **능동대리**　상대방 있는 단독행위에 대한 무권대리가 능동대리인 경우 상대방이 대리권 없는 대리행위에 대하여 동의하거나 상대방이 그 대리권을 다투지 아니한 때에는 계약의 경우와 마찬가지의 효과가 발생한다(제136조 단서). 여기서 '대리권을 다투지 아니한 때'란 대리권 없음을 알면서 다투지 않았든 또는 알지 못하면서 다투지 않았든, 이를 묻지 않는 것으로 해석된다(곽윤직·김재형 379쪽). 그리고 대리권을 다투지 않는 한, 상대방이 대리인에게 대리권이 없었음을 알았는지 여부와 모르는 데 과실이 있었는지 여부는 묻지 않는다(이설 없음). 하지만 단독행위 당시 이의를 제기하거나 후에 지체 없이 이의를 제기하면 대리권을 다툰 것으로 된다.

> **상대방 있는 단독행위의 능동대리의 경우**　대법원 1979. 12. 28. 선고 79다1824 판결
>
> 본인과 상대방사이의 매매계약을 무권대리인이 자의로 해제한 후 반환받은 금원으로 매수한 대지의 등기관계서류를 본인이 위 무권대리인으로부터 교부받아 이를

자기 남편명의로 위 대지에 관한 소유권이전등기를 경료한 경우에는, 본인이 무권대리인이 한 매매계약의 해제행위를 추인한 것으로 볼 것이다.

② **수동대리**　　상대방이 무권대리인의 동의를 얻어 단독행위를 한 경우 즉, 상대방 있는 단독행위에 대한 무권대리가 수동대리인 경우에는 제130조 내지 제135조의 규정을 준용하여, 계약에서 무권대리와 동일한 효과가 인정된다(제136조 2문). 따라서 무권대리행위가 성립한 후 본인이 추인을 거절하면 무권대리인은 제135조에 의하여 손해배상책임을 부담한다. 그러나 그 규정에 의한 이행책임은 없다고 할 것이다(이영준 685쪽).

제 3 절　　법률행위의 무효와 취소

제1관　서　　설

법률행위는 일정한 성립요건과 효력요건을 갖추게 되면 표의자가 표시한 대로 효력이 발생하게 된다. 그러나 이들 요건을 갖추지 못하게 되면 무효가 되거나 취소할 수 있다. 무효가 되는 법률행위나 의사표시에는 의사무능력자의 법률행위, 불가능한 법률행위, 강행규정에 위반하는 법률행위, 반사회질서의 법률행위, 불공정한 법률행위, 비진의표시(상대방이 표의자의 진의 아님을 알았거나 알 수 있었을 경우), 허위표시 등이 있고, 취소할 수 있는 법률행위나 의사표시에는 제한능력자의 행위, 착오에 의한 의사표시, 사기·강박에 의한 의사표시 등이 있다. 법률행위나 의사표시의 무효나 취소처럼 그 효력이 완전히 발생하지 않는 것으로는 조건이나 기한(제147조 내지 제154조), 해제나 해지(제543조 이하) 등이 있는데, 그중에서 무효와 취소에 대하여 제137조 내지 제146조에서 규정하고 있는 통칙에 관한 내용을 살펴보기로 한다.

	분　류	예
무효가 되는 경우	일반적 유효요건이 충족되지 않는 경우	내용의 불확정, 원시적 불능, 강행규정위반, 선량한 풍속위반
	표시에 대응하는 의사가 존재하지 않는 경우	의사무능력, 비진의표시(상대방이 표의자의 진의 아님을 알았거나 알 수 있었을 경우), 허위표시
	대리권이 없는 경우	무권대리행위는 유동적 무효(본인 또는 유권대리인에게 효력불발생)

취소할 수 있는 경우	제한능력자의 의사표시	미성년자, 피한정후견인(예외적인 경우), 피성년후견인
	표시에 대응하는 의사가 존재하지 않는 경우와 의사표시 과정에 하자	착오, 사기·강박

제1항 무효와 취소의 관계

1. 무효와 취소의 경합

무효의 효과는 처음부터 효력이 발생하지 않는 것이고 취소의 효과도 취소의 의사표시가 있으면 소급하여 효력이 없어지는 것이므로 그 결과는 동일하게 된다. 하나의 법률행위가 무효나 취소의 사유가 되는 경우(예: 미성년자가 어떤 법률행위를 할 때에 전혀 의사능력이 없는 경우)에 당사자는 각각 그 요건을 증명함으로써 무효를 주장하거나 또는 취소를 주장할 수 있는 자유가 인정된다. 그러므로 어떤 행위가 무효인 동시에 취소할 수 있는 것이라 하더라도 그것은 결코 모순이 아니라고 한다(곽윤직·김재형 382쪽). 판례가 무효와 취소의 경합을 긍정하는 경우도 있다. 예컨대, 허위표시로서 무효인 때에도 채권자취소권의 요건을 충족하는 경우(대판 1961. 11. 9, 4293민상263)와 토지거래허가를 받지 않아 유동적 무효 상태에 있는 거래계약에 관하여 사기 또는 강박에 의한 계약의 취소를 인정하는 경우(대판 1997. 11. 14, 97다36118), 또한 매도인이 매수인의 중도금지급채무불이행을 이유로 매매계약을 해제한 후에도 매수인은 계약해제에 따른 불이익을 면하기 위해 착오를 이유로 매매계약 전체를 취소하는 경우(대판 1991. 8. 27, 91다11308)가 그러하다.

> **유동적 무효계약에 관한 사기 또는 강박에 의한 계약취소주장(적극)**
>
> 대법원 1997. 11. 14. 선고 97다36118 판결
>
> 국토이용관리법상 규제구역 내에 속하는 토지거래에 관하여 관할 도지사로부터 거래허가를 받지 아니한 거래계약은 처음부터 위 허가를 배제하거나 잠탈하는 내용의 계약이 아닌 한 허가를 받기까지는 유동적 무효의 상태에 있고 거래 당사자는 거래허가를 받기 위하여 서로 협력할 의무가 있으나, 그 토지거래가 계약 당사자의 표시와 불일치한 의사(비진의표시, 허위표시 또는 착오) 또는 사기, 강박과 같은 하자 있는 의사에 의하여 이루어진 경우에는, 이들 사유에 의하여 그 거래의 무효 또는 취소를 주장할 수 있는 당사자는 그러한 거래허가를 신청하기 전 단계에서 이러한 사유를 주장하여 거래허가신청 협력에 대한 거절의사를 일방적으로 명백히 함으로써 그 계약을 확정적으로 무효화시키고 자신의 거래허가절차에 협력할 의무를 면할 수 있다.

2. 차이점

무효와 취소의 가장 근본적인 차이는 그 효력이 발생하는 데 있어서 특정인의 주장의 여부이다. 즉, 무효는 법률행위가 행위시부터 당연히 효력이 없는 것으로 특정인의 주장이 없더라도 처음부터 효력이 없는 것으로 다루게 된다. 그러나 취소는 법률행위의 효력이 유효하게 발생하고 그 후에 취소권자가 취소의 의사표시를 하게 되면 법률행위시에 소급하여 효력을 발생하게 되는 것이다.

무효는 처음부터 효력이 없는 것으로 다루어지지만 취소는 처음에는 유효한 법률행위로 다루어지고 있고, 무효는 시간의 경과에 따른 효력의 변동이 없지만 취소는 시간이 경과하게 되면 취소권이 소멸하여 확정적으로 유효한 것으로 되고, 취소의 의사표시를 하면 처음부터 효력이 없었던 것으로 된다.

제2항 무효와 취소의 인정기준

무효와 취소를 인정하는 기준에 대해서는 일원적으로 설명하는 견해(곽윤직·김재형 381쪽, 이은영 672쪽)와 구체적인 경우에 따라 다원적으로 설명하는 견해(김상용 663쪽, 이영준 686−687쪽)로 나뉜다.

일원적으로 설명하는 견해에 따르면 무효와 취소는 이를 나누는 논리적으로 일정한 구별표준이 있는 것이 아니라 입법정책적인 것이라고 한다. 그 대표적인 예로 착오에 의한 의사표시의 경우 구민법에서는 무효로 하였으나 현행 민법은 이를 취소할 수 있는 것으로 규정하고 있다는 것을 든다. 다원적으로 설명하는 견해에 따르면 무효가 되는 개별 법률행위에 대하여 각각의 기준을 들어서 무효와 취소의 인정기준을 설명한다. 그러나 무효와 취소에 구별기준에 대해서는 대체적으로 법질서 전체를 살펴보아 효력을 인정하는 것이 타당하지 않다고 판단되는 때에는 무효로 하고, 효력을 일방적으로 무효로 할 것이 아니라 당사자의 의사에 의하여 효력을 인정하지 않더라도 무방한 경우에는 취소할 수 있는 것으로 하는 것이 보통이다.

제3항 가치개념으로서의 무효·취소

민법총칙에서 법률행위나 의사표시가 무효 또는 취소로 되는 경우에는 그 법률행위나 의사표시의 효과가 발생하지 않는 것이다. 따라서 무효나 취소로 인하여 발생하게 되는 효과는 무효나 취소와는 별개의 문제이다. 특히 무효인 행위나 취소된 행위에 의하여 이미 현실적으로 어떤 결과가 발생하고 있는 때에는 효과가 발생하지 않는 것과 같은 결과를 얻기 위해서 언제나 부당이득반환의 법리를 따라야 하고, 또한 취소의 원인이 동시에 불법행위의 요건도 갖추게 되면(예: 사기·강박의 많은 경우가 그러하다) 손해배상의 효과가 발생하게 된다.

제2관 무 효

제1항 무효의 의의와 효과

1. 의 의

'무효'란 법률행위 성립과 동시에 그 효력이 발생하지 않는 것이 확정된 경우, 이를 법률행위의 무효라고 한다.

법률행위의 무효는 법률행위의 불성립과 구별되어야 한다. 법률행위의 무효는 일단 법률행위가 성립 후 효력을 발생하기 위한 효력요건이 갖추어지지 않아서 효력이 발생하지 않는 것을 말한다. 따라서 법률행위가 성립도 하지 않은 불성립의 경우에는 법률행위의 무효에 관한 규정을 적용할 여지가 없게 된다. 그리고 이론상 법률행위는 법률효과를 발생하기 위한 법률요건이기 때문에, 법률행위가 성립한 후 법률효과가 발생하지 않는 경우는 정지조건부 또는 기한부 법률행위를 제외하고는 없다. 그러므로 논리적으로 법률행위의 효과가 생기지 않는 법률행위는 더 이상 법률행위가 아니라고 할 수 있다. 의사표시 등 법률행위의 성립요건에 따라 법률행위의 성립 여부(법률행위의 성립 또는 불성립)가 결정되고, 법률행위가 성립하여야 법률효과(유효, 무효, 취소)의 문제가 발생하게 된다.

2. 효 과

(1) 무효의 일반적 효과

법률행위가 무효이면, 무효의 효과에 대해서 민법에 규정하고 있지는 않지만 그 법률행위의 내용에 따른 법률효과는 확정적으로 발생하지 않는다. 법률행위의 내용에 따른 법률효과가 발생하지 않는다는 것은 구체적으로 법원이 무효인 법률행위를 승인하여 재판하여서는 안 된다는 것이고, 당사자의 주장이 없더라도 직권으로 이를 조사하여 법률효과를 부인하여야 한다는 것이다. 또한 무효인 법률행위에 의거하여 청구권을 행사하거나 항변을 주장하는 것도 인정되지 않는다. 무효인 법률행위의 당사자에 있어서는 그 행위가 물권행위이면 물권의 변동이 발생하지 않고, 채권행위이면 채권이 발생하지 않는다.

(2) 무효의 소급효

무효인 법률행위는 처음부터 당연히 그 효력이 인정되지 않는다. 따라서 무효의 소급효가 발생한다. 그러나 조합이나 고용계약에서는 무효사유가 발생하게 되면 그러한 사유가 발생한 때부터 장래에 향하여 무효가 된다(이설 없음).

(3) 무효와 부당이득

무효의 법률행위에 의거하여 사실상 이행이 이미 이루어진 경우가 문제될 수 있는데, 이러한 경우에는 부당이득으로 보아 원상회복할 수 있도록 한다. 다만 불법원인급여인 경우에는 제한이 있다. 그리고 판례는 무효인 법률행위에 따른 법률효과를 침해하는 것처럼 보이는 위법행위나 채무불이행이 있다고 하여도 법률효과의 침해에 따른 손해는 없는 것이므로 그 손해배상을 청구할 수 없다고 한다(대판 2003. 3. 28, 2002다72125). 또한 부당이득의 반환범위는 선의의 수익자는 제748조제1항에 의거 현존이익에 대한 반환의무를 부담하게 되고, 제201조제1항에 의한 과실수취권적용이 가능하다는 것이 통설이다. 악의의 수익자는 제748조제2항에 의거 받은 이익과 그에 대한 이자와 손해배상책임도 지게 되며 제201조제2항에 의거 과실수취권이 발생하지 않는다.

(4) 무효와 제3자에 대한 관계

무효는 제3자에 대한 관계에서도 주장할 수 있는 것이 원칙이다. 따라서 무효인 물권행위 또는 채권행위에서 물권 또는 채권 그 밖의 권리를 양수한 자에게 무효를 주장할 수 있고, 무효인 법률행위를 이행할 필요가 없다. 이는 원칙적 무효의 효과이지만, 예외가 존재한다.

제2항 무효의 종류

1. 절대적 무효와 상대적 무효

'절대적 무효'란 누구에게도 주장할 수 있는 무효를 말한다. 그 예로 의사무능력자의 법률행위, 반사회질서의 법률행위의 무효가 있다. 절대적 무효라도 제3자는 다른 권리취득원인 예컨대 선의취득(제249조)에 의하여 보호될 수 있다. 그러나 무효행위의 당사자가 선의취득의 주체가 되지 못한다.

'상대적 무효'란 특정인에게는 주장할 수 없는 무효를 말한다. 즉, 비진의표시의 무효 또는 통정허위표시의 무효는 선의의 제3자에게 주장하지 못한다(제107조제2항, 제108조제2항). 이렇게 법률이 상대적 무효를 규정한 이유는 거래안전보호에 있다.

2. 당연무효와 재판상 무효

'당연무효'란 법률행위를 무효로 하는 데 특별한 행위가 필요하거나 절차를 필요로 하지 않는 것을 말한다. 민법상의 무효는 당연무효이다. 따라서 당사자가 그 무효를 주장하여야 하는 것은 아니고 법원은 직권으로 당연히 무효인 법률행위를 고려하여야 하며, 당사자는 무효의 원인사실을 입증하고 주장하기만 하면 된다.

'재판상 무효'란 법률행위의 무효를 주장하는 데 있어서 소의 방법을 통해서만 이루어지는 것을 말한다. 이는 회사설립의 무효(상법 제184조), 회사합병의 무효(상법 제236조) 등과 같이 제3자에게 크게 영향을 미치는 것에 관해 법률관계를 획일적으로 확정하고자 한 것이다. 재판상 무효에는 원고적격과 출소기한이 제한되어 있다. 그리고 재판상 무효는 무효라고 하지만, 그 효력은 취소의 경우와 유사하다.

3. 전부무효와 일부무효

'전부무효'란 법률행위의 모든 내용에 무효의 원인에 있어서 그 법률행위 전부를 무효로 하는 것을 의미한다.

'일부무효'란 법률행위의 내용의 일부에 무효의 원인이 있고, 그 무효부분이 없더라도 법률행위를 하였으리라고 인정되는 경우 나머지 법률행위는 유효하게 되는데 이를 일부무효의 법리라고 한다(제137조 단서). 그러나 법률행위의 내용의 일부에 무효의 원인이 있더라도 원칙적으로 그 전부를 무효로 한다(제137조 본문). 일부무효의 문제는 법률행위의 내용이 분할할 수 있는 경우에 한한다. 법률행위의 내용이 불가분한 경우에는 그 일부분이 무효일 때에도 일부무효의 문제가 발생하지 않는다. 법률행위의 내용을 분할할 수 있는 경우에는 제137조에 따라 그 전부가 무효 또는 일부만 무효로 될 때가 있다(대판 1994. 5. 24,93다58332)(일부무효에 대한 자세한 것은 아래에서 언급한다).

한편 일정한 일부무효의 경우에는 법률이 그 무효부분만을 무효로 한다는 것을 명백히 하고 있는 경우가 있다(제385조, 제591조제1항, 제651조제1항). 또한 약관규제에 관한 법률 제16조는 약관의 전부 또는 일부의 조항이 동법에 의하여 무효가 되더라도 원칙적으로 나머지 부분만으로 유효하게 존속한다고 규정하고 있어서, 제137조 일부무효의 법리와 반대로 규정하고 있다.

임차권양도의 무효가 경우 계약전부의 무효 여부

대법원 1994. 5. 24. 선고 93다58332 판결

매매의 대상에 장차 불하받게 되는 특정의 토지 외에 양도인이 경작하던 간척지에 대한 임차권이 포함되어 있는 것으로 인정된다고 하여도 임차권의 대상이 되는 토지는 불하되기 전의 간척중인 토지로서 이 토지에 대한 임차권의 양도만이 거

래허가의 대상이 되는 것이므로, 이에 대한 토지거래허가가 없었다고 하여 당연히 양도계약 전부가 무효로 된다고 할 수는 없는바, 법률행위의 내용이 불가분인 경우에는 그 일부분이 무효일 때에도 일부 무효의 문제는 생기지 아니하나, 분할이 가능한 경우에는 민법 제137조의 규정에 따라 그 전부가 무효로 될 때도 있고, 그 일부만 무효로 될 때도 있기 때문이다.

4. 확정적 무효와 유동적 무효

'확정적 무효'란 법률행위의 효력이 발생하지 않는 것이 확정적인 것을 의미한다. 따라서 추후에 추인을 하더라도 효력이 발생하지 않는다. '유동적 무효'란 일단 법률행위의 효과는 무효이지만 추후에 허가 또는 추인에 의해 소급하여 유효한 것으로 될 수 있는 것을 의미한다. 예컨대, 토지거래허가구역 내에서 행정관청의 허가를 얻어야함에 불구하고 허가 없는 매매는 효력이 없고, 후에 허가를 얻으면 소급적으로 유효하다. 그러나 허가를 얻지 않으면 확정적으로 무효가 된다(대판(전합) 1991. 12. 24, 90다12243). 더 나아가 허가를 받지 않은 상태에서 허가구역지정이 해제된 경우에는 토지거래허가제도의 목적달성에 특별한 지장이 없고 또한 사적자치를 존중하는 취지에서 더 이상 허가가 필요 없이 확정적으로 유효로 된다(대판 1999. 6. 17, 98다40459).

> **확정적 무효인 경우에 부당이득반환청구의 인정 여부**
> 대법원 1993. 7. 27. 선고 91다33766 판결
>
> 국토이용관리법상의 규제구역 내의 토지에 대하여 관할 도지사의 허가를 받기 전에 체결한 매매계약은 처음부터 위 허가를 배제하거나 잠탈하는 내용의 계약일 경우에는 확정적으로 무효로서 유효화 될 여지는 없으나 이와 달리 허가받을 것을 전제로 한 계약(허가를 배제하거나 잠탈하는 내용의 계약이 아닌 계약은 여기에 해당한다고 볼 것이다)일 경우에는 허가를 받을 때까지는 법률상의 미완성의 법률행위로서 소유권 등 권리의 이전에 관한 계약의 효력이 전혀 발생하지 않음은 위의 확정적 무효의 경우와 다를 바 없지만, 일단 허가를 받으면 그 계약은 소급하여 유효한 계약이 되고 이와 달리 불허가가 된 때에는 무효로 확정되므로 허가를 받기까지는 유동적 무효의 상태에 있다고 보아야 할 것이며, 이러한 유동적 무효상태에 있는 계약을 체결한 당사자는 쌍방 그 계약이 효력 있는 것으로 완성될 수 있도록 서로 협력할 의무가 있다고 할 것이므로, 위와 같이 허가를 배제하거나 잠탈하는 내용이 아닌 유동적 무효상태의 매매계약을 체결하고 매도인이 이에 기하여 임의로 지급한 계약금은 그 계약이 유동적 무효상태로 있는 한 이를 부당이득으로 반환을 구할 수는 없고 유동적 무효상태가 확정적으로 무효로 되었을 때 비로소 부당이득으로 그 반환을 구할 수 있다.

제3항 일부무효(제137조)

> **제137조 [법률행위의 일부무효]**
>
> 법률행위의 일부분이 무효인 때에는 그 전부를 무효로 한다. 그러나 그 무효부분이 없더라도 법률행위를 하였을 것이라고 인정될 때에는 나머지 부분은 무효가 되지 아니한다.

1. 의 의

'일부무효'란 법률행위의 일부분이 무효인 것으로 그 효과에 대해서는 경우에 따라 나뉘고 있다. 즉, 법률행위의 일부분이 무효인 경우 원칙적으로는 그 전부를 무효로 하지만, 그 무효부분이 없더라도 당사자가 법률행위를 하였을 것이라고 판단되는 경우에는 나머지 부분에 대하여 그 효력을 유효하게 하는 것을 의미한다.

2. 요 건

첫째, 일부무효가 성립하기 위해서는 당사자가 행한 무효인 법률행위와 일부가 무효로 된 법률행위가 일체성을 지니고 있어야 한다. 둘째, 무효부분이 없더라도 나머지 부분이 독립된 효력을 가질 수 있도록 무효 부분과 나머지 부분을 분할할 수 있는 가능성이 있어야 한다. 셋째, 당사자에게 그 무효부분이 없었더라도 법률행위를 하였을 것이라고 인정되는 당사자의 의사가 있어야 한다. 이때의 의사는 가정적 의사이므로 법률행위의 일부분이 무효임을 법률행위 당시에 알았다면 당사자 쌍방이 이에 대비하여 의욕하였을 것이 인정되는 의사를 의미하고, 실재하는 의사는 아니다(대판 2010. 3. 25, 2009다41465 등 다수). 전부의 유효를 주장하는 자에게 입증책임이 있다.

3. 적용범위

일부무효의 법리는 개별법규가 없는 경우에 일반적·보충적으로 적용할 수 있고, 임의규정이므로 일부유효의 약정은 허용되고 유효하다. 일부취소의 경우에도 일부무효의 법리가 유추적용되는 것이 통설과 판례의 경향이다.

4. 효 과

일부무효가 존재하면 원칙적으로 전부무효가 된다(제137조 본문). 그러나 이 규정은 임의규정이므로 당사자의 합의에 의해 배제할 수 있다. 또한 법률행위 일부무효 부분이 없더라도 법률행위를 하였을 것이라고 인정되면 나머지 부분은 유효로 존속하게 된다(제137조 단서).

　　그러나 일정한 일부 무효의 경우에는 법률이 그 무효 부분만을 무효로 한다는 특별규정도 있다(제385조, 제591조제1항, 약관의 규제에 관한 법률 제16조). 이 특별규정은 개별규정인 민법 제137조에 우선 적용한다. 약관규제에 관한 법률 제16조에는 약관조항이 동법에 의하여 무효가 되더라도 원칙적으로 나머지 부분으로 유효하게 존속한다고 하여, 민법 제137조와 정반대로 규정하고 있다. 생각건대, 민법 제137조의 일부무효의 법리는 약관규제에 관한 법률 제16조와 같이 개정하여 일부무효가 원칙이고, 예외적으로 전부무효를 인정하는 것이 사적자치의 원칙에도 부합할 것이다.

일부무효(제137조)

① 매매목적물
　　(토지): 주거지역 1000평＋자연녹지지역 2000평(토지거래하가지역)
② 자연녹지지역에 대하여 허가를 얻지 못하였음.
　　∴ 매매계약의 효력은?

사례　　A가 B의 토지를 매수하기 위하여 B와 매매계약을 체결하고 매매대금을 지급하였다. B의 토지는 주거지역 1000평과 자연녹지지역 2000평으로 구성되어 있다. 그리고 자연녹지지역은 토지거래허가대상지역이다. 그러나 2000평에 대하여 허가를 얻지 못하였다. 이 경우, 위 계약의 효력은?

해설　　먼저 2000평은 토지거래허가대상이므로 토지거래허가를 얻지 못한 경우, 그 거래는 무효이다. 따라서 위 매매계약 중 2000평에 대한 거래는 무효이다. 그렇다면 이러한 무효(일부무효)로 인하여 위 매매계약의 효력에 관하여 제137조(일부무효)가 적용될 것이다. 따라서 2000평을 제외하고 나머지 1000평에 유효하게 거래하였을 것인 경우라면 1000평에 대하여 유효한 거래로 인정(제137조 단서)될 것이지만, 그렇지 않다고 하면 매매계약 전부가 무효이다(제137조 본문). 위 사례의 경우 후자에 해당되어 매매계약 전부가 무효이다(대판 1993. 12. 14, 93다45930). 이 법리는 일부취소에도 적용된다(대판 2002. 9. 4, 2002다18435 참조).

제4항 무효행위의 전환(제138조)

> **제138조 [무효행위의 전환]**
>
> 무효인 법률행위가 다른 법률행위의 요건을 구비하고 당사자가 그 무효를 알았더라면 다른 법률행위를 하는 것을 의욕하였으리라고 인정될 때에는 다른 법률행위로서 효력을 가진다.

1. 의 의

'무효행위의 전환'이란 당사자가 행한 법률행위는 무효이지만, 그 법률행위가 다른 법률행위의 요건을 갖추고 있고 당사자가 행한 법률행위가 무효임을 알았더라면 유효가 되는 다른 법률행위를 하였으리라고 인정될 때에는 다른 법률행위로서 효력을 가지게 되는 것을 말한다. 예를 들면, 지상권설정계약으로서는 무효인 계약이 토지임대차계약으로서 유효한 경우, 방식의 흠결로 약속어음의 발행으로서는 무효이지만 당사자 사이에 준소비대차로 유효한 경우가 그러하다.

2. 요 건

무효행위의 전환이 인정되기 위해서는 첫째, 무효인 법률행위가 있어야 하고, 둘째, 그 행위가 다른 유효한 법률행위의 요건을 구비하고 있어야 한다. 유효로 되는 다른 법률행위가 불요식행위인 경우에는 자유로이 인정되지만, 요식행위인 경우에는 요식행위로 한 입법취지를 고려하여 판단하여야 할 것이다. 셋째, 당사자가 그 무효를 알았더라면 다른 법률행위를 할 것을 의욕하였을 것이 인정되어야 한다. 당사자가 행위시에 이미 무효를 알고 있었던 경우에는 전환이 불가능하지만 당사자의 일방만이 무효를 알고 있던 경우에는 전환이 가능하다. 전환의사의 판단시기는 행위의 시점이지 전환의 시점은 아니다.

한편 요식행위인 제1행위(무효인 법률행위)를 불요식행위인 제2행위로 전환은 문제가 없고, 불요식행위인 제1행위를 요식행위인 제2행위로 전환은 인정이 어렵고, 요식행위인 제1행위를 요식행위인 제2행위로 전환은 다소 문제가 존재한다. 요식행위인 제1행위를 요식행위인 제2행위로 전환 시 제2행위가 일정한 형식을 필요로 하는 경우라면 전환이 불인정되지만, 제2행위가 확정적 의사로서 서면형식을 요구하는 경우라면 인정할 수 있다. 예를 들면, 민법상 비밀증서에 의한 유언이 방식의 흠결이 있지만, 그 증서가 자필증서로 적합한 경우에 유언으로서 효력을 인정할 수 있고(제1071조 참조), 혼인외의 출생자를 혼인중의 친생자로 신고한 경우, 인지로서의 효력을 인정할 수 있으며(대판 1976. 10. 26, 76다2189 참조), 부가 혼인외의 자녀에 대하여 친생자출생의 신고를 한 경우, 인지로서의 효력을 인정(가족관계의 등록 등에 관한 법률 제57조)한다.

3. 적용범위

단독행위에 대하여도 무효행위의 전환을 적용할 수 있는지에 대해서는 이를 원칙적으로 부정하는 견해(곽윤직·김재형 389쪽)와 긍정하는 견해(이영준 720쪽)가 있다. 판례는 허위의 출생신고시의 입양의 효력을 인정하고 있고, 무효인 상속포기를 상속재산분할협의로 인정하고 있으며, 혼인외의 출생자를 혼인중의 출생자로 신고시 인지의 효력을 인정하는 등 긍정설의 태도를 취하고 있다. 사견으로는 제1071조(비밀증서에 의한 유언의 전환), 제530조(연착한 승낙), 제534조(변경을 가한 승낙)에서 단독행위의 전환을 규정하고 있고, 판례 또한 인정하고 있는 입장에서 단독행위의 전환을 부정하는 이유는 빈약하다고 본다.

무효행위의 전환도 임의규정이므로 전환약관은 유효하고, 전환을 인정하지 않는 약정도 유효하다.

4. 효 과

무효행위의 전환은 일단 성립한 무효인 법률행위가 유효로 되는 것이 아니라, '다른' 법률행위로서 효력을 발생하게 되는 것이다.

5. 제137조와의 관계

제137조의 일부무효의 법리가 양적 일부무효라면, 제138조의 무효행위의 전환은 질적 일부무효이다.

무효행위의 전환(제138조)

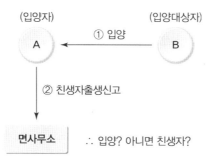

사례 A는 타인의 자식인 B를 입양하면서, 자신의 친자식처럼 입양이 아닌 친생자출생신고를 하

였다. 이 경우, 친생자, 입양 중 어느 효력이 발생하는가?

> **해설** A는 입양자 B를 입양할 의사를 가지고 단지 형식적으로 친생자출생신고를 한 것이다. 따라서 입양의 실질적 서류를 구비하고 있다면, 친생자가 아닌 입양의 효력이 발생한다(대판 2001. 5. 24, 2000 므1423 참조).

제5항 무효행위의 추인(제139조)

> **제139조 [무효행위의 추인]**
> 무효인 법률행위는 추인하여도 그 효력이 생기지 아니한다. 그러나 당사자가 그 무효임을 알고 추인한 때에는 새로운 법률행위로 본다.

1. 의 의

무효인 법률행위는 확정적으로 무효이기 때문에 추후에 추인하더라도 그 효력이 생기지 않는다. 즉, 법률에 의하여 무효라는 평가를 받고 있는 행위는 당사자의 의사에 의하여 처음부터 유효였던 것으로 하지 못한다는 것이다. 그러나 당사자가 그 무효임을 알고 추인을 하게 되면 새로운 법률행위로 본다(제139조). 이는 당사자의 의사에 의하여 비소급적 추인을 인정한 것이다.

법률행위를 무효로 하는 이유는 공익을 유지 또는 당사자의 한 쪽을 보호하기 위함이다. 그러나 후자의 경우처럼 당사자의 한 쪽을 보호하고자 그 법률행위를 무효로 하였다면 제3자의 이익을 해치지 않는 한도에서 추인을 인정하는 것도 상관없을 것이다. 제139조 단서에 따르면 당사자가 그 무효임을 알고 추인한 때에는 새로운 법률행위로 본다고 규정하고 있으므로 당사자가 동일한 법률행위를 반복하지 않더라도 편의상 새로운 행위를 한 것으로 보려는 것이다. 한편 공익을 보호하고자 무효로 한 법률행위(예: 강행법규의 위반, 반사회질서의 행위, 불공정한 행위)라면 추인을 하더라도 새로운 법률행위로 유효하지 않을 것이다.

2. 비소급적 추인(제139조 단서)의 요건

첫째, 무효인 법률행위가 객관적으로 무효원인이 없어야 한다. 즉, 법률행위가 원시적 불능이거나, 사회질서에 반하거나(대판 1973. 5. 22, 72다2249), 폭리행위(대판 1994. 6. 24, 94다10900)에 의한 무효인 경우와 같이 무효원인이 존재하는 때에는 추인으로 유효하게 할 수 없다. 따라서 당사자의 의사표시만으로 유효한 것으로 할 수 있는 것, 즉 비진의표시로서 무효인 경우나 허위표시의 경우에는 추인에 의해 유효한 것으로 할 수 있다. 의사무능력의 경우에도 의사능력을 회복한 후에 또는 착오·사기·강박을 이유로 취소한 후에도 추인할 수 있을 것이다. 둘째, 당사자가 무효임을 알고 추인하여야 한다. 무효임을 의심하면서 하는 추인도 유효하다고 할 것이다. 셋째, 무효의 추인은 새로운 법률행위와 동일한 요건을 갖추어야 한다. 즉, 추인으로 새로운 행위로 보는 법률행위가 요식행위라고 한다면 일정한 요식을 갖추어야 하며, 추인하려고 하는 무효행위가 계약인 경우에는 추인은 쌍방의 합의로 하여야 한다. 그리고 추인의 방식은 명시적이든 묵시적이든 상관없다.

3. 효 과

비소급적 추인의 경우, 무효인 법률행위가 유효로 되는 것이 아니라 '새로운 의사표시'에 의하여 '새로운', '다른' 법률행위로 성립하게 되고 추인 시부터 유효하게 된다. 예를 들면, 가장매매의 당사자가 추인하면 그때부터 유효한 매매가 된다. 그러나 판례에 따르면, 혼인·입양 등의 신분행위가 무효인 경우, 그 신고가 부적법하다는 이유로 이미 형성되어 있는 신분관계의 효력을 부인하는 것은 당사자의 의사에 반하고 그 이익을 해칠 뿐만 아니라 그 실질적 신분관계의 외형과 호적의 기재를 믿은 제3자의 이익도 침해할 우려가 있다는 이유로 추인의 소급효를 인정하고 있다(대판 2009. 10. 29, 2009다4862).

> ### 무효인 친생자 출생신고가 소급적으로 입양신고의 효력을 갖음
> ##### 대법원 2009. 10. 29. 선고 2009다4862 판결
> 당사자가 입양의 의사로 친생자 출생신고를 하고 거기에 입양의 실질적 요건이 구비되어 있다면 입양의 효력이 발생하고, 이 경우 허위의 친생자 출생신고는 법률상의 친자관계인 양친자관계를 공시하는 입양신고의 기능을 하게 되는 것이며, 또한 친생자 출생신고 당시에는 입양의 실질적 요건을 갖추지 못하였더라도 그 후에 입양의 실질적 요건을 갖추게 된 경우에는 무효인 친생자 출생신고는 소급적으로 입양신고로서의 효력을 갖게 된다.

4. 약정에 의한 소급적 추인

위와 같이 민법은 비소급적인 추인만 인정하지만, 당사자의 약정에 의하여 소급적 추인이 가능하다. 따라서 소급적 추인의 경우, 채권적 소급적 추인은 '당사자간의 관계'에서만 소급하여 행위시부터 유효한 것으로 하는 추인으로, 이를 인정하는 명문의 규정은 없지만 이를 인정하더라도 무방할 것이다. 물권적 소급적 추인은 무효인 처분행위에 대한 권리자의 추인과 같이 '당사자간의 관계'에서 당연히 추인의 소급효를 인

정하지만 '제3자에 대한 관계'에서는 원칙적으로 추인의 소급효를 인정하되, 추인의 소급효로 제3자의 권리를 해하지 못할 것이다(제135조 단서 참조).

한편 권리자만이 자기의 권리에 대한 처분권을 갖기 때문에, 처분행위가 유효하기 위해서는 처분행위자에게 처분의 권한 내지 처분권이 있어야 한다. 따라서 무권리자의 처분행위는 무효이다. 이처럼 권리자만이 자기의 권리에 대한 처분권을 갖는 것이 원칙이지만, 부양청구권처분의 금지(제979조)와 같이 권리자이더라도 처분이 금지되어 처분권한이 없는 경우가 있고, 부재자재산관리인, 후견인 등과 같이 법률의 규정에 의하여 권리자 이외의 자에게 처분권이 인정되는 때도 있다. 따라서 처분권이 있는 권리자나 법률에 의하여 처분권한이 인정되는 자는 그의 처분권한을 다른 사람에게 줄 수도 있다. 그러므로 권리자 또는 처분권한이 있는 자는 미리 동의를 한 때에는 무권리자의 처분행위는 유효하다. 이러한 사전 동의가 없는 경우에는 사후 동의 즉, 추인을 통해서 유효하게 할 수 있다. 추인에 의한 유효는 소급하여 효력이 있다 할 것이다. 판례도 이러한 경우에는 소급하여 유효하게 된다고 한다(대판 1992. 9. 8, 92다15550). 예를 들면, 갑의 소유물을 을이 자기의 이름으로 처분한 경우, 갑이 이를 추인하면 을의 처분행위는 그 행위를 한 때부터 소급하여 유효하다(만약 을이 갑의 무권대리인으로서 처분행위를 한 경우, 본인인 갑이 그 무권대리행위를 추인하면 처음부터 유권대리이었던 것과 같은 효력이 있다).

무효행위의 비소급적 추인　　　대법원 1983. 9. 27. 선고 83므22 판결

무효행위의 추인이라 함은 법률행위로서의 효과가 확정적으로 발생하지 않는 무효행위를 뒤에 유효케 하는 의사표시를 말하는 것으로 무효인 행위를 사후에 유효로 하는 것이 아니라 새로운 의사표시에 의하여 새로운 행위가 있는 것으로 그때부터 유효케 되는 것이므로 원칙적으로 소급효가 인정되지 않는 것이다.

무효행위의 추인(제139조)

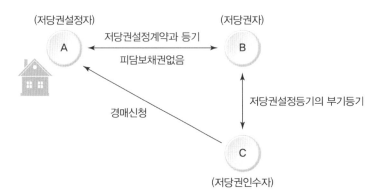

사례 A는 B와 근저당설정계약을 체결하고 B의 이름으로 근저당설정등기를 하였다. 그리고 어느 정도 기간이 경과된 후 B의 저당권은 C에게 이전되어 C의 이름으로 근저당권이전의 부기등기가 이루어졌다. 그리고 이 부기등기에 터잡아 해당 건물이 경매신청되었다.
이에 A는 B에 대한 피담보채권이 없다고 하여 B의 근저당설정등기는 무효라고 주장하고 경매신청 취하를 C에게 주장하였다.
근저당권설정등기를 유효한가? 또 무효등기의 추인이 인정되는가?

해설 A와 B 사이에는 근저당설정계약에 의하여 B를 근저당권자로 하여 근저당설정등기를 하였다. 그러나 B를 채권자로 하는 피담보채권이 존재하지 않음으로 해당 근저당권설정등기는 효력이 없다. 그렇다면 C의 경매신청시까지 근저당권등기에 이의를 제기하지 않은 것은 무효등기의 추인인가? 무효등기의 추인의 요건이 성립하기 위해서는 무효등기의 유용에 대한 합의 내지 추인은 묵시적으로도 이루어질 수 있으나, 위와 같은 묵시적 합의 내지 추인을 인정하려면 무효등기 사실을 알면서 장기간 이의를 제기하지 아니하고 방치한 것만으로는 부족하고 그 등기가 무효임을 알면서도 유효함을 전제로 기대되는 행위를 하거나 용태를 보이는 등 무효등기를 유용할 의사에서 비롯되어 장기간 방치된 것이라고 볼 수 있는 특별한 사정이 있어야 한다(대판 1991. 3. 27, 90다17552 판결 등 참조).
따라서 위 사례의 경우 피담보채권이 존재하는 입증 또는 주장이 없어서 해당 근저당권설정등기는 무효일 뿐만 아니라 위와 같이 무효등기의 추인도 인정되지 않으므로 경매신청은 효력이 없다.

제6항 무권리자에 의한 처분행위의 추인

1. 의 의

처분행위가 유효하기 위해서는 처분권자가 처분권한 또는 처분권이 있어야 유효하며, 처분권 없는 자의 처분행위는 무효이다. 그러나 권리자이더라도 처분이 금지되어 처분권한이 없는 경우(예: 부양청구권의 처분금지, 제979조)가 있거나 법률규정에 의하여 권리자 이외의 자에게 처분권이 인정되는 경우가 있다. 따라서 처분권이 있거나 처분권한이 있는 자(예: 부재자재산권리인, 후견인, 유언집행자, 상속재산관리인, 파산관재인, 관리인 등)는 그의 처분권한을 타인에게 양도할 수 있고, 이를 '처분수권(處分授權)'이라고 한다. 그러므로 이러한 자로부터 미리 동의를 얻어 행한 무권리자의 처분행위는 당연히 유효하다. 그러나 사전에 동의 없이 행한 처분행위는 사후에 동의 즉, 추인에 관하여는 민법에 일반적 규정이 없다. 이 문제에 관하여 학설과 판례에 맡겨져 있다.

2. 효 과

(1) 학 설

다음과 같이 학설은 나뉘고 있다. 첫째, 무효행위의 추인의 소급효를 인정하는 견해 즉, 무권리자의 처분이 마치 처분을 할 때부터 처분권한이 있는 것과 같은 효력이 있다는 견해(곽윤직·김재형 387쪽), 둘째, 무권대리의 추인의 법리를 준용하는 견해(김용한 367쪽), 셋째, 무권대리행위나 무권리자의 처분행위는 법률행위로서의 유효요건을 갖추었지만 그 효과의 귀속요건이 결여되어 있는 데 지나지 않으므로 본인 또는 권리자가 그 행위의 효과를 받으려는 의사표시 즉, 추완을 통해 불확정 내지 유동적 무효인 행위의 효과를 유효하게 귀속받을 수 있는 것으로 구성하여야 한다는 견해(고상룡 613쪽), 넷째, 무권리자에 의한 처분의 추인은 법률행위의 당사자가 아닌 권리자가 추인하는 점에서 민법에서 예정된 추인과 그 성질을 달리하고 따라서 법률의 흠결이 있는 것인데, 기본적으로 독일민법의 규정대로 인정하자는 견해(양창수, 민법연구 제2권, 40쪽)가 있다.

(2) 판 례

판례는 무권리자에 의한 처분행위의 추인에 소급효를 인정하면서 그 근거에 대하여 첫째, 처분행위의 효력이 본인에게 미치는 것임은 무권대리의 추인의 경우에 준한다고 하거나 그 경우와 같이 취급되어야 한다는 판례(대판 1981. 1. 13, 79다2151), 특별한 사정이 없는 한 처분행위의 효력이 본인에 미친다고 한 판례(대판 1992. 9. 8, 92다15550) 셋째, 특별한 사정이 없는 한 권리자 본인에게 무권리자의 처분행위의 효력이 발생하고 추인의 의사표시는 무권대리인이나 상대방 어느 쪽에 하여도 무방하다는 판례(대판 2001. 11. 9, 2001다44291) 등이 있다.

제3관 취   소

제1항 취소(Anfechtung)의 의의

1. 협의의 취소

'협의의 취소'란 취소권을 행사할 수 있는 특정한 자에 의하여 일단 유효하게 성립한 법률행위의 효력을 추후에 소급하여 소멸하게 하는 의사표시를 말한다. 그러나 추인(취소권의 포기)이 있거나(제143조), 법정추인으로 인정되거나(제145조), 취소권이 존속기간의 경과로 소멸하면(제146조) 취소권은 소멸되게 되고 그 법률행위는 처음부터 유효한 것으로 확정된다.

한편 모든 유효한 법률행위를 취소할 수 있는 것은 아니고, 제한능력자에 의한 법률행위나 착오나 사기·강박에 의한 의사표시를 한 경우에 취소할 수 있게 된다. 이러한 법률행위를 '취소할 수 있는 법률행위'라고 한다. 협의의 취소는 제140조 이하에서 그 내용을 규정하고 있으며 취소할 수 있는 법률행위에만 적용된다.

2. 광의의 취소

'광의의 취소'란 제140조 이하의 규정이 적용되지 않는 것을 의미한다. 이러한 광의의 취소에는 세 가지가 있다. 첫째, 재판 또는 행정처분의 취소 등과 같이 공법상의 취소가 있는데, 실종선고의 취소(제29조), 부재자재산관리에 관한 명령의 취소(제22조제2항), 법인설립허가의 취소(제38조) 등이 그 예이다. 둘째, 취소할 수 있는 법률행위(예: 착오나 사기·강박에 의한 법률행위)가 아닌 완전한 법률행위에 대한 취소이다. 영업허락의 취소(제9조제2항), 사해행위의 취소(제406조), 부담부 유증의 취소(제111조) 등이 그 예이다. 마지막으로 가족법상의 법률행위에 대한 취소이다. 혼인의 취소(제816조), 이혼의 취소(제838조), 친생자승인의 취소(제854조), 입양의 취소(제884조), 인지의 취소(제861조), 부양관계의 취소(제978조) 등이 그것이다.

3. 취소와 구별되는 개념

(1) 철 회

'철회(Widerruf)'란 의사표시는 하였으나 아직 효력이 발생하지 않은 경우, 그 효과를 계속하여 앞으로도 발생하지 않도록 표의자가 일방적으로 하는 의사표시이다(제7조, 제16조, 제134조, 제1108조, 제1110조). 취소는 일단 유효하게 효력이 발생하고 있는 법률행위에 대하여 취소라는 일방적 의사표시에 의하여 소급하여 효력을 소멸시킨다는 점에서 구별된다. 따라서 일단 효력이 발생하고 있는 법률행위에 대해서는 철회의 의사표시는 허용되지 않는다.

(2) 해 제

'해제(Rücktritt)'란 일단 유효하게 성립한 법률행위에 대하여 일방적인 의사표시로 소급하여 효력을 소멸시키는 것이다. 일단 유효하게 성립한 법률행위를 소급하여 소멸시킨다는 면에서 취소와 동일하다. 그러나 해제는 계약에 한해서만 인정되고 법률규정에 의한 채무불이행 기타 사유 등 또는 당사자의 해제권약정을 원인으로 하지만, 취소는 법률행위 일반에 인정되고 무능력, 착오, 사기·강박을 원인으로 하는 점에서 차이가 있다.

제2항 취소권자(제140조)

> **제140조 [법률행위의 취소권자]**
>
> 취소할 수 있는 법률행위는 제한능력자, 착오로 인하거나 사기·강박에 의하여 의사표시를 한 자, 그 대리인 또는 승계인만이 취소할 수 있다.

1. 취소권

'취소권'이란 취소할 수 있는 지위를 의미한다. 취소할 수 있는 자는 취소할 수 있는 법률행위에 대하여 상대방에게 일방적으로 취소의 의사표시를 하게 되면 소급하여 효력을 소멸시키는 지위에 있게 되기 때문에 하나의 '권리'라고 할 수 있다. '취소권'은 취소할 수 있는 자의 일방적 의사표시에 의하여 효력이 발생하므로 그 성격은 형성권이라 할 수 있다.

2. 취소권자

(1) 제한능력자

제한능력자는 그가 행한 취소할 수 있는 행위를 법정대리인의 동의 없이 단독으로 취소할 수 있다. 따라서 제한능력자가 한 취소의 의사표시에 대하여 법정대리인의 동의가 없음을 이유로 다시 취소하지 못한다(곽윤직·김재형 382쪽, 김상용 682쪽). 이러한 측면에서 본다면 제한능력자의 취소는 제한능력자의 법률행위의 효력에 관한 일반원칙의 예외이고, 제140조가 대리인을 취소권자로 규정한 것에 비추더라도 이러한 해석은 타당할 것이다.

(2) 착오, 사기·강박에 의하여 의사표시를 한 자

착오, 사기·강박에 의한 의사표시를 한 자는 취소할 수 있는 법률행위에 대하여 취소권을 가진다. 민법 개정(2011년 개정) 이전에는 '하자 있는 의사표시를 한 자'에 착오에 의한 의사표시를 한 자를 포함시켜서 해석하였지만, 민법 개정 이후에는 착오에 의한 의사표시를 제140조에 규정함으로써 지금까지의 해석에 대한 문제를 해결하였다.

(3) 대리인

대리인 중에서도 위에서 설명한 제한능력자와 착오, 사기·강박에 의한 의사표시를 한 자의 임의대리인과 법정대리인은 취소할 수 있는 법률행위의 대리인이 된다.

다만, 임의대리인이 행한 대리행위에 취소원인이 있는 경우에, 그 취소권은 본인에게 속하므로, 임의대리인이 취소하려면 다시 본인으로부터 그에 관하여 대리권을 수여받아야 한다(통설). 그리고 제한능력자의 법정대리인은 제한능력자의 취소권을 행사하는 것이 아니라 자신의 고유의 취소권을 행사하는 것으로, 제한능력자가 제한능력자로 있는 동안에만 취소권이 있다. 왜냐하면 제한능력자가 행위능력을 회복하면, 더 이상 제한능력자의 법정대리인이 아니기 때문이다.

(4) 승계인

승계인 즉, 제한능력자나 착오, 사기·강박에 의한 의사표시를 한 자로부터 취소권을 승계한 자도 취소권을 갖게 된다. 포괄승계인과 특정승계인 모두 취소권자의 승계인이 된다는 데 이설이 없다.

1) 포괄승계인

포괄승계인에는 상속인이나 회사의 합병에 의한 포괄승계인이 있고 이들은 모두 취소권을 가진다.

2) 특정승계인

특정승계인은 취소권자가 된다(학설 일치). 이 경우 특정승계인이 취소권을 가지는 것은 취소권만을 승계한 것이 아니라 취소할 수 있는 행위에 의하여 취득한 권리를 승계한 것이다. 즉, 취소권만의 승계는 인정되지 않으며, 취소할 수 있는 행위에 의하여 취득한 권리의 승계가 있는 경우(예: 토지소유자가 사기를 당하여 지상권을 설정한 후에 그 토지를 양도한 경우에는 그 토지의 양수인은 승계인으로서 지상권설정행위를 취소할 수 있음)에만 특별승계인은 취소권자가 된다(다수설). 왜냐하면 취소권은 취소에 의하여 보호하려는 법률상의 지위를 떠나서 독립하여 존재할 수가 없기 때문이다.

제3항 취소의 방법

1. 취소권자 단독의 의사표시에 의한 취소

취소권은 그 성질이 형성권이므로 취소권자의 단독의 의사표시에 의한다. 따라서 취소가 인정되기 위해서는 취소의 의사표시가 존재하여야 한다. 판례에 따르면, "강박에 의한 증여의 의사표시를 하였다는 내용 없이 잘못된 수사를 바로잡아달라는 진정서와 탄원서를 관련 상부기관에 보낸 것만으로는 증여의 의사표시가 적법하게 취소된 것으로 보기 어렵다(대판 2002. 9. 24, 2002다11847)"고 판시하여 취소의 효력이 발생하기 위해서는 취소의 의사표시가 존재하여야 한다고 한다.

그리고 취소의 의사표시는 일정한 형식을 요하지도 않고, 명시적으로 할 필요도 없으며, 재판상 행사 또는 소를 제기하는 방법으로 행사하여야 하는 것도 아니다. 따라서 의사표시의 해석에 의하여 취소라고 할 수 있을 만한 행위가 있으면 된다. 예컨대 등기의 말소청구, 증서의 반환청구, 손해배상의 청구 등과 같이 취소의 효과를 주장하는 경우에는 묵시적인 취소의 의사표시가 있는 것으로 인정될 수 있다. 또한 법률행위의 취소를 당연한 전제로 하는 소송상 이행행위나 이행거절권에는 취소의 의사표시가 포함되어 있다고 본다(대판 1993. 9. 14, 93다13162).

또한 취소의 상대방이 확정되어 있는 경우에 그 취소는 상대방에 대한 의사표시에 의한다(제142조). 따라서 그 법률행위에 의하여 취득된 권리가 이전된 경우에도 원래의 상대방에게 취소를 해야 하고, 전득자에게 취소를 할 것은 아니다. 그러나 상대방이 확정되어 있지 않은 경우에는 취소는 특정인에 대하여 할 필요 없이 취소의 의사를 적당한 방법으로 외부에 객관화하면 될 것이다. 그러나 실제로는 곤란한 경우가 많을 것이다(곽윤직·김재형 393쪽).

한편 계약의 당사자가 각각 계약을 취소하는 의사표시를 하였더라도 취소사유가 없는 경우에는 계약의 당사자가 합의하여 취소하는 의사표시를 하였다는 사정만으로는 취소의 효력이 발생하지 않는다(대판 1994. 7. 29, 93다58431 참조).

취소사유 없는 쌍방의 합의 취소하는 경우(소극)

대법원 1994. 7. 29. 선고 93다58431 판결

갑·을 사이에 결손금배상채무의 액수를 확정하는 합의가 있은 후 갑은 합의가 강박에 의하여 이루어졌다는 이유를 들어, 을은 착오에 의하여 합의를 하였다는 이유를 들어 각기 위 합의를 취소하는 의사표시를 하였으나, 위 합의에 각각 주장하는 바와 같은 취소사유가 있다고 인정되지 아니하는 이상, 갑·을 쌍방이 모두 위 합의를 취소하는 의사표시를 하였다는 사정만으로는, 위 합의가 취소되어 그 효력이 상실되는 것은 아니다.

---

2. 일부취소의 인정 여부

일부취소를 인정하여야 하는가 하는 문제는 일부무효에 대해서는 제137조에 규정을 두고 있으나 일부취소에 대해서는 그러한 규정이 없는데서 발생하게 된다. 이에 대해서 비록 규정은 없지만 인정하더라도 부당한 결과를 발생하지는 않으므로 인정하는 것이 타당할 것이다. 하나의 법률행위의 일부분에 취소사유가 있는 경우, 가분성이 있거나 또는 그 목적물의 일부가 특정할 수 있다면 그 일부만을 취소할 수 있다(대판 1999. 3. 26, 98다56607).

일부취소의 인정 여부　　　　　　대법원 1999. 3. 26. 선고 98다56607 판결

　하나의 법률행위의 일부분에만 취소사유가 있는 경우에 그 법률행위가 가분적이 거나 그 목적물의 일부가 특정될 수 있다면, 그 나머지 부분이라도 이를 유지하려 는 당사자의 가정적 의사가 인정되는 경우 그 일부만의 취소도 가능하고, 또 그 일 부의 취소는 법률행위의 일부에 관하여 효력이 생긴다고 할 것이나, 이는 어디까지 나 어떤 목적 혹은 목적물에 대한 법률행위가 존재함을 전제로 한다.

3. 취소사유의 제시 여부

　취소권자가 취소할 수 있는 법률행위에 대하여 취소의 의사표시를 하는 경우 취소 의 사유를 반드시 제시하여야 하는가 하는 문제인데, 반드시 그렇게 할 필요는 없고, 상대방이 이를 인식할 가능성이 있는 것만으로 족할 것이다(지원림 373쪽). 판례도 불 필요하다는 입장을 보인다(대판 2005. 5. 27, 2004다43824). 따라서 취소사유의 제시가 없다는 이유만으로 취소의 효력에 영향을 주지 않는다고 볼 것이다. 그리고 이 경우 에 법원은 해석에 의하여 취소사유를 탐색해야 할 것이다(송덕수 455쪽).

4. 2개 이상의 취소권이 경합하는 경우

　동일한 법률관계에 관하여 2개 이상의 취소권이 경합하게 되는 경우 이를 긍정할 것인가 하는 문제로, 이러한 경우에도 무효와 취소의 경합과 동일하게 이를 긍정하여 야 한다는 견해가 있다(민법주해(Ⅲ) 305쪽, 김상용 684쪽). 따라서 사기에 의하여 법률 행위의 내용의 중요부분에 관하여 착오에 빠지게 되면 표의자는 사기를 이유로 취소 를 주장할 수도, 착오를 이유로 취소를 주장할 수도 있게 된다. 또한 취소권의 경합 중 양 당사자에게 각각 하나 또는 둘 이상의 취소권을 가지고 있는 경우에는 양 당사 자 중 어느 일방의 취소권의 행사로 취소권의 효력이 발생하기 때문에 동일한 취소권 의 효력이 발생하는 다른 일방의 취소권의 행사가 불필요할 것이다. 그러나 취소권의 효력이 다를 경우에는 즉, 제한능력자와 거래한 상대방이 착오에 의한 의사표시를 한 경우에는 상대방이 착오의 의사표시를 이유로 취소권을 행사하여도, 제한능력자 측에 서도 취소권을 행사할 수 있다고 해석된다. 왜냐하면 취소권의 효력이 다르기 때문이 다(착오에 의한 의사표시로 취소권행사 시 선의의 제3자에게 대항하지 못하지만, 제한능력을 이유로 취소권행사 시 선의의 제3자에게도 대항할 수 있기 때문).

취소의 의사표시는 명시적일 필요없음　　대법원 2005. 5. 27. 선고 2004다43824 판결

　취소의 의사표시란 반드시 명시적이어야 하는 것은 아니고, 취소자가 그 착오를 이유로 자신의 법률행위의 효력을 처음부터 배제하려고 한다는 의사가 드러나면 족

> 한 것이며, 취소원인의 진술 없이도 취소의 의사표시는 유효한 것이므로, 신원보증
> 서류에 서명날인하는 것으로 잘못 알고 이행보증보험약정서를 읽어보지 않은 채 서
> 명날인한 것일 뿐 연대보증약정을 한 사실이 없다는 주장은 위 연대보증약정을 착
> 오를 이유로 취소한다는 취지로 볼 수 있다고 한 사례.

제4항 취소의 효과(제141조)

제141조 [취소의 효과]

   취소된 법률행위는 처음부터 무효인 것으로 본다. 다만, 제한능력자는 그 행위로 인
하여 받은 이익이 현존하는 한도에서 상환할 책임이 있다.

1. 소급적 무효

   취소할 수 있는 법률행위에 대하여 취소권자가 취소의 의사표시를 한 경우 일단
발생한 효과는 소급하여 효력이 소멸한다. 이를 '취소의 소급효'라고 한다. 소급적으로
무효가 되는 경우라 하더라도 그 취소 원인에 따라 그 효력이 절대적인 것과 상대적
인 것으로 나뉘게 된다. 즉, 제한능력자에 의해 취소된 법률행위의 효과는 절대적이어
서 제3자에게 효력이 미치지만, 착오나 사기·강박에 의한 법률행위를 취소하는 경우
에는 상대적이어서 선의의 제3자에게 대항하지 못한다. 후자의 경우 거래안전을 더욱
중시하기 때문이다.

2. 부당이득반환

   취소된 법률행위는 처음부터 아무런 효력이 발생하지 않은 것으로 되기 때문에 이
행이 없었다면 더 이상 채무를 이행할 필요가 없어서 문제가 될 것이 없지만, 취소의
의사표시가 있기 이전에 이행을 한 경우에는 원상회복할 의무가 발생하게 된다. 이
때 원상회복은 제548조의 원상회복의무가 아니라 부당이득반환의무로 이해된다. 이는
취소에 의해 법률행위가 소급적으로 소멸하는 경우 이를 해결하는 일반적 규정이 없
기 때문이다. 따라서 부당이득의 일반원리에 따라 해결할 수 있는 것으로 해석된다.
   그러나 제한능력자가 취소할 수 있는 법률행위를 취소한 경우 이미 이행한 것이
있다면 반환범위에 대하여 제한능력자를 보호하기 위한 특칙을 두고 있는데, "현존이
득반환"이 그것이다. 따라서 제한능력자는 그의 행위에 의하여 '받은 이익이 현존하는
한도'에서 반환할 책임이 있다. '받은 이익이 현존하는 한도'라는 것은 취소되는 행위
에 의하여 사실상 얻은 이득이 그대로 있거나 또는 그것이 형태를 바꾸어서 남아 있

다고 한다면, 그것만을 반환하면 된다. 일단은 취득한 이득은 현존하는 것으로 추정되지만(대판 2005. 4. 15, 2003다60297·60303·60310·60327 참조) 제한능력자 쪽에서 현존하는 이익이 없음을 입증하게 되면 반환하지 않아도 된다. 아울러 제141조 단서규정은 의사무능력자에게도 유추적용된다. 즉, 의사무능력자가 자신이 소유하는 부동산에 근저당권을 설정해 주고 금융기관으로부터 금원을 대출받아 이를 제3자에게 대여한 사안에서, 금융기관은 대출거래약정 등의 무효에 따른 원상회복으로서 위 대출금 자체의 반환을 구할 수 없더라도 현존이익인 위 채권의 양도를 구할 수 있다(대판 2009. 1. 15, 2008다58367).

한편 이러한 제한능력자의 특별취급은 제한능력을 이유로 취소한 경우에만 인정될 것이다. 따라서 제한능력자가 법정대리인의 동의를 얻어 법률행위를 하면서 상대방으로부터 사기를 당하여 취소한 때에는 제141조 단서(현존이익 한도반환)가 적용되지 않는다. 하지만 제한능력자가 법정대리인의 동의 없이 상대방에게 속아서 계약을 체결한 경우에 그가 사기를 이유로 취소한 후에 제141조 단서를 적용하기 위해서는 다시 제한능력을 이유로 취소할 수 있다고 할 것이다(지원림 376쪽, 송덕수 459쪽).

미성년자 법률행위의 취소 시 현존이익반환

대법원 2005. 4. 15. 선고 2003다60297,60303,60310,60327 판결

미성년자가 신용카드발행인과 사이에 신용카드 이용계약을 체결하여 신용카드거래를 하다가 신용카드 이용계약을 취소하는 경우 미성년자는 그 행위로 인하여 받은 이익이 현존하는 한도에서 상환할 책임이 있는바, 신용카드 이용계약이 취소됨에도 불구하고 신용카드회원과 해당 가맹점 사이에 체결된 개별적인 매매계약은 특별한 사정이 없는 한 신용카드 이용계약취소와 무관하게 유효하게 존속한다 할 것이고, 신용카드발행인이 가맹점들에 대하여 그 신용카드사용대금을 지급한 것은 신용카드 이용계약과는 별개로 신용카드발행인과 가맹점 사이에 체결된 가맹점 계약에 따른 것으로서 유효하므로, 신용카드발행인의 가맹점에 대한 신용카드이용대금의 지급으로써 신용카드회원은 자신의 가맹점에 대한 매매대금 지급채무를 법률상 원인 없이 면제받는 이익을 얻었으며, 이러한 이익은 금전상의 이득으로서 특별한 사정이 없는 한 현존하는 것으로 추정된다.

제5항 취소의 상대방(제142조)

제142조 [취소의 상대방]

취소할 수 있는 법률행위의 상대방이 확정한 경우에는 그 취소는 그 상대방에 대한 의사표시로 하여야 한다.

'취소의 상대방'은 취소할 수 있는 법률행위 상대방을 의미한다. 취소의 상대방이 확정된 경우에 취소는 상대방에 대한 의사표시에 의한다(제142조). 따라서 취소할 수 있는 법률행위의 상대방에 대하여 취소의 의사표시를 하면 된다. 또한 상대방 있는 단독행위의 취소도 그 상대방에 대하여 하여야 한다. 그러나 수권행위를 취소하고자 하는 경우에는 상대방뿐만 아니라 대리인에 대하여도 할 수 있다. 대리인에 대하여 취소의 의사표시를 하는 경우 상대방이 이를 알지 못하고 알지 못하는 데 과실이 없는 경우에는, 본인은 그 수권행위를 취소하였음을 상대방에게 대하여 주장하지 못한다.

1. 계약의 취소의 상대방

취소할 수 있는 법률행위가 계약인 경우 그 상대방은 계약의 상대방이다. 따라서 취소할 수 있는 계약의 상대방이 이미 제3자에게 취득한 권리를 양도한 경우에 본래의 계약의 상대방에 대하여 취소의 의사표시를 하여야 하며 전득한 제3자에게 하지 못한다. 그리고 제3자를 위한 계약에 있어서도 제3자가 아니라 계약체결의 당사자가 취소의 상대방이 된다.

2. 상대방 확정되지 않은 경우에 취소의 상대방

상대방이 확정되지 않는 경우에 즉, 상대방이 특정되지 않은 상대방 있는 단독행위나 상대방 없는 단독행위가 문제이다. 즉, 불특정 다수인에 대한 단독행위(예: 현상광고)나 상대방 없는 단독행위(예: 소유권포기)의 경우에 그에 기하여 이해관계를 맺은 자가 있으면 취소권을 그에게 행사하면 될 것이다. 하지만 그러한 이해관계를 맺은 자도 없는 경우에는 전자의 경우에는 단독행위와 같은 방법(예: 신문광고), 후자의 경우에는 적당한 방법으로 객관화하면 될 것이다(송덕수 457쪽).

3. 상대방이 수인인 경우

취소할 수 있는 법률행위의 상대방이 수인인 경우 상대방 모두에게 취소의 의사표시를 하지 않는 한 상대방 모두에게 무효가 되지 않는다. 다수당사자의 채권관계는 당사자의 수만큼의 독립한 채권관계가 존재하기 때문에, 당사자 1인에게 취소의 사유가 발생하였다고 하더라도 절대적으로 무효가 되지는 않는다.

수인의 상대방 중 일부에 대해서 취소의 사유가 있는 경우 일부무효의 법리에 따라 모두에게 취소의 의사표시를 할 수 있는 것이 원칙이고, 잔존 당사자와의 사이의 법률관계는 유효하게 하였으리라고 인정되는 경우에는 취소사유 있는 일부의 자에 대해서만 취소할 수 있다.

그러나 수인의 당사자 전원에게 취소사유가 존재하였으나 일부에 대해서만 취소의 의사표시를 하였다면, 잔존 당사자와의 법률관계는 유효하게 존속한다고 해석할 것이다.

제6항 취소할 수 있는 법률행위의 추인

1. 의의 및 성질

(1) 의 의

'취소할 수 있는 법률행위의 추인'이란 취소할 수 있는 법률행위의 취소권자가 취소하지 않겠다는 의사표시를 하는 것을 의미한다. 취소할 수 있는 법률행위는 유동적 유효이므로 취소의 의사표시를 하면 확정적으로 무효가 되고, 추인하게 되면 확정적으로 유효가 되어 취소할 수 없게 된다.

추인은 상대방 있는 단독행위이다. 그러나 취소할 수 있는 법률행위가 소유권의 포기와 같이 상대방 없는 단독행위인 경우에는 그 행위의 추인도 상대방 없는 단독행위이다.

(2) 성 질

취소할 수 있는 법률행위의 추인은 소극적으로는 취소권의 포기이며, 적극적으로는 취소할 수 있는 법률행위를 확정적으로 유효하게 하는 의사표시이다.

민법상 추인에는 네 가지 종류가 있는데, 무효행위의 추인, 무권대리행위의 추인, 무권리자의 처분의 추인 및 취소할 수 있는 법률행위의 추인이 그것이다. 무효행위의 추인은 무효인 법률행위를 새로운 법률행위로 유효하게 하는 것이고, 무권대리행위의 추인은 효력발생 여부가 확정되지 않은 법률행위의 효과를 소급하여 유권대리행위였던 것과 동일하게 자기에게 직접 발생하게 하는 것을 목적으로 하는 의사표시이며, 무권리자의 처분의 추인은 무권리자의 처분이 마치 처분시부터 처분권한이 있는 것처럼 소급하여 효과를 발생하게 하는 의사표시이다. 이러한 점에서 유동적 유효인 법률행위를 확정적으로 유효로 하는 취소할 수 있는 법률행위의 추인과는 다르다고 할 것이다.

2. 추인의 요건(제144조)

제144조 [추인의 요건]
① 추인은 취소의 원인이 소멸된 후에 하여야만 효력이 있다.
② 제1항은 법정대리인 또는 후견인이 추인하는 경우에는 적용하지 아니한다.

(1) 추인권자가 추인할 것

취소할 수 있는 법률행위를 추인하기 위해서는 추인권자가 추인의 의사표시를 하여야 하고, 이 때 추인권자는 취소권자와 동일하다. 추인권이 소극적으로는 취소권의 포기의 성질을 가지고 있기 때문이다. 추인권자가 수인인 경우 즉, 제한능력자와 그의 법정대리인과 같이 추인권자가 수인인 경우에 그중 1인의 추인권을 행사하면 다른 취소권자의 취소권이 모두 소멸한다.

(2) 취소의 원인이 종료한 후에 할 것

추인권자의 추인의 의사표시는 취소의 원인이 종료한 후에 하여야만 그 효력이 있게 된다(제144조제1항). 따라서 취소의 원인이 종료하기 전에 추인을 하였다면 그것은 추인으로서 효력이 발생하지 않는다(대판 1982. 6. 8, 81다107). 그러므로 제한능력자는 능력자가 된 후에, 착오, 사기·강박에 의한 의사표시를 한 경우에는 이러한 상태를 벗어난 후에 추인의 의사표시를 할 수 있다. 그러나 법정대리인 또는 후견인은 취소의 원인이 종료하기 전이라도 언제든지 유효한 추인을 할 수 있다(제144조제2항). 그리고 제한능력자 중에서 미성년자와 피한정후견인은 법정대리인 또는 후견인의 동의(피한정후견의 경우, 한정후견인에게 동의권이 유보된 때)를 얻어 유효한 법률행위를 할 수 있으므로 법정대리인의 동의를 얻어 유효한 추인을 할 수 있다.

> **취소원인 종료 이전의 추인효력**   대법원 1982. 6. 8. 선고 81다107 판결
>
> 강박에서 벗어나지 아니한 상태에 있으면 취소의 원인이 종료되기 전이므로 이 때에 한 추인은 그 효력이 없다.

(3) 취소할 수 있는 행위임을 알았을 것

추인은 취소권의 포기이므로 추인을 하기 위해서는 그 행위가 취소할 수 있는 법률행위임을 알고 있어야 한다(대판 1997. 5. 30, 97다2986). 이에 대한 규정은 없지만 당연히 인정하여야 하는 데 이견이 없다(곽윤직·김재형 395쪽, 김상용 689쪽, 이영준 733쪽). 그러므로 취소할 수 있는 법률행위에 의하여 성립한 채무를 승인한다든가, 또는 그 채무에 관한 화해청약을 하더라도 그 승인이나 청약이 당연히 추인으로 되지 않는다고 한다(곽윤직·김재형 395쪽).

한편 동일한 법률행위에 관하여 복수의 취소권을 가지고 있는 당사자가 취소원인 중 하나만 알고 추인한 경우에는 그 취소원인에 의한 취소권만 소멸하고, 나머지의 취소권은 존속한다고 해석해야 할 것이다(지원림 372쪽).

> **취소할 수 있는 행위의 추인요건**　　　대법원 1997. 5. 30. 선고 97다2986 판결
> 　추인은 취소권을 가지는 자가 취소원인이 종료한 후에 취소할 수 있는 행위임을 알고서 추인의 의사표시를 하거나 법정추인사유에 해당하는 행위를 행할 때에만 법률행위의 효력을 유효로 확정시키는 효력이 발생한다.

3. 추인의 방법과 효과(제143조)

제143조 [추인의 방법, 효과]

① 취소할 수 있는 법률행위는 제140조에 규정한 자가 추인할 수 있고 추인 후에는 취소하지 못한다.
② 전조의 규정은 전항의 경우에 준용한다.

---

(1) 추인의 방법

추인의 방법은 취소의 방법과 같다. 즉, 일정한 방식을 요하지 않으며, 묵시적으로 이루어지더라도 상관없다. 특히 묵시적으로 추인하는 경우는 법정추인사유 이외의 경우, 예를 들어 취소권자의 하자담보의 요구라든지 목적물의 사용 등의 경우에는 취소권자가 추인하였음을 추단할 수 있을 것이다.

(2) 추인의 효과

취소할 수 있는 법률행위에 대하여 추인권자의 추인의 의사표시가 있으면 유동적 유효였던 법률행위가 확정적 유효가 된다. 따라서 추인이 있으면 더 이상 취소할 수 없게 된다(제143조제1항).

4. 법정추인(제145조)

제145조 [법정추인]

　취소할 수 있는 법률행위에 관하여 전조의 규정에 의하여 추인할 수 있는 후에 다음 각호의 사유가 있으면 추인한 것으로 본다. 그러나 이의를 보류한 때에는 그러하지 아니하다.
  1. 전부나 일부의 이행
  2. 이행의 청구
  3. 경개
  4. 담보의 제공
  5. 취소할 수 있는 행위로 취득한 권리의 전부나 일부의 양도
  6. 강제집행

---

(1) 의 의

'법정추인'이란 취소할 수 있는 법률행위에 관하여 민법에서 규정하고 있는 사유 중의 하나에 해당하는 경우에는 추인권자의 직접적이고 적극적인 추인의 의사표시가 없더라도 확정적으로 유효하게 만드는 것을 말한다. 따라서 민법은 취소할 수 있는 법률행위에 관하여 일정한 사실이 있는 때에 취소권자에게 추인의사의 존재 여부와 관계없이 법률상 추인이 있었던 것으로 보는 것으로 규정하고 있다(제145조).

법정추인은 의제된 의사표시의 일종으로서 본래 의미의 의사표시는 아니다. 그러므로 법정추인을 민법에 규정한 것은 법률효과를 설명하기 위한 것으로 보인다.

(2) 요 건

1) 다음 중 어느 하나의 법정추인 사유가 존재할 것

① **전부나 일부의 이행**　　취소권자가 취소할 수 있는 법률행위에 의하여 발생한 채권을 취득하거나 채무를 이행하는 경우에는 추인한 것으로 보아 그 법률행위는 확정적으로 유효인 법률행위가 된다.

② **이행의 청구**　　취소권자가 취소할 수 있는 법률행위에 대하여 채무자에게 이행을 청구하는 경우에는 추인의 의사표시가 있는 것으로 보아 그 법률행위는 확정적으로 유효인 법률행위가 된다. 이 때 상대방으로부터 이행의 청구를 받는 것은 포함하지 않는다.

③ **경개(更改)**　　취소권자가 상대방과 경개의 계약을 체결하게 되면 추인이 있는 것으로 본다. 이 때 취소권자가 채권자이든 채무자이든 상관없다. 경개의 계약을 함으로써 취소할 수 있는 법률행위가 확정적으로 유효가 되는 것이 아니라 취소할 수 있는 법률행위에 의해 발생한 채권과 채무를 소멸시키고 이에 갈음하여 새로운 채권이나 채무가 발생하게 된다(제500조 이하 참조).

④ **담보의 제공**　　추인권자가 취소할 수 있는 법률행위에 대하여 자신의 채무에 대한 담보를 제공하거나 상대방으로부터 담보를 제공받은 경우, 추인이 있는 것으로 보아 취소할 수 있는 법률행위가 확정적으로 유효가 된다. 이 때 담보는 물적담보뿐만 아니라 인적담보도 포함된다.

⑤ **취소할 수 있는 행위로 취득한 권리의 전부나 일부의 양도**　　취소권자가 취소할 수 있는 법률행위로부터 취득한 권리를 양도하는 경우에는 추인한 것으로 보아 확정적으로 유효한 법률행위가 된다. 이 때 취소할 수 있는 행위로 취득한 권리 위에 제한적 권리(예: 제한물권·임차권 등)를 설정하는 것도 포함한다. 그러나 취소함으로써 발생하게 되는 장래의 채권 즉, 취소한다면 발생하게 되는 손해배상청구권 등의 양도는 포함되지 않는다. 왜냐하면 이는 추인의 의사가 없기 때문이다.

⑥ **강제집행**　　취소권자가 취소할 수 있는 법률행위에 의하여 취득하게 된 채권을 기초로 하여 상대방에게 강제집행을 한 경우에는 추인한 것으로 본다. 취소권자가 채무자로서 집행을 받는 경우에도 채무자가 소송상의 이의를 주장할 수 있었음에도 불구하고 이를 하지 않았으므로 추인한 것으로 보는 견해가 있다(백태승 525쪽, 김상용 658쪽). 또한 강제집행에 대하여 이의를 제기하지 않았다고 해서 법정추인이 있다고 볼 수 없다는 견해도 있다. 이 견해에 따르면, 강제집행에 대한 이의를 제기하지 않고 취소권을 행사하려는 경우도 있고, 또한 이에 관한 명문규정이 없어서 법정추인을 쉽게 인정해서는 안 된다고 한다(곽윤직·김재형 397쪽).

2) 취소원인이 종료하였을 것

위의 사유는 추인할 수 있는 후에 즉, 취소의 원인이 소멸된 후에 있어야 한다(제145조 본문). 그러나 미성년자·피한정후견인이 그 법정대리인 또는 후견인의 동의를 얻어서 위의 사유행위를 하거나 법정대리인 자신이 위 사유행위를 한 경우에는 취소원인이 소멸되기 전에도 법정추인이 된다고 해석된다(곽윤직·김재형 397쪽).

3) 이의를 보류하지 않을 것

취소권자의 행위가 법정추인으로 인정되기 위해서는 취소권자가 행위를 함에 있어서 이의를 보류하지 않아야 한다(제145조 단서). 추인하는 것이 아님을 명시하면서 변제하는 등과 같은 방법 즉, 추인으로 간주되는 법률효과를 배제한다는 것을 내용으로 하는 의사표시를 하지 않아야 추인으로 인정된다.

4) 추인의 의사의 불필요

취소권자의 행위가 법정추인이 되기 위해서 반드시 취소권자가 추인의 의사를 가지고 있어야 할 필요는 없다. 또한 취소권의 존재를 알지 못하더라도 취소권자의 행위가 위의 요건을 충족하게 되면 추인한 것으로 본다.

(3) 효 과

법정추인에 해당하는 사유가 있어서 위의 요건을 구비하면 통상의 추인과 마찬가지로 취소권을 행사할 수 없다. 그리고 일부의 이행이나 청구의 경우에는 일부의 법정추인이 있을 수 있다.

제7항 취소권의 소멸(제146조)

> **제146조 [취소권의 소멸]**
>
> 취소권은 추인할 수 있는 날로부터 3년 내에 법률행위를 한 날로부터 10년 내에 행사하여야 한다.

1. 취소권의 소멸원인

취소권은 기본적으로 취소권의 행사나 포기를 통해서 소멸하고 그 밖에 추인·법정추인이나 기간의 경과로 소멸하게 된다. 그리고 제한능력자의 취소권은 상대방의 확답촉구권, 철회권, 거절권의 행사에 의하거나 제한능력자의 사술에 의해서도 소멸한다. 아래에서 기간경과에 의한 소멸만을 살펴보기로 한다.

2. 취소권의 단기소멸

(1) 의 의

'취소권의 단기소멸'이란 취소할 수 있는 법률행위에 대하여 취소권을 갖는 자가 그 권리행사를 일정한 기간 내에 행사하지 않는 경우 권리를 소멸시켜 확정적 유효인 법률행위로 만드는 것이다. 이는 취소할 수 있는 법률행위의 상대방을 불안정한 지위에서 벗어날 수 있도록 하기 위해서 법률행위를 빨리 확정하도록 한 것이다.

(2) 기 간

취소권은 '추인할 수 있는 날로부터 3년 내', 또는 '법률행위를 한 날로부터 10년 내'에 행사하여야 한다(제146조). '추인할 수 있는 날'이란 '취소의 사유가 소멸한 날'을 의미한다. 즉, '추인할 수 있는 날'이란 '취소원인이 종료되어 취소권 행사에 장애가 없어져서 취소권자가 취소의 대상인 법률행위를 추인할 수도 있고 취소할 수도 있는 상태가 된 때'이다(대판 1998. 11. 27, 98다7421).

위의 두 기간 중 어느 기간이든지 먼저 만료하는 것이 있으면 취소권은 절대적으로 소멸하게 되어 취소할 수 있는 법률행위는 확정적으로 유효로 된다.

한편 제한능력자의 법정대리인의 취소권과 관련하여 취소권의 기산점에 대하여 견해가 나뉘고 있다. 제한능력자와 함께 그 법정대리인의 취소권의 기산점은 법정대리인이 제한능력자의 법률행위를 한 것을 안 때라고 한다. 그리고 그 법정대리인의 취소권이 소멸하면 제한능력자의 취소권의 존속기간이 만료 전이라고 하여도 제한능력자의 취소권은 소멸한다고 한다. 왜냐하면 양자의 취소권의 발생원인이 같고 또한 제

146조의 취지가 법률관계를 조속히 안정시키려는 데 있기 때문이다(김상용 660쪽, 이영준 740쪽). 그러나 제146조가 이러한 점을 의식하고 있지 않고, 민법이 제한능력자를 두텁게 보호하고 있기 때문에 제한능력자의 취소권의 기산점은 제한능력자가 능력자로 된 때라는 견해도 있다(송덕수 463쪽).

'추인할 수 있는 날'의 의미　　　　　　대법원 1998. 11. 27. 선고 98다7421 판결

민법 제146조 전단은 "취소권은 추인할 수 있는 날로부터 3년 내에 행사하여야 한다."고 규정하는 한편, 민법 제144조 제1항에서는 "추인은 취소의 원인이 종료한 후에 하지 아니하면 효력이 없다."고 규정하고 있는바, 위 각 규정의 취지와 추인은 취소권의 포기를 내용으로 하는 의사표시인 점에 비추어 보면, 민법 제146조 전단에서 취소권의 제척기간의 기산점으로 삼고 있는「추인할 수 있는 날」이란 취소의 원인이 종료되어 취소권행사에 관한 장애가 없어져서 취소권자가 취소의 대상인 법률행위를 추인할 수도 있고 취소할 수도 있는 상태가 된 때를 가리킨다고 보아야 한다.

---

(3) 성 질

제146조의 기간은 제척기간이다(학설 일치, 판례). 따라서 이 기간은 당사자의 주장에 관계없이 법원이 당연히 조사하여 고려할 사항이다(대판 1996. 9. 20, 96다25371).

(4) 이득반환청구권과의 관계

취소권이 위의 기간 내에 행사된 경우, 그 취소의 의사표시 전에 이미 법률행위의 이행이 있다면 원상회복청구권, 부당이득반환청구권이나 현존이득반환청구권이 발생하게 된다. 여기에 이러한 청구권도 위 제척기간 내에 행사하여야 하는가가 문제된다. 이에 대하여 학설은 나뉘고 있고, 이에 관한 직접적 판례는 없는 것으로 보인다. 다만, 환매권 행사에 관하여 환매권을 행사한 때부터 10년의 소멸시효에 걸리고(대판 1992. 10. 13, 92다4666), 명의신탁계약의 해제로 인한 소유권이전등기청구권은 신탁계약을 해제하였을 때부터 소멸시효가 진행된다(대판 1975. 8. 19, 75다273)고 한다. 생각건대, 취소에 의한 부당이득반환청구권은 취소권과 별개의 권리로서, 제146조를 준용할 필요는 없다고 보인다. 왜냐하면 제146조의 취지가 그 권리행사까지 포함하는 것도 아니고, 제146조를 준용하여 취소에 의한 부당이득반환청구권을 취소권의 제척기간 내에 행사해야 한다고 해석하는 것은 상대방에게 매우 불리하기 때문이다. 결국 부당이득청구권은 취소권이 행사된 때, 즉 부당이득반환청구권이 발생한 때부터 10년의 소멸시효에 걸린다고 할 것이다(제162조제1항).

제4절 법률행위의 부관

제1관 법률행위의 부관의 의의와 종류

제1항 의   의

'법률행위의 부관(Nebenbestimmung)'이란 법률행위의 효과를 발생하거나 소멸하는데 있어서 이를 제한하기 위하여 당사자의 의사에 의하여 법률행위와 동시에 그 법률행위의 내용으로 덧붙여지는 약관(원래 약관은 법령이나 계약 등에서 정해진 약정 하나하나의 조항을 말한다)을 말한다. 이러한 의미의 부관에는 넓은 의미의 부관과 좁은 의미의 부관으로 나누어 볼 수 있다. 넓은 의미의 부관에는 이자약관, 담보약관, 환매약관, 면책약관과 같이 법률행위에 부수하는 약관을 의미하고, 좁은 의미의 부관은 법률행위에 따르는 독립한 약관이 아니라 법률행위의 일반적 효과를 제한하기 위하여 법률행위의 내용으로서 덧붙여지는 약관을 의미한다. 일반적으로 법률행위의 부관이라고 하면, 좁은 의미의 법률행위의 부관을 일컫는다.

이러한 법률행위의 부관은 법률행위의 당시에 당사자 쌍방 또는 일방의 의사에 의하여 법률행위의 내용으로 덧붙여진다. 또한 이런 부관은 법률행위의 효과의사의 내용 일부를 이루는 것으로 사적자치의 원칙 또는 계약자유의 원칙에도 부합한다고 할 수 있다.

제2항 종   류

법률행위의 부관에는 조건(Bedingung), 기한(Befristung) 그리고 부담(Auflage)이 있다. 민법에서는 조건과 기한에 관해서만 일반규정을 두고 있을 뿐이고 부담에 대해서는 부담부 증여와 부담부 유증에서만 개별적으로 인정하고 있다.

부담은 법률행위의 부관이라는 점에서는 조건이나 기한과 공통점을 가지고 있지만 그 외에는 공통된 원칙이 없다. 조건이 성취되거나 기한이 도래하게 되면 그 법률행위의 효력이 발생하거나 소멸하게 되는 데 반하여, 부담은 일단 법률행위의 완전한 효력은 발생하고 당사자의 일방이 일정한 의무를 부담하게 될 뿐이다. 따라서 여기서는 조건과 기한에 관해서만 살피기로 한다.

제2관 조 건

제1항 조건의 의의

'조건'이란 법률행위의 효력이 발생하거나 소멸하는 데 있어서 '장래의 불확실한 사실의 성부'에 의존하게 하는 법률행위의 부관이다.

조건은 법률행위의 효력의 발생이나 소멸에 관한 것이지, 법률행위의 성립에 관한 것은 아니다. 조건이 되는 사실은 장래에 발생하는 사실이어야 하므로 과거의 사실을 조건으로 하지는 못한다. 과거의 사실은 주관적으로 모르고 있더라도 객관적으로 이미 일어난 사실이면 조건이 아니다(예: 어제 뉴욕에 비가 왔다면). 또한 장래에 발생하는 사실이라 하더라도 그 성부가 불확실하여야 한다. 장래에 반드시 실현되는 사실은 조건이 아니라 기한이고(예: 내년 4월 1일, A가 사망하면 등), 불확실하다는 것은 객관적으로 불확실한 것을 의미한다. 그러나 구체적인 경우 객관적으로 불확실한 것인지를 판단하기 어려운 경우에는 법률행위의 해석에 의하여 결정하여야 할 것이다. 예컨대, '내가 합격하면 지급한다'라는 경우에 '내가 합격하지 않으면 지급하지 않는다'는 뜻이라면 조건이 된다. 그러나 합격하든 또는 합격하지 못하든 지급은 하지만, 그 지급시기를 「합격 또는 합격 불가능이 확정되는 때」로 한다는 뜻이라면 그것은 기한이 된다. 따라서 법률행위의 해석이 문제된다.

조건은 법률행위의 내용의 일부이므로 당사자가 임의로 정한 것이어야 한다. 따라서 법정조건은 여기서 말하는 조건이 아니다. 법정조건에는 미성년자의 법률행위에 대한 법정대리인의 동의, 법인설립행위에 있어서 주무관청의 허가, 유증에 있어서의 유언자의 사망 또는 수유자의 생존 등이 그것이다. 이는 형식상의 조건에 불과하다.

제2항 조건의 종류

1. 정지조건 · 해제조건

'정지조건'이란 장래의 불확실한 사실에 따라 '법률행위의 효력이 발생할 것'이 정하여지는 것을 의미하고, '해제조건'이란 장래의 불확실한 사실에 따라 '법률행위의 효력이 소멸할 것'이 정하여지는 것을 의미한다.

2. 적극조건 · 소극조건

'적극조건'이란 '내일 비가 오면'과 같이 조건이 되는 사실이 장래 일정한 상태의 발생에 있는 경우이고, '소극조건'이란 '내일 비가 안 오면'과 같이 조건이 되는 사실이 장래 일정한 상태의 불발생에 있는 경우이다. 그러나 이 구별은 법률상 별다른 실익이 없다.

3. 수의조건·비수의조건

조건이 되는 사실이 당사자의 의사와 어떠한 관계에 있느냐에 따라 수의조건과 비수의조건으로 나누어진다. '수의조건'이란 당사자의 일방의 임의적 의사표시에 의하여 조건의 성부가 결정되는 것을 의미하고, '비수의조건'이란 당사자 일방의 의사표시에만 의하지 않는 것을 의미한다.

(1) 수의조건

1) 순수수의조건

'순수수의조건'이란 당사자 일방의 의사에만 의존하는 조건을 의미한다. 예를 들어 '내 마음이 내키면'이라는 것이 있다. 이러한 조건은 당사자에게 법률적 구속력을 발생하게 하려는 의사가 없다고 보아 언제나 무효라는 견해(곽윤직·김재형 401쪽)와 순수수의 정지조건부 법률행위는 무효이나 순수수의 해제조건부 법률행위의 경우 유효하다는 견해(김상용 698쪽, 김용한 423쪽)가 있다.

2) 단순수의조건

'단순수의조건'이란 당사자 일방의 의사뿐만 아니라 일정한 사실의 발생까지 있어야 하는 경우의 조건이다. 예를 들면 '내가 외국으로 이사를 가면 이 차를 주겠다'와 같이 조건의 성취를 의사뿐만 아니라 외국으로 이사를 간다는 사실 상태도 성립하여야 한다. 이것은 유효한 조건이 된다.

(2) 비수의조건

1) 우성조건

'우성조건'이란 당사자의 의사와는 전혀 관계가 없는 조건이다. '내일 눈이 온다면'과 같은 자연적 사실이나, '선순위권리자가 배당을 포기하면'과 같은 제3자의 의사나 행위가 이에 해당한다.

2) 혼성조건

'혼성조건'이란 '네가 A와 결혼한다면'과 같이 조건의 성부가 당사자의 의사 및 제3자의 의사에 따라 결정되는 조건이다.

제3항 조건을 붙일 수 없는 법률행위

1. 의 의

'조건을 붙일 수 없는 법률행위(Bedingungsfeindliches Geschäft)'란 법률행위의 효력이 확정적으로 발생하거나 존속되어야 하는 법률행위를 말하는 것으로, '조건에 친하지 않는 법률행위'라고 한다. 조건을 붙이는 것은 당사자의 자유이지만 조건이 있게 되면 법률행위의 효력이 발생할지 소멸할지 불확정하게 되기 때문이다.

조건을 붙일 수 없는 법률행위는 법률행위의 성질상 선험적으로 정하여지거나 입법정책적으로 정해지기도 한다. 우리 민법은 상계의 의사표시에 관하여 조건을 붙일 수 없다고 규정하고 있다(제493조제1항).

2. 유 형

법률행위의 성질상 그 효과가 즉시 확정적으로 발생하여야 하거나, 존속할 것을 요하는 경우에는 조건을 붙일 수 없다.

(1) 단독행위

단독행위는 행위자의 일방의 의사에 따라 효력이 발생하므로 원칙적으로 조건을 붙일 수 없다. 예컨대, 상계, 취소·추인·계약의 해제나 해지 등 상대방 있는 단독행위에는 조건을 붙일 수 없다.

그러나 상대방의 이익을 보호하기 위해서는 이러한 목적을 해하지 않는 범위 내에서 예외적으로 조건을 붙일 수 있다. 따라서 상대방의 동의가 있는 경우나 상대방이 결정할 수 있는 사실을 조건으로 하는 경우 그리고 상대방에게 이익만을 주는 단독행위에는 조건을 붙일 수 있다. 예컨대, 상대방에게 이익이 되는 채무면제 또는 유증에 조건을 붙일 수 있고, 일정한 기간 내에 이행이 없으면 계약을 해제하겠다는 정지조건부 계약해제도 가능하다(대판 1970. 9. 29, 70다1508). 또한 현상광고에서 조건이나 기한을 붙인 지정행위도 할 수 있다(대판 2000. 8. 22, 2000다3675).

> **현상광고에 조건이나 기한을 붙일 수 있는지 여부(적극)**
>
> 대법원 2000. 8. 22. 선고 2000다3675 판결
>
> 민법 제675조에 정하는 현상광고라 함은, 광고자가 어느 행위를 한 자에게 일정한 보수를 지급할 의사를 표시하고 이에 응한 자가 그 광고에 정한 행위를 완료함으로써 그 효력이 생기는 것으로서, 그 광고에 정한 행위의 완료에 조건이나 기한을 붙일 수 있다.

(2) 가족법상 행위

가족법상 행위는 상대방의 지위를 안정적으로 확보하고 선량한 풍속 기타 사회질서를 유지하기 위해서 조건을 붙일 수 없도록 한다. 다만 상대방에게 불이익을 주지 않고, 선량한 풍속 기타 사회질서에 반하지 아니하면 조건을 붙일 수 있다고 하여 예외를 인정하고 있다(예: 유언 제1073조제2항).

(3) 어음·수표행위

어음·수표행위는 객관적으로 보아 그 획일성이 요구되기 때문에 조건을 붙일 수 없다고 할 것이다.

3. 효 과

조건을 붙일 수 없는 법률행위에 조건을 붙인 경우 그 효과에 대해서는 세 가지로 나누고 있다.

(1) 무 효

조건을 붙일 수 없는 법률행위에 조건을 붙이게 되면 원칙적으로 그 전체 법률행위는 무효가 된다. 이는 조건의사와 효과의사는 동일한 것으로 이를 분리하여 파악하는 것은 부당하기 때문이다(민법주해(Ⅲ) 333쪽).

(2) 조건 없는 법률행위

어음·수표행위나 근로계약 등과 같은 조건을 붙일 수 없는 법률행위에 조건을 붙이게 되면 조건 없는 유효한 법률행위로 처리한다.

(3) 일부무효

조건을 붙일 수 없는 법률행위에 조건을 붙이게 되면, 최종적으로는 일부무효의 법리에 따라 원칙적으로 법률행위의 전부를 무효로 하고, 예외적으로 조건이 없는 법률행위를 하였으리라고 인정되는 때에는 조건 없는 법률행위로서 효력이 있다고 할 것이다. 그러나 민법개정안 제137조에 따르면, 원칙적으로 조건없는 법률행위로서 효력이 있고, 예외적으로 조건 없는 법률행위만으로 법률행위를 하지 아니하였을 것으로 인정되는 때에는 조건을 붙일 수 없는 법률행위에 조건을 붙인 행위는 전부무효이다.

제4항 조건성취의 효과(제147조)

제147조 [조건성취의 효과]

① 정지조건 있는 법률행위는 조건이 성취한 때로부터 그 효력이 생긴다.
② 해제조건 있는 법률행위는 조건이 성취한 때로부터 그 효력을 잃는다.
③ 당사자가 조건성취의 효력을 그 성취 전에 소급하게 할 의사를 표시한 때에는 그 의사에 의한다.

1. 조건성취 전의 법률효과

(1) 기대권

조건부 법률행위가 아직 조건을 성취하고 있기 전에는 당사자의 한 쪽은 조건의 성취로 일정한 이익을 얻게 될 기대를 가지게 된다. 민법은 이러한 기대 내지 희망을 일종의 권리로 보아 보호하고자 하는 규정을 두고 있는데, 이러한 권리를 '조건부권리'라고 하며, '기대권의 일종'으로 파악한다. 예를 들면, 정지조건부 증여의 수증자 또는 해제조건부 증여의 증여자는 각각 조건의 성취로 증여의 목적물을 취득하게 될 기대 또는 가능성을 가진다.

(2) 조건부권리의 침해금지(제148조)

제148조 [조건부권리의 침해금지]

조건 있는 법률행위의 당사자는 조건의 성부가 미정한 동안에 조건의 성취로 인하여 생길 상대방의 이익을 해하지 못한다.

조건 있는 법률행위의 당사자는 조건의 성부가 미정인 동안에 조건의 성취로 인하여 생길 상대방의 이익을 해하지 못하게 함으로써 소극적으로 조건부 권리를 보호하고 있다(소극적 보호, 제148조). 만약 조건의 성부가 미정인 동안에 상대방의 이익을 해치게 되면 불법행위에 의한 손해배상책임이 발생하게 된다는 견해(곽윤직·김재형 396쪽)와 채무불이행에 의한 손해배상책임이 발생하게 된다는 견해(이영준 772쪽, 이은영 732쪽), 그리고 제3자의 침해시에는 불법행위에 의한 손해배상책임이, 채무자에 의한 침해는 채무불이행과 불법행위에 의한 손해배상책임이 발생한다는 견해(김상용 708쪽)가 있다.

사견으로는 채무불이행에 의한 손해배상책임에 찬성한다. 왜냐하면 법률행위 당사자는 신의칙상 조건성취로 상대방의 이익을 해치지 못할 의무를 부담할 뿐만 아니라, 법률행위시 당사자는 조건성취로 상대방을 해하지 않은 의사에 합의한 것으로 볼 수 있기 때문이다. 그러므로 손해배상은 이행이익으로 해석된다(이영준 773쪽).

한편 본조를 위반하여 물권행위를 한 경우, 즉 조건 있는 물권행위가 뒤에 조건성취로 권리자가 취득하는 권리가 침해되는 경우에는 그 범위 내에서 무효가 된다는 견해가 있다(통설). 반면 유효라는 견해도 있다(이은영 732쪽, 명순구 548쪽).

사견으로는 무효설을 원칙적으로 따르지만, 그 무효는 적어도 선의의 제3자에게 대항하지 못한다고 해석한다. 이렇게 하는 것이 거래질서안정에 기여할 것이다. 따라서 조건 있는 물권행위로 취득한 물권이 조건성취로 물권이 무효(해제조건)가 되었다고 하더라도 이를 모르고 거래한 제3자에게 그 무효를 가지고 당사자는 대항하지 못한다고 해석한다. 이 사안에서 선의의 제3자의 보호는 법적 안정과 거래질서안정에서 필요하기 때문이다. 한편 목적물이 동산인 경우 제3자의 보호를 위하여 선의취득의 규정이 유추적용될 것이다(이영준 774쪽). 그리고 조건은 정지조건 또는 해제조건 모두를 포함한다고 할 것이다.

(3) 조건부 권리의 처분가능성(제149조)

> **제149조 [조건부권리의 처분 등]**
> 조건의 성취가 미정한 권리의무는 일반규정에 의하여 처분, 상속, 보존 또는 담보로 할 수 있다.

조건의 성취가 미정한 권리의무를 일반규정에 의하여 처분, 상속, 보존 또는 담보로 제공할 수 있도록 함으로써 정지조건부 권리를 적극적으로 보호하고 있다(적극적 보호, 제149조).

'처분'이란 정지조건부 권리를 이전하거나 포기하거나 제한물권을 설정하는 등 정지조건부 권리의 귀속에 관하여 직접으로 변경을 생기게 하는 것을 목적으로 하는 법률행위를 말한다.

'보존'이란 정지조건부 권리의 현상을 유지하고 정지조건이 성취될 경우에 당사자의 이익을 확보하는 데 필요한 행위를 의미한다. 부동산의 경우 가등기를 통해서 정지조건부 권리를 보존할 수 있다. 그러나 동산의 경우에는 그러한 방법이 없다.

'담보로 할 수 있다'는 것에 대해서는 정지조건부 권리를 위하여 담보를 제공할 수 있다는 의미로 해석하는 견해(고상룡 640쪽, 민법주해(Ⅲ) 358쪽)도 있고, 정지조건부 권리 자체를 담보로 제공할 수 있다는 의미로 해석하는 견해(김증한·김학동 498쪽)도 있고, 양자를 다 인정할 수 있다는 견해(김상용 709-710쪽)도 있다.

사견으로는 담보할 수 있는 목적물은 거래상 담보가치가 있으면 충분하기 때문에 양자를 다 인정해야 할 것이다.

2. 조건성취 후의 법률효과

(1) 법률행위의 효력의 확정

조건의 성취나 불성취로 인하여 법률행위의 효력이 확정된다. 즉, 정지조건이 성취되면 법률행위의 효력은 그때부터 발생하고, 불성취로 확정되면 무효로 된다(제147조제1항). 한편 해제조건이 성취되면 법률행위의 효력은 소멸하고, 불성취되면 효력은 소멸하지 않는 것으로 확정된다(제147조제2항).

(2) 불소급적 효력

조건성취의 효과는 조건이 성취된 때로부터 발생한다는 것이 원칙이다. 따라서 소급은 인정되지 않는다. 그러나 사적자치의 원칙에 근거하여 당사자가 조건성취의 효과에 대하여 소급효를 인정하는 의사를 표시한 경우에는 소급효가 인정된다(제147조제3항). 소급의 시기에 대해서도 법률행위의 성립시점 이후라면 언제든지 당사자가 임의로 정할 수 있다. 소급효를 인정하는 경우에는 이로 인하여 제3자의 권리를 해하지 못한다.

(3) 조건성취의 입증책임

조건이 성취되었는가에 대해서는 법률행위의 효력이 확정되었음을 주장하는 자가 입증하여야 한다.

제5항 조건성부와 신의성실(제150조)

제150조 [조건성취, 불성취에 대한 반신의 행위]

① 조건의 성취로 인하여 불이익을 받을 당사자가 신의성실에 반하여 조건의 성취를 방해한 때에는 상대방은 그 조건이 성취한 것으로 주장할 수 있다.

② 조건의 성취로 인하여 이익을 받을 당사자가 신의성실에 반하여 조건을 성취시킨 때에는 상대방은 그 조건이 성취하지 아니한 것으로 주장할 수 있다.

---

1. 의 의

조건의 성부와 신의성실의 문제는 신의성실의 원칙에 반하는 방법으로 조건의 성취를 방해하거나, 신의성실의 원칙에 반하는 방법으로 조건을 성취하여 이익을 받을 경우 상대방은 그 조건이 성취된 것으로 주장할 수 있도록 하거나 조건이 불성취된 것으로 주장할 수 있도록 하여 부당하게 법률효과를 누리는 자를 제재할 수 있도록 하는 것이다.

'조건성취'란 적극조건에서는 사실의 발생이 그리고 소극조건에서는 사실의 불발생이 각각 확정되는 것을 말하며, '조건의 불성취'란 적극조건에서는 그 사실의 불발생이 그리고 소극조건에서는 그 사실의 발생이 각각 확정되는 것을 말한다.

2. 조건의 성취로 의제되는 경우

조건의 성취로 불이익을 받게 될 당사자가 신의성실에 반하여 조건의 성취를 방해한 때에는 상대방은 그 조건이 성취한 것으로 주장할 수 있다(제150조제1항). 예를 들면, 도급계약상 건물완공을 정지조건으로 하여 공사대금채무를 부담한 경우에 도급인이 수급인의 공사장 출입을 통제한 경우가 그러하다.

(1) 요 건

1) 조건의 성취로 불이익을 받게 될 당사자의 행위일 것

조건의 성취로 인하여 불이익을 받게 될 당사자의 행위로 인하여 조건이 성취되거나 불성취되어야 한다. '당사자'란 조건성취로 직접 불이익을 받게 되는 자에 한한다. 따라서 조건부 법률행위의 대립 당사자뿐만 아니라 해제조건부의 제3자를 위한 계약의 수익자, 조건부 채무의 보증인이 당사자에 해당한다. 그리고 이러한 자의 상속인 중 포괄상속인도 당사자에 포함된다고 할 것이다(민법주해(Ⅲ) 361쪽). 그러나 해제조건부 행위로 권리를 취득한 자에 대한 채권자는 당사자에 포함되지 않는다.

2) 조건의 불성취

방해행위로 조건이 불성취되어야 한다. 방해행위는 제한이 없다. 따라서 작위, 부작위, 법률행위, 사실행위를 묻지 않는다.

3) 신의칙위반

방해행위가 신의칙에 위반되어야 한다. 따라서 신의칙에 반하지 않는다면 조건의 불성취가 있더라도 성취로 의제되지는 않는다. 상대방이 동의하였거나 조건이 수의조건인 때에는 신의칙 위반이라고 할 수 없다.

(2) 효 과

1) 조건의 성취로 의제

상대방은 조건의 성취를 주장할 수 있다. 이를 주장할 수 있는 권리를 형성권으로 이해하여 상대방이 이 권리를 행사하였을 때에만 당사자 사이에 조건의 성취의 효과가 발생하는 것이지만(김상용 706쪽, 고상룡 634쪽, 곽윤직·김재형 395쪽), 조건성취로 이익을 받을 당사자가 신의성실에 반하여 조건을 성취한 경우에는 그 상대방은 그 조건이 성취되지 않는 것으로 주장할 수 있다(제150조제2항). 이는 조건성취로 의제됨을 나타낸 것이다.

2) 성취로 의제되는 시점

조건의 성부에 관한 신의칙규정과 관련한 의제규정에 따르면, 조건이 성취되는 시점은 신의성실에 반하는 행위가 없었더라면 조건이 성취되었을 것으로 추산되는 시점이라고 할 것이고(대판 1998. 12. 22, 98다42356), 그러한 시점이 확정불가능한 경우에는, 조건의 성취가 방해된 시점이라고 해석한다(이영준 770쪽).

> **조건의 성취를 방해한 경우 조건성취로 의제되는 시점**
>
> 대법원 1998. 12. 22. 선고 98다42356 판결
>
> 조건의 성취로 인하여 불이익을 받을 당사자가 신의성실에 반하여 조건의 성취를 방해한 경우, 조건이 성취된 것으로 의제되는 시점은 이러한 신의성실에 반하는 행위가 없었더라면 조건이 성취되었으리라고 추산되는 시점이다.

3) 손해배상청구

조건의 성취를 방해하거나 조장하는 행위로 인하여 조건부권리에 침해가 발생하는 경우에는 상대방은 이를 이유로 손해배상청구권을 행사할 수 있게 된다. 따라서 상대방은 조건성취를 주장하거나 또는 손해배상을 청구하거나 선택적으로 어느 하나를 행사할 수 있다.

3. 조건의 불성취로 의제되는 경우

조건의 성취로 이익을 받을 당사자가 신의성실의 원칙에 반하여 조건을 성취시킨 때에는, 상대방은 그 조건이 성취되지 않은 것으로 주장할 수 있다(제150조제2항). 그 요건과 효과는 조건성취로 의제되는 경우에 준한다.

제6항 불법조건과 기성조건 등(제151조)

'가장조건'이란 외관으로는 조건의 모습을 갖추고 있지만 실질적으로는 조건으로서의 효력이 인정되지 못하는 조건이다.[5] 부진정조건 또한 법률행위의 조건으로 부가되었으나 이미 불성취로 확정되었거나 성립된 것을 법률행위의 당사자가 알지 못하는

---

5) 곽윤직·김재형 교수는 순수수의조건을 가장조건으로 인정하고 있다(곽윤직·김재형 393쪽).

경우로서, 장래성이 결여되어 있기 때문에 조건은 아니다. 그리고 가장조건에는 다음과 같은 것이 있다.

> **제151조 [불법조건, 기성조건]**
> ① 조건이 선량한 풍속 기타 사회질서에 위반한 것인 때에는 그 법률행위는 무효로 한다.
> ② 조건이 법률행위의 당시 이미 성취한 것인 경우에는 그 조건이 정지조건이면 조건 없는 법률행위로 하고 해제조건이면 그 법률행위는 무효로 한다.
> ③ 조건이 법률행위의 당시에 이미 성취할 수 없는 것인 경우에는 그 조건이 해제조건이면 조건 없는 법률행위로 하고 정지조건이면 그 법률행위는 무효로 한다.

1. 법정조건

'법정조건'이란 법률행위의 효력이 발생하기 위하여 법률에 의하여 요구되는 요건 또는 사실을 내용으로 하는 조건이다. 예컨대, 법인설립행위에서 주무관청의 허가, 유증에서 수증자의 생존, 학교법인의 기본재산처분에서 관할청의 허가 등이 그 예이다. 법정조건은 법률행위의 조건으로 한 경우, 법률상 당연한 것이기 때문에 조건으로서 법률상 의미가 없다. 즉, 법정조건은 조건이 아니다.

법정조건은 일반적으로 법률행위의 유효요건에 해당되고, 그 법률행위의 효력이 확정되기 전 법률관계는 조건규정을 유추적용한다(대판 1962. 4. 18, 4294민상1603).

> **법률행위의 효력이 확정되기 전 법률관계에 조건규정의 유추적용**
> 대법원 1962. 4. 18. 선고 4294민상1603 판결
> 원고가 소재지관서의 증명이 앞으로 있을 수 없음을 전제로 손해배상청구 또는 계약금과 중도금의 반환을 청구하고 피고는 계약해제를 주장하는 경우에는 특단의 사유 없는 한 소재지관서의 증명이라는 법정조건은 발생하지 아니하기로 확정되어 조건불성취의 경우와 마찬가지로 보아 본건 농지매매는 효력을 발생할 수 없는 것으로 확정되었다고 보는 것이 사회통념상 타당하고 합리적이다.

2. 불법조건

'불법조건'이란 조건이 선량한 풍속 기타 사회질서에 위반하는 것을 말한다. 불법조건이 붙은 법률행위는 정지조건과 해제조건 관계없이 무효이고(제151조제1항), 법률행위 자체도 무효가 된다(대판 1966. 6. 21, 66다530 참조). 또한 불법행위를 하지 않을 것을 조건으로 하는 것도 불법조건이다. 불법조건이 붙은 법률행위가 이행되면, 불법원인급여의 문제가 발생한다.

> **불법조건이 되는 조건사실**　　　　　대법원 1966. 6. 21. 선고 66다530 판결
>
> 　부부관계의 종료를 해제조건으로 하는 증여계약은 그 조건만이 무효인 것이 아니라 증여계약 자체가 무효이다.

3. 기성조건

　'기성조건'이란 조건사실이 법률행위 당시에 이미 성립되어 있는 것을 말한다. 조건은 성립 여부가 객관적으로 불확실한 장래의 사실에 의존하는 것이므로 기성조건은 조건의 성질에 반한다. 기성조건이 정지조건이면 조건 없는 법률행위가 되고, 해제조건이면 그 법률행위는 무효이다(제151조제2항).

4. 불능조건

　'불능조건'이란 그 조건을 실현하는 것이 객관적으로 불가능한 사실을 내용으로 하는 조건을 의미한다. 따라서 조건이 되는 사실 그 자체가 실현불가능하여야 한다. 이러한 점은 조건부 법률행위의 급부 그 자체가 불능인 경우와는 구별된다. 정지조건이 불능조건이면 그 법률행위를 무효로 하고, 해제조건이 불능조건이면 조건 없는 법률행위로 하고 있다.

5. 모순조건

　'모순조건'이란 조건이 되는 사실 그 자체를 실현하는 것은 가능하지만, 이로 인하여 법률행위 전체의 내용이 모순에 빠지게 되는 경우를 말한다(민법주해(Ⅲ) 329쪽). 예컨대 '매매의 잔대금을 지급하지 아니하면 소유권이전등기를 경료해 주겠다'는 경우가 이러한 모순조건에 속한다. 모순조건은 법률행위의 의사표시의 내용을 불명확하게 하거나 모순에 빠지게 하므로 법의 보호를 받지 못한다(민법주해(Ⅲ) 329쪽).

제3관　기　　한

제1항 기한의 의의

　'기한(Befristung)'이란 법률행위의 당사자가 의사표시를 함으로써 법률행위의 효력을 발생·소멸하거나 또는 채무의 이행이 장래에 실현되거나 또는 도래할 것이 확실한 사실에 의존케 하는 부관을 말한다. 기한은 기한이 되는 사실이 장래의 사실이라는 점에서는 조건과 같지만, 장래에 실현되거나 도래할 것이 확실하다는 점에서는 조건과 다르다.

기한은 당사자의 의사표시에 의하여 부과된 것이므로 법률의 규정에 의하여 권리가 발생하거나 소멸하는 것을 장래의 확실한 사실에 의존하도록 하는 시효기간이나, 출석기간, 제척기간이나 법원의 지정에 의한 법정기한 또는 특정기한은 기한이 아니다.

제2항 기한의 종류

1. 시기 · 종기

'시기(Anfangtermin)'란 법률행위의 효력의 발생이나 채무이행의 시기를 장래의 확정적 사실에 의존케 하는 기한을 의미한다. '종기(Endtermin)'란 법률행위의 효력을 소멸케 하는 기한을 의미한다.

2. 확정기한 · 불확정기한

'확정기한(bestimmte Befristung)'이란 '내년 1월 1일'과 같이 장래에 발생하는 것이 확정적인 사실이 발생하는 시기까지 확정되어 있는 기한을 의미한다. '불확정기한(unbestimmte Befristung)'이란 '사망시까지'와 같이 장래에 발생이 확실하기는 하지만 그 시기가 확정되지 않는 기한을 의미한다.

그러나 경우에 따라서는 불확정기한인지 또는 조건인지를 판단하기 어려운 경우가 있다. 예를 들면, 출세하면 지급한다는 약속, 상경하였을 때에 지급한다는 약속, 채무자가 혼인 또는 이혼을 한 때에 반환한다는 차용금액, 부동산을 매각하면 지급한다는 채무 등에서, 출세하지 않거나, 상경하지 않거나, 채무자가 혼인 또는 이혼하지 않거나, 부동산을 매각하지 않으면 지급 또는 반환하지 않겠다는 의미라면 조건이 되지만, 반드시 지급 또는 반환하겠지만 출세할 때, 상경할 때, 채무자가 혼인 또는 이혼한 때 또는 부동산을 매각한 때 그러겠다는 의미라면 불확정기한이 된다. 결국 이는 법률행위의 해석으로 결정된다.

판례에 따르면, 이미 부담하고 있는 채무에 관하여 그 발생이 불확정한 사실을 부관으로 붙인 경우에는 통상 기한을 정한 것으로 보아야 한다(대판 2003. 8. 19, 2003다24215). 그러므로 불확정한 사실이 발생한 때를 기한으로 정한 경우에는 그 사실이 발생한 때 또는 발생하지 않는 것으로 확정된 때에 기한이 도래한 것(대판 1989. 6. 27, 88다카10579)으로 해석하고 있다.

> **이미 부담하고 있는 채무변제에 부관이 붙여진 경우(불확정기한)**
> 대법원 2003. 8. 19. 선고 2003다24215 판결
> 이미 부담하고 있는 채무의 변제에 관하여 일정한 사실이 부관으로 붙여진 경우에는 특별한 사정이 없는 한 그것은 변제기를 유예한 것으로서 그 사실이 발생한

때 또는 발생하지 아니하는 것으로 확정된 때에 기한이 도래한다.

제3항 기한을 붙일 수 없는 법률행위

'기한을 붙일 수 없는 법률행위'란 법률행위의 성질상 법률행위 성립과 동시에 효력이 발생해야 하는 법률행위를 의미한다. 혼인·협의상 이혼·입양·파양·상속의 승인과 포기 등의 가족법·상속법상의 행위에는 이러한 이유로 시기를 붙이지 못한다. 기한을 붙일 수 없는 법률행위는 조건을 붙일 수 없는 법률행위와 그 범위가 대체로 일치한다. 그러나 어음행위나 수표행위는 조건에 친하지 않지만 시기를 붙이더라도 법률관계를 불확실하게 하지 않기 때문에 기한을 붙이는 것을 인정한다.

소급효 있는 법률행위에 시기를 붙이는 것은 무의미하고, 종기를 붙일 수 없는 법률행위의 범위는 해제조건에 있어서 그 범위와 대체로 같다.

제4항 기한도래의 효과(제152조)

제152조 [기한도래의 효과]

① 시기 있는 법률행위는 기한이 도래한 때로부터 그 효력이 생긴다.
② 종기 있는 법률행위는 기한이 도래한 때로부터 그 효력을 잃는다.

시기 있는 법률행위의 기한이 도래하게 되면 법률행위가 성립한 때가 아니라 기한이 도래한 때로부터 그 효력이 발생하게 되고, 종기 있는 법률행위의 기한이 도래하게 되면 마찬가지로 기한이 도래한 때로부터 그 효력을 잃게 된다. 기한의 효력에는 소급효가 없다. 기한에 소급효를 인정한다는 것은 기한을 붙이는 것과 모순되므로 당사자의 특약에 의하더라도 인정되지 않는다.

제5항 기한의 이익과 그 포기(제153조)

제153조 [기한의 이익과 그 포기]

① 기한은 채무자의 이익을 위한 것으로 추정한다.
② 기한의 이익은 이를 포기할 수 있다. 그러나 상대방의 이익을 해하지 못한다.

---

1. 기한의 이익

'기한의 이익'이란 기한이 도래하기 전에 당사자가 받는 이익을 말한다. 시기부법률행위에서는 기한이 도래하지 않음으로써 받는 이익을, 종기부법률행위에서는 종기까지는 법률행위의 효력이 소멸하지 않음으로써 받는 이익을 말한다.

이러한 이익은 누구에게 있는지는 각각의 경우에 따라 다르다. 예컨대, 채권자·채무자 쌍방이 기한의 이익을 가지는 경우(이자 있는 정기예금), 채권자만이 이를 가지는 경우(무상임치), 채무자만이 가지는 경우(무이자 소비대차)가 있다. 민법에 따르면, 기한의 이익이 법률행위의 성질이나 당사자의 특약에 정한 경우를 제외하고는 기한은 채무자의 이익을 위한 것으로 추정한다(제153조제1항). 그러므로 기한의 이익이 채권자를 위한 것(예: 무상임치)인 때에는 채권자 쪽에게, 당사자 쌍방을 위한 것(예: 이자있는 정기예금)일 때에는 이를 주장하는 자에게 입증책임이 있다.

2. 기한의 이익의 포기

'기한의 이익의 포기'란 기한의 이익을 받는 자가 그 이익을 포기하는 것을 말한다. 그러나 상대방의 이익을 해하는 경우에는 포기하지 못한다(제153조제2항). 이는 기한의 이익을 가진 자가 자신의 이익을 포기하여 스스로 그 불이익을 감수하는 것은 금할 필요가 없기 때문이다.

(1) 일방적 기한이익

무상임치와 같이 채권자만을 위한 이익을 갖게 되는 경우, 기한의 이익을 얻는 일방은 상대방에 대하여 일방적 의사표시만으로 기한의 이익을 포기할 수 있다. 따라서 무상임치인은 언제든지 임치물의 반환을 청구할 수 있고, 무이자 차주는 언제든지 반환할 수 있다. 만약 이자부 소비대차에서 기한이 채무자만의 이익을 위한 것이면, 기한까지 아니라 변제할 때까지의 이자만을 붙여서 반환하면 된다. 그러나 이 경우에도 상대방에게 손해가 발생한 경우에는 배상해야 할 것이다(제153조제2항 단서).

(2) 쌍방적 기한이익

'쌍방적 기한이익'이란 정기예금과 같이 쌍방이 기한이익을 갖게 되는 것으로, 상대방의 기한이익을 전보한다면 일방 당사자는 기한의 이익을 포기할 수 있을 것이다. 이렇게 기한이익이 상대방을 위해서도 존재하는 경우에는 상대방에게 손해배상하고 포기할 수 있다(학설 일치). 따라서 이자부 소비대차의 채무자는 이행기까지의 이자(변제할 때까지가 아님)를 지급하여 기한 전에 변제할 수 있다.

3. 기한의 이익의 상실

'기한의 이익의 상실'이란 일반적으로 채무자가 갖게 되는 기한의 이익에 대하여 채무자에게 일정한 사유가 있는 경우 기한의 이익을 상실하도록 하는 것이다. 채무자에게 기한의 이익을 원칙상 인정하는 이유는 채무자의 신용에 있는데, 채무자가 담보를 손상하거나 감소 또는 멸실하게 한 때(제388조제1호), 채무자가 파산한 때(채무자 회생 및 파산에 관한 법률 제425조), 채무자가 담보제공의 의무를 이행하지 아니한 때(제388조제2호)에는 신용을 잃었다고 보아 기한의 이익을 상실하도록 하고 있다. 이러한 사유가 발생하게 되면 채권자가 변제기 전에 변제를 청구하더라도 채무자는 이를 거절하지 못하게 된다. 기한의 이익이 상실되었다고 하더라도 이러한 사유가 발생한 때 변제기가 도래한 것으로 되지 않고, 채권자의 이행청구가 있을 때 비로소 채무의 변제기가 도래한 것으로 된다.

제6항 기한부권리와 준용규정(제154조)

> **제154조 [기한부권리와 준용규정]**
> 제148조와 제149조의 규정은 기한 있는 법률행위에 준용한다.

불확정기한부 법률행위라고 하더라도 장래에 발생할 것이 확실한 사실에 의존하고 있으므로 장래의 사실의 성부를 효력발생의 요건으로 하고 있는 조건에 비한다면 기한이 도래하기 전이라도 조건부 법률행위보다 더욱 보호되어야 할 것이다. 따라서 조건부 권리의 침해금지에 관한 제148조와 조건부 권리의 처분 등에 관한 제149조를 기한부 권리에 준용하고 있다. 다만, 채무이행에 기한이 붙은 법률행위는 채권과 채무는 이미 발생하였으나 아직 이행기가 도래하지 않은 것으로, 기한부 권리와 의무를 문제 삼을 필요가 없어서 변제기 전 채권의 효력의 문제가 된다.

제11장 기 간

제1절 기간의 의의

> **제155조 [본장의 적용범위]**
>
> 　기간의 계산은 법령, 재판상의 처분 또는 법률행위에 다른 정한 바가 없으면 본장의 규정에 의한다.

　'기간(Frist)'이란 일정 시점에서 일정 시점까지의 계속된 시간을 의미한다. 즉, 두 시점 사이의 시간의 계속적 흐름을 말한다. 기간과 구별하여야 할 것으로 '기일(Termin)'이라는 것이 있는데 기간은 계속된 시간을 의미하는 반면 기일은 어느 특정의 시점을 가리킨다.

　시간은 법률사실로 사건에 속한다. 시간은 단독으로 법률요건이 되는 경우는 없지만, 성년·최고기간·실종선고·기간·시효와 같이 다른 법률사실과 결합하여 법률요건의 중요한 법률사실이 되기도 한다.

　기간에 관한 민법규정은 보충적 규정에 불과하므로 법률이나 재판상의 처분 또는 법률행위에 관하여 다른 정함이 없으면 민법의 규정을 적용된다. 민법의 이에 관한 규정은 사법관계뿐만 아니라 공법관계에도 적용된다.

제2절 기간의 계산방법(제156조 내지 제161조)

　기간의 계산방법에는 '자연적 계산방법'과 '역법적(曆法的) 계산방법'이 있다. 전자에 따라 계산하게 되면 시간의 흐름에 대해서 순간까지도 계산하게 되는 것이고, 후자의 방법에 따르면 역(曆)에 따라서 계산하는 방법이다. 전자는 정확한 반면 불편하고, 후자는 부정확한 반면 편리하다. 민법은 단기간의 계산에서는 자연적 계산방법을 채용하고, 장기간의 계산에서는 역법적 계산방법을 사용한다.

제1관 기간의 기산점(제156조 내지 제158조)

제156조 [기간의 기산점]

기간을 시, 분, 초로 정한 때에는 즉시로부터 기산한다.

제157조 [기간의 기산점]

기간을 일, 주, 월 또는 년으로 정한 때에는 기간의 초일은 산입하지 아니한다. 그러나 그 기간이 오전 영시로부터 시작하는 때에는 그러하지 아니하다.

제158조 [연령의 기산점]

연령계산에는 출생일을 산입한다.

1. 일·주·월·년을 단위로 하는 기간의 기산점

일·주·월·년을 단위로 하는 기간의 기산점은 다음날부터이다. 즉, 기간의 초일은 산입하지 않는 것이 원칙이다. 그러나 기간이 오전 0시로부터 시작하는 때에는 초일을 산입한다(제157조). 다만 연령계산에는 출생일을 산입한다(제158조).

2. 시·분·초를 단위로 하는 기간의 기산점

시·분·초를 단위로 하는 기간은 자연적 계산법에 따라 즉시로부터 기산한다(제156조).

제2관 기간의 만료점(제159조 내지 제161조)

제159조 [기간의 만료점]

기간을 일, 주, 월 또는 년으로 정한 때에는 기간말일의 종료로 기간이 만료한다.

제160조 [역에 의한 계산]

① 기간을 주, 월 또는 년으로 정한 때에는 역에 의하여 계산한다.
② 주, 월 또는 년의 처음으로부터 기간을 기산하지 아니하는 때에는 최후의 주, 월 또는 년에서 그 기산일에 해당한 날의 전일로 기간이 만료한다.
③ 월 또는 년으로 정한 경우에 최종의 월에 해당일이 없는 때에는 그 월의 말일로 기간이 만료한다.

> **제161조 [공휴일 등과 기간의 만료점]**
>
> 기간의 말일이 토요일 또는 공휴일에 해당한 때에는 기간은 그 익일로 만료한다.

1. 일 · 주 · 월 · 년을 단위로 하는 기간의 만료점

일, 주, 월 또는 년을 단위로 하는 기간은 기간말일의 종료로 기간이 만료한다(제159조). 기간을 주, 월, 또는 년으로 정한 때에는 역(曆)에 의하여 계산한다(제160조제1항). 주, 월 또는 년의 처음으로부터 기간을 기산하지 아니하는 때에는 최후의 주, 월 또는 년에서 그 기산일에 해당한 날의 전일로 기간이 만료하게 된다. 월 또는 년으로 정한 경우에 최종의 월에 해당일이 없는 때에는 그 월의 말일로 기간이 만료한다. 예를 들어 2월 28일 오후 1시부터 3개월이라 하면 5월 31일이 된다. 또한 기간의 말일이 토요일이거나 공휴일에 해당한 때에는 기간은 그 익일(다음날)로 만료한다(제161조).

> **기간 기산의 초일이 공휴일인 경우 제161조 적용 여부**
>
> 대법원 1982. 2. 23. 선고 81누204 판결
>
> 기간의 초일이 공휴일이라 하더라도 기간은 초일부터 기산한다.

2. 시 · 분 · 초를 단위로 하는 기간의 만료점

시 · 분 · 초를 단위로 하는 기간의 만료점은 그 정하여진 시 · 분 · 초가 종료한 때 만료된다.

제3관　기간의 역산방법

기간의 계산방법은 기산일로부터 과거에 소급하여 계산되는 기간에 대해서도 준용되어야 한다고 한다. 사단법인의 사원총회를 1주일 전에 통지한다고 할 때에 총회의 전일을 기산점으로 역산하여 기간을 계산하면 된다.

> **근로자 평균임금 산정시 역산방법(초일산입 여부)**
>
> 대법원 1989. 4. 11. 선고 87다카2901 판결
>
> 근로기준법 제19조 제1항 소정의 평균임금을 산정하여야 할 사유가 발생한 날 이전 3월간의 기산에 있어서 사유발생한 날인 초일은 산입하지 않아야 한다.

제 12 장   소멸시효

제 1 절   서   설

제1관   시효의 의의

'시효'란 일정한 사실상태가 오랫동안 계속되면, 그러한 사실상태가 진실한 권리관계에 합치하느냐의 여부와는 상관없이 그 사실상태를 그대로 존중하여 권리관계를 인정하려는 제도이다. 시효제도에 따르면 진실한 권리자의 권리가 소멸하기도 하고 사실상태를 오래 유지해오던 진정하지 않은 권리자가 권리를 취득하기도 한다. 따라서 시효는 권리의 취득과 소멸이라는 법률효과를 발생하게 하는 법률요건이다. 시효에는 '취득시효'와 '소멸시효'가 있다.

'취득시효'란 권리가 없는 자가 마치 권리가 있는 것과 같이 권리를 행사하고 있는 상태가 일정기간 동안 계속된 경우 그러한 권리행사라는 외관을 존중하여 그 사람이 진실한 권리자인지의 여부를 묻지 않고 처음부터 그 자가 권리자이었던 것으로 인정하는 제도이다. 예컨대, 취득시효는 어떤 사람이 소유자인 것과 같은 사실상태가 오랫동안 계속한 경우에 그가 실제로 소유자인지 관계없이 소유자로 인정하는 것이다.

'소멸시효'란 권리자가 그 권리를 사용할 수 있음에도 불구하고 사용하지 않은 기간이 일정기간 계속되는 경우 즉, 권리불행사의 기간이 일정기간 계속된 경우 그 자의 권리를 소멸시키는 제도이다. 예컨대, 소멸시효는 어떤 당사자 사이에 채권·채무가 존재하지 않는 것과 같은 사실상태가 계속된 경우에 실제로 채권·채무의 존재와 관계없이 그 채권·채무가 소멸된 것처럼 취급하는 것이다.

제2관   시효의 존재이유

법률의 본래의 취지는 정당한 권리관계와 어긋나는 사실상태가 존재하는 경우에 정당한 권리를 보호하기 위하여 어긋나는 사실상태를 제거하는 데 있다. 그러나 시효제도에 따르게 되면 사실상의 권리행사자를 보호하여 권리를 주게 되고 진정한 권리자의 권리를 소멸시키게 되어 법률의 본래 취지에 반하게 된다. 그럼에도 불구하고 시효제도를 존치하는 이유로는 다음과 같다.

한편 판례에 따르면, 시효제도의 존재이유가 영속된 사실상태를 존중하고 권리 위에 잠자는 자를 보호하지 않는다는 데에 있고 특히 소멸시효에서는 후자의 의미가 강하다고 한다(대판 1992. 3. 31, 91다32053 전원합의체). 또한 소멸시효는 시간의 흐름에 좇아 성질상 당연히 더욱 커져가는 법률관계의 불명확성에 대처하려는 목적으로 마련된 제도로서 법적 안정성이 무겁게 고려되어야 하는 영역이라고 한다(대판 2010. 5. 27, 2009다44327).

시효제도의 존재이유 등　　　　대법원 1992. 3. 31. 선고 91다32053 전원합의체 판결

시효제도의 존재이유는 영속된 사실상태를 존중하고 권리 위에 잠자는 자를 보호하지 않는다는 데에 있고 특히 소멸시효에 있어서는 후자의 의미가 강하므로, 권리자가 재판상 그 권리를 주장하여 권리 위에 잠자는 것이 아님을 표명한 때에는 시효중단사유가 되는바, 이러한 시효중단사유로서의 재판상의 청구에는 그 권리 자체의 이행청구나 확인청구를 하는 경우만이 아니라, 그 권리가 발생한 기본적 법률관계에 관한 확인청구를 하는 경우에도 그 법률관계의 확인청구가 이로부터 발생한 권리의 실현수단이 될 수 있어 권리 위에 잠자는 것이 아님을 표명한 것으로 볼 수 있을 때에는 그 기본적 법률관계에 관한 확인청구도 이에 포함된다고 보는 것이 타당하다.

---

1. 법률생활의 안정과 평화

일정한 사실상태가 계속하게 되면 일반적으로 그러한 사실상태를 신뢰하게 되고 그러한 사실상태를 기초로 하여 다수의 새로운 법률관계가 형성하게 된다. 이러한 상황에서 진정한 권리자를 보호하고자 하면 진정한 권리와 부합하지 않는 사실상태를 기초로 한 다수의 새로운 법률관계가 모두 뒤집어지게 되어 거래의 안전을 해치게 될 뿐만 아니라 사회질서가 혼란하게 된다. 따라서 실제의 법률관계와는 다른 사실관계라 하더라도 일정한 기간 계속되는 때에는 그 사실상태를 그대로 인정하여 거래의 안전과 사회질서를 유지하고자 하는 것이 시효제도의 존재이유라고 한다. 주로 취득시효에 타당한 이유이다.

2. 증거보전의 곤란 구제

사실상태가 계속하게 되면 진정한 권리를 입증하기 위한 증거를 구하기 어렵게 된다. 따라서 오랫동안 사실상태가 계속되고, 이러한 사실상태에 대하여 진정한 권리관계와 다르다는 것을 다투지 않고 경과하였다면 법원은 진정한 권리관계를 구제하고자 하더라도 증거가 소멸하고 없거나 증인이 이미 사망하고 없는 경우가 허다하기 때문에 오랜 기간을 거슬러 올라가서 확정한다는 것이 쉽지 않다. 오히려 권리에 관한 다

틈 없이 오랫동안 사실상태가 계속되어 왔다는 것이 진실한 권리관계가 유지되어 왔을 개연성이 더 크다 할 것이다. 여기서 증거보전의 곤란을 구제한다는 점에서 시효제도의 존재이유가 있는 것이다. 주로 소멸시효에 타당한 이유이다.

3. 권리불행사의 보호가치 부인

일정한 사실상태가 오랫동안 지속되면 진정한 권리자의 권리 여부를 묻지 않고 그러한 사실상태를 유지해온 자에게 권리를 인정하게 된다는 점에서 볼 때 진정한 권리자가 자신의 권리가 있음을 행사하지 않았기에 가능하였다고 할 것이다. 따라서 자신에게 권리가 있음에도 불구하고 오랫동안 권리를 행사하지 않은 자 이른바, '권리 위에 잠자는 자'를 보호할 가치가 없다는 것이다. 이러한 자는 시효제도에 의한 희생을 감수하여야 한다는 것이다. 주로 소멸시효를 설명하는 데 타당한 이유이다.

제3관 시효의 성질

1. 법정기간의 경과 필요

시효를 통하여 일정한 권리를 인정하거나 소멸시키기 위해서는 법정기간 동안 일정한 사실상태가 계속되어야 한다. 따라서 그 사실상태가 중단되면 시효도 중단되고, 사실상태를 방해하는 사정이 발생하면 시효는 정지하게 된다. 취득시효의 경우 원시취득이라는 점에서 선의취득 내지 즉시취득과 동일하지만 후자의 경우 법정기간의 경과를 요하지 않는다는 점에서 구별된다고 할 것이다.

2. 법률요건

시효가 완성되면 법률로써 권리의 발생을 인정하게 되거나 권리의 소멸을 인정하게 된다. 따라서 시효의 완성으로 일정한 법률효과가 발생하므로 시효는 법률요건이 된다. 그러나 소멸시효에 관해서는 시효의 완성으로 당연히 권리가 소멸하는 것이 아니라 권리소멸을 주장할 수 있는 권리만 발생하게 된다는 견해가 있다. 이러한 견해에 따르면 소멸시효가 완성되고 또한 권리소멸의 주장이 있어야 권리가 소멸하게 된다(자세한 것은 소멸시효의 효력을 참조).

3. 재산권에 한하여 적용

시효제도는 재산권에 한하여 적용되는 제도이지 가족법상의 권리에 적용되는 제도는 아니다. 가족법상의 권리는 진정한 의사를 가장 중요하게 하는 것이기 때문에 사실상태가 아무리 오래 지속되었다고 하더라도 그러한 사실상태를 기초로 하여 법률관계를 변경하는 것은 타당하지 않기 때문이다.

4. 강행규정성

시효제도는 법적 안정성과 채증상의 곤란 등의 사회적 · 경제적인 이유로 그 존재를 인정하고 있으므로 시효에 관한 규정은 강행규정이다. 따라서 특약으로 시효요건을 법정보다 까다롭게 하였다면 그 약정은 허용되지 않는다. 이에 대해서는 소멸시효에 관한 규정(제184조제2항)에서 명문으로 규정하고 있다.

제4관 제척기간, 권리의 실효

1. 제척기간

(1) 의 의

'제척기간(Ausschluβfrist, Präklusivfrist)'이란 권리의 존속에 대하여 법률이 예정하는 기간을 말한다. 따라서 법률이 예정하는 기간이 차게 되면 그 권리는 당연히 소멸한다. 즉, 법률이 예정하는 기간 내에 권리를 행사하지 않으면 당연히 소멸하게 된다. 제척기간을 두는 이유는 권리를 속히 확정하려는 데 있다. 형성권의 경우 제척기간을 두는 필요성이 강하게 인정된다.

제척기간에 관한 일반규정은 없으나 소멸시효와는 다른 제척기간이라고 할 만한 권리주장의 시간적 한계에 관한 규정이 간혹 있을 뿐이다.

제척기간에 관하여 그 기간 내에 어떤 행위를 하게 되면 그 권리를 보전할 수 있게 되는가에 대하여 학설과 판례는 나뉘고 있다. 학설에 따르면 제척기간을 출소기간으로 보아 소의 제기가 기간 내에 이루어져야만 권리가 보전된다고 한다(곽윤직 · 김재형 419쪽, 김상용 724쪽, 이영준 786쪽, 고상룡 663쪽). 그러나 판례에 따르면 제척기간을 재판상 또는 재판외의 권리행사기간으로 보고 있다(대판 1985. 11. 12, 84다타2844; 대판 1993. 7. 27, 92다52795. 다만 점유보호청구권의 행사기간은 출소기간이라고 본 판례가 있다. 대판 2002. 4. 26, 2001다8097 · 8103). 이 경우 재판 외에서 권리행사를 하는 것은 특별한 형식이 필요한 것이 아니므로 적당한 방법으로 손해배상 등을 청구하는 등 권리행사를 한다는 뜻을 표시함으로써 충분하다(대판 2003. 6. 27, 2003다20190). 그러나 채권양도의 통지는 그 양도인이 채권이 양도되었다는 사실을 채무자에게 알리는 것에 그치는 행위이므로, 그것만으로 제척기간의 준수에 필요한 권리의 재판외 행사에 해당하지 않는다(대판(전합) 2012. 3. 22, 2010다28840). 제척기간준수사유인 권리 행사로 인정받으려면 채권양도의 통지에 이행을 청구하는 뜻을 별도로 덧붙이는 등의 특별한 사정이 있어야 한다(곽윤직 · 김재형 420쪽).

만약 제척기간을 권리 외의 권리행사기간으로 충분하다면, 그 권리를 행사하는 결과로 생기게 되는 권리에 대해서는 일반의 소멸시효에 따르게 되므로, 권리관계를 조속하게 확정하려는 취지를 살리지 못할 수 있다. 그러므로 법률에서 일정한 기간 내에 소로써 권리를 행사해야 하는 경우에는 그 기간 내에 소를 제기하여야 하고(채권자취소권(제406조제2항), 친생부인의 소(제847조), 상속회복청구권(제999조)), 법률에서 권리의 행사방법을 정하고 있지 않은 경우에는 재판 외에서도 권리를 행사할 수 있다고 보아야 할 것이다.

> **채권양도통지만으로 제척기간 준수에 필요한 권리의 재판외 행사(소극)**
> 대법원 2012. 3. 22. 선고 2010다28840 전원합의체 판결
>
> [다수의견] (가) 채권양도의 통지는 양도인이 채권이 양도되었다는 사실을 채무자에게 알리는 것에 그치는 행위이므로, 그것만으로 제척기간 준수에 필요한 권리의 재판외 행사에 해당한다고 할 수 없다.
> (나) 따라서 집합건물인 아파트의 입주자대표회의가 스스로 하자담보추급에 의한 손해배상청구권을 가짐을 전제로 하여 직접 아파트의 분양자를 상대로 손해배상청구소송을 제기하였다가, 소송 계속 중에 정당한 권리자인 구분소유자들에게서 손해배상채권을 양도받고 분양자에게 통지가 마쳐진 후 그에 따라 소를 변경한 경우에는, 채권양도통지에 채권양도의 사실을 알리는 것 외에 이행을 청구하는 뜻이 별도로 덧붙여지거나 그 밖에 구분소유자들이 재판외에서 권리를 행사하였다는 등 특별한 사정이 없는 한, 위 손해배상청구권은 입주자대표회의가 위와 같이 소를 변경한 시점에 비로소 행사된 것으로 보아야 한다.

(2) 제척기간과 소멸시효의 비교

제척기간과 소멸시효에 대하여, 소멸시효의 완성으로 소멸시효의 효과가 발생하게 된다는 견해에 따르면 별다른 차이점이 없지만, 소멸시효의 완성으로 인하여 소멸을 주장할 수 있는 권리만 발생하게 된다는 견해(다수설)에 따르게 되면 양자는 큰 차이점이 있게 되는데 아래에서 살펴보기로 한다.

1) 소급효의 부인

제척기간의 경과로 인하여 권리가 소멸하는 경우 소급하지 않고 기간이 경과한 때로부터 장래를 향하여 소멸할 뿐이다. 그러나 소멸시효에 의한 권리소멸은 소급효가 있다(제167조 참조).

2) 중단의 부인

제척기간을 두는 목적은 권리관계를 속히 확정하려는 데 있으므로 소멸시효와는

달리 중단이 없다. 따라서 제척기간 내에 권리자가 권리를 주장하거나 의무자가 승인을 하더라도 기간은 계속할 뿐이고 갱신되지는 않는다.

3) 시효정지에 관한 규정의 유추적용 부인

시효정지에 관한 규정이 제척기간에도 유추적용되는가에 대해서는 긍정하는 견해(김증한·김학동 513쪽)와 부정하는 견해(곽윤직·김재형 421쪽, 이영준 787쪽)로 나뉘고 있다. 부정설이 다수의 입장이다. 긍정설에 따르면 시효의 정지에 관한 규정 가운데 천재 기타 사변으로 인한 소멸시효의 정지를 규정하고 있는 제182조만은 제척기간에 적용하는 것이 타당하다고 한다. 이러한 경우에도 유예기간을 주지 않는다면 권리자에게 가혹하며, 또한 유예기간은 비교적 짧게 한정되어 있으므로 제척기간의 정지를 인정하더라도 권리관계를 조속히 확정하려고 하는 제척기간의 제도적 취지에 반하지 않는다고 한다. 부정하는 견해에 따르면 본래 권리의 존속 그 자체를 제한하고 권리를 박탈하고자 하는 것이 제척기간의 목적이고, 명문에 제182조를 준용한다는 규정이 없으므로 해석을 통한 유추적용은 인정될 여지가 없을 것이다.

4) 포기의 부인

제척기간은 시효기간완성 후 시효의 이익의 포기가 인정되지 않지만, 소멸시효는 인정된다.

5) 소송상 주장의 불요

제척기간은 직권조사사항이므로 당사자가 이를 주장하지 않더라도 법원은 당연히 이를 고려하여야 하지만(대판 1996. 9. 20, 96다25371), 소멸시효의 경우 변론주의에 의하여 시효이익을 받은 자가 이를 소송상 주장하여야 법원이 고려하게 된다는 점에서 다르다.

6) 입증책임

제척기간은 권리자가 제척기간이 경과하지 않았다는 것을 입증하여야 하고, 소멸시효는 소멸시효의 항변권을 주장하는 자가 입증책임이 있다.

7) 기산점

제척기간은 그 기간의 경과 자체만으로 권리 소멸의 효과를 가져 오게 하지만, 소멸시효는 일정한 기간의 경과와 권리의 불행사에 의하여 권리소멸의 효과를 가져 온다. 따라서 제척기간의 기산점은 원칙적으로 권리가 발생한 때부터이지만(대판 1995. 11. 10, 94다22682,22699), 소멸시효의 기산점은 권리행사할 수 있는 때이다(제166조).

(3) 제척기간과 소멸시효의 판별

제척기간과 소멸시효는 양자의 차이점으로 인하여 이를 구별하는 것이 매우 중요하다. 따라서 양자를 판별하는 기준을 어디에 둘 것인지에 대하여 조문의 구절에 의하여 결정하는 것이 옳다(학설 일치). 이러한 견해에 따르면 조문에 '시효로 인하여'라고 되어 있는 경우에는 언제나 소멸시효기간으로 파악하고, 그러한 구절을 쓰고 있지 않는 경우에는 제척기간으로 본다.

'시효로 인하여'라고 하는 표현을 하더라도 그 제도의 취지나 권리의 성질 등으로 보아 제척기간으로 해석하여야 할 경우가 있다는 견해가 있다(곽윤직·김재형 411쪽). 이 견해에 따르면 상속의 승인과 포기의 기간에 관한 제1024조제2항과, 유증의 승인과 포기의 기간에 관한 제1075조제2항에서는 '시효로 인하여'라고 규정하고 있지만, 이는 제146조의 특별규정이라는 점과, 그 권리의 성질로 보아 제척기간으로 보아야 한다는 것이다.

따라서 법규정에 "시효로 인하여"라는 표현은 일단 소멸시효로 파악하지만, 최종적으로 그 규정의 취지, 목적 그리고 성질을 통하여 제척기간 또는 소멸시효인지 여부를 판단해야 할 것이다.

(4) 형성권과 제척기간

형성권이 소멸시효에 걸리는지 제척기간에 걸리는지 문제가 될 수 있다. 형성권의 경우 권리의 행사와 동시에 법률효과가 발생하므로 권리의 불행사라고 하는 소멸시효의 요건이 성취될 여지가 없게 된다. 따라서 형성권에 관하여 권리행사 기간이 정하여져 있다면 이를 제척기간으로 하여야 한다는 견해가 있다(김상용 727쪽, 이영준 787-788쪽).

형성권의 행사기간이 규정되어 있지 않는 경우 제척기간은 10년이라는 견해(김상용 727쪽, 고상룡 672쪽, 김용한 451쪽)와 권리실효이론에 의하여 해석하여야 한다는 견해(이영준 788쪽)가 대립하고 있다. 전자의 견해에 따르면 권리의 실효는 권리를 장기간 행사하지 않은 후에 권리의 행사가 신의성실의 원칙에 반하게 되면 권리의 소멸을 인정하는 제도이고, 권리의 실효는 형성권에만 인정되는 권리는 아니기 때문이라고 한다.

그러나 기간을 정하지 않은 형성권의 제척기간을 10년으로 본다는 법적 근거가 미약하다. 따라서 기간을 정하지 않은 형성권의 기간은 기초적 법률관계(채권인가 또는 물권인가)에 의하되, 이에 의할 수 없는 경우에는 신의칙에 의하는 것이 바람직하다(이은영 785쪽).

(5) 제척기간과 소멸시효의 양립

일반적으로 제척기간과 소멸시효를 준별하고 있는 견해에 따르면, 제척기간과 소멸시효가 양립한다면, 양자의 구별에 논의가 무의미하다는 지적이 있다.[1] 그러나 독일민법은 예외적인 경우에 양자가 양립할 수 있음을 규정하고 있다(예: 독일민법 제651조 g). 이 규정은 제척기간과 소멸시효가 병행하여 진행하고, 그 점에서 동조는 소멸시효와 제척기간은 병행하여 진행하지 않는다는 일반원칙에 대한 예외를 인정한 것이라고 할 수 있다.

우리 민법에는 청구권에 제척기간을 둔 경우로 첫째, 점유보호청구권(제204조제3항, 제205조제2항), 둘째, 도품이나 유실물의 반환청구권(제250조 본문), 셋째, 담보책임에 기한 매수인 또는 수급인의 손해배상청구권(제573조, 제575조, 제582조, 제670조, 제671조), 넷째, 사용대차나 임대차에서 손해배상청구권과 비용상환청구권(제617조, 제654조) 등이 있다. 이렇게 4가지 제척기간을 두고 있는 청구권에 대하여 권리내용, 당사자의 이해관계 및 거래안전을 고려하여 소멸시효와 양립을 논의할 수 있는 청구권은 셋째, 넷째이다. 제척기간과 소멸시효가 양립하는 경우, 제척기간 내에 청구권을 행사하면 그 청구권이 보전되고, 그 이후부터는 일반의 소멸시효가 적용되어, 이미 따로 존재하는 소멸시효와 함께 하나의 권리에 두 개의 소멸시효가 존재하는 결과가 된다. 이는 결국 권리자를 적극 보호하는 반면 의무자를 더 구속하는 것으로 해석될 수 있기 때문에, 예외적인 경우에 한하여 두 제도의 양립을 인정할 필요가 있을 것이다. 판례는 조심스럽게 양 제도의 양립을 인정하고 있다. 즉, '하자담보에 기한 매수인의 손해배상청구권은 민법 제582조의 제척기간 규정으로 인하여 소멸시효 규정(제162조제1항)의 적용이 배제되지 않음(대판 2011. 10. 13, 2011다10266)', '도급인이 갖는 손해배상청구권은 그 권리의 내용, 성질 및 취지에 비추어 민법 소정의 제척기간(제670조, 제671조) 외에 민법 제162조의 규정 또는 상법 제64조의 상사시효의 규정이 적용(대판 2012. 11. 15, 2011다56491)'된다고 판시하고 있다.

제척기간과 소멸시효의 양립　　　　　대법원 2011. 10. 13. 선고 2011다10266 판결
매도인에 대한 하자담보에 기한 손해배상청구권에 대하여는 민법 제582조의 제척기간이 적용되고, 이는 법률관계의 조속한 안정을 도모하고자 하는 데에 취지가 있다. 그런데 하자담보에 기한 매수인의 손해배상청구권은 권리의 내용·성질 및 취지에 비추어 민법 제162조 제1항의 채권 소멸시효의 규정이 적용되고, 민법 제582조의 제척기간 규정으로 인하여 소멸시효 규정의 적용이 배제된다고 볼 수 없으며, 이때 다른 특별한 사정이 없는 한 무엇보다도 매수인이 매매 목적물을 인도받은 때부터 소멸시효가 진행한다고 해석함이 타당하다.

---

1) 김진우, '청구권에 관한 제척기간과 소멸시효', 재산법연구 제26권제3호, 2010, 11쪽.

2. 권리의 실효

'권리의 실효'란 권리자가 자신의 권리를 장기간 행사하지 않았고, 상대방이 이러한 권리자의 권리 불행사에 대하여 앞으로도 권리의 행사가 없으리라고 믿을 만한 정당한 사유가 있는 경우에는 권리자의 권리의 행사에 대하여 신의칙에 의거 권리의 실효를 주장할 수 있다는 이론이다. 판례 또한 권리의 실효의 원칙의 근거로 신의칙 내지 권리남용의 금지를 언급하고 있다(대판 2002. 1. 8, 2001다60019; 대판 1992. 1. 21, 91다30118).

권리의 실효는 장기간의 불행사 후의 권리행사가 신의칙에 반하게 될 때, 그 권리의 관철을 허용하지 않는다는 이론이다. 이 실효이론은 소멸시효에 걸리지 않는 권리를 장기간 행사하지 않고 있다가 행사하게 되는 경우 그러한 권리의 실효를 인정하는 이론이다. 따라서 일정한 기간 동안 권리를 행사하지 않는 경우 권리를 소멸시키는 제도인 소멸시효나 제척기간과는 제도 자체의 취지가 다르다고 할 것이다.

실효의 원칙을 적용하기 위한 요건　　대법원 1992. 1. 21. 선고 91다30118 판결

일반적으로 권리의 행사는 신의에 좇아 성실히 하여야 하고 권리는 남용하지 못하는 것이므로 권리자가 실제로 권리를 행사할 수 있는 기회가 있어서 그 권리 행사의 기대가능성이 있었음에도 불구하고 상당한 기간이 경과하도록 권리를 행사하지 아니하여 의무자인 상대방으로서도 이제는 권리자가 권리를 행사하지 아니할 것으로 신뢰할 만한 정당한 기대를 가지게 된 다음에 새삼스럽게 그 권리를 행사하는 것이 법질서 전체를 지배하는 신의성실의 원칙에 위반하는 것으로 인정되는 결과가 될 때에는, 이른바 실효의 원칙에 따라 그 권리의 행사가 허용되지 않는다고 보아야 할 것이다.

제 2 절　소멸시효의 요건

제1관　서　　설

소멸시효의 완성으로 인하여 권리가 소멸하기 위해서는 첫째, 권리가 소멸시효의 목적이 될 수 있는 것이어야 하고, 둘째, 권리자가 그의 권리를 행사할 수 있음에도 불구하고 행사하지 않아야 하며, 셋째, 위의 권리의 불행사가 법정의 일정기간 동안 계속되어야 한다. 이 기간이 '소멸시효기간'이다. 권리의 불행사라는 사실상태가 이 소멸시효기간의 기산점으로부터 완성을 향하여 경과하는 과정을 '소멸시효의 진행'이라고 한다.

위와 같은 요건을 갖추게 되면 권리는 시효로 소멸하게 되지만, 일정한 경우에는 시효의 완성 또는 진행이 방해된다. 이와 같은 시효의 완성 또는 진행을 방해하는 것으로서 '시효의 중단'과 '시효의 정지'가 있다.

제2관 소멸시효의 목적이 되는 권리(제162조 내지 제165조)

소멸시효의 목적이 되는 권리는 채권 및 소유권 이외의 재산권이다. 따라서 소멸시효의 목적이 되는 권리는 재산권뿐이고, 재산권이 아닌 가족권과 인격권은 소멸시효의 대상이 되지 않는다.

1. 소멸시효에 걸리는 권리

(1) 채 권

채권은 소멸시효의 대상이 되는 권리이다. 즉, 채권은 10년간 행사하지 않으면 소멸시효가 완성되어 더 이상 권리를 행사하지 못한다.

(2) 소유권 이외의 재산권

소유권 이외의 재산권도 소멸시효에 걸린다. 즉, 채권과 소유권 이외의 재산권은 20년간 행사하지 않으면 그 권리는 소멸하게 된다. 지역권이 그 대표적인 예이다. 지상권은 최단 존속기간(제280조, 제281조)이, 전세권은 최장 존속기간(10년, 제312조)이 법정되어 있기 때문에 제162조제2항의 20년의 소멸시효가 적용되지 않는다.

채권적 청구권은 소멸시효에 걸리는 채권의 본질적 요소를 이루는 청구권이기 때문에 소멸시효에 걸린다(그러나 판례에 따르면, 점유를 이전받은 부동산매수인의 등기청구권은 소멸시효에 걸리지 않음).

(3) 공법상 권리

공법상의 권리도 소멸시효의 대상이 되기 때문에 일정한 기간의 경과로 권리가 소멸하게 된다. 특히 조세채권의 경우 5억원 이상 국세는 10년, 그 이외의 국세는 5년이고, 국세의 소멸시효에 관하여 이 법 또는 세법에 특별한 규정이 있는 것을 제외하고는 민법에 따른다(국세기본법 제27조).

2. 소멸시효에 걸리지 않는 권리

(1) 소유권

소유권은 소멸시효의 대상이 되지 않는다. 이는 소유권이 갖는 항구성 때문이라고 한다(곽윤직·김재형 415쪽). 또한 연혁적으로 볼 때 근대의 소유권 개념은 천부인권적인 절대적 권리로서 사유재산권의 법적 표현이므로 소유권에 대한 침해는 곧 그 소유자의 인격에 대한 침해이므로 이러한 신성불가침의 절대적인 권리는 소멸시효에 걸리지 않는다는 것이다(김상용 730쪽).

(2) 점유권

점유권이란 물건에 대한 사실상의 지배상태에 따른 것으로 그러한 상태가 있는 동안은 언제나 점유권이 존재하지만 그러한 사실상태가 소멸하게 되면 즉시로 점유권도 상실하게 되므로 소멸시효의 대상이 될 여지가 없다.

(3) 일정한 법률관계에 의존하는 권리

상린권과 같은 일정한 권리에 의존하여 존재하는 권리는 그 기초가 되는 권리관계가 존속하는 한 독립하여 소멸시효에 걸리지 아니한다. 또한 공유물 분할청구권은 공유관계에 수반되는 형성권이므로 공유관계가 존속하는 한 그 분할청구권만이 독립하여 시효로 소멸하지 않는다(대판 1981. 3. 24, 80다1888,1889).

> **공유물분할청구권이 공유관계와 별도로 소멸시효(소극)**
>
> 대법원 1981. 3. 24. 선고 80다1888,1889 판결
>
> 공유물분할청구권은 공유관계에서 수반되는 형성권이므로 공유관계가 존속하는 한 그 분할청구권만이 독립하여 시효소멸될 수 없다.

(4) 담보물권

담보물권은 피담보채권과 그 운명을 같이하므로 피담보채권이 존속하고 있다면 담보물권만 독립하여 소멸시효에 걸리지 않는다.

(5) 비재산권

비재산권인 인격권이나 친족권 등은 소멸시효의 대상이 되지 않는다. 따라서 친족권적 청구권도 그 성질상 원칙적으로 소멸시효의 대상이 되지는 않게 된다.

(6) 형성권

형성권은 그 권리가 행사되면 즉시로 효력이 발생하기 때문에 소멸시효의 대상이 되지 않는다. 즉, 그 성질상 불행사라는 사실상태가 있을 수 없다. 따라서 형성권의 존속기간은 소멸시효가 아닌 제척기간의 대상이 될 것이다(반대견해 있음). 다만, 형성권에 관하여 소멸시효기간을 정하고 있는 경우(예: 유류분반환청구권, 제1117조)에는 예외적으로 형성권이라고 하여도 소멸시효에 걸릴 것이다(곽윤직·김재형 426쪽).

한편 형성권에 존속기간이 정해져 있지 않은 경우(예: 공유물분할청구권(제268조), 유치권소멸청구권(제324, 제327조), 동산질권소멸청구권(제343조, 제324조), 지상권자의 매수청구권(제283조)과 지료증감청구권(제286조), 전세권자의 매수청구권(제316조제2항), 계약의 해지권과 해제권(제543조 이하), 매매예약완결권(제564조)), 그 제척기간을 10년으로 하고, 그 기간 내에 형성권의 행사의 결과로 발생한 권리(예: 원상회복청구권, 부당이득반환청구권, 손해배상청구권 등)의 소멸시효는 10년으로 해석한다(통설). 그리고 형성권에 관하여 제척기간이 정해진 형성권에 대하여도 그 제척기간 내에 형성권을 행사한 경우, 그 행사의 결과로 발생한 권리의 소멸시효는 10년이며, 소멸시효의 기산점은 형성권을 행사한 때이다. 판례 또한 같은 취지이다(대판 1991. 2. 22, 90다13420; 대판 1975. 8. 19, 75다273).

> **형성권의 행사의 결과로 발생한 권리의 소멸시효**
>
> 대법원 1991. 2. 22. 선고 90다13420 판결
>
> 환매권(일종의 형성권)의 행사로 발생한 소유권이전등기청구권은 위 기간 제한과는 별도로 환매권을 행사한 때로부터 일반채권과 같이 민법 제162조 소정의 10년의 소멸시효 기간이 진행되는 것이지, 위 제척기간 내에 이를 행사하여야 하는 것은 아니다.

(7) 물권적 청구권

물권적 청구권이 소멸시효에 걸리는지에 대해서는 견해가 나뉘고 있다. 물권적 청구권을 순수한 채권으로 보는 경우에는 소멸시효에 걸린다고 하고, 물권적 청구권은 물권의 작용이므로 물권적 청구권은 소멸시효에 걸리지 않는다고 한다. 그러나 우리나라에서는 물권적 청구권을 채권과 물권의 절충적인 입장에서 이해하고 있다.

절충적인 입장에 따르더라도 소유권에 기한 물권적 청구권의 경우 소유권이 소멸시효에 걸리지 않으므로 물권적 청구권도 소멸시효에 걸리지 않지만, 소유권 이외의 물권에 기한 물권적 청구권은 소멸시효에 걸린다는 견해(곽윤직·김재형 415쪽, 고상룡 672쪽) 및 물권적 청구권은 그 기초가 되는 물권에 의존하고 있기 때문에 독립해서 소멸시효에 걸리지 않는다는 견해(김상용 732쪽)가 있다.

사견으로는 전자가 옳다. 물권적 청구권은 물권을 실현하기 위한 청구권으로서 물권에 파생된 권리이다. 그러므로 물권이 소멸시효에 걸리면 이에 파생된 물권적 청구권도 당연히 소멸시효에 걸린다. 따라서 소유권에 기한 물권적 청구권은 소멸시효에 걸리지 않지만, 소유권 이외의 물권(예: 용익물권)에 기한 물권적 청구권은 소멸시효에 걸린다.

(8) 점유의 이전을 받은 부동산매수인의 등기청구권

채권이 소멸시효에 걸리므로 채권을 기초로 하는 청구권도 소멸시효에 걸리게 되는 것은 당연하다. 따라서 부동산의 매수인이 매도인에 대하여 가지는 등기청구권은 채권적 청구권으로 소멸시효에 걸리는 것이 원칙이지만 판례(대판(전합) 1976. 11. 6, 76다148)는 이에 대하여 예외적으로 매수인이 목적물을 인도받고 있으면 등기청구권은 소멸시효에 걸리지 않는다고 한다. 판례가 이를 인정하는 근거는 부동산 매수인이 목적 부동산을 인도받아서 사용·수익하고 있다면 그 매수인은 결코 권리(즉, 등기청구권) 위에 잠자고 있다(즉, 권리행사하지 않고 있다)고 할 수 없기 때문이라고 한다. 이러한 판례의 태도에 대하여 견해가 나뉘고 있다. 판례의 태도를 인정하는 것이 다수설(김상용 733쪽, 이영준 801쪽, 김주수·김상용 395쪽)이다. 판례의 태도를 인정하지 않는 소수설(곽윤직·김재형 415쪽)에 따르면 부동산매수에 있어서 매도인은 부동산의 소유권을 이전할 의무와 목적 부동산의 점유를 이전하여야 할 이중의 의무를 지게 되므로 양자의 의무는 별개의 것이다. 따라서 매수인에 의한 목적 부동산의 점유를 등기청구권의 행사로 볼 수 없다는 것이다.

다수설의 견해가 옳다. 그러나 그 이유는 판례의 견해와 달리 매매목적물인 부동산을 인도받아 점유하고 있는 매수인은 단지 절차상 소유권이전을 실현하지 못하였을 뿐 진정한 소유자로 법에서 당연히 보호할 가치가 있는 데에서 찾아야 할 것이다.

(9) 항변권

항변권은 청구권의 행사를 전제로 하여 존재하는 권리이기 때문에 청구권의 행사가 없음에도 불구하고 기간이 경과되었다고 하여 소멸한다는 것은 타당하지 않다고 할 것이다. 즉, 이는 항변권의 영구성 인정에 관한 문제이다. 이에 대하여 일반적으로 항변권의 영구성을 인정하지는 못하지만, 상속인의 한정승인 항변권, 보증인의 최고·검색의 항변권, 동시이행의 항변권, 유치권 등에서 항변권은 영구성이 인정되므로 소멸시효에 걸리지 않는다고 할 것이다.

(10) 명의신탁해지로 인한 등기청구권

신탁관계를 해지한 경우에 신탁자는 수탁자에 대하여 이전등기 없이도 소유권에 기한 반환청구권을 가지며, 이 이전등기청구권은 물권적 반환청구권의 성질을 가지기 때문에 소멸시효에 걸리지 않는다고 한다(대판 1976. 6. 22, 75다124; 대판 1980. 4. 8, 80다173; 대판 1991. 11. 26, 91다34387).

> **명의신탁해지로 인한 등기청구권**　　　대법원 1991. 11. 26. 선고 91다34387 판결
> 부동산의 소유자 명의를 신탁한 자는 특별한 사정이 없는 한 언제든지 명의신탁

을 해지하고 소유권에 기하여 신탁해지를 원인으로 한 소유권이전등기절차의 이행을 청구할 수 있는 것으로서, 이와 같은 등기청구권은 소멸시효의 대상이 되지 않는다.

제3관 소멸시효의 기간(제162조 내지 제165조)

제162조 [채권, 재산권의 소멸시효]

① 채권은 10년간 행사하지 아니하면 소멸시효가 완성한다.
② 채권 및 소유권이외의 재산권은 20년간 행사하지 아니하면 소멸시효가 완성한다.

제163조 [3년의 단기소멸시효]

다음 각호의 채권은 3년간 행사하지 아니하면 소멸시효가 완성한다.
<개정 1997.12.13>
1. 이자, 부양료, 급료, 사용료 기타 1년 이내의 기간으로 정한 금전 또는 물건의 지급을 목적으로 한 채권
2. 의사, 조산사, 간호사 및 약사의 치료, 근로 및 조제에 관한 채권
3. 도급받은 자, 기사 기타 공사의 설계 또는 감독에 종사하는 자의 공사에 관한 채권
4. 변호사, 변리사, 공증인, 공인회계사 및 법무사에 대한 직무상 보관한 서류의 반환을 청구하는 채권
5. 변호사, 변리사, 공증인, 공인회계사 및 법무사의 직무에 관한 채권
5. 생산자 및 상인이 판매한 생산물 및 상품의 대가
7. 수공업자 및 제조자의 업무에 관한 채권

제164조 [1년의 단기소멸시효]

다음 각호의 채권은 1년간 행사하지 아니하면 소멸시효가 완성한다.
1. 여관, 음식점, 대석, 오락장의 숙박료, 음식료, 대석료, 입장료, 소비물의 대가 및 체당금의 채권
2. 의복, 침구, 장구 기타 동산의 사용료의 채권
3. 노역인, 연예인의 임금 및 그에 공급한 물건의 대금채권
4. 학생 및 수업자의 교육, 의식 및 유숙에 관한 교주, 숙주, 교사의 채권

> **제165조 [판결 등에 의해 확정된 채권의 소멸시효]**
>
> ① 판결에 의하여 확정된 채권은 단기의 소멸시효에 해당한 것이라도 그 소멸시효는 10년으로 한다.
> ② 파산절차에 의하여 확정된 채권 및 재판상의 화해, 조정 기타 판결과 동일한 효력이 있는 것에 의하여 확정된 채권도 전항과 같다.
> ③ 전2항의 규정은 판결확정당시에 변제기가 도래하지 아니한 채권에 적용하지 아니한다.

1. 보통의 채권

일반채권의 소멸시효기간은 10년(제162조제1항)이다. 불법행위로 인한 손해배상채권은 3년(제766조제1항)이다. 상행위로 인하여 발생한 채권은 상법상 5년의 소멸시효가 인정된다(상법 제64조).

2. 3년의 시효에 걸리는 채권(제163조)

(1) 이자, 부양료, 급료, 사용료 기타 1년 이내의 기간으로 정한 금전 또는 물건의 지급을 목적으로 한 채권

여기서 '1년 이내의 기간으로 정한' 채권이란 1년 이내의 정기로 지급되는 채권을 의미하는 것이지 변제기가 1년 이내의 채권을 의미하는 것은 아니다(대판 1965. 2. 16, 64다1731; 대판 1980. 2. 12, 79다2169; 대판 1996. 9. 20, 96다25302).

> **제183조제1호 '1년 이내 기간으로서 채권'의 의미**
>
> 대법원 1996. 9. 20. 선고 96다25302 판결
>
> 민법 제163조 제1호 소정의 '1년 이내의 기간으로 정한 금전 또는 물건의 지급을 목적으로 하는 채권'이란 1년 이내의 정기에 지급되는 채권을 의미하는 것이지, 변제기가 1년 이내의 채권을 말하는 것이 아니므로, 이자채권이라고 하더라도 1년 이내의 정기에 지급하기로 한 것이 아닌 이상 위 규정 소정의 3년의 단기소멸시효에 걸리는 것이 아니다.

(2) 의사, 조산사, 간호사 및 약사의 치료, 근로 및 조제에 관한 채권

여기서 '의사'라 함은 의료법, 수의사법 등에서 규정하고 있는 자격 있는 의사·치과의사·한의사·수의사를 포함하며 치료에 관한 채권에는 진료나 수술에 관한 채권도 포함한다. 무자격자의 치료에 관한 채권에 대해서 본호가 적용될 것인지가 문제될

수 있는데, 이들의 치료도 신의칙에 반하지 않는 한 채권으로서 인정되어야 할 것이고 만약 본호의 적용이 없다면 일반채권으로 10년의 소멸시효에 걸리게 되는 불합리한 점이 발생하게 되므로 본호의 적용이 인정된다 할 것이다. 또한 병원 및 의료법인의 채권에 관해서도 본호의 유추적용이 인정된다 할 것이다.

여기서 '약사'라 함은 약사법에 의하여 면허를 받은 자(예: 약사, 한약사)뿐만 아니라 무자격자도 포함한다는 데 견해가 일치한다. 약사의 조제란 의약품을 조합하여 약제를 만드는 것을 의미하고, 단순히 약제의 판매로 인한 채권은 여기에 포함되지 않는다. 특히 장기치료로 인한 채권의 경우 특약이나 특별한 관습이 없는 한 그 질병에 관한 의사와 환자 간의 의료관계가 종료한 때로부터 소멸시효기간을 기산해야 한다는 견해(곽윤직·김재형 330쪽)와 개개의 진료비, 수술비, 약가청구권이 발생한 그때그때부터 각각 소멸시효에 걸린다는 견해(이영준 815쪽)가 있다. 또한 장기입원치료의 경우 정기적으로 치료비청구서를 발급하였다면 그 치료가 종료한 때로부터 총치료비채권의 소멸시효가 진행된다고 해석하는 견해(김상용 739쪽)도 있다.

사견으로는 장기입원치료의 경우 개별적으로 청구되는 치료비(예: 진료비, 수술비 등)가 각각 소멸시효에 걸리는 것이 아닌 총치료의 종료를 소멸시효의 시기로 봐야 할 것이다. 왜냐하면 총치료의 종료(해당치료 완료)를 의료계약상 권리의무의 이행완료 시로 보아, 그 시점에 비로소 치료비청구권이 발생하기 때문이다.

(3) 도급받은 자, 기사, 기타의 설계 또는 감독에 종사하는 자의 공사에 관한 채권

수급인의 보수청구권(공사대금채권)뿐만 아니라 비용상환청구권(공사에 부수되는 채권)도 포함한다(대판 1994. 10. 14, 94다17185). 그러나 공동수급체 구성원들 상호간의 정산금채권은 이에 해당하지 않는다(대판 2013. 2. 28, 2011다79838). 또한 소멸시효의 기산점은 공사가 완료된 때이다.

> **공동수급체에서 상호간 정산금채권(소극)** 대법원 2013. 2. 28. 선고 2011다79838 판결
> 민법 제163조 제3호에서 3년의 단기소멸시효에 걸리는 것으로 정한 '도급받은 자의 공사에 관한 채권'의 의미 및 공동수급체 구성원들 상호 간의 정산금 채권 등에 관하여 위 규정이 적용되는지 여부.

(4) 변호사·변리사·공증인·공인회계사 및 법무사에 대한 직무상 보관한 서류의 반환을 청구하는 권리

이들은 업무의 특성상 다수의 서류를 다루기 때문에 그 직무에 관한 서류는 당해 사건이 종료되면 즉시로 반환하는 것이 일반적이고, 서류보관의 혼잡을 피하기 위하

여 그 서류반환채권에 관하여 단기소멸시효기간을 규정하고 있다(고상룡 682쪽).

(5) 변호사 · 변리사 · 공증인 · 공인회계사 및 법무사의 직무에 관한 채권

이러한 자의 채권은 업무가 종료함과 동시에 즉시 행사하는 것이 일반적이다. 그러나 일부는 업무착수 전에 변제를 받는 경우도 흔히 있기 때문에 이와 같은 단기소멸시효에 걸리는 것으로 규정하고 있다(고상룡 682쪽).

(6) 생산자 및 상인이 판매한 생산물 및 상품의 대가

이들 채권은 상법 제64조에 의하여 5년의 소멸시효에 걸리는 것이 원칙이나, 동조 단서의 규정에 따라 제163조제6호의 단기소멸시효에 걸리게 된다(대판 1966. 6. 28, 66다790).

(7) 수공업자 및 제조자의 업무에 관한 채권

수공업자와 제조자가 전호의 생산자와 어떻게 다른가 하는 문제가 있게 되는데, '수공업자'란 재봉사, 이발사, 세탁업자 등과 같이 자기의 일터에서 주문을 받아 그 주문자와 고용관계를 맺지 않고 타인을 위하여 일하는 자를 의미하고(곽윤직 · 김재형 330쪽), '제조자'란 표구사, 구두제조자, 가구제조자 등과 같이 주문을 받아 물건에 가공하여 다른 물건을 제조하는 것을 업으로 하는 자를 의미한다.

3. 1년의 시효에 걸리는 채권(제164조)

(1) 여관, 음식점, 대석, 오락장의 숙박료, 음식료, 대석료, 입장료, 소비물의 대가 및 체당금의 채권

(2) 의복, 침구, 장구 기타 동산의 사용료의 채권

(3) 노역인, 연예인의 임금 및 그에 공급한 물건의 대금채권

여기서 '노역인'이란 목수나 정원사 등과 같이 사용자와 종속관계 없이 주로 육체적 노력을 제공하는 자를 말한다. 주로 육체적 노력을 제공하는 점에서 기사와 다르고, 사용자와의 종속관계에 서지 않는다는 점에서 피용자와 다르다.

(4) 학생 및 수업자의 교육, 의식 및 유숙에 관한 교주, 숙주, 교사의 채권

교주, 숙주 및 교사의 채권뿐만 아니라 법인인 학교, 권리능력 없는 사단이나 재단 등이 가지는 채권도 포함된다는 데 견해가 일치된다. 국립학교나 공립학교와 학생과의 관계에서 학교가 갖고 있는 채권이 포함되어야 하는가 하는 문제가 있을 수 있으나 이들 채권도 사법상 관계의 청구권으로 보아 본호가 적용된다는 데 견해(곽윤직 · 김재형 331쪽, 김상용 740쪽)가 일치한다.

4. 판결 등으로 확정된 채권

판결에 의하여 확정된 채권은 본래 단기의 소멸시효에 걸리는 채권이라 하더라도 소멸시효기간은 10년이 된다(제165조제1항, 대판 1981. 3. 24, 80다1888,1889 참조). 확정판결뿐만 아니라 화해, 인낙, 확정된 지급명령, 조정 등에 의하여 확정된 채권 및 파산절차에 의하여 확정된 채권도 확정판결과 동일한 효력이 인정되므로 10년의 소멸시효에 걸린다. 그러나 아직 변제기가 도래하지 않은 채권의 기한이 도래하기 전에 확정판결을 받은 경우에는 그러하지 아니한다(제165조제3항). 즉, 기한부 채권에 관하여 기한이 도래하기 전에 확정판결을 받은 경우에, 확정될 당시에 아직 변제기가 도래하지 않은 채권에는 그러하지 아니한다. 한편 이 규정은 당해 판결 등의 당사자 사이에 한하여 발생하는 효력에 관한 것이고, 채권자와 주채무자 사이의 판결 등에 의해 채권이 확정되어 그 소멸시효가 10년으로 되었다고 하더라도 채권자의 연대보증인의 연대보증채권의 소멸시효기간은 여전히 종전의 소멸시효기간에 따른다(대판 1986. 11. 25, 86다카1569).

제4관 권리의 불행사(소멸시효의 기산점)(제166조)

> **제166조 [소멸시효의 기산점]**
> ① 소멸시효는 권리를 행사할 수 있는 때로부터 진행한다.
> ② 부작위를 목적으로 하는 채권의 소멸시효는 위반행위를 한 때로부터 진행한다.

1. 의 의

소멸시효의 불행사의 기산점은 권리를 행사할 수 있는 때로부터 진행한다(제166조제1항). 즉, 권리를 행사할 수 있음에도 불구하고 행사하지 않은 때로부터 기산된다. 따라서 권리를 행사할 수 없는 동안은 비록 권리가 발생하고 있다고 하더라도 소멸시효의 진행은 개시되지 않는다. 그러나 객관적으로 권리가 발생하고 또 행사할 수 있는 상태에 있더라도 구체적으로 권리행사가 사실상 곤란하거나 불가능한 경우가 있다. 법률에 권리자가 권리의 존재를 안 때로부터 시효가 진행하는 것으로 규정되어 있는 경우(제766조 등)에는 문제가 없으나, 법률규정이 없는 경우에는 제166조제1항 '권리를 행사할 수 없는 때'의 해석이 문제된다.

권리를 행사할 수 없는 때를 '법률상의 장애'라고 하고, 이는 법률상 권리행사를 할 수 없는 때를 의미하며, 사실상 권리를 행사할 수 없는 때를 '사실상의 장애'라 하고 사실상 권리를 행사할 수 없는 때에는 권리의 불행사에 포함되지 않는다(대판 1982. 1. 19, 80다2626; 대판(전합) 1984. 12. 26, 84누572). 따라서 법률상 장애가 있으면 소멸시효가 진행하지 않는다. 이행기의 미도래, 정지조건의 미성취 등은 법률상의 장애이고, 권리자의 개인적 사정이나 법률지식의 부족 등은 사실상의 장애에 해당한다. 예컨대, 기한이 도래하지 않았거나 조건이 성취되지 않은 경우에 그러하다. 이에 반하여 권리자의 질병, 여행, 법률적 지식의 부족, 권리의 존재(통설, 대판 1992. 3. 31, 91다32053) 또는 권리행사 가능성에 대한 부지 및 그에 대한 과실 유무, 미성년(대판 1965. 6. 22, 65다775)인 사정과 같은 사실상의 장애는 소멸시효의 진행에 영향을 미치지 않는다. 그러나 이에는 예외 판결이 있다. 보험금청구권의 소멸시효에 관하여 원칙적으로 보험사고가 발생한 때로부터 진행하지만, 객관적으로 보아 보험사고가 발생한 사실을 확인할 수 없는 사정이 있는 때에는 보험금청구권자가 보험사고의 발생을 알았거나 알 수 있었던 때부터 보험금청구권의 소멸시효가 진행한다(대판 2008. 11. 13, 2007다19624). 또한 법인의 이사회결의가 부존재함에 따라 발생하는 제3자의 부당이득 반환청구권처럼 법인이나 회사의 내부적인 법률관계가 개입되어 있어 청구권자가 권리의 발생 여부를 객관적으로 알기 어려운 상황에 있고 청구권자가 과실 없이 이를 알지 못한 경우에는 이사회결의 부존재 확인판결의 확정과 같이 객관적으로 청구권의 발생을 알 수 있게 된 때로부터 소멸시효가 진행된다(대판 2003. 4. 8, 2002다64957·64964).

> ## 소멸시효가 진행할 수 없는 '권리를 행사할 수 없는 때'의 의미
> 대법원 1984. 12. 26. 선고 84누572 전원합의체 판결
>
> 소멸시효는 객관적으로 권리가 발생하고 그 권리를 행사할 수 있는 때부터 진행한다고 할 것이며 따라서 권리를 행사할 수 없는 동안은 소멸시효는 진행할 수 없다고 할 것이고, 한편 "권리를 행사할 수 없는 때"라 함은 그 권리행사에 법률상의 장애사유, 예를 들면 기간의 미도래나 조건불성취 등이 있는 경우를 말하는 것이므로 사실상 그 권리의 존재나 권리행사 가능성을 알지 못하였거나 알지 못함에 있어서의 과실유무 등은 시효진행에 영향을 미치지 아니한다. [본판결로 1973. 10. 23, 72누207; 1980. 9. 30, 80누323 판결 등 폐기]

2. 기산점

소멸시효의 기산점, 즉 어느 때부터 권리행사가 가능한가에 관하여 진실한 권리행사 가능시점과 당사자가 주장하는 소멸시효의 기산점이 서로 다를 때에는 당사자가 주장하는 소멸시효의 기산점을 기준으로 하여, 소멸시효기간을 산정해야 한다는 것이 판례(대판 1971. 4. 30, 71다409; 대판 1995. 8. 25, 94다35886)의 태도이다. 이에 대해서

당사자가 소멸시효의 완성을 주장한다면, 당사자가 주장하는 기산점이 진실한 기산점과 다를 때에는 법원은 진실한 권리행사 가능시점을 기준으로 하여 소멸시효기간을 산정하여야 한다는 견해(김상용 735쪽)가 있다.

> **소멸시효의 기산일과 변론주의의 적용**   대법원 1995. 8. 25. 선고 94다35886 판결
>
> 소멸시효의 기산일은 채무의 소멸이라고 하는 법률효과 발생의 요건에 해당하는 소멸시효 기간 계산의 시발점으로서 소멸시효 항변의 법률요건을 구성하는 구체적인 사실에 해당하므로 이는 변론주의의 적용 대상이고, 따라서 본래의 소멸시효 기산일과 당사자가 주장하는 기산일이 서로 다른 경우에는 변론주의의 원칙상 법원은 당사자가 주장하는 기산일을 기준으로 소멸시효를 계산하여야 하는데, 이는 당사자가 본래의 기산일보다 뒤의 날짜를 기산일로 하여 주장하는 경우는 물론이고 특별한 사정이 없는 한 그 반대의 경우에 있어서도 마찬가지이다.

소멸시효의 기산점(제166조)

① 계약금지급 – 1997년 2월 1일
② 잔금지급 – 1997년 10월 30일
③ 건물완공 – 1997년 11월 30일
③ 소유권이전등기청구 – 2007년 11월 1일
이 경우 소유권이전등기청구권의 소멸시효의 기산점은?

사례   A는 B의 이름으로 신축중인 다세대주택을 분양받기로 1997년 2월 1일에 매매계약을 체결하였다. 그리고 A는 B에게 매매계약에 따라 2월 1일 계약금을 그리고 10월 30일 잔금을 지불하였다. 그 후 11월 30일에 건물이 완공되었다. A는 해당주택을 거주하고 있지 않았지만 소유권이전등기 없이 소유하고 있다가 2007년 11월 1일에 소유권이전등기청구권을 행사하였다.
이 경우 A의 소유권이전등기청구권의 소멸시효의 기산점은?

해설   소멸시효는 객관적으로 권리가 발생하여 그 권리를 행사할 수 있는 때로부터 진행하고 그 권리를 행사할 수 없는 동안만은 진행하지 않는다. 여기서 "권리를 행사할 수 없는" 경우란, 권리자가 권리의 존재나 권리행사 가능성을 알지 못하였다는 등의 사실상 장애사유가 있는 경우가 아니라, 법률상의 장애사유, 예컨대 기간의 미도래나 조건불성취 등이 있는 경우를 말한다(대판 2006. 4. 27, 2006다1381 등 참조).
그러므로 위 사례의 경우 매매계약이 완성된 잔금지불시기가 소유권이전등기청구권의 소멸시효기산점이 되지만, 법률상 장애가 있는 경우에는 시효가 진행되지 않는다. 따라서 위 사례에서는 법률상 장애사유인 "그 목적물인 건물이 완공되지 아니하여 이를 행사할 수 없었다는 사유"가 존재함으로 건물에 대한

소유권이전등기청구권의 소멸시효의 기산점은 매매계약완료시가 아닌 건물완성시이다(대판 2007. 8. 23, 2007다28024, 2803).

3. 각종의 권리의 기산점

(1) 시기부 권리

시기부 권리는 기한이 도래한 때부터 소멸시효는 진행하게 된다. 동시이행관계의 존재 여부와 관계가 없다. 따라서 부동산매매에서 매수인은 부동산소유권을 이전받기까지 매매대금지급 거절을 할 수 있는 것과 관계없이 매도인의 매매대금청구권은 지급기일 이후에 시효가 진행된다(대판 1991. 3. 22, 90다9797).

확정기한부 권리는 확정기한이 도래한 때부터 소멸시효가 진행한다. 다만 이행기가 도래한 후에 채권자가 채무자에 대하여 기한을 유예한 경우에는 유예한 이행기일부터 다시 시효가 진행한다(대판 1992. 12. 12, 92다40211; 대판 2006. 9. 22, 2002다22852,22869). 따라서 확정기한부 권리는 소멸시효에 관하여 특별한 문제가 없다.

불확정기한부 채권에서 채무자가 지체에 빠지는 때는 그가 기한도래를 안 때로부터 진행된다(제387조제1항 후단). 그러나 그 채권의 소멸시효의 기산점은 채무자의 기한도래에 관하여 알거나 알지 못하였거나 또는 과실의 유무를 묻지 않고 객관적으로 기한이 도래한 때이다. 예컨대, 비가 오면 변제한다고 한 경우에는 실제로 비가 온 때부터 시효는 진행된다.

(2) 기한을 정하고 있지 않은 권리

변제기를 정하지 않은 채권의 경우 채무자는 이행의 청구를 받은 때로부터 지체의 책임을 지는 것이 원칙이다(제387조제2항). 그러나 그 채권의 소멸시효는 채권자의 이행청구 여부와는 상관없이 채권이 발생한 때로부터 진행한다. 채권은 발생과 동시에 그 권리를 행사할 수 있기 때문이다. 따라서 기한을 정하지 않은 채권의 소멸시효의 기산점은 채권이 발생한 때이다. 다만 채무불이행에 의한 손해배상청구권은 채무불이행이 발생한 때부터 생기는 것이므로 채무불이행이 있었던 때부터 그 소멸시효는 진행한다(다수설, 대판 1995. 6. 30, 94다54269).

또한 채권 이외의 권리에 관하여도 채권의 경우와 같이 이론상 차이가 없다. 즉, 물권과 같이 시기부 권리가 아닌 것은 권리의 발생과 행사할 수 있는 최초의 시기 사이에 간격을 둘 수 없기 때문에 소멸시효는 일반적으로 권리가 발생한 때부터 진행한다.

(3) 청구 또는 해지통고를 한 후 일정기간이나 상당한 기간이 경과한 후에 청구할 수 있는 권리

청구 또는 해지통고를 한 후 상당한 기간 또는 일정한 기간이 경과한 때로부터 청구할 수 있는 권리의 소멸시효는 청구나 해지통고를 할 수 있는 시점부터 정해진 유예기간이 경과한 때로부터 소멸시효가 진행하고 채무자는 지체에 빠지게 된다고 해석하여야 한다(곽윤직·김재형 431쪽, 김상용 736쪽, 이영준 809쪽).

(4) 할부금 채권의 경우

할부금 채권의 경우 각 채권은 그 각각의 채권이 발생한 때로부터 개별적으로 소멸시효가 진행한다(대판 1978. 3. 28, 77다2463; 대판 1997. 8. 29, 97다12990). 한편 이러한 할부금 채권에 있어서 채무자가 1회라도 변제를 게을리 하면 잔금 전액에 대하여 일시에 변제할 것을 청구당하더라도 이의가 없다든가 또는 할부변제의 이익을 잃는다든가 등의 계약조건이 있고, 채권자도 특별한 조치를 취하고 있지 않는 경우, 1회의 불이행으로 잔액 전부에 관한 시효는 당연히 그때(1회의 불이행이 있는 때)부터 진행을 개시한다고 해석한다(곽윤직·김재형 421쪽, 김상용 736쪽, 이영준 809쪽). 그러나 판례는 기한이익상실의 특약을 일정한 사유가 발생하면 채권자의 청구 등을 요함이 없이 당연히 이행기가 도래하는 것으로 하는 것(정지조건부 기한이익 사실의 특약)과 채권자의 통지나 청구 등 채권자의 의사행위를 기다려 비로소 이행기가 도래하는 것으로 하는 것(형성권적 기한이익 상실의 특약)으로 구분하여 소멸시효의 기산점을 다르게 보고 있다. 전자의 경우, 일정한 사유가 발생하면 채권자의 청구 등이 없어도 당연히 기한이익이 상실되어 이행기가 도래하기 때문에, 그때부터 소멸시효가 진행된다. 그러나 후자의 경우, 기한이익의 상실사유가 발생하였다고 하더라도 채권자가 나머지 잔액을 일시에 청구할 것인가 종래대로 할부변제를 청구할 것인가를 자유로이 선택할 수 있으므로, 이와 같은 기한이익상실의 특약이 있는 할부채무에 있어서는 1회의 불이행이 있더라도 각 할부금에 대해 그 각 변제기의 도래시마다 그때부터 소멸시효가 진행하고 채권자가 특히 잔존채무 전액의 변제를 구하는 취지의 의사를 표시한 경우에 한하여 그때부터 소멸시효가 진행한다(대판 1997. 8. 29, 97다12990).

> **할부변제채무에 대한 소멸시효 기산점**　　대법원 1997. 8. 29. 선고 97다12990 판결
>
> 　기한이익 상실의 특약은 그 내용에 의하여 일정한 사유가 발생하면 채권자의 청구 등을 요함이 없이 당연히 기한의 이익이 상실되어 이행기가 도래하는 것으로 하는 것(정지조건부 기한이익 상실의 특약)과 일정한 사유가 발생한 후 채권자의 통지나 청구 등 채권자의 의사행위를 기다려 비로소 이행기가 도래하는 것으로 하는 것(형성권적 기한이익 상실의 특약)의 두 가지로 대별할 수 있고, 이른바 형성권적 기한

이익 상실의 특약이 있는 경우에는 그 특약은 채권자의 이익을 위한 것으로서 기한 이익의 상실 사유가 발생하였다고 하더라도 채권자가 나머지 전액을 일시에 청구할 것인가 또는 종래대로 할부변제를 청구할 것인가를 자유로이 선택할 수 있으므로, 이와 같은 기한이익 상실의 특약이 있는 할부채무에 있어서는 1회의 불이행이 있 더라도 각 할부금에 대해 그 각 변제기의 도래시마다 그때부터 순차로 소멸시효가 진행하고 채권자가 특히 잔존 채무 전액의 변제를 구하는 취지의 의사를 표시한 경 우에 한하여 전액에 대하여 그때부터 소멸시효가 진행한다.

(5) 정지조건부 채권의 경우

정지조건부 채권은 조건이 성취한 때로부터 소멸시효의 진행이 개시된다.

(6) 부작위채권

부작위채권은 부작위채무의 위반행위를 한 때로부터 소멸시효가 진행한다(제166조 제2항). 따라서 부작위채권의 기산점을 형식적으로 부작위채권이 성립하고 이행기가 도래한 때부터로 한다면 즉, 20년간 건축하지 않는다는 채무에서 10년이 지난 후에 채무가 소멸하여 건축행위를 할 수 있다고 한다면, 제166조제2항과 다른 불합리한 결 과가 발생한다.

(7) 구상권

보증인의 사전구상권과 사후구상권은 각각 그 권리가 발생되어 행사할 수 있는 때 로부터 따로따로 진행하고(대판 1981. 10. 6, 80다2699), 공동불법행위자 중 1인이 다른 공동불법행위자에 대한 구상금채권은 구상권자가 현실로 피해자에게 손해금을 지급한 때로부터 진행한다(대판 1979. 5. 15, 78다528).

(8) 채무불이행으로 인한 손해배상채권

채무불이행으로 인한 손해배상채권에 있어서 소멸시효의 기산점에 대해서는 견해 가 나뉘고 있다. 먼저 채무불이행으로 인한 손해배상청구권을 청구권의 변형물로 보 아 본래의 채권을 행사할 수 있는 때로부터 시효의 진행은 개시된다는 견해(김증한·김하동 327쪽)와 채무불이행시로부터 기산된다는 견해(곽윤직·김재형 420쪽, 고상룡 677 쪽, 이영준 806쪽, 이은영 759쪽)가 있다. 판례는 후자의 견해와 같이 이행불능으로 인한 손해배상채권의 소멸시효는 매매계약이 체결된 때로부터가 아니라 채무불이행시로부 터 진행된다고 판시(대판 1973. 10. 10, 72다2600; 대판 1977. 12. 13, 77다1048; 대판 1990. 11. 9, 90다카22513; 대판 1995. 6. 30, 94다54269)하고 있다. 한편 불법행위로 인한 손해배상청구권의 소멸시효에 관하여는 제766조에 따로 특칙(손해 및 가해자를 안 날로 부터 3년, 불법행위를 한 날로부터 10년)을 두고 있다.

> **채무불이행으로 인한 손해배상청구권의 소멸시효의 기산점**
>
> 　　　　　　　　　　　대법원 1995. 6. 30. 선고 94다54269 판결
>
> 채무불이행으로 인한 손해배상청구권의 소멸시효는 채무불이행시로부터 진행한다.

(9) 동시이행의 항변권이 붙어 있는 채권

동시이행의 항변권이 붙어 있는 채권은 채권자의 청구권의 행사에 대하여 채무자가 이행의 거절을 할 수 있지만(제536조), 채권의 효력발생과 동시에 소멸시효가 진행한다고 해석하여야 할 것이다. 채권자는 언제든지 그의 채권을 행사할 수 있기 때문이다. 그러므로 항변권이 붙은 채권은 이행기부터 소멸시효가 진행한다(이설 없음, 대판 1991. 3. 22, 90다9797; 대판 1993. 12. 14, 93다27314).

(10) 선택채권

선택채권은 선택권을 행사할 수 있을 때가 기산점이다(대판 1963. 8. 22, 63다323). '선택권을 행사할 수 있을 때'란 채권자가 행사할 수 있을 때를 말한다. 따라서 선택채권에서 선택권자에 관하여 약정이 없어서 법률(제360조)에 의하여 선택권이 채무자에게 속하게 된 경우에는, 채권자는 상당한 기간을 정하여 채무자에게 선택을 최고하였음에 불구하고, 채무자가 선택을 하지 않은 때에 선택권을 행사할 수 있게 된다(제381조). 그러므로 이 경우에는 선택권 이전에 필요한 상당한 기간이 경과한 때부터 소멸시효가 진행한다(대판 2000. 5. 12, 98다23915).

제 3 절   소멸시효의 중단

제1관   소멸시효의 중단의 의의

'소멸시효의 중단(Unterbrechung der Verjährung)'이란 권리의 불행사가 일정 시효 동안 계속되는 중에 권리의 행사라고 볼 만한 사실관계가 발생하는 경우, 지속되던 불행사의 시효가 멈추고 이전에 진행하고 있던 시효도 소멸하여 그때부터 새롭게 시효가 기산되는 것을 말한다. 즉, 소멸시효의 진행을 끊어지게 하는 것이다. 시효의 중단은 소멸시효뿐만 아니라 취득시효에도 준용된다. 시효의 중단은 시효의 정지와 함께 '시효의 장해'라고 불린다.

제2관 소멸시효의 중단사유(제168조, 제170조 내지 제177조)

1. 의 의

> **제168조 [소멸시효의 중단사유]**
>
> 소멸시효는 다음 각호의 사유로 인하여 중단된다.
> 1. 청구
> 2. 압류 또는 가압류, 가처분
> 3. 승인

소멸시효의 중단 사유로는 첫째, 청구 둘째, 압류 또는 가압류, 가처분 셋째, 승인의 세 가지가 있다(제168조). 앞의 두 개는 진실한 권리자가 권리를 주장하는 경우이고 뒤의 하나는 의무자 또는 권리자 아닌 자가 상대방의 권리를 인정하는 경우이다.

> **소멸시효의 해석의 목적**　　　　　대법원 1995. 5. 12. 선고 94다24336 판결
>
> 소멸시효제도 특히 시효중단제도는 그 제도의 취지에 비추어 볼 때 이에 관한 기산점이나 만료점은 원권리자를 위하여 너그럽게 해석하는 것이 상당하므로 민법 제174조 소정의 시효중단사유로서의 최고도 채무이행을 최고받은 채무자가 그 이행의무의 존부 등에 대하여 조사를 해 볼 필요가 있다는 이유로 채권자에 대하여 그 이행의 유예를 구한 경우에는 채권자가 그 회답을 받을 때까지는 최고의 효력이 계속된다고 보아야 하고 따라서 같은 조 소정의 6월의 기간은 채권자가 채무자로부터 회답을 받은 때로부터 기산되는 것이라고 해석하여야 한다.

2. 시효중단의 사유

(1) 청 구

1) 재판상의 청구

> **제170조 [재판상의 청구와 시효중단]**
>
> ① 재판상의 청구는 소송의 각하, 기각 또는 취하의 경우에는 시효중단의 효력이 없다.
> ② 전항의 경우에 6월내에 재판상의 청구, 파산절차참가, 압류 또는 가압류, 가처분을 한 때에는 시효는 최초의 재판상 청구로 인하여 중단된 것으로 본다.

① 의 의　　'재판상의 청구'란 소를 제기하는 것을 말한다. 즉, 재판상 청구는 권리를 민사소송의 절차에 의하여 주장하는 것으로 시효기간이 경과하고 있는 권리의

주체가 소를 제기함으로써 시효가 중단하게 되고, 이 때 소의 종류는 묻지 않는다. 따라서 이행의 소나 확인의 소, 형성의 소 또는 본소이든 반소이든 상관없다.

② 종 류

가. 급부의 소, 확인의 소, 형성의 소　　　시효를 중단하는 가장 보편적인 소는 채권자의 채무자에 대한 이행청구의 소 또는 소유권자의 불법점유자에 대한 소유물반환청구의 소 등과 같은 급부의 소이다. 권리를 행사하지는 못하지만 권리를 확인하는 확인의 소도 역시 시효중단의 효과가 생긴다. 형성의 소에 의하더라도 시효가 중단하게 된다. 그러나 형성의 소의 경우 그 범위를 좁게 인정하고 있다.[2]

나. 재심, 응소　　　재심의 소를 제기하는 것도 소를 제기한 때로부터 재심판결의 확정일까지 중단된다(대판 1998. 6. 12, 96다26961). 또한 상대방이 제기한 소에 응소하여 승소한 것도 재판상 청구가 된다(대판 1997. 2. 28, 96다26190).

다. 행정소송, 형사소송　　　행정소송은 행정이나 그 소속기관의 위법한 행정처분에 대한 취소나 변경을 구하는 것을 목적으로 하며, 사권을 재판상 행사하는 것이 아니므로, 중단사유가 되지 않는 것으로 해석한다(통설, 대판 1979. 2. 13, 78다1500·1501). 다만 과세처분의 취소 또는 무효확인의 소는 비록 행정소송이라고 할지라도 조세환급을 구하는 부당이득반환청구권의 소멸시효 중단사유인 재판상 청구에 해당한다(대판(전합) 1992. 3. 31, 91다32053). 왜냐하면 이들 소송은 민사소송인 채무부존재확인의 소와 유사하고, 조세납부자의 환급청구권의 존부와 표리관계에 있어서 실질적으로 동일당사자 사이의 양면적 법률관계라고 볼 수 있기 때문이다.

형사소송은 민법상 소멸시효의 중단사유인 재판상 청구가 아니므로 중단사유가 되지 않는다(대판 1999. 3. 12, 98다18124). 그러나 소송법상의 '배상명령의 신청'은 중단사유인 재판상 청구로 예외적으로 인정하고 있다.

그 밖에 채권의 지급확보의 방법으로 어음이나 수표가 수수되었을 경우에는 어음금 또는 수표금 채권과 기존채권은 표리관계에 있어 어음이나 수표에 관한 권리에 기한 소송상 청구는 기존 채권의 소멸시효의 중단의 효력이 있다(대판 1961. 11. 9, 4293민상748). 그러나 원인채권에 관하여 소를 제기한 것만으로는 어음상의 채권 그 자체를 행사한 것으로 볼 수 없어 이는 어음채권에 관한 소멸시효의 중단사유인 재판상 청구에 해당하지 않는다(대판 1994. 12. 2, 93다59922).

라. 채권자대위의 소, 사해행위취소의 소　　　채권자대위권에 기한 채권자대위의 소 또는 채권자취소권에 기한 사해행위취소의 소를 제기한 경우, 그 소를 제기한 원고의 채무자에 대한 채권의 시효가 중단되는 효력이 있는가에 대해서는 원고의 채무자에 대한 채권은 채권자대위의 소나 사해행위취소의 소의 소송물이 아니기 때문에

---

2) 경계확인의 소가 제기되면 인접소유자의 취득시효가 중단된다는 것이 통설이다.

시효중단의 사유가 되지 않는다고 한다(김상용 743쪽). 이에 대하여 채무자에 의하여 제기된 채무부존재확인소송에서, 피고인 채권자가 채권의 존재를 주장하여 원고청구의 기각판결을 구하는 경우에는 시효중단을 인정하고자 하는 견해(고상룡 687쪽, 김용한 465쪽)가 있다.

한편 판례는 종래의 입장을 바꾸어 채권자가 적극적으로 피고로서 응소하여 권리 주장을 하고, 그것이 받아들여진 경우, 재판상 청구에 해당되어 재판상 청구에 해당되어 시효중단의 사유가 된다고 한다(대판(전합) 1993. 12. 21, 92다47861; 대판 1995. 2. 28, 94다18577).

마. 권리의 일부에 대한 소　　권리의 일부만을 청구하는 소를 제기하는 경우에는 청구된 일부에 대해서만 시효가 중단하고 나머지에 대해서는 시효중단의 효력이 발생하지 않는다는 것이 판례(대판 1967. 5. 23, 67다529)의 입장이다. 나머지 부분에 대해서 시효중단의 효력이 발생하기 위해서는 그 나머지 부분에 관하여 소를 제기하거나 그 청구를 확장하는 서면을 법원에 제출하도록 하고 있다(대판 1975. 5. 25, 74다1557). 그러나 일부만을 청구한 경우에도 그 취지로 보아 채권 전부에 관하여 판결을 구하는 것으로 해석되면 그 채권의 동일성의 범위 내에서 그 전부에 대하여 시효중단의 효력이 발생한다(대판 1992. 4. 10, 91다43695). 또한 청구금액을 확장할 것을 전제로 일부를 청구하는 뜻이라면 채권 일부에 대해서만 판결을 구하는 취지의 일부청구는 아님이 분명하여 소제기로 인한 시효중단의 효력은 소장에 주장한 손해배상채권의 동일성의 범위 내에서 채권 전부에 대하여 미친다(대판 1992. 12. 8, 92다29924).

③ 효 과　　위와 같은 재판상의 청구가 있게 되면 소를 제기한 때 또는 피고의 경정을 신청하는 서면, 청구취지의 변경을 신청하는 서면이나 중간확인의 소를 청구하는 서면을 제출한 때에 시효가 중단된다(민소법 제262조). 소제기에 의하여 흠이 있는 경우에도 마찬가지이다. 다만 소제기에 의하여 행사되는 권리를 특정할 수 없는 경우에는 그 흠이 보정된 때에 비로소 시효가 중단된다(양창수, 민법연구, 98쪽). 또한 소송이 이송된 경우에는 소멸시효의 중단시기는 소송이 이송된 때가 아닌 이송한 법원에서 소가 제기된 때이다(대판 2007. 11. 30, 2007다54610).

그리고 재판상의 청구가 있더라도 소의 각하·기각 또는 취하가 있으면 시효 중단의 효력은 없게 되나 이와 같은 소의 각하·기각 또는 취하가 있더라도 6개월 내에 재판상의 청구·파산절차참가·압류 또는 가압류·가처분을 한 때에는 시효는 최초의 재판상의 청구로 중단된 것으로 의제된다(제170조제2항). 또한 권리자인 피고가 응소하여 권리를 주장하였으나 그 소가 각하되거나 취하되는 등의 사유로 본안에서 그 권리주장에 관한 판단 없이 소송이 종료된 경우에도 그때부터 6월 이내에 재판상 청구 등 다른 시효중단조치를 취하면 응소시에 소급하여 시효중단의 효력이 있다(대판 2012. 1.

12, 2011다78606). 한편 기각판결이 확정된 경우에는 청구권의 부존재가 확정됨으로써 중단의 효력이 생길 수 없으므로 청구기각판결의 확정 후 재심을 청구하였다 하더라도 시효의 진행이 중단되지 않는다(대판 1992. 4. 24, 92다6983).

일부청구의 경우 소제기로 인한 시효중단의 효력의 범위

대법원 1992. 12. 8. 선고 92다29924 판결

원고의 청구가 장차 신체감정결과에 따라 청구금액을 확장할 것을 전제로 우선 재산상 및 정신상 손해금 중 일부를 청구한다는 뜻이라면 채권의 일부에 대해서만 판결을 구하는 취지의 일부청구는 아님이 분명하여 소제기로 인한 시효중단의 효력은 소장에서 주장한 손해배상채권의 동일성의 범위 내에서 채권 전부에 대하여 미친다.

과세처분의 취소 또는 무효확인청구의 소가 재판상 청구에 해당(적극)

대법원 1992. 3. 31. 선고 91다32053 전원합의체 판결

일반적으로 위법한 행정처분의 취소, 변경을 구하는 행정소송은 사권을 행사하는 것으로 볼 수 없으므로 사권에 대한 시효중단사유가 되지 못하는 것이나, 다만 오납한 조세에 대한 부당이득반환청구권을 실현하기 위한 수단이 되는 과세처분의 취소 또는 무효확인을 구하는 소는 그 소송물이 객관적인 조세채무의 존부확인으로서 실질적으로 민사소송인 채무부존재확인의 소와 유사할 뿐 아니라, 과세처분의 유효 여부는 그 과세처분으로 납부한 조세에 대한 환급청구권의 존부와 표리관계에 있어 실질적으로 동일 당사자인 조세부과권자와 납세의무자 사이의 양면적 법률관계라고 볼 수 있으므로, 위와 같은 경우에는 과세처분의 취소 또는 무효확인청구의 소가 비록 행정소송이라고 할지라도 조세환급을 구하는 부당이득반환청구권의 소멸시효 중단사유인 재판상 청구에 해당한다고 볼 수 있다.

피고의 적극적 권리주장에 의한 응소의 시효중단 사유 인정 여부

대법원 1993. 12. 21. 선고 92다47861 전원합의체 판결

민법 제168조 제1호, 제170조 제1항에서 시효중단사유의 하나로 규정하고 있는 재판상의 청구라 함은, 통상적으로는 권리자가 원고로서 시효를 주장하는 자를 피고로 하여 소송물인 권리를 소의 형식으로 주장하는 경우를 가리키지만, 이와 반대로 시효를 주장하는 자가 원고가 되어 소를 제기한 데 대하여 피고로서 응소하여 그 소송에서 적극적으로 권리를 주장하고 그것이 받아들여진 경우도 마찬가지로 이에 포함되는 것으로 해석함이 타당하다.

청구기각판결확정 후 재심청구의 경우 시효중단 여부(소극)

대법원 1992. 4. 24. 선고 92다6983 판결

재판상 청구는 소송의 각하, 기각, 취하의 경우에는 시효중단의 효력이 없고 다

만 각하 또는 취하되었다가 6월 내에 다시 재판상 청구를 하면 시효는 중단되나 기각판결이 확정된 경우에는 청구권의 부존재가 확정됨으로써 중단의 효력이 생길 수 없으므로 청구기각판결의 확정 후 재심을 청구하였다 하더라도 시효의 진행이 중단된다고 할 수 없다.

2) 파산절차의 참가

> #### 제171조 [파산절차참가와 시효중단]
> 파산절차참가는 채권자가 이를 취소하거나 그 청구가 각하된 때에는 시효중단의 효력이 없다.

'파산절차의 참가'란 채권자가 파산재단의 배당에 참가하기 위하여 그의 채권을 신고하는 것을 말한다(채무자 회생 및 파산에 관한 법률 제447조). 이 파산절차 참가신청으로 시효중단의 효력이 발생하게 되고, 채권자가 위의 신고를 취소하거나 또는 그 청구가 각하된 때에는 중단의 효력이 없게 된다(제171조, 채무자 회생 및 파산에 관한 법률 제32조제2호).

파산절차참가뿐만 아니라 파산선고신청도 시효중단의 사유가 되는가에 대해서 민법에는 아무런 규정이 없지만, 시효중단사유가 되는 파산절차 참가신청보다 더 강력한 권리행사방법인 파산선고신청은 당연히 시효중단의 사유가 된다(이설 없음). 또한 강제집행절차에 참가하여 배당요구를 하는 것도 시효중단의 효력이 있고(대판 2002. 2. 26, 2000다25484), 채무자회생 및 파산에 관한 법률에 의한 회생절차참가(채무자 회생 및 파산에 관한 법률 제32조제1호)와 개인회생절차참가(동법 제32조제3호)도 소멸시효중단사유가 된다.

3) 지급명령

> #### 제172조 [지급명령과 시효중단]
> 지급명령은 채권자가 법정기간 내에 가집행신청을 하지 아니함으로 인하여 그 효력을 잃은 때에는 시효중단의 효력이 없다.

지급명령은 채권자가 법정기간 내에 가집행신청을 하지 아니함으로 인하여 그 효력을 잃은 때에는 시효중단의 효력이 없다(제172조). '지급명령'이란 일반적인 소송절차가 아닌 간이절차로, 채권자가 그의 채권행사를 간이·신속하게 하기 위하여 인정된 독촉절차이다(민소법 제462조 이하). 지급명령신청서를 관할법원에 제출하는 때로부터 시효중단의 효력이 발생하게 된다(민소법 제404조). 채무자는 지급명령을 송달받은 날부터 2주일 이내에 이의신청을 할 수 있고(민소법 제470조제1항), 적법한 이의신청이 있다면 지급명령을 신청한 때에 소를 제기한 것으로 본다(민소법 제472조제2항). 따라서 지급명령은 소의 제기로 인하여 시효중단의 효력을 계속 가지게 된다. 이에 반하여 지급명령에 대하여 이의신청이 없거나, 이의신청을 취하하거나, 이의신청에 대하여 각하결정이 확정된 때에는 지급명령은 확정판결과 같은 효력이 있다(민소법 제474조).

한편 제170조제1항 '재판상의 청구'에는 소제기뿐만 아니라 권리자가 이행의 소를 대신하여 재판기관의 공권적 법률판단을 구하는 지급명령의 신청도 포함되므로, 특별한 사정이 없는 한 지급명령의 신청이 각하된 경우라도 6개월 이내 다시 소를 제기하면 지급명령의 신청이 있었던 때에 소멸시효가 중단된 것으로 본다(대판 2011. 11. 10, 2011다54686).

4) 화해를 위한 소환과 임의출석

제173조 [화해를 위한 소환, 임의출석과 시효중단]

화해를 위한 소환은 상대방이 출석하지 아니하거나 화해가 성립되지 아니한 때에는 1월내에 소를 제기하지 아니하면 시효중단의 효력이 없다. 임의출석의 경우에 화해가 성립되지 아니한 때에도 그러하다.

---

① **화해를 위한 소환**   화해(민소법 제385조)의 신청으로 소멸시효는 중단하게 된다. 그러나 화해를 위한 소환을 법원에서 하더라도 상대방이 출석하지 않거나 화해가 성립되지 않은 때에는 1월 내에 소를 제기하지 아니하면 시효중단의 효력이 발생하지 않게 된다(제173조). 적법한 소를 제기하게 되면 화해신청한 날로부터 시효중단의 효력이 발생한다(민소법 제388조제2항).

민사조정도 재판상의 화해와 같은 효력이 있으므로 조정신청도, 화해신청과 마찬가지로 시효중단의 효력이 있으나(민사조정법 제35조제1항), 조정신청이 취하되거나 조정신청인의 불출석으로 조정신청이 취하된 것으로 보는 때에는 1개월 이내에 소제기가 없으면 시효중단의 효력이 없다(민사조정법 제35조제2항).

② **임의출석**   임의출석은 당사자 쌍방이 임의로 법원에 출석하여 소송에 관하여 구두변론함으로써 제소 및 화해신청을 하도록 허용하는 제도이다. 상대방이 임의출석하였다고 하더라도 화해가 성립하지 않았다면 시효중단의 효력이 발생하지 않는다. 임의출석으로 일단 시효가 중단되기는 하지만 화해가 성립하지 않을 경우 시효중단의 효과는 부정된다는 의미이다. 다만 1개월 내에 소를 제기하게 되면 출석한 시점을 기준으로 하여 시효중단의 효력이 인정된다(제173조 2문). 소액사건심판법은 임의출석에 의한 소의 제기를 인정한다(소액사건심판법 제5조).

5) 최 고

> **제174조 [최고와 시효중단]**
>
> 최고는 6월내에 재판상의 청구, 파산절차참가, 화해를 위한 소환, 임의출석, 압류 또는 가압류, 가처분을 하지 아니하면 시효중단의 효력이 없다.

'최고'란 채권자가 채무자에 대하여 채무이행을 청구하는 행위로서, 의사의 통지(대판 2003. 5. 13, 2003다16238)이며, 특별한 형식을 요하지 않는 재판외의 행위이다. 이처럼 재판외의 행위인 최고를 통해서도 시효중단의 효력이 발생할 수 있지만, 6월 내에 재판상의 청구, 파산절차참가, 화해를 위한 소환, 임의출석, 압류 또는 가압류, 가처분을 하여야만 시효중단의 효력이 있게 된다(제174조). 즉, 다른 방법들과는 달리 그 효력이 강하지 않다. 최고가 있은 후 6월 이내에 또다시 최고를 하는 것과 같이 최고를 계속 되풀이하더라도 시효중단의 효과는 발생하지 않는다(대판 1970. 3. 10, 69다1151 · 1152). 따라서 최고는 시효기간의 만료가 임박하여 다른 강력한 중단방법을 취하려고 할 때 행하는 예비적 수단에 불과하다.

어떤 경우에 최고로 인정할 것인가에 대하여 학설의 견해는 나뉘고 있지만, 판례에 따르면 재판상 청구를 하였으나, 그 소의 취하로 본안판결에 이르지 못하고 끝난 경우에도 최고의 효력이 있다고 한다(대판 1987. 12. 22, 87다카2337). 따라서 소의 취하 후 6개월 이내에 제174조가 정하는 보강수단을 취함으로써, 시효를 중단할 수 있다. 하지만 채권양도의 통지는 채권양도사실을 채무자에게 알리는 것에 그치는 것이므로 시효중단의 효력이 인정되지 않는다(곽윤직 · 김재형 441쪽).

(2) 압류 · 가압류 · 가처분

> **제175조 [압류, 가압류, 가처분과 시효중단]**
>
> 압류, 가압류 및 가처분은 권리자의 청구에 의하여 또는 법률의 규정에 따르지 아니함으로 인하여 취소된 때에는 시효중단의 효력이 없다.

> **제176조 [압류, 가압류, 가처분과 시효중단]**
>
> 압류, 가압류 및 가처분은 시효의 이익을 받은 자에 대하여 하지 아니한 때에는 이를 그에게 통지한 후가 아니면 시효중단의 효력이 없다.

압류는 확정판결이나 기타의 집행권원에 기하여 행하는 강제집행이며(민사집행법 제24조, 제56조, 제188조 이하), 가압류나 가처분은 강제집행을 보전하는 수단으로 권리의 실행행위이다(민사집행법 제276조 이하, 제300조 이하). 따라서 압류나 가압류, 가처분은 시효중단의 사유가 된다. 압류·가압류·가처분의 경우 재판상의 청구를 반드시 그 전제로 하지 않아 판결이 있더라도 그 후 새로운 시효가 진행하기 때문에, 이러한 집행행위 및 집행보전행위는 시효중단의 사유가 됨을 별도로 인정할 필요가 있다. 그러나 재산관계명시절차는 집행 목적물을 탐지하여 강제집행을 쉽게 하기 위한 강제집행의 보조절차 또는 강제집행의 준비행위와 강제집행 사이의 중간적 단계의 절차에 불과하므로 압류, 가압류 또는 가처분에 준하는 효력까지 인정될 수 없다(대판 2001. 5. 29, 2000다32161).

압류·가압류·가처분이 중단의 효력을 발생하는 시기에 관하여는 집행행위를 하였을 때라고 하는 견해(방순원 334쪽)와 명령을 신청한 때라고 하는 견해(곽윤직·김재형 432쪽, 이영준 806쪽, 김상용 748쪽)로 나뉘고 있다. 후자의 견해에 따르면 소의 제기나 지급명령이 송달을 필요로 함에도 불구하고 신청을 한 때에 중단의 효력이 발생하는 것으로 인정하고 있는 것으로 보아 압류·가압류·가처분의 경우에도 신청한 때(즉, 집행행위가 있으면 신청한 때에 소급하여)에 효력이 발생하게 된다고 한다. 후자의 견해에 찬성한다. 왜냐하면 압류·가압류·가처분은 강제집행을 보전하는 절차로서 명령의 신청으로 이루어지는 것이므로, 그 집행행위는 이를 실현하는 공법상 절차상 행위에 불과하기 때문이다.

압류, 가압류 및 가처분은 권리자의 청구에 의하거나 또는 법률의 규정에 따르지 아니하여 취소된 때에는 시효중단의 효력이 없다(제175조). 이 경우, 채권자의 주소불명 등으로 압류 등의 절차를 개시하지 않은 경우에는 중단의 효력이 생기지 않는다. 그러나 압류절차를 시작하였다면 비록 압류할 물건이 없어 집행이 불가능하게 되더라도 중단의 효력은 발생하는 것으로 해석된다(곽윤직·김재형 432쪽, 김상용 748쪽, 이영준 827쪽).

압류, 가압류 및 가처분은 시효의 이익을 받은 자에 대하여 하지 않은 경우에는 이를 그에게 통지하여야만 시효중단의 효력이 발생하게 된다(제176조). 예를 들면, 물상보증인이 제공한 부동산에 대하여 저당권을 설정하고, 채권자가 그 저당물을 압류하였다면, 이 사실을 채무자에게 통지한 때에 피담보채권에 관한 시효중단의 효력이 발생하게 된다. 제440조는 '주채무자에 대한 시효의 중단은 보증인에 대하여 그 효력이 있다'고 규정하고, 이 규정은 제169조의 예외규정이라고 해석된다. 그러므로 주채무자에 대해 압류 등을 하여 시효가 중단되면 이를 보증인에게 통지하지 않아도 당연히 보증인에게도 시효중단의 효력이 생긴다(대판 2005. 10. 27, 2005다35554,35561).

> **집행권의 정본을 가진 채권자가 경매절차를 이용하여 배당요구를 신청한 경우 소멸시효 중단의 효력**   대법원 2002. 2. 26. 선고 2000다25484 판결
>
> 원인채권의 지급을 확보하기 위하여 어음이 수수된 당사자 사이에서 채권자가 어음채권을 피보전권리로 하여 채무자의 재산을 가압류함으로써 그 권리를 행사한 경우에는 그 원인채권의 소멸시효를 중단시키는 효력이 있고, 이러한 법리는 채권자가 어음채권을 청구채권으로 하여 채무자의 재산을 압류함으로써 그 권리를 행사한 경우에도 마찬가지이며, 한편 집행력 있는 채무명의 정본을 가진 채권자는 이에 기하여 강제경매를 신청할 수 있으며, 다른 채권자의 신청에 의하여 개시된 경매절차를 이용하여 배당요구를 신청하는 행위도 채무명의에 기하여 능동적으로 그 권리를 실현하려고 하는 점에서는 강제경매의 신청과 동일하다고 할 수 있으므로, 부동산경매절차에서 집행력 있는 채무명의 정본을 가진 채권자가 하는 배당요구는 민법 제168조 제2호의 압류에 준하는 것으로서 배당요구에 관련된 채권에 관하여 소멸시효를 중단하는 효력이 생긴다고 할 것이고, 따라서 원인채권의 지급을 확보하기 위하여 어음이 수수된 당사자 사이에 채권자가 어음채권에 관한 집행력 있는 채무명의 정본에 기하여 한 배당요구는 그 원인채권의 소멸시효를 중단시키는 효력이 있다.

(3) 승 인

> **제177조 [승인과 시효중단]**
>
> 시효중단의 효력 있는 승인에는 상대방의 권리에 관한 처분의 능력이나 권한 있음을 요하지 아니한다.

'승인'이란 시효의 이익을 받을 당사자가 시효로 인하여 권리를 잃는 자에 대하여 상대방의 권리를 인정한다고 표시하는 것이다(예: 채무승인). 승인으로 인하여 권리자는 곧바로 권리를 행사하지 않더라도 권리행사를 게을리하고 있다고 할 수 없고, 권리관계의 존재도 명백하기 때문이다(곽윤직·김재형 443쪽, 고상룡 695쪽).

승인은 그 성질이 관념의 통지이지만 법률행위에 관한 규정이 유추적용된다.

승인은 이를 할 수 있는 권리자만이 하여야 한다(대판 1965. 12. 28, 65다2133). 그러나 권리자의 대리인에 대한 승인과 의무자의 대리인에 의한 승인도 유효하다고 해석한다(대판 2016. 10. 27, 2015다239744). 왜냐하면 승인을 하기 위해서는 행위능력이 있어야 할 뿐만 아니라 대리에 관한 규정도 유추적용되기 때문이라고 한다(곽윤직·김재형 443쪽, 김상용 749쪽). 승인의 방법에는 제한이 없다. 따라서 명시적 방법에 의하든 묵시적인 방법에 의하든 상관이 없다(대판 2000. 4. 25, 98다63193). 그 묵시적 방법의 예로 증서를 다시 작성하는 것, 이자를 지급하는 것, 일부변제, 담보제공 등이 있

다. 다만 분쟁해결의 뜻으로 대금이라고 할 수 없는 아주 헐값으로 매수하겠다는 의사를 비친 사실만으로는 시효중단이나 시효이익의 포기가 있었다고 할 수 없다(대판 1979. 11. 27, 78다2081).

승인은 꼭 상대방에 대하여 해야 한다. 또한 승인의 통지의 효력은 상대방에게 도달해야 발생한다(대판 1995. 9. 29, 95다30178). 예를 들면, 2번 저당권의 설정은 1번 저당권자에 대한 승인의 의사표시가 아니고, 피의자의 진술내용에 채무의 일부를 승인하는 표시를 포함하고 있어도 검사를 상대로 이루어진 것이므로 승인의 의사표시가 아니다. 승인을 꼭 상대방에 대하여 해야 하는 이유는 첫째, 진정한 권리상태가 객관화될 수 있고 둘째, 악의의 채무자가 시효이익을 받지 못할 가능성이 있기 때문이다.

시효중단의 효력이 있는 승인에는 상대방의 권리에 관한 처분의 능력이나 권한 있음을 요하지 아니하는데(제177조), 이는 승인은 단지 권리의 존재를 인정하는 것에 불과하기 때문이라고 한다. 이에 대한 반대해석으로 관리의 능력이나 권한이 없는 자는 승인도 할 수 없는 것으로 해석한다(곽윤직·김재형 443쪽, 김상용 749쪽, 고상룡 696쪽).

시효중단이 되는 승인은 시효완성 전에 하여야 하며, 시효완성 후에는 시효이익의 포기의 문제가 될 뿐이다.

한편 소멸시효의 중단사유로서의 승인은 소멸시효의 진행이 개시된 이후에만 가능하고 그 이전에 승인을 하더라도 시효중단되지 않는다. 또한 현존하지 않는 장래의 채권을 미리 승인하는 것도 채무자가 그 권리의 존재를 인식하고서 한 것이라고 볼 수 없어 허용되지 않는다(대판 2001. 11. 9, 2001다52568).

채무승인의 당사자　　　　　　대법원 2016. 10. 27. 선고 2015다239744 판결

소멸시효 중단사유인 채무의 승인은 시효이익을 받을 당사자나 대리인만 할 수 있으므로 이행인수인이 채권자에 대하여 채무자의 채무를 승인하더라도 다른 특별한 사정이 없는 한 시효중단 사유가 되는 채무승인의 효력은 발생하지 않는다.

소멸시효의 진행 이전에 소멸시효의 중단사유로서 승인 여부(소극)

대법원 2001. 11. 9. 선고 2001다52568 판결

소멸시효의 중단사유로서의 승인은 시효이익을 받을 당사자인 채무자가 그 권리의 존재를 인식하고 있다는 뜻을 표시함으로써 성립하는 것이므로 이는 소멸시효의 진행이 개시된 이후에만 가능하고 그 이전에 승인을 하더라도 시효가 중단되지는 않는다고 할 것이고, 또한 현존하지 아니하는 장래의 채권을 미리 승인하는 것은 채무자가 그 권리의 존재를 인식하고서 한 것이라고 볼 수 없어 허용되지 않는다고 할 것이다.

제3관 시효중단의 효력(제169조, 제178조)

제169조 [시효중단의 효력]

시효의 중단은 당사자 및 그 승계인간에만 효력이 있다.

제178조 [중단후의 시효진행]

① 시효가 중단된 때에는 중단까지에 경과한 시효기간은 이를 산입하지 아니하고 중단 사유가 종료한 때로부터 새로이 진행한다.

② 재판상의 청구로 인하여 중단한 시효는 전항의 규정에 의하여 재판이 확정된 때로 부터 새로이 진행한다.

---

1. 시효중단의 효력

시효가 중단하게 되면 중단까지 경과된 시효기간은 소멸하게 되고 중단사유가 종료한 때로부터 다시 시효가 진행하게 된다. 이 때 시효중단의 효력은 당사자 및 승계인에게만 있다(제169조). '당사자'란 시효중단행위에 관여한 자를 의미하고, '승계인'이란 포괄승계인과 특정승계인이 모두 포함된다(대판 1997. 4. 25, 96다46484). 즉, 손해배상청구권을 공동상속한 자 중 1인이 자기의 상속분을 행사하여 승소판결을 얻었더라도 다른 공동상속인의 상속분에까지 중단의 효력이 미치지 않는다(대판 1967. 1. 24, 66다2279). 공유자 1인이 보존행위로서 한 재판상 청구로 인한 취득시효 중단의 효력은 다른 공유자에게 미치지 않는다(대판 1979. 6. 26, 79다639). 또한 채권자대위권은 채무자의 권리를 대위행사한 것이므로 채권자가 아닌 직접 채무자에게 귀속한다(대판 2011. 10. 13, 2010다80930). 이와 같은 중단의 효력은 제3자에게는 효력이 미치지 않는 것이 원칙이다. 예컨대, 갑의 소유지를 을·병이 공동으로 점유하여 시효로 취득하려고 할 때, 그중의 한 사람(예: 을)에 대하여 중단을 하여도 다른 사람(예: 병)에 대해서는 중단의 효력이 미치지 않는다. 그러나 지역권이나 연대채무, 보증채무 등에서는 그 법률관계의 특수성으로 예외가 인정되고 있다.

그리고 승계인은 시효중단에 관여한 당사자로부터 중단의 효과를 받는 권리를 그 중단 효과발생 이후에 승계한 자를 말한다(대판 1998. 6. 12, 96다26961). 따라서 그 승계는 중단사유가 발생한 이후에 이루어져야 하고, 중단사유발생 이전의 승계인은 포함하지 않는다(대판 1973. 2. 13, 72다1549).

2. 중단 후의 시효진행

시효가 중단된 후에 그 시효의 기초가 되는 사실상태가 다시 계속하면 그때부터 시효가 진행한다(제178조제1항 후단). 따라서 새로 진행하게 된 때부터 시효기간이 경과해야 시효가 완성된다.

청구로 중단된 시효가 다시 시작하는 시기는 재판이 확정된 때부터이므로 10년, 20년의 소멸시효기간도 이때부터 진행하게 된다. 압류·가압류·가처분으로 중단된 때에는 이들 절차가 끝났을 때로부터 다시 시효의 진행이 시작된다. 가압류에 의한 집행보전의 효력이 존속하는 동안은 가압류채권자가 권리행사를 하고 있다고 볼 수 있어 시효중단의 효력이 계속된다(대판 2000. 4. 25, 2000다11102, 이에 대한 비판 존재함). 승인으로 중단된 때에는 승인이 상대방에게 도달한 때로부터 시효가 기산된다.

가압류의 집행보전의 효력이 존속하는 동안 시효중단효력의 계속(적극)

대법원 2000. 4. 25. 선고 2000다11102 판결

민법 제168조에서 가압류를 시효중단사유로 정하고 있는 것은 가압류에 의하여 채권자가 권리를 행사하였다고 할 수 있기 때문인데 가압류에 의한 집행보전의 효력이 존속하는 동안은 가압류채권자에 의한 권리행사가 계속되고 있다고 보아야 할 것이므로 가압류에 의한 시효중단의 효력은 가압류의 집행보전의 효력이 존속하는 동안은 계속된다.

제 4 절 소멸시효의 정지

제1관 소멸시효의 정지의 의의

'소멸시효의 정지'란 시효기간이 거의 완성되어갈 무렵에 중단행위를 하는 것이 불가능하거나 대단히 곤란하게 되는 경우, 그 시효기간의 진행을 일시적으로 멈추게 하고 그러한 사정이 없어졌을 때 다시 나머지 기간이 진행되는 제도이다.

소멸시효의 정지는 이미 진행된 시효가 계속하여 유지된다는 점에서 시효의 중단으로 인하여 이미 진행된 시효는 소멸하게 되는 시효의 중단과는 그 차이가 있다.

소멸시효의 중단에 관한 규정은 취득시효에 준용된다고 규정하고 있으나 소멸시효의 정지에 관한 규정에 대해서는 이러한 규정이 없다. 그러나 소멸시효 정지의 규정도 취득시효에 준용된다고 한다(이설 없음).

제2관 소멸시효의 정지사유

제1항 민법상 소멸시효의 정지사유(제179조 내지 제182조)

제179조 [제한능력자의 시효정지]

소멸시효의 기간만료 전 6개월 내에 제한능력자에게 법정대리인이 없는 경우에는 그가 능력자가 되거나 법정대리인이 취임한 때로부터 6개월 내에는 시효가 완성되지 아니한다.

제180조 [재산관리자에 대한 제한능력자의 권리, 부부 사이의 권리와 시효정지]

① 재산을 관리하는 아버지, 어머니 또는 후견인에 대한 제한능력자의 권리는 그가 능력자가 되거나 후임의 법정대리인이 취임한 때부터 6개월 내에는 소멸시효가 완성되지 아니한다.
② 부부 중 한쪽이 다른 쪽에 대하여 가지는 권리는 혼인관계의 종료된 때부터 6개월 내에는 소멸시효가 완성되지 아니한다.

제181조 [상속재산에 관한 권리와 시효정지]

상속재산에 속한 권리나 상속재산에 대한 권리는 상속인의 확정, 관리인의 선임 또는 파산선고가 있는 때로부터 6월내에는 소멸시효가 완성하지 아니한다.

제182조 [천재 기타 사변과 시효정지]

천재 기타 사변으로 인하여 소멸시효를 중단할 수 없을 때에는 그 사유가 종료한 때로부터 1월내에는 시효가 완성하지 아니한다.

1. 제한능력자를 위한 정지

소멸시효 기간의 만료 전 6개월 내에 제한능력자의 법정대리인이 없는 경우에는 그가 능력자가 되거나 법정대리인이 취임한 날로부터 6개월 내에는 시효가 완성하지 않는 것으로 하여 제한능력자를 보호하고 있다(제179조). 다만 미성년자가 영업허락을 받은 경우에는 능력자가 되기 때문에 위 시효정지의 효력규정은 적용되지 않는다(제8조). 재산을 관리하는 아버지, 어머니 또는 후견인에 대한 제한능력자의 권리는 그가

능력자가 되거나 후임의 법정대리인이 취임한 때로부터 6개월 내에는 소멸시효가 완성하지 않는다(제180조제1항).

2. 혼인관계의 종료에 의한 정지

부부의 한 쪽이 가지는 다른 쪽에 대한 권리는 혼인관계가 종료한 때로부터 6개월 내에는 소멸시효가 완성되지 않는다(제180조제2항). 이는 혼인관계가 계속 중인 경우에 시효중단의 절차를 밟는다는 것이 곤란하기 때문이라고 한다. 혼인관계의 종료에는 이혼, 일방 배우자의 사망 그리고 혼인의 취소 등이 있다.

3. 상속재산에 관한 정지

상속재산에 속하는 권리나 상속재산에 대한 권리는 상속인이 확정되거나 관리인의 선임 또는 파산선고가 있는 때로부터 6개월 이내에는 소멸시효가 완성되지 않는다(제181조). 즉, 어느 재산을 상속할 자가 있는데 그가 없거나 불분명한 경우(상속재산에 속하는 권리), 피상속인의 채권자가 권리행사를 하고자 하는데 상속인이 없거나 불분명한 경우(상속재산에 대한 권리)에 상속인의 확정, 관리인의 선임 또는 파산선고가 있는 때부터 6개월까지는 각각 소멸시효가 완성되지 않는다.

4. 사변에 의한 정지

천재 기타 사변으로 소멸시효를 중단할 수 없을 때에는 그 사유가 종료한 날로부터 1개월 내에는 소멸시효가 완성되지 않는다(제182조). 여기서 사변이란 천재에 버금가는 전쟁, 폭동, 교통두절 등의 객관적인 것을 의미하며, 권리자의 여행이나 건강의 악화와 같은 주관적인 것을 의미하는 것은 아니다.

제2항 특별법상 소멸시효의 정지사유

조세채권은 세법에 의하여 정하여진 일정 기간 내에는 진행하지 않는다. 세법에 의한 분납기간, 징수유예기간, 체납처분유예기간 또는 연부연납기간이 그것이다.

제3항 소멸시효정지의 효력

소멸시효가 위에서 언급한 네 가지 중의 사유로 인하여 정지하게 되면 각각에서 정하고 있는 기간 동안 소멸시효가 진행되지 않게 되고, 그러한 사정이 없어지게 되면 정지되었던 시효가 부활하여 이미 진행된 시효에 계속하여 나머지 시효가 진행하게 된다.

제 5 절 소멸시효의 효력

제1관 소멸시효완성의 효력(제162조 내지 제164조)

제162조 [채권, 재산권의 소멸시효]

① 채권은 10년간 행사하지 아니하면 소멸시효가 완성한다.
② 채권 및 소유권이외의 재산권은 20년간 행사하지 아니하면 소멸시효가 완성한다.

제163조 [3년의 단기소멸시효]

다음 각호의 채권은 3년간 행사하지 아니하면 소멸시효가 완성한다.
<개정 1997.12.13>
1. 이자, 부양료, 급료, 사용료 기타 1년이내의 기간으로 정한 금전 또는 물건의 지급을 목적으로 한 채권
2. 의사, 조산사, 간호사 및 약사의 치료, 근로 및 조제에 관한 채권
3. 도급받은 자, 기사 기타 공사의 설계 또는 감독에 종사하는 자의 공사에 관한 채권
4. 변호사, 변리사, 공증인, 공인회계사 및 법무사에 대한 직무상 보관한 서류의 반환을 청구하는 채권
5. 변호사, 변리사, 공증인, 공인회계사 및 법무사의 직무에 관한 채권
5. 생산자 및 상인이 판매한 생산물 및 상품의 대가
7. 수공업자 및 제조자의 업무에 관한 채권

제164조 [1년의 단기소멸시효]

다음 각호의 채권은 1년간 행사하지 아니하면 소멸시효가 완성한다.
1. 여관, 음식점, 대석, 오락장의 숙박료, 음식료, 대석료, 입장료, 소비물의 대가 및 체당금의 채권
2. 의복, 침구, 장구 기타 동산의 사용료의 채권
3. 노역인, 연예인의 임금 및 그에 공급한 물건의 대금채권
4. 학생 및 수업자의 교육, 의식 및 유숙에 관한 교주, 숙주, 교사의 채권

소멸시효 완성의 효과에 대해서는 이를 명확하게 규정하고 있지는 않고 다만 '소멸시효가 완성한다'고만 하고 있어 '완성한다'는 의미에 대한 해석을 통해서 그 효과를 살펴볼 수 있을 것이다. 그러나 해석에 있어서 학자들은 '권리는 당연히 소멸한다'는 견해(곽윤직·김재형 437쪽, 이영준 834-835쪽, 김주수·김상용 411쪽)와 '권리의 소멸을

주장할 권리가 생길 뿐'이라는 견해(김증한·김학동 544쪽, 김용한 489쪽)가 뚜렷하게 대립하고 있다. 전자가 다수설이고 후자가 소수설이다. 전자를 절대적 소멸설이라 하고 후자를 상대적 소멸설이라 한다. 사견으로는 절대적 소멸설에 따른다.

1. 절대적 소멸설

절대적 소멸설은 첫 번째로, 현행민법은 구민법과 달리 시효의 원용에 관한 규정을 두고 있지 않기 때문이라고 한다. 이와 같은 민법 규정은 민법안심의록(제103조)에 따르면 민법의 입법자들이 절대적 소멸설에 기초하여 시효완성의 원용에 관한 규정을 삭제함으로써 이루어졌다는 것이다.

두 번째로 제369조, 제766조제1항, 부칙 제8조제1항을 들어 소멸시효가 완성한다는 의미를 소멸한다는 의미로 해석하여야 한다고 한다.

세 번째로 취득시효에 관한 제245조 및 제246조에서 취득시효의 효과로서 '소유권을 취득한다'라고 규정하고 있으므로 취득시효에 대립되는 소멸시효의 효과도 시효기간의 완성으로 권리가 소멸한다고 해석해야 한다는 것이다.

네 번째로 국세기본법 제27조제1항에서는 '소멸시효가 완성한다'고 규정되어 있는 반면 지방세기본법 제39조제1항은 '시효로 인하여 소멸한다'고 규정되어 있는데, 이는 소멸시효가 완성한다는 뜻으로 해석하여야만 법률해석상의 통일을 기할 수 있다는 것이다.

이러한 절대적 소멸설에 따르게 되면 소멸시효의 완성으로 권리가 당연히 소멸하게 된다.

그러나 절대적 소멸설에 의하더라도 소송상에 있어서는 변론주의의 원칙상, 소멸시효의 이익을 받을 자가 시효완성을 주장하여야만 법원에서 고려될 수 있고, 법원이 직권으로 고려하지는 않는다.

2. 상대적 소멸설

상대적 소멸설은 첫 번째로 절대적 소멸설을 취하게 되면 당사자의 원용이 없어도 권리는 소멸한 것으로 재판하여야 하지만 당사자가 소멸시효의 이익을 받기를 원하지 않고, 정당한 권리관계를 실현하기를 원하는 경우, 그 의사를 존중하지 못하게 되어 부당한 결과를 도출하게 된다는 것이다.

두 번째로 소멸시효가 완성된 후 채무자가 시효의 완성 사실을 모르고 변제하게 되면, 절대적 소멸설에 의하면 비채변제가 되어 그 반환을 청구할 수 없는 것으로 되어 사회관념에 적합하지 않게 된다고 한다.

세 번째로 절대적 소멸설에 의하면 시효이익의 포기의 법률적 성질을 설명하기가 곤란하다고 한다.

네 번째로 절대적 소멸설에 따르게 되면 채무자가 신의성실에 반하는 방법으로 채권자의 시효중단을 방해하게 되는 경우 그러한 채무자에게 시효의 이익을 귀속시키지 않을 수 없게 되어 사회 일반의 정의관념과 배치하게 된다는 것이다.

마지막으로 등기된 부동산물권이 소멸시효에 걸리게 되는 경우 등기가 존재함에도 불구하고 단순히 기간이 경과되었다고 하여 등기된 물권이 소멸하게 된다는 것은 타당하지 않다고 한다.

3. 판 례

판례는 "당사자의 시효 완성의 원용이 없더라도 시효 완성의 사실로서 채무는 당연히 소멸한다. 다만, 소멸시효의 이익을 받는 자가 소멸시효 이익을 받겠다는 뜻을 항변하지 않는 이상 그 의사에 반하여 재판할 수 없다"(대판 1966. 1. 31, 65다2445; 대판 1979. 2. 13, 78다2157)고 판시함으로써 절대적 소멸설의 입장을 취하고 있다. 따라서 소멸시효의 완성에 의하여 권리가 소멸하는 경우, 시효완성을 직권으로 인정하지 않음을 분명히 하고 있다(대판 1962. 12. 11, 62다466; 대판 1968. 8. 30, 68다1089; 대판 1979. 2. 13, 78다2157; 대판 1980. 1. 29, 79다1863). 이는 민사소송법이 취하는 변론주의에 기인한 것이다.

> **소멸시효 이익의 원용 요부**　　　　　대법원 1979. 2. 13. 선고 78다2157 판결
>
> 신민법상 당사자의 원용이 없어도 시효완성의 사실로서 채무는 당연히 소멸하고, 다만 소멸시효의 이익을 받는 자가 소멸시효 이익을 받겠다는 뜻을 항변하지 않는 이상 그 의사에 반하여 재판할 수 없을 뿐이다.

4. 소멸시효의 원용권자

소멸시효의 완성으로 권리가 소멸하였음을 주장할 수 있는 자(원용할 수 있는 자)는 소멸시효의 완성으로 인해 이익을 받는 자에 한한다(제184조제1항 참조). 판례는 소멸시효의 원용권자를 '권리의 소멸에 의하여 직접 이익을 받는 사람' 또는 '직접수익자'라고 표현하기도 한다(대판 1995. 7. 11, 95다12446). 예를 들면, 담보물의 취득자(대판 1995. 7. 11, 95다12446), 물상보증인(대판 2004. 1. 16, 2003다30890), 사해행위의 수익자(대판 2007. 11. 29, 2007다54849) 등이 있다. 그러나 채무에 대한 일반채권자(대판 2012. 5. 10, 2011다109500), 토지수용시 소유자에 의한 공탁금출급청구권의 소멸시효에 관한 공탁자인 기업자(대판 2007. 3. 30, 2005다11312) 등은 소멸시효의 원용자가 아니다.

소멸시효완성의 원용자의 범위

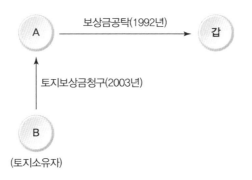

이에 A는 소멸시효완성을 원용?

사례 A 토지공사는 1992년 5월에 甲 관할법원에 구토지수용법에 규정한 택지개발사업을 위하여 중앙토지수용위원회의 권리취득의 재결을 얻어 보상금을 지급하고자 하였으나, 수용대상이 되는 토지가 미등기토지로서 토지소유자를 알 수 없어 어쩔 수 없이 보상금을 공탁하였다. 그러나 10년이 지난 2003년 어느 날 해당 토지소유자 B가 나타나 공탁금출급을 청구하였다. 이에 A 토지공사는 B의 공탁금출급청구권이 소멸시효되었음을 주장하였다. A 토지공사는 소멸시효완성의 원용자인가?

해설 판례에 따르면, 채권의 소멸시효가 완성된 경우 이를 원용할 수 있는 자는 시효로 인하여 채무가 소멸되는 결과 직접적인 이익을 받는 자에 한정되고, 그 채무자에 대한 채권자는 자기의 채권을 보전하기 위하여 필요한 한도 내에서 채무자를 대위하여 이를 원용할 수 있을 뿐이므로 채무자에 대하여 무슨 채권이 있는 것도 아닌 자는 소멸시효 주장을 대위 원용할 수 없다(대판 2007. 3. 30, 2005다11312). 그러므로 A는 소멸시효완성의 원용자가 될 수 없다. 왜냐하면 구 토지수용법에 의하여 공탁된 공탁금은 간접적으로 강제된 것으로 제489조의 적용이 배제되어 A는 이미 국가에 귀속된 공탁금에 대하여 출급청구권을 갖지 못하기 때문이다. 그러므로 채무자는 국가가 되어, 공탁금출급청구권의 소멸시효완성을 원용하는 자가 된다. 이런 이유로 A는 소멸시효주장을 대위원용할 수 없다.

제2관 소멸시효의 소급효(제167조)

제167조 [소멸시효의 소급효]

소멸시효는 그 기산일에 소급하여 효력이 생긴다.

소멸시효는 그 기산일에 소급하여 효력이 생긴다(제167조). 즉, 소멸시효가 완성한다고 해서 그때부터 효과가 발생하는 것이 아니라 시효기간이 개시한 때에 거슬러 올라가서 발생하게 되고 다만 소멸시효가 완성한 때에는 권리가 소멸하게 된다. 이는

시효기간 동안 계속한 사실상태를 보호하기 위한 것이다.

그 결과 소멸시효로 채무를 벗어나게 되는 자는 기산일 이후의 이자를 지급할 필요가 없고(이설 없음), 소멸시효가 완성된 채권이 그 소멸시효가 완성하기 전에 상계할 수 있었던 것이라고 한다면 채권자는 상계를 할 수 있다(제495조). 이 규정은 대립하는 채권을 가지고 있는 두 채권의 당사자는 그 대립하는 채권이 상계적상에 있게 된 때에는 당연히 상계되었다고 일반적으로 생각하므로, 이 신뢰를 보호하기 위함이다.

제3관 소멸시효의 이익의 포기(제184조제1항)

> **제184조 [시효의 이익의 포기 기타]**
> ① 소멸시효의 이익은 미리 포기하지 못한다.
> ② 소멸시효는 법률행위에 의하여 이를 배제, 연장 또는 가중할 수 없으나 이를 단축 또는 경감할 수 있다.

1. 시효기간 완성 전의 포기

소멸시효가 완성되기 전에 시효이익을 포기한다는 것은 소멸시효로 생기는 법률상 이익을 받지 않겠다는 일방적 의사표시이다. 소멸시효의 이익은 시효기간이 완성되기 전에 미리 포기하지 못한다(제184조제1항). 이는 영속한 사실상태를 존중하려는 공익적 목적을 달성하기 위한 것으로 개인의 의사에 의하여 미리 배척하는 것은 부당하며, 채권자가 채무자의 궁박을 이용하여 미리 소멸시효의 이익을 포기하도록 하는 부당한 결과의 초래를 방지하기 위함이다. 또한 중단이나 정지사유의 확대와 같이 소멸시효의 완성을 곤란하게 하는 특약도 금지된다. 그러나 반대의 경우, 시효기간을 단축하거나 시효요건을 경감하는 특약은 유효하다(제184조제2항).

2. 시효기간 완성 후의 포기

소멸시효 완성 후의 포기는 소멸시효의 완성으로 생기는 법률상 이익을 받지 않는다는 일방적 의사표시이다. 이의 법적 성질에 관하여 학설에서는 절대적 소멸설과 상대적 소멸설로 나누어진다.

소멸시효가 완성하게 되면 시효이익을 포기하는 것은 허용된다(제184조제1항). 시효이익의 포기는 소멸시효 완성에 의하여 발생한 권리소멸을 주장할 수 있는 원용권(권리부인권)을 포기하는 일방적 의사표시로, 이러한 의사표시에 의하여 소멸시효 완성의 이익은 발생하지 않는 것으로 된다.

시효이익의 포기는 상대방 있는 단독행위로서 처분행위이므로 처분능력과 처분권한이 있어야 한다(다수설). 또한 포기는 명시적일 필요는 없다. 예컨대, 소멸시효가 완성된 후의 채무의 일부변제(대판 1993. 10. 26, 93다14936), 채무의 승인(대판 1967. 2. 7, 66다2173), 기한의 유예의 요청(대판 1965. 12. 28, 65다2133) 등이 시효이익의 포기에 해당된다. 시효이익을 포기하면, 처음부터 시효의 이익이 생기지 않고, 그때부터 새로이 소멸시효가 진행한다(대판 2009. 7. 9, 2009다14340).

한편 포기할 수 있는 사람이 여럿인 경우에, 한 사람이 포기하면 다른 사람에게 영향을 주지 않는다. 판례 또한 시효이익의 포기는 상대적 효과가 있기 때문에 채무자가 시효이익을 포기하더라도 채무자 이외의 이해관계자는 여전히 독자적으로 소멸시효를 원용할 수 있다(대판 1995. 7. 11, 95다12446).

시효완성 후 채무를 승인한 때 이익포기 추정 여부

대법원 1967. 2. 7. 선고 66다2173 판결

시효완성 후에 채무를 승인을 한 때에는 시효완성의 사실을 알고 그 이익을 포기한 것이라고 추정할 수 있다.

담보가등기된 부동산의 양수인의 피담보채권의 소멸시효 원용

대법원 1995. 7. 11. 선고 95다12446 판결

소멸시효를 원용할 수 있는 사람은 권리의 소멸에 의하여 직접 이익을 받는 사람에 한정되는바, 채권담보의 목적으로 매매예약의 형식을 빌어 소유권이전청구권 보전을 위한 가등기가 경료된 부동산을 양수하여 소유권이전등기를 마친 제3자는 당해 가등기담보권의 피담보채권의 소멸에 의하여 직접 이익을 받는 자이므로, 그 가등기담보권에 의하여 담보된 채권의 채무자가 아니더라도 그 피담보채권에 관한 소멸시효를 원용할 수 있고, 이와 같은 직접수익자의 소멸시효 원용권은 채무자의 소멸시효 원용권에 기초한 것이 아닌 독자적인 것으로서 채무자를 대위하여서만 시효이익을 원용할 수 있는 것은 아니며, 가사 채무자가 이미 그 가등기에 기한 본등기를 경료하여 시효이익을 포기한 것으로 볼 수 있다고 하더라도 그 시효이익의 포기는 상대적 효과가 있음에 지나지 아니하므로 채무자 이외의 이해관계자에 해당하는 담보 부동산의 양수인으로서는 여전히 독자적으로 소멸시효를 원용할 수 있다.

제4관 소멸시효의 단축·경감(제184조제2항)

제184조 [시효의 이익의 포기 기타]

① 소멸시효의 이익은 미리 포기하지 못한다.

② 소멸시효는 법률행위에 의하여 이를 배제, 연장 또는 가중할 수 없으나 이를 단축 또는 경감할 수 있다.

소멸시효의 이익은 소멸시효가 완성되기 전에 미리 포기하지는 못하지만 법률행위에 의하여 이를 단축하거나 경감하는 것은 인정된다. 이는 사실상태를 존중하려는 제도의 취지에 어긋나지 않기 때문이다.

제5관 종속된 권리에 대한 소멸시효의 효력(제183조)

제183조 [종속된 권리에 대한 소멸시효의 효력]

주된 권리의 소멸시효가 완성한 때에는 종속된 권리에 그 효력이 미친다.

종속된 권리는 주된 권리의 소멸시효가 완성되게 되면 종속된 권리도 소멸시효가 완성된다(제183조). 예를 들면 원본채권이 시효로 소멸하면 이자채권도 역시 시효로 소멸하게 된다. 이 조항의 실익은 주된 권리의 소멸시효가 완성되었으나, 종된 권리의 시효는 아직 완성되지 않은 경우이다.

조문색인

1조 ································· 7, 12
2조 ············ 25, 26, 28, 31, 238
3조 ································· 52
4조 ································· 61
5조 ································· 62
6조 ································· 66
7조 ································· 67
8조 ································· 67
9조 ······························ 71, 72
10조 ····························· 73, 74
11조 ································· 73
12조 ····························· 77, 78
13조 ································· 79
14조 ································· 78
14조의2 ···························· 81
14조의3 ···················· 73, 78, 82
15조 ····························· 85, 86
16조 ································· 87
17조 ····························· 88, 89
18조 ····························· 90, 91
19조 ································· 93
20조 ································· 93
21조 ································· 93
22조 ····························· 91, 94
23조 ································· 96
24조 ····························· 96, 97
25조 ····························· 97, 294
26조 ································· 98
27조 ································· 99
28조 ································· 101
29조 ································· 102
30조 ································· 106
31조 ································· 122
32조 ··························· 122, 123
33조 ··························· 127, 128
34조 ··························· 128, 129

35조 ··························· 130, 132
36조 ································· 134
37조 ································· 134
38조 ································· 135
39조 ································· 136
40조 ····················· 124, 137, 152
41조 ································· 139
42조 ································· 140
43조 ··························· 126, 141
44조 ································· 141
45조 ································· 142
46조 ································· 143
47조 ····················· 126, 144, 145
48조 ··························· 145, 147
49조 ··························· 127, 148
50조 ··························· 148, 149
51조 ································· 149
52조 ································· 149
52조의2 ······················ 149, 150
53조 ································· 150
54조 ····················· 140, 143, 150
55조 ································· 151
56조 ································· 152
57조 ································· 153
58조 ································· 153
59조 ··························· 154, 155
60조 ··························· 155, 156
60조의2 ······················ 156, 157
61조 ··························· 132, 157
62조 ································· 157
63조 ································· 159
64조 ··························· 159, 160
65조 ··························· 157, 158
66조 ································· 160
67조 ··························· 160, 162
68조 ································· 161

69조	162	110조	88, 264, 267
70조	162	111조	270
71조	163, 270, 273	112조	88, 273, 274
72조	164	113조	274
73조	164	114조	278, 282
74조	164	115조	284
75조	165	116조	285
76조	165	117조	287, 301
77조	166	118조	292
78조	167	119조	294
79조	167	120조	303
80조	168	121조	303, 304
81조	168, 169	122조	305
82조	169	123조	305, 306
83조	169, 170	124조	295, 296, 297
84조	170	125조	309, 311, 318
85조	167, 170	126조	313, 315
86조	171	127조	301, 307
87조	171	128조	301, 302
88조	172	129조	318
89조	172	130조	323
90조	173	131조	327
91조	173	132조	324, 325
92조	173, 174	133조	325
93조	174	134조	327, 328
94조	174	135조	322, 323, 328
95조	175	136조	330
96조	169	137조	232, 338, 339, 350
97조	135, 171, 175	138조	340
98조	177	139조	342
99조	183, 184	140조	348
100조	188, 189	141조	352
101조	190, 191, 192	142조	353, 354
102조	190, 191, 192	143조	357
103조	222, 226, 228	144조	355, 356
104조	225, 227, 228	145조	357, 358
105조	236	146조	360
106조	236	147조	367, 369
107조	239, 243	148조	367
108조	245	149조	368
109조	251, 253, 262	150조	369, 370, 371

151조 ···································· 372
152조 ···································· 375
153조 ···································· 375
154조 ···································· 377
155조 ···································· 378
156조 ···································· 379
157조 ···································· 379
158조 ···································· 379
159조 ······························ 379, 380
160조 ······························ 379, 380
161조 ···································· 380
162조 ·························· 394, 395, 419
163조 ·························· 394, 395, 419
164조 ·························· 394, 397, 419
165조 ······························ 395, 398
166조 ···································· 398
167조 ···································· 422
168조 ···································· 405

169조 ···································· 415
170조 ······························ 405, 407
171조 ···································· 409
172조 ···································· 409
173조 ···································· 410
174조 ···································· 411
175조 ···································· 411
176조 ······························ 411, 412
177조 ······························ 413, 414
178조 ······························ 415, 416
179조 ···································· 417
180조 ······························ 417, 418
181조 ······························ 417, 418
182조 ······························ 417, 418
183조 ···································· 425
184조 ······························ 423, 425
185조 ···································· 12

판례색인

대판 1955. 3. 31, 4287민상77 ·············· 90
대판 1959. 8. 27, 4291민상395 ············ 132
대판 1960. 4. 21, 4292민상252 ·············· 94
대판 1961. 11. 9, 4293민상263 ············ 332
대판 1961. 11. 9, 4293민상748 ············ 406
대판 1962. 4. 12, 4294민상1021 ·········· 328
대판 1962. 4. 18, 4294민상1603 ·········· 372
대판 1962. 5. 24, 4294민상251,252 ······ 289,
　　　　　　　　　　　　　　　　　　　　290
대판 1962. 12. 11, 62다466 ················ 421
대판 1963. 2. 21, 62다913 ················· 187
대판 1963. 6. 13, 63다191 ················· 321
대판 1963. 8. 22, 63다323 ················· 404
대판 1963. 9. 12, 63다452 ·········· 27, 29
대판 1963. 9. 19, 63다383 ················· 314
대판 1963. 11. 7, 63다479 ················· 232
대판 1963. 11. 21, 63다418 ··············· 314
대판 1964. 9. 8, 64다272 ···················· 15
대판 1964. 12. 8, 64다968 ················· 293
대판 1965. 2. 9, 64민상9 ···················· 94
대판 1965. 2. 16, 64다1731 ··············· 395
대판 1965. 4. 13, 64다1940 ··············· 125
대판 1965. 6. 15, 65다610 ················· 230
대판 1965. 6. 22, 65다775 ················· 399
대판 1965. 11. 23, 65다28 ················· 228
대판 1965. 12. 28, 65다2133 ········ 413, 424
대판 1966. 1. 31, 65다2445 ··············· 421
대판 1966. 5. 31, 66다551 ················· 185
대판 1966. 6. 21, 66다530 ··········· 372, 373
대판 1966. 6. 28, 66다790 ················· 397
대판 1966. 11. 29, 66다1668 ·············· 143
대판 1967. 1. 24, 66다2279 ··············· 415
대판 1967. 2. 7, 66다2173 ················· 424
대판 1967. 5. 23, 67다529 ················· 407
대판 1967. 7. 11, 67다893 ················· 187

대판 1968. 3. 5, 67다2297 ················· 283
대판 1968. 3. 5, 67다2869 ··················· 55
대판 1968. 3. 19, 67다2729 ··············· 187
대판 1968. 5. 28, 67누55 ·················· 136
대판 1968. 6. 4, 68다613, 614 ············ 187
대판 1968. 6. 16, 68다694 ················· 316
대판 1968. 8. 30, 68다1089 ··············· 421
대판 1969. 12. 30, 69다1873 ·············· 231
대판 1970. 1. 27, 69다719 ··················· 95
대판 1970. 2. 24, 69다1568 ················· 62
대판 1970. 3. 10, 69다1151 · 1152 ······· 411
대판 1970. 3. 10, 69다2103 ··············· 103
대판 1970. 5. 26, 69다1239 ·············· 184
대판 1970. 5. 30, 70다908 ················· 313
대판 1970. 7. 28, 70다741 ··················· 96
대판 1970. 9. 29, 70다1508 ·············· 365
대판 1970. 10. 30, 70다1812 ·············· 316
대판 1971. 1. 29, 70다2738 ·············· 317
대판 1971. 3. 23, 71다189 ··················· 98
대판 1971. 4. 6, 71다187 ···················· 60
대판 1971. 4. 30, 71다409 ················· 399
대판 1971. 12. 14, 71다2045 ········· 89, 90
대판 1972. 3. 28, 71다2193 ·············· 252
대판 1972. 4. 25, 71다2255 ·············· 229
대판 1973. 2. 13, 72다1549 ·············· 415
대판 1973. 2. 28, 72다2344,2345 ········· 127
대판 1973. 5. 22, 72다2249 ·········· 225, 342
대판 1973. 5. 22, 73다231 ··········· 227, 230
대판 1973. 7. 24, 72다2136 ··············· 96
대판 1973. 7. 30, 72다1631 ·············· 319
대판 1973. 10. 10, 72다2600 ·············· 403
대판 1973. 10. 23, 73다268 ·············· 268
대판 1974. 6. 11, 73다1975 ·············· 144
대판 1975. 4. 22, 74다410 ················· 156
대판 1975. 5. 13, 72다1183 ·············· 297

대판 1975. 5. 13, 75다92 ·············· 229, 230
대판 1975. 5. 25, 74다1557 ················ 407
대판 1975. 8. 19, 75다273 ··········· 361, 392
대판 1975. 8. 19, 75다666 ················ 132
대판 1975. 12. 23, 75다533 ················ 267
대판 1976. 4. 13, 75다704 ················ 229
대판 1976. 6. 22, 75다124 ················ 393
대판 1976. 7. 13, 76다983 ················ 237
대판 1976. 9. 14, 75다204 ··········· 221, 222
대판 1976. 9. 14, 76다1365 ················ 57
대판 1976. 10. 26, 76다2189 ············· 341
대판 1976. 11. 6, 76다148 ················ 393
대판 1976. 11. 9, 76다486 ················ 143
대판 1976. 12. 14, 76다2191 ·············· 59
대판 1977. 4. 12, 76다1124 ················ 15
대판 1977. 12. 13, 76다2179 ············· 231
대판 1977. 12. 13, 77다1048 ············· 403
대판 1978. 3. 28, 77다2463 ················ 402
대판 1978. 3. 28, 78다282,283 ············ 314
대판 1978. 4. 25, 78다226 ················ 246
대판 1978. 5. 9, 78다213 ················· 220
대판 1978. 9. 26, 78다1435 ················ 141
대판 1979. 2. 13, 78다1500·1501 ········ 406
대판 1979. 2. 13, 78다2157 ··············· 421
대판 1979. 3. 27, 79다234 ··········· 315, 319
대판 1979. 4. 10, 78다2457 ················ 229
대판 1979. 4. 10, 79다275 ················ 229
대판 1979. 5. 15, 78다528 ················ 403
대판 1979. 6. 26, 79다639 ················ 415
대판 1979. 8. 28, 79다784 ················ 187
대판 1979. 11. 27, 78다2081 ············· 414
대판 1979. 12. 11, 78다481,482 ··········· 146
대판 1979. 12. 28, 79다1824 ············· 330
대판 1980. 1. 29, 79다1863 ··············· 421
대판 1980. 2. 12, 79다2169 ················ 395
대판 1980. 4. 8, 79다2036 ················ 169
대판 1980. 4. 8, 80다173 ················· 393
대판 1980. 5. 27, 80다565 ··········· 225, 226
대판 1980. 9. 8, 80스27 ·················· 100
대판 1980. 11. 11, 79다2164 ··············· 97
대판 1980. 11. 11, 80다2050 ············· 211
대판 1981. 1. 13, 79다2151 ··············· 346

대판 1981. 1. 27, 80다1392 ··············· 17
대판 1981. 3. 24, 80다1888,1889 ··· 391, 398
대판 1981. 4. 14, 80다2314 ················ 325
대판 1981. 10. 6, 80다2699 ················ 403
대판 1981. 10. 13, 81다649 ··········· 297, 298
대판 1981. 11. 10, 80다2475 ················ 256
대판 1981. 12. 22, 80다1475 ················ 315
대판 1982. 1. 19, 80다2626 ················ 399
대판 1982. 1. 26, 81다카549 ················ 324
대판 1982. 2. 23, 81누204 ················ 380
대판 1982. 6. 8, 81다107 ················· 356
대판 1982. 9. 14, 82다144 ················ 102
대판 1982. 10. 26, 81누363 ················ 136
대판 1983. 6. 14, 80다3231 ········ 7, 12, 16,
                                       237
대판 1983. 9. 27, 83므22 ················· 344
대판 1983. 11. 22, 83다430 ··········· 226, 227
대판 1983. 12. 13, 83다카1489 ······ 308, 311
대판 1983. 12. 27, 83다548 ················ 319
대판 1984. 3. 27, 83누548 ················· 92
대판 1984. 7. 24, 83다카1819 ······ 311, 312
대판 1984. 9. 25, 84다카493 ········· 150, 151
대판 1984. 10. 23, 83다카1187 ············· 254
대판 1984. 12. 26, 84누572 ················ 399
대판 1985. 4. 9, 85도167 ················· 266
대판 1985. 4. 23, 84다카890 ················ 252
대판 1985. 11. 12, 84다타2844 ············· 384
대판 1986. 2. 11, 84다카2454 ············· 216
대판 1986. 8. 19, 86다카529 ················ 320
대판 1986. 10. 10, 86스20 ················· 101
대판 1986. 11. 11, 86누173 ················ 185
대판 1986. 11. 25, 86다카1569 ············· 398
대판 1987. 3. 24, 86다카1348 ············· 321
대판 1987. 6. 23, 86다카1411 ······ 283, 284
대판 1987. 7. 7, 86다카1004 ················ 299
대판 1987. 9. 8, 86다카1349 ················ 130
대판 1987. 10. 13, 86다카1522 ······ 299, 300
대판 1987. 11. 24, 86다카2484 ············· 156
대판 1987. 12. 8, 86다카1230 ············· 130
대판 1987. 12. 22, 87다카2337 ············· 411
대판 1988. 3. 22, 85다카1489 ············· 121
대판 1988. 9. 27, 86다카2375 ············· 234

대판 1989. 1. 17, 87다카1271 ·············· 254
대판 1989. 1. 17, 89다카1698 ·············· 317
대판 1989. 4. 11, 87다카2901 ·············· 380
대판 1989. 5. 9, 87다카2407 ·············· 157
대판 1989. 6. 27, 88다카10579 ·············· 374
대판 1989. 7. 25, 88다카9364 ·············· 262
대판 1989. 9. 12, 88다카34117 ·············· 246
대판 1990. 1. 15, 98다39602 ·············· 243
대판 1990. 2. 23, 89다카555 ·············· 131
대판 1990. 3. 27, 88다카181 ·············· 324
대판 1990. 5. 22, 90다카7026 ·············· 254
대판 1990. 8. 14, 89누8064 ·············· 91, 92
대판 1990. 11. 9, 90다카22513 ·············· 403
대판 1991. 2. 22, 90다13420 ·············· 392
대판 1991. 3. 22, 90다9797 ·············· 401, 404
대판 1991. 3. 27, 90다17552 ·············· 345
대판 1991. 3. 27, 90다카27440 ·············· 254
대판 1991. 5. 14, 91다2779 ·············· 189
대판 1991. 6. 11, 91다9299 ·············· 29
대판 1991. 8. 27, 91다11308 ·············· 332
대판 1991. 11. 26, 91다34387 ·············· 393
대판 1992. 1. 21, 91다30118 ·············· 389
대판 1992. 2. 14, 91다24564 ·············· 156
대판 1992. 2. 25, 91다38419 ·············· 254
대판 1992. 2. 28, 91다28221 ·············· 28, 30
대판 1992. 3. 31, 91다32053 ·········· 382, 399,
                                    406, 408
대판 1992. 4. 10, 91다43695 ·············· 407
대판 1992. 4. 14, 91다26850 ·············· 152
대판 1992. 4. 14, 91다43107 ·············· 293
대판 1992. 4. 24, 92다6983 ·············· 408
대판 1992. 5. 22, 92다2295 ·········· 241, 243
대판 1992. 5. 26, 92다3670 ·············· 240
대판 1992. 6. 23, 91다14987 ·············· 294
대판 1992. 7. 14, 92다527 ·············· 190
대판 1992. 9. 8, 92다15550 ·········· 344, 346
대판 1992. 10. 13, 92다4666 ·············· 361
대판 1992. 10. 23, 92다29337 ·············· 259
대판 1992. 11. 24, 92다25830·25847 ···· 257
대판 1992. 11. 27, 92다7719 ········· 202, 224
대판 1992. 12. 8, 92다29924 ········· 407, 408
대판 1992. 12. 12, 92다40211 ·············· 401

대판 1993. 4. 27, 92다56087 ·············· 268
대판 1993. 4. 27, 93다4663 ·············· 55
대판 1993. 5. 11, 93다3264 ·············· 32
대판 1993. 5. 27, 92므143 ·············· 48
대판 1993. 5. 27, 93다4908 ·············· 216
대판 1993. 6. 29, 92다38881 ·············· 257
대판 1993. 7. 16, 92다41528,41535 ···· 230,
                                         241
대판 1993. 7. 27, 91다33766 ·············· 337
대판 1993. 7. 27, 92다52795 ·············· 384
대판 1993. 8. 13, 92다43142 ·············· 189
대판 1993. 8. 27, 93다12930 ·············· 249
대판 1993. 8. 27, 93다21156 ·············· 304
대판 1993. 9. 14, 93다8054 ········· 146, 147
대판 1993. 9. 14, 93다13162 ·············· 350
대판 1993. 10. 26, 93다2629·2636 ····· 234
대판 1993. 10. 26, 93다14936 ·············· 424
대판 1993. 11. 26, 93누17478 ·············· 272
대판 1993. 12. 14, 93다27314 ·············· 404
대판 1993. 12. 14, 93다45930 ·············· 339
대판 1993. 12. 21, 92다47861 ········ 407, 408
대판 1994. 1. 11, 93누10057 ·············· 240
대판 1994. 3. 11, 93다40522 ·············· 224
대판 1994. 4. 26, 94다12074 ·············· 247
대판 1994. 5. 24, 93다58332 ·············· 336
대판 1994. 6. 10, 93다24810 ········· 254, 262,
                                         263
대판 1994. 6. 10, 94다1883 ·············· 53
대판 1994. 6. 24, 94다10900 ········· 231, 342
대판 1994. 7. 29, 93다58431 ·············· 350
대판 1994. 8. 12, 94다14186 ·············· 326
대판 1994. 9. 27, 94다20617 ·············· 326
대판 1994. 10. 14, 93다62119 ·············· 214
대판 1994. 10. 14, 94다17185 ·············· 396
대판 1994. 12. 2, 93다59922 ·············· 406
대판 1995. 2. 10, 94다13473 ·············· 168
대판 1995. 2. 17, 94다52751 ·············· 103
대판 1995. 2. 28, 94다47861 ·············· 407
대판 1995. 3. 24, 94다44620 ·············· 258
대판 1995. 5. 12, 94다24336 ·············· 405
대판 1995. 5. 23, 94다60318 ·············· 254
대판 1995. 6. 30, 94다54269 ········· 401, 403,

.... 404
대판 1995. 7. 11, 95다12446 ········ 421, 424
대판 1995. 7. 28, 94다44903 ················· 297
대판 1995. 8. 25, 94다35886 ········ 399, 400
대판 1995. 9. 29, 95다30178 ················· 414
대판 1995. 11. 7, 94다31914 ················· 28
대판 1995. 11. 10, 94다22682,22699 ······ 386
대판 1995. 11. 14, 95다28090 ················· 323
대판 1995. 12. 22, 95다12736 ················· 102
대판 1996. 1. 26, 94다30690 ················· 304
대판 1996. 1. 26, 94다45562 ················· 121
대판 1996. 2. 9, 95다10549 ················· 305
대판 1996. 3. 26, 93다55487 ················· 257
대판 1996. 4. 12, 93다40614 · 40621 ······ 46
대판 1996. 4. 23, 95다34514 ················· 59
대판 1996. 4. 26, 94다34432 ················· 216
대판 1996. 4. 26, 95다52864 ················· 190
대판 1996. 5. 16, 95누4810 ········ 142, 143
대판 1996. 6. 14, 94다46374 ················· 230
대판 1996. 7. 12, 95다49554 ········ 311, 321
대판 1996. 7. 26, 94다25964 ········ 257, 258
대판 1996. 7. 30, 94다51840 ········ 28, 30
대판 1996. 7. 30, 95다29130 ········ 234, 235
대판 1996. 8. 23, 94다38199 ················· 308
대판 1996. 9. 10, 95누18437 ················· 125
대판 1996. 9. 10, 96다25463 ················· 191
대판 1996. 9. 20, 96다25302 ················· 395
대판 1996. 9. 20, 96다25371 ········ 361, 386
대판 1996. 10. 11, 95다1460 ················· 223
대판 1996. 10. 25, 96다29151 ················· 219
대판 1996. 10. 29, 95다2494 ················· 238
대판 1997. 1. 24, 96다26176 ················· 216
대판 1997. 1. 24, 96다39721,39738 ······· 138
대판 1997. 2. 28, 96다26190 ················· 406
대판 1997. 3. 25, 96다47951 ················· 231
대판 1997. 4. 22, 97다3408 ········ 174, 175
대판 1997. 4. 25, 96다46484 ················· 415
대판 1997. 5. 30, 97다2986 ········ 356, 357
대판 1997. 6. 27, 97다3828 ········ 316, 317
대판 1997. 6. 27, 97다9529 ········ 221, 222
대판 1997. 7. 8, 96다36517 ················· 185
대판 1997. 8. 22, 96다26657 ················· 258
대판 1997. 8. 22, 97다13023 ················· 261
대판 1997. 8. 29, 97다12990 ················· 402
대판 1997. 9. 9, 95다47664 ················· 184
대판 1997. 9. 26, 95다6205 ········ 152, 153
대판 1997. 10. 24, 95다49530,49547 ····· 226
대판 1997. 11. 14, 97다36118 ················· 332
대판 1997. 11. 28, 97다32772 · 32789 ··· 258
대판 1997. 12. 12, 97누13962 ················· 243
대판 1997. 12. 26, 97다39421 ················· 283
대판 1998. 1. 23, 96다41496 ················· 267
대판 1998. 3. 10, 97다55829 ········ 268, 269
대판 1998. 3. 27, 97다48982 ········ 313, 314
대판 1998. 5. 29, 97다55317 ················· 319
대판 1998. 6. 12, 96다26961 ········ 406, 415
대판 1998. 6. 12, 97다53762 ················· 310
대판 1998. 7. 10, 96다488 ················· 120
대판 1998. 7. 10, 98다18988 ················· 316
대판 1998. 7. 24, 98다9021 ················· 29
대판 1998. 8. 21, 98다8974 ················· 108
대판 1998. 9. 4, 98다17909 ················· 245
대판 1998. 11. 27, 98다7421 ········ 360, 361
대판 1998. 12. 22, 98다42356 ················· 371
대판 1999. 1. 15, 98다39602 ················· 300
대판 1999. 1. 15, 98다43953 ················· 29
대판 1999. 1. 29, 98다27470 ················· 316
대판 1999. 2. 12, 98다45744 ················· 240
대판 1999. 3. 12, 98다18124 ················· 406
대판 1999. 3. 26, 98다56607 ········ 350, 351
대판 1999. 4. 23, 99다4504 ········ 114, 115
대판 1999. 6. 17, 98다40459 ················· 337
대판 1999. 7. 9, 98다9045 ················· 263
대판 1999. 7. 27, 99다19384 ················· 133
대판 1999. 9. 3, 97다56099 ················· 304
대판 1999. 12. 7, 98다42929 ················· 33
대판 2000. 1. 28, 98다26187 ················· 150
대판 2000. 2. 11, 99다56833 ················· 232
대판 2000. 3. 12, 99다64995 ················· 257
대판 2000. 4. 25, 98다63193 ················· 413
대판 2000. 4. 25, 99다34475 ················· 240
대판 2000. 4. 25, 2000다11102 ················· 416
대판 2000. 5. 12, 98다23915 ················· 404
대판 2000. 5. 12, 99다38293 ················· 30

대판 2000. 5. 12, 2000다12259 ······ 255, 256
대판 2000. 7. 6, 99다51258 ············· 248
대판 2000. 8. 22, 2000다3675 ············ 365
대판 2000. 9. 8, 99다58471 ············· 324
대판 2000. 10. 27, 2000다20052 ·········· 272
대판 2000. 11. 24, 99다12437 ······ 138, 161,
                                        162
대판 2001. 1. 9, 97다21604 ············· 110
대판 2001. 1. 16, 2000다51872 ·········· 186
대판 2001. 3. 9, 99다13157 ········· 107, 108
대판 2001. 5. 8, 2000다9611 ············ 250
대판 2001. 5. 24, 2000므1423 ············ 342
대판 2001. 5. 29, 2000다3897 ············ 234
대판 2001. 5. 29, 2000다32161 ·········· 412
대판 2001. 5. 29, 2001다1782 ······· 219, 298
대판 2001. 7. 10, 98다38364 ············· 33
대판 2001. 9. 21, 2000그98 ············· 129
대판 2001. 11. 9, 2001다44291 ·········· 346
대판 2001. 11. 9, 2001다52568 ·········· 414
대판 2001. 11. 27, 2001므1353 ··········· 28
대판 2001. 12. 24, 2001다30469 ·········· 15
대판 2002. 1. 8, 2001다60019 ········ 28, 389
대판 2002. 2. 26, 2000다25484 ····· 409, 413
대판 2002. 4. 26, 2001다8097·8103 ····· 384
대판 2002. 6. 28, 2002다23482 ·········· 203
대판 2002. 7. 26, 2000다25002 ·········· 272
대판 2002. 9. 4, 2002다18435 ············ 339
대판 2002. 9. 4, 2002다22083·22090 ····· 32
대판 2002. 9. 24, 2002다11847 ·········· 349
대판 2002. 10. 11, 2001다59217 ·········· 323
대판 2002. 12. 27, 2000다47361 ·········· 244
대판 2003. 1. 10, 2000다70064 ··········· 16
대판 2003. 1. 24, 2001다2129 ············ 211
대판 2003. 2. 11, 99다66427·73371 ····· 174
대판 2003. 2. 14, 2002다62319,62326 ····· 34
대판 2003. 3. 28, 2002다72125 ·········· 335
대판 2003. 4. 8, 2002다64957·64964 ···· 399
대판 2003. 4. 22, 2003다2390,2406 ··· 26, 30
대판 2003. 4. 25, 2000다60197 ·········· 158
대판 2003. 5. 13, 2002다73708,73715 ···· 265
대판 2003. 5. 13, 2003다16238 ·········· 411
대판 2003. 6. 27, 2002다68034 ·········· 228

대판 2003. 6. 27, 2003다20190 ··········· 384
대판 2003. 7. 11, 2001다73626 ············ 318
대판 2003. 7. 22, 2002다64780 ············ 115
대판 2003. 7. 24, 2001다48781 ············ 17
대판 2003. 8. 19, 2003다24215 ·········· 374
대판 2003. 9. 5, 2001다32120 ············ 213
대판 2003. 11. 4, 2001다32687 ·········· 167
대판 2004. 1. 15, 2002다31539 ·········· 247
대판 2004. 1. 16, 2003다30890 ·········· 421
대판 2004. 2. 27, 2003다15280 ·········· 131
대판 2005. 2. 18, 2004다37430 ·········· 180
대판 2005. 4. 15, 2003다60297,60303,60310,
    60327 ····································· 353
대판 2005. 5. 12, 2005다6228 ············ 259
대판 2005. 5. 13, 2004다71881 ······· 31, 34
대판 2005. 5. 27, 2004다43824 ····· 259, 264,
                                    267, 351
대판 2005. 6. 9, 2005다2554 ············ 156
대판 2005. 7. 21, 2002다1178 ····· 13, 15, 120
대판 2005. 10. 27, 2005다35554,35561 ·······
                                        412
대판 2006. 2. 24, 2005다29207 ·········· 259
대판 2006. 2. 29, 2005다59864 ·········· 247
대판 2006. 3. 10, 2002다1321 ············ 248
대판 2006. 3. 24, 2005다66411 ·········· 271
대판 2006. 4. 27, 2006다1381 ············ 400
대판 2006. 6. 15, 2004다10909 ·········· 272
대판 2006. 9. 22, 2002다22852,22869 ···· 401
대판 2006. 10. 26, 2004다17924 ··········· 117
대판 2006. 11. 23, 2005다13288 ··········· 235,
                                    254, 262
대판 2006. 12. 7, 2006다41457 ·········· 257
대판 2007. 3. 29, 2004다31302 ······· 29, 31
대판 2007. 3. 30, 2005다11312 ····· 421, 422
대판 2007. 4. 12, 2004다62641 ·········· 268
대판 2007. 4. 19, 2004다60072,60089 ··· 115,
                                        119
대판 2007. 8. 23, 2007다23425 ·········· 313
대판 2007. 8. 23, 2007다28024,2803 ······ 401
대판 2007. 9. 6, 2007다34982 ············ 163
대판 2007. 11. 16, 2005다71659,71666,71673
    ····································· 61, 65, 69

대판 2007. 11. 22, 2002두8626 ················ 22
대판 2007. 11. 29, 2007다54849 ············· 421
대판 2007. 11. 30, 2007다54610 ············· 407
대판 2008. 1. 17, 2007다74188 ·············· 259
대판 2008. 1. 18, 2005다34711 ·············· 130
대판 2008. 3. 14, 2007다11996 ·············· 229
대판 2008. 5. 8, 2007다36933,36940 ····· 188
대판 2008. 6. 12, 2008다19973 ·············· 271
대판 2008. 11. 13, 2007다19624 ············· 399
대판 2009. 1. 15, 2008다58367 ·············· 353
대판 2009. 2. 26, 2007다30331 ·············· 316
대판 2009. 4. 9, 2008다1521 ········· 164, 165
대판 2009. 5. 29, 2008다56392 ·············· 316
대판 2009. 7. 9, 2009다14340 ··············· 424
대판 2009. 10. 29, 2009다4862 ·············· 343
대판 2010. 2. 11, 2009다68408 ·············· 324
대판 2010. 3. 25, 2009다41465 ·············· 338
대판 2010. 4. 15, 2010다57 ················· 273
대판 2010. 4. 29, 2009다26495 ·············· 234
대판 2010. 5. 27, 2009다44327 ·············· 382
대판 2010. 7. 15, 2009다50308 ····· 229, 232
대판 2011. 1. 27, 2010다53457 ·············· 229
대판 2011. 1. 27, 2010다81957 ·············· 233
대판 2011. 7. 14, 2011다31645 ·············· 279
대판 2011. 10. 13, 2010다80930 ············· 415

대판 2011. 10. 13, 2011다10266 ············· 388
대판 2011. 11. 10, 2011다54686 ············· 410
대판 2011. 12. 22, 2011다64669 ···· 299, 300
대판 2012. 1. 12, 2011다78606 ·············· 408
대판 2012. 3. 22, 2010다28840 ···· 384, 385
대판 2012. 4. 26, 2010다60769 ··············· 40
대판 2012. 5. 10, 2011다109500 ············· 421
대판 2012. 8. 30, 2012다38216 ·············· 164
대판 2012. 11. 15, 2011다56491 ············· 388
대판 2013. 2. 15, 2012다49292 ······ 248, 251
대판 2013. 2. 28, 2011다79838 ·············· 396
대판 2013. 9. 26, 2013다40353,40360 ···· 253
대판 2014. 2. 27, 2013다213038 ············· 329
대판 2014. 6. 26, 2014다14122 ··············· 24
대판 2014. 11. 27, 2013다49794 ············· 258
대판 2016. 5. 26, 2016다203315 ···· 290, 291
대판 2016. 8. 24, 2016다222453 ·············· 130
대판 2016. 10. 27, 2015다239744 ··· 413, 414
대판 2017. 6. 8, 2016다249557 ·············· 31

대결 1976. 12. 21, 75마551 ················· 98
대결 1997. 11. 27, 97스4 ················ 99, 100
대결 1998. 10. 28, 98마1817 ··············· 186
대결 2009. 11. 19, 2008마699 ··············· 159

사항색인

ㄱ

가분물 181
가족권 46
가주소 93
각종의 권리의 기산점 401
간접대리 279
간접의무 43
감사(감독기관) 160
감사의 직무 160
강제주의 123
강행규정과 임의규정 218
객관적 해석 234
거소 93
건물 185
계약 208
계약에 의한 무권대리 322
계약자유의 제한 20
공동대리 294
공법인과 사법인 112
과실(果實)의 종류 191
관습법 10
관습법과 관습 11
관습법과 사실인 관습 11
관습법의 성립요건과 성립시기 10
광의의 취소 347
권능 42
권리 39, 41
권리남용금지의 원칙 31
권리남용금지의 원칙의 요건 31
권리남용금지의 원칙의 효과 32
권리능력 52
권리능력의 끝 53
권리능력의 시작 52
권리변동 193
권리변동의 모습 194

권리변동의 원인 196
권리의 객체 177
권리의 발생 194
권리의 변경 195
권리의 변동 193
권리의 불행사 398
권리의 소멸 195
권리의 실효 389
권리의 종류 44
권리의 주체 51
권리행사 25
권리행사와 보호 25
권리행사와 의무이행 25
권리행사의 방법 25
권원 42
권한 41
권한을 넘은 표현대리 313
근대민법의 기본원리 19
근대민법의 기본원리의 수정 20, 21
기간 378
기간의 계산방법 378
기간의 기산점 379
기간의 만료점 379
기간의 역산방법 380
기대권 49
기성조건 373
기한 373
기한도래의 효과 375
기한부권리와 준용규정 377
기한을 붙일 수 없는 법률행위 375
기한의 이익 375
기한의 이익과 그 포기 375
기한의 이익의 상실 376
기한의 이익의 포기 376
기한의 종류 374

ㄴ

내용의 착오   253
능동대리   278, 330

ㄷ

단독행위   207
단독행위에 있어서의 무권대리   330
단속규정   220
당사자의 목적   236
당연무효와 재판상 무효   336
대리   275
대리가 인정되는 범위   277, 278
대리권   288
대리권소멸후의 표현대리   318
대리권수여의 표시에 의한 표현대리   309
대리권의 남용   298
대리권의 발생   288
대리권의 범위   292
대리권의 본질   288
대리권의 소멸   300
대리권의 제한   294
대리에 있어서의 삼면관계   280
대리와 구별할 제도   279
대리의 본질   276
대리의 종류   278
대리의사의 표시   282
대리의사의 표시가 없는 경우   284
대리인 선임권   157
대리인의 능력   287
대리행위   281
대리행위의 하자   285
대리행위의 효력   282
대체물   181
대표권   154
대표권의 제한   155
도달주의   270
독립행위   212
동기의 반사회성   223

동기의 착오   253
동산   187
동시사망   107
동의와 허락의 취소   67
등기의 종류   148

ㅁ

명의신탁   214
모순조건   373
목적의 사회적 타당성   222
목적의 실현가능성   217
목적의 적법성   218
목적의 확정   215
무권대리   279, 322
무권대리의 종류   322
무권대리인과 상대방 사이의 효과   328
무권대리인의 책임   328
무인행위   210
무효   334
무효와 취소의 경합   332
무효와 취소의 관계   332
무효와 취소의 인정기준   333
무효의 종류   335
무효의 효과   334
무효행위의 전환   340
무효행위의 추인   342, 345
물건   177
물건의 개수   179
물건의 분류   180
물권행위   210
미분리과실   191
미성년자   61
미성년자의 법정대리인   63
미성년자의 행위능력   62
민법   2
민법상 권리   44
민법상 신탁행위   212
민법상 영리법인   136
민법상 재산   182

민법의 기본원리 19
민법의 법원 7
민법의 해석 23
민법의 효력 37
민법전의 구성 4
민법전의 성립 3
민법 제109조의 적용범위 262
민법해석 23
민법해석의 방법 23

ㅂ

반사적 이익 42
반사회질서의 법률행위 222
발신주의 270
법률관계와 권리의무 39
법률사실 196
법률요건 196
법률의 착오 256
법률행위 199
법률행위와 의사표시 199
법률행위와 의사표시의 관계 200
법률행위의 목적 215
법률행위의 무효와 취소 331
법률행위의 부관 362
법률행위의 부관의 종류 362
법률행위의 성립요건 206
법률행위의 요건 205
법률행위의 종류 207
법률행위의 해석 233
법률행위 자유의 원칙 19
법률행위 해석의 방법 233
법률행위 해석의 표준 235
법원(法源) 7
법인 110
법인격 없는 법인 113
법인사무의 감독 134
법인의 감독 등 175
법인의 권리능력 128

법인의 기관 151
법인의 능력 128
법인의 대표 280
법인의 등기 147
법인의 본질 110
법인의 불법행위능력 130
법인의 불법행위 성립요건 131
법인의 설립등기 127
법인의 설립허가의 취소 135
법인의 성립 122
법인의 소멸 166
법인의 종류 112
법인의 주소 134
법인의 청산 168
법인의 해산 166
법인의 행위능력 133
법정과실 192
법정대리 278
법정대리권의 발생 292
법정대리권의 범위 294
법정대리인의 복임권 305
법정대리인의 책임 305
법정조건 372
법정추인 357
법정후견 71
보조행위 212
보충적 해석 235
복대리 302
복대리권의 소멸 307
복대리인의 삼면관계 305
복임권 157
본인과 무권대리인 사이의 효과 329
부대체물 181
부동산 184
부동산과 동산 183
부재선고 106
부재와 실종 93
부재자 94
부재자의 재산관리 94
불가분물 181

불공정한 법률행위 227
불능조건 373
불법조건 372
불법조건과 기성조건 등 371
불요식행위 210
불융통물 180
불특정물 181
불확정기한 374
비소비물 182
비수의조건 364
비신탁행위 212
비영리법인의 설립 123
비영리사단법인의 설립 124
비영리재단법인의 설립 126
비일신전속권 48
비진의표시 239
비출연행위 214

ㅅ

사기·강박에 의한 의사표시 264
사단법인과 재단법인 113
사단법인에 관한 민법상 규정의 유추적용 115
사단법인의 정관변경 140
사단법인의 정관작성 137
사람에 관한 효력 37
사실인 관습 236
사원권 46, 152
사원의 결의권 164
사원총회 161
사자(使者) 279
사적자치의 원칙 19, 198
사적자치의 원칙의 수정 199
사정변경의 원칙 28
사정변경의 원칙의 효과 29
사후행위 215
상대방 없는 단독행위 208
상대방 있는 단독행위 207
상대방보호의 필요성 85

상대방의 철회권과 거절권 87
상대방의 확답촉구권 85
상대적 소멸설 420
생전행위 215
설립중의 재단법인 127
설립행위의 성질 126
성년후견감독인 76
성년후견개시의 심판요건 71
성년후견개시의 심판절차 73
성년후견인 74
성년후견제도 69
성년후견제도의 이념적 기초 69
성년후견종료의 심판 73
소극조건 363
소멸시효에 걸리는 권리 390
소멸시효에 걸리지 않는 권리 390
소멸시효의 기간 394
소멸시효의 기산점 398
소멸시효의 단축·경감 425
소멸시효의 소급효 422
소멸시효의 요건 389
소멸시효의 이익의 포기 423
소멸시효의 정지 416
소멸시효의 정지사유 417
소멸시효의 중단 404
소멸시효의 중단사유 405
소멸시효의 효력 419
소비물 182
소유권 자유의 수정 21
소유권 자유의 원칙 20
수권행위 288
수동대리 278
수목의 집단 186
수의조건 364
승계취득 194
승인 413
시간에 관한 효력 37
시기부 권리 401
시기·종기 374
시효 381

시효기간 완성 전의 포기 423
시효기간 완성 후의 포기 423
시효의 성질 383
시효의 존재이유 381
시효중단의 사유 405
시효중단의 효력 415
신분법적 행위 209
신의성실의 원칙 26, 238
신의성실의 원칙의 요건 26
신의성실의 원칙의 적용범위와 기능 27
신의성실의 원칙의 효과 27
신탁법상 신탁행위 213
신탁행위 212, 250
실종선고 99
실종선고의 요건과 절차 99
실종선고의 취소 102
실종선고의 효과 101
실효의 원칙 27
실효의 원칙의 요건 27
실효의 원칙의 효과 28
심리유보 239
쌍방적 기한이익 376

압류·가압류·가처분 411
영리법인 136
영리법인과 비영리법인 113
영업허락의 취소와 제한 67
외국법인 176
외국법인의 능력 176
외국인의 권리능력 58
요식행위 210
요지주의 272
원물과 과실 190
원시취득 194
유권대리 279
유동적 무효 337
유인행위 210
융통물 180

은닉행위 249
의무 42
의무와 권리의 관계 43
의사능력 59
의사와 표시의 불일치 239
의사주의 203
의사표시 199
의사표시의 공시송달 274
의사표시의 구성 201
의사표시의 수령능력 273
의사표시의 효력발생시기 270
의사표시의 효력발생시기와 수령능력 269
이사 153
이사의 대표권제한 139
이사회 158
인가주의 123
인격권 46
인격없는 사단 114
인격없는 재단 121
인정사망 106
일방적 기한이익 376
일부무효 338
일부취소의 인정 여부 350
일신전속권 48
임시이사 159
임시총회 162
임의규정 236
임의대리 278
임의대리권의 발생 288
임의대리권의 범위 292
임의대리인의 복임권 303
임의대리인의 복임행위와 책임 304
임의후견 83
임의후견감독인의 선임과 임무 84

자기계약·쌍방대리의 금지 295
자기책임의 수정 21
자기행위 책임의 원칙 20

자연인 52
자연인과 법인 51
자유설립주의 122
잔여재산의 귀속 168
장소에 관한 효력 38
재단법인의 재산출연 144
재단법인의 정관변경 142
재단법인의 정관보충 141
재단법인의 정관작성 141
재산 182
재산관리인 280
재산관리인의 개임 96
재산관리인의 권리와 의무 96
재산권 44
재산목록과 사원명부 151
재산법적 행위 209
재판상의 청구 405
적극조건 363
전부무효와 일부무효 336
절대권과 상대권 48
절대적 무효와 상대적 무효 335
절대적 소멸설 420
정관 137
정관작성과 변경 137
정지조건 363
정지조건설 57
제척기간 384
제척기간과 소멸시효 385
제척기간과 소멸시효의 판별 387
제척기간·권리의 실효 384
제한능력자의 상대방 84
제한능력자의 상대방의 보호 84
제한능력자 측의 취소권의 배제 88
조건 363
조건성부와 신의성실 369
조건성취의 효과 367
조건성취 전의 법률효과 367
조건성취 후의 법률효과 369
조건을 붙일 수 없는 법률행위 365
조건의 종류 363

조리 13
조리의 법원성 13
종된 권리 49
종된 행위 212
종물의 요건 188
종물의 효과 189
종속된 권리에 대한 소멸시효의 효력 425
주관적 해석 233
주된 권리 49
주된 행위 212
주물과 종물 188
주물과 종물과의 관계 190
주소 90
주소결정에 관한 입법주의 90
주소의 효과 90
준물권행위 210
준법률행위 204
준칙주의 122
준칙주의와 허가주의 122
중단 후의 시효진행 416
지급명령 409
지배권 46
직무대행자 156
진의 아닌 의사표시 239

ㅊ

착오로 인한 의사표시 251
착오의 유형 252
채권행위 209
채무변제의 절차 172
책임능력 59
처분이 허락된 재산의 처분 63, 66
천연과실 191
철회 347
철회권 327
철회권과 거절권의 상대방 88
청구 405
청구권 47
청산인 169

청산인의 직무   170
총회소집   163
총회의 결의   163
총회의 권한   161
최고   411
최고권   327
추인거절권   326
추인권   323
출연재산의 귀속시기   145
출연재산이 물권인 경우   145
출연재산이 채권인 경우   147
출연행위   214
취소   346
취소권   348
취소권의 단기소멸   360
취소권의 소멸   360
취소권자   348
취소와 구별되는 개념   347
취소의 방법   349
취소의 상대방   353
취소의 효과   352
취소할 수 있는 법률행위의 추인   355

탈법행위   221
태아의 권리능력   54
태아의 권리능력이 인정되는 민법규정   55
태아의 법적 지위   56
토지   184
토지의 정착물   185
통상총회   162
통정한 허위의 의사표시   245
특별대리인   159
특수한 동산(금전)   187
특정물   181
특정후견감독인   82
특정후견심판의 요건   81
특정후견심판의 종료   82
특정후견인   82

특허주의   123

파산신청   167, 174
파산절차의 참가   409
판례   13, 14
판례의 법원성   14, 15
표백주의   270
표시기관의 착오   256
표시상의 착오   252
표시의사   203
표시주의   204
표시행위   201
표현대리   307
표현대리의 본질   308
표현대리의 종류   309
표현대리의 효과   321
피성년후견인   71
피성년후견인의 행위와 취소   73
피특정후견인   80
피특정후견인의 행위능력   82
피한정후견인   77
피한정후견인의 행위와 동의   79

한정후견감독인   79
한정후견개시의 심판요건   77
한정후견개시의 심판절차   78
한정후견인   79
한정후견종료의 심판   78
합동행위   209
항변권   47
해산사유   166
해제   347
해제조건   363
해제조건설   57
행위능력   59

행위의사 201
허가주의 122
허위표시와 구별되는 행위 249
현명주의 282
현명주의의 예외 284
현재지 93
협의의 취소 346
형성권 47
형성권과 제척기간 387, 388
화해를 위한 소환과 임의출석 410
확답촉구권의 상대방 86

확정기한 374
확정적 무효 337
효과의사 202
효력규정 220
효력주의 204
후견계약 83
후견계약과 성년후견·한정후견·특정후견
  의 관계 84
후견계약의 효력발생과 종료 83
흠결있는 의사표시 238

[저자 약력]

독일 오스나브뤽대 법학박사(Dr. iur.)
건국대, 세종대, 상명대, 서경대, 방송통신대 강사 역임
미국 William&Mary 로스쿨 방문교수
중국 상하이대, 중국해양대 방문교수
현재 부경대 법학과 교수

[저서와 주요논문]

법과 사회(대왕사, 공저), 1993
객관식 민법총칙(교서관), 1993
현대여성과 법률(진명출판사, 공저), 1996
전자상거래관련법(삼영사, 공저), 2000
생활법률(법문사, 공저), 2001
물권법의 정리(부경대출판사), 2008
여성과 법률(법문사), 2009
민법총칙(법문사), 2009
담보물권법(부경대출판사), 2010
물권법(부경대출판사), 2013
신부동산등기법(동방출판사), 2015
신물권법(동방출판사), 2016
영화와 법률산책(법문사), 2017
저당권의 물상대위의 한계 등 다수

민법총칙 [제4판]

2009년 3월 2일 초 판 발행
2014년 3월 10일 제2판 발행
2018년 2월 25일 제3판 발행
2020년 8월 25일 제4판 1쇄 발행

저 자 최 명 구
발행인 배 효 선

발행처 도서출판 法文社

주 소 10881 경기도 파주시 회동길 37-29
등 록 1957년 12월 12일/제2-76호(윤)
전 화 (031)955-6500~6 FAX (031)955-6525
E-mail (영업) bms@bobmunsa.co.kr
　　　　(편집) edit66@bobmunsa.co.kr
홈페이지 http://www.bobmunsa.co.kr
조판 법문사전산실

정가 30,000원　　ISBN 978-89-18-91134-2

불법복사는 지적재산을 훔치는 범죄행위입니다.
이 책의 무단전재 또는 복제행위는 저작권법 제136조 제1항에 의거, 5년 이하의 징역 또는 5,000만원 이하의 벌금에 처하게 됩니다.